에듀윌과 함께 시작하면,
당신도 합격할 수 있습니다!

이 일 저 일 전전하다 관리자가 되려고 시작해
최고득점으로 동차 합격한 퇴직자

4살 된 딸아이가 어린이집에 있는 동안 공부해
고득점으로 합격한 전업주부

밤에는 대리운전, 낮에는 독서실에서 공부하며
에듀윌의 도움으로 거머쥔 주택관리사 합격증

누구나 합격할 수 있습니다.
시작하겠다는 '다짐' 하나면 충분합니다.

마지막 페이지를 덮으면,

에듀윌과 함께
주택관리사 합격이 시작됩니다.

16년간
베스트셀러 1위

기초서

기본서

기출문제집

핵심요약집

문제집

네컷회계

주택관리사
교재 보기

베스트셀러 1위 교재로
따라만 하면 합격하는 커리큘럼

STEP 1	STEP 2	STEP 3	STEP 4
기초 이론	이론 완성 1 이론 완성 2	핵심 이론 문제 풀이	마무리 특강 동형 모의고사
시작에 필요한 기초 개념 확인	기본서 반복으로 탄탄한 이론 완성	빈출이론&문제 한 번에 정리	다양한 실전 연습으로 쉬운 합격 완성

* 커리큘럼의 명칭 및 내용은 변경될 수 있습니다.

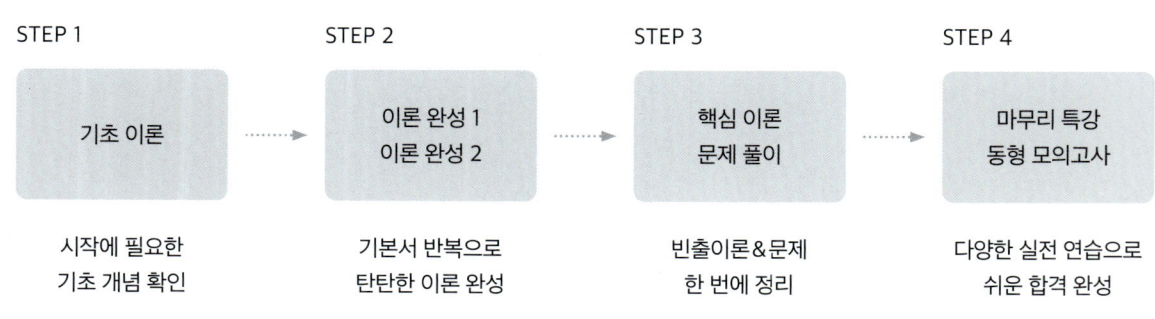

* 2023 대한민국 브랜드만족도 주택관리사 교육 1위 (한경비즈니스)
* YES24 수험서 자격증 주택관리사 베스트셀러 1위 (2010년 12월, 2011년 3월, 9월, 12월, 2012년 1월, 3월~12월, 2013년 1월~5월, 8월~11월, 2014년 2월~8월, 10월~12월, 2015년 1월~5월, 7월~12월, 2016년 1월~12월, 2017년 1월~12월, 2018년 1월~12월, 2019년 1월~12월, 2020년 1월~7월, 9월~12월, 2021년 1월~12월, 2022년 1월~12월, 2023년 1월~11월, 2024년 1월~2월, 4월~12월, 2025년 1월~10월 월별 베스트)

업계 유일 3년 연속 전국 수석, 6년 연속 최고득점자 배출

에듀윌 주택관리사의 우수성, 2024년에도 입증했습니다!

2024
최고득점자&
수석합격

제27회 시험 최고득점자&수석합격

문O호 합격생

에듀윌 주택관리사를 공부하면서 좋았던 부분은 체계적인 커리큘럼과 실전 대비 시스템입니다. 강의가 단계적으로 구성되어 초보자도 쉽게 따라갈 수 있었고, 중요한 내용을 반복 학습할 수 있는 구조가 시험 준비에 큰 도움이 되었다고 생각합니다. 또한 다양한 문제 풀이와 모의고사를 통해 실전에 대한 자신감을 키울 수 있었던 점이 좋았습니다. 주택관리사 시험을 준비하는 여러분들, 많이 힘들고 불안한 마음이 들겠지만 "한 발짝 더 나아가는 용기와 꾸준함이 합격을 만드는 것 같습니다." 포기하지 않고 끝까지 달려간다면 반드시 좋은 결과를 얻을 수 있습니다. 마지막까지 최선을 다하는 여러분을 진심으로 응원합니다.

주택관리사,
에듀윌을 선택해야 하는 이유

오직 에듀윌에서만 가능한 합격 신화

6년 연속 최고득점자 배출

합격을 위한 최강 라인업

주택관리사 명품 교수진

주택관리사

합격부터 취업까지!

에듀윌 주택취업지원센터 운영

합격생들이 가장 많이 선택한 교재

16년간 베스트셀러 1위

* 2023 대한민국 브랜드만족도 주택관리사 교육 1위 (한경비즈니스)
* 2024년, 2023년, 2022년 전국수석합격 및 공동주택관리실무 최고득점 / 2021년, 2020년 주택관리관계법규, 공동주택관리실무 과목별 최고득점 / 2019년 주택관리관계법규 최고득점
* YES24 수험서 자격증 주택관리사 베스트셀러 1위 (2010년 12월, 2011년 3월, 9월, 12월, 2012년 1월, 3월~12월, 2013년 1월~5월, 8월~11월, 2014년 2월~8월, 10월~12월, 2015년 1월~5월, 7월~12월, 2016년 1월~12월, 2017년 1월~12월, 2018년 1월~12월, 2019년 1월~12월, 2020년 1월~7월, 9월~12월, 2021년 1월~12월, 2022년 1월~12월, 2023년 1월~11월, 2024년 1월~2월, 4월~12월, 2025년 1월~10월 월별 베스트)

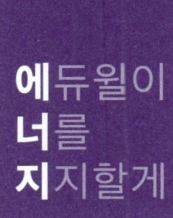

처음에는 당신이 원하는 곳으로
갈 수는 없겠지만,
당신이 지금 있는 곳에서
출발할 수는 있을 것이다.

– 작자 미상

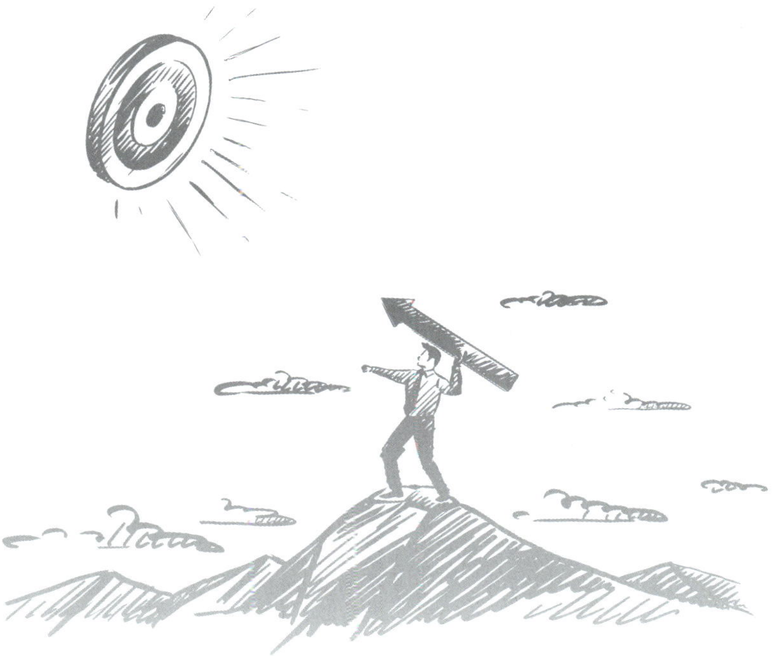

2026

에듀윌 주택관리사

단원별 기출문제집 1차

회계원리 | 공동주택시설개론 | 민법

eduwill

시험 안내

주택관리사 시험, 준비물은 무엇인가요?

꼭 챙겨가세요!

필기구 수험표 신분증

손목시계 계산기

* 신분증의 경우 정부24 전자문서지갑 등에서 발급된 모바일 자격증을 자격시험 신분증으로 인정합니다. (수험표의 수험자 유의사항 참고)
* 손목시계는 시각만 확인할 수 있어야 하며, 스마트워치는 사용이 불가합니다.
* 데이터 저장기능이 있는 전자계산기는 수험자 본인이 반드시 메모리(SD카드 포함)를 제거, 삭제하여야 합니다.

시험 중 절대 허용되지 않아요!

통신기기 전자기기 중도퇴실

* 통신기기 및 전자기기에는 휴대전화, PDA, PMP, MP3, 휴대용 컴퓨터, 디지털 카메라, 전자사전, 카메라 펜 등이 포함되며, 시험 도중 소지 · 착용하고 있는 경우에는 당해 시험이 정지(퇴실)되고 무효(0점) 처리되니 주의하세요.
* 시험시간 중에는 화장실 출입 및 중도 퇴실이 불가합니다. 단, 설사 · 배탈 등 긴급상황 발생으로 퇴실 시 해당 교시 재입실이 불가하고, 시험 종료 시까지 시험본부에 대기하게 됩니다.

답안 작성 시 유의사항이 있나요?

이렇게 작성하세요!

- 시험 문제지의 문제번호와 **동일한 번호**에 마킹
- 반드시 **검정색 사인펜** 사용
- 2차 시험 주관식 답안은 **검정색 필기구** 사용
- 답안을 잘못 마킹했을 경우, **답안카드 교체** 및 **수정테이프** 사용
- 2차 주관식 답안 정정 시 **두 줄로 긋고 다시 기재**하거나 **수정테이프** 사용

이렇게 작성하면 안 돼요!

- 답안카드 **마킹착오**, **불완전한 마킹 · 수정**, **예비마킹**
- **지워지는 펜** 사용
- 2차 주관식 답안 작성 시 **연필류**, **유색 필기구**, **두 가지 색 혼합사용**
- 답안 정정 시 **수정액** 및 **스티커** 사용

상대평가, 어떻게 시행되나요?

선발예정인원 범위에서 선발!

국가에서 정한 선발예정인원(선발예정인원은 매해 시험 공고에 게재됨) 범위에서 고득점자 순으로 합격자가 결정되며, 2025년 제28회 시험의 선발예정인원은 1,600명입니다.

제1차는 평균 60점 이상 득점한 자, 제2차는 고득점자 순으로 선발!

제1차	매 과목 40점 이상, 전 과목 평균 60점 이상 득점한 사람 중에서 선발합니다.
제2차	매 과목 40점 이상, 전 과목 평균 60점 이상 득점한 사람 중에서 선발하며, 그중 선발예정인원 범위에서 고득점자 순으로 결정합니다. 선발예정인원에 미달하는 경우 전 과목 40점 이상자 중 고득점자 순으로 선발하며, 동점자로 인하여 선발예정인원을 초과하는 경우에는 동점자 모두를 합격자로 결정합니다.

제2차 과목의 주관식 단답형 16문항은 부분점수 적용

괄호가 3개인 경우	3개 정답(2.5점), 2개 정답(1.5점), 1개 정답(0.5점)
괄호가 2개인 경우	2개 정답(2.5점), 1개 정답(1점)
괄호가 1개인 경우	1개 정답(2.5점)

2020년 상대평가 시행 이후 제2차 시험 합격선은?

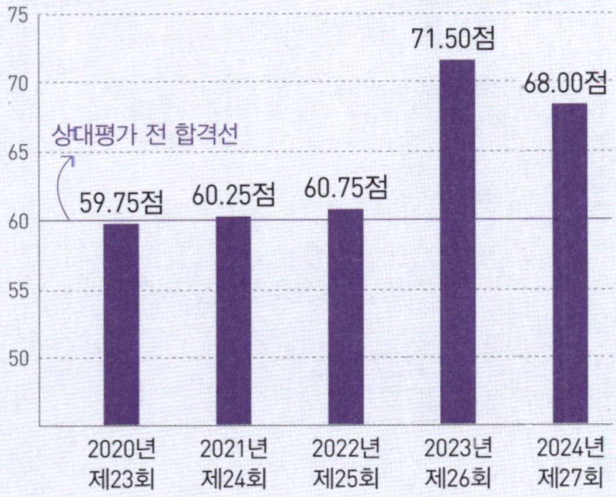

최근 2개년 합격선 **평균 69.75점!**

상대평가 시행 이후 제25회 시험까지는 합격선이 60점 내외로 형성되었지만, 제26회에는 평균 71.50점, 제27회에는 평균 68.00점에서 합격선이 형성되며 합격에 필요한 점수가 상당히 올라갔습니다. 앞으로도 에듀윌은 변화하는 수험 환경에 맞는 학습 커리큘럼과 교재를 통해 수험자 여러분들을 합격의 길로 이끌겠습니다.

에듀윌 기출문제집을 풀어야 하는 이유!

베스트셀러 1위, 수많은 합격생이 풀어 봤으니까!

* YES24 수험서 자격증 주택관리사 기출문제 베스트셀러 1위
- 1차 단원별 기출문제집: 2025년 9월 월별 베스트
- 2차 단원별 기출문제집: 2025년 10월 월별 베스트

합격생 A

기출문제는 최고의 출제가능 문제입니다. 중요한 유형은 반복적으로 출제되는데, 기출문제를 풀면서 그런 부분은 완벽히 이해하려고 노력했어요.

합격생 B

범위가 너무 넓어서 힘들었는데, 기출문제를 풀면서 자주 출제되는 문제와 단원을 효율적으로 공부할 수 있어서 좋았어요.

단원별로 풀고, 약점은 확실히 잡을 수 있으니까!

단원별 문제풀이, 회독 횟수 체크

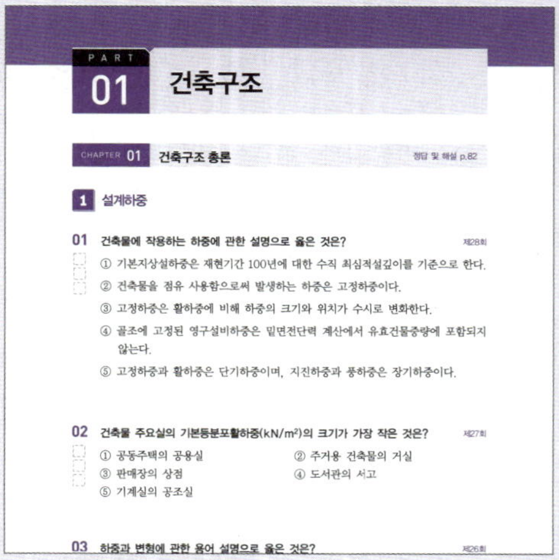

PART 01 건축구조

CHAPTER 01 건축구조 총론 정답 및 해설 p.82

1 설계하중

01 건축물에 작용하는 하중에 관한 설명으로 옳은 것은? 제28회

① 기본지상설하중은 재현기간 100년에 대한 수직 최심적설깊이를 기준으로 한다.
② 건축물을 점유 사용함으로써 발생하는 하중은 고정하중이다.
③ 고정하중은 활하중에 비해 하중의 크기와 위치가 수시로 변화한다.
④ 골조에 고정된 영구설비하중은 밑면전단력 계산에서 유효건물중량에 포함되지 않는다.
⑤ 고정하중과 활하중은 단기하중이며, 지진하중과 풍하중은 장기하중이다.

02 건축물 주요실의 기본등분포활하중(kN/m^2)의 크기가 가장 작은 것은? 제27회

① 공동주택의 공용실 ② 주거용 건축물의 거실
③ 판매장의 상점 ④ 도서관의 서고
⑤ 기계실의 공조실

03 하중과 변형에 관한 용어 설명으로 옳은 것은? 제26회

철저한 기출분석, 약점 잡는 해설

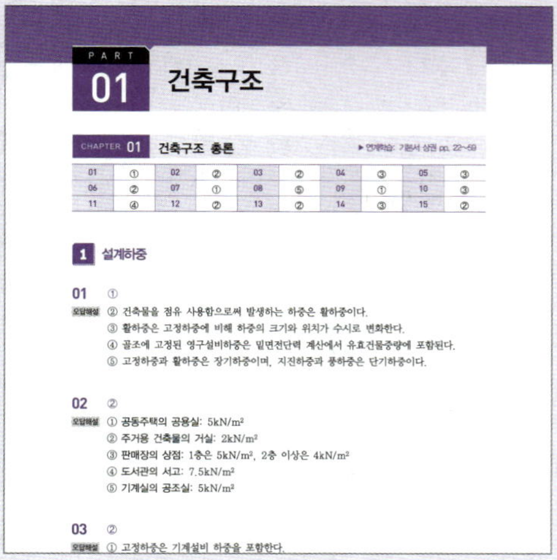

PART 01 건축구조

CHAPTER 01 건축구조 총론 ▶ 연계학습: 기본서 상권 pp. 22~59

01	①	02	②	03	②	04	③	05	③
06	②	07	①	08	⑤	09	①	10	③
11	④	12	②	13	②	14	③	15	②

1 설계하중

01 ①

오답해설 ② 건축물을 점유 사용함으로써 발생하는 하중은 활하중이다.
③ 활하중은 고정하중에 비해 하중의 크기와 위치가 수시로 변화한다.
④ 골조에 고정된 영구설비하중은 밑면전단력 계산에서 유효건물중량에 포함된다.
⑤ 고정하중과 활하중은 장기하중이며, 지진하중과 풍하중은 단기하중이다.

02 ②

오답해설 ① 공동주택의 공용실: $5kN/m^2$
② 주거용 건축물의 거실: $2kN/m^2$
③ 판매장의 상점: 1층은 $5kN/m^2$, 2층 이상은 $4kN/m^2$
④ 도서관의 서고: $7.5kN/m^2$
⑤ 기계실의 공조실: $5kN/m^2$

03 ②

오답해설 ① 고정하중은 기계설비 하중을 포함한다.

다 풀고 나서도, 더 확실히 마무리할 수 있으니까!

특별부록: 2025년 제28회 기출문제 제공

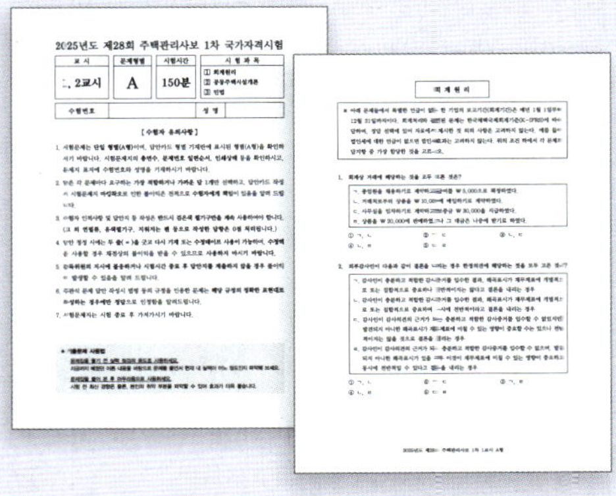

2025년에 실시된 제28회 시험의 기출문제를 풀어 보며 학습을 마무리하세요.

오답노트 PDF 제공

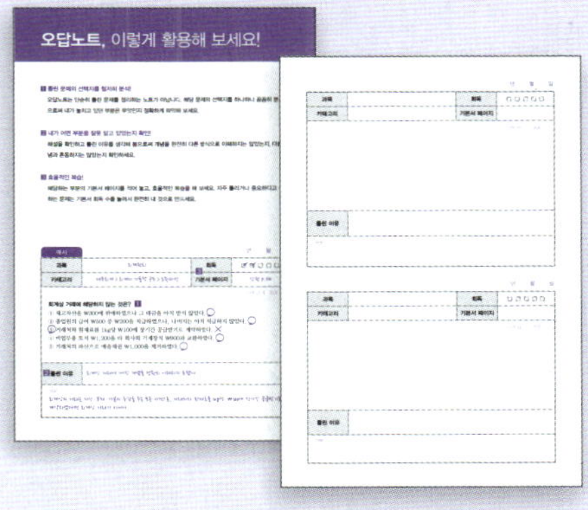

헷갈리거나 틀린 문제를 정리하여 시험장까지 가져가는 나만의 요약집으로 활용하세요.

오답노트 PDF 다운로드 방법

에듀윌 도서몰(book.eduwill.net) 접속 ▸ 도서자료실 클릭 ▸ 부가학습자료 클릭 후 다운로드

⊕ PLUS 기출문제 해설특강

기출문제, 혼자 공부하기 어렵고 막막하다면?
에듀윌 명품 교수진이 직접 풀어주는 최근 기출문제 해설특강을 무료로 들어 보세요.

해설특강 바로가기
* 에듀윌 주택관리사 접속(house.eduwill.net) → 상단 무료강의/자료 클릭 → 기출문제 해설특강 무료 수강

구성과 특징

문제편 단원별로 풀어보며 약점 파악하기

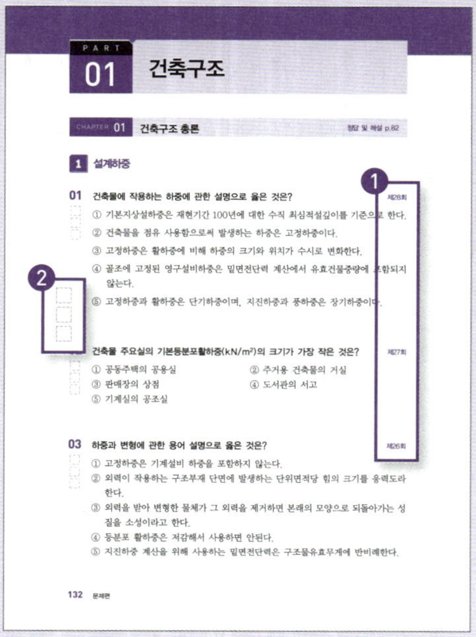

❶ 제28회~제21회, 총 8개년의 기출 수록

'공동주택시설개론'과 '민법'은 제21회부터 제28회까지 8개년치의 기출문제를 수록했고, '회계원리'는 제22회부터 제28회까지 7개년치의 기출문제를 수록했습니다.

❷ 문항별 회독 체크 박스

한 번 회독할 때마다 문제 번호 하단에 있는 □에 체크하는 방식으로 반복 학습하세요.

❸ 법령개정, 기준개정 완벽 반영

개정된 법령과 기준, 새로 적용된 한국채택국제회계기준(K-IFRS)을 완벽히 반영했습니다.

해설편 고퀄리티 분석 자료로 약점 완전 정복하기

❶ 한눈에 보는 정답

CHAPTER별 정답을 한눈에 보고 빠르게 채점해 보세요.

❷ 정답해설 & 오답해설

선택지가 응용되어 나올 수 있다는 점을 명심하고, 정답뿐만 아니라 오답에 대한 해설도 챙겨 보세요.

❸ 이론 PLUS

보충 설명이 필요한 문제에는 이론 PLUS 코너를 마련했습니다.

❹ 함정 CHECK, 고난도 TIP

교묘하게 출제된 함정 문제와 어렵게 출제된 고난도 문제를 해결할 수 있는 팁을 수록했습니다.

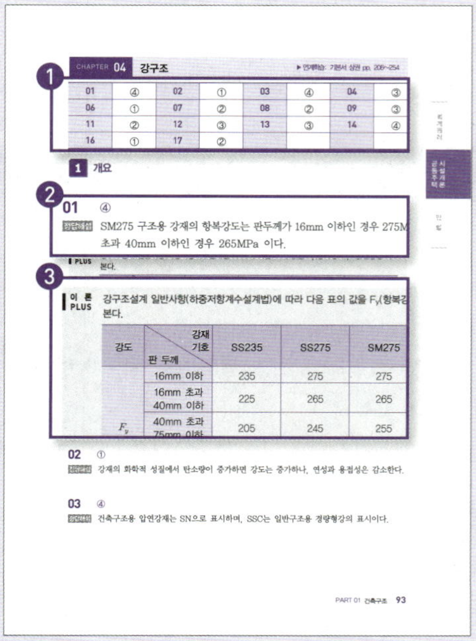

차례

SUBJECT 1 회계원리

PART 01 | 재무회계

PART 02 | 원가 · 관리회계

차례

SUBJECT 2 공동주택시설개론

PART 01 | 건축구조

PART 02 | 건축설비

SUBJECT 3 민법

7개년 시험분석 리포트 회계원리

단원별 출제문항 분석

단원		출제문항 수							7개년 평균 출제비중
PART	CHAPTER	28회	27회	26회	25회	24회	23회	22회	
1. 재무회계	01. 회계의 이론적 구조	0	1	1	1	1	2	2	2.9%
	02. 회계의 기술적 구조	2	1	2	1	3	2	1	4.3%
	03. 재무보고를 위한 개념체계	2	2	3	3	2	1	1	5.0%
	04. 자산의 일반이론	1	1	1	0	2	2	0	2.5%
	05. 금융자산 Ⅰ	2	4	2	2	4	4	6	8.6%
	06. 금융자산 Ⅱ	2	1	2	2	1	0	2	3.6%
	07. 재고자산	4	4	4	4	4	4	4	10.0%
	08. 유형자산	4	3	4	4	4	4	7	10.7%
	09. 무형자산과 투자부동산	1	2	1	1	1	1	2	3.1%
	10. 부채	4	2	3	2	2	2	2	6.1%
	11. 자본회계	2	3	3	3	2	2	2	6.1%
	12. 수익 · 비용회계	4	3	3	4	0	3	0	6.1%
	13. 회계변경과 오류수정	0	0	0	1	2	1	1	1.7%
	14. 재무제표	2	3	1	2	3	2	1	5.0%
	15. 재무제표 비율분석	2	2	2	2	1	2	1	4.3%
	합계	32	32	32	32	32	32	32	80%
2. 원가 · 관리회계	01. 원가의 기초	1	1	1	0	1	1	1	2.1%
	02. 원가의 배분	1	1	1	1	1	1	2	2.9%
	03. 개별원가계산	0	0	0	0	0	0	0	0.0%
	04. 종합원가계산	1	1	1	2	1	1	0	2.5%
	05. 전부원가계산과 변동원가계산	1	1	1	1	1	0	0	1.8%
	06. 표준원가계산	1	1	1	1	1	1	1	2.5%
	07. 원가추정(원가행태)	0	0	0	1	1	1	1	1.4%
	08. C · V · P분석(손익분기점)	1	2	1	1	1	1	2	3.2%
	09. 단기 의사결정	2	1	2	1	1	2	1	3.6%
	합계	8	8	8	8	8	8	8	20%
총계		40	40	40	40	40	40	40	100%

* 에듀윌 기본서 기준으로 분류한 PART 및 CHAPTER이며, 분류 기준에 따라 수치가 달라질 수 있습니다.

PART별 출제비중 & 출제포인트

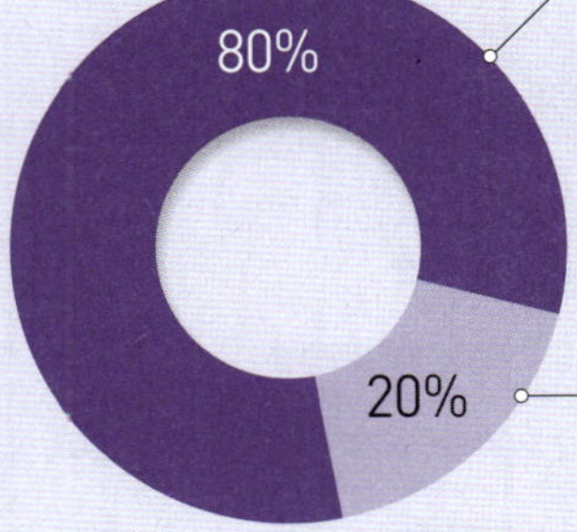

PART 1 재무회계

재무회계는 회계의 기술적 구조, 금융자산 Ⅰ, 재고자산, 유형자산, 부채, 자본회계, 수익 · 비용회계, 재무제표에서 비교적 많이 출제된 것을 확인할 수 있습니다. 그러나 모든 CHAPTER에서 빠짐없이 고루 출제되고 있으므로 전 범위를 고르게 학습해야 합니다.

PART 2 원가 · 관리회계

원가 · 관리회계는 원가의 배분, 표준원가계산, C · V · P분석(손익분기점), 단기 의사결정의 출제비중이 비교적 높았습니다.

회차별 전체 평균 & 합격자 평균점수

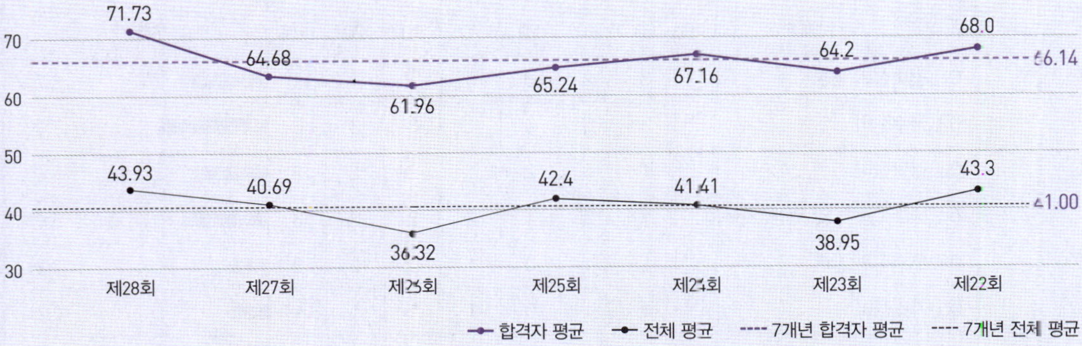

제29회 회계원리 합격전략

☑ 회계의 기술적 구조, 재고자산, 유형자산, 부채, 수익 · 비용회계, 원가의 배분, C · V · P분석(손익분기점), 단기 의사결정 등 출제비중이 높은 주제에 주의해야 합니다.

☑ 다만 전 범위에서 고르게 출제되고 있으므로 어느 한 주제에 편향되지 않는 학습이 필요합니다.

7개년 시험분석 리포트 공동주택시설개론

단원별 출제문항 분석

단원		출제문항 수							7개년 평균 출제비중
PART	CHAPTER	28회	27회	26회	25회	24회	23회	22회	
1. 건축구조	01. 건축구조 총론	1	2	2	1	3	2	2	4.6%
	02. 토공사 및 기초구조	2	2	1	1	1	2	2	3.9%
	03. 철근콘크리트구조	4	3	3	3	3	4	3	8.2%
	04. 강구조	2	2	2	4	2	1	2	5.4%
	05. 조적구조	1	1	3	1	1	1	1	3.2%
	06. 방수 및 방습공사	2	2	2	2	2	1	2	4.6%
	07. 지붕 및 홈통공사	1	1	0	1	1	1	1	2.2%
	08. 창호 및 유리공사	2	2	2	3	2	2	2	5.4%
	09. 미장 및 타일공사	2	2	2	1	2	2	2	4.6%
	10. 도장 및 수장공사	1	1	1	1	1	2	1	2.9%
	11. 적산과 견적	2	2	2	2	2	2	2	5.0%
	합계	20	20	20	20	20	20	20	50.0%
2. 건축설비	01. 건축설비 총론	3	2	3	5	1	1	1	5.7%
	02. 급수설비	3	3	4	1	3	3	3	7.1%
	03. 급탕설비	1	3	2	1	2	2	2	4.6%
	04. 배수 · 통기 및 위생기구설비	1	2	1	2	3	3	3	5.4%
	05. 오수정화설비	1	1	0	1	1	2	0	2.2%
	06. 가스설비	1	1	0	1	1	1	1	2.2%
	07. 소방설비	1	2	2	3	2	2	2	5.0%
	08. 난방 및 냉동설비	2	3	2	1	2	2	3	5.3%
	09. 공기조화 및 환기설비	1	0	0	2	0	0	0	1.1%
	10. 전기 및 수송설비	4	2	4	2	2	3	4	7.5%
	11. 홈네트워크 및 건축물의 에너지 절약설계기준	2	1	2	1	3	1	1	3.9%
	합계	20	20	20	20	20	20	20	50.0%
총계		40	40	40	40	40	40	40	100%

* 에듀윌 기본서 기준으로 분류한 PART 및 CHAPTER이며, 분류 기준에 따라 수치가 달라질 수 있습니다.

PART별 출제비중 & 출제포인트

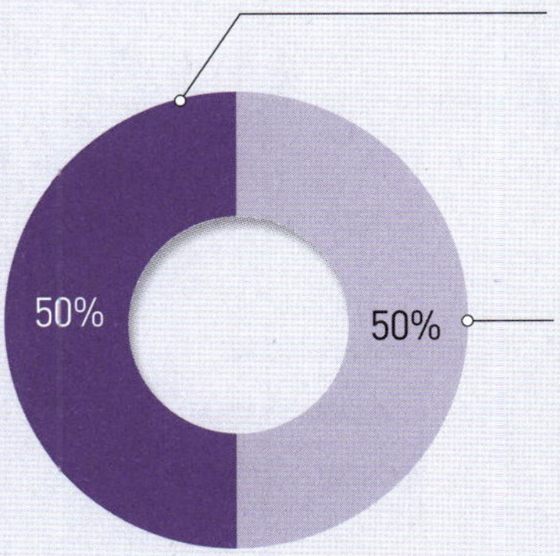

PART 1 건축구조

건축구조는 철근콘크리트구조, 강구조, 창호 및 유리공사에서 출제비중이 비교적 높았습니다만, 전 범위에서 빠짐없이 고르게 출제되고 있음을 확인할 수 있습니다.

PART 2 건축설비

건축설비는 급수설비, 배수 · 통기 및 위생기구설비, 소방설비, 건축설비 총론, 전기 및 수송설비의 출제비중이 비교적 높았습니다. 건축설비 또한 건축구조와 마찬가지로 전 범위에서 고르게 출제되고 있습니다.

회차별 전체 평균 & 합격자 평균점수

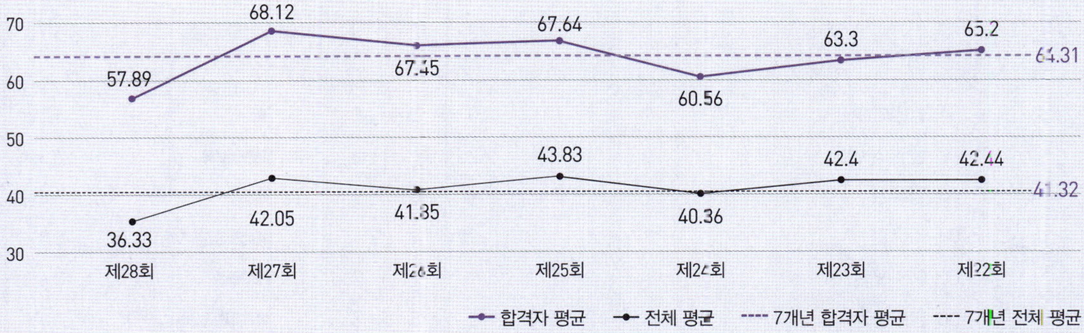

제29회 공동주택시설개론 합격전략

제29회 시험은 제28회 시험과 비슷한 수준으로 계속 출제될 가능성이 높으며, 새로운 내용을 공부하기보다는 기본서를 통해 개념을 이해하고, 기출문제를 완벽하게 자기 것으로 만들면 충분히 제29회에서도 좋은 결과를 만들 수 있습니다.

7개년 시험분석 리포트 민법

단원별 출제문항 분석

단원		출제문항 수							7개년 평균 출제비중
PART	CHAPTER	28회	27회	26회	25회	24회	23회	22회	
1. 민법 통칙	01. 민법 서론	1	1	1	1	1	1	0	2.1%
	02. 권리와 의무	2	2	1	2	2	2	0	3.9%
	합계	3	3	2	3	3	3	0	6.0%
2. 권리의 주체와 객체	01. 자연인	3	3	4	3	3	3	4	8.2%
	02. 법인	4	4	3	4	4	4	4	9.6%
	03. 권리의 객체	1	2	2	2	1	2	1	4.0%
	합계	8	9	9	9	8	9	9	21.8%
3. 권리의 변동	01. 권리변동 서설	0	0	1	1	1	0	0	1.1%
	02. 법률행위 일반	3	2	2	2	3	2	3	6.1%
	03. 의사표시	3	3	4	3	2	2	2	6.8%
	04. 법률행위의 대리	2	2	3	2	2	4	3	6.4%
	05. 법률행위의 무효와 취소	2	1	1	1	1	1	1	2.9%
	06. 조건과 기한	1	1	1	1	1	0	1	2.1%
	07. 기간과 소멸시효	2	3	1	2	2	3	3	5.7%
	합계	13	12	13	12	12	12	13	31.1%
4. 물권법	01. 물권법 총론	1	1	0	0	1	0	1	1.1%
	02. 물권의 변동	0	1	2	2	1	2	2	4.3%
	03. 점유권	1	1	1	1	0	0	1	1.4%
	04. 소유권	3	1	2	2	2	1	2	5.0%
	05. 용익물권	1	2	1	1	2	2	2	3.6%
	06. 담보물권	2	2	3	2	3	3	2	6.1%
	합계	8	8	9	8	9	8	10	21.5%
5. 채권법	01. 채권법 총론	2	2	2	2	2	2	2	5.0%
	02. 채권법 각론(계약법 총론)	1	1	1	1	3	4	2	4.6%
	03. 계약법 각론(매매)	2	1	2	1	1	1	1	3.1%
	04. 임대차	0	1	0	1	0	0	1	1.1%
	05. 도급과 위임	1	1	0	1	1	0	1	2.0%
	06. 부당이득과 불법행위	2	2	2	2	1	1	1	3.8%
	합계	8	8	7	8	8	8	8	19.6%
총계		40	40	40	40	40	40	40	100%

* 에듀윌 기본서 기준으로 분류한 PART 및 CHAPTER이며, 분류 기준에 따라 수치가 달라질 수 있습니다.

PART별 출제비중 & 출제포인트

PART 1 민법 통칙

평균 출제비중은 6.0%로 적은 편이나, 관련 판례를 포함하여 전 범위에 걸쳐 다양한 문제가 출제되고 있습니다.

PART 2 권리의 주체와 객체

자연인에서는 권리능력, 제한능력자 보호제도, 피성년후견인의 행위능력, 부재자 보호제도, 실종선고 등을 학습하시는 것이 좋습니다.

PART 3 권리의 변동

법률형위 일반과 대리, 기간과 소멸시효의 출제비중이 비교적 높은 편입니다. 권리의 변동을 포함한 민법 총칙은 민법 전체를 총괄하는 만큼 매우 추상적이고 포괄적이므로 사례와 연관시켜 이해 위주로 학습하는 것이 매우 중요합니다.

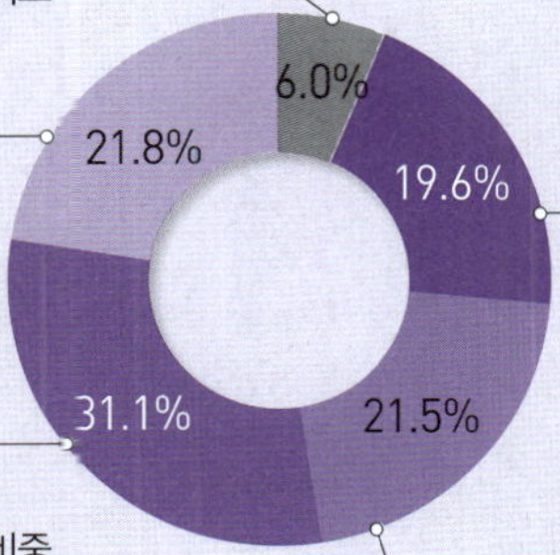

PART 5 채권법

채권법 또한 전 범위에서 빠짐없이 고르게 출제되고 있는데, 이 중 채권법 총론과 각론의 출제비중이 비교적 높습니다. 채권법에서는 특히 불법행위와 부진정연대채무, 매도인의 담보책임을 심도 있게 학습하여야 합니다.

PART 4 물권법

전 범위에서 빠짐없이 고르게 출제되고 있지만, 물권의 변동, 용익물권, 담보물권의 출제비중이 비교적 높은 편입니다. 물권법은 출제비중은 작지만 학습분량은 상당하고 그 난도도 점점 높아지고 있으므로 이에 잘 대비해야 합니다.

회차별 전체 평균 & 합격자 평균점수

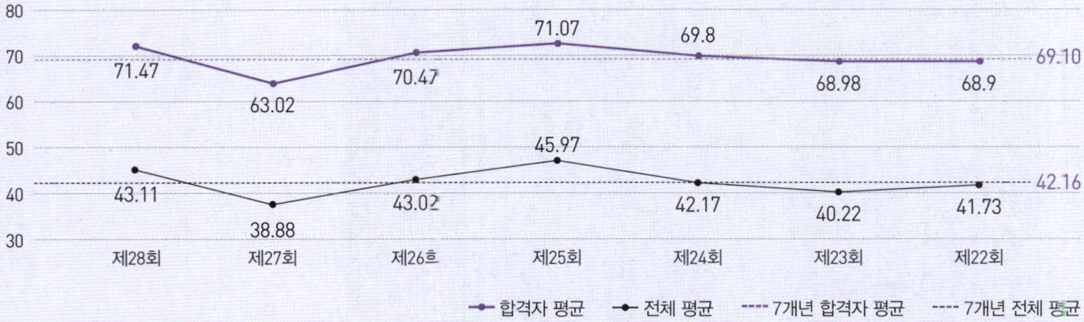

제29회 민법 합격전략

☑ 총칙 부분의 난이도는 현재 상태보다 조금 상향될 것으로 예상되는 바, 총칙 부분의 조문 이해 및 판례와 사례형을 좀 더 보완하여 학습해야 할 것으로 판단됩니다.

☑ 채권법 분야는 현재의 난이도를 유지할 것으로 판단이 됩니다. 판례 및 사례형을 가미하고 연대채무와 부진정연대채무와 관련한 손해배상과 그 범위 및 과실상계 및 상계로 인한 손해분담 부분에 대한 사례 문제를 좀 더 강화하여 학습해야 할 것으로 판단됩니다.

SUBJECT 1

회계원리

기출문제 완전정복 TIP

문제편

- 단원별로 분류한 기출문제를 풀어 보며 본인이 취약한 단원을 확인하세요.
- 한 번 회독할 때마다 문제 번호 하단에 있는 □에 체크하는 방식으로 반복 학습하세요.

해설편

- 헷갈리거나 모르는 문제는 해설을 철저히 분석하세요.
- 본인이 취약한 단원은 〈2026 에듀윌 1차 기본서 회계원리〉의 해당 CHAPTER를 찾아서 개념보충학습을 하세요.

회계원리 시험 방식

☑ 100분 동안 총 80문제 회계원리 40문제 추천 풀이시간 50~60분

회계원리 시험은 공동주택시설개론과 함께 1교시(09:30~11:10)에 치러지며, 1교시 시험은 100분 동안 과목당 40문제씩 총 80문제를 풀어야 합니다. 자신의 전략과목과 취약과목을 파악하여 시간을 배분해 푸는 것이 좋습니다.

특히 1교시 회계원리는 계산문제 풀이를 위해 100분 중 50~60분 정도의 시간을 할애하는 것을 추천합니다. 검토 및 답안카드 작성에 필요한 시간도 꼭 남겨두세요!

☑ 문제당 2.5점, 총 100점 만점

1차 시험의 문제당 배점은 2.5점으로, 객관식 5지 택일형이며 부분점수는 없습니다. 각 과목의 총점은 100점 만점이며, 과락은 40점입니다. 합격자는 모든 과목에서 40점 이상, 세 과목 평균 60점 이상을 획득해야 합니다.

☑ 세부과목 구분 없음

세부과목 구분은 없으며, 재무회계 80% 내외, 원가·관리회계 20% 내외로 출제됩니다. 회계처리 등과 관련된 시험문제는 한국채택국제회계기준을 적용합니다.

PART 01 재무회계

CHAPTER 01 회계의 이론적 구조

정답 및 해설 p.10

1 재무상태와 경영성과

01 포괄손익계산서 회계요소에 해당하는 것은? 제27회

① 자산 ② 부채
③ 자본 ④ 자본잉여금
⑤ 수익

02 재무상태표에 나타나지 않는 계정은? 제23회

① 자본금 ② 선급보험료
③ 손실충당금 ④ 이익준비금
⑤ 임차료

03 재무제표의 구성요소 중 잔여지분에 해당하는 것은? 제22회

① 자산 ② 부채
③ 자본 ④ 수익
⑤ 비용

04 수정후 잔액시산표의 당좌예금 계정잔액이 대변에 존재할 경우 기말 재무상태표에 표시되는 계정과목은? 제22회

① 현금및현금성자산 ② 단기차입금
③ 장기대여금 ④ 선수금
⑤ 예수금

2 순손익의 측정방법

05 (주)한국의 재무제표 자료가 다음과 같을 때, 기말부채는? 제26회

기초자산	₩12,000	총수익	₩30,000
기초부채	₩7,000	총비용	₩26,500
기말자산	₩22,000	유상증자	₩1,000
기말부채	?	현금배당	₩500

① ₩12,500
② ₩13,000
③ ₩13,500
④ ₩14,500
⑤ ₩15,000

06 (주)한국의 20×1년 자료가 다음과 같을 때, 20×1년 기말자본은? (단, 20×1년에 자본거래는 없다고 가정한다) 제25회

• 기초자산(20×1년 초) ₩300,000
• 기초부채(20×1년 초) 200,000
• 총수익(20×1년) ₩600,000
• 총비용(20×1년) 400,000

① ₩100,000
② ₩200,000
③ ₩300,000
④ ₩400,000
⑤ ₩500,000

07 다음 자료를 이용하여 계산한 기초자산은? 제24회

• 기초부채 ₩50,000
• 기말부채 60,000
• 현금배당 5,000
• 기말자산 ₩100,000
• 유상증자 10,000
• 총포괄이익 20,000

① ₩55,000
② ₩65,000
③ ₩70,000
④ ₩75,000
⑤ ₩85,000

08 (주)한국의 20×1년 초 자산과 부채는 각각 ₩500,000과 ₩300,000이었다. (주)한국의 20×1년도 총포괄이익이 ₩300,000이라면, 20×1년 말 재무상태표의 자본은?

제23회

① ₩100,000
② ₩200,000
③ ₩300,000
④ ₩400,000
⑤ ₩500,000

09 (주)한국의 20×1년 자료가 다음과 같을 때, 기말자본은?

제22회

• 기초자산	₩1,000,000	• 기초부채	₩700,000
• 현금배당	100,000	• 유상증자	500,000
• 총비용	1,000,000	• 총수익	900,000

① ₩800,000
② ₩600,000
③ ₩500,000
④ ₩300,000
⑤ ₩200,000

CHAPTER 02 회계의 기술적 구조(회계의 순환과정)

정답 및 해설 p.12

01 회계상 거래에 해당하는 것을 모두 고른 것은?

제28회

㉠ 종업원을 채용하기로 계약하고 급여를 ₩5,000으로 책정하였다.
㉡ 거래처로부터 상품을 ₩10,000에 매입하기로 계약하였다.
㉢ 사무실을 임차하기로 계약하고 보증금 ₩30,000을 지급하였다.
㉣ 상품을 ₩20,000에 판매하였으나 그 대금은 나중에 받기로 하였다.

① ㉠, ㉡
② ㉠, ㉢
③ ㉡, ㉢
④ ㉡, ㉣
⑤ ㉢, ㉣

02 장부 마감 시 원장 기입에 관한 설명으로 옳은 것은? 제28회

① 수익이 비용보다 큰 경우 집합손익계정 원장의 차변에 이익잉여금으로 마감한다.
② 수익은 수익계정 원장의 대변에 집합손익으로 마감한다.
③ 비용은 비용계정 원장의 대변에 차기이월로 마감한다.
④ 자산은 자산계정 원장의 차변에 차기이월로 마감한다.
⑤ 부채는 부채계정 원장의 차변에 집합손익으로 마감한다.

03 포괄손익계산서에 표시되는 당기손익으로 옳지 않은 것은? 제26회

① 최초 인식된 토지재평가손실
② 기타포괄손익-공정가치측정 금융자산으로 분류된 지분상품의 평가손익
③ 원가모형을 적용하는 유형자산의 손상차손환입
④ 투자부동산평가손익
⑤ 사업결합시 발생한 염가매수차익

04 (주)한국의 회계상 거래 중 비용이 발생하고 부채가 증가하는 거래는? 제26회

① 전기에 토지를 처분하고 받지 못한 대금을 현금수취하였다.
② 화재로 인하여 자사 컴퓨터가 소실되었다.
③ 당해 연도 발생한 임차료를 지급하지 않았다.
④ 대여금에서 발생한 이자수익을 기말에 인식하였다.
⑤ 전기에 지급하지 못한 종업원 급여에 대하여 당좌수표를 발행하여 지급하였다.

05 자산과 비용에 모두 영향을 미치는 거래는? 제25회

① 당기 종업원급여를 현금으로 지급하였다.
② 비품을 외상으로 구입하였다.
③ 현금을 출자하여 회사를 설립하였다.
④ 매입채무를 당좌예금으로 지급하였다.
⑤ 기존 차입금에 대하여 추가 담보를 제공하였다.

06 **수익 또는 비용에 영향을 주지 않는 것은?** 제24회

① 용역제공계약을 체결하고 현금을 수취하였으나 회사는 기말 현재 거래 상대방에게 아직까지 용역을 제공하지 않았다.
② 외상으로 제품을 판매하였다.
③ 홍수로 인해 재고자산이 침수되어 멸실되었다.
④ 거래처 직원을 접대하고 현금을 지출하였다.
⑤ 회사가 사용 중인 건물의 감가상각비를 인식하였으나 현금이 유출되지는 않았다.

07 **수정후시산표의 각 계정잔액이 존재한다고 가정할 경우, 장부마감 후 다음 회계연도 차변으로 이월되는 계정과목은?** 제24회

① 이자수익
② 자본금
③ 매출원가
④ 매입채무
⑤ 투자부동산

08 **포괄손익계산서에 나타나는 항목이 아닌 것은?** 제24회

① 미수수익
② 매출액
③ 유형자산처분이익
④ 이자비용
⑤ 법인세비용

09 **자본을 증가시키는 거래는?** 제23회

① 고객에게 용역을 제공하고 수익을 인식하였다.
② 주식배당을 결의하였다.
③ 유통 중인 자기회사의 주식을 취득하였다.
④ 소모품을 외상으로 구입하였다.
⑤ 건물을 장부금액보다 낮은 금액으로 처분하였다.

10 시산표의 차변금액이 대변금액보다 크게 나타나는 오류에 해당하는 것은? 제23회

① 건물 취득에 대한 회계처리가 누락되었다.
② 차입금 상환에 대해 분개를 한 후, 차입금계정에는 전기를 하였으나 현금계정에는 전기를 누락하였다.
③ 현금을 대여하고 차변에는 현금으로 대변에는 대여금으로 동일한 금액을 기록하였다.
④ 미수금 회수에 대해 분개를 한 후, 미수금계정에는 전기를 하였으나 현금계정에는 전기를 누락하였다.
⑤ 토지 처분에 대한 회계처리를 중복해서 기록하였다.

11 회계상 거래에 해당하지 않는 것은? 제22회

① 재고자산을 ₩300에 판매하였으나 그 대금을 아직 받지 않았다.
② 종업원의 급여 ₩500 중 ₩200을 지급하였으나, 나머지는 아직 지급하지 않았다.
③ 거래처와 원재료를 1kg당 ₩100에 장기간 공급받기로 계약하였다.
④ 비업무용 토지 ₩1,200을 타 회사의 기계장치 ₩900과 교환하였다.
⑤ 거래처의 파산으로 매출채권 ₩1,000을 제거하였다.

CHAPTER 03 재무보고를 위한 개념체계

정답 및 해설 p.14

1 재무보고를 위한 질적 특성

01 유용한 재무정보의 질적특성 중 보강적 질적특성에 해당하는 것을 모두 고른 것은? 제28회

㉠ 표현충실성	㉡ 목적적합성	㉢ 비교가능성
㉣ 이해가능성	㉤ 검증가능성	

① ㉠, ㉡, ㉢
② ㉠, ㉡, ㉤
③ ㉠, ㉢, ㉣
④ ㉡, ㉣, ㉤
⑤ ㉢, ㉣, ㉤

02 **일반목적재무보고의 목적에 관한 설명으로 옳지 않은 것은?** 제28회

① 일반목적재무보고서는 기업의 경제적자원 및 보고기업에 대한 청구권에 관한 정보를 제공한다.
② 보고기업의 재무성과에 대한 정보는 그 기업의 경제적자원에서 해당 기업이 창출한 수익을 이용자들이 이해하는 데 도움을 준다.
③ 보고기업의 경제적자원 및 청구권의 성격 및 금액에 대한 정보는 이용자들이 보고기업의 재무적 강점과 약점을 식별하는 데 도움을 줄 수 있다.
④ 보고기업의 한 기간의 재무성과에 대한 정보는 이용자들이 기업의 경제적자원에 대한 경영진의 수탁책임을 평가하는 데에도 도움을 줄 수 있다.
⑤ 보고기업의 과거 재무성과와 그 경영진이 수탁책임을 어떻게 이행했는지에 대한 정보는 기업의 경제적자원에서 발생하는 미래 수익을 예측하는 데 일반적으로 도움이 되지 않는다.

03 **근본적 질적특성에 해당하는 것은?** 제27회

① 비교가능성
② 이해가능성
③ 검증가능성
④ 적시성
⑤ 목적적합성

04 **재무정보의 질적특성에 관한 설명으로 옳지 않은 것은?** 제25회

① 근본적 질적특성은 목적적합성과 표현충실성이다.
② 목적적합한 재무정보는 이용자들의 의사결정에 차이가 나도록 할 수 있다.
③ 재무제표에 정보를 누락할 경우 주요 이용자들의 의사결정에 영향을 주면 그 정보는 중요한 것이다.
④ 재무정보가 과거 평가에 대해 피드백을 제공한다면 확인가치를 갖는다.
⑤ 완벽한 표현충실성을 위해서는 서술에 완전성과 중립성 및 적시성이 요구된다.

05 일반목적 재무보고에 관한 설명으로 옳지 않은 것은? 제25회

① 보고기업의 가치를 측정하여 제시하는 것을 주된 목적으로 한다.
② 현재 및 잠재적 투자자, 대여자 및 그 밖의 채권자가 주요이용자이다.
③ 보고기업의 경제적 자원 및 보고기업에 대한 청구권에 관한 정보를 제공한다.
④ 한 기간의 보고기업의 현금흐름에 대한 정보는 이용자들이 기업의 미래 순현금유입창출 능력을 평가하는 데 도움이 된다.
⑤ 보고기업의 경제적 자원에 대한 경영진의 수탁책임을 평가하는 데에도 유용하다.

06 보강적 질적특성 중 비교가능성은 측정기준의 선택에 영향을 미친다. 다음 중 기업 간 비교가능성을 높이거나 향상시킬 수 있는 측정기준을 모두 고른 것은? 제24회

㉠ 역사적 원가	㉡ 공정가치
㉢ 사용가치	㉣ 이행가치
㉤ 현행원가	

① ㉠, ㉡
② ㉡, ㉢
③ ㉡, ㉤
④ ㉢, ㉣
⑤ ㉢, ㉣, ㉤

07 유용한 재무정보의 질적특성에 관한 설명으로 옳지 않은 것은? 제23회

① 근본적 질적특성은 목적적합성과 표현충실성이다.
② 완벽한 표현충실성을 위해서는 서술이 완전하고, 중립적이며, 오류가 없어야 할 것이다.
③ 정보의 유용성을 보강시키는 질적특성에는 비교가능성, 검증가능성, 중요성 및 이해가능성이 있다.
④ 일관성은 비교가능성과 관련은 되어 있지만 동일하지는 않다.
⑤ 목적적합한 재무정보는 이용자들의 의사결정에 차이가 나도록 할 수 있다.

08 다음 설명에 해당하는 재무정보의 질적특성은?

제22회

> (가) 정보이용자가 항목 간의 유사점과 차이점을 식별하고 이해할 수 있게 한다.
> (나) 정보가 나타내고자 하는 경제적 현상을 충실히 표현하는지를 정보이용자가 확인하는 데 도움을 준다.

	(가)	(나)
①	비교가능성	검증가능성
②	중요성	일관성
③	적시성	중립성
④	중립성	적시성
⑤	검증가능성	비교가능성

2 회계감사 의견

09 외부감사인이 다음과 같이 결론을 내리는 경우 한정의견에 해당하는 것을 모두 고른 것은?

제28회

> ㉠ 감사인이 충분하고 적합한 감사증거를 입수한 결과, 왜곡표시가 재무제표에 개별적으로 또는 집합적으로 중요하나 전반적이지는 않다고 결론을 내리는 경우
> ㉡ 감사인이 충분하고 적합한 감사증거를 입수한 결과, 왜곡표시가 재무제표에 개별적으로 또는 집합적으로 중요하며 동시에 전반적이라고 결론을 내리는 경우
> ㉢ 감사인이 감사의견의 근거가 되는 충분하고 적합한 감사증거를 입수할 수 없었지만, 발견되지 아니한 왜곡표시가 재무제표에 미칠 수 있는 영향이 중요할 수는 있으나 전반적이지는 않을 것으로 결론을 내리는 경우
> ㉣ 감사인이 감사의견의 근거가 되는 충분하고 적합한 감사증거를 입수할 수 없으며, 발견되지 아니한 왜곡표시가 있을 경우 이것이 재무제표에 미칠 수 있는 영향이 중요하고 동시에 전반적일 수 있다고 결론을 내리는 경우

① ㉠, ㉡
② ㉠, ㉢
③ ㉠, ㉣
④ ㉡, ㉣
⑤ ㉢, ㉣

10 **재무보고를 위한 개념체계의 관련 문단에서 발췌되거나 파생된 용어의 정의로 옳지 않은 것은?** 제26회

① 근본적 질적특성: 일반목적재무보고서의 주요 이용자들에게 유용하기 위하여 재무정보가 지녀야 하는 질적특성
② 미이행계약: 계약당사자 모두가 자신의 의무를 전혀 수행하지 않았거나 계약당사자 모두가 동일한 정도로 자신의 의무를 부분적으로 수행한 계약이나 계약의 일부
③ 부채: 현재사건의 결과로 실체의 경제적자원을 이전해야 하는 미래의무
④ 인식: 자산, 부채, 자본, 수익 또는 비용과 같은 재무제표의 구성요소 중 하나의 정의를 충족하는 항목을 재무상태표나 재무성과표에 포함하기 위하여 포착하는 과정
⑤ 중요한 정보: 정보가 누락되거나 잘못 기재된 경우 특정 보고실체의 재무정보를 제공하는 일반목적재무보고서에 근거하여 이루어지는 주요 이용자들의 의사결정에 영향을 줄 수 있는 정보

11 **각 기업에 대한 감사의견이 순서대로 올바르게 제시된 것은?** 제27회

○ (갑회사) 회계감사를 받기 위해 제출한 재무제표에는 한국채택국제회계기준을 중요하게 위배한 내용이 있었지만, 회계감사 종료 전에 모두 수정되어 최종 재무제표에는 한국채택국제회계기준을 중요하게 위배한 내용이 없었다. ○ (을회사) 회계감사 이후 최종 재무제표에 한국채택국제회계기준을 위배한 내용이 포함되어 있었으나 위배 내용이 미미하며, 중요하지는 않다. ○ (병회사) 감사 범위가 중대하게 제한되어 적절한 회계감사를 수행할 수 없었다.

① 적정의견, 적정의견, 의견거절
② 적정의견, 조정의견, 부적정의견
③ 한정의견, 한정의견, 한정의견
④ 한정의견, 조정의견, 의견거절
⑤ 한정의견, 적정의견, 부적정의견

12 **외부감사인이 감사보고서에 표명하는 감사의견으로 옳지 않은 것은?** 제26회

① 적정의견
② 부적정의견
③ 조정의견
④ 한정의견
⑤ 의견거절

13 **외부회계감사에 관한 설명으로 옳지 않은 것은?** 제25회

① 감사의 목적은 의도된 재무제표 이용자의 신뢰수준을 향상시키는 데 있다.
② 감사인이 충분하고 적합한 감사증거를 입수한 결과, 왜곡표시가 재무제표에 중요하나 전반적이지는 않으면 한정의견이 표명된다.
③ 회계감사를 수행하는 감사인은 감사대상 재무제표를 작성하는 기업이나 경영자와 독립적이어야 한다.
④ 재무제표가 중요성 관점에서 일반적으로 인정된 회계기준에 따라 작성되었다고 판단되면 적정의견이 표명된다.
⑤ 감사대상 재무제표는 기업의 경영진이 감사인의 도움 없이 작성하는 것이 원칙이나, 주석 작성은 감사인의 도움을 받을 수 있다.

14 **다음 각 설명에 해당하는 감사의견은?** 제24회

(가) 한국채택국제회계기준을 위배한 정도가 커서 재무제표가 중대한 영향을 받았을 때 표명된다.
(나) 재무제표에 대한 감사 범위가 부분적으로 제한되었거나 또는 재무제표가 한국채택국제회계기준을 부분적으로 위배하여 작성된 경우에 표명된다.

	(가)	(나)
①	적정의견	한정의견
②	한정의견	부적정의견
③	한정의견	의견거절
④	부적정의견	한정의견
⑤	부적정의견	의견거절

정답 및 해설 p.16

1 자산의 정의 및 인식

01 재무제표 요소의 정의에 관한 설명으로 옳은 것은? 제24회

① 자산은 현재사건의 결과로 기업이 통제하는 미래의 경제적 자원이다.
② 부채는 과거사건의 결과로 기업이 경제적 자원을 이전해야 하는 과거의무이다.
③ 자본은 기업의 자산에서 모든 부채를 차감한 후의 잔여지분이다.
④ 수익은 자산의 감소 또는 부채의 증가로서 자본의 증가를 가져온다.
⑤ 비용은 자산의 증가 또는 부채의 감소로서 자본의 감소를 가져온다.

2 자산의 측정

02 재무보고를 위한 개념체계에서 제시한 측정기준에 관한 설명으로 옳은 것은? 제27회

① 공정가치는 자산을 취득할 때 발생한 거래원가로 인해 증가할 수 있다.
② 공정가치와 역사적원가는 유입가치에 해당한다.
③ 사용가치는 기업 특유의 가정보다는 시장참여자의 가정을 반영한다.
④ 자산의 현행원가는 측정일 현재 동등한 자산의 원가로서 측정일에 지급할 대가와 그 날에 발생할 거래원가를 포함한다.
⑤ 역사적 원가를 기반으로 한 이익은 현행원가를 기반으로 한 이익보다 미래 이익을 예측하는 데 더 유용하다.

03 다음에 설명하는 재무제표의 측정기준으로 옳은 것은? 제26회

> 측정일에 시장참여자 사이의 정상거래에서 자산을 매도할 때 받거나 부채를 이전할 때 지급하게 될 가격이다.

① 역사적원가　② 현행원가
③ 이행가치　④ 사용가치
⑤ 공정가치

04 유입가치를 반영하는 측정기준을 모두 고른 것은? 제23회

㉠ 역사적 원가	㉡ 공정가치
㉢ 사용가치	㉣ 이행가치
㉤ 현행원가	

① ㉠, ㉢ ② ㉠, ㉤ ③ ㉡, ㉢
④ ㉠, ㉢, ㉣ ⑤ ㉡, ㉣, ㉤

3 자산의 분류

05 금융부채에 해당하지 않는 것은? 제24회

① 선수임대료 ② 미지급금 ③ 매입채무
④ 사채 ⑤ 단기차입금

06 금융자산에 해당하지 않는 것은? 제23회

① 현금 ② 대여금
③ 투자사채 ④ 선급비용
⑤ 매출채권

CHAPTER 05 금융자산 I

정답 및 해설 p.18

1 금융상품

01 금융부채에 해당하는 것을 모두 고른 것은? 제28회

㉠ 차입금	㉡ 선수금	㉢ 충당부채
㉣ 미지급법인세	㉤ 지급어음	

① ㉠, ㉢ ② ㉠, ㉤
③ ㉡, ㉣ ④ ㉠, ㉢, ㉣
⑤ ㉡, ㉣, ㉤

02 금융자산에 해당하지 않는 것은? 제27회

① 매출채권
② 투자사채
③ 다른 기업의 지분상품
④ 당기법인세자산
⑤ 거래상대방에게서 국채를 수취할 계약상의 권리

03 금융자산에 해당하지 않는 것은? 제22회

① 미수이자
② 다른 기업의 지분상품
③ 만기까지 인출이 제한된 정기적금
④ 거래상대방에게서 국채를 수취할 계약상의 권리
⑤ 선급금

2 현금및현금성자산과 은행계정조정표

04 20×1년 말 현재 (주)한국의 장부상 당좌예금 잔액과 은행 측 잔액증명서상 잔액의 불일치 원인은 다음과 같다. 불일치 원인을 조정한 후의 올바른 당좌예금 잔액이 ₩200,000일 때, (주)한국의 조정 전 장부상 당좌예금 잔액은? 제28회

○ (주)한국은 입금처리하였으나, 은행에서 미기록한 예금	₩40,000
○ (주)한국에서 회계처리하지 않은 은행수수료	₩10,000
○ 거래처가 입금한 금액 중 은행으로부터 통보받지 못한 금액	₩30,000
○ (주)한국이 발행한 수표 중 은행에서 인출되지 않은 금액	₩25,000
○ (주)한국이 은행에 예입한 ₩50,000의 수표를 회사장부에 ₩5,000으로 기록	

① ₩120,000
② ₩135,000
③ ₩150,000
④ ₩185,000
⑤ ₩225,000

05 (주)한국이 은행으로부터 통지받은 은행 예금잔액증명서 상 잔액은 ₩10,000이고, 장부상 당좌예금 잔액과 차이가 있다. 당좌예금계정 잔액의 불일치 원인이 다음과 같을 때, (주)한국의 조정 전 당좌예금 계정 잔액은? 제27회

○ (주)한국이 거래처에 발행하였으나 은행에서 미인출된 수표	₩2,000
○ (주)한국은 입금처리하였으나 은행에서 미기록한 예금	1,000
○ (주)한국에서 회계처리하지 않은 은행수수료	300
○ 타회사가 부담할 수수료를 (주)한국의 계정에서 차감한 은행의 오류	400
○ (주)한국에서 회계처리하지 않은 이자비용	500

① ₩8,600 ② ₩9,400 ③ ₩9,800
④ ₩10,000 ⑤ ₩10,200

06 (주)한국의 20×1년 말 재무상태표에 표시된 현금및현금성자산은 ₩500이다. 다음 자료를 이용할 경우 보통예금은? 제27회

○ 통화	₩50	○ 송금수표	₩100	○ 선일자수표	₩150
○ 보통예금	?	○ 당좌개설보증금	150	○ 우편환증서	100
○ 양도성예금증서(취득일 20×1년 10월 1일, 만기일 20×2년 1월 10일)					150

① ₩200 ② ₩250 ③ ₩300
④ ₩350 ⑤ ₩400

07 (주)한국의 기말 장부상 당좌예금계정 잔액은 ₩130,000이며, 은행으로부터 통지받은 잔액은 ₩10,000으로 불일치하였다. 불일치 원인이 다음과 같을 때, (주)한국이 장부에 잘못 기록한 매출채권 회수액(A)은? 제26회

- 매출처로부터 수취하여 은행에 예입한 수표 ₩60,000이 부도 처리되었으나, 기말 현재 은행으로부터 통보받지 못하였다.
- 은행 업무시간 이후에 ₩70,000을 입금하였으나, 기말 현재 은행 측이 미기입하였다.
- 매입채무를 지급하기 위하여 ₩30,000의 수표를 발행하였으나, 기말 현재 아직 은행에서 결제되지 않았다.
- 은행수수료가 ₩500 발생하였으나, 기말 현재 회사측 장부에 반영되지 않았다.
- 매출처로부터 매출채권 회수액으로 받은 ₩50,000의 수표를 예입하면서, 회사 직원이 A금액으로 잘못 기록하였다.

① ₩30,500
② ₩69,500
③ ₩70,500
④ ₩88,500
⑤ ₩100,500

08 (주)한국의 20×1년 말 재무자료에서 발췌한 자료이다. 20×1년 말 재무상태표의 현금및현금성자산으로 보고될 금액은? [단, (주)한국의 표시통화는 원화(₩)이다] 제25회

• 당좌차월	₩300
• 타인발행수표	100
• 지급기일이 도래한 배당금 지급통지표	450
• 우편환증서	260
• 양도성예금증서(취득일 20×1년 12월 1일, 만기일 20×2년 3월 20일)	530
• 당좌개설보증금	340
• 자기앞수표	250
• 외국환 통화(외국환 통화에 적용될 환율은 $1 = ₩110이다)	$2

① ₩980
② ₩1,280
③ ₩1,620
④ ₩1,810
⑤ ₩2,150

회계원리
시설개론
공동주택
민법

09 (주)한국이 20×1년 말 보유하고 있는 자산이 다음과 같을 때, 20×1년 말 재무상태표에 표시될 현금및현금성자산은? 제24회

• 통화	₩1,000	• 보통예금	₩1,500
• 자기앞수표	2,000	• 받을어음	500
• 우편환증서	600	• 당좌개설보증금	800
• 정기예금(가입: 20×0년 3월 1일, 만기: 20×2년 2월 28일)			900
• 양도성예금증서(취득: 20×1년 12월 1일, 만기: 20×2년 1월 31일)			1,000

① ₩4,500
② ₩5,100
③ ₩5,900
④ ₩6,100
⑤ ₩7,000

10 20×1년 말 현재 (주)한국의 장부상 당좌예금 잔액은 ₩84,500으로 은행 측 잔액증명서상 잔액과 차이가 있다. 차이가 나는 원인이 다음과 같을 때 차이를 조정한 후의 올바른 당좌예금 잔액은? 제24회

- 거래처에서 송금한 ₩5,600이 은행에 입금 처리되었으나, 기말 현재 은행으로부터 통보받지 못했다.
- 발행한 수표 중 ₩11,000이 기말 현재 은행에서 인출되지 않았다.
- 거래처로부터 받아 예입한 수표 ₩5,000이 부도 처리되었으나 기말 현재 은행으로부터 통보받지 못했다.
- 회사에서는 입금 처리하였으나, 기말 현재 은행 측에 미기입된 예금은 ₩12,300이다.

① ₩72,900
② ₩79,100
③ ₩83,900
④ ₩85,100
⑤ ₩86,400

11 (주)한국의 20×1년 말 현재 장부상 당좌예금계정잔액은 ₩22,500으로 은행 측 예금잔액증명서상 금액과 일치하지 않는 것으로 나타났다. 이들 잔액이 일치하지 않는 원인이 다음과 같을 때, 차이 조정 전 은행 측 예금잔액증명서상 금액은? 제23회

• 은행 미기입 예금	₩2,000
• 기발행 미인출 수표	5,000
• 회사에 미통지된 입금액	3,000
• 은행으로부터 통보받지 못한 이자수익	300
• 은행으로부터 통보받지 못한 은행수수료	200

① ₩22,500
② ₩23,600
③ ₩25,600
④ ₩28,600
⑤ ₩30,600

12 (주)한국은 12월 1일 상품매입 대금 ₩30,000에 대해 당좌수표를 발행하여 지급하였다. 당좌수표 발행 당시 당좌예금 잔액은 ₩18,000이었고, 동 당좌계좌의 당좌차월 한도액은 ₩20,000이었다. 12월 20일 거래처로부터 매출채권 ₩20,000이 당좌예금으로 입금되었을 때 회계처리로 옳은 것은? 제23회

	차변		대변	
①	당좌예금	20,000	매출채권	20,000
②	당좌차월	20,000	매출채권	20,000
③	당좌예금	12,000	매출채권	20,000
	당좌차월	8,000		
④	당좌예금	8,000	매출채권	20,000
	당좌차월	12,000		
⑤	당좌예금	18,000	매출채권	20,000
	당좌차월	2,000		

13 (주)한국의 20×1년 말 재무상태표에 표시된 현금및현금성자산은 ₩4,000이다. 다음 자료를 이용할 경우 당좌예금은? 제23회

• 통화	₩200	• 보통예금	₩300	• 당좌예금	?
• 수입인지	400	• 우편환증서	500		

① ₩2,600 ② ₩2,800
③ ₩3,000 ④ ₩3,100
⑤ ₩3,500

14 다음 (주)한국의 20×1년 말 항목 중 재무상태표상 현금및현금성자산의 합계액은? (단, 외국환 통화에 적용될 환율은 $1 = ₩1,100이다) 제22회

• 자기앞수표	₩10,000
• 차용증서	6,000
• 약속어음	15,000
• 만기가 도래한 공사채이자표	2,000
• 우편환증서	40,000
• 외국환 통화	$10
• 양도성예금증서(취득: 20×1년 10월 1일, 만기: 20×2년 1월 31일)	₩1,000

① ₩53,000 ② ₩63,000
③ ₩64,000 ④ ₩70,000
⑤ ₩78,000

15 (주)한국은 20×1년 12월 31일 직원이 회사자금을 횡령한 사실을 확인하였다. 12월 31일 현재 회사 장부상 당좌예금 잔액은 ₩65,000이었으며, 거래은행으로부터 확인한 당좌예금 잔액은 ₩56,000이다. 회사 측 잔액과 은행 측 잔액이 차이가 나는 이유가 다음과 같을 때, 직원이 회사에서 횡령한 것으로 추정되는 금액은? 제22회

• 은행 미기입 예금	₩4,500
• 기발행 미인출 수표	5,200
• 회사에 미통지된 입금액	2,200
• 은행으로부터 통보받지 못한 은행수수료	1,500
• 발행한 수표 ₩2,000을 회사장부에 ₩2,500으로 기록하였음을 확인함	

① ₩9,000 ② ₩9,700
③ ₩10,400 ④ ₩10,900
⑤ ₩31,700

3 대여금 및 수취채권

16 (주)한국은 매출처로부터 받은 액면금액 ₩100,000(발행일 20×1년 7월 1일, 만기일 20×1년 12월 31일, 표시이자율 연 9%, 만기 이자수취)인 이자부어음을 20×1년 8월 1일 은행에 이자율 연 12% 조건으로 할인하였다. 동 어음 할인으로 (주)한국이 할인료를 제외하고 수취한 현금은? (단, 어음할인은 제거조건을 충족하며, 이자는 월할 계산한다.) 제28회

① ₩98,525 ② ₩99,275
③ ₩100,000 ④ ₩100,025
⑤ ₩104,500

17 (주)한국은 20×1년 4월 1일 다음과 같은 받을어음을 은행에서 할인하고, 할인료를 제외한 금액을 현금으로 수취하였다. 동 어음할인으로 매출채권처분손실이 ₩159 발생한 경우, (주)한국이 수취한 현금은? (단, 금융자산의 양도는 제거조건을 충족하며, 이자는 월할계산한다) 제24회

- 액면금액: ₩10,000
- 표시이자율: 연 6%(이자는 만기에 수취)
- 어음발행일: 20×1년 1월 1일
- 어음만기일: 20×1년 6월 30일

① ₩9,841
② ₩9,991
③ ₩10,141
④ ₩10,159
⑤ ₩10,459

18 (주)한국은 20×1년 1월 1일 거래처로부터 액면금액 ₩120,000인 6개월 만기 약속어음(이자율 연 6%)을 수취하였다. (주)한국이 20×1년 5월 1일 동 어음을 은행에 양도(할인율 연 9%)할 경우 수령할 현금은? (단, 동 어음양도는 금융자산 제거조건을 충족하며, 이자는 월할계산한다) 제22회

① ₩104,701
② ₩118,146
③ ₩119,892
④ ₩121,746
⑤ ₩122,400

4 매출채권의 손상(대손)회계

19 (주)한국은 모든 매출거래를 매출채권 증가로 처리한다. 20×1년과 20×2년 중 회수불능이 확정되어 제거된 매출채권은 없으며, 회수불능으로 회계처리했던 매출채권을 현금으로 회수한 내역도 없을 때, 다음 중 옳지 않은 것은? 제27회

계정과목	20×1년	20×2년
기말 매출채권	₩95,000	₩100,000
기말 손실충당금	15,500	17,000
매출액	950,000	980,000
손상차손	15,500	?

① 20×2년 초 매출채권의 전기이월액은 ₩95,000이다.
② 20×1년 초 손실충당금의 전기이월액은 ₩0이다.
③ 20×2년 손상차손은 ₩1,500이다.
④ 20×2년 초 손상차손의 전기이월액은 ₩0이다.
⑤ 20×2년 중 현금 회수된 매출채권은 ₩976,500이다.

20 (주)한국의 20×1년 초 매출채권은 ₩800,000이며, 매출채권에 대한 손실충당금은 ₩15,000이다. 20×1년도 매출채권 관련 자료가 다음과 같을 때, (주)한국이 매출채권과 관련하여 20×1년도 포괄손익계산서에 인식할 손상차손은? (단, 매출채권에는 유의적 금융요소를 포함하고 있지 않다고 가정한다) 제26회

- 20×1년도 매출액은 ₩1,000,000이며, 이 중 외상매출액은 ₩700,000이다.
- 20×1년도에 감소된 매출채권은 총 ₩1,020,000으로, 이는 현금으로 회수된 ₩1,000,000과 회수불능이 확정되어 제거된 ₩20,000이다.
- 20×1년 말 매출채권에 대한 기대신용손실은 매출채권 잔액의 2%이다.

① ₩9,600
② ₩10,600
③ ₩14,600
④ ₩15,600
⑤ ₩20,600

21 (주)한국의 20×1년 말 매출채권 잔액은 ₩150,000이며, 매출채권에 대한 기대신용손실을 계산하기 위한 연령별 기대신용손실률은 다음과 같다.

연체기간	금액	기대신용손실률
연체되지 않음	₩120,000	0.4%
1일 ~ 60일	25,000	2.0%
61일 이상	5,000	8.0%
합계	₩150,000	

(주)한국의 20×1년 초 매출채권에 대한 손실충당금 잔액이 ₩2,500이고, 20×1년 중 매출채권 ₩1,000이 회수불능으로 확정되어 제거되었다. 20×1년 포괄손익계산서에 보고할 매출채권 손상차손(또는 손상차손환입)은? 제25회

① 손상차손환입 ₩120
② 손상차손환입 ₩380
③ 손상차손 ₩120
④ 손상차손 ₩1,120
⑤ 손상차손 ₩1,380

22 (주)한국의 20×1년 중 발생한 거래 및 20×1년 말 손상차손 추정과 관련된 자료는 다음과 같다. (주)한국의 20×1년도 포괄손익계산서상 매출채권에 대한 손상차손이 ₩35,000일 때, 20×1년 초 매출채권에 대한 손실충당금은? 제24회

- 20×1년 6월 9일: 당기 외상매출한 매출채권 ₩8,900이 회수불능으로 확정되어 제거되었다.
- 20×1년 7월 13일: 전기에 손실충당금으로 손상처리한 매출채권 ₩1,000이 회수되었다.
- 20×1년 12월 31일: 기말 매출채권 전체에 대한 기대신용손실액은 ₩30,000이다.

① ₩1,000
② ₩1,900
③ ₩2,900
④ ₩3,900
⑤ ₩5,000

23 (주)한국의 20×1년 초 매출채권에 대한 손실충당금은 ₩5,000이다. 매출채권과 관련된 자료가 다음과 같을 때, 20×1년도에 인식할 손상차손은? 제23회

- 20×1년 3월 2일 당기 외상매출한 ₩7,500의 매출채권이 회수불가능한 것으로 판명되었다.
- 20×1년 6월 3일 전기에 손실충당금으로 손상처리한 매출채권 ₩1,000이 회수되었다.
- 20×1년 12월 31일 기말수정분개 전 매출채권 잔액은 ₩201,250이며, 매출채권 잔액의 미래현금흐름을 개별적으로 분석한 결과 ₩36,000의 손상이 발생할 것으로 예상되었다.

① ₩30,500
② ₩31,000
③ ₩35,000
④ ₩36,500
⑤ ₩37,500

24 (주)한국의 당기 매출채권 손실충당금 기초잔액은 ₩50,000이고 기말잔액은 ₩80,000이다. 기중 매출채권 ₩70,000이 회수불능으로 확정되어 제거되었으나 그중 ₩40,000이 현금으로 회수되었다. 당기 포괄손익계산서상 매출채권 손상차손은? 제22회

① ₩40,000
② ₩50,000
③ ₩60,000
④ ₩70,000
⑤ ₩80,000

5 기타 채권과 채무

25 기업이 종업원에게 급여를 지급하면서 소득세 등을 원천징수하여 일시적으로 보관하기 위한 계정과목은? 제27회

① 예수금
② 선수금
③ 선급금
④ 미수금
⑤ 미지급금

CHAPTER 06 금융자산 Ⅱ

정답 및 해설 p.24

01 (주)한국은 20×1년 중 금융자산을 취득하고 주식 A는 당기손익-공정가치 측정 금융자산으로, 주식 B는 기타포괄손익-공정가치 측정 금융자산으로 분류하였다. 20×1년 중 주식 A는 전부 매각하였고, 주식 B는 20×1년 말 현재 보유하고 있다. 주식 A의 매각금액과 20×1년 말 주식 B의 공정가치가 다음과 같을 때, 20×1년 당기순이익에 미치는 영향은? 제25회

	20×1년 중 취득원가	비고
주식 A	₩250	매각금액 ₩230
주식 B	₩340	20×1년 말 공정가치 ₩380

① ₩20 증가
② ₩40 증가
③ ₩60 증가
④ ₩20 감소
⑤ ₩40 감소

1 당기손익-공정가치 측정 금융자산(FVPL 금융자산)

02 (주)한국은 20×1년 5월 1일 주식A 100주를 취득일의 공정가치인 주당 ₩100에 취득하고 당기손익-공정가치측정 금융자산으로 분류하였다. 20×1년 말과 20×2년 말의 주식A의 공정가치는 다음과 같다.

구분	20×1년 말	20×2년 말
주식A 공정가치	₩120	₩140

(주)한국은 20×2년 5월 1일 주식A 50주를 처분일의 공정가치인 주당 ₩110에 처분하고, 나머지 50주는 계속 보유하고 있다. 20×2년 당기순이익에 미치는 영향은?

제27회

① 영향 없음
② ₩500 감소
③ ₩500 증가
④ ₩1,000 감소
⑤ ₩1,000 증가

03 (주)한국은 20×1년 7월 1일 (주)대한의 주식 200주를 취득일의 공정가치인 주당 ₩1,000에 취득하였다. 취득시 추가로 ₩5,000의 거래원가가 발생하였으며, (주)한국은 해당 주식을 당기손익-공정가치측정 금융자산으로 분류하였다. 20×1년 9월 1일 (주)한국은 취득한 주식의 50%를 처분일의 공정가치인 주당 ₩800에 처분하였다. 20×1년 말 (주)대한 주식의 주당 공정가치가 ₩1,300일 때, 동 주식과 관련하여 (주)한국의 20×1년 포괄손익계산서의 당기순이익 증가액은?

제26회

① ₩1,000
② ₩2,000
③ ₩3,000
④ ₩4,000
⑤ ₩5,000

04 (주)한국은 20×1년 4월 1일 (주)대한의 보통주 100주를 1주당 ₩10,000에 취득하고 취득수수료 ₩20,000을 현금으로 지급하였다. (주)한국은 취득한 보통주를 당기손익-공정가치 측정 금융자산으로 분류하였으며, 20×1년 8월 1일 1주당 ₩1,000의 중간배당금을 현금으로 수령하였다. 20×1년 말 (주)대한의 보통주 공정가치는 1주당 ₩10,500이었다. 동 주식과 관련하여 (주)한국이 20×1년 인식할 금융자산평가손익은? 제24회

① 손실 ₩70,000
② 손실 ₩50,000
③ 손실 ₩30,000
④ 이익 ₩30,000
⑤ 이익 ₩50,000

2 기타포괄손익-공정가치 측정 금융자산(FVOCI 금융자산)

05 (주)한국은 20×1년 7월 1일에 주식A를 취득일의 공정가치인 ₩50,000에 취득하고 기타포괄손익-공정가치측정 금융자산으로 분류하였다. (주)한국은 20×2년 4월 1일에 주식A와 관련하여 ₩1,000의 현금배당금을 수령하였고, 20×2년 12월 1일에 주식A를 ₩55,000에 전량 매각하였다. 주식A의 공정가치가 다음과 같을 때, 주식A와 관련된 회계처리가 (주)한국의 20×2년도 당기순이익에 미치는 영향은?(단, 주식매매수수료는 없다.) 제28회

구분	20×1년 12월 31일	20×2년 4월 1일	20×2년 12월 1일
공정가치	₩53,500	₩52,000	₩55,000

① ₩1,000 증가
② ₩1,500 증가
③ ₩3,000 증가
④ ₩5,000 증가
⑤ ₩6,000 증가

06 취득한 사채(채무상품)를 기타포괄손익-공정가치측정 금융자산으로 분류한 경우의 회계처리로 옳지 않은 것은? (단, 손상은 고려하지 않는다) 제26회

① 취득과 관련되는 거래원가는 최초 인식시점의 공정가치에 가산한다.
② 처분할 경우 기타포괄손익누계액에 누적된 평가손익을 당기손익으로 재분류한다.
③ 당기손익으로 인식하는 금액은 상각후원가측정 금융자산으로 분류하였을 경우 당기손익으로 인식하는 금액과 차이가 없다.
④ 액면금액 미만으로 취득(할인취득)한 경우 이자수익 인식금액이 현금으로 수취하는 이자금액 보다 크다.
⑤ 이자수익은 매 보고기간 말의 현행 시장이자율을 이용하여 인식한다.

07 (주)한국은 A주식을 20×1년 초 ₩1,000에 구입하고 취득수수료 ₩20을 별도로 지급하였으며, 기타포괄손익-공정가치 측정 금융자산으로 선택하여 분류하였다. A주식의 20×1년 말 공정가치는 ₩900, 20×2년 말 공정가치는 ₩1,200이고, 20×3년 2월 1일 A주식 모두를 공정가치 ₩1,100에 처분하였다. A주식에 관한 회계처리 결과로 옳지 않은 것은? 제22회

① A주식 취득원가는 ₩1,020이다.
② 20×1년 총포괄이익이 ₩120 감소한다.
③ 20×2년 총포괄이익이 ₩300 증가한다.
④ 20×2년 말 재무상태표상 금융자산평가이익(기타포괄손익누계액)은 ₩180이다.
⑤ 20×3년 당기순이익이 ₩100 감소한다.

3 상각 후 원가 측정 금융자산(AC 금융자산)

08 (주)한국은 20×1년 1월 1일에 (주)대한이 발행한 사채(액면금액 ₩1,000,000, 표시이자율 연 10%, 매년 말 이자지급, 만기 3년)를 공정가치로 취득하고 상각후원가 측정 금융자산으로 분류하였다. 취득 당시 유효이자율은 연 8%이다. (주)한국이 동 사채를 만기까지 보유할 때, 보유기간 동안 인식할 이자수익 총액은? (단, 사채발행일과 취득일은 동일하며, 단수차이가 발생할 경우 가장 근사치를 선택한다.) 제28회

기간	단일금액 ₩1의 현재가치		정상연금 ₩1의 현재가치	
	8%	10%	8%	10%
3	0.7938	0.7513	2.5771	2.4869

① ₩228,690
② ₩240,000
③ ₩248,490
④ ₩289,748
⑤ ₩300,000

09 (주)한국은 20×1년 1월 1일에 (주)대한이 발행한 사채(액면금액 ₩10,000, 표시이자율 연 10%, 이자는 매년 12월 31일 지급, 만기 3년)를 공정가치로 취득하고 상각후원가 측정 금융자산으로 분류하였다. 취득 당시 유효이자율은 연 12%이다. 동 금융자산과 관련하여 (주)한국이 20×2년 12월 31일에 인식할 이자수익과 20×2년 12월 31일 금융자산 장부금액은? (단, 사채발행일과 취득일은 동일하며, 단수 차이가 발생할 경우 가장 근사치를 선택한다) 제25회

기간	단일금액 ₩1의 현재가치		정상연금 ₩1의 현재가치	
	10%	12%	10%	12%
3	0.7513	0.7118	2.4869	2.4019

	이자수익	장부금액
①	₩952	₩9,520
②	₩1,000	₩9,620
③	₩1,142	₩9,632
④	₩1,159	₩9,821
⑤	₩1,178	₩10,000

10 (주)한국은 20×1년 초 회사채(액면금액 ₩100,000, 표시이자율 5%, 이자는 매년 말 후급, 만기 20×3년 말)를 ₩87,566에 구입하고, 상각후원가 측정 금융자산으로 분류하였다. 20×1년 이자수익이 ₩8,757일 때, 20×2년과 20×3년에 인식할 이자수익의 합은? (단, 단수차이가 발생할 경우 가장 근사치를 선택한다) 제22회

① ₩10,000　② ₩17,514
③ ₩17,677　④ ₩18,514
⑤ ₩18,677

CHAPTER 07 재고자산

정답 및 해설 p.26

1 재고자산의 정의 및 분류(범위)

01 (주)한국이 20×1년 말 실지재고조사한 재고자산 원가는 ₩50,000으로 파악되었다. (주)한국이 재고자산과 관련하여 다음 추가사항을 고려할 경우 정확한 기말재고자산은? (단, 재고자산감모손실과 재고자산평가손실은 없다) 제27회

- 20×1년 12월 27일 (주)대한으로부터 FOB 선적지 인도조건으로 매입하여 운송 중인 상품의 원가는 ₩15,000이며, 이 상품은 20×2년 초 (주)한국에 도착할 예정이다.
- (주)한국이 20×1년 중 구매자에게 시용판매의 목적으로 인도한 상품의 원가는 ₩20,000이며, 기말 현재 구입자는 이 상품에 대해 30%의 구입의사 표시를 하였다.
- (주)한국이 20×1년 말 실사한 재고자산 중 ₩20,000은 주거래은행의 차입금에 대한 담보로 제공 중이며, 저당권은 아직 실행되지 않았다.
- (주)한국이 20×1년 중 위탁판매를 위해 수탁자인 (주)민국에게 적송한 상품의 원가는 ₩15,000이며, 기말 현재 (주)민국은 60%의 판매 완료를 통보해왔다.

① ₩70,000　② ₩77,000
③ ₩85,000　④ ₩91,000
⑤ ₩105,000

02 다음은 화장품 제조판매업을 영위하고 있는 (주)한국의 20×1년 말 자료이다. (주)한국의 20×1년 기말재고자산은? (단, 제시된 금액은 모두 원가 금액이다) 제26회

• 판매를 위하여 창고에 보관중인 (주)한국의 화장품	₩700,000
• 전시관 내 홍보목적으로 제공하고 있는 (주)한국의 화장품	₩10,000
• 화장품 생산에 사용하는 (주)한국의 원재료	₩120,000
• 선적지인도조건으로 판매한 (주)한국의 화장품 중 현재 선적후 운송 중인 화장품	₩90,000
• 위탁판매계약을 하고 수탁자에게 보낸 (주)한국의 화장품 중 기말 현재 판매되지 않은 화장품	₩50,000
• 시용판매를 위해 고객에게 보낸 (주)한국의 화장품 중 매입의사표시를 받지 못한 시승품	₩30,000

① ₩900,000
② ₩910,000
③ ₩990,000
④ ₩1,010,000
⑤ ₩1,070,000

03 다음 중 재고자산에 해당하는 것을 모두 고른 것은? 제24회

㉠ 상품매매회사가 영업활동에 사용하고 있는 차량
㉡ 건설회사가 본사 사옥으로 사용하고 있는 건물
㉢ 컴퓨터제조회사가 공장신축을 위해 보유하고 있는 토지
㉣ 가구제조회사가 판매를 위하여 보유하고 있는 가구
㉤ 자동차제조회사가 제조공정에 투입하기 위해 보유하고 있는 원재료

① ㉠, ㉡
② ㉠, ㉣
③ ㉡, ㉢
④ ㉢, ㉤
⑤ ㉣, ㉤

2 재고자산의 취득

04 (주)한국의 다음 재고자산 관련 자료를 이용하여 구한 재고자산의 취득원가는?

제27회

• 매입가격	₩500,000	• 매입운임	₩2,500
• 매입할인	15,000	• 하역료	10,000
• 수입관세(과세당국으로부터 추후 환급받을 금액 ₩7,500 포함)			10,000
• 재료원가, 기타 제조원가 중 비정상적으로 낭비된 부분			4,000
• 후속 생산단계에 투입 전 보관이 필요한 경우 이외의 보관원가			1,000

① ₩500,000
② ₩505,000
③ ₩514,000
④ ₩522,500
⑤ ₩529,000

05 재고자산의 회계처리에 관한 설명으로 옳지 않은 것은?

제25회

① 재고자산은 취득원가와 순실현가능가치 중 낮은 금액으로 측정한다.
② 통상적으로 상호 교환될 수 없는 재고자산항목의 원가와 특정 프로젝트별로 생산되고 분리되는 재화의 원가는 개별법을 사용하여 결정한다.
③ 재고자산의 취득원가는 매입원가, 전환원가 및 재고자산을 현재의 장소에 현재의 상태로 이르게 하는 데 발생한 기타 원가 모두를 포함한다.
④ 완성될 제품이 원가 이상으로 판매될 것으로 예상하는 경우에는 그 생산에 투입하기 위해 보유하는 원재료 및 기타 소모품을 감액하지 아니한다.
⑤ 재고자산의 매입원가는 매입가격에 매입할인, 리베이트 및 기타 유사한 항목을 가산한 금액이다.

3 재고자산의 측정(평가)

06 (주)한국은 20×1년 12월 31일 창고에 보관하고 있던 상품 전부가 폭우로 인해 소실되었다. (주)한국의 20×1년 기초상품금액은 ₩5,000, 당기상품매입액은 ₩140,000, 매출액은 ₩150,000이다. (주)한국은 원가에 원가의 25%에 해당하는 이윤을 가산한 금액을 판매가격으로 책정하고 있다. 20×1년 12월 31일 폭우로 인해 소실된 상품 추정액은? (단, (주)한국은 상품을 모두 창고에 보관한다.) 제28회

① ₩5,000
② ₩20,000
③ ₩25,000
④ ₩31,250
⑤ ₩32,500

07 (주)한국의 20×1년 회계 자료는 다음과 같다. (주)한국의 20×1년 총매입액은? 제28회

• 기초재고자산	₩40,000	• 총매출액	₩498,000
• 기말재고자산	30,000	• 매출할인	10,000
• 총매입액	?	• 매출운임	5,000
• 매입환출	15,000	• 매출에누리	8,000
• 매입할인	5,000	• 매출총이익	70,000

① ₩380,000
② ₩400,000
③ ₩415,000
④ ₩420,000
⑤ ₩425,000

08 (주)한국의 20×1년 재고자산 관련 자료는 다음과 같다. 가중평균(평균원가)소매재고법에 따라 측정된 (주)한국의 20×1년 기말재고자산 장부금액은? (단, 재고자산 감모손실과 재고자산평가손실은 없다.)

제28회

구분	원가	판매가격
기초재고자산	₩90,000	₩100,000
당기매입액	630,000	900,000
매 출 액		800,000

① ₩140,000
② ₩144,000
③ ₩160,000
④ ₩180,000
⑤ ₩224,000

09 (주)한국의 20×1년 재고자산 관련 자료는 다음과 같다. (주)한국은 재고자산의 장부기록방법으로는 계속기록법, 단위원가결정 방법으로는 선입선출법을 적용하고 있다. (주)한국의 20×1년 매출총이익은? (단, 재고자산감모손실과 재고자산평가손실은 없다.)

제28회

일자	적요	수량(단위)	단위당 원가	단위당 판매가격
1월 1일	기초재고	100	₩50	
4월 1일	매입	150	60	
6월 1일	매출	200		₩100
9월 1일	매입	100	65	
11월 1일	매입	150	70	
12월 1일	매출	100		120

① ₩13,750
② ₩14,000
③ ₩14,750
④ ₩17,250
⑤ ₩18,600

10 재고자산에 관한 설명으로 옳은 것은? 제27회

① 재고자산은 취득원가와 순실현가능가치 중 높은 금액으로 측정한다.
② 개별법이 적용되지 않는 재고자산의 단위원가는 선입선출법, 가중평균법 및 후입선출법을 사용하여 결정한다.
③ 재고자산의 수량결정방법 중 실지재고조사법만 적용 시 파손이나 도난이 있는 경우 매출원가가 과소평가될 수 있는 문제점이 있다.
④ 부동산매매를 주된 영업활동으로 하는 부동산매매기업이 보유하고 있는 판매목적의 건물과 토지는 재고자산으로 분류되어야 한다.
⑤ 물가가 지속적으로 상승하고 재고청산이 발생하지 않는 경우, 선입선출법의 매출원가가 다른 방법에 비해 가장 크게 나타난다.

11 (주)한국의 다음 재고자산 관련 거래내역을 계속기록법에 의한 이동평균법을 적용할 경우 기말재고액은? (단, 재고자산감모손실과 재고자산평가손실은 없으며, 재고자산 단가는 소수점 둘째자리에서 반올림한다) 제27회

일자	적요	수량(단위)	단위당 원가	단위당 판매가격
1월 1일	기초재고	500	₩75	
6월 1일	매출	250		₩100
8월 1일	매입	250	₩90	
12월 1일	매출	300		₩100

① ₩15,000
② ₩16,000
③ ₩16,500
④ ₩18,000
⑤ ₩18,500

12 다음은 (주)한국의 20×1년도 재고자산의 매입과 매출 관련 거래내역이다. 실지재고조사법에 의한 가중평균법을 적용할 경우 매출원가는? (단, 재고자산감모손실과 평가손실은 없다) 제26회

일자	적요	수량(단위)	단위당 원가
1월 1일	기초재고	60	₩10
3월 1일	매입	40	₩15
6월 1일	매출	80	
9월 1일	매입	60	₩20
12월 1일	매출	50	

① ₩1,800
② ₩1,860
③ ₩1,900
④ ₩1,950
⑤ ₩2,100

13 (주)한국은 실지재고조사법을 적용하고 있다. 20×1년 8월 2일 폭우로 창고가 침수되어 보관 중인 상품이 모두 소실되었다. 다음은 (주)한국의 총계정원장과 전년도 포괄손익계산서에서 얻은 자료이다. 전년도의 매출총이익률이 20×1년에도 유지된다고 가정할 때, 20×1년도 재해로 인해 소실된 추정 상품재고액은? 제26회

20×1년 8월 2일 현재 총계정원장 자료		전년도 포괄손익계산서 자료	
• 상품계정 차변잔액	₩30,000	• 매출액	₩900,000
• 매입계정 차변잔액	₩400,000	• 매출원가	₩630,000
• 매입환출계정 대변잔액	₩20,000		
• 매출계정 대변잔액	₩500,000		
• 매출환입계정 차변잔액	₩30,000		

① ₩51,000
② ₩60,000
③ ₩80,000
④ ₩81,000
⑤ ₩101,000

14 다음 자료를 이용하여 계산한 총매출액은? 제26회

• 기초상품재고	₩6,000	• 매출에누리	₩1,500
• 총매입액	₩14,000	• 매출할인	₩2,500
• 매입환출	₩1,000	• 매출운임	₩3,000
• 매입할인	₩2,000	• 매출총이익률	20%
• 기말상품재고	₩9,000		

① ₩12,500
② ₩12,750
③ ₩14,000
④ ₩15,250
⑤ ₩17,000

15 (주)한국의 20×1년 재고자산 매입과 매출에 관한 자료는 다음과 같다.

일자	적요	수량(개)	단위당 원가
1월 1일	기초재고	20	₩100
3월 1일	매입	50	110
6월 1일	매출	40	
9월 1일	매입	80	120
12월 1일	매출	30	

(주)한국이 계속기록법을 적용하면서 선입선출의 단위원가결정방법을 사용할 때, 20×1년 기말재고자산은? (단, 장부상 재고수량과 실지재고수량은 일치하며, 재고자산평가손실은 없다) 제25회

① ₩8,700
② ₩9,120
③ ₩9,320
④ ₩9,600
⑤ ₩9,700

16 (주)한국의 20×1년 초 상품재고는 ₩100,000이고 당기 상품매입액은 ₩400,000이다. (주)한국의 당기 상품매출은 ₩500,000이고 20×1년 말 상품재고가 ₩200,000일 때, 20×1년 상품매출원가는? (단, 재고자산감모손실과 재고자산평가손실 및 재고자산평가충당금은 없다) 제25회

① ₩100,000
② ₩200,000
③ ₩300,000
④ ₩400,000
⑤ ₩500,000

17 다음 자료를 이용하여 계산한 기말재고자산은? (단, 재고자산평가손실과 재고자산감모손실은 없다) 제24회

• 기초재고	₩300	• 총매출액	₩1,600
• 총매입액	1,300	• 매출환입	50
• 매입환출	100	• 매출운임	80
• 매입운임	70	• 매출총이익률	10%

① ₩35
② ₩103
③ ₩130
④ ₩175
⑤ ₩247

18 실지재고조사법을 적용하고 있는 (주)한국의 20×1년 재고자산 관련 자료가 다음과 같을 때, 가중평균법에 의한 기말재고자산은? (단, 재고자산평가손실은 없다) 제24회

일자	적요	수량(개)	단위당 원가
1월 1일	기초재고	90	₩10
3월 1일	판매	40	
5월 1일	매입	150	14
8월 1일	판매	100	
10월 1일	매입	120	20
12월 1일	판매	150	
12월 31일	기말재고	70	

① ₩1,027
② ₩1,043
③ ₩1,050
④ ₩1,177
⑤ ₩1,400

19 재고자산 회계처리에 관한 설명으로 옳지 않은 것은? 제23회

① 재고자산의 취득원가는 매입원가, 전환원가 및 재고자산을 현재의 장소에 현재의 상태로 이르게 하는 데 발생한 기타 원가 모두를 포함한다.
② 재고자산을 순실현가능가치로 감액하는 저가법은 항목별로 적용한다.
③ 재고자산을 순실현가능가치로 감액한 평가손실과 모든 감모손실은 감액이나 감모가 발생한 기간에 비용으로 인식한다.
④ 도착지인도기준의 미착상품은 판매자의 재고자산으로 분류한다.
⑤ 기초재고수량과 기말재고수량이 같다면, 선입선출법과 가중평균법을 적용한 매출원가는 항상 같게 된다.

20 다음은 계속기록법을 적용하고 있는 (주)한국의 20×1년 재고자산에 대한 거래내역이다. 선입선출법을 적용한 경우의 매출원가는? 제23회

일자	적요	수량(개)	단위당 원가
1월 1일	기초재고	100	₩11
5월 1일	판매	30	
7월 1일	매입	50	20
8월 1일	판매	90	
11월 1일	매입	150	30
12월 1일	판매	140	

① ₩1,200
② ₩2,860
③ ₩5,400
④ ₩5,800
⑤ ₩6,160

21 다음 자료를 이용하여 계산한 총매출액은? 제23회

• 기초재고	₩50,000	• 매출할인	₩6,000
• 기말재고	30,000	• 매출운임	4,000
• 매입에누리	5,000	• 매출환입	7,000
• 매입할인	2,000	• 매출총이익	80,000
• 총매입액	400,000		

① ₩493,000
② ₩500,000
③ ₩506,000
④ ₩510,000
⑤ ₩513,000

22 다음은 (주)한국의 상품 관련 자료이다. 선입선출법과 가중평균법에 의한 기말재고자산금액은? (단, 실지재고조사법을 적용하며, 기초재고는 없다) 제22회

	수량(개)	단위당 원가
매입(1월 2일)	150	₩100
매출(5월 1일)	100	
매입(7월 1일)	350	200
매출(12월 1일)	200	
기말 실제재고(12월 31일)	200	

	선입선출법	가중평균법
①	₩34,000	₩34,000
②	₩34,000	₩40,000
③	₩36,000	₩34,000
④	₩40,000	₩34,000
⑤	₩40,000	₩40,000

23 다음 자료를 이용하여 계산한 매출총이익은? 제22회

• 총매출액	₩100,000	• 총매입액	₩80,000
• 매출환입	2,000	• 매입운임	1,500
• 매출에누리	1,000	• 매입환출	2,000
• 매출할인	1,500	• 매출운임	8,000
• 기초재고	10,000	• 기말재고	30,000

① ₩20,000
② ₩28,000
③ ₩34,000
④ ₩36,000
⑤ ₩40,500

24 다음 자료를 이용하여 계산한 총매입액은? (단, 재고자산감모손실은 없다) 제22회

• 기초재고	₩400,000	• 매입환출	₩40,000
• 총매출액	2,000,000	• 기말재고	300,000
• 매출환입	200,000	• 매출총이익률	20%

① ₩1,300,000
② ₩1,340,000
③ ₩1,380,000
④ ₩1,700,000
⑤ ₩1,740,000

4 감모손실과 평가손실

25 (주)한국은 재고자산감모손실 중 40%는 비정상감모손실(기타비용)로 처리하며, 정상감모손실과 평가손실은 매출원가에 포함한다. (주)한국의 20×1년 재고자산 관련 자료가 다음과 같을 때, 매출원가는? 제25회

• 기초재고자산	₩10,000(재고자산평가충당금 ₩0)
• 당기매입액	₩80,000
• 기말장부수량	20개(단위당 원가 ₩1,000)
• 기말실제수량	10개(단위당 순실현가능가치 ₩1,100)

① ₩74,000 ② ₩74,400 ③ ₩76,000
④ ₩76,600 ⑤ ₩88,000

26 단일상품만을 매매하는 (주)한국의 기초재고자산은 ₩2,000이고, 당기순매입액은 ₩10,000이다. 기말재고자산 관련 자료가 다음과 같을 때, 매출원가는? [단, 감모손실 중 60%는 비정상감모손실(기타비용)로 처리하며, 정상감모손실과 평가손실은 매출원가에 포함한다] 제24회

• 장부수량	50개	• 단위당 원가	₩50
• 실제수량	45개	• 단위당 순실현가능가치	40

① ₩9,750 ② ₩9,950 ③ ₩10,050
④ ₩10,100 ⑤ ₩10,200

27 (주)한국은 20×1년 7월 1일 홍수로 인해 창고에 있는 상품재고 중 30%가 소실된 것으로 추정하였다. 다음은 소실된 상품재고를 파악하기 위한 20×1년 1월 1일부터 7월 1일까지의 회계자료이다. (주)한국의 원가에 대한 이익률이 25%일 때 소실된 상품재고액은? 제23회

- 20×1년 기초 재고자산은 ₩60,000이다.
- 1월 1일부터 7월 1일까지 발생한 매출액은 ₩1,340,000이고 매입액은 ₩1,260,000이다.
- 7월 1일 현재 F.O.B. 선적지인도조건으로 매입하여 운송 중인 상품 ₩4,000이 있다.

① ₩73,200 ② ₩74,400 ③ ₩93,300
④ ₩94,500 ⑤ ₩104,200

28 (주)한국의 기초재고자산은 ₩80,000이고, 당기순매입액은 ₩120,000이다. 기말재고 관련 자료가 다음과 같을 때, 매출원가는? (단, 정상감모손실은 매출원가로, 비정상감모손실은 기타비용으로 처리한다) 제22회

• 장부상재고 수량	300개
• 기말재고 단위당 원가	₩200
• 실제재고 수량	250개
• 재고자산 감모의 20%는 정상적인 감모로 간주한다.	

① ₩148,000
② ₩142,000
③ ₩140,000
④ ₩138,000
⑤ ₩132,000

CHAPTER 08 유형자산

정답 및 해설 p.33

1 유형자산의 기본개념

01 유형자산의 회계처리에 관한 설명으로 옳은 것은? 제27회

① 자산을 해체, 제거하거나 부지를 복구하는 의무를 부담하게 되는 경우 의무 이행에 소요될 것으로 최초에 추정되는 원가를 취득 시 비용으로 처리한다.
② 정기적인 종합검사과정에서 발생하는 원가가 인식기준을 충족하더라도 유형자산의 일부가 대체되는 것은 해당 유형자산의 장부금액에 포함하지 않는다.
③ 적격자산의 취득, 건설 또는 생산과 직접 관련된 차입원가는 발생기간에 비용으로 인식하여야 한다.
④ 재평가모형을 적용하는 유형자산의 손상차손은 해당 자산에서 생긴 재평가잉여금에 해당하는 금액까지는 기타포괄손익으로 인식한다.
⑤ 상업적 실질이 결여된 교환거래에서 취득한 자산의 취득원가는 제공한 자산의 공정가치로 측정한다.

02 유형자산에 관한 설명으로 옳지 않은 것은? 제26회

① 새로운 시설을 개설하는 데 소요되는 원가는 유형자산의 취득원가에 포함되지 않는다.
② 기업의 영업 전부를 재배치하는 과정에서 발생하는 원가는 유형자산의 장부금액에 포함하지 않는다.
③ 유형자산의 감가상각액은 다른 자산의 장부금액에 포함될 수 있다.
④ 사용중인 유형자산의 정기적인 종합검사에서 발생하는 원가는 모두 당기비용으로 처리한다.
⑤ 유형자산에 내재된 미래경제적효익의 예상 소비형태가 유의적으로 달라졌다면 감가상각 방법을 변경한다.

2 유형자산의 인식과 측정

03 기계장치 취득과 관련된 자료가 다음과 같을 때, 취득원가는? 제27회

• 구입가격	₩1,050
• 최초의 운송 및 취급 관련원가	100
• 신제품 광고 및 판촉활동 관련원가	60
• 정상작동여부를 시험하는 과정에서 발생하는 원가	100
• 시험가동과정에서 생산된 시제품의 순매각금액	20
• 다른 기계장치의 재배치 과정에서 발생한 원가	50

① ₩1,050 ② ₩1,150 ③ ₩1,230
④ ₩1,250 ⑤ ₩1,340

04 해운업을 영위하는 (주)한국은 20×1년 초 내용연수 4년, 잔존가치 ₩200,000의 해양구조물을 ₩1,400,000에 취득하였다. (주)한국은 해양구조물의 사용이 종료된 후 해체 및 원상복구를 해야 하는 의무를 부담하는데, 4년 후 복구비용으로 지출할 금액은 ₩200,000으로 추정된다. 미래 지출액의 현재가치 계산시 사용할 할인율은 연 5%이다. 감가상각방법으로 정액법을 사용할 경우 20×2년도의 감가상각비 금액은? (단, 할인율 연 5%, 4기간 단일금액 ₩1의 현재가치는 0.8227이다) 제26회

① ₩300,000 ② ₩341,135 ③ ₩349,362
④ ₩349,773 ⑤ ₩391,135

05 취득과 직접 관련된 차입원가를 자본화하여야 하는 적격자산이 아닌 것은? 제25회

① 금융자산
② 무형자산
③ 투자부동산
④ 제조설비자산
⑤ 전력생산설비

06 (주)한국은 20×1년 초 토지를 ₩4,000,000에 취득하면서 현금 ₩1,000,000을 즉시 지급하고 나머지 ₩3,000,000은 20×1년 말부터 매년 말에 각각 ₩1,000,000씩 3회 분할지급하기로 하였다. 이러한 대금지급은 일반적인 신용기간을 초과하는 것이다. 취득일 현재 토지의 현금가격상당액은 총지급액을 연 10% 이자율로 할인한 현재가치와 동일하다. 20×2년에 인식할 이자비용은? (단, 단수차이가 발생할 경우 가장 근사치를 선택한다) 제25회

기간	연 이자율 10%	
	단일금액 ₩1의 현재가치	정상연금 ₩1의 현재가치
3	0.7513	2.4869

① ₩100,000
② ₩173,559
③ ₩248,690
④ ₩348,690
⑤ ₩513,100

07 기계장치 취득 관련 자료가 다음과 같을 때, 기계장치의 취득원가는? 제24회

• 구입가격	₩1,100
• 최초의 운반 및 설치 관련 원가	150
• 취득 후 가입한 화재보험료	60
• 시험가동원가	100
• 시험가동 과정에서 생산된 시제품의 순매각금액	20

① ₩1,100
② ₩1,250
③ ₩1,330
④ ₩1,350
⑤ ₩1,370

08 (주)한국은 20×1년 초 내용연수 종료 후 원상복구 의무가 있는 구축물을 ₩500,000에 취득하였다. 내용연수 종료시점의 복구비용은 ₩100,000이 소요될 것으로 추정되며, 복구비용의 현재가치 계산에 적용될 할인율은 연 10%이다. 구축물에 대한 자료가 다음과 같을 때, 20×1년도 감가상각비와 복구충당부채전입액은? (단, 이자율 10%, 5기간에 대한 단일금액 ₩1의 현재가치는 0.6209이다) 제23회

- 내용연수: 5년
- 잔존가치: ₩50,000
- 감가상각방법: 정액법

	감가상각비	복구충당부채전입액
①	₩90,000	₩6,209
②	₩90,000	₩20,000
③	₩110,000	₩6,209
④	₩102,418	₩6,209
⑤	₩102,418	₩20,000

09 유형자산의 취득원가에 포함되지 않는 것은? 제22회

① 관세 및 환급 불가능한 취득 관련 세금
② 유형자산을 해체, 제거하거나 부지를 복구하는 데 소요될 것으로 최초에 추정되는 원가
③ 새로운 상품과 서비스를 소개하는 데 소요되는 원가
④ 설치원가 및 조립원가
⑤ 유형자산의 매입 또는 건설과 직접적으로 관련되어 발생한 종업원 급여

3 유형자산의 후속원가(추가적 지출)

10 (주)한국은 20×1년 4월 초 기계장치(잔존가치 ₩0, 내용연수 5년, 연수합계법 상각)를 ₩12,000에 구입함과 동시에 사용하였다. (주)한국은 20×3년 초 동 기계장치에 대하여 ₩1,000을 지출하였는데, 이 중 ₩600은 현재의 성능을 유지하는 수선유지비에 해당하고, ₩400은 생산능력을 증가시키는 지출로 자산의 인식조건을 충족한다. 동 지출에 대한 회계처리 반영 후, 20×3년 초 기계장치 장부금액은? (단, 원가모형을 적용하며, 감가상각은 월할 계산한다) 제24회

① ₩5,600 ② ₩6,000 ③ ₩6,200
④ ₩6,600 ⑤ ₩7,000

4 유형자산의 취득형태

11 20×1년 초 (주)한국은 사무용 건물을 (주)대한의 토지와 교환하면서 추가적으로 현금 ₩3,000을 (주)대한에게 지급하였다. 교환일 현재 건물의 장부금액은 ₩30,000(취득원가 ₩90,000, 감가상각누계액 ₩60,000)이며, 토지의 장부금액은 ₩25,000이다. 교환 시 건물의 공정가치는 ₩40,000으로 신뢰성 있게 측정되었다. (주)한국이 자산 교환 시 인식할 토지의 취득원가는? (단, 동 교환거래는 상업적 실질이 존재하며, 건물의 공정가치가 토지의 공정가치보다 명백하다.) 제28회

① ₩25,000 ② ₩30,000
③ ₩37,000 ④ ₩40,000
⑤ ₩43,000

12 (주)한국은 20×1년 10월 1일 자산취득 관련 정부보조금 ₩100,000을 수령하여 취득원가 ₩800,000의 기계장치(내용연수 4년, 잔존가치 ₩0, 정액법 상각, 원가모형 적용)를 취득하였다. 정부보조금에 부수되는 조건은 이미 충족되어 상환의무는 없으며, 정부보조금은 자산의 장부금액에서 차감하는 방법으로 회계처리한다. 20×1년 포괄손익계산서에 인식할 감가상각비는? (단, 감가상각비는 월할계산하며, 자본화는 고려하지 않는다) 제25회

① ₩43,750 ② ₩45,000 ③ ₩46,250
④ ₩47,500 ⑤ ₩50,000

13 **유형자산의 회계처리에 관한 설명으로 옳은 것은?** 제23회

① 기업이 판매를 위해 1년 이상 보유하며, 물리적 실체가 있는 것은 유형자산으로 분류된다.
② 유형자산과 관련된 산출물에 대한 수요가 형성되는 과정에서 발생하는 초기 가동 손실은 취득원가에 포함한다.
③ 유형자산의 제거로 인하여 발생하는 손익은 총매각금액과 장부금액의 차이로 결정한다.
④ 기업은 유형자산 전체에 대해 원가모형이나 재평가모형 중 하나를 회계정책으로 선택하여 동일하게 적용한다.
⑤ 유형자산의 감가상각방법과 잔존가치, 그리고 내용연수는 적어도 매 회계연도 말에 재검토한다.

14 **(주)한국은 20×1년 초에 상환의무가 없는 정부보조금 ₩100,000을 수령하여 기계장치를 ₩200,000에 취득하였으며, 기계장치에 대한 자료는 다음과 같다.**

- 내용연수: 5년
- 잔존가치: ₩0
- 감가상각방법: 정액법

정부보조금을 자산의 장부금액에서 차감하는 방법으로 회계처리할 때, 20×1년 말 재무상태표에 표시될 기계장치의 장부금액은? 제23회

① ₩60,000
② ₩80,000
③ ₩100,000
④ ₩160,000
⑤ ₩200,000

15 (주)한국은 20×1년 초 토지를 구입하고 다음과 같이 대금을 지급하기로 하였다.

구분	20×1년 초	20×1년 말	20×2년 말
현금	₩1,000	₩2,000	₩2,000

20×1년 말 재무상태표상 토지(원가모형 적용)와 미지급금(상각후원가로 측정, 유효이자율 10% 적용)의 장부금액은? (단, 정상연금의 10%, 2기간 현재가치계수는 1.7355이며, 단수차이가 발생할 경우 가장 근사치를 선택한다) 제22회

	토지	미지급금
①	₩3,000	₩1,653
②	₩3,000	₩1,818
③	4,471	1,653
④	4,471	1,818
⑤	4,818	1,818

16 (주)한국은 본사 신축을 위해 기존 건물이 있는 토지를 ₩500,000에 구입하였으며, 기타 발생한 원가는 다음과 같다. (주)한국의 토지와 건물의 취득원가는? 제22회

- 구 건물이 있는 토지를 취득하면서 중개수수료 ₩4,000을 지급하였다.
- 구 건물 철거비용으로 ₩5,000을 지급하였으며, 철거 시 발생한 폐자재를 ₩1,000에 처분하였다.
- 토지 측량비와 정지비용으로 ₩2,000과 ₩3,000이 각각 발생하였다.
- 신축건물 설계비로 ₩50,000을 지급하였다.
- 신축건물 공사비로 ₩1,000,000을 지급하였다.
- 야외 주차장(내용연수 10년) 공사비로 ₩100,000을 지출하였다.

	토지	건물
①	₩509,000	₩1,000,000
②	509,000	1,050,000
③	513,000	1,050,000
④	513,000	1,150,000
⑤	514,000	1,150,000

17 (주)한국은 보유하고 있던 기계장치 A(장부금액 ₩40,000, 공정가치 ₩30,000)를 (주)대한의 기계장치 B(장부금액 ₩60,000, 공정가치 ₩50,000)와 교환하였다. 동 교환거래가 (가) 상업적 실질이 결여된 경우와 (나) 상업적 실질이 있는 경우에 (주)한국이 교환으로 취득한 기계장치 B의 취득원가는? (단, 기계장치 B의 공정가치가 기계장치 A의 공정가치보다 더 명백하다) 제22회

	(가)	(나)
①	₩30,000	₩40,000
②	₩40,000	₩30,000
③	₩40,000	₩50,000
④	₩60,000	₩30,000
⑤	₩60,000	₩50,000

5 유형자산의 감가상각

18 잔존가치가 변동하지 않는다고 가정할 때, 자산의 내용연수 동안 매 기간 일정액의 감가상각액을 계상하는 감가상각방법은? 제28회

① 정액법
② 정률법
③ 연수합계법
④ 이중체감법
⑤ 체증상각법

19 (주)한국은 20×1년 초 본사건물(내용연수 4년, 잔존가치 ₩0, 정액법 상각, 원가모형 적용)을 ₩100,000에 취득하였다. (주)한국은 20×2년 초 동 건물에 대하여 ₩15,000을 지출하였고, 이는 자산의 인식요건을 충족하며, 동 지출로 인하여 건물의 잔존가치가 ₩3,000 증가하였다. (주)한국이 동 건물과 관련하여 20×2년도에 인식할 감가상각비는? (단, 손상은 발생하지 않았다.) 제28회

① ₩25,000
② ₩26,000
③ ₩28,000
④ ₩29,000
⑤ ₩30,000

20 20×1년 7월 초 (주)한국은 토지와 건물을 ₩2,400,000에 일괄 취득하였다. 취득 당시 토지의 공정가치는 ₩2,160,000이고, 건물의 공정가치는 ₩720,000이었으며, (주)한국은 건물을 본사 사옥으로 사용하기로 하였다. 건물에 대한 자료가 다음과 같을 때, 20×1년도에 인식할 감가상각비는? (단, 건물에 대해 원가모형을 적용하며, 월할상각한다) 제23회

- 내용연수: 5년
- 잔존가치: ₩60,000
- 감가상각방법: 연수합계법

① ₩90,000 ② ₩110,000
③ ₩120,000 ④ ₩180,000
⑤ ₩220,000

6 유형자산의 처분 및 손상

21 (주)한국은 20×1년 초 취득하고 즉시 사용한 기계장치(정액법 상각, 내용연수 4년, 잔존가치 ₩2,000, 원가모형 선택)를 20×4년 초 현금 ₩16,000에 처분하면서 유형자산처분이익 ₩1,500을 인식하였을 때, 기계장치의 취득원가는? (단, 손상 및 추가지출은 없다) 제27회

① ₩50,000 ② ₩52,000
③ ₩54,000 ④ ₩56,000
⑤ ₩58,000

22 (주)한국은 20×1년 7월 1일 공장 내 기계장치를 ₩2,000,000에 취득하였다. 동 기계장치의 감가상각 및 처분과 관련한 내용은 다음과 같다. 유형자산 처분손익은? (단, 기계장치는 원가모형을 적용하고, 감가상각비는 월할 계산한다) 제26회

- 감가상각: 내용연수 4년, 잔존가치 ₩200,000, 연수합계법 적용
- 처 분 일: 20×2년 12월 31일
- 처분금액: ₩1,000,000

① ₩10,000 손실 ② ₩80,000 손실
③ ₩100,000 이익 ④ ₩190,000 이익
⑤ ₩260,000 이익

23 (주)한국은 20×1년 초 취득하여 사용하던 기계장치(내용연수 6년, 잔존가치 ₩0, 정액법 상각)를 20×3년 초 처분하면서 현금 ₩5,500을 수취하고 유형자산처분손실 ₩500을 인식하였다. 기계장치의 취득원가는? (단, 원가모형을 적용하며, 손상은 발생하지 않았다) 제24회

① ₩5,000
② ₩6,000
③ ₩7,500
④ ₩9,000
⑤ ₩10,000

24 (주)한국은 20×1년 초 기계장치(취득원가 ₩180,000, 내용연수 3년, 잔존가치 없음, 연수합계법 적용)를 취득하였다. (주)한국은 기계장치에 대하여 원가모형을 적용하고 있다. 20×1년 말 기계장치의 순공정가치는 ₩74,000이고 사용가치는 ₩70,000이다. (주)한국이 20×1년 말 기계장치와 관련하여 인식해야 할 손상차손은? (단, 20×1년 말 기계장치에 대해 자산손상을 시사하는 징후가 있다) 제22회

① ₩4,000
② ₩16,000
③ ₩20,000
④ ₩46,000
⑤ ₩50,000

25 다음은 (주)한국의 기계장치 관련 내용이다. 유형자산 처분손익은? (단, 기계장치는 원가모형을 적용하고, 감가상각비는 월할계산한다) 제22회

- 취득(20×1년 1월 1일): 취득원가 ₩2,000,000, 내용연수 5년, 잔존가치 ₩400,000, 정액법 적용
- 처분(20×3년 7월 1일): 처분금액 ₩1,100,000

① ₩100,000 이익
② ₩100,000 손실
③ ₩300,000 이익
④ ₩400,000 이익
⑤ ₩400,000 손실

회계원리 | 시설개론 공동주택 | 민법

7 원가모형과 재평가모형

26 (주)한국은 20×1년 초 토지(유형자산)를 ₩70,000에 취득하였다. (주)한국은 토지에 대하여 재평가모형을 적용하고 매년 말 재평가한다. 동 토지의 공정가치가 다음과 같을 경우, (주)한국이 동 토지와 관련하여 20×2년 말 재무상태표의 기타포괄손익누계액으로 인식할 재평가잉여금은? (단, 손상은 발생하지 않았다.) 제28회

구분	20×1년 말	20×2년 말
공정가치	₩65,000	₩80,000

① ₩0
② ₩5,000
③ ₩8,000
④ ₩10,000
⑤ ₩15,000

27 (주)한국은 20×1년 초 사무용 건물(내용연수 10년, 잔존가치 ₩0, 정액법 상각)을 ₩800,000에 취득하였다. 건물에 대해 재평가모형을 적용하고 매년 말 재평가한다. 20×1년 말 공정가치가 ₩750,000일 때, 건물과 관련하여 20×1년 말 인식할 재평가잉여금은? 제26회

① ₩30,000
② ₩40,000
③ ₩50,000
④ ₩75,000
⑤ ₩80,000

28 (주)한국은 20×1년 초 기계장치(내용연수 5년, 잔존가치 ₩0, 정액법 상각, 매년 말 재평가모형 적용)를 ₩50,000에 취득하여 사용하기 시작하였다. 20×1년 말 기계장치의 공정가치는 ₩45,000일 때, (주)한국이 20×1년 말 인식할 재평가잉여금은? 제25회

① ₩0
② ₩5,000
③ ₩10,000
④ ₩15,000
⑤ ₩20,000

29 (주)한국은 20×1년 초 토지(유형자산)를 ₩1,000에 취득하여 재평가모형을 적용하였다. 해당 토지의 공정가치가 다음과 같을 때, 토지와 관련하여 (주)한국이 20×2년 당기손익으로 인식할 금액은? 제24회

구분	20×1년 말	20×2년 말
공정가치	₩1,200	₩900

① 손실 ₩300
② 손실 ₩200
③ 손실 ₩100
④ 이익 ₩100
⑤ 이익 ₩200

CHAPTER 09 무형자산과 투자부동산

정답 및 해설 p.39

1 무형자산의 기초개념

01 (주)한국은 20×1년 7월 1일 특허권을 ₩960,000(내용연수 4년, 잔존가치 ₩0)에 취득하여 사용하고 있다. 특허권의 경제적 효익이 소비될 것으로 예상되는 형태를 신뢰성 있게 결정할 수 없을 경우, 20×1년도에 특허권에 대한 상각비로 인식할 금액은? (단, 특허권은 월할상각한다) 제23회

① ₩0
② ₩120,000
③ ₩125,000
④ ₩240,000
⑤ ₩250,000

02 무형자산에 관한 설명으로 옳지 않은 것은? 제22회

① 무형자산은 물리적 실체는 없지만 식별가능한 화폐성 자산이다.
② 내부적으로 창출한 영업권은 자산으로 인식하지 아니한다.
③ 무형자산의 회계정책으로 원가모형이나 재평가모형을 선택할 수 있다.
④ 최초에 비용으로 인식한 무형항목에 대한 지출은 그 이후에 무형자산의 취득원가로 인식할 수 없다.
⑤ 내용연수가 유한한 무형자산은 상각하고, 내용연수가 비한정인 무형자산은 상각하지 아니한다.

2 개발비와 영업권

03 20×1년 초 (주)한국은 현금 ₩12,000을 이전대가로 지급하고 (주)대한을 합병하였다. 합병일 현재 (주)대한의 식별가능한 자산과 부채의 공정가치가 다음과 같을 때, (주)한국이 인식할 영업권은? 제27회

• 매출채권	₩4,000	• 비유동부채	₩7,000
• 재고자산	7,000	• 매입채무	5,000
• 유형자산	9,000		

① ₩3,000
② ₩4,000
③ ₩5,000
④ ₩7,000
⑤ ₩8,000

04 연구개발활동 중 개발활동에 해당하는 것은? 제24회

① 새로운 지식을 얻고자 하는 활동
② 생산이나 사용 전의 시제품과 모형을 설계, 제작, 시험하는 활동
③ 연구결과나 기타 지식을 탐색, 평가, 최종 선택, 응용하는 활동
④ 재료, 장치, 제품, 공정, 시스템이나 용역에 대한 여러 가지 대체안을 탐색하는 활동
⑤ 새롭거나 개선된 재료, 장치, 제품, 공정, 시스템이나 용역에 대한 여러 가지 대체안을 제안, 설계, 평가, 최종 선택하는 활동

3 투자부동산

05 (주)한국은 20×1년 초 건물(내용연수 5년, 잔존가치 없음, 정액법 상각)을 ₩100,000에 취득하고 투자부동산으로 분류하였다. (주)한국은 투자부동산에 대해 공정가치모형을 적용하고 있으며, 동 건물에 대한 20×1년 말 공정가치는 ₩110,000이다. (주)한국은 20×2년 7월 1일 동 건물을 ₩90,000에 처분하였다. 동 건물에 대한 회계처리가 20×1년도와 20×2년도의 당기순이익에 미치는 영향은? 제28회

	20×1년도	20×2년도
①	₩10,000 증가	₩20,000 감소
②	₩10,000 증가	₩10,000 감소
③	₩10,000 증가	₩10,000 증가
④	₩20,000 증가	₩20,000 감소
⑤	₩20,000 증가	₩10,000 증가

06 (주)한국은 20×1년 초 건물을 ₩50,000에 취득하고 투자부동산(공정가치모형 선택)으로 분류하였다. 동 건물의 20×1년 말 공정가치는 ₩38,000, 20×2년 말 공정가치는 ₩42,000일 때, 20×2년도 당기순이익에 미치는 영향은? (단, (주)한국은 건물을 내용연수 10년, 잔존가치 ₩0, 정액법 상각한다.) 제27회

① ₩2,000 증가
② ₩3,000 증가
③ ₩4,000 증가
④ ₩5,500 증가
⑤ ₩9,500 증가

07 투자부동산에 해당하는 것을 모두 고른 것은? 제26회

> ㉠ 통상적인 영업과정에서 판매목적이 아닌, 장기 시세차익을 얻기 위하여 보유하고 있는 토지
> ㉡ 미래에 자가사용하기 위한 토지
> ㉢ 장래 용도를 결정하지 못한 채로 보유하고 있는 토지
> ㉣ 금융리스로 제공한 토지

① ㉠, ㉡
② ㉠, ㉢
③ ㉡, ㉣
④ ㉠, ㉢, ㉣
⑤ ㉡, ㉢, ㉣

08 (주)한국은 20×1년 초 건물을 ₩300,000에 취득하고 투자부동산(공정가치모형 선택)으로 분류하였다. 동 건물의 20×1년 말 공정가치는 ₩320,000이며, (주)한국이 20×2년 초에 동 건물을 ₩325,000에 처분하였다면, 20×1년 당기순이익에 미치는 영향은? [단, (주)한국은 유형자산으로 분류하는 건물을 내용연수 10년, 잔존가치 ₩0, 정액법 상각한다] 제25회

① ₩30,000 감소
② ₩10,000 감소
③ ₩5,000 증가
④ ₩20,000 증가
⑤ ₩25,000 증가

09 (주)한국은 20×1년 초 시세차익 목적으로 건물(취득원가 ₩80,000, 내용연수 4년, 잔존가치 없음)을 취득하고 투자부동산으로 분류하였다. (주)한국은 건물에 대하여 공정가치모형을 적용하고 있으며, 20×1년 말과 20×2년 말 동 건물의 공정가치는 각각 ₩60,000과 ₩80,000으로 평가되었다. 동 건물에 대한 회계처리가 20×2년도 당기순이익에 미치는 영향은? [단, (주)한국은 통상적으로 건물을 정액법으로 감가상각한다] 제22회

① ₩20,000 증가
② ₩20,000 감소
③ 영향 없음
④ ₩40,000 증가
⑤ ₩40,000 감소

CHAPTER 10 부채

정답 및 해설 p.40

1 부채의 기초개념

01 유동부채로 분류되지 않는 것은? 제28회

① 당좌차월
② 매입채무
③ 미지급배당금
④ 이연법인세부채
⑤ 유동성장기차입금

02 (주)한국의 20×1년 말 부채와 관련된 자료가 다음과 같을 때, 20×1년 말 금융부채는? 제26회

• 충당부채	₩50,000	• 장기차입금	₩10,000
• 선수금	₩30,000	• 사채	₩40,000
• 매입채무	₩60,000	• 미지급법인세	₩15,000
• 미지급금	₩35,000		

① ₩95,000
② ₩110,000
③ ₩120,000
④ ₩145,000
⑤ ₩160,000

03 부채에 해당하는 것은? 제26회

① 소득세예수금
② 미수금
③ 감자차손
④ 받을어음
⑤ 대여금

04 금융부채에 해당하지 않는 것은? 제25회

① 사채
② 단기차입금
③ 미지급금
④ 매입채무
⑤ 당기법인세부채

2 충당부채와 우발부채

05 (주)한국은 20×1년 4월 1일부터 제품을 판매하기 시작하면서, 제품매출액의 2%에 해당하는 금액을 제품보증비용(보증기간 2년)으로 추정하였다. 20×1년과 20×2년의 제품매출액과 보증비용 지출액이 다음과 같을 때, 제품보증과 관련하여 20×2년 말 재무상태표에 인식할 충당부채는? (단, 제품보증은 확신유형보증이다.) 제28회

연도	제품매출액	보증비용 지출액
20×1년	₩300,000	₩5,000
20×2년	500,000	8,000

① ₩2,000
② ₩3,000
③ ₩6,000
④ ₩10,000
⑤ ₩16,000

06 20×1년 말 재무제표에 부채로 반영해야 하는 항목을 모두 고른 것은? (단, 각 거래는 독립적이다.) 제27회

ㄱ 20×1년 근무결과로 20×2년에 연차를 사용할 수 있게 됨(해당 연차는 20×2년에 모두 사용될 것으로 예상되나, 사용되지 않은 연차에는 20×3년 초에 수당이 지급됨)
ㄴ 20×1년 구매계약이 체결되고 20×2년에 컴퓨터 납품 예정
ㄷ 20×1년 재무제표 승인을 위해 20×2년 3월에 개최된 정기주주총회에서 현금 배당 결의

① ㄱ
② ㄴ
③ ㄷ
④ ㄱ, ㄷ
⑤ ㄱ, ㄴ, ㄷ

07 충당부채, 우발부채, 우발자산에 관한 설명으로 옳은 것은? 제25회

① 경제적 효익의 유입가능성이 높지 않은 우발자산은 그 특성과 추정금액을 주석으로 공시한다.
② 과거에 우발부채로 처리한 경우에는 그 이후 기간에 미래경제적 효익의 유출 가능성이 높아졌다고 하더라도 이를 충당부채로 인식할 수 없다.
③ 미래에 영업손실이 발생할 가능성이 높은 경우에는 그러한 영업손실의 예상 금액을 신뢰성 있게 추정하여 충당부채로 인식한다.
④ 충당부채는 화폐의 시간가치 영향이 중요하다고 하더라도 의무이행 시 예상되는 지출액을 할인하지 않은 금액으로 평가한다.
⑤ 충당부채는 최초 인식과 관련 있는 지출에만 사용한다.

08 다음 중 충당부채를 인식하기 위해 충족해야 하는 요건을 모두 고른 것은? 제24회

㉠ 과거 사건의 결과로 현재 법적의무나 의제의무가 존재한다.
㉡ 해당 의무를 이행하기 위하여 경제적 효익이 있는 자원을 유출할 가능성이 높다.
㉢ 미래에 전혀 실현되지 않을 수도 있는 수익을 인식하는 결과를 가져온다.
㉣ 해당 의무를 이행하기 위하여 필요한 금액을 신뢰성 있게 추정할 수 있다.

① ㉠, ㉡
② ㉠, ㉢
③ ㉡, ㉣
④ ㉠, ㉡, ㉣
⑤ ㉡, ㉢, ㉣

09 충당부채의 측정에 관한 설명으로 옳지 않은 것은? 제23회

① 충당부채로 인식하는 금액은 현재의무를 보고기간 말에 이행하기 위하여 필요한 지출에 대한 최선의 추정치이어야 한다.
② 충당부채로 인식하여야 하는 금액과 관련된 불확실성은 상황에 따라 판단한다.
③ 화폐의 시간가치 영향이 중요한 경우에 충당부채는 의무를 이행하기 위하여 예상되는 지출액의 현재가치로 평가한다.
④ 할인율은 부채의 특유한 위험과 화폐의 시간가치에 대한 현행 시장의 평가를 반영한 세전 이율이다.
⑤ 예상되는 자산 처분이익은 충당부채를 객관적으로 측정하기 위하여 고려하여야 한다.

3 사채

10 (주)한국은 20×1년 초 사채(액면금액 ₩100,000, 표시이자율 연 5%, 매년 말 이자 지급, 만기 3년)를 ₩92,268에 발행하고 상각후원가로 측정하였다. 동 사채의 20×1년 말 장부금액이 ₩94,649인 경우, (주)한국이 20×2년도에 인식할 이자비용은? (단, 단수차이가 발생할 경우 가장 근사치를 선택한다.) 제28회

① ₩5,679
② ₩6,625
③ ₩7,571
④ ₩8,518
⑤ ₩9,465

11 (주)한국은 20×1년 1월 1일에 상각후원가로 측정하는 액면금액 ₩10,000의 사채(표시이자율 연 5%, 이자는 매년 말 후급, 유효이자율 연 10%, 만기 20×3년 말)를 ₩8,757에 발행하였다. (주)한국이 동 사채의 90%를 20×3년 1월 1일에 ₩9,546을 지급하고 조기상환했을 때, 사채상환손익은? (단, 단수차이가 발생할 경우 가장 근사치를 선택한다) 제27회

① 손익 ₩0
② 손실 ₩541
③ 이익 ₩541
④ 손실 ₩955
⑤ 이익 ₩955

12 (주)한국은 20×1년 1월 1일 상각후원가로 측정하는 액면금액 ₩1,000,000의 사채(만기 3년, 표시이자율 연 8%, 이자는 매년말 후급)를 ₩950,250에 발행하였다. 동 사채와 관련하여 (주)한국이 20×1년도 포괄손익계산서에 인식한 이자비용은 ₩95,025이다. (주)한국이 20×3년 1월 1일에 동 사채 전부를 ₩980,000에 조기상환하였을 때, 인식할 사채상환손익은? (단, 단수차이가 발생할 경우 가장 근사치를 선택한다) 제26회

① 손실 ₩14,725
② 손실 ₩5,296
③ 이익 ₩1,803
④ 이익 ₩9,729
⑤ 이익 ₩20,000

13 (주)한국은 20×1년 1월 1일 액면금액 ₩1,000,000인 사채(만기 3년, 표시이자율 연 10%, 이자는 매년 말 후급)를 ₩1,106,900에 발행하고, 상각후원가로 측정하였다. 발행 당시 유효이자율은 연 6%이었다. 20×2년 1월 1일 동 사채 전부를 조기상환하였고, 이로 인해 사채상환이익이 ₩4,500 발생하였다. (주)한국이 동 사채를 상환하기 위해 지급한 금액은? 제24회

① ₩1,068,814
② ₩1,077,814
③ ₩1,102,400
④ ₩1,135,986
⑤ ₩1,144,986

14 (주)한국은 액면금액이 ₩1,000,000인 사채를 발행하여 매년 말 이자를 지급하고 상각후원가로 측정하고 있다. 사채와 관련된 자료가 다음과 같을 때 표시이자율은? 제23회

- 사채 발행금액: ₩875,650
- 유효이자율: 연 10%
- 1차년도 사채할인발행차금 상각액: ₩37,565

① 4%
② 5%
③ 6%
④ 7%
⑤ 8%

15 (주)한국은 20×1년 초 3년 만기 사채를 할인발행하여 매년 말 액면이자를 지급하고 상각후원가로 측정하였다. 20×2년 말 사채 장부금액이 ₩98,148이고, 20×2년 사채이자 관련 분개는 다음과 같다. 20×1년 말 사채의 장부금액은? 제22회

(차) 이 자 비 용	7,715	(대) 현 금	6,000
		사채할인발행차금	1,715

① ₩90,433
② ₩92,143
③ ₩94,863
④ ₩96,433
⑤ ₩99,863

16 (주)한국은 20×1년 초 액면금액 ₩100,000의 사채(표시이자율 연 8%, 이자는 매년 말 후급, 유효이자율 연 10%, 만기 20×3년 말)를 ₩95,026에 발행하고 상각후원가로 측정하였다. 동 사채와 관련하여 20×3년 인식할 이자비용은? (단, 이자는 월할계산하며, 단수차이가 발생할 경우 가장 근사치를 선택한다) 제22회

① ₩9,503 ② ₩9,553
③ ₩9,653 ④ ₩9,818
⑤ ₩9,918

CHAPTER 11 자본회계

정답 및 해설 p.44

01 (주)한국은 20×1년 초 현금 ₩1,000,000을 출자하여 설립하였으며, 이는 재고자산 200개를 구입할 수 있는 금액이다. 기중에 물가가 3% 상승하였으며, 기말 순자산은 ₩1,500,000이다. 20×1년 말 동 재고자산을 구입할 수 있는 가격이 개당 ₩6,000이라면, 실물자본유지개념에 의한 당기이익은? (단, 기중 자본거래는 없다) 제26회

① ₩270,000 ② ₩300,000
③ ₩320,000 ④ ₩420,000
⑤ ₩470,000

1 자본의 기초개념

02 아파트 관리업무를 영위하는 (주)한국의 당기 말 자본총계에 영향을 미치는 거래는 모두 몇 개인가? (단, 각 거래는 독립적이다) 제27회

- 당기 관리비수입 발생(단, 당기 말까지 관리비 고지서는 미 발행)
- 차기 관리비를 당기에 미리 수령
- 당기 급여 발생(단, 급여지급은 차기에 이루어짐)
- 당기 중 주식배당 실시
- 당기 미수이자 발생(단, 이자수령은 차기에 이루어짐)

① 1개 ② 2개 ③ 3개
④ 4개 ⑤ 5개

03 자본에 관한 설명으로 옳은 것을 모두 고른 것은? 제25회

> ㉠ 주식 발행과 직접 관련하여 발생한 거래원가는 자본에서 차감하지 않고 당기손익으로 인식한다.
> ㉡ 유상감자는 자본금의 감소로 소멸되는 주식의 대가를 주주에게 실질적으로 지급하는 것으로 실질적 감자에 해당한다.
> ㉢ 무상증자 시에는 납입자본과 자본총계가 모두 증가한다.
> ㉣ 임의적립금은 주주총회의 의결을 거쳐 미처분이익잉여금으로 이입한 후 배당재원으로 사용할 수 있다.
> ㉤ 이익준비금은 법정준비금이므로 그 금액만큼을 반드시 외부 금융기관에 예치해야 한다.

① ㉠, ㉣　② ㉠, ㉤　③ ㉡, ㉢
④ ㉡, ㉣　⑤ ㉢, ㉤

04 기타포괄이익을 증가 또는 감소시키는 거래는? 제24회

① 매출채권에 대한 손상인식
② 신용으로 용역(서비스) 제공
③ 판매직원에 대한 급여 미지급
④ 영업용 차량에 대한 감가상각비 인식
⑤ 유형자산에 대한 최초 재평가에서 평가이익 인식

05 자본에 관한 설명으로 옳은 것을 모두 고른 것은? 제22회

> ㉠ 자기주식을 취득하면 자본총액은 증가한다.
> ㉡ 유상증자 시에 자본금은 증가하나 자본총액은 변동하지 않는다.
> ㉢ 무상증자 시에 자본금은 증가하나 자본총액은 변동하지 않는다.
> ㉣ 주식배당 시에 자산총액과 자본총액은 변동하지 않는다.
> ㉤ 주식분할로 인해 발행주식수가 증가하여도 액면가액은 변동이 없다.
> ㉥ 임의적립금은 주주총회의 의결을 통해 미처분이익잉여금으로 이입한 후 배당할 수 있다.

① ㉠, ㉡, ㉢　② ㉠, ㉤, ㉥
③ ㉡, ㉢, ㉣　④ ㉡, ㉣, ㉤
⑤ ㉢, ㉣, ㉥

2 주식회사의 자본금

06 (주)한국의 20×1년 초 자본총계는 ₩500,000이다. 20×1년 중 다음과 같은 거래가 발생하였다고 할 때, 20×1년 말 자본총계는? 제28회

- 보통주 10주(주당 액면금액 ₩1,000)를 주당 ₩2,000에 발행하여 전액 납입받았으며, 주식발행비 ₩3,000을 현금으로 지급하였다.
- 보통주 20주(주당 액면금액 ₩1,000)를 주당 ₩900에 매입하여 소각하였다.

① ₩490,000
② ₩497,000
③ ₩499,000
④ ₩500,000
⑤ ₩502,000

07 (주)한국의 20×1년 초 자본의 내역은 다음과 같다.

보통주자본금(주당 액면금액 ₩500, 총발행주식수 4,000주)	₩2,000,000
주식발행초과금(보통주)	₩500,000
이익잉여금	₩800,000
자본조정(20×0년 중 주당 ₩1,100에 취득한 자기주식 30주)	₩(33,000)
자본총계	₩3,267,000

(주)한국은 20×1년 3월 1일 자기주식 30주를 주당 ₩1,200에 취득하였고, 20×1년 6월 30일 자기주식 40주를 주당 ₩1,300에 처분하였으며, 20×1년 10월 1일 자기주식 20주를 소각하였다. (주)한국은 20×1년도 당기순손실 ₩200,000과 기타포괄이익 ₩150,000을 보고하였다. 20×1년 말 (주)한국의 자본총계는? 제26회

① ₩3,181,000
② ₩3,217,000
③ ₩3,233,000
④ ₩3,305,000
⑤ ₩3,405,000

08 (주)한국은 20×1년 초 주당 액면금액 ₩5,000인 보통주 100주를 주당 ₩6,000에 현금으로 납입받아 회사를 설립하였다. 이에 대한 분개로 옳은 것은? 제22회

	차변	금액	대변	금액
①	(차) 현금	600,000	(대) 보통주자본금	500,000
			주식발행초과금	100,000
②	(차) 현금	600,000	(대) 보통주자본금	600,000
③	(차) 현금	500,000	(대) 보통주자본금	500,000
④	(차) 현금	500,000	(대) 보통주자본금	600,000
	주식할인발행차금	100,000		
⑤	(차) 현금	600,000	(대) 보통주자본금	500,000
			자본조정	100,000

3 이익잉여금의 처분

09 다음에 해당하는 자본항목은? 제27회

> 상법의 규정에 따라 자본금의 1/2에 달할 때까지 현금배당액의 1/10 이상을 의무적으로 적립해야 한다.

① 주식발행초과금
② 감자차익
③ 자기주식
④ 주식할인발행차금
⑤ 이익준비금

10 (주)한국은 20×2년 3월 27일 정기 주주총회에서 20×1년 재무제표를 승인하면서 현금배당을 선언하고 즉시 지급하였다. 주주총회의 배당금 선언 및 지급이 (주)한국의 재무제표에 미치는 영향으로 옳은 것은? 제25회

① 20×1년 말 현금을 감소시킨다.
② 20×1년 당기순이익을 감소시킨다.
③ 20×1년 말 자본을 감소시킨다.
④ 20×2년 당기순이익을 감소시킨다.
⑤ 20×2년 말 자본을 감소시킨다.

4 자기주식과 주당순이익

11 20×1년 초 (주)한국의 유통보통주식수는 500주(주당 액면금액 ₩1,000)이다. (주)한국은 20×1년 7월 1일 자기주식 100주를 취득하였으며, 자기주식 취득을 제외하고는 유통보통주식수에 영향을 미치는 거래는 없었다. 20×1년도 (주)한국의 당기순이익이 ₩90,000일 때, (주)한국의 20×1년 기본주당순이익은? (단, (주)한국은 우선주를 발행하지 않았으며, 가중평균유통보통주식수는 월수를 기준으로 산정한다.)

제28회

① ₩200
② ₩205
③ ₩210
④ ₩215
⑤ ₩225

12 20×1년 초에 설립된 (주)한국의 유통보통주식수는 10,000주(주당 액면금액 ₩1,000)이고 우선주는 3,000주(배당률 10%, 누적적, 비참가적, 주당 액면금액 ₩1,000)이며, 20×1년에 유통보통주식수의 변동은 없다. 20×1년 당기순이익이 ₩5,000,000일 때, (주)한국의 기본주당순이익은?

제27회

① ₩385
② ₩400
③ ₩470
④ ₩485
⑤ ₩500

13 (주)한국의 20×1년도 포괄손익계산서상 당기순이익은 ₩510,000이고, 우선주(비참가적, 비누적적)배당금은 ₩30,000이다. (주)한국의 20×1년도 기본주당순이익이 ₩30일 때, 가중평균유통보통주식수는?

제26회

① 12,000주
② 13,000주
③ 15,000주
④ 16,000주
⑤ 17,000주

14 (주)한국의 20×1년 1월 1일 현재 유통보통주식수는 100주이고, 20×1년에 유통보통주식수의 변동은 없다. 20×1년 당기순이익이 ₩10,000일 때, (주)한국의 기본주당순이익은? [단, (주)한국이 발행한 우선주는 없으며, 가중평균유통보통주식수는 월수를 기준으로 계산한다] 제25회

① ₩0　② ₩10　③ ₩100
④ ₩1,000　⑤ ₩10,000

15 주당이익 계산 시 유통보통주식수를 증가시키는 사건이 아닌 것은? (단, 각 사건은 독립적이며, 보통주와 관련하여 기중에 발생한 것으로 가정한다) 제24회

① 신주인수권 행사　② 유상증자
③ 자기주식 재발행　④ 주식배당
⑤ 주식병합

16 (주)한국은 다음과 같이 액면가 ₩1,000인 자기주식을 취득하여 매각하였다. 11월 10일 매각 시점의 분개로 옳은 것은? 제23회

날짜	적요	금액	주식수
11월 1일	취득	₩950	50주
11월 5일	매각	970	20주
11월 10일	매각	930	30주

	차변		대변	
①	현금	27,900	자기주식	27,900
②	현금	27,900	자기주식	28,500
	자기주식처분손실	600		
③	현금	27,900	자기주식	28,500
	자기주식처분이익	400		
	자기주식처분손실	200		
④	현금	30,000	자기주식	28,500
			자기주식처분손실	600
			자기주식처분이익	900
⑤	현금	30,000	자기주식	28,500
			자기주식처분이익	1,500

17 (주)한국의 20×1년 1월 1일 유통보통주식수는 10,000주이다. 20×1년도에 발행된 보통주는 다음과 같다. 20×1년도 (주)한국의 가중평균유통보통주식수는? (단, 가중평균유통보통주식수는 월수를 기준으로 계산한다) 제23회

- 4월 1일 무상증자 10%를 실시하였다.
- 9월 1일 유상으로 신주 15%를 공정가치로 발행하였다.

① 11,550주 ② 11,600주
③ 11,650주 ④ 11,700주
⑤ 11,750주

CHAPTER 12 수익 · 비용회계

정답 및 해설 p.48

01 (주)한국은 20×1년 4월 1일에 사무실을 임대하고, 1년분 임대료로 ₩1,200(1개월 ₩100)을 현금 수취하여 이를 전액 수익으로 처리하였다. 20×1년 기말 수정분개가 정상적으로 처리되었을 때, 동 사무실 임대와 관련하여 수익에 대한 마감분개로 옳은 것은? 제26회

	차변		대변	
①	임대료	900	집합손익	900
②	임대료	300	선수임대료	300
③	차기이월	300	선수임대료	300
④	집합손익	900	임대료	900
⑤	선수임대료	900	임대료	900

02 (주)한국은 20×1년 초에 제품을 ₩300,000에 판매(제품을 실질적으로 인도함)하면서, 판매대금 중 ₩100,000은 판매 즉시 수취하고 나머지 ₩200,000은 향후 2년에 걸쳐 매년 말에 각각 ₩100,000씩 받기로 하였다. 동 거래에는 유의적인 금융요소가 포함되어 있고, 판매계약의 할인율은 연 10%로 동 할인율은 별도 금융거래에 적용될 할인율에 해당한다. 판매대금의 회수가능성이 확실하다고 가정할 때, 상기 제품의 판매 거래로 (주)한국이 20×1년에 인식하게 될 수익의 총액은? (단, 현재가치 계산시 다음의 현가표를 이용하며, 단수차이가 발생하는 경우 가장 근사치를 선택한다)

제26회

기간	연 이자율 10%	
	단일금액 ₩1의 현재가치	정상연금 ₩1의 현재가치
2	0.8264	1.7355
3	0.7513	2.4868

① ₩273,559
② ₩290,905
③ ₩300,000
④ ₩300,905
⑤ ₩330,000

1 고객과의 계약에서 생기는 수익

03 20×1년 초 (주)한국은 (주)대한과 매출액의 5%를 판매수수료로 지급하는 위탁판매계약을 체결하였다. 20×1년 (주)한국은 (주)대한에 단위당 원가 ₩800인 상품 100개를 적송하였다. (주)대한은 20×1년 중 수탁한 상품 중 50개를 단위당 ₩1,000에 최종고객에게 판매하고 수탁상품 매출계산서와 함께 판매수수료를 제외한 나머지 금액을 (주)한국에 송금하였다. 동 위탁판매와 관련된 회계처리가 (주)한국의 20×1년도 당기순이익에 미치는 영향은? (단, (주)대한에 적송한 제화의 통제권은 최종고객에게 판매되기 전까지 (주)한국이 계속 보유한다.)

제28회

① ₩7,500 증가
② ₩9,500 증가
③ ₩10,000 증가
④ ₩12,500 증가
⑤ ₩15,000 증가

04 (주)한국은 (주)민국과 매출액의 10%를 판매수수료로 지급하는 위탁판매계약을 맺고 있으며, (주)민국에게 적송한 재화의 통제권은 (주)한국이 계속 보유하고 있다. 20×1년에 (주)한국은 (주)민국에 단위당 원가 ₩90인 상품 A 10개를 적송하였으며, (주)민국은 상품 A 8개를 단위당 ₩100에 고객에게 판매하였다. 상품 A의 판매와 관련하여 (주)한국과 (주)민국이 20×1년에 인식할 수익 금액은? 제25회

	(주)한국	(주)민국
①	₩100	₩80
②	₩800	₩80
③	₩800	₩800
④	₩1,000	₩100
⑤	₩1,000	₩800

05 (주)한국은 20×1년 1월 1일에 액면금액 ₩1,000인 상품권 10매를 1매당 ₩900에 고객에게 최초 발행하였다. 고객은 상품권 액면금액의 80% 이상을 사용하면 잔액을 현금으로 돌려받을 수 있다. (주)한국은 20×1년 12월 31일까지 회수된 상품권 8매에 대해 상품 인도와 함께 잔액 ₩700을 현금으로 지급하였다. (주)한국이 상기 상품권과 관련하여 20×1년 포괄손익계산서에 인식할 수익금액은? 제25회

① ₩6,500
② ₩7,200
③ ₩8,300
④ ₩9,000
⑤ ₩10,000

2 수익인식의 5단계

06 **고객과의 계약에서 생기는 수익에서 설명하는 다음 (   )에 공통으로 들어갈 용어는?**

제27회

- 수익인식 5단계: 계약의 식별 → (   )의 식별 → 거래가격을 산정 → 거래가격을 계약 내 (   )에 배분 → (   )의 이행에 따라 수익을 인식
- (   ): 고객과의 계약에서 구별되는 재화나 용역 또는 실질적으로 서로 같고 고객에게 이전하는 방식도 같은 일련의 구별되는 재화나 용역을 고객에게 이전하기로 한 약속

① 환불부채
② 계약자산
③ 계약부채
④ 판매가격
⑤ 수행의무

07 **수익인식 5단계를 순서대로 바르게 나열한 것은?**

제23회

㉠ 수행의무를 식별
㉡ 고객과의 계약을 식별
㉢ 거래가격을 산정
㉣ 거래가격을 계약 내 수행의므에 배분
㉤ 수행의무를 이행할 때 수익을 인식

① ㉠ → ㉡ → ㉢ → ㉣ → ㉤
② ㉠ → ㉢ → ㉡ → ㉣ → ㉤
③ ㉡ → ㉠ → ㉢ → ㉣ → ㉤
④ ㉡ → ㉠ → ㉣ → ㉢ → ㉤
⑤ ㉢ → ㉠ → ㉡ → ㉣ → ㉤

3 거래형태별 수익인식

08 20×1년 초 (주)한국은 (주)대한과 총계약금액에 변동이 없는 용역제공 계약을 체결하였으며, 용역제공기간은 20×1년 초부터 20×3년 말까지 3년이다. 용역과 관련된 20×1년의 자료가 다음과 같을 경우, 동 용역제공계약의 총계약금액은? (단, 진행률에 의해 계약수익을 인식하며, 진행률은 총추정계약원가 대비 누적발생계약원가로 산정한다.) 제28회

• 20×1년도 계약원가 발생액	₩20,000
• 20×1년도 말에 추정한 추가소요예정 계약원가	₩80,000
• 20×1년도에 인식한 용역계약이익	₩40,000

① ₩160,000
② ₩200,000
③ ₩240,000
④ ₩300,000
⑤ ₩380,000

09 (주)한국은 20×1년 초 4년간 용역을 제공하기로 하고 총 계약금액 ₩100,000의 용역계약을 수주하였다. 관련 자료가 다음과 같을 때, 20×3년도 용역계약이익은? (단, 진행률에 의해 계약수익을 인식하며, 진행률은 총추정계약원가 대비 누적발생계약원가로 산정한다.) 제27회

구분	20×1년	20×2년	20×3년	20×4년
누적발생계약원가	₩24,000	₩52,000	₩68,000	₩80,000
추가소요예정원가	56,000	28,000	12,000	-

① ₩4,000
② ₩5,000
③ ₩6,000
④ ₩7,000
⑤ ₩8,000

10 (주)한국은 제품 200단위(단위당 취득원가 ₩6,000)를 단위당 ₩10,000에 현금 판매하였다. (주)한국은 동 제품판매와 관련하여 제품 판매 후 2주 이내에 고객이 반품을 요청하는 경우 전액 환불해 주고 있다. 동 제품판매에 대한 합리적인 반품률 추정치가 3%인 경우, (주)한국이 상기 제품의 판매시점에 인식할 매출액은? 제26회

① ₩1,200,000 ② ₩1,500,000
③ ₩1,680,000 ④ ₩1,940,000
⑤ ₩2,000,000

11 (주)한국은 고객과 20×1년부터 3년간 용역제공 계약을 체결하고 용역을 제공하고 있다. 최초 계약 시 총계약금액은 ₩2,000이었다. 20×2년 중 용역계약원가의 상승으로 총계약금액을 ₩2,400으로 변경하였다. 용역제공과 관련된 자료가 다음과 같을 때, (주)한국이 인식할 20×2년도 용역계약손익은? (단, 진행률에 의해 계약수익을 인식하며, 진행률은 총추정계약원가 대비 누적발생계약원가로 산정한다) 제23회

	20×1년	20×2년	20×3년
• 당기발생계약원가	₩320	₩880	₩800
• 총추정계약원가	1,600	2,000	2,000

① 손실 ₩120 ② 손실 ₩80 ③ 이익 ₩120
④ 이익 ₩160 ⑤ 이익 ₩240

4 결산정리 및 수익 · 비용의 이연과 예상

12 (주)한국이 20×1년도에 지급한 보험료는 ₩18,000이다. 재무상태표상 선급보험료 계정의 잔액이 다음과 같을 때, 20×1년도 포괄손익계산서에 표시될 보험료는? 제28회

계정과목	20×1년 초	20×1년 말
선급보험료	₩6,000	₩4,000

① ₩16,000 ② ₩20,000
③ ₩22,000 ④ ₩24,000
⑤ ₩26,000

13 (주)한국은 기중에 소모품을 ₩100,000에 구입하였으며, 기말 현재 남아 있는 소모품은 ₩90,000이다. 수정전시산표상 소모품 잔액이 ₩120,000인 경우 기말 수정 분개로 옳은 것은? 제28회

	차변		대변	
①	소모품비	30,000	소모품	30,000
②	소모품비	20,000	소모품	20,000
③	소모품비	10,000	소모품	10,000
④	소모품	20,000	소모품비	20,000
⑤	소모품	10,000	소모품비	10,000

14 20×1년과 20×2년 말 미수임대료와 선수임대료 잔액이 다음과 같을 때, 20×2년 중 현금으로 수취한 임대료가 ₩118,000이라면, 20×2년 포괄손익계산서에 표시될 임대료는? 제27회

구분	20×1년 말	20×2년 말
미수임대료	₩11,000	₩10,000
선수임대료	7,800	8,500

① ₩116,300
② ₩117,700
③ ₩118,000
④ ₩118,300
⑤ ₩119,700

15 (주)한국은 20×1년 10월 1일부터 1년간 상가를 임대하면서 동 일자에 향후 1년분 임대료 ₩6,000을 현금 수령하고 전액 수익으로 회계처리하였다. 수정분개를 하지 않았을 경우, (주)한국의 20×1년 재무제표에 미치는 영향은? (단, 임대료는 월할 계산한다) 제25회

① 기말부채 ₩1,500 과대계상
② 기말부채 ₩4,500 과대계상
③ 당기순이익 ₩1,500 과대계상
④ 당기순이익 ₩4,500 과대계상
⑤ 당기순이익 ₩6,000 과대계상

16 (주)한국의 20×1년 포괄손익계산서상 종업원 급여는 ₩10,000이다. 재무상태표상 관련 계정의 기초 및 기말 잔액이 다음과 같을 때, 20×1년 종업원 급여 현금지출액은?

제25회

계정과목	기초잔액	기말잔액
미지급급여	₩1,000	₩2,000

① ₩8,000
② ₩9,000
③ ₩10,000
④ ₩11,000
⑤ ₩12,000

17 (주)한국의 20×1년도 포괄손익계산서의 이자비용은 ₩800(사채할인발행차금 상각액 ₩80 포함)이다. 20×1년도 이자와 관련된 자료가 다음과 같을 때, 이자지급으로 인한 현금유출액은?

제23회

	기초잔액	기말잔액
• 미지급이자	₩92	₩132
• 선급이자	40	52

① ₩652
② ₩692
③ ₩748
④ ₩852
⑤ ₩908

1 회계변경

01 (주)한국은 20×1년 초 기계장치(취득원가 ₩200,000, 내용연수 5년, 잔존가치 ₩20,000, 정액법 적용)를 취득하였다. 20×3년 초 (주)한국은 20×3년을 포함한 잔존내용연수를 4년으로 변경하고, 잔존가치는 ₩30,000으로 변경하였다. 이러한 내용연수 및 잔존가치의 변경은 정당한 회계변경으로 인정된다. (주)한국의 20×3년 동 기계장치에 대한 감가상각비는? (단, 원가모형을 적용하며, 감가상각비는 월할계산한다) 제22회

① ₩23,000　② ₩24,500
③ ₩28,333　④ ₩30,000
⑤ ₩32,000

2 오류수정

02 20×1년 12월분 관리직 종업원 급여 ₩500이 발생하였으나 장부에 기록하지 않았고, 이 금액을 20×2년 1월에 지급하면서 전액 20×2년 비용으로 인식하였다. 이러한 회계처리의 영향으로 옳지 않은 것은? (단, 20×1년과 20×2년에 동 급여에 대한 별도의 수정분개는 하지 않은 것으로 가정한다) 제25회

① 20×1년 비용 ₩500 과소계상
② 20×1년 말 자산에는 영향 없음
③ 20×1년 말 부채 ₩500 과소계상
④ 20×1년 말 자본 ₩500 과대계상
⑤ 20×2년 당기순이익에는 영향 없음

03 (주)한국은 20×1년 8월 1일 화재보험에 가입하고, 향후 1년간 보험료 ₩12,000을 전액 현금지급하면서 선급보험료로 회계처리하였다. 동 거래와 관련하여 (주)한국이 20×1년 말에 수정분개를 하지 않았을 경우, 20×1년 말 재무상태표에 미치는 영향은? (단, 보험료는 월할계산한다) 제24회

	자산	부채	자본
①	₩5,000(과대)	영향 없음	₩5,000(과대)
②	₩5,000(과대)	₩5,000(과대)	영향 없음
③	₩7,000(과대)	영향 없음	₩7,000(과대)
④	₩7,000(과대)	₩7,000(과대)	영향 없음
⑤	영향 없음	₩7,000(과소)	₩7,000(과대)

04 실지재고조사법을 적용하는 (주)한국은 20×1년 기말재고자산(상품) ₩10,000(원가)을 누락하여 과소계상하였다. 해당 오류가 향후 밝혀지지 않을 경우, 다음 설명 중 옳은 것은? 제24회

① 20×1년 매출원가는 ₩10,000 과대계상된다.
② 20×1년 영업이익은 ₩10,000 과대계상된다.
③ 20×2년 기초재고자산은 ₩10,000 과대계상된다.
④ 20×2년 매출원가는 ₩10,000 과대계상된다.
⑤ 누락된 기말재고자산이 20×2년 중 판매되었다면, 20×3년 매출총이익은 ₩10,000 과대계상된다.

05 20×1년 초에 설립한 (주)한국의 20×1년 말 수정전시산표상 소모품계정은 ₩50,000이었다. 기말실사 결과 미사용소모품이 ₩20,000일 때, 소모품에 대한 수정분개의 영향으로 옳은 것은? 제23회

① 비용이 ₩30,000 증가한다.
② 자본이 ₩30,000 증가한다.
③ 이익이 ₩20,000 감소한다.
④ 자산이 ₩30,000 증가한다.
⑤ 부채가 ₩20,000 감소한다.

06 (주)한국은 20×1년 4월 1일 향후 1년간(20×1년 4월 1일～20×2년 3월 31일) (주)대한에게 창고를 임대하고 그 대가로 ₩1,200(1개월 ₩100)을 현금으로 받아 수익으로 회계처리하였다. 이 거래와 관련하여 (주)한국이 20×1년 말에 수정분개를 하지 않았을 경우, 기말 재무제표에 미치는 영향으로 옳지 않은 것은? 제22회

① 부채가 ₩300 과대계상된다.
② 자산에 미치는 영향은 없다.
③ 자본이 ₩300 과대계상된다.
④ 비용에 미치는 영향은 없다.
⑤ 수익이 ₩300 과대계상된다.

CHAPTER 14 재무제표

정답 및 해설 p.54

1 재무제표의 일반이론

01 재무제표 표시에 관한 설명으로 옳지 않은 것은? 제28회

① 각각의 재무제표는 전체 재무제표에서 동등한 비중으로 표시한다.
② 당기손익과 기타포괄손익은 단일의 포괄손익계산서에 두 부분으로 나누어 표시할 수 있다.
③ 재무제표는 동일한 문서에 포함되어 함께 공표되는 그 밖의 정보와 명확하게 구분되고 식별되어야 한다.
④ 재무제표 항목의 표시나 분류를 변경하는 경우 실무적으로 적용할 수 없는 것이 아니라면 비교금액도 재분류해야 한다.
⑤ 재무제표가 한국채택국제회계기준의 요구사항을 모두 충족한 경우가 아니라도 한국채택국제회계기준을 준수하여 작성되었다고 기재한다.

02 재무제표의 작성과 표시에 적용되는 일반사항에 관한 설명으로 옳지 않은 것은?

제27회

① 경영진은 재무제표를 작성할 때 계속기업으로서의 존속가능성을 평가해야 한다.
② 부적절한 회계정책은 이에 대하여 공시나 주석 또는 보충 자료를 통해 설명하더라도 정당화될 수 없다.
③ 전체 재무제표(비교정보를 포함)는 적어도 1년마다 작성한다.
④ 한국채택국제회계기준에서 요구하거나 허용하지 않는 한 자산과 부채 그리고 수익과 비용은 상계하지 아니한다.
⑤ 모든 재무제표는 발생기준 회계를 사용하여 작성해야 한다.

03 한국채택국제회계기준에서 제시하고 있는 전체 재무제표에 해당하지 않는 것을 모두 고른 것은?

제27회

㉠ 기말 재무상태표	㉡ 경영진 재구검토보고서
㉢ 환경보고서	㉣ 기간 현금흐름표
㉤ 기간 손익과 기타포괄손익계산서	㉥ 주석

① ㉠, ㉡　② ㉡, ㉢　③ ㉢, ㉣
④ ㉣, ㉤　⑤ ㉤, ㉥

04 재무제표 표시에 관한 설명으로 옳지 않은 것은?

제26회

① 재무제표가 한국채택국제회계기준의 요구사항을 모두 충족한 경우가 아니라면 한국채택국제회계기준을 준수하여 작성되었다고 기재하여서는 아니 된다.
② 한국채택국제회계기준에서 요구하거나 허용하지 않는 한 자산과 부채 그리고 수익과 비용은 상계하지 아니한다.
③ 기업은 현금흐름 정보를 제외하고는 발생기준 회계를 사용하여 재무제표를 작성한다.
④ 부적절한 회계정책은 이에 대해 공시나 주석 또는 보충 자료를 통해 설명한다면 정당화될 수 있다.
⑤ 유사한 항목은 중요성 분류에 따라 재무제표에 구분하여 표시한다.

05 **재무제표 표시에 관한 설명으로 옳지 않은 것을 모두 고른 것은?** 제25회

㉠ 모든 재무제표는 발생기준 회계를 적용하여 작성한다.
㉡ 한국채택국제회계기준이 달리 허용하거나 요구하는 경우를 제외하고는 당기 재무제표에 보고되는 모든 금액에 대해 전기 비교정보를 표시한다.
㉢ 부적절한 회계정책은 이에 대하여 공시나 주석 또는 보충 자료를 통해 설명함으로써 정당화될 수 있다.
㉣ 상이한 성격이나 기능을 가진 항목은 구분하여 표시한다. 다만 중요하지 않은 항목은 성격이나 기능이 유사한 항목과 통합하여 표시할 수 있다.
㉤ 수익과 비용의 어느 항목도 당기손익과 기타포괄손익을 표시하는 보고서에 특별손익 항목으로 표시할 수 없다.

① ㉠, ㉡　② ㉠, ㉢　③ ㉡, ㉤
④ ㉢, ㉣　⑤ ㉣, ㉤

06 **재무제표 표시에 관한 설명으로 옳지 않은 것은?** 제24회

① 전체 재무제표(비교정보를 포함)는 적어도 1년마다 작성한다.
② 재무제표는 기업의 재무상태, 재무성과 및 현금흐름을 공정하게 표시해야 한다.
③ 당기손익과 기타포괄손익은 단일의 포괄손익계산서에서 두 부분으로 나누어 표시할 수 없다.
④ 한국채택국제회계기준에서 요구하거나 허용하지 않는 한 자산과 부채 그리고 수익과 비용은 상계하지 아니한다.
⑤ 한국채택국제회계기준을 준수하여 작성된 재무제표는 국제회계기준을 준수하여 작성된 재무제표임을 주석으로 공시할 수 있다.

07 **재무제표에 관한 설명으로 옳지 않은 것은?** 제23회

① 각각의 재무제표는 전체 재무제표에서 동등한 비중으로 표시한다.
② 경영진은 재무제표를 작성할 때 계속기업으로서의 존속가능성을 평가해야 한다.
③ 기업은 현금흐름 정보를 제외하고는 발생기준 회계를 사용하여 재무제표를 작성한다.
④ 부적절한 회계정책에 대하여 공시나 주석 또는 보충 자료를 통해 설명하면 정당화될 수 있다.
⑤ 재무제표의 목적은 광범위한 정보이용자의 경제적 의사결정에 유용한 기업의 재무상태, 재무성과와 재무상태변동에 관한 정보를 제공하는 것이다.

08 재무제표 구조와 내용에 관한 설명으로 옳지 않은 것은? 제23회

① 수익과 비용 항목이 중요한 경우 성격과 금액을 별도로 공시한다.
② 유동성 순서에 따른 표시방법을 적용할 경우 모든 자산과 부채는 유동성 순서에 따라 표시한다.
③ 정상적인 활동과 명백하게 구분되는 수익이나 비용은 당기손익과 기타포괄손익을 표시하는 보고서에 특별손익 항목으로 표시한다.
④ 중요한 정보가 누락되지 않는 경우 재무제표의 표시통화를 천 단위나 백만 단위로 표시할 수 있으며 금액 단위를 공시해야 한다.
⑤ 비용의 성격별 또는 기능별 분류방법 중에서 신뢰성 있고 목적적합한 정보를 제공할 수 있는 방법을 적용하여 당기손익으로 인식한 비용의 분석내용을 표시한다.

09 한국채택국제회계기준에서 정하는 전체 재무제표에 포함되지 않는 것은? 제22회

① 기말 세무조정계산서
② 기말 재무상태표
③ 기간 손익과 기타포괄손익계산서
④ 기간 현금흐름표
⑤ 주석(유의적인 회계정책 및 그 밖의 설명으로 구성)

2 현금흐름표

10 아파트 관리용역을 제공하는 (주)한국의 현금흐름표상 투자활동 현금흐름에 속하지 않는 것은? 제28회

① 유형자산 처분에 따른 현금유입
② 상각후원가 측정 금융자산의 취득에 따른 현금유출
③ 대여금의 회수에 따른 현금유입
④ 무형자산 취득에 따른 현금유출
⑤ 장기차입에 따른 현금유입

11 다음은 (주)한국의 20×1년 재무제표 자료이다. (주)한국의 20×1년 법인세비용차감전순이익은 ₩10,000일 때, 간접법으로 산출한 영업활동현금흐름은? 제27회

• 감가상각비	₩4,000	• 매출채권(순액)의 증가	₩2,000
• 재고자산의 증가	4,000	• 매입채무의 감소	2,000
• 유상증자	2,000	• 사채의 상환	4,000

① ₩6,000
② ₩8,000
③ ₩10,000
④ ₩12,000
⑤ ₩14,000

12 (주)한국의 당기순이익은 ₩100,000이고, 장기차입금에서 발생한 이자비용은 ₩5,000이며, 보유하고 있는 유형자산의 감가상각비는 ₩11,000이다. 당기 영업활동과 관련된 자산과 부채의 변동내역은 다음과 같다.

• 재고자산의 증가	₩8,000
• 매출채권(손실충당금 차감후 순액)의 감소	₩3,000
• 매입채무의 감소	₩4,200
• 선수금의 증가	₩2,000

(주)한국의 당기 영업활동 순현금유입액은? (단, 이자의 지급과 수취는 각각 재무활동과 투자활동으로 분류한다) 제26회

① ₩76,800
② ₩81,800
③ ₩92,800
④ ₩106,000
⑤ ₩108,800

13 (주)한국의 20×1년 영업활동 순현금유입액은 ₩12,000이다. 다음 자료를 이용할 때, 20×1년 법인세비용 차감 전 순이익과 재무활동 순현금흐름으로 옳은 것은?

제25회

• 재무상태표 관련 자료

계정과목	20×1년 1월 1일	20×1년 12월 31일
매출채권	₩2,800	₩1,300
선급비용	1,000	1,800
미지급이자	80	40
단기차입금	1,500	1,250
자본금	500	1,200

• 20×1년 감가상각비 ₩900
• 20×1년 유형자산처분손실 ₩2,100
• 이자비용(미지급이자)은 영업활동으로 분류한다.
• 자본금 변동은 유상증자로 인한 것이며 모든 자산, 부채, 자본 변동은 현금거래로 인한 것이다.

	법인세비용 차감 전 순이익	재무활동 순현금흐름
①	₩7,800	순유입액 ₩410
②	8,300	순유입액 450
③	8,340	순유입액 450
④	8,640	순유입액 410
⑤	8,800	순유출액 250

14 (주)한국의 20×1년도 현금흐름표 자료가 다음과 같을 때, 투자활동 현금흐름은?

제24회

• 기초 현금및현금성자산 ₩9,000
• 재무활동 현금흐름 (−)17,000
• 기말 현금및현금성자산 5,000
• 영업활동 현금흐름 25,000

① (−)₩12,000
② (−)₩8,000
③ (−)₩4,000
④ ₩4,000
⑤ ₩8,000

15 현금흐름표상 영업활동 현금흐름에 속하지 않는 것은? 제24회

① 신주발행으로 유입된 현금
② 재고자산 구입으로 유출된 현금
③ 매입채무 지급으로 유출된 현금
④ 종업원 급여 지급으로 유출된 현금
⑤ 고객에게 용역제공을 수행하고 유입된 현금

CHAPTER 15 재무제표 비율분석

정답 및 해설 p.57

1 안정성 및 유동성비율

01 (주)한국의 20×1년 6월 말 현재 유동자산은 ₩125,000, 당좌자산은 ₩20,000, 유동부채는 ₩100,000이다. (주)한국은 20×1년 7월 1일에 상품을 ₩10,000(원가 ₩5,000)에 판매하면서, 현금 ₩5,000을 수령하고 나머지는 1달 후에 받기로 하였다. 동 거래를 반영한 후의 당좌비율은? (단, 상품기록은 계속기록법을 적용한다.) 제28회

① 20%
② 25%
③ 30%
④ 130%
⑤ 135%

02 (주)한국이 20×1년 초 재무상태표상 당좌자산은 ₩3,500, 재고자산은 ₩1,500, 유동부채는 ₩2,000으로 나타났다. (주)한국이 20×1년 중 상품 ₩1,000을 현금매입하고 외상매출금 ₩500을 현금회수한 경우 (가) 당좌비율과 (나) 유동비율에 미치는 영향은? (단, (주)한국의 유동자산은 당좌자산과 재고자산만으로 구성되어 있으며, 계속기록법을 적용한다) 제27회

	(가)	(나)
①	감소	감소
②	감소	불변
③	증가	감소
④	증가	불변
⑤	불변	불변

03 (주)한국의 20×1년도 포괄손익계산서는 다음과 같다.

손익구성항목	금액
매출액 매출원가	₩1,000,000 ₩(600,000)
매출총이익 기타영업비용	₩400,000 ₩(150,000)
영업이익 이자비용	₩250,000 ₩(62,500)
당기순이익	₩187,500

(주)한국의 20×2년도 손익을 추정한 결과, 매출액과 기타영업비용이 20×1년도 보다 각각 10%씩 증가하고, 20×2년도의 이자보상비율(=영업이익/이자비용)은 20×1년 대비 1.25배가 될 것으로 예측된다. 매출원가율이 20×1년도와 동일할 것으로 예측될 때, (주)한국의 20×2년도 추정 당기순이익은? 제26회

① ₩187,500
② ₩200,000
③ ₩217,500
④ ₩220,000
⑤ ₩232,000

04 (주)한국은 상품을 ₩1,000에 취득하면서 현금 ₩500을 지급하고 나머지는 3개월 이내에 지급하기로 하였다. 이 거래가 발생하기 직전의 유동비율과 당좌비율은 각각 70%와 60%이었다. 상품취득 거래가 유동비율과 당좌비율에 미치는 영향은? (단, 상품거래에 대해 계속기록법을 적용한다) 제23회

	유동비율	당좌비율
①	감소	감소
②	감소	변동 없음
③	변동 없음	감소
④	증가	변동 없음
⑤	증가	감소

회계원리 | 시설개론 | 공동주택 | 민법

2 수익성비율

05 (주)한국의 당기 자기자본이익률(ROE)은 10%이고, 부채비율(=부채/자본)은 200%이며, 총자산은 ₩3,000,000이다. 당기 매출액순이익률이 5%일 때, 당기 매출액은? (단, 자산과 부채의 규모는 보고기간 중 변동이 없다) 제26회

① ₩1,000,000
② ₩1,500,000
③ ₩2,000,000
④ ₩2,500,000
⑤ ₩3,000,000

06 (주)한국의 20×0년 매출액은 ₩800이며, 20×0년과 20×1년의 매출액 순이익률은 각각 15%와 20%이다. 20×1년 당기순이익이 전기에 비해 25% 증가하였을 경우, 20×1년 매출액은? 제25회

① ₩600
② ₩750
③ ₩800
④ ₩960
⑤ ₩1,000

07 (주)한국의 평균총자산액은 ₩40,000이고, 매출액순이익률은 5%이며, 총자산회전율(평균총자산 기준)이 3회일 경우, 당기순이익은? 제22회

① ₩2,000
② ₩4,000
③ ₩5,000
④ ₩6,000
⑤ ₩8,000

3 활동성비율

08 (주)한국의 다음 자료를 이용하여 계산한 20×1년 기말 재무상태표상 매출채권은? (단, 매출채권의 손상차손은 없다.) 제28회

○ 20×1년 기초매출채권	₩400,000
○ 20×1년도 신용매출액	₩5,000,000
○ 20×1년도 신용매출액과 평균매출채권을 이용하여 계산한 매출채권회전율 10회	

① ₩400,000
② ₩450,000
③ ₩500,000
④ ₩550,000
⑤ ₩600,000

09 (주)한국의 다음 자료를 이용하여 구한 재고자산회전율은? (단, 재고자산회전율은 매출원가 및 기초와 기말의 평균재고자산을 이용하며, 계산 결과는 소수점 둘째 자리에서 반올림한다) 제27회

• 기초재고자산	₩18,000	• 당기 매입액	₩55,000
• 당기 매출액	₩80,000	• 매출총이익률	30%

① 2.0회
② 3.2회
③ 4.7회
④ 5.1회
⑤ 6.0회

10 (주)한국이 창고에 보관하던 상품이 20×1년 중에 발생한 화재로 인하여 전부 소실되었다. 20×0년과 20×1년의 상품 거래와 관련한 자료가 다음과 같을 때, 20×1년에 화재로 인해 소실된 것으로 추정되는 상품의 원가는? [단, (주)한국의 상품 매출은 모두 신용매출이며, 상품 외의 재고자산은 없다] 제25회

- (주)한국의 20×0년 신용매출액과 평균매출채권을 이용하여 계산한 매출채권회전율은 5회이며, 매출원가와 평균재고자산을 이용하여 계산한 재고자산회전율은 4회였다.
- (주)한국의 20×0년 매출총이익률은 20%이다.
- (주)한국의 20×0년 초 매출채권과 상품의 잔액은 각각 ₩500과 ₩200이었으며, 20×0년 말 매출채권 잔액은 ₩700이다.
- 20×1년 초부터 화재발생 시점까지 (주)한국의 상품 매입액과 매출액은 각각 ₩3,000과 ₩3,500이었으며, 매출총이익률은 20×0년과 동일하다.

① ₩600
② ₩1,000
③ ₩1,200
④ ₩1,800
⑤ ₩2,400

11 외상판매만을 수행하는 (주)한국은 20×1년 12월 31일 화재로 인해 창고에 있던 상품을 전부 소실하였다. (주)한국의 매출채권회전율은 500%이고, 매출총이익률은 30%로 매년 동일하다. 20×1년 (주)한국의 평균매출채권은 ₩600,000이고 판매가능상품(기초재고와 당기순매입액의 합계)이 ₩2,650,000인 경우, 20×1년 12월 31일 화재로 소실된 상품 추정액은? 제24회

① ₩350,000
② ₩400,000
③ ₩450,000
④ ₩500,000
⑤ ₩550,000

12 (주)한국의 20×1년 재무자료가 다음과 같을 때, 20×1년도 매출액은? 제23회

- 평균재고자산: ₩100,000
- 재고자산회전율: 5회
- 매출총이익: ₩50,000

① ₩400,000
② ₩450,000
③ ₩500,000
④ ₩550,000
⑤ ₩800,000

PART 02 원가·관리회계

CHAPTER 01 원가의 기초

정답 및 해설 p.62

1 원가의 기초개념

01 (주)한국의 당기에 발생한 원가 자료는 다음과 같다.

• 기본원가(prime cost)	₩25,000
• 전환원가(conversion cost)	₩30,000
• 직접노무원가	₩10,000

기초 재공품보다 기말 재공품이 ₩3,000 더 많을 때, 당기제품제조원가는? 제28회

① ₩42,000　② ₩45,000
③ ₩48,000　④ ₩52,000
⑤ ₩58,000

02 (주)한국의 20×1년 발생 원가는 다음과 같다.

직접재료원가	직접노무원가	제조간접원가
₩10,000	₩20,000	₩24,000

20×1년 기초재공품이 ₩5,000이고, 기말재공품이 ₩4,000일 때, 20×1년 당기제품제조원가는? 제26회

① ₩52,000　② ₩53,000
③ ₩54,000　④ ₩55,000
⑤ ₩56,000

03 (주)한국은 ₩73,500에 구입한 원재료 A를 보유하고 있으나, 현재 제품생산에 사용할 수 없다. (주)한국은 원재료 A에 대해 다음과 같은 두 가지 대안을 고려하고 있다.

> (대안 1) 원재료 A를 그대로 외부에 ₩45,600에 판매
> (대안 2) 원재료 A에 ₩6,600의 다른 원재료를 혼합하여 원재료 B로 변환한 후, 외부에 ₩58,100에 판매

(주)한국이 (대안 2)를 선택하는 경우, (대안 1)에 비하여 증가 또는 감소하는 이익은?

제22회

① ₩5,900 증가
② ₩12,500 증가
③ ₩15,400 감소
④ ₩22,000 감소
⑤ ₩27,900 감소

2 원가의 흐름

04 (주)한국의 20×1년 원가자료는 다음과 같다. 직접노무원가가 기본원가(prime cost)의 40%일 때 기말재공품 금액은?

제27회

• 직접재료원가	₩90,000	• 제조간접원가	₩70,000
• 당기제품제조원가	205,000	• 기초재공품	5,000

① ₩10,000
② ₩20,000
③ ₩60,000
④ ₩90,000
⑤ ₩110,000

05 (주)한국의 20×1년도 매출액은 ₩115,000이며 매출총이익률은 40%이다. 같은 기간 직접재료 매입액은 ₩22,000이고 제조간접원가 발생액은 직접노무원가의 50%이다. 20×1년 기초 및 기말 재고자산이 다음과 같을 때 20×1년에 발생한 제조간접원가는?

제24회

구분	직접재료	재공품	제품
기초재고	₩4,000	₩8,000	₩20,400
기말재고	5,200	7,200	21,000

① ₩10,400
② ₩16,000
③ ₩20,800
④ ₩26,400
⑤ ₩32,000

06 (주)한국의 20×1년 6월 영업자료에서 추출한 정보이다.

• 직접노무원가	₩170,000	• 기타제조간접원가	₩70,000
• 간접노무원가	100,000	• 기초직접재료재고액	10,000
• 감가상각비(본부사옥)	50,000	• 기말직접재료재고액	15,000
• 보험료(공장설비)	30,000	• 기초재공품재고액	16,000
• 판매수수료	20,000	• 기말재공품재고액	27,000

6월 중 당기제품제조원가가 ₩554,000이라면 6월의 직접재료 매입액은? 제23회

① ₩181,000
② ₩190,000
③ ₩195,000
④ ₩200,000
⑤ ₩230,000

회계원리
시설개론
공동주택
민법

CHAPTER 02 원가의 배분 정답 및 해설 p.64

1 제조간접비의 배부

01 (주)한국은 정상개별원가계산제도를 채택하고 있다. 제조간접원가는 직접노무원가를 기준으로 예정배부하고 있으며, 제조간접원가 배부차이는 전액 매출원가에서 조정하고 있다. 당기 원가자료가 다음과 같을 때, 당기제품제조원가는? (단, 제조간접원가 예정배부율은 매 기간 동일하다) 제24회

구분	직접재료원가	직접노무원가	제조간접원가
기초재공품	₩2,500	₩2,800	₩4,200
당기실제발생액	15,000	18,000	25,500
기말재공품	3,000	3,800	?

① ₩55,500
② ₩56,000
③ ₩56,500
④ ₩57,000
⑤ ₩57,500

02 정상원가계산하에서 개별원가계산제도를 적용하는 경우, 과대 또는 과소 배분된 제조간접원가 배부차이를 비례배분법에 의해 조정할 때, 차이 조정이 반영되는 계정으로 옳은 것을 모두 고른 것은? (단, 모든 계정잔액은 '0'이 아니다) 제22회

㉠ 기초재공품	㉡ 기말원재료
㉢ 기말재공품	㉣ 기초제품
㉤ 기말제품	㉥ 매출원가

① ㉠, ㉡, ㉢
② ㉡, ㉢, ㉣
③ ㉡, ㉤, ㉥
④ ㉢, ㉣, ㉤
⑤ ㉢, ㉤, ㉥

2 부문별 원가계산

03 (주)한국은 두 개의 보조부문(S1, S2)과 두 개의 제조부문(P1, P2)으로 제품을 생산하고 있다. 각 부문원가와 용역수수관계는 다음과 같다.

연도	보조부문		제조부문	
	S1	S2	P1	P2
20×1년	₩80,000	₩70,000	?	?
S1	–	20%	50%	30%
S2	30%	–	40%	30%

직접배분법으로 보조부문원가를 제조부문에 배분하는 경우, 제조부문 P1에 배분될 총 보조부문원가는? 제28회

① ₩70,000
② ₩80,000
③ ₩90,000
④ ₩100,000
⑤ ₩110,000

04 (주)한국은 1개의 보조부문 S와 2개의 제조부문 P1과 P2를 통해 제품을 생산하고 있다. 부문공통원가인 화재보험료와 감가상각비는 각 부문의 점유면적을 기준으로 배분한다. 20×1년 6월의 관련자료가 다음과 같을 때 보조부문원가를 배분한 후 제조부문 P1의 부문원가(총액)는? 제27회

	보조부문	제조부문		계
	S	P1	P2	
부문공통원가 화재보험료 감가상각비				₩16,000 14,000
부문개별원가	₩10,000	₩15,000	₩18,000	
점유면적(m^2)	20	30	50	100
용역수수관계(%)	20	50	30	100

① ₩21,000
② ₩24,000
③ ₩28,000
④ ₩32,000
⑤ ₩34,000

05 (주)한국은 두 개의 보조부문(S1, S2)과 두 개의 제조부문(P1, P2)을 운영하며, 단계배부법을 사용하여 보조부문원가를 제조부문에 배분한다. 보조부문원가 배분 전 S1에 집계된 원가는 ₩120,000이고, S2에 집계된 원가는 ₩110,000이다. 부문 간의 용역수수관계가 다음과 같을 때, P1에 배분될 총 보조부문원가는? (단, S1 부문원가를 먼저 배분한다) 제26회

사용 제공	S1	S2	P1	P2
S1	20%	20%	20%	40%
S2	30%	–	42%	28%

① ₩88,800
② ₩96,000
③ ₩104,400
④ ₩106,000
⑤ ₩114,000

06 (주)한국은 두 개의 보조부문(S1, S2)과 두 개의 제조부문(P1, P2)으로 제품을 생산하고 있다. 각 부문원가와 용역수수관계는 다음과 같다.

	보조부문		제조부문		계
	S1	S2	P1	P2	
부문원가	?	₩140,000	–	–	
S1	–	40	20	40	100%
S2	30	–	40	30	100%

직접배부법으로 보조부문원가를 배부한 결과, P1에 배부된 보조부문의 원가 합계액이 ₩120,000인 경우, S1에 집계된 부문원가는? 제25회

① ₩100,000
② ₩110,000
③ ₩120,000
④ ₩130,000
⑤ ₩140,000

07 (주)한국은 두 개의 보조부문(S1, S2)과 두 개의 제조부문(P1, P2)으로 제품을 생산하고 있다. 각 부문원가와 용역수수관계는 다음과 같다.

	보조부문		제조부문		계
	S1	S2	P1	P2	
부문원가	₩250,000	₩152,000	–	–	
S1	–	40	20	40	100%
S2	40	–	40	20	100%

상호배부법으로 보조부문원가를 배부한 결과, S1의 총부문원가는 S2로부터 배부받은 금액 ₩120,000을 포함하여 ₩370,000이었다. P2에 배부되는 보조부문원가 합계액은? 제23회

① ₩164,400
② ₩193,200
③ ₩194,000
④ ₩208,000
⑤ ₩238,400

3 활동기준원가계산

08 (주)한국은 복수의 제품을 생산·판매하고 있으며, 활동기준원가계산을 적용하고 있다. (주)한국은 제품원가계산을 위해 다음과 같은 자료를 수집하였다.

구분	활동원가	원가동인	총원가동인 수
조립작업	₩500,000	조립시간	25,000시간
주문처리	75,000	주문횟수	1,500회
검사작업	30,000	검사시간	1,000시간

제품	생산 수량	단위당 직접제조원가		조립 작업	주문 처리	검사 작업
		직접재료원가	직접노무원가			
A	250개	₩150	₩450	400시간	80회	100시간

(주)한국이 당기에 A제품 250개를 단위당 ₩1,000에 판매한다면, A제품의 매출총이익은? 제22회

① ₩65,000
② ₩70,000
③ ₩75,000
④ ₩80,000
⑤ ₩85,000

CHAPTER 03 종합원가계산

정답 및 해설 p.67

1 종합원가계산의 개념

01 (주)한국은 선입선출법을 적용하여 종합원가계산을 하며, 전환원가는 전체 공정에 걸쳐 균등하게 발생한다. 관련 자료는 다음과 같으며, 괄호 안의 숫자는 전환원가 완성도를 의미한다.

기초 재공품	당기 착수	기말 재공품
200단위 (40%)	800단위	100단위(50%)

완성품환산량 단위당 전환원가가 ₩100이라면, 당기에 발생한 전환원가는? (단, 공손과 감손은 발생하지 않는다.) 제28회

① ₩80,000
② ₩83,000
③ ₩85,000
④ ₩87,000
⑤ ₩95,000

02 단일 제품을 생산하는 (주)한국은 선입선출법을 적용하여 종합원가계산을 한다. 전환원가(가공원가)는 전체 공정에 걸쳐 균등하게 발생한다. 생산 관련 자료는 다음과 같으며, 괄호 안의 숫자는 전환원가 완성도를 의미한다.

기초재공품	당기착수량	기말재공품
100단위 (40%)	1,000단위	200단위 (50%)

기초재공품 원가에 포함된 전환원가는 ₩96,000이고, 당기에 발생한 전환원가는 ₩4,800,000이다. 완성품환산량 단위당 전환원가는? (단, 공손과 감손은 발생하지 않는다) 제26회

① ₩4,800
② ₩4,896
③ ₩5,000
④ ₩5,100
⑤ ₩5,690

03 (주)한국은 종합원가계산을 사용하고 있다. 20×1년 생산에 관련된 자료는 다음과 같다.

	수량	완성도
기초재공품	200단위	30%
당기착수량	1,300단위	
당기완성량	1,000단위	
기말재공품	500단위	40%

가공원가(전환원가)가 공정 전반에 걸쳐 균등하게 발생한다면, 가중평균법과 선입선출법 간에 가공원가(전환원가)의 완성품환산량 차이는? 제25회

① 60단위
② 120단위
③ 180단위
④ 240단위
⑤ 300단위

04 (주)한국은 실제원가계산을 적용하고 있으며, 20×1년의 기초 및 기말 재고자산은 다음과 같다.

구분	기초	기말
직접재료	₩10,000	₩12,000
재공품	100,000	95,000
제품	50,000	55,000

당기 매출원가가 ₩115,000일 경우, 당기 총제조원가는? 제25회

① ₩115,000
② ₩120,000
③ ₩125,000
④ ₩130,000
⑤ ₩135,000

05 (주)한국은 가중평균법에 의한 종합원가계산제도를 채택하고 있으며, 모든 원가는 공정 전반에 걸쳐 균등하게 발생한다. (주)한국의 당기 제조활동에 관한 자료는 다음과 같다.

• 기초재공품:	수량	200단위
	직접재료원가	₩25,000
	전환원가	₩15,000
	완성도	30%
• 당기투입원가:	직접재료원가	₩168,000
	전환원가	₩92,000
• 완성품:	수량	900단위
• 기말재공품:	수량	400단위
	완성도	?

(주)한국의 당기 완성품 단위당 원가가 ₩250일 경우, 기말재공품의 완성도는? (단, 공정전반에 대해 공손과 감손은 발생하지 않는다) 제24회

① 55%
② 60%
③ 65%
④ 70%
⑤ 75%

회계원리
공동주택 시설개론
민법

2 결합(연산품, 등급별)원가계산

06 (주)한국은 세 가지 결합제품(A, B, C)을 생산하고 있으며, 결합원가는 분리점에서의 상대적 판매가치에 의해 배분된다. 관련 자료는 다음과 같다.

	A	B	C	합계
결합원가 배분액	?	₩10,000	?	₩100,000
분리점에서의 판매가치	₩80,000	?	?	200,000
추가가공원가	3,000	2,000	₩5,000	
추가가공 후 판매가치	85,000	42,000	120,000	

결합제품 C를 추가가공하여 모두 판매하는 경우 결합제품 C의 매출총이익은? (단, 공손과 감손, 재고자산은 없다) 제23회

① ₩65,000 ② ₩70,000
③ ₩80,000 ④ ₩110,000
⑤ ₩155,000

3 공손품과 감손

07 (주)한국은 가중평균법으로 종합원가계산을 적용하고 있다. 모든 원가는 공정 전반에 걸쳐 균등하게 발생한다. 20×1년 기초재공품수량은 100개(완성도 60%), 당기착수수량은 1,100개, 당기완성품수량은 900개, 기말재공품수량은 200개(완성도 30%)이다. 20×1년의 완성품환산량 단위당 원가는 ₩187이다. 품질검사는 완성도 40% 시점에서 이루어지며, 검사를 통과한 합격품의 5%를 정상공손으로 간주한다. 정상공손 원가를 정상품에 배분한 후의 기말재공품 금액은? 제27회

① ₩11,220 ② ₩11,430
③ ₩11,640 ④ ₩11,810
⑤ ₩11,890

01 (주)한국의 20×1년 기초 제품은 없고, 당기 제품 생산수량은 2,000단위이다. 20×1년 단위당 변동제조간접원가는 ₩200이고, 총고정제조간접원가는 ₩600,000이다. 20×1년 전부원가계산에 의한 영업이익이 변동원가계산에 의한 영업이익보다 ₩120,000 더 많은 경우, 20×1년 제품 판매수량은? (단, 기초와 기말 재공품은 없다.) 제28회

① 1,400단위
② 1,500단위
③ 1,600단위
④ 1,760단위
⑤ 1,860단위

02 (주)한국은 20×1년 초에 설립되었다. 20×1년과 20×2년의 생산 및 판매활동은 동일한데 생산량은 500개이고, 판매량은 300개이다. 원가 및 물량흐름은 선입선출법을 적용한다. 20×2년 전부원가계산의 영업이익이 변동원가계산의 영업이익보다 ₩120,000 더 많았다. 20×2년 말 기말제품 재고에 포함된 고정제조간접원가는? (단, 재공품은 없다) 제27회

① ₩210,000
② ₩220,000
③ ₩230,000
④ ₩240,000
⑤ ₩250,000

03 20×1년 초 설립된 (주)한국은 생산된 제품을 당해연도에 모두 판매한다. 20×1년에 제품A 900개를 생산하여 단위당 ₩3,000의 가격으로 판매하였다. 20×1년의 제품A의 원가구조는 다음과 같다.

• 단위당 변동제조원가	₩800	• 고정제조원가(총액)	₩800,000
• 단위당 변동판매관리비	600	• 고정판매관리비(총액)	600,000

20×2년 초 (주)한국의 경영자는 제품A의 제조공정을 개선하려고 한다. 제조공정을 개선하면 고정제조원가는 연간 ₩317,800 증가하고, 직접노무원가는 단위당 ₩100 절감된다. 단위당 변동판매관리비와 판매가격, 고정판매관리비는 20×1년과 동일하다. 20×2년 제품A의 영업이익을 20×1년과 동일하게 유지하기 위한 제품A의 생산·판매수량은? (단, 재공품은 없다) 제27회

① 1,021개
② 1,034개
③ 1,045개
④ 1,073개
⑤ 1,099개

04 (주)한국의 20×1년 기초 제품재고수량은 없고, 기말 제품재고수량은 1,000단위이다. 단위당 변동제조원가는 ₩400이고, 단위당 고정제조간접원가는 ₩100이다. 20×1년 전부원가계산에 의한 영업이익은 변동원가계산에 의한 영업이익보다 얼마 더 많은가? (단, 재공품은 없다) 제26회

① ₩100,000 ② ₩200,000 ③ ₩300,000
④ ₩400,000 ⑤ ₩500,000

05 (주)한국은 20×1년 1월 1일에 설립되었다. 20×1년부터 20×2년까지 제품 생산량 및 판매량은 다음과 같으며, 원가흐름은 선입선출법을 가정한다.

구분	20×1년	20×2년
생산량	8,000단위	10,000단위
판매량	7,000단위	?
총고정제조간접원가	₩1,600,000	₩1,800,000

20×2년 변동원가계산에 의한 영업이익이 전부원가계산에 의한 영업이익에 비하여 ₩20,000 많은 경우, (주)한국의 20×2년 판매수량은? (단, 재공품 재고는 없다) 제25회

① 8,500단위 ② 9,000단위 ③ 9,500단위
④ 10,000단위 ⑤ 11,000단위

06 (주)한국은 20×1년 초에 영업을 개시하고 5,000단위의 제품을 생산하여 단위당 ₩1,500에 판매하였으며, 영업활동에 관한 자료는 다음과 같다.

• 단위당 직접재료원가	₩500
• 고정제조간접원가	1,000,000
• 단위당 직접노무원가	350
• 고정판매관리비	700,000
• 단위당 변동제조간접원가	150
• 단위당 변동판매관리비	100

변동원가계산에 의한 영업이익이 전부원가계산에 의한 영업이익에 비하여 ₩300,000이 적을 경우, (주)한국의 20×1년 판매수량은? (단, 기말재공품은 존재하지 않는다) 제24회

① 1,500단위 ② 2,000단위 ③ 2,500단위
④ 3,000단위 ⑤ 3,500단위

01 다음에 설명하는 원가계산제도는? 제28회

> 원가요소별로 수량 표준과 가격 표준을 설정하여 이를 기준으로 제품의 원가계산을 하고, 차이분석을 통하여 원가를 관리 및 통제하는 제도

① 실제원가계산
② 정상원가계산
③ 활동기준원가계산
④ 품질원가계산
⑤ 표준원가계산

02 (주)한국의 20×1년 제조간접원가 표준 자료는 다음과 같다.

구분	수량표준	표준배부율
변동제조간접원가	2시간	₩5
고정제조간접원가	2시간	4

20×1년 제조간접원가의 기준조업도는 2,500직접노무시간, 실제 발생한 직접노무시간은 2,750시간이다. 20×1년 제조간접원가의 조업도차이는 ₩2,000(불리)이었다. 제조간접원가 능률차이는? 제27회

① ₩1,250(유리)
② ₩1,250(불리)
③ ₩2,450(유리)
④ ₩2,450(불리)
⑤ ₩3,750(불리)

03 (주)한국은 표준원가계산을 사용한다. 관련 자료가 다음과 같을 때, 고정제조간접원가 조업도차이는? (단, 재공품 재고는 없다) 제26회

> • 고정제조간접원가 실제발생액 ₩119,700
> • 기준조업도: 4,200기계시간
> • 제품 단위당 표준기계시간: 8시간
> • 목표 제품 생산량: 525단위
> • 고정제조간접원가 예산차이: ₩6,300(유리)
> • 실제 제품 생산량: 510단위

① ₩0
② ₩3,240(유리)
③ ₩3,240(불리)
④ ₩3,600(유리)
⑤ ₩3,600(불리)

04 (주)한국은 표준원가계산제도를 채택하고 있으며, 단일 제품을 생산·판매하고 있다. 20×1년 직접재료원가와 관련된 표준 및 원가 자료가 다음과 같을 때, 20×1년의 실제 제품생산량은? (단, 가격차이 분석시점은 분리하지 않는다) 제25회

• 제품 단위당 직접재료 수량표준	2kg
• 직접재료 단위당 가격표준	₩250/kg
• 실제 발생한 직접재료원가	₩150,000
• 직접재료원가 가격차이	₩25,000(불리)
• 직접재료원가 수량차이	₩25,000(유리)

① 250단위
② 300단위
③ 350단위
④ 400단위
⑤ 450단위

05 (주)한국은 표준원가계산제도를 채택하고 있다. 직접노무원가 관련 자료가 다음과 같을 때 직접노무원가 시간당 표준임률은? 제24회

• 표준직접노무시간	9,000시간
• 실제직접노무시간	8,600시간
• 실제발생 직접노무원가	₩3,569,000
• 능률차이	₩160,000(유리)
• 임률차이	₩129,000(불리)

① ₩380
② ₩385
③ ₩397
④ ₩400
⑤ ₩415

06 (주)한국은 표준원가계산제도를 도입하고 있다. 20×1년 기준조업도 900기계작업시간하에서 변동제조간접원가 예산은 ₩153,000이며, 고정제조간접원가 예산은 ₩180,000이다. 당기의 실제기계작업시간은 840시간, 실제 발생된 변동제조간접원가는 ₩147,000이었다. 조업도차이가 ₩10,000(불리)인 것으로 나타났다면, 변동제조간접원가 능률차이(유리)는? 제23회

① ₩1,700
② ₩2,000
③ ₩18,700
④ ₩32,400
⑤ ₩47,200

07 (주)한국은 표준원가계산제도를 채택하고 있으며, 단일 제품을 생산·판매하고 있다. 2분기의 예정생산량은 3,000단위였으나, 실제는 2,800단위를 생산하였다. 직접재료원가 관련 자료는 다음과 같다.

• 제품단위당 수량표준	2kg
• 직접재료 단위당 가격표준	₩300
• 실제 발생한 직접재료원가	₩1,593,000
• 직접재료원가 수량차이	₩120,000(불리)

2분기의 직접재료 실제사용량은? 제22회

① 5,600kg ② 5,800kg ③ 6,000kg
④ 6,200kg ⑤ 6,400kg

CHAPTER 06 원가추정(원가행태)

정답 및 해설 p.73

01 (주)한국의 20×1년 5개월간의 기계시간과 전력비 관련 자료는 다음과 같다.

월	기계시간	전력비
1	1,000시간	₩41,000
2	1,300	53,000
3	1,500	61,000
4	1,400	57,000
5	1,700	69,000

(주)한국이 위의 자료에 기초하여 고저점법에 의한 전력비 원가함수를 결정하였다. 이를 사용하여 20×1년 6월 전력비를 ₩81,000으로 예상한 경우, 20×1년 6월 예상 기계시간은? 제25회

① 1,800시간 ② 1,900시간
③ 2,000시간 ④ 2,100시간
⑤ 2,200시간

02 타일시공 전문업체인 (주)한국은 새로운 프리미엄 타일시공법을 개발하고, 이에 대한 홍보를 위해 10m^2 면적의 호텔객실 1개에 대하여 무료로 프리미엄 타일시공을 수행하면서 총 20시간의 직접노무시간을 투입하였다. (주)한국은 프리미엄 타일시공의 경우 직접노무시간이 90%의 학습률을 가지는 학습효과가 존재하고, 누적평균시간 학습곡선모형을 따를 것으로 추정하고 있다. (주)한국은 동 호텔로부터 동일한 구조와 형태 및 면적(10m^2)의 7개 객실(총 70m^2)에 대한 프리미엄 타일시공 의뢰를 받았다. 이와 관련하여 투입될 것으로 추정되는 직접노무시간은? (단, 시공은 10m^2 단위로 수행된다)

제24회

① 90시간 ② 96.64시간 ③ 116.64시간
④ 126시간 ⑤ 140시간

03 (주)한국은 정상원가계산제도를 채택하고 있으며, 직접노무시간을 기준으로 제조간접원가를 배부하고 있다. (주)한국의 20×1년 제조간접원가는 다음과 같이 추정된다.

$y = 30,000 + 400x$ (x: 직접노무시간, y: 제조간접원가)

다음 설명 중 옳지 않은 것은? (단, 직접노무시간 1,000시간까지는 관련범위 내에 있다)

제23회

① 직접노무시간이 200시간으로 예상될 때 제조간접원가는 ₩110,000으로 추정된다.
② 직접노무시간이 300시간으로 예상될 때 제조간접원가 예정배부율은 ₩500이다.
③ 직접노무시간이 400시간일 때 제조간접원가의 변동예산액은 ₩160,000이다.
④ 직접노무시간당 제조간접원가는 ₩400 증가하는 것으로 추정된다.
⑤ 직접노무시간이 영(0)일 때 제조간접원가는 ₩30,000으로 추정된다.

04 (주)한국은 고저점법을 사용하여 전력비를 추정하고 있다. 20×1년 월별 전력비 및 기계시간에 근거한 원가추정식에 의하면, 전력비의 단위당 변동비는 기계시간당 ₩4이었다. 20×1년 최고 조업도수준은 1,100 기계시간이었고, 이때 발생한 전력비는 ₩9,400이었다. 20×1년 최저 조업도수준에서 발생한 전력비가 ₩8,800일 경우의 조업도수준은?

제22회

① 800 기계시간 ② 850 기계시간 ③ 900 기계시간
④ 950 기계시간 ⑤ 1,000 기계시간

01 (주)한국은 단일 제품을 생산·판매하고 있다. 20×1년 제품의 단위당 판매가격은 ₩100이고, 단위당 변동원가는 ₩80이며, 손익분기점 판매수량은 8,000단위이다. 20×1년에 ₩50,000의 영업이익을 얻기 위한 제품 판매수량은? (단, 기초와 기말 재고자산은 없다.) 제28회

① 10,000단위 ② 10,500단위
③ 11,000단위 ④ 11,500단위
⑤ 12,000단위

02 (주)한국의 내년 예상손익자료는 다음과 같다. 연간 생산 · 판매량이 20% 증가한다면 영업이익은 얼마나 증가하는가? 제27회

• 단위당 판매가격	₩2,000	• 변동원가율	70%
• 손익분기점 판매량	300개	• 연간 생산·판매량	400개

① ₩48,000 ② ₩54,000
③ ₩56,000 ④ ₩60,000
⑤ ₩66,000

03 (주)한국은 20×1년 단위당 판매가격이 ₩500이고, 단위당 변동원가가 ₩300인 단일 제품을 생산·판매하고 있다. 총고정원가는 ₩600,000이고, (주)한국에 적용되는 법인세율은 20%이다. 20×1년 법인세차감후순이익 ₩40,000을 달성하기 위한 20×1년 제품 판매수량은? 제26회

① 2,500단위 ② 2,750단위
③ 3,000단위 ④ 3,250단위
⑤ 3,500단위

04 (주)한국은 단위당 판매가격이 ₩1,000이고, 단위당 변동원가가 ₩700인 제품을 생산 · 판매하고 있다. 고정원가가 ₩450,000일 때, 손익분기점 수량은? 제25회

① 750단위
② 1,000단위
③ 1,250단위
④ 1,500단위
⑤ 1,750단위

05 (주)한국은 당기 손익분기점 매출액을 ₩250,000으로 예상하고 있으며, 고정비는 ₩100,000이 발생할 것으로 추정하고 있다. (주)한국이 당기에 매출액의 15%에 해당하는 영업이익을 획득할 경우, 안전한계율은? 제24회

① 22.5%
② 27.5%
③ 32.5%
④ 37.5%
⑤ 42.5%

06 (주)한국의 20×1년 제품 생산·판매와 관련된 자료는 다음과 같다.

• 판매량	20,000단위
• 공헌이익률	30%
• 매출액	₩2,000,000
• 손익분기점 판매량	16,000단위

20×2년 판매량이 20×1년보다 20% 증가한다면 영업이익의 증가액은? (단, 다른 조건은 20×1년과 동일하다) 제23회

① ₩24,000
② ₩120,000
③ ₩168,650
④ ₩184,000
⑤ ₩281,250

07 (주)한국의 손익분기점 수량이 900단위일 때, 변동비는 ₩180,000이며, 고정비가 ₩45,000이다. (주)한국이 930단위를 판매하여 달성할 수 있는 영업이익은? 제22회

① ₩500
② ₩900
③ ₩1,100
④ ₩1,300
⑤ ₩1,500

08 (주)한국은 단일 제품을 생산·판매하고 있으며, 20×1년 공헌이익계산서는 다음과 같다.

구분	금액	단위당 금액
매 출 액	₩2,000,000	₩5,000
변 동 비	1,200,000	3,000
공헌이익	₩800,000	₩2,000
고 정 비	600,000	
영업이익	₩200,000	

(주)한국은 현재 판매사원에게 지급하고 있는 ₩150,000의 고정급여를 20×2년부터 판매수량 단위당 ₩700을 지급하는 판매수당으로 대체하기로 하였다. 다른 모든 조건이 동일할 경우, (주)한국이 20×1년과 동일한 영업이익을 20×2년에도 달성하기 위해 판매해야 할 수량은? 제22회

① 450개 ② 500개 ③ 550개
④ 600개 ⑤ 650개

CHAPTER 08 단기 의사결정

정답 및 해설 p.76

01 (주)한국은 단일 제품을 생산·판매한다. 제품의 단위당 판매가격은 ₩1,000이고, 단위당 변동원가는 ₩600이며, 총고정원가는 ₩1,200,000이다. 그 동안 거래가 없던 곳으로부터 제품 500단위를 단위당 ₩800에 구입하겠다는 특별주문을 받았다. 현재 유휴생산능력으로 제품 300단위를 생산할 수 있으나, 특별주문을 전량 수락하기 위해서는 정규시장 판매량을 200단위 줄여야 한다. 특별주문 전량 수락이 영업이익에 미치는 영향은? 제28회

① ₩10,000 감소 ② ₩10,000 증가
③ ₩20,000 감소 ④ ₩20,000 증가
⑤ ₩30,000 감소

02 (주)한국은 제품 단위당 4kg의 재료를 사용하며, 재료의 kg당 가격은 ₩50이다. (주)한국은 다음 분기 재료 목표사용량의 20%를 분기 말 재료 재고로 유지하는 정책을 적용하고 있다. 3분기 목표 제품 생산수량은 5,000단위이고, 4분기 목표 제품 생산수량은 4,800단위이다. 3분기의 재료구입예산은? (단, 기초와 기말 재공품은 없다.)

제28회

① ₩988,000
② ₩992,000
③ ₩994,000
④ ₩1,004,000
⑤ ₩1,008,000

03 (주)한국은 상품매매업을 영위하고 있다. 20×1년 3분기의 상품매입예산은 다음과 같다.

구분	7월	8월	9월
상품매입액(예산)	₩70,000	₩90,000	₩80,000

매월 상품매입은 현금매입 40%와 외상매입 60%로 이루어진다. 매입시점의 현금매입에 대해서는 2%의 할인을 받고 있다. 외상매입의 30%는 매입한 달에 지급하고, 나머지는 그 다음 달에 지급한다. 20×1년 9월의 현금지출예상액은?

제27회

① ₩78,560
② ₩79,560
③ ₩83,560
④ ₩85,560
⑤ ₩88,560

04 (주)한국은 단일제품을 생산·판매한다. 제품의 단위당 판매가격은 ₩1,000, 단위당 변동원가는 ₩500, 총고정원가는 ₩1,800,000이다. 10월 중에 700단위를 단위당 ₩600에 구입하겠다는 특별주문을 받았다. 유휴생산능력은 충분하지만 700단위를 추가생산하기 위해 초과근무수당이 단위당 ₩80씩 추가 발생할 것으로 예상된다. 이 특별주문을 수락하는 것이 영업이익에 미치는 영향은? (단, 특별주문은 정규 판매에 영향을 미치지 않는다)

제26회

① ₩14,000 증가
② ₩14,000 감소
③ ₩16,000 증가
④ ₩16,000 감소
⑤ ₩24,000 감소

05 (주)한국은 제품 단위당 2kg의 재료를 사용하며, 재료의 kg당 가격은 ₩50이다. (주)한국은 다음 분기 재료 목표사용량의 30%를 분기말 재료 재고로 유지한다. 2분기 목표생산량은 1,000단위이고, 3분기 목표생산량은 1,200단위이다. 2분기의 재료구입 예산은? (단, 재공품 재고는 없다) 제26회

① ₩94,000
② ₩100,000
③ ₩106,000
④ ₩112,000
⑤ ₩120,000

06 (주)한국은 상품매매기업이다. 20×1년 상품 월별 예상판매량은 다음과 같다.

	1월	2월	3월
상품 예상판매량	400단위	600단위	800단위

20×1년 1월 초 상품 재고는 없으며, 매월 말 상품의 적정 재고수량은 다음 달 예상판매량의 25%이다. 2월 상품 구입수량은? 제25회

① 550단위
② 575단위
③ 600단위
④ 625단위
⑤ 650단위

07 (주)한국은 연간 최대 5,000단위의 제품을 생산할 수 있는 생산설비를 보유하고 있다. (주)한국은 당기에 4,000단위 제품을 기존 거래처에 단위당 ₩500에 판매할 수 있을 것으로 예상하고 있으며, 영업활동에 관한 자료는 다음과 같다.

• 단위당 직접재료원가	₩150
• 단위당 직접노무원가	100
• 단위당 변동제조간접원가	50
• 단위당 변동판매관리비	50
• 고정제조간접원가(생산설비감가상각비)	300,000
• 고정판매관리비	100,000

(주)한국은 최근 중간도매상으로부터 2,500단위에 대한 특별주문을 요청받았다. (주)한국이 해당 특별주문을 수락하는 경우, 기존 거래처에 판매하던 수량 일부를 감소시켜야 한다. (주)한국이 이 특별주문을 수락할 경우, 중간도매상에 제안할 수 있는 단위당 최소 판매가격은? (단, 기초 및 기말 재고자산은 없으며, 특별주문은 전량 수락하든지 기각해야 한다) 제24회

① ₩410
② ₩440
③ ₩450
④ ₩500
⑤ ₩510

08 (주)한국은 한 종류의 제품 X를 매월 150,000단위씩 생산·판매하고 있다. 단위당 판매가격과 변동원가는 각각 ₩75과 ₩45이며, 월 고정원가는 ₩2,000,000으로 여유생산능력은 없다. (주)한국은 (주)대한으로부터 매월 제품 Y 10,000단위를 공급해 달라는 의뢰를 받았다. (주)한국은 제품 X의 생산라인을 이용하여 제품 Y를 즉시 생산할 수 있다. 그러나 (주)한국이 (주)대한의 주문을 받아들이기 위해서는 제품 X의 생산·판매량 8,000단위를 포기해야 하고, 제품 Y를 생산·판매하면 단위당 ₩35의 변동원가가 발생한다. (주)한국이 현재의 이익을 유지하려면 이 주문에 대한 가격을 최소한 얼마로 책정해야 하는가? (단, 재고자산은 없다) 제23회

① ₩43
② ₩59
③ ₩63
④ ₩69
⑤ ₩73

09 (주)한국의 20×1년 종합예산의 일부 자료이다.

	2월	3월	4월
매출액	₩100,000	₩200,000	₩300,000

월별 매출은 현금매출 60%와 외상매출 40%로 구성되며, 외상매출은 판매된 다음 달에 40%, 그 다음 달에 나머지가 모두 회수된다. 20×1년 4월 말 매출채권 잔액은?

제23회

① ₩48,000
② ₩56,000
③ ₩72,000
④ ₩144,000
⑤ ₩168,000

10 (주)한국은 제품 A와 제품 B를 생산·판매하고 있으며, 제품 A의 20×1년도 공헌이익계산서는 다음과 같다.

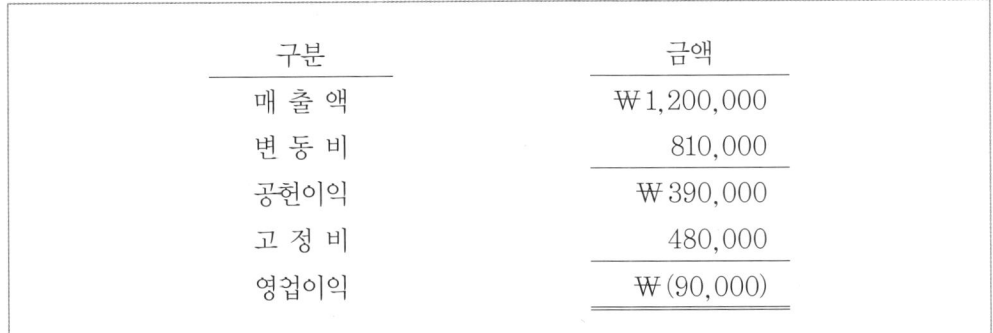

구분	금액
매 출 액	₩1,200,000
변 동 비	810,000
공헌이익	₩390,000
고 정 비	480,000
영업이익	₩(90,000)

(주)한국의 경영자는 지난 몇 년 동안 계속해서 영업손실이 발생하고 있는 제품 A의 생산중단을 고려하고 있다. 제품 A의 생산을 중단하더라도 고정비 중 ₩210,000은 계속해서 발생된다. (주)한국이 제품 A의 생산을 중단할 경우, 영업이익에 미치는 영향은?

제22회

① ₩100,000 증가
② ₩100,000 감소
③ ₩120,000 증가
④ ₩120,000 감소
⑤ ₩180,000 감소

SUBJECT 2

공동주택 시설개론

기출문제 완전정복 TIP

문제편

- 단원별로 분류한 기출문제를 풀어 보며 본인이 취약한 단원을 확인하세요.
- 한 번 회독할 때마다 문제 번호 하단에 있는 □에 처크하는 방식으로 반복 학습하세요.

해설편

- 헷갈리거나 모르는 문제는 해설을 철저히 분석하세요.
- 본인이 취약한 단원은 〈2026 에듀윌 1차 기본서 공동주택시설개론〉의 해당 CHAPTER를 찾아서 개념보충학습을 하세요.

공동주택시설개론 시험 방식

☑ 100분 동안 총 80문제 공동주택시설개론 40문제 추천 풀이시간 30~40분

공동주택시설개론 시험은 회계원리와 함께 1교시(09:30~11:10)에 치러지며, 1교시 시험은 100분 동안 과목당 40문제씩 총 80문제를 풀어야 합니다. 자신의 전략과목과 취약과목을 파악하여 시간을 배분해 푸는 것이 좋습니다.

특히 1교시 공동주택시설개론에는 100분 중 30~40분 정도의 시간을 할애함으로써 회계원리 계산문제 풀이 시간을 충분히 확보하는 전략을 추천합니다. 검토 및 답안카드 작성에 필요한 시간도 꼭 남겨두세요!

☑ 문제당 2.5점, 총 100점 만점

1차 시험의 문제당 배점은 2.5점으로, 객관식 5지 택일형이며 부분점수는 없습니다. 각 과목의 총점은 100점 만점이며, 과락은 40점입니다. 합격자는 모든 과목에서 40점 이상, 세 과목 평균 60점 이상을 획득해야 합니다.

☑ 구조 50% 내외, 설비 50% 내외

- 건축구조 50% 내외: 목구조·특수구조를 제외한 일반건축구조와 강구조, 장기수선계획 수립 등을 위한 건축적산
- 건축설비 50% 내외: 홈네트워크를 포함한 건축설비개론

※ '전기' 관련 분야의 출제기준 변경(제25회): 한국전기설비규정(KEC) 적용(현행 전기설비기술기준의 판단기준은 적용 제외)

PART 01

건축구조

CHAPTER 01 건축구조 총론

정답 및 해설 p.82

1 설계하중

01 건축물에 작용하는 하중에 관한 설명으로 옳은 것은? 제28회

① 기본지상설하중은 재현기간 100년에 대한 수직 최심적설깊이를 기준으로 한다.

② 건축물을 점유 사용함으로써 발생하는 하중은 고정하중이다.

③ 고정하중은 활하중에 비해 하중의 크기와 위치가 수시로 변화한다.

④ 골조에 고정된 영구설비하중은 밑면전단력 계산에서 유효건물중량에 포함되지 않는다.

⑤ 고정하중과 활하중은 단기하중이며, 지진하중과 풍하중은 장기하중이다.

02 건축물 주요실의 기본등분포활하중(kN/m^2)의 크기가 가장 작은 것은? 제27회

① 공동주택의 공용실
② 주거용 건축물의 거실
③ 판매장의 상점
④ 도서관의 서고
⑤ 기계실의 공조실

03 하중과 변형에 관한 용어 설명으로 옳은 것은? 제26회

① 고정하중은 기계설비 하중을 포함하지 않는다.

② 외력이 작용하는 구조부재 단면에 발생하는 단위면적당 힘의 크기를 응력도라 한다.

③ 외력을 받아 변형한 물체가 그 외력을 제거하면 본래의 모양으로 되돌아가는 성질을 소성이라고 한다.

④ 등분포 활하중은 저감해서 사용하면 안된다.

⑤ 지진하중 계산을 위해 사용하는 밑면전단력은 구조물유효무게에 반비례한다.

04 지진하중 산정에 관련되는 사항으로 옳은 것을 모두 고른 것은? 제25회

㉠ 반응수정계수	㉡ 고도분포계수
㉢ 중요도계수	㉣ 가스트영향계수
㉤ 밑면전단력	

① ㉠, ㉡, ㉣
② ㉠, ㉢, ㉣
③ ㉠, ㉢, ㉤
④ ㉡, ㉢, ㉤
⑤ ㉡, ㉣, ㉤

개정반영

05 건축물에 작용하는 하중에 관한 설명으로 옳은 것은? 제24회

① 고정하중과 활하중은 단기하중이다.
② 엘리베이터의 자중은 활하중에 포함된다.
③ 기본지상설하중은 재현기간 100년에 대한 수직 최심적설깊이를 기준으로 한다.
④ 풍하중은 건축물의 형태에 영향을 받지 않는다.
⑤ 반응수정계수가 클수록 산정된 지진하중의 크기도 커진다.

06 건축물에 작용하는 하중에 관한 설명으로 옳은 것을 모두 고른 것은? 제23회

㉠ 풍하중과 지진하중은 수평하중이다.
㉡ 고정하중과 활하중은 단기하중이다.
㉢ 사무실 용도의 건물에서 가동성 경량 칸막이벽은 고정하중이다.
㉣ 지진하중 산정 시 반응수정계수가 클수록 지진하중은 감소한다.

① ㉠, ㉡
② ㉠, ㉣
③ ㉡, ㉢
④ ㉠, ㉢, ㉣
⑤ ㉡, ㉢, ㉣

개정반영

07 **건축물의 구조설계에 적용하는 하중에 관한 설명으로 옳은 것은?** 제22회

① 기본지상설하중은 재현기간 100년에 대한 수직 최심적설깊이를 기준으로 한다.
② 지붕활하중을 제외한 등분포 활하중은 부재의 영향면적이 30m² 이상인 경우 저감할 수 있다.
③ 고정하중은 점유·사용에 의하여 발생할 것으로 예상되는 최대하중으로, 용도별 최솟값을 적용한다.
④ 풍하중에서 설계속도압은 공기밀도에 반비례하고 설계풍속에 비례한다.
⑤ 지진하중 산정 시 반응수정계수가 클수록 지진하중은 증가한다.

개정반영

08 **건축물의 하중에 관한 설명으로 옳지 않은 것은?** 제21회

① 지진하중은 지반종류의 영향을 받는다.
② 풍하중은 지형의 영향을 받는다.
③ 고정하중은 구조체의 자중을 포함한다.
④ 설하중은 지붕형상의 영향을 받는다.
⑤ 가동성 경량 칸막이벽은 고정하중에 포함된다.

2 건축구조방식

09 **건물 구조 형식에 관한 설명으로 옳지 않은 것은?** 제27회

① 건식구조는 물을 사용하지 않는 구조로 일체식구조, 목구조 등이 있다.
② 막구조는 주로 막이 갖는 인장력으로 저항하는 구조이다.
③ 현수구조는 케이블의 인장력으로 하중을 지지하는 구조이다.
④ 벽식구조는 벽체와 슬래브에 의해 하중이 전달되는 구조이다.
⑤ 플랫 플레이트 슬래브는 보와 지판이 없는 구조이다.

10 구조 형식에 관한 설명으로 옳지 않은 것은? 제26회

① 조적조는 벽돌 등의 재료를 쌓는 구조로 벽식에 적합한 습식구조이다.
② 철근콘크리트 라멘구조는 일체식 구조로 습식구조이다.
③ 트러스는 부재에 전단력이 작용하는 건식구조이다.
④ 플랫슬래브는 보가 없는 바닥판 구조이며 습식구조이다.
⑤ 현수구조는 케이블에 인장력이 작용하는 건식구조이다.

11 건물 구조형식에 관한 설명으로 옳은 것은? 제24회

① 이중골조구조: 수평력의 25% 미만을 부담하는 가새골조가 전단벽이나 연성모멘트골조와 조합되어 있는 구조
② 전단벽구조: 전단벽이 캔틸레버 형태로 나와 외곽부의 기둥을 스트럿(strut)이나 타이(tie)처럼 거동하게 함으로써 응력 및 하중을 재분배시키는 구조
③ 골조-전단벽구조: 수평력을 전단벽과 골조가 각각 독립적으로 저항하는 구조
④ 절판구조: 판을 주름지게 하여 휨에 대한 저항능력을 향상시키는 구조
⑤ 플랫 슬래브구조: 슬래브의 상부하중을 보와 슬래브로 지지하는 구조

12 건축구조의 시공과정에 따른 분류에 해당하지 않는 것은? 제23회

① 습식구조
② 라멘구조
③ 조립구조
④ 현장구조
⑤ 건식구조

13 건축물의 구조에 관한 설명으로 옳지 않은 것은? 제22회

① 커튼월은 공장생산된 부재를 현장에서 조립하여 구성하는 비내력 외벽이다.
② 조적구조는 벽돌, 석재, 블록, ALC 등과 같은 조적재를 결합재 없이 쌓아 올려 만든 구조이다.
③ 강구조란 각종 형강과 강판을 볼트, 리벳, 고력볼트, 용접 등의 접합방법으로 조립한 구조이다.
④ 기초란 건축물의 하중을 지반에 안전하게 전달시키는 구조 부분이다.
⑤ 철근콘크리트구조는 철근과 콘크리트를 일체로 결합하여 콘크리트는 압축력, 철근은 인장력에 유효하게 작용하는 구조이다.

개정반영

14 건축구조의 분류로 옳은 것은? 제21회

① 조적식구조 – 목구조
② 습식구조 – 강구조
③ 일체식구조 – 철골철근콘크리트구조
④ 가구식구조 – 철근콘크리트구조
⑤ 건식구조 – 벽돌구조

3 가설공사

개정반영

15 강관 비계의 설치공사에 관한 설명으로 옳지 않은 것은? 제24회

① 비계기둥의 간격은 장선방향으로 1.5m 이하로 설치한다.
② 비계기둥의 간격은 띠장방향으로 2.0m 이하로 설치한다.
③ 벽 이음재의 배치간격은 수직방향 5.0m 이하, 수평방향 5.0m 이하로 설치한다.
④ 대각으로 설치하는 가새는 수평면에 대해 40°~60° 방향으로 설치한다.
⑤ 띠장의 수직간격은 2.0m 이하로 한다.

1 지반

01 지반의 허용지내력 단위로 옳은 것은? 제28회

① kN ② kN·m
③ kN/m ④ kN/m^2
⑤ kN/m^3

02 지반특성 및 지반조사에 관한 설명으로 옳은 것은? 제27회

① 액상화는 점토지반이 진동 및 지진 등에 의해 압축저항력을 상실하여 액체와 같이 거동하는 현상이다.
② 사운딩(sounding)은 로드의 선단에 설치된 저항체를 지중에 넣고 관입, 회전, 인발 등을 통해 토층의 성상을 탐사하는 시험이다.
③ 샌드벌킹(sand bulking)은 사질지반의 모래에 물이 배출되어 체적이 축소되는 현상이다.
④ 간극수압은 모래 속에 포함된 물에 의한 하향수압을 의미한다.
⑤ 압밀은 사질지반에서 외력에 의해 공기가 제거되어 체적이 증가되는 현상이다.

03 지반내력(허용지내력)의 크기가 큰 것부터 옳게 나열한 것은? 제24회

① 화성암 – 수성암 – 자갈과 모래의 혼합물 – 자갈 – 모래 – 모래 섞인 점토
② 화성암 – 수성암 – 자갈 – 자갈과 모래의 혼합물 – 모래 섞인 점토 – 모래
③ 화성암 – 수성암 – 자갈과 모래의 혼합물 – 자갈 – 모래 섞인 점토 – 모래
④ 수성암 – 화성암 – 자갈 – 자갈과 모래의 혼합물 – 모래 – 모래 섞인 점토
⑤ 수성암 – 화성암 – 자갈과 모래의 혼합물 – 자갈 – 모래 섞인 점토 – 모래

04 **건축물에 발생하는 부등침하의 원인으로 옳지 않은 것은?** 제22회

① 서로 다른 기초 형식의 복합시공
② 풍화암 지반에 기초를 시공
③ 연약지반의 분포 깊이가 다른 지반에 기초를 시공
④ 지하수위 변동으로 인한 지하수위의 상승
⑤ 증축으로 인한 하중의 불균형

05 **표준관입시험에 관한 설명으로 옳은 것은?** 제21회

① 점성토 지반에서 실시하는 것을 원칙으로 한다.
② N값은 로드를 지반에 76cm 관입시키는 타격 횟수이다.
③ N값이 10~30인 모래지반은 조밀한 상태이다.
④ 표준관입시험에 사용하는 추의 무게는 65.3kgf이다.
⑤ 모래지반에서는 흐트러지지 않은 시료의 채취가 곤란하다.

2 토공사

06 **흙의 휴식각을 고려하여 별도의 흙막이를 설치하지 않는 터파기 공법은?** 제26회

① 역타(top down) 공법
② 어스앵커(earth anchor) 공법
③ 오픈 컷(open cut) 공법
④ 아일랜드(island) 공법
⑤ 트랜치 컷(trench cut) 공법

07 **기초구조 및 터파기 공법에 관한 설명으로 옳은 것은?** 제25회

① 서로 다른 종류의 지정을 사용하면 부등침하를 방지할 수 있다.
② 지중보는 부등침하 억제에 영향을 미치지 못한다.
③ 2개의 기둥에서 전달되는 하중을 1개의 기초판으로 지지하는 방식의 기초를 연속기초라고 한다.
④ 웰포인트 공법은 점토질 지반의 대표적인 연약 지반 개량공법이다.
⑤ 중앙부를 먼저 굴토하고 구조체를 설치한 후, 외주부를 굴토하는 공법을 아일랜드 컷 공법이라 한다.

08 **흙막이 공사에서 발생하는 현상에 관한 설명으로 옳은 것을 모두 고른 것은?** 제23회

> ㉠ 히빙: 사질지반이 급속 하중에 의해 전단저항력을 상실하고 마치 액체와 같이 거동하는 현상
> ㉡ 파이핑: 부실한 흙막이의 이음새 또는 구멍을 통한 누수로 인해 토사가 유실되는 현상
> ㉢ 보일링: 연약한 점성토 지반에서 땅파기 외측의 흙의 중량으로 인하여 땅파기된 저면이 부풀어 오르는 현상

① ㉠ ② ㉡
③ ㉠, ㉢ ④ ㉡, ㉢
⑤ ㉠, ㉡, ㉢

3 기초구조

개정반영

09 **얕은기초의 형식에 따른 분류에 해당하지 않는 것은?** 제28회

① 독립기초 ② 잠함기초
③ 연속기초 ④ 전면기초
⑤ 복합기초

10 **철근콘크리트 독립기초의 기초판 크기(면적) 결정에 큰 영향을 미치는 것은?** 제27회

① 허용휨내력 ② 허용전단내력
③ 허용인장내력 ④ 허용부착내력
⑤ 허용지내력

개정반영

11 (　　)에 들어갈 기초 명칭으로 옳은 것은? 제23회

> • (㉠)기초: 상부구조물의 기둥 또는 벽체를 지지하면서 그 하중을 말뚝이나 지반에 전달하는 기초 형식
> • (㉡)기초: 상부구조물의 여러 개의 기둥 또는 내력벽체를 하나의 넓은 슬래브로 지지하는 기초 형식
> • (㉢)기초: 벽 아래를 따라 또는 일련의 기둥을 묶어 띠모양으로 설치하는 기초의 저판에 의하여 상부 구조로부터 받는 하중을 지반에 전달하는 형식의 기초

	㉠	㉡	㉢
①	깊은	전면	연속
②	확대	연속	전면
③	연속	깊은	확대
④	깊은	확대	연속
⑤	확대	전면	연속

개정반영

12 벽 아래를 따라 또는 일련의 기둥을 묶어 띠모양으로 설치하는 기초의 저판에 의하여 상부구조로부터 받는 하중을 지반에 전달하는 형식의 기초는? 제22회

① 병용기초
② 확대기초
③ 연속기초
④ 복합기초
⑤ 전면기초

개정반영

13 기초에 관한 설명으로 옳지 않은 것은? 제21회

① 얕은기초: 기초 폭에 비하여 근입 깊이가 얕고 상부 구조물의 하중을 분산시켜 기초하부 지반에 직접 전달하는 기초
② 말뚝기초: 말뚝을 지중에 삽입하여 하중을 지반 속 깊은 곳의 지지층으로 전달하는 깊은기초의 대표적인 기초 형식
③ 연속기초: 상부구조물의 여러 개의 기둥 또는 내력벽체를 하나의 넓은 슬래브로 지지하는 기초 형식
④ 복합기초: 두 개 이상의 기둥으로부터의 하중을 하나의 기초판을 통하여 지반으로 전달하는 구조체
⑤ 확대기초: 상부구조물의 기둥 또는 벽체를 지지하면서 그 하중을 말뚝이나 지반에 전달하는 기초 형식

1 일반사항

01 철근콘크리트구조의 특징에 관한 설명으로 옳지 않은 것은? 제28회

① 철근과 콘크리트의 선팽창계수는 거의 같다.
② 부착강도는 원형철근보다 이형철근이 우수하다.
③ 콘크리트는 압축력에 강하고 알칼리성이다.
④ 철근을 적절히 배치하면 건조수축 균열을 줄일 수 있다.
⑤ 피복두께는 주근 중심에서 콘크리트 표면까지의 최단 거리를 말한다.

02 철근콘크리트구조에 관한 설명으로 옳지 않은 것은? 제27회

① 2방향 슬래브의 경우 단변과 장변의 양 방향으로 하중이 전달된다.
② 복근직사각형보의 경우 보 단면의 인장 및 압축 양측에 철근이 배근된다.
③ T형보는 보와 슬래브가 일체화되어 슬래브의 일부분이 보의 플랜지를 형성한다.
④ 내력벽은 자중과 더불어 상부층의 연직하중을 지지하는 벽체이다.
⑤ 내력벽의 철근배근 간격은 벽두께의 5배 이하, 500mm 이하로 한다.

03 철근콘크리트구조의 특성에 관한 설명으로 옳은 것은? 제25회

① 콘크리트 탄성계수는 인장시험에 의해 결정된다.
② SD400 철근의 항복강도는 400N/mm이다.
③ 스터럽은 보의 사인장균열을 방지할 목적으로 설치한다.
④ 나선철근은 기둥의 휨내력 성능을 향상시킬 목적으로 설치한다.
⑤ 1방향 슬래브의 경우 단변방향보다 장변방향으로 하중이 더 많이 전달된다.

04 **철근콘크리트구조에 관한 설명으로 옳지 않은 것은?** 제22회

① 콘크리트와 철근은 온도에 의한 선팽창계수가 비슷하여 일체화로 거동한다.
② 알칼리성인 콘크리트를 사용하여 철근의 부식을 방지한다.
③ 이형철근이 원형철근보다 콘크리트와의 부착강도가 크다.
④ 철근량이 같을 경우, 굵은 철근을 사용하는 것이 가는 철근을 사용하는 것보다 콘크리트와의 부착에 유리하다.
⑤ 건조수축 또는 온도변화에 의하여 콘크리트에 발생하는 균열을 방지하기 위해 사용되는 철근을 수축·온도철근이라 한다.

2 철근공사

05 **그림은 철근 표면에 새겨지는 기호의 예를 표시한 것이다. (가)의 '4'가 의미하는 것으로 옳은 것은?** 제28회

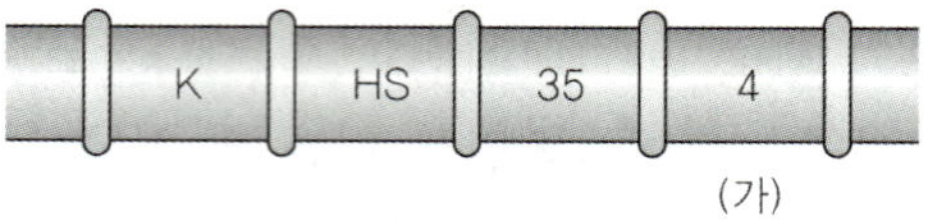

① 이형철근
② 일반철근
③ 철근강도
④ 철근리브
⑤ 철근지름

06 **철근의 배근 및 역할에 관한 설명으로 옳지 않은 것은?** 제28회

① 기둥 띠철근은 주근의 좌굴방지와 전단보강의 역할을 한다.
② 보의 축방향 철근은 휨모멘트에 저항한다.
③ 슬래브 주근은 배력철근 안쪽인 슬래브 중심 가까이 배근한다.
④ 1방향 슬래브 주근은 단변방향 철근으로 휨모멘트에 저항한다.
⑤ 기둥 주근은 압축력에 주로 저항한다.

07 철근의 정착에 관한 설명으로 옳지 않은 것은? 제28회

① 기둥의 주근을 기초에 정착한다.
② 작은 보(beam)의 주근을 기둥에 정착한다.
③ 직교하는 보 밑에 기둥이 없을 때 보의 주근을 보 상호 간에 정착한다.
④ 지중보의 주근을 기초 또는 기둥에 정착한다.
⑤ 슬래브의 철근을 보 또는 벽체에 정착한다.

08 철근콘크리트구조의 철근배근에 관한 설명으로 옳지 않은 것은? 제27회

① 보부재의 경우 휨모멘트에 의해 주근을 배근하고, 전단력에 의해 스터럽을 배근한다.
② 기둥부재의 경우 띠철근과 나선철근은 콘크리트의 횡방향 벌어짐을 구속하는 효과가 있다.
③ 주철근에 갈고리를 둘 경우 인장철근보다는 압축철근의 정착길이 확보에 더 큰 효과가 있다.
④ 독립기초판의 주근은 주로 휨인장응력을 받는 하단에 배근된다.
⑤ 보 주근의 2단 배근에서 상하 철근의 순간격은 25mm 이상으로 한다.

09 철근콘크리트 구조물의 균열 및 처짐에 관한 설명으로 옳은 것은? 제27회

① 보단부의 사인장균열은 압축응력과 휨응력의 조합에 의한 응력으로 발생한다.
② 보단부의 사인장균열을 방지하기 위해 주로 수평철근으로 보강한다.
③ 연직하중을 받는 단순보의 중앙부 상단에서 휨인장응력에 의한 수직방향의 균열이 발생한다.
④ 압축철근비가 클수록 장기처짐은 증가한다.
⑤ 1방향 슬래브의 장변방향으로는 건조수축 및 온도변화에 따른 균열방지용 철근을 배근한다.

10 **철근콘크리트 보의 균열 및 배근에 관한 설명으로 옳지 않은 것은?** 제26회

① 늑근은 단부보다 중앙부에 많이 배근한다.
② 전단 균열은 사인장 균열 형태로 나타난다.
③ 양단 고정단 보의 단부 주근은 상부에 배근한다.
④ 주근은 휨균열 발생을 억제하기 위해 배근한다.
⑤ 휨균열은 보 중앙부에서 수직에 가까운 형태로 발생한다.

11 **철근 및 철근 배근에 관한 설명으로 옳은 것은?** 제26회

① 전단철근이 배근된 보의 피복두께는 보 표면에서 주근 표면까지의 거리이다.
② SD400 철근은 항복강도 400N/mm^{2}인 원형철근이다.
③ 나선기둥의 주근은 최소 4개로 한다.
④ 1방향 슬래브의 배력철근은 단변방향으로 배근한다.
⑤ 슬래브 주근은 배력철근보다 바깥쪽에 배근한다.

12 **철근과 콘크리트의 부착력에 영향을 주는 요인을 모두 고른 것은?** 제26회

> ㉠ 콘크리트의 압축강도
> ㉡ 철근의 피복두께
> ㉢ 철근의 항복강도
> ㉣ 철근 표면의 상태

① ㉠, ㉡ ② ㉡, ㉢ ③ ㉢, ㉣
④ ㉠, ㉡, ㉣ ⑤ ㉠, ㉡, ㉢, ㉣

13 **철근의 정착 및 이음에 관한 설명으로 옳은 것은?** 제25회

① D35 철근은 인장 겹침 이음을 할 수 없다.
② 기둥의 주근은 큰 보에 정착한다.
③ 지중보의 주근은 기초 또는 기둥에 정착한다.
④ 보의 주근은 슬래브에 정착한다.
⑤ 갈고리로 가공하는 것은 인장과 압축 저항에 효과적이다.

3 거푸집공사

14 철근콘크리트공사에 관한 설명으로 옳은 것은? 제24회

① 간격재는 거푸집 상호간에 일정한 간격을 유지하기 위한 것이다.
② 철근 조립 시 철근의 간격은 철근 지름의 1.25배 이상, 굵은 골재 최대치수의 1.5배 이상, 25mm 이상의 세 가지 값 중 최댓값을 사용한다.
③ 기둥의 철근 피복두께는 띠철근(hoop) 외면이 아닌 주철근 외면에서 콘크리트 표면까지의 거리를 말한다.
④ 거푸집의 존치기간을 콘크리트 압축강도 기준으로 결정할 경우에 기둥, 보, 벽 등의 측면은 최소 14MPa 이상으로 한다.
⑤ 콘크리트의 설계기준압축강도가 30MPa인 경우에 옥외의 공기에 직접 노출되지 않는 철근콘크리트 보의 최소 피복두께는 40mm이다.

4 콘크리트공사

15 콘크리트 구조체의 누수균열 보수용 주입재가 아닌 것은? 제28회

① 합성고무계 폴리머 겔
② 벤토나이트 겔
③ 수계 아크릴 겔
④ 친수성 에폭시 수지계
⑤ 폴리(발포) 우레탄계

16 굳지 않은 콘크리트의 특성에 관한 설명으로 옳지 않은 것은? 제25회

① 물의 양에 따른 반죽의 질기를 컨시스턴시(consistency)라고 한다.
② 재료분리가 발생하지 않는 범위에서 단위수량이 증가하면 워커빌리티(workability)는 증가한다.
③ 골재의 입도 및 입형은 워커빌리티(workability)에 영향을 미친다.
④ 물시멘트비가 커질수록 블리딩(bleeding)의 양은 증가한다.
⑤ 콘크리트의 온도는 공기량에 영향을 주지 않는다.

17 **콘크리트의 재료분리 발생 원인이 아닌 것은?** 제24회

① 모르타르의 점성이 적은 경우
② 부어넣는 높이가 높은 경우
③ 입경이 작고 표면이 거친 구형의 골재를 사용한 경우
④ 단위 수량이 너무 많은 경우
⑤ 운반이나 다짐 시 심한 진동을 가한 경우

18 **콘크리트의 균열에 관한 설명으로 옳은 것은?** 제24회

① 침하균열은 콘크리트의 표면에서 물의 증발속도가 블리딩 속도보다 빠른 경우에 발생한다.
② 소성수축균열은 굵은 철근 아래의 공극으로 콘크리트가 침하하여 철근 위에 발생한다.
③ 하중에 의한 균열은 설계하중을 초과하거나 부동침하 등의 원인으로 생기며 주로 망상균열이 불규칙하게 발생한다.
④ 온도균열은 콘크리트의 내·외부 온도차가 클수록, 단면치수가 클수록 발생하기 쉽다.
⑤ 건조수축균열은 콘크리트 경화 전 수분의 증발에 의한 체적 증가로 발생한다.

19 **콘크리트 줄눈에 관한 설명으로 옳지 않은 것은?** 제23회

① 신축줄눈은 콘크리트의 수축, 팽창 등에 따른 균열 발생 방지를 위해 설치하는 줄눈이다.
② 조절줄눈은 균열을 일정한 곳에서만 일어나도록 유도하기 위해 균열이 예상되는 위치에 설치하는 줄눈이다.
③ 지연줄눈은 일정 부위를 남겨놓고 콘크리트를 타설한 후, 초기 수축 균열을 진행시킨 다음 최종 타설할 때 발생하는 줄눈이다.
④ 슬라이딩 조인트는 슬래브나 보가 단순지지되어 있을 때, 수평 방향으로 미끄러질 수 있도록 설치하는 줄눈이다.
⑤ 콜드 조인트는 기온이 낮을 때 동결융해 방지를 위해 설치하는 줄눈이다.

20 **콘크리트의 슬럼프 시험으로 판단할 수 있는 것은?** 제23회

① 시공연도 ② 크리프
③ 중성화 ④ 내구성
⑤ 수밀성

21 **철근콘크리트공사에 관한 설명으로 옳은 것은?** 제23회

① 콘크리트 타설 후 양생기간 동안의 하루평균기온이 4℃ 이하인 경우 서중 콘크리트로 시공한다.
② 거푸집이 오므라드는 것을 방지하고, 거푸집 상호간의 간격을 유지하기 위해 간격재(spacer)를 배치한다.
③ 보에서 이어붓기는 스팬 중앙에서 수직으로 한다.
④ 보의 철근이음 시 하부주근은 중앙부에서 이음한다.
⑤ 콘크리트의 소요강도는 배합강도보다 충분히 커야 한다.

22 **콘크리트공사에 관한 설명으로 옳지 않은 것은?** 제22회

① 보 및 기둥의 측면 거푸집은 콘크리트 압축강도가 5MPa 이상일 때 해체할 수 있다.
② 콘크리트의 배합에서 작업에 적합한 워커빌리티를 갖는 범위 내에서 단위수량은 될 수 있는 대로 적게 한다.
③ 콘크리트 혼합부터 부어넣기까지의 시간한도는 외기온이 25℃ 미만에서 120분, 25℃ 이상에서는 90분으로 한다.
④ VH(Vertical Horizontal) 분리타설은 수직부재를 먼저 타설하고 수평부재를 나중에 타설하는 공법이다.
⑤ 거푸집의 콘크리트 측압은 슬럼프가 클수록, 온도가 높을수록, 부배합일수록 크다.

23 **철근콘크리트 구조물의 내구성 저하요인으로 옳지 않은 것은?** 제22회

① 수화반응으로 생긴 수산화칼슘
② 기상작용으로 인한 동결융해
③ 부식성 화학물질과의 반응으로 인한 화학적 침식
④ 알칼리 골재반응
⑤ 철근의 부식

24 **철근콘크리트구조에 관한 설명으로 옳지 않은 것은?** 제21회

① 일반적으로 압축력은 콘크리트, 인장력은 철근이 부담한다.
② 압축강도 50MPa 이상의 콘크리트는 내구성과 내화성이 매우 우수하다.
③ 콘크리트의 강한 알칼리성은 철근 부식 방지에 효과적이다.
④ 철근과 콘크리트의 선팽창계수는 거의 같다.
⑤ 철근량이 동일한 경우 굵은 철근보다 가는 철근을 배근하는 것이 균열제어에 유리하다.

25 **콘크리트 구조물에 발생하는 균열에 관한 설명으로 옳지 않은 것은?** 제21회

① 보의 전단균열은 부재축에 경사방향으로 발생하는 균열이다.
② 침하균열은 배근된 철근 직경이 클수록 증가한다.
③ 건조수축균열은 물시멘트비가 높을수록 증가한다.
④ 소성수축균열은 풍속이 약할수록 증가한다.
⑤ 온도균열은 콘크리트 내·외부의 온도차와 부재단면이 클수록 증가한다.

26 **철근콘크리트공사에 관한 설명으로 옳지 않은 것은?** 제21회

① 콘크리트를 이어 칠 경우 콘크리트 표면에 나타난 레이턴스는 제거한 후 작업한다.
② 거푸집은 콘크리트 중량, 작업하중, 측압 등에 견딜 수 있어야 한다.
③ 철근의 피복두께를 유지하기 위해 긴결재를 사용한다.
④ 슬럼프시험은 워커빌리티 검사방법의 일종이다.
⑤ 동결융해작용을 받지 않는 콘크리트 구조물에 사용되는 잔골재는 내구성(안정성) 시험을 하지 않을 수 있다.

5 철근콘크리트 부재설계

27 **철근에 관한 설명으로 옳은 것은?** 제23회

① 띠철근은 기둥 주근의 좌굴방지와 전단보강 역할을 한다.
② 갈고리(hook)는 집중하중을 분산시키거나 균열을 제어할 목적으로 설치한다.
③ 원형철근은 콘크리트와의 부착력을 높이기 위해 표면에 마디와 리브를 가공한 철근이다.
④ 스터럽(stirrup)은 보의 인장보강 및 주근 위치고정을 목적으로 배치한다.
⑤ SD400에서 400은 인장강도가 400MPa 이상을 의미한다.

1 개요

01 강판 두께가 20mm인 SM275 구조용 강재의 항복강도는? 제28회

① 235MPa ② 245MPa
③ 255MPa ④ 265MPa
⑤ 275MPa

02 구조용 강재에 관한 설명으로 옳지 않은 것은? 제27회

① 강재의 화학적 성질에서 탄소량이 증가하면 강도는 감소하나, 연성과 용접성은 증가한다.
② SN은 건축구조용 압연강재를 의미한다.
③ TMCP강은 극후판의 용접성과 내진성을 개선한 제어열처리강이다.
④ 판두께 16mm 이하인 경우 SS275의 항복강도는 275MPa이다.
⑤ 판두께 16mm 초과, 40mm 이하인 경우 SM 355의 항복강도는 345MPa이다.

03 구조용 강재의 재질표시로 옳지 않은 것은? 제25회 수정

① 일반구조용 압연강재: SS
② 용접구조용 압연강재: SM
③ 용접구조용 내후성 열간압연강재: SMA
④ 건축구조용 압연강재: SSC
⑤ 건축구조용 열간압연 형강: SHN

개정반영

04 강구조에 관한 설명으로 옳지 않은 것은?

제24회

① 단면에 비하여 부재의 길이가 길고 두께가 얇아 좌굴되기 쉽다.
② 접합부의 시공과 품질관리가 어렵기 때문에 신중한 설계가 필요하다.
③ 강재의 취성파괴는 고온에서 인장할 때 또는 갑작스러운 하중의 집중으로 생기기 쉽다.
④ 담금질은 강을 가열한 후 급랭하여 강도와 경도를 향상시키는 열처리 작업이다.
⑤ 고장력볼트 접합은 강구조 부재 간의 마찰력에 의해 응력을 전달하는 방식이다.

05 강구조의 장점 및 단점에 관한 설명으로 옳지 않은 것은?

제22회

① 강재는 재질이 균등하며, 강도가 커서 철근콘크리트에 비해 건물의 중량이 가볍다.
② 장경간 구조물이나 고층 건축물을 축조할 수 있다.
③ 시공정밀도가 요구되어 공사기간이 철근콘크리트에 비해 길다.
④ 고열에 약해 내화설계에 의한 내화피복을 해야 한다.
⑤ 압축력에 대해 좌굴하기 쉽다.

2 강구조 부재의 접합방법

06 그림에 나타낸 용접기호에 관한 설명으로 옳지 않은 것은?

제28회

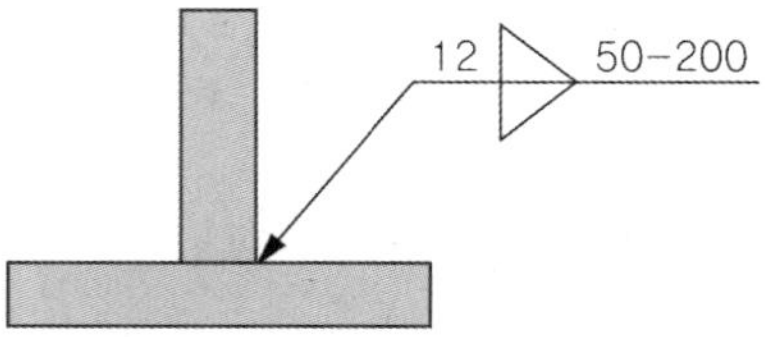

① 유효목두께는 12mm
② 용접길이는 50mm
③ 용접피치는 200mm
④ 모살(fillet)용접
⑤ 병렬용접

07 **강구조의 접합에 관한 설명으로 옳은 것은?** 제27회

① 고장력볼트 F10T-M24의 표준구멍지름은 26mm이다.
② 고장력볼트의 경우 표준볼트장력은 설계볼트장력을 10% 할증한 값으로 한다.
③ 플러그용접은 겹침이음에서 전단응력보다는 휨응력을 주로 전달하게 해준다.
④ 필릿용접의 유효단면적은 유효목두께의 2배에 유효길이를 곱한 것이다.
⑤ 용접을 먼저 한 후 고장력볼트를 시공한 경우 접합부의 내력은 양쪽 접합내력의 합으로 본다.

08 **강구조 용접접합에서 두 접합재의 면을 가공하지 않고 직각으로 맞추어 겹쳐지는 모서리 부분을 용접하는 방식은?** 제25회

① 그루브(groove)용접
② 필릿(fillet)용접
③ 플러그(plug)용접
④ 슬롯(slot)용접
⑤ 스터드(stud)용접

09 **강구조의 접합에 관한 설명으로 옳은 것을 모두 고른 것은?** 제23회

㉠ 볼트접합은 주요 구조부재의 접합에 주로 사용된다.
㉡ 용접금속과 모재가 융합되지 않고 겹쳐지는 용접결함을 언더컷이라고 한다.
㉢ 볼트접합에서 게이지라인상의 볼트 중심 간 간격을 피치라고 한다.
㉣ 용접을 먼저 시공하고 고력볼트를 시공하면 용접이 전체 하중을 부담한다.

① ㉠, ㉡
② ㉠, ㉣
③ ㉢, ㉣
④ ㉠, ㉡, ㉢
⑤ ㉡, ㉢, ㉣

10 **강구조 접합에 관한 설명으로 옳지 않은 것은?** 제22회

① 일반볼트접합은 가설건축물 등에 제한적으로 사용되며, 높은 강성이 요구되는 주요 구조부분에는 사용하지 않는다.
② 언더컷은 약한 전류로 인해 생기는 용접 결함의 하나이다.
③ 용접봉의 피복제 역할을 하는 분말상의 재료를 플럭스라 한다.
④ 고장력볼트 접합은 응력집중이 적으므로 반복응력에 강하다.
⑤ 고장력볼트 마찰접합부의 마찰면은 녹막이칠을 하지 않는다.

11 강구조의 고장력볼트에 관한 설명으로 옳지 않은 것은? 제21회

① 토크-전단형(T/S) 고장력볼트는 너트 측에만 1개의 와셔를 사용한다.
② 볼트는 1차 조임 후 1일 정도의 안정화를 거친 다음 본조임하는 것을 원칙으로 한다.
③ 볼트는 원칙적으로 강우 및 결로 등 습한 상태에서 본조임해서는 안 된다.
④ 볼트 끼우기 중 나사부분과 볼트머리는 손상되지 않도록 보호한다.
⑤ 볼트 조임 및 검사용 토크렌치와 축력계의 정밀도는 ±3% 오차범위 이내가 되도록 한다.

3 강구조의 현장시공

개정반영

12 강구조공사 용어에 관한 설명으로 옳지 않은 것은? 제26회

① 커버플레이트(cover plate): 휨모멘트 저항
② 스티프너(stiffener): 웨브(web) 좌굴방지
③ 스터드 볼트(stud bolt): 휨 연결 철물
④ 플랜지(flange): 휨모멘트 저항
⑤ 크레이터(crater): 용접결함

개정반영

13 철골조 내화피복 공법에 관한 설명으로 옳지 않은 것은? 제26회

① 화재발생 시 지정된 시간 동안 강구조 부재의 내력을 유지하기 위하여 내화피복을 실시한다.
② 성형판 붙임공법은 작업능률이 우수하나, 재료 파손의 우려가 있다.
③ 뿜칠공법은 복잡한 형상에도 시공이 가능하며 균일한 피복두께의 확보가 용이하다.
④ 타설공법은 거푸집을 설치하여 강구조 부재에 콘크리트 등을 타설하는 공법이다.
⑤ 미장공법은 시공면적 $5m^2$ 당 1개소 단위로 핀 등을 이용하여 두께를 확인한다.

14 강구조에 관한 설명으로 옳은 것을 모두 고른 것은? 제25회

> ㉠ 고장력볼트를 먼저 시공한 후 용접을 한 경우, 응력은 용접이 모두 부담한다.
> ㉡ H형강보의 플랜지(flange)는 휨모멘트에 저항하고, 웨브(web)는 전단력에 저항한다.
> ㉢ 볼트 접합은 구조 안전성, 시공성 모두 우수하기 때문에 구조내력상 주요부분 접합에 널리 적용된다.
> ㉣ 철골보와 콘크리트슬래브 연결부에는 쉬어커넥터(shear connector)가 사용된다.

① ㉠, ㉢
② ㉠, ㉣
③ ㉡, ㉢
④ ㉡, ㉣
⑤ ㉢, ㉣

15 H형강보의 웨브를 지그재그로 절단한 후, 위아래를 어긋나게 용접하여 육각형의 구멍이 뚫린 보는? 제25회

① 래티스보
② 허니콤보
③ 격자보
④ 판보
⑤ 합성보

16 강구조의 내화피복 공법에 관한 설명으로 옳지 않은 것은? 제24회

① 12/50[최고층수/최고높이(m)]를 초과하는 주거시설의 보·기둥은 2시간 이상의 내화구조 성능기준을 만족해야 한다.
② 뿜칠공법은 작업성능이 우수하고 시공가격이 저렴하지만 피복두께 및 밀도의 관리가 어렵다.
③ 합성공법은 이종재료의 적층이나 이질재료의 접합으로 일체화하여 내화성능을 발휘하는 공법이다.
④ 도장공법의 내화도료는 화재 시 강재의 표면 도막이 발포·팽창하여 단열층을 형성한다.
⑤ 건식공법은 내화 및 단열성이 좋은 경량 성형판을 연결철물 또는 접착제를 이용해 부착하는 공법이다.

17 **강구조공사에 관한 설명으로 옳지 않은 것은?** 제21회

① 부재의 길이가 길고 두께가 얇아 좌굴이 발생하기 쉽다.
② H형강보에서 플랜지의 국부좌굴 방지를 위해 스티프너를 사용한다.
③ 아크용접을 할 때 비드(bead) 끝에 오목하게 패인 결함을 크레이터(crater)라 한다.
④ 밀시트(mill sheet)는 강재의 품질보증서로 제조번호, 강재번호, 화학성분, 기계적 성질 등이 기록되어 있다.
⑤ 공장제작 및 현장조립으로 공사의 표준화를 도모할 수 있다.

CHAPTER 05 조적구조

정답 및 해설 p.97

1 벽돌구조

01 **벽돌 쌓기에 관한 설명으로 옳지 않은 것은? (단, 설계도서에 정한 바가 없는 경우)** 제28회

① 내쌓기는 1켜씩 1/8B 또는 2켜씩 1/4B 내쌓는다.
② 기초 쌓기는 1/4B로 1켜 또는 2켜씩 내어 쌓으며 기초 벽돌 맨 밑면의 너비는 벽두께로 한다.
③ 공간 쌓기는 바깥쪽을 주벽체로 하고 안쪽을 0.5B 쌓기로 한다.
④ 내화벽돌의 줄눈너비는 6mm를 표준으로 한다.
⑤ 창대벽돌 윗면은 15° 정도의 경사로 옆세워 쌓는다.

02 **고열에 견디는 목적으로 불에 직접 면하는 벽난로 등에 사용하는 벽돌은?** 제27회

① 시멘트벽돌
② 내화벽돌
③ 오지벽돌
④ 아치벽돌
⑤ 경량벽돌

03 벽돌공사에 관한 설명으로 옳은 것은? 제26회

① 벽량이란 내력벽 길이의 합을 그 층의 바닥면적으로 나눈 값으로 150mm/m^2 미만이어야 한다.
② 공간쌓기에서 주 벽체는 정한 바가 없을 경우 안벽으로 한다.
③ 점토 및 콘크리트 벽돌은 압축강도, 흡수율, 소성도의 품질기준을 모두 만족하여야 한다.
④ 거친 아치쌓기란 벽돌을 쐐기 모양으로 다듬어 만든 아치로 줄눈은 아치의 중심에 모이게 하여야 한다.
⑤ 미식쌓기는 다섯 켜 길이쌓기 후 그 위 한 켜 마구리쌓기를 하는 방식이다.

04 치장을 목적으로 벽면에 구멍을 규칙적으로 만들어 쌓는 벽돌 쌓기 방법은? 제26회

① 공간쌓기
② 영롱쌓기
③ 내화쌓기
④ 불식쌓기
⑤ 영식쌓기

05 콘크리트(시멘트) 벽돌을 사용하는 조적공사에 관한 설명으로 옳은 것은? 제26회

① 하루의 쌓기 높이는 1.2m(18켜 정도)를 표준으로 하고, 최대 1.5m(22켜 정도) 이하로 한다.
② 표준형 벽돌크기는 210mm × 100mm × 60mm이다.
③ 내력 조적벽은 통줄눈으로 시공한다.
④ 치장줄눈 파기는 줄눈 모르타르가 경화한 후 실시한다.
⑤ 줄눈의 표준 너비는 15mm로 한다.

06 **벽돌구조의 쌓기 방식에 관한 설명으로 옳지 않은 것은?** 제25회

① 엇모쌓기는 벽돌을 45° 각도로 모서리가 면에 나오도록 쌓는 방식이다.
② 영롱쌓기는 벽돌벽에 구멍을 내어 쌓는 방식이다.
③ 공간쌓기는 벽돌벽의 중간에 공간을 두어 쌓는 방식이다.
④ 내쌓기는 장선 및 마루 등을 받치기 위해 벽돌을 벽면에서 내밀어 쌓는 방식이다.
⑤ 아치쌓기는 상부하중을 아치의 축선을 따라 인장력으로 하부에 전달되게 쌓는 방식이다.

07 **조적공사에서 백화현상을 방지하기 위한 대책으로 옳지 않은 것은?** 제24회

① 조립률이 큰 모래를 사용
② 분말도가 작은 시멘트를 사용
③ 물시멘트(W/C)비를 감소시킴
④ 벽면에 차양, 돌림띠 등을 설치
⑤ 흡수율이 작고 소성이 잘 된 벽돌을 사용

08 **조적공사에 관한 설명으로 옳지 않은 것은?** 제23회

① 창대벽돌의 위끝은 창대 밑에 15mm 정도 들어가 물리게 한다.
② 창문틀 사이는 모르타르로 빈틈없이 채우고 방수 모르타르, 코킹 등으로 방수처리를 한다.
③ 창대벽돌의 윗면은 15° 정도의 경사로 옆세워 쌓는다.
④ 인방보는 좌우 측 기둥이나 벽체에 50mm 이상 서로 물리도록 설치한다.
⑤ 인방보는 좌우의 벽체가 공간쌓기일 때에는 콘크리트가 그 공간에 떨어지지 않도록 벽돌 또는 철판 등으로 막고 설치한다.

2 조적구조의 구조기준

09 조적공사에 관한 설명으로 옳은 것은? 제22회

① 치장줄눈의 깊이는 1cm를 표준으로 한다.
② 공간쌓기의 목적은 방습, 방음, 단열, 방한, 방서이며 공간폭은 1.0B 이내로 한다.
③ 벽돌의 하루 쌓기높이는 최대 1.8m까지 한다.
④ 아치쌓기는 조적조에서 문골 너비가 1.5m 이하일 때는 평아치로 해도 좋다.
⑤ 조적조의 2층 건물에서 2층 내력벽의 높이는 4m 이하이다.

10 조적공사에 관한 설명으로 옳지 않은 것은? 제21회

① 벽돌의 하루 쌓기높이는 1.2m(18켜 정도)를 표준으로 하고 최대 1.8m(27켜 정도) 이내로 한다.
② 벽돌의 치장줄눈 깊이는 6mm로 한다.
③ 블록쌓기 줄눈너비는 가로 및 세로 각각 10mm를 표준으로 한다.
④ ALC블록의 하루 쌓기높이는 1.8m를 표준으로 하고 최대 2.4m 이내로 한다.
⑤ 블록은 살두께가 큰 편이 위로 가게 쌓는다.

CHAPTER 06 방수 및 방습공사

정답 및 해설 p.99

1 방수공사

01 방수공사에 관한 설명으로 옳은 것은? 제23회

① 건조한 바탕을 전제로 할 때, 바탕면 함수상태는 12% 이하로 관리하여야 한다.
② 바탕표면에 발생한 요철은 방수재료와의 부착에 유리하므로 존치해도 된다.
③ 구배는 방수층보다는 구조체에 두어 하중증가를 막고 배수를 원활하게 한다.
④ 바탕청소를 위한 고압 물세척은 방수에 불리하므로 실시하지 않는다.
⑤ 바탕표면 강도가 부족하더라도 방수층으로 덮이므로 청소 후 방수공사를 진행한다.

02 **방수공사에 관한 설명으로 옳지 않은 것은?** 제27회

① 아스팔트 프라이머는 바탕면과 방수층을 밀착시킬 목적으로 사용한다.
② 안방수는 바깥방수에 비해 수압이 작고 얕은 지하실 방수공사에 적합하다.
③ 멤브레인 방수는 불투성 피막을 형성하는 방수공사이다.
④ 시멘트 액체방수 시 치켜올림 부위의 겹침폭은 30mm 이상으로 한다.
⑤ 백업재는 실링재의 줄눈깊이를 소정의 위치로 유지하기 위해 줄눈에 충전하는 성형재료이다.

03 **방수공사에 관한 설명으로 옳은 것은?** 제26회

① 기상조건은 방수층의 품질 및 성능에 큰 영향을 미치지 않는다.
② 안방수 공법은 수압이 크고 깊은 지하실 방수공사에 적합하다.
③ 도막 방수공법은 이음매가 있어 일체성이 좋지 않다.
④ 아스팔트 프라이머는 방수층과 바탕면의 부착력을 증대시키는 역할을 한다.
⑤ 아스팔트 방수는 보호누름이 필요하지 않다.

04 **아스팔트 방수와 비교한 시멘트 액체방수의 특성에 관한 설명으로 옳지 않은 것은?** 제26회

① 방수층의 신축성이 작다.
② 결함부의 발견이 어렵다.
③ 공사비가 비교적 저렴하다.
④ 시공에 소요되는 시간이 짧다.
⑤ 균열의 발생빈도가 높다.

05 **방수공법에 관한 설명으로 옳지 않은 것은?** 제25회

① 시멘트액체방수는 모체에 균열이 발생하여도 방수층 손상이 효과적으로 방지된다.
② 아스팔트방수는 방수층 보호를 위해 보호누름 처리가 필요하다.
③ 도막방수는 도료상의 방수재를 여러 번 발라 방수막을 형성하는 방식이다.
④ 바깥방수는 수압이 강하고 깊은 지하실 방수에 사용된다.
⑤ 실링방수는 접합부, 줄눈, 균열부위 등에 적용하는 방식이다.

06 **개량 아스팔트시트 방수의 시공순서로 옳은 것은?** 제25회

㉠ 보호 및 마감	㉡ 특수부위 처리
㉢ 프라이머 도포	㉣ 바탕처리
㉤ 개량 아스팔트시트 붙이기	

① ㉣ → ㉠ → ㉤ → ㉡ → ㉢
② ㉣ → ㉡ → ㉠ → ㉢ → ㉤
③ ㉣ → ㉡ → ㉢ → ㉤ → ㉠
④ ㉣ → ㉢ → ㉡ → ㉠ → ㉤
⑤ ㉣ → ㉢ → ㉤ → ㉡ → ㉠

07 **아스팔트 방수공법에 관한 설명으로 옳지 않은 것은?** 제24회

① 아스팔트 용융공정이 필요하다.
② 멤브레인 방수의 일종이다.
③ 작업 공정이 복잡하다.
④ 결함부 발견이 용이하다.
⑤ 보호누름층이 필요하다.

08 **지하실 바깥방수공법과 비교하여 안방수공법에 관한 설명으로 옳지 않은 것은?**

제24회

① 수압이 크고 깊은 지하실에 적합하다.
② 공사시기가 자유롭다.
③ 공사비가 저렴하다.
④ 시공성이 용이하다.
⑤ 보호누름이 필요하다.

09 **아스팔트 방수공사의 시공순서로 옳은 것은?** 제22회

㉠ 바탕면 처리 및 청소	㉡ 아스팔트 바르기
㉢ 아스팔트 프라이머 바르기	㉣ 아스팔트 방수지 붙이기
㉤ 방수층 누름	

① ㉠ → ㉡ → ㉢ → ㉣ → ㉤
② ㉠ → ㉡ → ㉣ → ㉢ → ㉤
③ ㉠ → ㉢ → ㉡ → ㉣ → ㉤
④ ㉠ → ㉢ → ㉣ → ㉡ → ㉤
⑤ ㉠ → ㉣ → ㉡ → ㉢ → ㉤

10 **건축물의 방수공법에 관한 설명으로 옳지 않은 것은?** 제21회

① 아스팔트방수: 아스팔트 펠트 및 루핑 등을 용융아스팔트로 여러 겹 적층하여 방수층을 형성하는 공법이다.
② 합성고분자 시트방수: 신장력과 내후성, 접착성이 우수하며, 여러 겹 적층하여 방수층을 형성하는 공법이다.
③ 아크릴 고무계 도막방수: 방수제에 포함된 수분의 증발 및 건조에 의해 도막을 형성하는 공법이다.
④ 시트 도막 복합방수: 기존 시트 또는 도막을 이용한 단층 방수공법의 단점을 보완한 복층 방수공법이다.
⑤ 시멘트액체방수: 시공이 용이하며 경제적이지만 방수층 자체에 균열이 생기기 쉽기 때문에 건조수축이 심한 노출환경에서는 사용을 피한다.

2 방습공사

11 신축성 시트계 방습자재에 해당하는 것을 모두 고른 것은? 제27회

㉠ 비닐 필름 방습지	㉡ 폴리에틸렌 방습층
㉢ 아스팔트 필름 방습지	㉣ 방습층 테이프

① ㉠, ㉣
② ㉡, ㉢
③ ㉠, ㉡, ㉣
④ ㉡, ㉢, ㉣
⑤ ㉠, ㉡, ㉢, ㉣

12 신축성 시트계 방습자재가 아닌 것은? 제23회

① 비닐 필름 방습지
② 폴리에틸렌 방습층
③ 방습층 테이프
④ 아스팔트 필름 방습층
⑤ 교착성이 있는 플라스틱 아스팔트 방습층

개정반영

13 방습공사에 관한 설명으로 옳지 않은 것은? 제22회

① 방수모르타르의 바름 두께 및 횟수는 정한 바가 없을 때 두께 15mm 내외의 1회 바름으로 한다.
② 방습공사 시공법에는 박판시트계, 아스팔트계, 시멘트 모르타르계, 신축성 시트계 등이 있다.
③ 아스팔트 펠트, 비닐지의 이음은 100mm 이상 겹치고 겹침부위는 제조업자의 방습테이프 등으로 마감한다.
④ 방습도포는 첫 번째 도포층을 12시간 동안 양생한 후에 반복해야 한다.
⑤ 콘크리트, 블록, 벽돌 등의 벽체가 지면에 접하는 곳은 지상 100~200mm 내외 위에 수평으로 방습층을 설치한다.

14 **방습공사에 사용되는 박판시트계 방습자재가 아닌 것은?** 제21회

① 폴리에틸렌 방습층
② 종이 적층 방습자재
③ 펠트, 아스팔트 필름 방습층
④ 금속박과 종이로 된 방습자재
⑤ 플라스틱 금속박 방습자재

CHAPTER 07 지붕 및 홈통공사

정답 및 해설 p.102

01 **지붕 및 홈통공사에 관한 설명으로 옳은 것은?** 제27회

① 지붕면적이 클수록 물매는 작게 하는 것이 좋다.
② 되물매란 경사가 30°일 때의 물매를 말한다.
③ 지붕 위에 작은 지붕을 설치하는 것은 박공지붕이다.
④ 수평 거멀접기는 이음 방향이 배수 방향과 평행한 방향으로 설치한다.
⑤ 장식홈통은 선홈통 하부에 설치되며, 장식 기능 이외에 우수방향을 돌리거나 넘쳐흐름을 방지한다.

02 **지붕 및 홈통공사에 관한 설명으로 옳은 것은?** 제22회

① 지붕의 물매가 1/6보다 큰 지붕을 평지붕이라고 한다.
② 평잇기 금속지붕의 물매는 1/4 이상이어야 한다.
③ 지붕 하부 데크의 처짐은 경사가 1/50 이하의 경우에 별도로 지정하지 않는 한 1/120 이내이어야 한다.
④ 처마홈통의 이음부는 겹침 부분이 최소 25mm 이상 겹치도록 제작하고 연결철물은 최대 60mm 이하의 간격으로 설치, 고정한다.
⑤ 선홈통은 최장 길이 3,000mm 이하로 제작·설치한다.

1 지붕공사

03 지붕경사에 관한 설명으로 옳은 것은? 제28회

① 지붕경사란 수직방향의 높이에 대한 수평방향 길이의 비이다.
② 평지붕이란 지붕의 경사가 1/5 이하인 지붕이다.
③ 완경사지붕이란 경사가 1/7~1/4 미만인 지붕이다.
④ 일반경사지붕이란 경사가 1/4~3/4 미만인 지붕이다.
⑤ 급경사지붕이란 경사가 3/5 이상인 지붕이다.

04 모임지붕 물매의 상하를 다르게 한 지붕으로 천장 속을 높게 이용할 수 있고, 비교적 큰 실내구성에 용이한 지붕은? 제25회

① 합각지붕
② 솟을지붕
③ 꺽임지붕
④ 맨사드(mansard)지붕
⑤ 부섭지붕

05 지붕의 경사(물매)에 관한 설명으로 옳지 않은 것은? 제24회

① 되물매는 경사 1 : 2 물매이다.
② 평물매는 경사 45° 미만의 물매이다.
③ 반물매는 평물매의 1/2 물매이다.
④ 급경사 지붕은 경사가 3/4 이상의 지붕이다.
⑤ 평지붕은 경사가 1/6 이하의 지붕이다.

06 지붕의 형태와 명칭의 연결이 옳지 않은 것은?

제23회

①
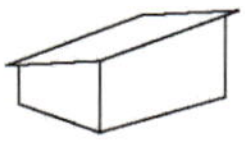
외쪽지붕

②
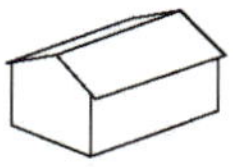
박공지붕

③
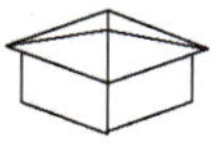
합각지붕

④
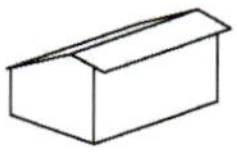
눈썹지붕

⑤
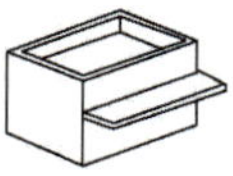
평지붕

07 지붕 물매기준으로 옳지 않은 것은?

제21회

① 설계도면에 별도로 지정하지 않은 경우: 1/50 이상
② 금속 기와 지붕: 1/2 이상
③ 아스팔트 싱글 지붕(강풍 이외 지역): 1/3 이상
④ 일반적인 금속판 및 금속패널 지붕: 1/4 이상
⑤ 합성고분자 시트 지붕: 1/50 이상

1 창호공사

01 목재 창호공사에 관한 설명으로 옳지 않은 것은? 제28회

① 수장용 집성재의 두께 및 너비에 대한 치수의 허용치는 ±2.0mm 이하이다.
② 창호철물류의 설치에서 모서리의 앵커간격은 150mm 내외, 중앙의 앵커간격은 500mm 내외로 한다.
③ 문틀은 위틀, 선틀, 밑틀 등으로 구성되며 고창 및 옆문 등이 있을 때에는 중간틀, 중간선틀이 추가로 구성된다.
④ 합판, 집성재가 아닌 목재의 건조 정도에 따른 함수율은 설계도서에 정한 바가 없는 경우에 18% 이하로 한다.
⑤ 풍소란은 방풍을 목적으로 미서기 창호의 마중대에 턱솔 등을 두어 서로 접하는 부분에 틈새가 발생하지 않도록 하는 것이다.

02 창호 및 부속철물에 관한 설명으로 옳지 않은 것은? 제27회

① 풍소란은 마중대와 여밈대가 서로 접하는 부분에 방풍 등의 목적으로 사용한다.
② 레버토리 힌지는 문이 저절로 닫히지만 15cm 정도 열려있도록 하는 철물이다.
③ 주름문은 도난방지 등의 방범목적으로 사용된다.
④ 피봇힌지는 주로 중량문에 사용한다.
⑤ 도어체크는 피스톤장치가 있지만 개폐속도는 조절할 수 없다.

03 **창호공사에 관한 설명으로 옳지 않은 것은?** 제26회

① 피봇힌지(pivot hinge)는 문을 자동으로 닫히게 하는 경첩으로 중량의 자재문에 사용한다.

② 알루미늄 창호는 콘크리트나 모르타르에 직접적인 접촉을 피하는 것이 좋다.

③ 도어스톱(door stop)은 벽 또는 문을 파손으로부터 보호하기 위하여 사용한다.

④ 크레센트(crescent)는 미서기창과 오르내리창의 잠금장치이다.

⑤ 도어체크(door check)는 문짝과 문 위틀에 설치하여 자동으로 문을 닫히게 하는 장치이다.

04 **문틀을 짜고 문틀 양면에 합판을 붙여서 평평하게 제작한 문은?** 제25회

① 플러시문 ② 양판문
③ 도듬문 ④ 널문
⑤ 합판문

05 **창호철물에서 경첩(hinge)에 관한 설명으로 옳지 않은 것은?** 제25회

① 경첩은 문짝을 문틀에 달 때, 여닫는 축이 되는 역할을 한다.

② 경첩의 축이 되는 것은 핀(pin)이고, 핀을 보호하기 위해 둘러감은 것이 행거(hanger)이다.

③ 자유경첩(spring hinge)은 경첩에 스프링을 장치하여 안팎으로 자유롭게 여닫게 해주는 철물이다.

④ 플로어힌지(floor hinge)는 바닥에 설치하여 한쪽에서 열고 나면 저절로 닫혀지는 철물로 중량이 큰 자재문에 사용된다.

⑤ 피봇힌지(pivot hinge)는 암수 돌쩌귀를 서로 끼워 회전으로 여닫게 해주는 철물이다.

06 창호공사에 관한 설명으로 옳은 것을 모두 고른 것은? 제24회

> ㉠ 알루미늄창호는 알칼리에 약하므로 모르타르와의 직접 접촉을 피한다.
> ㉡ 여닫이 창호철물에는 플로어힌지, 피봇힌지, 도어클로저, 도어행거 등이 있다.
> ㉢ 멀리온은 창 면적이 클 때, 스틸바(steel bar)만으로는 부족하여 이를 보강하기 위해 강판을 중공형으로 접어 가로 또는 세로로 대는 것이다.
> ㉣ 레버토리힌지는 자유정첩(경첩)의 일종으로 저절로 닫히지만 10~15cm 정도 열려 있도록 만든 철물이다.

① ㉠, ㉡
② ㉠, ㉢
③ ㉡, ㉣
④ ㉢, ㉣
⑤ ㉠, ㉢, ㉣

07 외부에서는 열쇠로, 내부에서는 작은 손잡이를 돌려서 열 수 있는 창호철물은? 제23회

① 도어체크(door check)
② 크레센트(crescent)
③ 패스너(fastener)
④ 나이트 래치(night latch)
⑤ 레버토리힌지(lavatory hinge)

08 문 위틀과 문짝에 설치하여 문을 열면 자동적으로 조용히 닫히게 하는 장치로 피스톤 장치가 있어 개폐 속도를 조절할 수 있는 창호 철물은? 제22회

① 도어체크
② 플로어힌지
③ 레버토리힌지
④ 도어스톱
⑤ 크레센트

09 저절로 문은 닫히지만 15cm 정도는 열려 있도록 하기 위해 사용되는 창호철물은?

제21회

① 레버토리힌지(lavatory hinge)
② 도어클로저(door closer)
③ 크레센트(crescent)
④ 실린더 자물쇠(cylinder lock)
⑤ 피봇힌지(pivot hinge)

2 유리공사

10 유리공사에 관한 설명으로 옳지 않은 것은?

제28회

① 4℃ 미만에서 실란트 시공 시, 피접착 표면은 반드시 용제로 닦은 후 마른 걸레로 닦아내고 담당원의 승인을 받은 후 시공해야 한다.
② 복층유리는 20매 이상 겹쳐서 적치하여서는 안 된다.
③ 배수구멍(weep hole)은 일반적으로 직경 5mm 이상, 2개 이상으로 한다.
④ 실란트 작업은 상대습도가 90% 이상이면 작업을 하여서는 안 된다.
⑤ 세팅블록은 유리 폭의 $\frac{1}{3}$ 지점에 각각 1개씩 설치하여 유리의 하단부가 하부 프레임에 닿지 않도록 한다.

11 유리의 종류에 관한 설명으로 옳지 않은 것은?

제27회

① 강화유리는 판유리를 연화점 이상으로 가열 후 서서히 냉각시켜 열처리한 유리다.
② 로이유리는 가시광선 투과율을 높인 에너지 절약형 유리이다.
③ 배강도 유리는 절단이 불가능하다.
④ 유리블록은 보온, 채광, 의장 등의 효과가 있다.
⑤ 접합유리는 파손 시 유리파편의 비산을 방지할 수 있다.

12 유리에 관한 설명으로 옳지 않은 것은? 第26회

① 강화유리는 판유리를 연화점 이상으로 열처리한 후 급랭한 것이다.
② 복층유리는 단열, 보온, 방음, 결로 방지 효과가 우수하다.
③ 로이(Low-E)유리는 열적외선을 반사하는 은소재 도막을 코팅하여 단열효과를 극대화한 것이다.
④ 접합유리는 유리 사이에 접합필름을 삽입하여 파손 시 유리 파편의 비산을 방지한다.
⑤ 열선반사유리는 소량의 금속산화물을 첨가하여 적외선이 잘 투과되지 않는 성질을 갖는다.

13 (　　)에 들어갈 유리명칭으로 옳은 것은? 第25회

- (㉠)유리는 판유리에 소량의 금속산화물을 첨가하여 제작한 유리로서, 적외선이 잘 투과되지 않는 성질을 갖는다.
- (㉡)유리는 판유리 표면에 금속산화물의 얇은 막을 코팅하여 입힌 유리로서, 경면효과가 발생하는 성질을 갖는다.
- (㉢)유리는 판유리의 한쪽 면에 세라믹질 도료를 코팅하여 불투명하게 제작한 유리이다.

	㉠	㉡	㉢
①	열선흡수	열선반사	스팬드럴
②	열선흡수	스팬드럴	복층유리
③	스팬드럴	열선흡수	복층유리
④	스팬드럴	열선반사	열선흡수
⑤	복층유리	열선흡수	스팬드럴

14 **유리공사에 관한 설명으로 옳은 것은?** 제24회

① 방탄유리는 접합유리의 일종이다.
② 개스킷은 유리의 간격을 유지하며 흡습제의 용기가 되는 재료를 말한다.
③ 로이(Low-E)유리는 특수금속 코팅막을 실외 측 유리의 외부면에 두어 단열효과를 극대화한 것이다.
④ 강화유리는 판유리를 연화점 이하의 온도에서 열처리한 후 급랭시켜 유리 표면에 강한 압축응력 층을 만든 것이다.
⑤ 배강도유리는 판유리를 연화점 이상의 온도에서 열처리한 후 서냉하여 유리 표면에 압축응력 층을 만든 것으로 내풍압이 우수하다.

15 **반사유리나 컬러유리의 한쪽 면을 은으로 코팅한 것으로 열의 이동을 최소화시켜 주는 에너지 절약형 유리는?** 제23회

① 망입유리
② 로이유리
③ 스팬드럴유리
④ 복층유리
⑤ 프리즘유리

16 **일반유리를 연화점 이하의 온도에서 가열하고 찬 공기를 약하게 불어주어 냉각하여 만든 유리로 내풍압 강도가 우수하여 건축물의 외벽, 개구부 등에 사용되는 유리는 무엇인가?** 제22회

① 배강도유리
② 강화유리
③ 망입유리
④ 접합유리
⑤ 로이유리

17 유리공사와 관련된 용어의 설명으로 옳지 않은 것은? 제21회

① 구조 개스킷: 클로로프렌 고무 등으로 압출성형에 의해 제조되어 유리의 보호 및 지지기능과 수밀기능을 지닌 개스킷
② 그레이징 개스킷: 염화비닐 등으로 압출성형에 의해 제조된 유리끼움용 개스킷
③ 로이유리(low-e glass): 은소재 도막으로 코팅하여 방사율과 열관류율을 낮추고, 가시광선 투과율을 높인 유리
④ 핀홀(pin hole): 유리를 프레임에 고정하기 위해 유리와 프레임에 설치하는 작은 구멍
⑤ 클린 컷: 유리의 절단면에 구멍 흠집, 단면결손, 경사단면 등이 없도록 절단된 상태

CHAPTER 09 미장 및 타일공사

정답 및 해설 p.107

1 미장공사

01 미장공사에 관한 설명으로 옳지 않은 것은? 제28회

① 바름면의 흙손작업은 갈라지거나 들뜨는 것을 방지하기 위해 바름층이 굳기 전에 끝낸다.
② 압송뿜칠기계로 바름하는 드께가 20mm를 넘는 경우에 초벌, 정벌 2회로 나누어 뿜칠 바름을 한다.
③ 콘크리트바탕의 표면 경화 불량은 두께가 2mm 이하의 경우에 와이어 브러시 등으로 불량부분을 제거한다.
④ 미장바름 주변의 온도가 5℃ 이하일 때는 공사를 중단하거나 난방하여 5℃ 이상으로 유지한다.
⑤ 경석고 플라스터는 무수석고, 모래, 여물 등을 물에 혼합한 것으로 경화속도가 빠르고 수축이 거의 없다.

02 **미장공사에 관한 설명으로 옳은 것은?** 제27회

① 소석회, 돌로마이트 플라스터 등은 수경성 재료로서 가수에 의해 경화된다.
② 바탕처리 시 살붙임바름은 두껍게 바르는 것이 좋다.
③ 시멘트 모르타르 바름 시 초벌바름은 부배합, 재벌 및 정벌바름은 빈배합으로 부착력을 확보한다.
④ 석고 플라스터는 기경성으로 경화속도가 느려 작업시간이 자유롭다.
⑤ 셀프레벨링재 사용 시 통풍과 기류를 공급해 건조시간을 단축하여 표면평활도를 높인다.

03 **미장공사에 관한 설명으로 옳지 않은 것은?** 제26회

① 미장재료에는 진흙질이나 석회질의 기경성 재료와 석고질과 시멘트질의 수경성 재료가 있다.
② 석고플라스터는 시멘트, 소석회, 돌로마이트플라스터 등과 혼합하여 사용하면 안된다.
③ 스터코(stucco) 바름이란 소석회에 대리석가루 등을 섞어 흙손 바름 성형이 가능한 외벽용 미장마감이다.
④ 덧먹임이란 작업면의 종석이 빠져나간 자리를 메우기 위해 반죽한 것을 작업면에 발라 채우는 작업이다.
⑤ 단열 모르타르는 외단열이 내단열보다 효과적이다.

04 **미장공사에서 콘크리트, 콘크리트블록 바탕에 초벌 바름하기 전 마감두께를 균등하게 할 목적으로 모르타르 등으로 미리 요철을 조정하는 것은?** 제24회

① 고름질
② 라스먹임
③ 규준바름
④ 손질바름
⑤ 실러바름

05 시멘트 모르타르 미장공사에 관한 설명으로 옳지 않은 것은? 제23회

① 모래의 입도는 바름 두께에 지장이 없는 한 큰 것으로 한다.
② 콘크리트 천장 부위의 초벌바름 두께는 6mm를 표준으로 하고, 전체 바름 두께는 15mm 이하로 한다.
③ 초벌바름 후 충분히 건조시켜 균열을 발생시킨 후 고름질을 하고 재벌바름을 한다.
④ 재료의 배합은 바탕에 가까운 바름층일수록 빈배합으로 하고, 정벌바름에 가까울수록 부배합으로 한다.
⑤ 바탕면은 적당히 물축이기를 하고, 면을 거칠게 해둔다.

06 미장공사의 품질 요구조건으로 옳지 않은 것은? 제22회

① 마감면이 평편도를 유지해야 한다.
② 필요한 부착강도를 유지해야 한다.
③ 편리한 유지관리성이 보장되어야 한다.
④ 주름이 생기지 않아야 한다.
⑤ 균열의 폭과 간격을 일정하게 유지해야 한다.

07 미장공사에 관한 설명으로 옳지 않은 것을 모두 고른 것은? 제21회

㉠ 미장두께는 각 미장층별 발라 붙인 면적의 평균 바름두께를 말한다.
㉡ 라스 또는 졸대바탕의 마감두께는 바탕먹임을 포함한 바름층 전체의 두께를 말한다.
㉢ 콘크리트바탕 등의 표면 경화 불량은 두께가 2mm 이하의 경우 와이어 브러시 등으로 불량부분을 제거한다.
㉣ 외벽의 콘크리트 바탕 등 날짜가 오래되어 먼지가 붙어 있는 경우에는 초벌 바름작업 전날 물로 청소한다.

① ㉠ ② ㉡ ③ ㉠, ㉣
④ ㉡, ㉢ ⑤ ㉢, ㉣

2 타일공사

08 **타일공사의 보양 및 검사에 관한 설명으로 옳지 않은 것은?** 제28회

① 접착력 시험은 타일 시공 후 3주 이상일 때 실시한다.
② 접착력 시험 결과의 판정은 인장부착강도가 0.39N/mm^2 이상이어야 한다.
③ 일반건축물인 경우에 접착력 시험은 타일면적 200m^2당 1장씩 시험한다.
④ 줄눈을 넣은 후 24시간 이내에 비가 올 우려가 있는 경우, 폴리에틸렌 필름 등으로 차단·보양한다.
⑤ 접착력 시험할 타일의 크기가 40mm 미만인 경우, 타일 4매를 1개조로 하여 부속장치에 붙여 시험한다.

09 **타일공사에 관한 설명으로 옳지 않은 것은?** 제27회

① 자기질 타일은 물기가 있는 곳과 외부에는 사용할 수 없다.
② 벽체타일이 시공되는 경우 바닥타일은 벽체타일을 먼저 붙인 후 시공한다.
③ 접착모르타르의 물시멘트비를 낮추어 동해를 방지한다.
④ 줄눈누름을 충분히 하여 빗물 침투를 방지한다.
⑤ 접착력 시험은 타일시공 후 4주 이상일 때 실시한다.

10 **타일공사에 관한 설명으로 옳지 않은 것은?** 제26회

① 치장줄눈은 타일 부착 3시간 정도 경과 후 줄눈파기를 실시한다.
② 타일붙임용 모르타르의 배합비는 용적비로 계상한다.
③ 타일 제품의 흡수성이 높은 순서는 토기질, 도기질, 석기질, 자기질의 순이다.
④ 타일붙이기는 벽타일, 바닥타일의 순서로 실시한다.
⑤ 모르타르로 부착하는 타일공법의 붙임시간(open time)은 모두 동일하게 관리한다.

11 타일공사에 관한 설명으로 옳지 않은 것은?

제25회

① 클링커 타일은 바닥용으로 적합하다.
② 붙임용 모르타르에 접착력 향상을 위해 시멘트 가루를 뿌린다.
③ 흡수성이 있는 타일의 경우 물을 축여 사용한다.
④ 벽타일 붙임공법에서 접착제 붙임공법은 내장공사에 주로 적용한다.
⑤ 벽타일 붙임공법에서 개량압착 붙임공법은 바탕면과 타일 뒷면에 붙임 모르타르를 발라 붙이는 공법이다.

12 타일의 줄눈너비로 옳지 않은 것은? (단, 도면 또는 공사시방서에 타일 줄눈너비에 대하여 정한 바가 없을 경우)

제24회

① 개구부 둘레와 설비 기구류와의 마무리 줄눈: 10mm
② 대형벽돌형(외부): 10mm
③ 대형(내부일반): 6mm
④ 소형: 3mm
⑤ 모자이크: 2mm

13 다음에서 설명하는 타일붙임공법은?

제23회

전용 전동공구(vibrator)를 사용해 타일을 눌러 붙여 면을 고르고, 줄눈 부분의 베어나온 모르타르(mortar)를 줄눈봉으로 눌러서 마감하는 공법

① 밀착공법
② 떠붙임공법
③ 접착제공법
④ 개량압착붙임공법
⑤ 개량떠붙임공법

14 **타일공사에 관한 설명으로 옳은 것을 모두 고른 것은?** 제22회

> ㉠ 모르타르는 건비빔한 후 3시간 이내에 사용하며, 물을 부어 반죽한 후 1시간 이내에 사용한다.
> ㉡ 타일 1장의 기준치수는 타일치수와 줄눈치수를 합한 것으로 한다.
> ㉢ 타일을 붙이는 모르타르에 시멘트 가루를 뿌리면 타일의 접착력이 좋아진다.
> ㉣ 벽타일 압착 붙이기에서 타일의 1회 붙임면적은 모르타르의 경화속도 및 작업성을 고려하여 $1.2m^2$ 이하로 한다.

① ㉠, ㉡
② ㉠, ㉢
③ ㉢, ㉣
④ ㉠, ㉡, ㉣
⑤ ㉡, ㉢, ㉣

개정반영

15 **타일공사에 관한 설명으로 옳지 않은 것은?** 제21회

① 치장줄눈파기는 타일을 붙이고 3시간이 경과한 후 실시한다.
② 타일의 접착력 시험결과 인장 부착강도는 $0.39N/mm^2$ 이상이어야 한다.
③ 바탕 모르타르 바닥면은 물고임이 없도록 구배를 유지하되 1/100을 넘지 않도록 한다.
④ 타일의 탈락(박락)은 떠붙임공법에서 가장 많이 발생하며 모르타르의 시간경과로 인한 강도저하가 주요 원인이다.
⑤ 내장타일의 크기가 대형화되면서 발생하는 타일의 옆면 파손은 벽체 모서리 등에 신축조정줄눈을 설치하여 방지할 수 있다.

1 도장공사

01 도장공사에 관한 설명으로 옳은 것은? 제27회

① 바니시(varnish)는 입체무늬 등의 도막이 생기도록 만든 에나멜이다.
② 롤러도장은 붓도장보다 도장 속도가 느리지만 일정한 도막두께를 유지할 수 있다.
③ 도료의 견본품 제출 시 목자 바탕일 경우 100mm × 200mm 크기로 제출한다.
④ 수지는 물이나 용체에 녹지 않는 무채 또는 유채의 분말이다.
⑤ 철재면 바탕만들기는 일반적으로 가공 장소에서 바탕재 조립 후에 한다.

02 도료의 사용목적이 아닌 것은? 제26회

① 단면증가
② 내화
③ 방수
④ 방청
⑤ 광택

03 도장공사의 하자가 아닌 것은? 제24회

① 은폐불량
② 백화
③ 기포
④ 핀홀
⑤ 피트

04 **도장공사에 관한 설명으로 옳지 않은 것은?** 제23회

① 녹막이도장의 첫 번째 녹막이칠은 공장에서 조립 후에 도장함을 원칙으로 한다.
② 뿜칠 공사에서 건(spray gun)은 도장면에서 300mm 정도 거리를 두어서 시공하고, 도장면과 평행 이동하여 뿜칠한다.
③ 롤러칠은 평활하고 큰 면을 칠할 때 사용한다.
④ 뿜칠은 압력이 낮으면 거칠고, 높으면 칠의 유실이 많다.
⑤ 솔질은 일반적으로 위에서 아래로, 왼쪽에서 오른쪽으로 칠한다.

05 **도장공사에 관한 설명으로 옳은 것은?** 제22회

① 유성페인트는 내화학성이 우수하여 콘크리트용 도료로 널리 사용된다.
② 철재면 바탕만들기는 일반적으로 가공장소에서 바탕재 조립 전에 한다.
③ 기온이 10℃ 미만이거나 상대습도가 80%를 초과할 때는 도장작업을 피한다.
④ 뿜칠 시공 시 약 40cm 정도의 거리를 두고 뿜칠너비의 1/4 정도가 겹치도록 한다.
⑤ 롤러도장은 붓도장보다 도장속도가 빠르며 일정한 도막두께를 유지할 수 있다.

개정반영

06 **도장공사에 관한 설명으로 옳지 않은 것은?** 제21회

① 불투명한 도장일 때 하도, 중도, 상도의 색깔은 가능한 달리한다.
② 스프레이건은 뿜칠 면에 직각으로 평행운행하며 뿜칠 너비의 1/3 정도 겹치도록 시공한다.
③ 롤러칠은 붓칠보다 속도가 빠르나 일정한 도막두께를 유지하기 어렵다.
④ 징크로메이트 도료는 철재 녹막이용으로 철재의 내구연한을 증대시킨다.
⑤ 처음 1회 녹막이도장은 가공장소에서 조립 전 도장을 원칙으로 한다.

2 수장(修粧)공사

07 천장판의 이음이 밀착되어 우수한 방음효과를 얻을 수 있는 매립형 경량천장 공법은?

제28회

① A-Bar공법
② I-Bar공법
③ L-Bar공법
④ M-Bar공법
⑤ T-Bar공법

08 계단 각 부에 관한 명칭으로 옳은 것을 모두 고른 것은? 제25회

㉠ 디딤판	㉡ 챌판
㉢ 논슬립	㉣ 코너비드
㉤ 엔드탭	

① ㉠, ㉡, ㉢
② ㉠, ㉡, ㉤
③ ㉠, ㉢, ㉣
④ ㉡, ㉣, ㉤
⑤ ㉢, ㉣, ㉤

09 경량철골 천장틀이나 배관 등을 매달기 위하여 콘크리트에 미리 묻어 넣은 철물은?

제23회

① 익스팬션 볼트(expansion bolt)
② 코펜하겐 리브(copenhagen rib)
③ 드라이브 핀(drive pin)
④ 멀리온(mullion)
⑤ 인서트(insert)

1 개요

01 소요수량 산출 시 할증률이 동일한 재료끼리 묶인 것은? 제28회

㉠ 이형철근	㉡ 일반합판	㉢ 기와
㉣ 비닐타일	㉤ 봉강	㉥ 고장력볼트

① ㉠, ㉡, ㉢
② ㉠, ㉤, ㉥
③ ㉡, ㉢, ㉣
④ ㉢, ㉣, ㉤
⑤ ㉣, ㉤, ㉥

02 건축적산 및 견적에 관한 설명으로 옳지 않은 것은? 제27회

① 비계, 거푸집과 같은 가설재는 간접재료비에 포함된다.
② 직접노무비에는 현장감독자의 기본급이 포함되지 않는다.
③ 개산견적은 과거 유사건물의 견적자료를 참고로 공사비를 개략적으로 산출하는 방법이다.
④ 공사원가는 일반관리비와 이윤을 포함한다.
⑤ 아파트 적산의 경우 단위세대에서 전체로 산출한다.

03 적산 및 견적에 관한 설명으로 옳지 않은 것은? 제26회

① 할증률은 판재, 각재, 붉은벽돌, 유리의 순으로 작아진다.
② 본사 및 현장의 여비, 교통비, 통신비는 일반관리비에 포함된다.
③ 이윤은 공사원가 중 노무비, 경비와 일반관리비 합계액의 15%를 초과 계상할 수 없다.
④ $10m^2$ 이하의 소단위 건축공사에서는 최대 50%까지 품을 할증할 수 있다.
⑤ 품셈이란 공사의 기본단위에 소요되는 재료, 노무 등의 수량으로 단가와는 무관하다.

04 건축적산 및 견적에 관한 설명으로 옳지 않은 것은? 제25회

① 적산은 공사에 필요한 재료 및 품의 수량을 산출하는 것이다.
② 명세견적은 완성된 설계도서, 현장설명, 질의응답 등에 의해 정밀한 공사비를 산출하는 것이다.
③ 개산견적은 설계도서가 미비하거나 정밀한 적산을 할 수 없을 때 공사비를 산출하는 것이다.
④ 품셈은 단위공사량에 소요되는 재료, 인력 및 기계력 등을 단가로 표시한 것이다.
⑤ 일위대가는 재료비에 가공 및 설치비 등을 가산하여 단위단가로 작성한 것이다.

05 재료의 일반적인 추정 단위중량(kg/m³)으로 옳지 않은 것은? 제24회

① 철근콘크리트: 2,400
② 보통 콘크리트: 2,200
③ 시멘트 모르타르: 2,100
④ 시멘트(자연상태): 1,500
⑤ 물: 1,000

06 소요수량 산출 시 할증률이 가장 작은 재료는? 제23회

① 도료
② 이형철근
③ 유리
④ 일반용 합판
⑤ 석고보드

개정반영

07 다음은 공사비 구성의 분류표이다. (   )에 들어갈 항목으로 옳은 것은? 제22회

<table>
<tr><td rowspan="6">총공사비</td><td>부가이윤</td><td colspan="3"></td></tr>
<tr><td rowspan="5">총원가</td><td>일반관리비부담금</td><td colspan="2"></td></tr>
<tr><td rowspan="4">공사원가</td><td>간접공사비</td><td></td></tr>
<tr><td rowspan="3">(   )</td><td>재료비</td></tr>
<tr><td>노무비</td></tr>
<tr><td>경비</td></tr>
</table>

① 공통경비
② 직접경비
③ 직접공사비
④ 간접경비
⑤ 현장관리비

08 표준품셈에서 재료의 할증률로 옳은 것은?

제21회

① 이형철근 – 3%
② 시멘트벽돌 – 3%
③ 목재(각재) – 3%
④ 고장력볼트 – 5%
⑤ 유리 – 5%

2 각 공사별 물량산출

09 아래 조건으로 계산한 벽체타일의 정미량은?

제28회

○ 벽체면적: 6,300mm × 3,100mm	○ 타일크기: 300mm × 200mm
○ 줄눈너비: 10mm	○ 벽체 수: 3개소

① 60매
② 90매
③ 300매
④ 600매
⑤ 900매

10 길이 6m, 높이 2m의 벽체를 두께 1.0B로 쌓을 때 필요한 표준형 시멘트 벽돌의 정미량은? (단, 줄눈너비는 10mm를 기준으로 하고, 모르타르 배합비는 1:3이다)

제27회

① 1,720매
② 1,754매
③ 1,788매
④ 1,822매
⑤ 1,856매

11 다음 조건으로 산출한 타일의 정미수량은?

제26회

• 바닥의 크기: 11.2m × 6.4m	• 개소: 2개소
• 타일크기: 150mm × 150mm	• 줄눈간격: 10mm

① 2,600매
② 2,800매
③ 5,200매
④ 5,600매
⑤ 6,800매

12 벽돌 담장의 크기를 길이 8m, 높이 2.5m, 두께 2.0B[콘크리트(시멘트)벽돌 1.5B+붉은벽돌 0.5B]로 할 때, 콘크리트(시멘트)벽돌과 붉은벽돌의 정미량은? (단, 사용 벽돌은 모두 표준형 190 × 90 × 57mm로 하고, 줄눈은 10mm로 하며, 소수점 이하는 무조건 올림한다) 제25회

① 콘크리트(시멘트)벽돌: 1,500매, 붉은벽돌: 4,704매
② 콘크리트(시멘트)벽돌: 1,545매, 붉은벽돌: 4,480매
③ 콘크리트(시멘트)벽돌: 4,480매, 붉은벽돌: 1,500매
④ 콘크리트(시멘트)벽돌: 4,480매, 붉은벽돌: 1,545매
⑤ 콘크리트(시멘트)벽돌: 4,704매, 붉은벽돌: 1,545매

기출 오류수정

13 장려형 콘크리트 블록(290 × 190 × 150mm)을 이용하여 길이 100m, 높이 3m의 벽을 표준으로 쌓기(줄눈 10mm)할 경우, 콘크리트 블록과 모르타르의 소요량은? [단, 쌓기 모르타르량(배합비 1 : 3)은 0.01m³이다. 또한 블록할증률, 쌓기 모르타르 할증률 및 소운반이 포함되며, 콘크리트 블록 소요량은 17매/m²로 산출한다] 제24회

① 3,900매, 2.1m³
② 3,900매, 3.0m³
③ 4,500매, 3.0m³
④ 5,100매, 2.1m³
⑤ 5,100매, 3.0m³

14 면적 100m²인 벽체를 콘크리트(시멘트)벽돌(190 × 90 × 57mm)을 이용하여 0.5B 두께로 쌓을 때 콘크리트(시멘트)벽돌의 소요량은? (단, 줄눈은 10mm로 한다) 제23회

① 6,695매
② 6,825매
③ 7,500매
④ 7,725매
⑤ 7,875매

15 화단벽체를 조적으로 시공하고자 한다. 길이 12m, 높이 1m, 두께 1.5B[내부 콘크리트(시멘트)벽돌 1.0B, 외부 붉은벽돌 0.5B]로 쌓을 때 콘크리트(시멘트)벽돌과 붉은벽돌의 소요량은? [단, 벽돌의 크기는 표준형(190 × 90 × 57mm)으로 하고, 줄눈은 10mm로 하며, 소수점 이하는 무조건 올림으로 한다] 제22회

① 콘크리트(시멘트)벽돌: 945매, 붉은벽돌: 1,842매
② 콘크리트(시멘트)벽돌: 1,842매, 붉은벽돌: 927매
③ 콘크리트(시멘트)벽돌: 1,842매, 붉은벽돌: 945매
④ 콘크리트(시멘트)벽돌: 1,878매, 붉은벽돌: 927매
⑤ 콘크리트(시멘트)벽돌: 1,878매, 붉은벽돌: 945매

16 길이 12.0m, 높이 3.0m인 벽체를 1.5B(내부 1.0B 시멘트벽돌, 외부 0.5B 붉은벽돌)로 쌓을 때 외부에 쌓는 0.5B 붉은벽돌(190mm × 90mm × 57mm)의 소요량은? (단, 줄눈은 10mm로 한다) 제21회

① 2,700매 ② 2,781매 ③ 2,800매
④ 2,888매 ⑤ 2,991매

PART 02 건축설비

CHAPTER 01 건축설비 총론

정답 및 해설 p.115

1 설비의 기초이론

01 건축설비의 기초사항으로 옳지 않은 것은? 제28회

① 1기압 하에서 순수한 물의 온도를 4℃에서 100℃로 높이면 체적은 약 4.3% 팽창한다.
② 물질을 가열이나 냉각했을 대 상변화없이 온도변화에만 사용되는 열량을 현열이라고 한다.
③ 농도를 나타내는 단위인 ppm은 천만분의 일의 양을 의미한다.
④ 비열은 단위 질량의 물체 온도를 1℃ 높이는 데 필요한 열량이다.
⑤ 비체적이란 체적을 질량으로 나눈 것이다.

02 다음과 같은 조건의 배관에서 마찰손실수두(mAq)는? (단, Darcy-Weisbach 공식을 사용함) 제28회

○ 유속: 1.4m/s	○ 배관(직관) 길이: 100m	○ 중력가속도: 9.8m/s^2
○ 관경: 50mm	○ 관의 마찰계수: 0.04	

① 7.2　② 7.6
③ 8.0　④ 8.5
⑤ 9.2

03 배관에 흐르는 유체의 마찰손실수두에 관한 설명으로 옳지 않은 것은? 제27회

① 배관의 길이에 비례한다.
② 배관의 내경에 반비례한다.
③ 중력가속도에 반비례한다.
④ 배관의 마찰계수에 비례한다.
⑤ 유체의 속도에 비례한다.

04 열관류저항이 3.5m²·K/W인 기존 벽체에 열전도율 0.04 W/m·K인 두께 60mm의 단열재를 보강하였다. 이 때 단열이 보강된 벽체의 열관류율(W/m²·K)은? 제27회

① 0.15　② 0.20　③ 0.25
④ 0.30　⑤ 0.35

05 건축설비의 기초사항에 관한 내용으로 옳은 것을 모두 고른 것은? 제26회

> ㉠ 순수한 물은 1기압 하에서 4℃일 때 밀도가 가장 작다.
> ㉡ 정지해 있는 물에서 임의의 점의 압력은 모든 방향으로 같고 수면으로부터 깊이에 비례한다.
> ㉢ 배관에 흐르는 물의 마찰손실수두는 관의 길이와 마찰계수에 비례하고 유속의 제곱에 비례한다.
> ㉣ 관경이 달라지는 수평관 속에서 물이 정상 흐름을 할 때, 관경이 클수록 유속이 느려진다.

① ㉠, ㉡　② ㉢, ㉣　③ ㉠, ㉡, ㉢
④ ㉡, ㉢, ㉣　⑤ ㉠, ㉡, ㉢, ㉣

06 배관의 마찰손실수두 계산 시 고려해야 할 사항으로 옳은 것을 모두 고른 것은? 제25회

> ㉠ 배관의 관경　　㉡ 배관의 길이
> ㉢ 배관 내 유속　　㉣ 배관의 마찰계수

① ㉠, ㉢　② ㉡, ㉣　③ ㉠, ㉡, ㉣
④ ㉡, ㉢, ㉣　⑤ ㉠, ㉡, ㉢, ㉣

07 건축설비의 기초사항에 관한 내용으로 옳은 것은? 제25회

① 순수한 물은 1기압하에서 4℃일 때 가장 무겁고 부피는 최대가 된다.
② 섭씨 절대온도는 섭씨온도에 459.7을 더한 값이다.
③ 비체적이란 체적을 질량으로 나눈 것이다.
④ 물체의 상태 변화 없이 온도가 변화할 때 필요한 열량은 잠열이다.
⑤ 열용량은 단위 중량 물체의 온도를 1℃ 올리는 데 필요한 열량이다.

08 건축설비의 용어에 관한 내용으로 옳지 않은 것은? 제24회

① 국부저항은 배관이나 덕트에서 직관부 이외의 구부러지는 부분, 분기부 등에서 발생하는 저항이다.
② 소켓은 같은 관경의 배관을 직선으로 접속할 때 사용한다.
③ 서징현상은 배관 내를 흐르는 유체의 압력이 그 온도에서의 유체의 포화증기압보다 낮아질 경우 그 일부가 증발하여 기포가 발생하는 것이다.
④ 비열은 어떤 물질의 질량 1kg을 온도 1℃ 올리는 데 필요한 열량이다.
⑤ 고위발열량은 연료가 연소할 때 발생되는 수증기의 잠열을 포함한 총발열량이다.

09 건축설비에 관한 내용으로 옳은 것은? 제22회

① 배관 내를 흐르는 물과 배관 표면과의 마찰력은 물의 속도에 반비례한다.
② 물체의 열전도율은 그 물체 1kg을 1℃ 올리는 데 필요한 열량을 말한다.
③ 공기가 가지고 있는 열량 중, 공기의 온도에 관한 것이 잠열, 습도에 관한 것이 현열이다.
④ 동일한 양의 물이 배관 내를 흐를 때 배관의 단면적이 2배가 되면 물의 속도는 1/4배가 된다.
⑤ 실외의 동일한 장소에서 기압을 측정하면 절대압력이 게이지압력보다 큰 값을 나타낸다.

10 배관에 흐르는 유체의 마찰손실수두에 관한 설명으로 옳은 것은? 제21회

① 관의 길이에 반비례한다.
② 중력가속도에 비례한다.
③ 유속의 제곱에 비례한다.
④ 관의 내경이 클수록 커진다.
⑤ 관의 마찰(손실)계수가 클수록 작아진다.

2 환경요소

11 공동주택 층간소음의 범위와 기준에 관한 규칙상 층간소음에 관한 설명으로 옳지 않은 것은?

제25회

① 직접충격 소음은 뛰거나 걷는 동작 등으로 인하여 발생하는 층간소음이다.
② 공기전달 소음은 텔레비전, 음향기기 등의 사용으로 인하여 발생하는 층간소음이다.
③ 욕실, 화장실 및 다용도실 등에서 급수·배수로 인하여 발생하는 소음은 층간소음에 포함한다.
④ 층간소음의 기준 시간대는 주간은 06시부터 22시까지, 야간은 22시부터 06시까지로 구분한다.
⑤ 직접충격 소음은 1분간 등가소음도(Leq) 및 최고소음도(Lmax)로 평가한다.

3 단열계획

12 다음과 같은 조건의 벽체에서 실내측 표면온도(℃)는 얼마인가? (단, 계산결과 값은 소수점 둘째자리에서 반올림함)

제28회

○ 실내온도: 23℃	○ 외기온도: −5℃
○ 실내측 표면 열전달율: 8.0W/m²·K	○ 벽체 열관류율: 0.5W/m²·K

① 19.8
② 20.3
③ 20.8
④ 21.3
⑤ 21.8

13 기존 벽체의 열관류율을 0.25W/m²·K에서 0.16W/m²·K로 낮추고자 할 때, 추가해야 할 단열재의 최소 두께(mm)는 얼마인가? (단, 단열재의 열전도율은 0.04W/m·K이다.)

제26회

① 25
② 30
③ 60
④ 90
⑤ 120

14 기존 열관류저항이 3.0$m^2 \cdot K/W$인 벽체에 열전도율 0.04$W/m \cdot K$인 단열재 40mm를 보강하였다. 이때 단열이 보강된 벽체의 열관류율($W/m^2 \cdot K$)은 약 얼마인가?

제23회

① 0.10
② 0.15
③ 0.20
④ 0.25
⑤ 0.30

15 겨울철 벽체의 표면결로 방지대책으로 옳지 않은 것은? 제21회

① 실내에서 발생하는 수증기량을 줄인다.
② 환기를 통해 실내의 절대습도를 낮춘다.
③ 벽체의 단열강화를 통해 실내 측 표면온도를 높인다.
④ 실내 측 표면온도를 주변공기의 노점온도보다 낮춘다.
⑤ 난방기기를 이용하여 벽체의 실내 측 표면온도를 높인다.

4 배관재료 및 밸브

16 배관 내 유체의 역류를 방지하기 위하여 설치하는 배관부속은? 제26회

① 체크 밸브
② 게이트 밸브
③ 스트레이너
④ 글로브 밸브
⑤ 감압 밸브

17 배관의 부속품에 관한 설명으로 옳지 않은 것은? 제25회

① 볼 밸브는 핸들을 90도 돌림으로써 밸브가 완전히 열리는 구조로 되어 있다.
② 스트레이너는 배관 중에 먼지 또는 토사, 쇠 부스러기 등을 걸러내기 위해 사용한다.
③ 버터플라이 밸브는 밸브 내부에 있는 원판을 회전시킴으로써 유체의 흐름을 조절한다.
④ 체크 밸브에는 수평·수직 배관에 모두 사용할 수 있는 스윙형과 수평배관에만 사용하는 리프트형이 있다.
⑤ 게이트 밸브는 주로 유량조절에 사용하며 글로브 밸브에 비해 유체에 대한 저항이 큰 단점을 갖고 있다.

18 다음에서 설명하고 있는 배관의 이음방식은? 제25회

> 배관과 밸브 등을 접속할 때 사용하며, 교체 및 해체가 자주 발생하는 곳에 볼트와 너트 등을 이용하여 접합시키는 방식

① 플랜지 이음
② 용접 이음
③ 소벤트 이음
④ 플러그 이음
⑤ 크로스 이음

CHAPTER 02 급수설비

정답 및 해설 p.118

1 급수설비 개요

01 급수펌프의 회전수를 증가시켜 양수량을 10% 증가시켰을 때, 펌프의 양정과 축동력의 변화로 옳은 것은? 제27회

① 양정은 10% 증가하고, 축동력은 21% 증가한다.
② 양정은 21% 증가하고, 축동력은 10% 증가한다.
③ 양정은 21% 증가하고, 축동력은 33% 증가한다.
④ 양정은 33% 증가하고, 축동력은 10% 증가한다.
⑤ 양정은 33% 증가하고, 축동력은 21% 증가한다.

02 급수설비에 관한 설명으로 옳은 것은? 제24회

① 급수펌프의 회전수를 2배로 하면 양정은 8배가 된다.
② 펌프의 흡입양정이 작을수록 서징현상 방지에 유리하다.
③ 펌프직송방식은 정전이 될 경우 비상발전기가 없어도 일정량의 급수가 가능하다.
④ 고층건물의 급수 조닝방법으로 안전밸브를 설치하는 것이 있다.
⑤ 먹는물 수질기준 및 검사 등에 관한 규칙상 먹는물의 수질기준 중 수돗물의 경도는 300mg/L를 넘지 않아야 한다.

2 급수설계

03 수도법령상 급수관의 상태검사 및 조치 등의 일부이다. ( )에 들어갈 내용으로 옳은 것은? 제28회

> **제23조(급수관의 상태검사 및 조치 등)** ① 영 제51조에 해당하는 건축물 또는 시설의 소유자등은 법 제33조 제4항에 따라 별표 7 제1호에 따른 일반검사를 다음 각 호의 구분에 따라 실시하여야 한다.
> 1. 최초 일반검사: 해당 건축물 또는 시설의 준공검사(급수관의 갱생·교체 등의 조치를 한 경우를 포함한다)를 실시한 날부터 (㉠)년이 경과한 날을 기준으로 6개월 이내에 실시
> 2. 2회 이후의 일반검사: 최근 일반검사를 받은 날부터 2년이 되는 날까지 매(㉡)년마다 실시

① ㉠: 3, ㉡: 1
② ㉠: 3, ㉡: 2
③ ㉠: 3, ㉡: 3
④ ㉠: 5, ㉡: 2
⑤ ㉠: 5, ㉡: 3

04 수도법령상 절수설비와 절수기기의 종류 및 기준에 관한 내용으로 옳은 것은? (단, 공급수압은 98kPa이다) 제27회

① 소변기는 물을 사용하지 않는 것이거나, 사용수량이 2리터 이하인 것
② 공중용 화장실에 설치하는 수도꼭지는 최대토수유량이 1분당 6리터 이하인 것
③ 대변기는 사용수량이 9리터 이하인 것
④ 샤워용 수도꼭지는 해당 수드꼭지에 샤워호스(hose)를 부착한 상태로 측정한 최대토수유량이 1분당 9리터 이하인 것
⑤ 대·소변 구분형 대변기는 평균사용수량이 9리터 이하인 것

05 **수도법령상 절수설비와 절수기기의 종류 및 기준에 관한 일부 내용이다. ( )에 들어갈 내용으로 옳은 것은?** 제26회

> 가. 수도꼭지
> 1) 공급수압 98kPa에서 최대토수유량이 1분당 (㉠)리터 이하인 것. 다만, 공중용 화장실에 설치하는 수도꼭지는 1분당 (㉡)리터 이하인 것이어야 한다.
> 2) 샤워용은 공급수압 98kPa에서 해당 수도꼭지에 샤워 호스(hose)를 부착한 상태로 측정한 최대토수유량이 1분당 (㉢)리터 이하인 것

① ㉠: 5, ㉡: 5, ㉢: 8.5
② ㉠: 6, ㉡: 5, ㉢: 7.5
③ ㉠: 6, ㉡: 6, ㉢: 7.5
④ ㉠: 6, ㉡: 6, ㉢: 8.5
⑤ ㉠: 7, ㉡: 7, ㉢: 9.5

06 **급수설비에 관한 내용으로 옳지 않은 것은?** 제24회

① 기구급수부하단위는 같은 종류의 기구일 경우 공중용이 개인용보다 크다.
② 벽을 관통하는 배관의 위치에는 슬리브를 설치하는 것이 바람직하다.
③ 고층건물에서는 급수계통을 조닝하는 것이 바람직하다.
④ 펌프의 공동현상(cavitation)을 방지하기 위하여 펌프의 설치 위치를 수조의 수위보다 높게 하는 것이 바람직하다.
⑤ 보급수의 경도가 높을수록 보일러 내면에 스케일 발생 가능성이 커진다.

07 **수도법령상 절수설비와 절수기기에 관한 내용으로 옳은 것을 모두 고른 것은?** 제23회

> ㉠ 별도의 부속이나 기기를 추가로 장착하지 아니하고도 일반 제품에 비하여 물을 적게 사용하도록 생산된 수도꼭지 및 변기를 절수설비라고 한다.
> ㉡ 절수형 수도꼭지는 공급수압 98kPa에서 최대토수유량이 1분당 6.0리터 이하인 것. 다만, 공중용 화장실에 설치하는 수도꼭지는 1분당 5리터 이하인 것이어야 한다.
> ㉢ 절수형 대변기는 공급수압 98kPa에서 사용수량이 8리터 이하인 것이어야 한다.
> ㉣ 절수형 소변기는 물을 사용하지 않는 것이거나, 공급수압 98kPa에서 사용수량이 3리터 이하인 것이어야 한다.

① ㉢
② ㉣
③ ㉠, ㉡
④ ㉠, ㉢
⑤ ㉡, ㉢, ㉣

08 **급수 배관의 관경 결정법으로 옳은 것을 모두 고른 것은?** 제21회

㉠ 기간부하계산에 의한 방법	㉡ 관 균등표에 의한 방법
㉢ 마찰저항선도에 의한 방법	㉣ 기구배수부하단위에 의한 방법

① ㉠, ㉡　② ㉠, ㉢
③ ㉡, ㉢　④ ㉡, ㉣
⑤ ㉢, ㉣

3 급수방식

09 **급수설비에 관한 설명으로 옳은 것은?** 제27회

① 고가수조방식은 타 급수방식에 비해 수질오염 가능성이 낮다.
② 수도직결방식은 건물 내 정전 시 급수가 불가능하다.
③ 초고층건물의 급수조닝 방식으로 감압밸브 형식이 있다.
④ 배관의 크로스커넥션을 통해 수질오염을 방지한다.
⑤ 동시사용률은 위생기기의 개수가 증가할수록 커진다.

10 **급수방식에 관한 내용으로 옳지 않은 것은?** 제26회

① 고가수조방식은 건물 내 모든 층의 위생기구에서 압력이 동일하다.
② 펌프직송방식은 단수 시에도 저수조에 남은 양만큼 급수가 가능하다.
③ 펌프직송방식은 급수설비로 인한 옥상층의 하중을 고려할 필요가 없다.
④ 고가수조방식은 타 급수방식에 비해 수질오염 가능성이 높다.
⑤ 수도직결방식은 수도 본관의 압력에 따라 급수압이 변한다.

11 **다음 중 고층건물에서 급수조닝을 하는 이유와 관련 있는 것은?** 제22회

① 엔탈피　② 쇼트서킷
③ 캐비테이션　④ 수격작용
⑤ 유인작용

4 급수배관설계

12 급수설비의 수질오염방지 대책으로 옳지 않은 것은? 제26회

① 수조의 급수 유입구와 유출구 사이의 거리는 가능한 한 짧게 하여 정체에 의한 오염이 발생하지 않도록 한다.
② 크로스 커넥션이 발생하지 않도록 급수배관을 한다.
③ 수조 및 배관류와 같은 자재는 내식성 재료를 사용한다.
④ 건축물의 땅밑에 저수조를 설치하는 경우에는 분뇨·쓰레기 등의 유해물질로부터 5m 이상 띄워서 설치한다.
⑤ 일시적인 부압으로 역류가 발생하지 않도록 세면기에는 토수구 공간을 둔다.

13 급수설비의 수질오염에 관한 설명으로 옳지 않은 것은? 제22회

① 저수조에 설치된 넘침관 말단에는 철망을 씌워 벌레 등의 침입을 막는다.
② 물탱크에 물이 오래 있으면 잔류염소가 증가하면서 오염 가능성이 커진다.
③ 크로스커넥션이 이루어지면 오염 가능성이 있다.
④ 세면기에는 토수구 공간을 확보하여 배수의 역류를 방지한다.
⑤ 대변기에는 버큠브레이커(vacuum breaker)를 설치하여 배수의 역류를 방지한다.

5 펌프

14 급수설비에서 사용되는 펌프 중 구조상 터보형 펌프에 해당하는 것은? 제28회

① 피스톤 펌프
② 기어 펌프
③ 볼류트 펌프
④ 다이어프램 펌프
⑤ 플런저 펌프

15 급수설비의 펌프에 관한 내용으로 옳은 것은? 제26회

① 흡입양정을 크게 할수록 공동현상(cavitation) 방지에 유리하다.
② 펌프의 실양정은 흡입양정, 토출양정, 배관 손실수두의 합이다.
③ 서징현상(surging)을 방지하기 위해 관로에 불필요한 잔류 공기를 제거한다.
④ 펌프의 전양정은 펌프의 회전수에 반비례한다.
⑤ 펌프의 회전수를 2배로 하면 펌프의 축동력은 4배가 된다.

16 급수설비에서 펌프에 관한 설명으로 옳지 않은 것은? 제25회

① 펌프의 양수량은 펌프의 회전수에 비례한다.
② 볼류트 펌프와 터빈 펌프는 원심식 펌프이다.
③ 서징(surging)이 발생하면 배관 내의 유량과 압력에 변동이 생긴다.
④ 펌프의 성능곡선은 양수량, 관경, 유속, 비체적 등의 관계를 나타낸 것이다.
⑤ 공동현상(cavitation)을 방지하기 위해 흡입양정을 낮춘다.

17 급수펌프를 1대에서 2대로 병렬 연결하여 운전 시 나타나는 현상으로 옳은 것은? (단, 펌프의 성능과 배관조건은 동일하다) 제24회

① 유량이 2배로 증가하며 양정은 0.5배로 감소한다.
② 양정이 2배로 증가하며 유량은 변화가 없다.
③ 유량이 1.5배로 증가하며 양정은 0.8배로 감소한다.
④ 유량과 양정이 모두 증가하나 증가폭은 배관계 저항조건에 따라 달라진다.
⑤ 배관계 저항조건에 따라 유량 또는 양정이 감소되는 경우도 있다.

18 급수설비의 양수펌프에 관한 설명으로 옳은 것은? 제23회

① 용적형 펌프에는 벌(볼)류트펌프와 터빈펌프가 있다.
② 동일 특성을 갖는 펌프를 직렬로 연결하면 유량은 2배로 증가한다.
③ 펌프의 회전수를 변화시켜 양수량을 조절하는 것을 변속운전방식이라 한다.
④ 펌프의 양수량은 펌프의 회전수에 반비례한다.
⑤ 공동현상을 방지하기 위해 흡입양정을 높인다.

19 다음 중 펌프의 실양정 산정 시 필요한 요소에 해당하는 것을 모두 고른 것은?

제23회

㉠ 마찰손실수두	㉡ 압력수두
㉢ 흡입양정	㉣ 속도수두
㉤ 토출양정	

① ㉠, ㉢
② ㉢, ㉤
③ ㉠, ㉡, ㉣
④ ㉡, ㉢, ㉣, ㉤
⑤ ㉠, ㉡, ㉢, ㉣, ㉤

20 고가수조방식에서 양수펌프의 전양정이 50m이고, 시간당 $30m^3$를 양수할 경우의 펌프 축동력은 약 몇 kW인가? (단, 펌프의 효율은 60%로 한다)

제22회

① 5.2
② 6.8
③ 8.6
④ 10.5
⑤ 12.3

21 급수설비에서 펌프에 관한 설명으로 옳은 것은?

제21회

① 공동현상을 방지하기 위해 흡입양정을 낮춘다.
② 펌프의 전양정은 회전수에 반비례한다.
③ 펌프의 양수량은 회전수의 제곱에 비례한다.
④ 동일 특성을 갖는 펌프를 직렬로 연결하면 유량은 2배로 증가한다.
⑤ 동일 특성을 갖는 펌프를 병렬로 연결하면 양정은 2배로 증가한다.

1 급탕설계

01 20℃의 물 3kg을 100℃의 증기로 만들기 위해 필요한 열량(kJ)은? (단, 물의 비열은 4.2kJ/kg·K, 100℃ 온수의 증발잠열은 2,257kJ/kg으로 한다) 제27회

① 3,153 ② 3,265
③ 6,771 ④ 7,779
⑤ 8,031

02 가스보일러로 20℃의 물 3,000kg을 90℃로 올리기 위해 필요한 최소 가스량(m^3)은? (단, 가스발열량은 40,000kJ/m^3, 보일러 효율은 90%로 가정하고, 물의 비열은 4.2kJ/kg·K로 한다) 제24회

① 19.60 ② 22.05
③ 24.50 ④ 25.25
⑤ 26.70

03 500인이 거주하는 아파트에서 급수온도는 5℃, 급탕온도는 65℃일 때, 급탕가열장치의 용량(kW)은 약 얼마인가? (단, 1인 1일당 급탕량은 100L/d·인, 물의 비열은 4.2kJ/kg·K, 1일 사용량에 대한 가열능력 비율은 1/7, 급탕가열장치 효율은 100%, 이외의 조건은 고려하지 않는다) 제23회

① 50 ② 250 ③ 500
④ 1,000 ⑤ 3,000

2 급탕설비용 기기

04 **급탕설비의 안전장치에 관한 설명으로 옳지 않은 것은?** 제27회

① 팽창관 도중에는 배관의 손상을 방지하기 위해 감압밸브를 설치한다.
② 급탕온도를 일정하게 유지하기 위해 자동온도조절장치를 설치한다.
③ 안전밸브는 저탕조 등의 내부압력이 증가하면 온수를 배출하여 압력을 낮추는 장치이다.
④ 배관의 신축을 흡수 처리하기 위해 스위블 조인트, 벨로즈형 이음 등을 설치한다.
⑤ 팽창탱크의 용량은 급탕 계통 내 전체 수량에 대한 팽창량을 기준으로 산정한다.

05 **보일러의 용량을 결정하는 출력에 관한 설명으로 옳은 것은?** 제21회

① 상용출력 = 난방출력 + 급탕부하 + 축열부하
② 상용출력 = 난방부하 + 급탕부하 + 배관(손실)부하
③ 정격출력 = 상용출력 + 축열부하
④ 정격출력 = 상용출력 + 장치부하
⑤ 정격출력 = 난방부하 + 급탕부하 + 예열부하

3 급탕방식

06 **급탕설비에 관한 내용으로 옳지 않은 것은?** 제28회

① 기수혼합식은 증기에서 발생하는 소음을 줄이기 위해 스트레이너를 사용한다.
② 급탕온도를 일정하게 유지하기 위해 자동온도조절장치를 설치한다.
③ 중앙식 급탕방식 중 간접 가열식은 저탕조 내에 가열코일을 설치하고, 이 코일에 증기 등을 공급하여 저탕조 내의 물을 가열하는 방식이다.
④ 스위블 조인트는 엘보를 사용하여 배관의 신축을 흡수하는 방식이다.
⑤ 순간온수기는 벤튜리(Venturi)의 압력차에 의한 다이어프램의 구동으로 작동된다.

07 급탕설비에 관한 설명으로 옳지 않은 것은? 제27회

① 중앙식에서 온수를 빨리 얻기 위해 단관식을 적용한다.
② 중앙식은 국소식(개별식)에 비해 배관에서의 열손실이 크다.
③ 대형 건물에는 간접가열식이 직접가열식보다 적합하다.
④ 배관의 신축을 고려하여 배관이 벽이나 바닥을 관통하는 경우 슬리브를 사용한다.
⑤ 간접가열식은 직접가열식에 비해 저압의 보일러를 적용할 수 있다.

08 급탕설비에 관한 내용으로 옳지 않은 것은? 제25회

① 저탕탱크의 온수온도를 설정온도로 유지하기 위하여 서모스탯을 설치한다.
② 기수혼합식 탕비기는 소음이 발생하지 않는 장점이 있으나 열효율이 좋지 않다.
③ 중앙식 급탕방식은 가열방법에 따라 직접가열식과 간접가열식으로 구분한다.
④ 개별식 급탕방식은 급탕을 필요로 하는 개소마다 가열기를 설치하여 급탕하는 방식이다.
⑤ 수온변화에 의한 배관의 신축을 흡수하기 위하여 신축이음을 설치한다.

09 중앙식 급탕설비에 관한 내용으로 옳은 것만 모두 고른 것은? 제24회

㉠ 직접가열식은 간접가열식에 비해 고층건물에서는 고압에 견디는 보일러가 필요하다.
㉡ 직접가열식은 간접가열식보다 일반적으로 열효율이 높다.
㉢ 직접가열식은 간접가열식보다 대규모 설비에 적합하다.
㉣ 직접가열식은 간접가열식보다 수처리를 적게 한다.

① ㉠, ㉡
② ㉡, ㉣
③ ㉢, ㉣
④ ㉠, ㉡, ㉢
⑤ ㉠, ㉢, ㉣

개정반영

10 **급탕설비에 관한 내용으로 옳지 않은 것은?** 제23회

① 간접가열식이 직접가열식보다 열효율이 좋다.
② 개방식 팽창탱크는 순환펌프의 흡입 측에 팽창관을 접속시키며, 그 설치 높이는 배관계의 가장 높은 곳보다 1.2m 이상으로 한다.
③ 일반적으로 급탕관의 관경을 환탕관(반탕관)의 관경보다 크게 한다.
④ 자동온도조절기(thermostat)는 저탕탱크에서 온수온도를 적절히 유지하기 위해 사용하는 것이다.
⑤ 급탕배관을 복관식(2관식)으로 하는 이유는 수전을 열었을 때, 바로 온수가 나오게 하기 위해서이다.

11 **급탕설비에 관한 내용으로 옳지 않은 것은?** 제22회

① 간접가열식은 직접가열식보다 수처리를 더 자주 해야 한다.
② 유량이 균등하게 분배되도록 역환수방식을 적용한다.
③ 동일한 배관재를 사용할 경우 급탕관은 급수관보다 부식이 발생하기 쉽다.
④ 개별식은 중앙식에 비해 배관에서의 열손실이 작다.
⑤ 일반적으로 개별식은 단관식, 중앙식은 복관식 배관을 사용한다.

4 급탕배관설계

12 **배관의 신축에 대응하기 위해 설치하는 이음쇠가 아닌 것은?** 제26회

① 스위블 조인트
② 컨트롤 조인트
③ 신축곡관
④ 슬리브형 조인트
⑤ 벨로즈형 조인트

13 **다음에서 설명하고 있는 것은 무엇인가?** 제22회

> 급탕배관이 벽이나 바닥을 통과할 경우 온수 온도변화에 따른 배관의 신축이 쉽게 이루어지도록 벽(바닥)과 배관 사이에 설치하여 벽(바닥)과 배관을 분리시킨다.

① 슬리브
② 공기빼기밸브
③ 신축이음
④ 서모스탯
⑤ 열감지기

14 급탕 배관에 관한 설명으로 옳지 않은 것은? 제21회

① 2개 이상의 엘보를 사용하여 신축을 흡수하는 이음은 스위블 조인트이다.
② 배관의 신축을 고려하여 배관이 벽이나 바닥을 관통하는 경우 슬리브를 사용한다.
③ ㄷ자형의 배관 시에는 배관 도중에 공기의 정체를 방지하기 위하여 에어챔버를 설치한다.
④ 동일 재질의 관을 사용하였을 경우 급탕 배관은 급수 배관보다 관의 부식이 발생하기 쉽다.
⑤ 배관 방법에서 복관식은 단관식 배관법보다 뜨거운 물이 빨리 나온다.

CHAPTER 04 배수 · 통기 및 위생기구설비

정답 및 해설 p.125

1 배수설비

01 다음 트랩의 단면에서 (㉠), (㉡)의 명칭으로 옳은 것은? 제28회

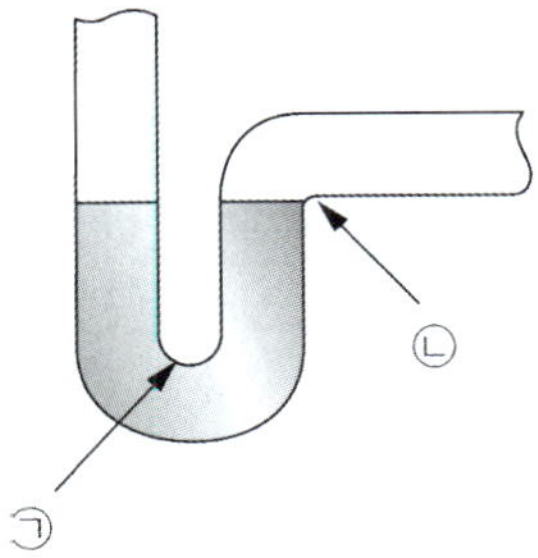

① ㉠: 벤트(vent), ㉡: 디프(dip)
② ㉠: 디프(dip), ㉡: 웨어(weir)
③ ㉠: 웨어(weir), ㉡: 벤트(vent)
④ ㉠: 웨어(weir), ㉡: 디프(dip)
⑤ ㉠: 디프(dip), ㉡: 벤트(vent)

02 배수 배관에서 청소구의 설치 장소로 옳지 않은 것은? 제27회

① 배수수직관의 최하단부
② 배수수평지관의 최하단부
③ 건물 배수관과 부지 하수관이 접속하는 곳
④ 배관이 45° 이상의 각도로 구부러지는 곳
⑤ 수평관 관경이 100mm 초과 시 직선길이 30m 이내마다

03 트랩의 봉수파괴 원인이 아닌 것은? 제25회

① 수격작용
② 모세관현상
③ 증발작용
④ 분출작용
⑤ 자기사이펀작용

04 옥내배수관의 관경을 결정하는 방법으로 옳지 않은 것은? 제24회

① 옥내배수관의 관경은 기구배수부하단위법 등에 의하여 결정할 수 있다.
② 기구배수부하단위는 각 기구의 최대 배수유량을 소변기 최대 배수유량으로 나눈 값에 동시사용률 등을 고려하여 결정한다.
③ 배수수평지관의 관경은 그것에 접속하는 트랩구경과 기구배수관의 관경과 같거나 커야 한다.
④ 배수수평지관은 배수가 흐르는 방향으로 관경을 축소하지 않는다.
⑤ 배수수직관의 관경은 가장 큰 배수부하를 담당하는 최하층 관경을 최상층까지 동일하게 적용한다.

05 기구배수부하단위가 낮은 기구에서 높은 기구의 순서로 옳은 것은? 제24회)

㉠ 개인용 세면기
㉡ 공중용 대변기
㉢ 주택용 욕조

① ㉠ – ㉡ – ㉢
② ㉠ – ㉢ – ㉡
③ ㉡ – ㉠ – ㉢
④ ㉢ – ㉠ – ㉡
⑤ ㉢ – ㉡ – ㉠

06 배수트랩의 구비조건에 관한 내용으로 옳지 않은 것은? 제24회

① 자기사이펀 작용이 원활하게 일어나야 한다.
② 하수 가스, 냄새의 역류를 방지하여야 한다.
③ 포집기류를 제외하고는 오수에 포함된 오물 등이 부착 및 침전하기 어려워야 한다.
④ 봉수 깊이가 항상 유지되는 구조이어야 한다.
⑤ 간단한 구조이어야 한다.

07 다음 중 배수트랩에 해당하는 것을 모두 고른 것은? 제23회

㉠ 벨트랩	㉡ 버킷트랩
㉢ 그리스트랩	㉣ P트랩
㉤ 플로트트랩	㉥ 드럼트랩

① ㉠, ㉡
② ㉠, ㉢, ㉥
③ ㉢, ㉣, ㉥
④ ㉠, ㉢, ㉣, ㉥
⑤ ㉡, ㉢, ㉣, ㉤

08 배수설비 트랩의 일반적인 용도로 옳지 않은 것은? 제22회

① 기구트랩 – 바닥 배수
② S트랩 – 소변기 배수
③ U트랩 – 가옥 배수
④ P트랩 – 세면기 배수
⑤ 드럼트랩 – 주방싱크 배수

09 트랩의 봉수파괴 원인 중 건물 상층부의 배수수직관으로부터 일시에 많은 양의 물이 흐를 때, 이 물이 피스톤 작용을 일으켜 하류 또는 하층 기구의 트랩 봉수를 공기의 압축에 의해 실내 측으로 역류시키는 작용은? 제21회

① 증발 작용
② 분출 작용
③ 수격 작용
④ 유인 사이펀 작용
⑤ 자기 사이펀 작용

2 통기설비

10 **배수수직관 내의 압력변동을 방지하기 위해 배수수직관과 통기수직관을 연결하는 통기관은?** 제27회

① 결합통기관
② 공용통기관
③ 각개통기관
④ 루프통기관
⑤ 신정통기관

11 **통기방식에 관한 설명으로 옳지 않은 것은?** 제26회

① 외부에 개방되는 통기관의 말단은 인접건물의 문, 개폐 창문과 인접하지 않아야 한다.
② 결합통기관은 배수수직관과 통기수직관을 연결하는 통기관이다.
③ 각개통기관의 수직올림위치는 동수구배선보다 아래에 위치시켜 흐름이 원활하도록 하여야 한다.
④ 통기수직관은 빗물수직관과 연결해서는 안된다.
⑤ 각개통기방식은 기구의 넘침면보다 15cm 정도 위에서 통기수평지관과 접속시킨다.

12 **배수 및 통기설비에 관한 설명으로 옳지 않은 것은?** 제23회

① 결합통기관은 배수수직관 내의 압력변화를 완화하기 위하여 배수수직관과 통기수직관을 연결하는 통기관이다.
② 통기수평지관은 기구의 물넘침선보다 150mm 이상 높은 위치에서 수직통기관에 연결한다.
③ 신정통기관은 배수수직관의 상부를 그대로 연장하여 대기에 개방하는 것으로, 배수수직관의 관경보다 작게 해서는 안 된다.
④ 배수수평관이 긴 경우, 배수관의 관지름이 100mm 이하인 경우에는 20m 이내, 100mm를 넘는 경우에는 매 35m마다 청소구를 설치한다.
⑤ 특수통기방식의 일종인 소벤트방식, 섹스티아방식은 신정통기방식을 변형시킨 것이다.

13 배수 및 통기설비에 관한 내용으로 옳은 것은? 제22회

① 배수관 내에 유입된 배수가 상층부에서 하층부로 낙하하면서 증가하던 속도가 더 이상 증가하지 않을 때의 속도를 종국유속이라 한다.
② 도피통기관은 배수수직관의 상부를 그대로 연장하여 대기에 개방한 통기관이다.
③ 루프통기관은 고층건물에서 배수수직관과 통기수직관을 연결하여 설치한 것이다.
④ 신정통기관은 모든 위생기구마다 설치하는 통기관이다.
⑤ 급수탱크의 배수방식은 간접식보다 직접식으로 해야 한다.

3 위생기구설비

14 위생기구에 관한 내용으로 옳은 것을 모두 고른 것은? 제25회

ㄱ 세출식 대변기는 오물을 직접 유수부에 낙하시켜 물의 낙차에 의하여 오물을 배출하는 방식이다.
ㄴ 위생기구 설비의 유닛(unit)화는 공기단축, 시공정밀도 향상 등의 장점이 있다.
ㄷ 사이펀식 대변기는 분수구로부터 높은 압력으로 물을 뿜어내어 그 작용으로 유수를 배수관으로 유인하는 방식이다.
ㄹ 위생기구는 흡수성이 작고, 내식성 및 내마모성이 우수하여야 한다.

① ㄱ, ㄷ
② ㄴ, ㄹ
③ ㄱ, ㄴ, ㄹ
④ ㄴ, ㄷ, ㄹ
⑤ ㄱ, ㄴ, ㄷ, ㄹ

개정반영

15 위생기구의 플러시밸브에 관한 설명으로 옳지 않은 것은? 제23회

① 플러시밸브의 2차 측(하류 측)에는 버큠 브레이커(vacuum breaker)를 설치한다.
② 버큠 브레이커(vacuum breaker)의 역할은 이미 사용한 물의 자기사이펀 작용에 의해 상수계통(급수관)으로 역류하는 것을 방지하기 위한 기구이다.
③ 플러시밸브에는 핸들식, 전자식, 절수형 등이 있다.
④ 소음이 크고, 단시간에 다량의 물을 필요로 하는 문제점 등으로 인해 일반 가정용으로는 거의 사용하지 않는다.
⑤ 대변기 급수관의 관경은 25mm 이상 필요하다.

16 위생기구설비에 관한 내용으로 옳지 않은 것은? 제22회

① 위생기구는 청소가 용이하도록 흡수성, 흡습성이 없어야 한다.
② 위생도기는 외부로부터 충격이 가해질 경우 파손 가능성이 있다.
③ 유닛화는 현장 공정이 줄어들면서 공기단축이 가능하다.
④ 블로아웃식 대변기는 사이펀 볼텍스식 대변기에 비해 세정음이 작아 주택이나 호텔 등에 적합하다.
⑤ 대변기에서 세정밸브방식은 연속사용이 가능하기 때문에 사무소, 학교 등에 적합하다.

17 위생기구설비에 관한 설명으로 옳은 것은? 제21회

① 위생기구로서 도기는 다른 재질들에 비해 흡수성이 큰 장점을 갖고 있어 가장 많이 사용되고 있다.
② 세정밸브식과 세정탱크식의 대변기에서 급수관의 최소 관경은 15mm로 동일하다.
③ 세정탱크식 대변기에서 세정 시 소음은 로(low) 탱크식이 하이(high) 탱크식보다 크다.
④ 세정밸브식 대변기의 최저필요압력은 세면기 수전의 최저필요압력보다 크다.
⑤ 세정탱크식 대변기에는 역류방지를 위해 진공방지기를 설치해야 한다.

 정답 및 해설 p.128

1 오수정화설비 개요

01 하수설비에 관한 내용으로 옳지 않은 것은? 제28회

① SS는 오수 중의 용존산소량을 나타낸다.
② 합류식 하수관로는 오수와 하수도로 유입되는 빗물·지하수가 함께 흐르도록 하기 위한 하수관로를 말한다
③ 부패탱크방식 정화조의 산화조는 호기성균을 이용한다.
④ BOD는 오수 중의 유기물이 미생물에 의해 분해될 때 소비되는 산소량을 나타낸다.
⑤ 오수처리시설에 사용되는 스크린은 오수의 여과과정에서 고형물 또는 이형물을 제거하기 위함이다.

02 오수처리설비에 관한 설명으로 옳지 않은 것은? 제25회

① DO는 용존산소량으로 DO 값이 작을수록 오수의 정화능력이 우수하다.
② COD는 화학적 산소요구량, SS는 부유물질을 말한다.
③ BOD 제거율이 높을수록 정화조의 성능이 우수하다.
④ 오수처리에 활용되는 미생물에는 호기성 미생물과 혐기성 미생물 등이 있다.
⑤ 분뇨란 수거식 화장실에서 수거되는 액체성 또는 고체성 오염물질을 말한다.

03 **다음은 하수도법령상의 내용이다. (   )에 들어갈 용어로 옳은 것은?** 제24회

- (㉠)란 건물·시설 등의 설치자 또는 소유자가 해당 건물·시설 등에서 발생하는 하수를 유출 또는 처리하기 위하여 설치하는 배수설비·개인하수처리시설과 그 부대시설을 말한다.
- (㉡)란 오수와 하수도로 유입되는 빗물·지하수가 함께 흐르도록 하기 위한 하수관로를 말한다.
- (㉢)란 오수와 하수도로 유입되는 빗물·지하수가 각각 구분되어 흐르도록 하기 위한 하수관로를 말한다.

	㉠	㉡	㉢
①	하수관로	공공하수도	개인하수도
②	개인하수도	공공하수도	합류식하수관로
③	공공하수도	개인하수도	합류식하수관로
④	공공하수도	분류식하수관로	개인하수도
⑤	개인하수도	합류식하수관로	분류식하수관로

04 **하수도법령상 용어의 내용으로 옳지 않은 것은?** 제23회

① '하수'라 함은 사람의 생활이나 경제활동으로 인하여 액체성 또는 고체성의 물질이 섞이어 오염된 물(이하 '오수'라 한다)을 말하며, 건물·도로 그 밖의 시설물의 부지로부터 하수도로 유입되는 빗물·지하수는 제외한다.

② '하수도'라 함은 하수와 분뇨를 유출 또는 처리하기 위하여 설치되는 하수관로·공공하수처리시설 등 공작물·시설의 총체를 말한다.

③ '분류식하수관로'라 함은 오수와 하수도로 유입되는 빗물·지하수가 각각 구분되어 흐르도록 하기 위한 하수관로를 말한다.

④ '공공하수도'라 함은 지방자치단체가 설치 또는 관리하는 하수도를 말한다. 다만, 개인하수도는 제외한다.

⑤ '배수설비'라 함은 건물·시설 등에서 발생하는 하수를 공공하수도에 유입시키기 위하여 설치하는 배수관과 그 밖의 배수시설을 말한다.

05 하수도법령상 개인하수처리시설의 관리기준에 관한 내용의 일부분이다. (　　)에 들어갈 내용으로 옳은 것은? 제23회

> **제33조【개인하수처리시설의 관리기준】** ① … 생략 …
> 1. 다음 각 목의 구분에 따른 기간마다 그 시설로부터 배출되는 방류수의 수질을 자가 측정하거나 「환경분야 시험·검사 등에 관한 법률」 제16조에 따른 측정대행업자가 측정하게 하고, 그 결과를 기록하여 3년 동안 보관할 것
>   가. 1일 처리용량이 200세제곱미터 이상인 오수처리시설과 1일 처리대상 인원이 2천 명 이상인 정화조: (㉠)회 이상
>   나. 1일 처리용량이 50세제곱미터 이상 200세제곱미터 미만인 오수처리시설과 1일 처리대상 인원이 1천 명 이상 2천 명 미만인 정화조: (㉡)회 이상

	㉠	㉡
①	6개월마다 1	2년마다 1
②	6개월마다 1	연 1
③	연 1	연 1
④	연 1	2년마다 1
⑤	연 1	3년마다 1

06 150명이 거주하는 공동주택에서 유출수의 BOD 농도는 60ppm, BOD 제거율은 60%이다. 이때 오물정화조의 유입수 BOD 농도(ppm)는? 제21회

① 96　② 120　③ 150
④ 180　⑤ 192

2 오수정화조

07 부패탱크 방식의 정화조에서 오수의 처리순서로 옳은 것은? 제27회

> ㉠ 산화조　㉡ 소독조　㉢ 부패조

① ㉠ → ㉡ → ㉢
② ㉠ → ㉢ → ㉡
③ ㉡ → ㉢ → ㉠
④ ㉢ → ㉠ → ㉡
⑤ ㉢ → ㉡ → ㉠

정답 및 해설 p.130

1 도시가스

01 LPG와 LNG에 관한 설명으로 옳지 않은 것은? 제23회

① 일반적으로 LNG의 발열량은 LPG의 발열량보다 크다.
② LNG의 주성분은 메탄이다.
③ LNG는 무공해, 무독성 가스이다.
④ LNG는 천연가스를 −162℃까지 냉각하여 액화시킨 것이다.
⑤ LNG는 냉난방, 급탕, 취사 등 가정용으로도 사용된다.

2 가스배관설계

02 도시가스사업법령상 가스사용시설의 시설·기술·검사기준에 관한 내용으로 옳지 않은 것은? 제28회

① 정압기는 도시가스를 안전하고 원활하게 수송할 수 있도록 하기 위하여 적절한 기밀 성능을 가지도록 해야 한다.
② 정압기와 필터의 경우에는 설치 후 3년까지는 1회 이상, 그 이후에는 4년에 1회 이상 분해점검을 실시해야 한다.
③ 도시가스 중 수분의 동결로 정압기능을 저해할 우려가 있는 정압기에는 동결방지 조치를 해야 한다.
④ 정압기의 입구와 출구에는 가스차단장치를 설치해야 한다.
⑤ 도시가스의 안정공급을 위하여 정압기의 입구에는 도시가스의 압력을 측정·기록할 수 있는 장치를 설치해야 한다.

03 도시가스사업법령상 도시가스설비에 관한 내용으로 옳은 것은? 제27회

① 가스계량기와 전기개폐기 및 전기점멸기와의 거리는 30cm 이상의 거리를 유지하여야 한다.

② 지하매설배관은 최고사용압력이 저압인 배관은 황색으로, 중압 이상인 배관은 붉은색으로 도색하여야 한다.

③ 가스계량기와 화기(그 시설 안에서 사용하는 자체화기는 제외한다) 사이에 유지하여야 하는 거리는 1.5m 이상으로 하여야 한다.

④ 가스계량기와 절연조치를 하지 아니한 전선과의 거리는 10cm 이상의 거리를 유지 하여야 한다.

⑤ 가스배관은 움직이지 않도록 고정 부착하는 조치를 하되 그 호칭지름이 13mm 미만의 것에는 2m마다 고정 장치를 설치하여야 한다.

04 도시가스설비에 관한 내용으로 옳은 것은? 제25회

① 가스계량기는 절연조치를 하지 않은 전선과는 10cm 이상 거리를 유지한다.

② 가스사용시설에 설치된 압력조정기는 매 2년에 1회 이상 압력조정기의 유지·관리에 적합한 방법으로 안전점검을 실시한다.

③ 가스배관은 움직이지 않도록 고정 부착하는 조치를 하되 그 호칭지름이 13mm 미만의 것에는 2m마다 고정 장치를 설치한다.

④ 가스계량기와 화기(그 시설 안에서 사용하는 자체화기는 제외) 사이에 유지하여야 하는 거리는 2m 이상이다.

⑤ 가스계량기와 전기계량기 및 전기개폐기와의 거리는 30cm 이상 유지한다.

05 다음은 도시가스설비에서 가스계량기 설치에 관한 내용이다. (　　)에 들어갈 숫자로 옳은 것은? 제24회

> 가스계량기와 전기계량기 및 전기개폐기와의 거리는 (㉠)cm 이상, 절연조치를 하지 아니한 전선과의 거리는 (㉡)cm 이상의 거리를 유지할 것

	㉠	㉡
①	15	30
②	30	15
③	30	60
④	60	15
⑤	60	30

06 **도시가스설비에 관한 내용으로 옳지 않은 것은?** 제22회

① 가스의 공급압력은 고압, 중압, 저압으로 구분되어 있다.
② 건물에 공급하는 가스의 압력을 조정하고자 할 때는 정압기를 이용한다.
③ 가스계량기와 화기(그 시설 안에서 사용하는 자체화기는 제외)는 2m 이상 거리를 유지해야 한다.
④ 압력조정기의 안전점검은 1년에 1회 이상 실시한다.
⑤ 가스계량기와 전기개폐기와의 거리는 30cm 이상으로 유지해야 한다.

07 **도시가스설비공사에 관한 설명으로 옳은 것은?** 제21회

① 가스계량기와 화기 사이에 유지하여야 하는 거리는 1.5m 이상이어야 한다.
② 가스계량기와 전기계량기 및 전기개폐기와의 거리는 30cm 이상을 유지하여야 한다.
③ 입상관의 밸브는 바닥으로부터 1m 이상 2m 이내에 설치하여야 한다.
④ 지상배관은 부식방지 도장 후 표면 색상을 황색으로 도색하고, 최고사용압력이 저압인 지하매설배관은 황색으로 하여야 한다.
⑤ 가스계량기의 설치 높이는 바닥으로부터 1m 이상 2m 이내에 수직·수평으로 설치하여야 한다.

CHAPTER 07 소방설비

정답 및 해설 p.131

1 소방설비 개요

01 **소방시설 설치 및 관리에 관한 법령상 화재를 진압하거나 인명구조활동을 위하여 사용하는 소화활동설비에 해당하는 것은?** 제26회

① 이산화탄소소화설비
② 비상방송설비
③ 상수도소화용수설비
④ 자동식사이렌설비
⑤ 무선통신보조설비

02 스프링클러설비에 관한 내용으로 옳지 않은 것은? 제26회

① 충압펌프란 배관 내 압력손실에 따른 주펌프의 빈번한 기동을 방지하기 위하여 충압 역할을 하는 펌프를 말한다.
② 건식스프링클러헤드란 물과 오리피스가 분리되어 동파를 방지할 수 있는 스프링클러 헤드를 말한다.
③ 유수검지장치란 유수현상을 자동적으로 검지하여 신호 또는 경보를 발하는 장치를 말한다.
④ 가지배관이란 헤드가 설치되어 있는 배관을 말한다.
⑤ 체절운전이란 펌프의 성능시험을 목적으로 펌프 토출측의 개폐밸브를 개방한 상태에서 펌프를 운전하는 것을 말한다.

개정반영

03 다음은 소방시설 설치 및 관리에 관한 법령상 소방시설 등의 자체점검 시 점검인력 배치기준에 관한 내용의 일부이다. ( )에 들어갈 내용으로 옳은 것은? 제25회

> 제3호부터 제6호까지의 규정에도 불구하고 아파트등(공용시설, 부대시설 또는 복리시설은 포함하고, 아파트등이 포함된 복합건축물의 아파트등 외의 부분은 제외한다. 이하 이 표에서 같다)를 점검할 때에는 다음 각 목의 기준에 따른다.
> 가. 점검인력 1단위가 하루 동안 점검할 수 있는 아파트등의 세대수(이하 "점검한도 세대수"라 한다)는 종합점검 및 작동점검에 관계없이 (㉠)세대로 한다.
> 나. 점검인력 1단위에 보조 기술인력을 1명씩 추가할 때마다 (㉡)세대씩을 점검한도 세대수에 더한다.

	㉠	㉡
①	100	30
②	120	70
③	150	50
④	200	50
⑤	250	60

회계원리 / 시설개론 공동주택 / 민법

04 소방시설 설치 및 관리에 관한 법령에서 정하고 있는 소방시설에 관한 내용으로 옳지 않은 것은? 제22회

① 비상콘센트설비, 연소방지설비는 소화활동설비이다.
② 연결송수관설비, 상수도소화용수설비는 소화용수설비이다.
③ 옥내소화전설비, 옥외소화전설비는 소화설비이다.
④ 시각경보기, 자동화재속보설비는 경보설비이다.
⑤ 인명구조기구, 비상조명등은 피난구조설비이다.

2 소화설비

05 공동주택의 화재안전성능기준상 스프링클러설비 설치기준의 일부이다. (   )에 들어갈 내용으로 옳은 것은? 제28회

> **제7조(스프링클러설비)** 스플링클러설비는 다음 각 호의 기준에 따라 설치해야 한다.
> 1. 폐쇄형스프링클러헤드를 사용하는 아파트등은 기준개수 (㉠)개(스프링클러헤드의 설치개수가 가장 많은 세대에 설치된 스프링클러헤드의 개수가 기준개수보다 작은 경우에는 그 설치개수를 말한다)에 (㉡)세제곱미터를 곱한 양 이상의 수원이 확보되도록 할 것. 다만, 아파트등의 각 동이 주차장으로 서로 연결된 구조인 경우 해당 주차장 부분의 기준 개수는 (㉢)개로 할 것

① ㉠: 5, ㉡: 1.3, ㉢: 40
② ㉠: 7, ㉡: 1.6, ㉢: 40
③ ㉠: 9, ㉡: 1.3, ㉢: 30
④ ㉠: 10, ㉡: 1.6, ㉢: 30
⑤ ㉠: 15, ㉡: 1.0, ㉢: 40

06 옥내소화전설비의 화재안전성능기준상 배관에 관한 내용이다. ( )에 들어갈 내용으로 옳은 것은? 제27회

> 옥내소화전설비의 배관을 연결송수관설비와 겸용하는 경우 주배관은 구경 (㉠)밀리미터 이상, 방수구로 연결되는 배관의 규경은 (㉡)밀리미터 이상의 것으로 해야 한다.

① ㉠ : 60, ㉡ : 40
② ㉠ : 65, ㉡ : 40
③ ㉠ : 65, ㉡ : 45
④ ㉠ :100, ㉡ : 45
⑤ ㉠ :100, ㉡ : 65

07 공동주택의 화재안전성능기준에 관한 내용으로 옳지 않은 것은? 제27회

① 소화기는 바닥면적 100제곱미터마다 1단위 이상의 능력단위를 기준으로 설치해야 한다.
② 주거용 주방자동소화장치는 아파트등의 주방에 열원(가스 또는 전기)의 종류에 적합한 것으로 설치하고, 열원을 차단할 수 있는 차단장치를 설치해야 한다.
③ 아파트 등의 경우 실내에 설치하는 비상방송설비의 확성기 음성압력은 2와트 이상이어야 한다.
④ 세대 내 거실(취침용도로 사용될 수 있는 통상적인 방 및 거실을 말한다)에는 연기 감지기를 설치해야 한다.
⑤ 아파트등의 세대 내 스프링클러헤드를 설치하는 경우 천장·반자·천장과 반자 사이·덕트·선반 등의 각 부분으로부터 하나의 스프링클러헤드까지의 수평거리는 3.2미터 이하로 해야 한다.

08 다음은 옥내소화전설비의 화재안전기준에 관한 내용이다. (   )에 들어갈 내용으로 옳은 것은?

제25회

- 특정소방대상물의 어느 층에서도 해당 층의 옥내소화전(두 개 이상 설치된 경우에는 두 개의 옥내소화전)을 동시에 사용할 경우 각 소화전의 노즐선단에서 (㉠)메가파스칼 이상의 방수압력으로 분당 130리터 이상의 소화수를 방수할 수 있는 성능인 것으로 할 것
- 옥내소화전방수구의 호스는 구경 (㉡)밀리미터(호스릴옥내소화전설비의 경우에는 25밀리미터) 이상인 것으로서 특정소방대상물의 각 부분에 물이 유효하게 뿌려질 수 있는 길이로 설치할 것

	㉠	㉡
①	0.12	35
②	0.12	40
③	0.17	35
④	0.17	40
⑤	0.25	35

09 옥내소화전설비의 화재안전기준상 옥내소화전설비에 관한 내용으로 옳은 것을 모두 고른 것은?

제24회

㉠ 옥내소화전설비의 수원은 그 저수량이 옥내소화전의 설치개수가 가장 많은 층의 설치개수(2개 이상 설치된 경우에는 2개)에 $2.6m^3$(호스릴옥내소화전설비를 포함한다)를 곱한 양 이상이 되도록 하여야 한다.

㉡ 옥내소화전 송수구의 설치높이는 바닥으로부터 높이 1.5m에 설치하여야 한다.

㉢ 고가수조란 소화용수와 공기를 채우고 일정압력 이상으로 가압하여 그 압력으로 급수하는 수조를 말한다.

㉣ 옥내소화전함의 상부 또는 그 직근에 설치하는 가압송수장치의 기동을 표시하는 표시등은 적색등으로 한다.

① ㉡
② ㉠, ㉢
③ ㉠, ㉣
④ ㉡, ㉢, ㉣
⑤ ㉠, ㉡, ㉢, ㉣

10 **소화기구 및 자동소화장치의 화재안전기준상 용어의 정의로 옳지 않은 것은?** 제23회

① '대형소화기'란 화재 시 사람이 운반할 수 있도록 운반대와 바퀴가 설치되어 있고 능력단위가 A급 10단위 이상, B급 20단위 이상인 소화기를 말한다.

② '소형소화기'란 능력단위가 1단위 이상이고 대형소화기의 능력단위 미만인 소화기를 말한다.

③ '주거용 주방자동소화장치'란 주거용 주방에 설치된 열발생 조리기구의 사용으로 인한 화재 발생 시 열원(전기 또는 가스)을 자동으로 차단하며 소화약제를 방출하는 소화장치를 말한다

④ '유류화재(B급 화재)'란 인화성 액체, 가연성 액체, 석유 그리스, 타르, 오일, 유성도료, 솔벤트, 래커, 알코올 및 인화성 가스와 같은 유류가 타고 나서 재가 남지 않는 화재를 말한다.

⑤ '주방화재(C급 화재)'란 주방에서 동식물유를 취급하는 조리기구에서 일어나는 화재를 말한다. 주방화재에 대한 소화기의 적응 화재별 표시는 'C'로 표시한다.

3 경보설비 및 피난구조설비

11 **소방시설 중 피난구조설비에 해당하지 않는 것은?** 제25회

① 완강기

② 제연설비

③ 피난사다리

④ 구조대

⑤ 피난구유도등

12 다음은 피난기구의 화재안전기준상 피난기구에 관한 내용이다. (   )에 들어갈 내용으로 옳은 것은? 제24회

- (㉠)란 사용자의 몸무게에 따라 자동적으로 내려올 수 있는 기구 중 사용자가 교대하여 연속적으로 사용할 수 있는 것을 말한다.
- (㉡)란 포지 등을 사용하여 자루형태로 만든 것으로서 화재 시 사용자가 그 내부에 들어가서 내려옴으로써 대피할 수 있는 것을 말한다.
- (㉢)란 화재 시 2인 이상의 피난자가 동시에 해당층에서 지상 또는 피난층으로 하강하는 피난기구를 말한다.

	㉠	㉡	㉢
①	간이완강기	구조대	하향식 피난구용 내림식사다리
②	간이완강기	공기안전매트	다수인피난장비
③	완강기	구조대	다수인피난장비
④	완강기	간이완강기	하향식 피난구용 내림식사다리
⑤	승강식 피난기	간이완강기	다수인피난장비

개정반영

13 유도등 및 유도표지의 화재안전기준상 통로유도등 설치기준의 일부분이다. (   )에 들어갈 내용으로 옳은 것은? 제23회

제6조【통로유도등 설치기준】 ① 통로유도등은 특정소방대상물의 각 거실과 그로부터 지상에 이르는 복도 또는 계단의 통로에 다음 각 호의 기준에 따라 설치하여야 한다.

1. 복도통로유도등은 다음 각 목의 기준에 따라 설치할 것
   가. 복도에 설치하되 피난구유도등이 설치된 출입구의 맞은편 복도에는 입체형으로 설치하거나, 바닥에 설치할 것
   나. 구부러진 모퉁이 및 가목에 따라 설치된 통로유도등을 기점으로 (㉠)마다 설치할 것
   다. 바닥으로부터 높이 (㉡)의 위치에 설치할 것. 다만, 지하층 또는 무창층의 용도가 도매시장·소매시장·여객자동차터미널·지하역사 또는 지하상가인 경우에는 복도·통로 중앙부분의 바닥에 설치하여야 한다.

	㉠	㉡
①	직선거리 10m	1.5m 이상
②	보행거리 20m	1m 이하
③	보행거리 25m	1.5m 이상
④	직선거리 30m	1m 이상
⑤	보행거리 30m	2m 이하

14 유도등 및 유도표지의 화재안전기준상 유도등의 전원에 관한 기준이다. (   )에 들어갈 내용이 순서대로 옳은 것은?

제22회

> 비상전원은 다음 각 호의 기준에 적합하게 설치하여야 한다.
> 1. 축전지로 할 것
> 2. 유도등을 (㉠)분 이상 유효하게 작동시킬 수 있는 용량으로 할 것. 다만, 다음 각 목의 특정소방대상물의 경우에는 그 부분에서 피난층에 이르는 부분의 유도등을 (㉡)분 이상 유효하게 작동시킬 수 있는 용량으로 하여야 한다.
>   가. 지하층을 제외한 층수가 11층 이상의 층
>   나. 지하층 또는 두창층으로서 용도가 도매시장·소매시장·여객자동차터미널·지하역사 또는 지하상가

	㉠	㉡
①	10	20
②	15	30
③	15	60
④	20	30
⑤	20	60

개정반영

15 아파트의 4층 이상 10층 이하에 설치하여야 하는 피난기구로 옳지 않은 것은?

제21회

① 피난교
② 구조대
③ 완강기
④ 피난용트랩
⑤ 승강식피난기

16 화재안전기준상 누전경보기 설치에 관한 설명으로 옳지 않은 것은?

제21회

① 경계전로가 분기되지 아니한 정격전류가 60A를 초과하는 전로에 있어서는 2급 누전경보기를 설치할 것
② 누전경보기 전원은 분전반으로부터 전용회로로 하고 각 극에 개폐기 및 15A 이하의 과전류차단기를 설치할 것
③ 전원을 분기할 때는 다른 차단기에 따라 전원이 차단되지 아니하도록 할 것
④ 전원의 개폐기에는 누전경보기용임을 표기한 표지를 할 것
⑤ 수신부의 음향 장치는 수위실 등 상시 사람이 근무하는 장소에 설치하여야 하며, 그 음량 및 음색은 다른 기기의 소음 등과 명확히 구별할 수 있는 것으로 할 것

1 난방설비

01 건축물의 설비기준 등에 관한 규칙상 온수온돌에 관한 내용으로 옳지 않은 것은? (단, 한국산업규격에 따른 조립식 온수온돌판을 사용하여 온수온돌을 시공하는 경우는 제외함) 제28회

① 온수온돌은 바탕층, 단열층, 채움층, 배관층(방열관을 포함한다) 및 마감층 등으로 구성된다.
② 채움층이란 온돌구조의 높이 조정, 차음성능 향상, 보조적인 단열기능 등을 위하여 배관층과 단열층 사이에 완충재 등을 설치하는 층을 말한다.
③ 배관층이란 단열층 또는 채움층 위에 방열관을 설치하는 층을 말한다.
④ 방열관이란 열을 발산하는 온수를 순환시키기 위하여 배관층에 설치하는 온수배관을 말한다.
⑤ 바탕층이 지면에 접하는 경우에는 바탕층 아래와 주변 벽면에 높이 5센티미터 이상의 방수처리를 하여야 하며, 단열재의 윗부분에 방습처리를 하여야 한다.

02 대류난방과 비교한 복사난방에 관한 설명으로 옳은 것을 모두 고른 것은? 제27회

ㄱ 실내 상하 온도분포의 편차가 작다.
ㄴ 배관이 구조체에 매립되는 경우 열매체 누설 시 유지보수가 어렵다.
ㄷ 저온수를 이용하는 방식의 경우 일시적인 난방에 효과적이다.
ㄹ 실(室)이 개방된 상태에서도 난방 효과가 있다.

① ㄱ, ㄴ
② ㄱ, ㄷ
③ ㄴ, ㄹ
④ ㄱ, ㄴ, ㄹ
⑤ ㄱ, ㄴ, ㄷ, ㄹ

03 난방방식에 관한 설명으로 옳지 않은 것은? 제27회

① 온수난방은 증기난방에 비해 방열량을 조절하기 쉽다.
② 온수난방에서 직접환수방식은 역환수방식에 비해 각 방열기에 온수를 균등히 공급할 수 있다.
③ 증기난방은 온수난방에 비해 방열기의 방열면적을 작게 할 수 있다.
④ 온수난방은 증기난방에 비해 예열시간이 길다.
⑤ 지역난방방식에서 고온수를 열매로 할 경우에는 공동주택 단지 내의 기계실 등에서 열교환을 한다.

04 난방용 보일러에 관한 설명으로 옳은 것은? 제27회

① 상용출력은 난방부하, 급탕부하 및 축열부하의 합이다.
② 환산증발량은 100℃의 물을 102℃의 증기로 증발시키는 것을 기준으로 하여 보일러의 실제증발량을 환산한 것이다.
③ 수관보일러는 노통연관보일러에 비해 대규모 시설에 적합하다.
④ 이코노마이저(economizer)는 보일러 배기가스에서 회수한 열로 연소용 공기를 예열하는 장치이다.
⑤ 저위발열량은 연료 연소 시 발생하는 수증기의 잠열을 포함한 것이다.

05 난방설비에 관한 내용으로 옳지 않은 것은? 제26회

① 증기난방에서 기계환수식은 응축수 탱크에 모인 물을 응축수 펌프로 보일러에 공급하는 방법이다.
② 증기트랩의 기계식트랩은 플로트트랩을 포함한다.
③ 증기배관에서 건식환수배관방식은 환수주관이 보일러 수면보다 위에 위치한다.
④ 관경결정법에서 마찰저항에 의한 압력손실은 유체밀도에 비례한다.
⑤ 동일 방열량에 대하여 바닥복사난방은 대류난방보다 실의 평균온도가 높기 때문에 손실열량이 많다.

06 난방설비에 사용되는 부속기기에 관한 설명으로 옳지 않은 것은? 제26회

① 방열기 밸브는 증기 또는 온수에 사용된다.
② 공기빼기 밸브는 증기 또는 온수에 사용된다.
③ 리턴콕(return cock)은 온수의 유량을 조절하는 밸브이다.
④ 2중 서비스 밸브는 방열기 밸브와 열동트랩을 조합한 구조이다.
⑤ 버킷트랩은 증기와 응축수의 온도 및 엔탈피 차이를 이용하여 응축수를 배출하는 방식이다.

07 보일러에 관한 용어의 설명으로 옳은 것을 모두 고른 것은? 제26회

㉠ 정격출력은 난방부하, 급탕부하, 예열부하의 합이다. ㉡ 보일러 1마력은 1시간에 100℃의 물 15.65kg을 증기로 증발시킬 수 있는 능력을 말한다. ㉢ 저위발열량은 연소직전 상변화에 포함되는 증발잠열을 포함한 열량을 말한다. ㉣ 이코노마이저(economizer)는 에너지 절약을 위하여 배열에서 회수된 열을 급수 예열에 이용하는 방법을 말한다.

① ㉠, ㉡
② ㉠, ㉢
③ ㉡, ㉣
④ ㉡, ㉢, ㉣
⑤ ㉠, ㉡, ㉢, ㉣

08 난방방식에 관한 설명으로 옳지 않은 것은? 제25회

① 온수난방은 증기난방과 비교하여 예열시간이 짧아 간헐운전에 적합하다.
② 난방코일이 바닥에 매설되어 있는 바닥복사난방은 균열이나 누수 시 수리가 어렵다.
③ 증기난방은 비난방 시 배관이 비어 있어 한랭지에서도 동결에 의한 파손 우려가 적다.
④ 바닥복사난방은 온풍난방과 비교하여 천장이 높은 대공간에서도 난방효과가 좋다.
⑤ 증기난방은 온수난방과 비교하여 난방부하의 변동에 따른 방열량 조절이 어렵다.

09 지역난방 방식의 특징에 관한 내용으로 옳지 않은 것은? 제24회

① 열병합발전인 경우에 미활용 에너지를 이용할 수 있어 에너지절약 효과가 있다.
② 단지 자체에 중앙난방 보일러를 설치하는 경우와 비교하여 단지의 난방 운용 인원수를 줄일 수 있다.
③ 건물이 밀집되어 있을수록 배관매설비용이 줄어든다.
④ 단지에 중앙난방 보일러를 설치하지 않으므로 기계실 면적을 줄일 수 있다.
⑤ 건물이 플랜트로부터 멀리 떨어질수록 열매 반송 동력이 감소한다.

10 바닥복사난방 방식에 관한 설명으로 옳지 않은 것은? 제24회

① 온풍난방 방식보다 천장이 높은 대공간에서도 난방효과가 좋다.
② 배관이 구조체에 매립되는 경우 열매체의 누설 시 유지보수가 어렵다.
③ 대류난방, 온풍난방 방식보다 실의 예열시간이 길다
④ 실내의 상하 온도분포 차이가 커서 대류난방 방식보다 쾌적성이 좋지 않다.
⑤ 바닥에 방열기를 설치하지 않아도 되므로 실의 바닥면적 이용도가 높아진다.

11 바닥 복사난방에 관한 특징으로 옳지 않은 것은? 제23회

① 실내에 방열기를 설치하지 않으므로 바닥면의 이용도가 높다.
② 증기난방과 비교하여 실내층고와 관계없이 상하 온도차가 항상 크다.
③ 방을 개방한 상태에서도 난방 효과가 있다.
④ 매설배관의 이상발생 시 발견 및 수리가 어렵다.
⑤ 열손실을 막기 위해 방열면의 배면에 단열층이 필요하다.

12 난방방식에 관한 설명으로 옳지 않은 것은? 제23회

① 대류(온풍)난방은 가습장치를 설치하여 습도조절을 할 수 있다.
② 온수난방은 증기난방에 비해 예열시간이 길어서 난방감을 느끼는 데 시간이 걸려 간헐운전에 적합하지 않다.
③ 온수난방에서 방열기의 유량을 균등하게 분배하기 위하여 역환수방식을 사용한다.
④ 증기난방은 응축수의 환수관 내에서 부식이 발생하기 쉽다.
⑤ 증기난방은 온수난방보다 열매체의 온도가 높아 열매량 차이에 따른 열량조절이 쉬우므로, 부하변동에 대한 대응이 쉽다.

13 **증기난방설비의 구성요소가 아닌 것은?** 제22회

① 감압밸브 ② 응축수탱크
③ 팽창탱크 ④ 응축수펌프
⑤ 버킷트랩

14 **난방설비에 관한 내용으로 옳지 않은 것은?** 제22회

① 보일러의 정격출력은 난방부하와 급탕부하의 합이다.
② 노통연관 보일러는 증기나 고온수 공급이 가능하다.
③ 표준상태에서 증기방열기의 표준방열량은 약 756W/m^2이다.
④ 온수방열기의 표준방열량 산정 시 실내온도는 18.5℃를 기준으로 한다.
⑤ 지역난방용으로 수관식 보일러를 주로 사용한다.

15 **난방방식에 관한 설명으로 옳지 않은 것은?** 제22회

① 증기난방은 온수난방에 비해 열의 운반능력이 크다.
② 온수난방은 증기난방에 비해 방열량 조절이 용이하다.
③ 온수난방은 증기난방에 비해 예열시간이 짧다.
④ 복사난방은 바닥구조체를 방열체로 사용할 수 있다.
⑤ 복사난방은 대류난방에 비해 실내온도 분포가 균등하다.

2 냉동설비

16 다음은 압축식 냉동기의 냉동사이클을 나타낸 것이다. (㉠) ~ (㉢)에 들어갈 내용으로 옳은 것은? 제28회

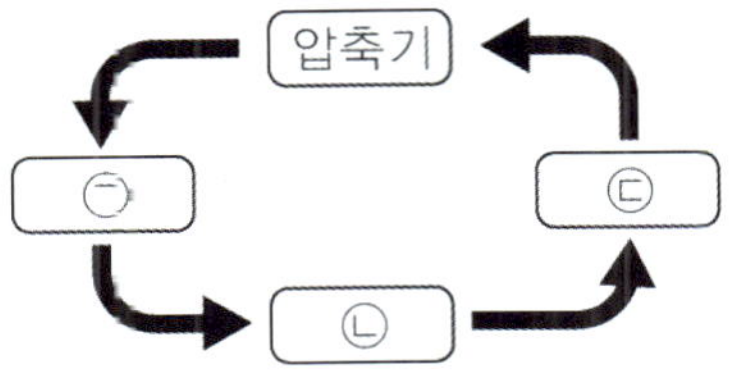

① ㉠: 응축기, ㉡: 팽창밸브, ㉢: 증발기
② ㉠: 응축기, ㉡: 증발기, ㉢: 팽창밸브
③ ㉠: 증발기, ㉡: 팽창밸브, ㉢: 응축기
④ ㉠: 증발기, ㉡: 응축기, ㉢: 팽창밸브
⑤ ㉠: 팽창밸브, ㉡: 증발기, ㉢: 응축기

CHAPTER 09 공기조화 및 환기설비

정답 및 해설 p.138

1 공기조화설비

01 실내공기질 관리법령상 100세대 이상 신축 공동주택의 실내공기질 측정항목에 해당하는 것으로 옳게 짝지어진 것은? 제28회

① 미세먼지, 벤젠
② 라돈, 자일렌
③ 에틸벤젠, 오존
④ 스티렌, 이산화질소
⑤ 폼알데하이드, 이산화탄소

02 습공기선도상에서 습공기의 성질에 관한 설명으로 옳은 것은? 제21회

① 습공기선도를 사용하면 수증기분압, 유효온도, 현열비 등을 알 수 있다.
② 상대습도 50%인 습공기의 건구온도는 습구온도보다 낮다.
③ 상대습도 100%인 습공기의 건구온도와 노점온도는 같다.
④ 건구온도의 변화 없이 절대습도만 상승시키면 습구온도는 낮아진다.
⑤ 절대습도의 변화 없이 건구온도만 상승시키면 노점온도는 낮아진다.

2 환기설비

03 **건축물의 설비기준 등에 관한 규칙상 공동주택 및 다중이용시설의 환기설비기준 등의 일부이다. (　　)에 들어갈 내용으로 옳은 것은?** 제28회

> **제11조(공동주택 및 다중이용시설의 환기설비기준 등)** ① 영 제87조 제2항의 규정에 따라 신축 또는 리모델링하는 다음 각 호의 어느 하나에 해당하는 주택 또는 건축물(이하 "신축공동주택등"이라 한다)은 시간당 (　　)회 이상의 환기가 이루어질 수 있도록 자연환기설비 또는 기계환기설비를 설치해야 한다.
> 1. 30세대 이상의 공동주택
> 2. 주택을 주택 외의 시설과 동일건축물로 건축하는 경우로서 주택이 30세대 이상인 건축물

① 0.3　② 0.5
③ 0.7　④ 1.0
⑤ 1.5

04 **다음은 건축물의 설비기준 등에 관한 규칙상 신축공동주택 등의 기계환기설비의 설치기준에 관한 내용의 일부이다. (　　)에 들어갈 내용으로 옳은 것은?** 제25회

> 외부에 면하는 공기흡입구와 배기구는 교차오염을 방지할 수 있도록 (㉠)미터 이상의 이격거리를 확보하거나, 공기흡입구와 배기구의 방향이 서로 (㉡)도 이상 되는 위치에 설치되어야 하고 화재 등 유사시 안전에 대비할 수 있는 구조와 성능이 확보되어야 한다.

	㉠	㉡
①	1.0	45
②	1.0	90
③	1.5	45
④	1.5	90
⑤	3.0	45

05 6인이 근무하는 공동주택 관리사무실에서 실내의 CO_2 허용농도는 1,000ppm, 외기의 CO_2 농도는 400ppm일 때 최소 필요 환기량(m^3/h)은? (단, 1인당 CO_2 발생량은 $0.015m^3/h$이다) 제25회

① 30
② 90
③ 150
④ 300
⑤ 400

06 150세대인 신축공동주택에 기계환기설비를 설치하고자 한다. 설치기준에 관한 설명으로 옳지 않은 것은? 제21회

① 적정 단계의 필요 환기량은 세대를 시간당 0.5회로 환기할 수 있는 풍량을 확보하여야 한다.
② 기계환기설비의 환기기준은 시간당 실내공기 교환횟수로 표시하여야 한다.
③ 기계환기설비는 주방 가스대 위의 공기배출장치, 화장실의 공기배출 송풍기 등 급속환기설비와 함께 설치할 수 있다.
④ 기계환기설비의 각 부분의 재료는 충분한 내구성 및 강도를 유지하여 작동되는 동안 구조 및 성능에 변형이 없도록 하여야 한다.
⑤ 하나의 기계환기설비로 세대 내 2 이상의 실에 바깥공기를 공급할 경우의 필요 환기량은 각 실에 필요한 환기량의 평균 이상이 되도록 하여야 한다.

1 전기설비

01 다음은 전기설비기술기준에서 규정된 전압 중 고압에 관한 내용이다. (　　)에 들어갈 내용으로 옳은 것은? 제28회

고압: 직류는 (㉠)kV를, 교류는 (㉡)kV를 초과하고, (㉢)kV 이하인 것

① ㉠: 1, ㉡: 1.5, ㉢: 5
② ㉠: 1, ㉡: 1.5, ㉢: 7
③ ㉠: 1.5, ㉡: 1, ㉢: 7
④ ㉠: 1.5, ㉡: 1.5, ㉢: 10
⑤ ㉠: 1.5, ㉡: 1.5, ㉢: 15

02 조명에 관한 내용으로 옳은 것은? 제28회

① 상시인공보조조명(PSALI)은 전반조명과 국부조명을 조합하여 조명 효율성을 높인 방식이다.
② 광원이 발광하는 빛의 색을 온도로 나타낸 것이 색온도이며, 빨간색은 파란색에 비해 색온도가 높다.
③ 광원의 연색성이 낮을수록 태양광선에 더욱 가까운 분광분포를 갖는다.
④ 조명률은 광원의 총광속을 조명 작업면에 도달하는 광속으로 나눈 것이다.
⑤ 눈부심(glare)은 높은 휘도의 광원에 의해 시각적 불쾌감 등이 유발되는 현상이다.

03 옥내 배선 설비의 명칭과 도시 기호의 연결로 옳은 것은? 제28회

① 전열기: 
② 전력량계: 

③ 분전반: 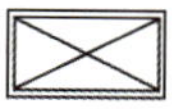
④ 축전지: 

⑤ 배선용 차단기: 

04 **조명설비에 관한 설명으로 옳은 것은?** 제27회

① 광도는 광원에서 발산하는 빛의 양을 의미하며, 단위는 루멘(lm)을 사용한다.
② 어떤 물체의 색깔이 태양광 아래에서 보이는 색과 동일한 색으로 인식될 경우, 그 광원의 연색지수를 Ra 50으로 한다.
③ 밝은 곳에서 어두운 곳으로 들어갈 때 동공이 확대되어 감광도가 높아지는 현상을 암순응이라고 한다.
④ 수은등은 메탈할라이드등보다 효율과 연색성이 좋다.
⑤ 코브조명은 천장을 비추어 현휘를 방지할 수 있는 직접조명 방식이다.

05 **수변전 설비에 관한 내용으로 옳지 않은 것은?** 제26회

① 공동주택 단위세대 전용면적이 $60m^2$ 이하인 경우, 단위세대 전기 부하용량은 3.0kW로 한다.
② 부하율이 작을수록 전기설비가 효율적으로 사용되고 있음을 나타낸다.
③ 역률개선용 콘덴서라 함은 역률을 개선하기 위하여 변압기 또는 전동기 등에 병렬로 설치하는 커패시터를 말한다.
④ 수용률이라 함은 부하설비 용량 합계에 대한 최대 수용전력의 백분율을 말한다.
⑤ 부등률은 합성 최대수요전력을 구하는 계수로 부하종별 최대수요전력이 생기는 시간차에 의한 값이다.

06 **바닥면적 $100m^2$, 천장고 2.7m인 공동주택 관리사무소의 평균조도를 480럭스(lx)로 설계하고자 한다. 이때 조명률을 0.5에서 0.6으로 개선할 경우 줄일 수 있는 조명기구의 개수는? (단, 조명기구의 개당 광속은 4,000루멘(lm), 보수율은 0.8로 한다)** 제26회

① 3개 ② 5개
③ 7개 ④ 8개
⑤ 10개

07 전기 배선 기호 중 지중매설 배선을 나타낸 것은? 제26회

□□□

①

②

③

④

⑤

08 바닥면적이 $120m^2$인 공동주택 관리사무실에서 소요조도를 400럭스(lx)로 확보하기 위한 조명기구의 최소개수는? (단, 조명기구의 개당 광속은 4,000루멘(lm), 실의 조명율 60%, 보수율은 0.8로 한다) 제25회

□□□

① 9개
② 13개
③ 16개
④ 20개
⑤ 25개

개정반영

09 옥내배선 공사에 관한 내용으로 옳지 않은 것은? 제24회

□□□

① 금속관 공사는 철근콘크리트 구조의 매립공사에 사용된다.
② 합성수지관 공사는 이중천장(반자 속 포함) 내에는 시설할 수 없다.
③ 버스덕트 공사는 공장, 빌딩 등에서 비교적 큰 전류가 통하는 간선을 시설하는 경우에 사용된다.
④ 금속몰드 공사는 매립공사용으로 적합하고, 기계실 등에서 전동기로 배선하는 경우에 사용된다.
⑤ 라이팅덕트 공사는 화랑의 벽면조명과 같이 광원을 이동시킬 필요가 있는 경우에 사용된다.

10 바닥면적이 100m²인 공동주택 관리사무소에 설치된 25개의 조명기구를 광원만 LED로 교체하여 평균조도 400럭스(lx)를 확보하고자 할 때, 조명기구의 개당 최소 광속(lm)은? (단, 조명률은 50%, 보수율은 0.8로 한다) 제24회

① 3,000 ② 3,500 ③ 4,000
④ 4,500 ⑤ 5,000

개정반영

11 옥내에 시설하는 저압용 배분전반 등의 시설 및 전기설비에 관한 내용으로 옳지 않은 것은? 제23회

① 저압 옥내간선은 손상을 받을 우려가 없는 곳에 시설한다.
② 주택용 분전반은 노출된 장소(신발장, 옷장 등의 은폐된 장소는 제외한다)에 시설한다.
③ 전력용 반도체소자의 스위칭 작용을 이용하여 교류전력을 직류전력으로 변환하는 장치를 '인버터'라고 한다.
④ '분산형전원'이란 중앙급전 전원과 구분되는 것으로서 전력소비지역 부근에 분산하여 배치 가능한 전원(상용전원의 정전 시에만 사용하는 비상용 예비전원을 제외한다)을 말하며, 신·재생에너지 발전설비, 전기저장장치 등을 포함한다.
⑤ '단순 병렬운전'이란 자가용 발전설비 또는 저압 소용량 일반용 발전설비를 배전계통에 연계하여 운전하되, 생산한 전력의 전부를 자체적으로 소비하기 위한 것으로서 생산한 전력이 연계계통으로 송전되지 않는 병렬 형태를 말한다.

개정반영

12 **최근 공동주택에 전기자동차 충전시설의 설치가 확대되고 있다. 다음은 환경친화적 자동차의 개발 및 보급 촉진에 관한 법률 시행령의 일부분이다. (　　)에 들어갈 내용으로 옳은 것은?** 제23회

> **제18조의5 【전용주차구역 및 충전시설의 설치 대상시설】** 법 제11조의2 제1항 각 호 외의 부분에서 '대통령령으로 정하는 시설'이란 다음 각 호에 해당하는 시설로서 「주차장법」에 따른 주차단위구획의 총 수(같은 법에 따른 기계식주차장의 주차단위구획의 수는 제외하며, 이하 '총주차대수'라 한다)가 50개 이상인 시설 중 환경친화적 자동차 보급현황·보급계획·운행현황 및 도로여건 등을 고려하여 특별시·광역시·특별자치시·도·특별자치도(이하 '시·도'라 한다)의 조례로 정하는 시설을 말한다.〈개정 2022. 1. 25.〉
> 1. … 생략 …
> 2. 「건축법 시행령」 제3조의5 및 별표 1 제2호에 따른 공동주택 중 다음 각 목의 시설
>   가. (　　)세대 이상의 아파트
>   나. 기숙사
> 3. 시·도지사, 시장·군수 또는 구청장이 설치한 「주차장법」 제2조 제1호에 따른 주차장

① 100　② 200　③ 300
④ 400　⑤ 500

개정반영

13 **전기설비에 관한 설명으로 옳지 않은 것은?** 제22회

① 변압기 1대의 용량산정은 건축물 내의 설치장소에 따라 건축의 장비 반입구, 반입통로, 바닥강도 등을 고려한다.
② 피뢰시스템이 접지도체에 접속된 때 접지도체의 단면적은 구리 16mm^2 이상, 철 50mm^2 이상으로 한다.
③ 공동주택의 세대당 부하용량은 단위세대의 전용면적이 85m^2 이하의 경우 3kW로 한다.
④ 전압구분상 직류의 고압기준은 1,500V 초과 7,000V 이하이다.
⑤ 전동기의 역률을 개선하기 위해 콘덴서를 설치한다.

14 다음에서 설명하고 있는 배선공사는? 제22회

> • 굴곡이 많은 장소에 적합하다.
> • 기계실 등에서 전동기로 배선하는 경우나 건물의 확장부분 등에 배선하는 경우에 적용된다.

① 합성수지몰드 공사
② 플로어덕트 공사
③ 가요전선관 공사
④ 금속몰드 공사
⑤ 버스덕트 공사

15 공동주택에서 난방설비, 급수설비 등의 제어 및 상태감시를 위해 사용되는 현장제어장치는? 제22회

① SPD
② PID
③ VAV
④ DDC
⑤ VVVF

16 공동주택 전기실에 역률개선용 콘덴서를 부하와 병렬로 설치함으로써 얻어지는 효과로 옳지 않은 것은? 제21회

① 전기요금 경감
② 전압강하 경감
③ 설비용량의 여유분 증가
④ 돌입전류 및 이상전압 억제
⑤ 배전선 및 변압기의 손실 경감

17 전기설비에 관한 설명으로 옳지 않은 것은? 제21회

① 1주기는 60Hz의 경우 1/60초이다.
② 1W는 1초 동안에 1J의 일을 하는 일률이다.
③ 30Ω의 저항 3개를 병렬로 접속하면 합성저항은 10Ω이다.
④ 고유저항이 일정할 경우 전선의 굵기와 길이를 각각 2배로 하면 저항은 2배가 된다.
⑤ 저항이 일정할 경우 임의의 폐회로에서 전압을 2배로 하면 저항에 흐르는 전류는 2배가 된다.

개정반영

18 한국전기설비 규정에 따라 큰 고장전류가 접지도체를 통하여 흐르지 않을 경우 접지도체의 최소 단면적은? 제21회

① 구리 $2mm^2$ 이상, 철 $50mm^2$ 이상
② 구리 $3mm^2$ 이상, 철 $50mm^2$ 이상
③ 구리 $4mm^2$ 이상, 철 $50mm^2$ 이상
④ 구리 $5mm^2$ 이상, 철 $50mm^2$ 이상
⑤ 구리 $6mm^2$ 이상, 철 $50mm^2$ 이상

19 전기설비, 피뢰설비 및 통신설비 등의 접지극을 하나로 하는 통합접지공사 시 낙뢰 등에 의한 과전압으로부터 전기설비를 보호하기 위해 설치하여야 하는 기계·기구는? 제21회

① 단로기(DS)
② 지락과전류보호계전기(OCGR)
③ 과전류보호계전기(OCR)
④ 서지보호장치(SPD)
⑤ 자동고장구분개폐기(ASS)

2 수송설비

20 승강기안전부품 및 승강기의 안전인증에 관한 운영규정상 승강기 안전기준 결함의 구분기준에서 승강장문 및 카문에 대한 심사항목 중 "경미한 결함"에 해당되는 것은? (단, 심사 또는 시험의 결과가 단순 조립 불량 등 즉시 개선 조치될 수 있다고 판단되는 경우는 제외함) 제28회

① 자동 작동 승강장 문의 닫힘
② 문턱, 가이드 및 문의 현수장치
③ 승강장문 및 카문 잠금 및 비상 잠금해제 확인
④ 여러 문짝이 기계적으로 연결된 개폐식 승강장문
⑤ 카문의 닫힘 확인을 입증하는 전기안전장치

21 건축물의 피난·방화구조 등의 기준에 관한 규칙상 피난용승강기의 설치기준의 일부이다. (   )에 들어갈 내용으로 옳은 것은? 제27회

> **제30조(피난용승강기의 설치기준)**
> 4. 피난용승강기 전용 예비전원
>   가. 정전시 피난용승강기, 기계실, 승강장 및 폐쇄회로 텔레비전 등의 설비를 작동할 수 있는 별도의 예비전원 설비를 설치할 것
>   나. 가목에 따른 예비전원은 초고층 건축물의 경우에는 (㉠)이상, 준초고층 건축물의 경우에는 (㉡)이상 작동이 가능한 용량일 것

① ㉠: 30분 ㉡: 1시간
② ㉠: 1시간 ㉡: 30분
③ ㉠: 2시간 ㉡: 30분
④ ㉠: 2시간 ㉡: 1시간
⑤ ㉠: 3시간 ㉡: 30분

22 엘리베이터의 안전장치 중 카 부문에 설치되는 것은? 제26회

① 전자제동 장치
② 리밋 스위치
③ 조속기
④ 비상정지 장치
⑤ 종점정지 스위치

23 승강기, 승강장 및 승강로에 관한 설명으로 옳지 않은 것은? 제25회

① 비상용승강기의 승강로 구조는 각 층으로부터 피난층까지 이르는 승강로를 단일구조로 연결하여 설치한다.
② 옥내에 설치하는 피난용승강기의 승강장 바닥면적은 승강기 1대에 $5m^2$ 이상으로 해야 한다.
③ 기어리스 구동기는 전동기의 회전력을 감속하지 않고 직접 권상도르래로 전달하는 구조이다.
④ 승강로, 기계실·기계류 공간, 풀리실의 출입문에 인접한 접근 통로는 50lx 이상의 조도를 갖는 영구적으로 설치된 전기 조명에 의해 비춰야 한다.
⑤ 완충기는 스프링 또는 유체 등을 이용하여 카, 균형추 또는 평형추의 충격을 흡수하기 위한 장치이다.

24 **엘리베이터의 안전장치에 관한 설명으로 옳은 것은?** 제23회

① 완충기는 스프링 또는 유체 등을 이용하여 카, 균형추 또는 평형추의 충격을 흡수하기 위한 장치이다.

② 파이널 리미트 스위치는 전자식으로 운전 중에는 항상 개방되어 있고, 정지 시에 전원이 차단됨과 동시에 작동하는 장치이다.

③ 과부하감지장치는 정전 시나 고장 등으로 승객이 갇혔을 때 외부와의 연락을 위한 장치이다.

④ 과속조절기는 승강기가 최상층 이상 및 최하층 이하로 운행되지 않도록 엘리베이터의 초과운행을 방지하여 주는 장치이다.

⑤ 전자·기계 브레이크는 승강기 문에 승객 또는 물건이 끼었을 때 자동으로 다시 열리게 되어 있는 장치이다.

25 **엘리베이터에 관한 설명으로 옳지 않은 것은?** 제22회

① 교류 엘리베이터는 저속도용으로 주로 사용된다.

② 파이널 리미트 스위치는 엘리베이터가 정격속도 이상일 경우 전동기에 공급되는 전기회로를 차단시키고 전자 브레이크를 작동시키는 기기이다.

③ 과부하 계전기는 전기적인 안전장치에 해당한다.

④ 기어레스식 감속기는 직류 엘리베이터에 사용된다.

⑤ 옥내에 설치하는 비상용 승강기의 승강장 바닥면적은 승강기 1대당 $6m^2$ 이상으로 해야 한다.

1 홈네트워크설비

01 지능형 홈네트워크 설치 및 기술기준에 관한 내용으로 옳지 않은 것은? 제28회

① 단지서버는 상온·상습인 곳에 설치하여야 한다.
② 홈네트워크 설비는 타 설비와 간섭이 없도록 설치하여야 하며, 유지보수가 용이하도록 설치하여야 한다.
③ 통신배관실의 출입문은 폭 0.7미터, 높이 1.8미터 이상(문틀의 내측치수)이어야 하며, 잠금장치를 설치하고, 관계자외 출입통제 표시를 부착하여야 한다.
④ 가스감지기는 LNG인 경우에는 바닥 쪽에, LPG인 경우에는 천장 쪽에 설치하여야 한다.
⑤ 전자출입시스템은 화재발생 등 비상시, 소방시스템과 연동되어 주동현관과 지하주차장의 출입문을 수동으로 여닫을 수 있게 하여야 한다.

02 지능형 홈네트워크 설비 설치 및 기술기준에서 명시하고 있는 원격검침시스템의 검침정보가 아닌 것은? 제27회

① 전력
② 가스
③ 수도
④ 난방
⑤ 출입

03 지능형 홈네트워크 설비 설치 및 기술기준으로 옳은 것은? 제26회

① 무인택배함의 설치수량은 소형주택의 경우 세대수의 약 15~20% 정도 설치할 것을 권장한다.
② 단지네트워크장비는 집중구내통신실 또는 통신배관실에 설치하여야 한다.
③ 홈네트워크 사용기기의 예비부품은 내구연한을 고려하고, 3% 이상 5년간 확보할 것을 권장한다.
④ 전자출입시스템의 접지단자는 프레임 외부에 설치하여야 한다.
⑤ 차수판 또는 차수막을 설치하지 아니한 경우, 통신배관실은 외부의 청소 등에 의한 먼지, 물 등이 들어오지 않도록 30mm 이상의 문턱을 설치하여야 한다.

04 지능형 홈네트워크 설비 설치 및 기술기준에서 정하고 있는 홈네트워크 사용기기에 해당하는 것을 모두 고른 것은? 제26회

㉠ 무인택배시스템	㉡ 홈게이트웨이
㉢ 차량출입시스템	㉣ 감지기
㉤ 세대단말기	㉥ 원격검침시스템

① ㉠, ㉡, ㉣
② ㉠, ㉡, ㉤
③ ㉠, ㉢, ㉣, ㉥
④ ㉡, ㉢, ㉤, ㉥
⑤ ㉢, ㉣, ㉤, ㉥

05 지능형 홈네트워크 설비 설치 및 기술기준에 관한 내용으로 옳은 것은? 제25회

① 가스감지기는 LNG인 경우에는 바닥 쪽에, LPG인 경우에는 천장 쪽에 설치하여야 한다.
② 차수판 또는 차수막을 설치하지 않은 통신배관실에는 최소 30mm 이상의 문턱을 설치하여야 한다.
③ 통신배관실 내의 트레이(tray) 또는 배관, 덕트 등의 설치용 개구부는 화재 시 층간 확대를 방지하도록 방화처리제를 사용하여야 한다.
④ 통신배관실의 출입문은 폭 0.6미터, 높이 1.8미터 이상이어야 한다.
⑤ 집중구내통신실은 TPS실이라고 하며, 통신용 파이프 샤프트 및 통신단자함을 설치하기 위한 공간을 말한다.

06 지능형 홈네트워크 설비 설치 및 기술기준에 관한 내용으로 옳지 않은 것은? 제24회

① 통신배관실의 출입문은 폭 0.7m, 높이 1.8m 이상(문틀의 내측치수)이어야 한다.
② 중형주택 이상의 무인택배함 설치수량은 세대수의 15~20% 정도 설치할 것을 권장한다.
③ 차수판 또는 차수막을 설치하지 않은 통신배관실에는 최소 40mm 이상의 문턱을 설치하여야 한다.
④ 단지네트워크장비는 집중구내통신실 또는 통신배관실에 설치하여야 한다.
⑤ 가스감지기는 LNG인 경우에는 천장 쪽에, LPG인 경우에는 바닥 쪽에 설치하여야 한다.

07 지능형 홈네트워크 설비 설치 및 기술기준에서 구분하고 있는 홈네트워크사용기기가 아닌 것은? 제24회

① 무인택배시스템
② 세대단말기
③ 감지기
④ 전자출입시스템
⑤ 원격검침시스템

개정반영

08 지능형 홈네트워크 설비 설치 및 기술기준에 관한 내용으로 옳지 않은 것은? 제23회

① 세대단말기는 홈네트워크장비에 포함된다.
② 원격제어기기는 전원공급, 통신 등 이상상황에 대비하여 수동으로 조작할 수 있어야 한다.
③ 홈네트워크 사용기기의 예비부품은 5% 이상 5년간 확보할 것을 권장한다.
④ 무인택배함의 설치수량은 소형주택의 경우 세대수의 약 10~15% 정도 설치할 것을 권장한다.
⑤ 집중구내통신실은 TPS라고 하며, 통신용 파이프 샤프트 및 통신단자함을 설치하기 위한 공간을 말한다.

개정반영

09 지능형 홈네트워크 설비 설치 및 기술기준상 홈네트워크를 설치하는 경우 홈네트워크 장비에 해당하지 않는 것은? 제22회

① 세대단말기
② 단지네트워크장비
③ 단지서버
④ 홈게이트웨이
⑤ 원격검침시스템

개정반영

10 **국선배선반과 초고속통신망장비 등 각종 구내통신용 설비를 설치하기 위한 공간은?** 제21회

① TPS실
② MDF실
③ 방재실
④ 단지서버실
⑤ 세대단말기

개정반영

11 **전유부분 홈네트워크 설비의 설치기준에 관한 설명으로 옳지 않은 것은?** 제21회

① 원격제어기기는 전원공급, 통신 등 이상 상황에 대비하여 수동으로 조작할 수 있어야 한다.
② 가스감지기는 사용하는 가스가 LNG인 경우에는 천장 쪽에 설치하여야 한다.
③ 원격제어기기는 주택 내부에서만 가스, 조명, 전기 및 난방, 출입 등을 원격으로 제어할 수 있는 기기로, 외부에서는 제어할 수 없다.
④ 세대단자함은 500mm × 400mm × 80mm(깊이) 크기로 설치할 것을 권장한다.
⑤ 원격검침시스템은 주택 내부 및 외부에서 전력, 가스, 난방, 온수, 수도 등의 사용량 정보를 원격으로 검침하는 시스템을 말한다.

2 건축물의 에너지절약설계기준

12 **건축물의 에너지절약설계기준상 전기설비에 관한 내용으로 옳지 않은 것은?** 제28회

① '최대수요전력'이라 함은 수용가에서 일정 기간 중 사용한 전력의 최대치를 말한다.
② '가변속제어기(인버터)'라 함은 정지형 전력변환기로서 전동기의 가변속운전을 위하여 설치하는 설비를 말한다.
③ '변압기 대수제어'라 함은 변압기를 여러 대 설치하여 부하상태에 따라 필요한 운전대수를 자동 또는 수동으로 제어하는 방식을 말한다.
④ '부하율'이라 함은 부하설비 용량 합계에 대한 최대 수용전력의 백분율을 말한다.
⑤ '일괄소등스위치'라 함은 층 또는 구역 단위(세대 단위)로 설치되어 조명등(센서등 및 비상등 제외 가능)을 일괄적으로 끌 수 있는 스위치를 말한다.

개정반영

13 **공동주택의 에너지절약을 위한 방법으로 옳지 않은 것은?** 제24회

① 지하주차장의 환기용 팬은 이산화탄소(CO_2) 농도에 의한 자동(on－off) 제어방식을 도입한다.

② 부하특성, 부하종류, 계절부하 등을 고려하여 변압기의 운전대수제어가 가능하도록 뱅크를 구성한다.

③ 급수가압펌프의 전동기에는 가변속제어방식 등 에너지절약적 제어방식을 채택한다.

④ 역률개선용 커패시터(콘덴서)를 집합 설치하는 경우에는 역률자동조절장치를 설치한다.

⑤ 옥외등은 고효율제품인 LED 조명을 사용하고, 옥외등의 조명회로는 격등 점등(또는 조도조절 기능) 및 자동점멸기에 의한 점멸이 가능하도록 한다.

에듀윌이
너를
지지할게

ENERGY

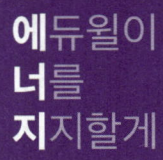

별은 바라보는 자에게 빛을 준다.

– 이영도, 『드래곤 라자』, 황금가지

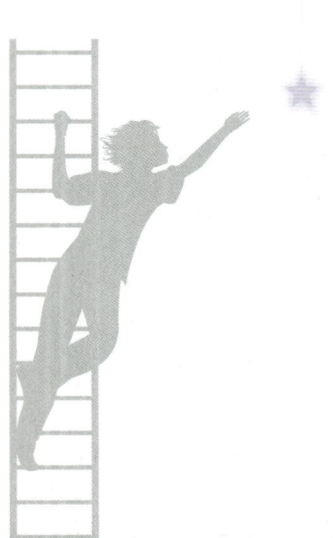

SUBJECT 3

민법

기출문제 완전정복 TIP

문제편

- 단원별로 분류한 기출문제를 풀어 보며 본인이 취약한 단원을 확인하세요.
- 한 번 회독할 때마다 문제 번호 하단에 있는 □에 체크하는 방식으로 반복 학습하세요.

해설편

- 헷갈리거나 모르는 문제는 해설을 철저히 분석하세요.
- 본인이 취약한 단원은 〈2026 에듀윌 1차 기본서 민법〉의 해당 CHAPTER를 찾아서 개념 보충학습을 하세요.

민법 시험 방식

☑ 50분 동안 총 40문제 민법 40문제 추천 풀이시간 40분

민법 시험은 단독으로 2교시(11:40~12:30)에 치러지며, 50분 동안 총 40문제를 풀어야 합니다. 50분 중 40분 정도의 시간을 할애해 풀이를 마친 뒤, 검토 및 답안카드 작성에 시간을 충분히 확보하는 전략을 추천합니다.

☑ 문제당 2.5점, 총 100점 만점

1차 시험의 문제당 배점은 2.5점으로, 객관식 5지 택일형이며 부분점수는 없습니다. 각 과목의 총점은 100점 만점이며, 과락은 40점입니다. 합격자는 모든 과목에서 40점 이상, 세 과목 평균 60점 이상을 획득해야 합니다.

☑ 총칙 60% 내외, 물·채권 40% 내외

- 민법 총칙 60% 내외
- 물권, 채권 중 총칙, 계약총칙, 매매, 임대차, 도급, 위임, 부당이득, 불법행위 40% 내외

PART 01

민법 통칙

CHAPTER 01 민법 서론

정답 및 해설 p.150

1 민법의 법원(法源)

01 **민법의 법원(法源)에 관한 설명으로 옳지 않은 것은? (다툼이 있으면 판례에 따름)**

제28회

① 헌법에 의하여 체결·공포된 조약이 민사에 관한 것이면 민법의 법원이 될 수 있다.
② 대법원이 제정한 부동산등기규칙은 민법의 법원이 될 수 있다.
③ 관습법은 당사자의 주장·증명이 없으면 법원(法院)이 직권으로 판단할 수 없다.
④ 종중 구성원의 자격을 성년 남자만으로 제한하는 종래의 관습법은 법적 효력을 상실하였다.
⑤ 민사에 관하여 법률에 규정이 없으면 관습법에 의하고 관습법이 없으면 조리에 의한다.

02 **민법상 법원(法源)에 관한 설명으로 옳지 않은 것은? (다툼이 있으면 판례에 따름)**

제27회

① 일반적으로 승인된 국제법규가 민사에 관한 것이면 민법의 법원이 될 수 있다.
② 민사에 관한 대통령의 긴급재정명령은 민법의 법원이 될 수 없다.
③ 법원(法院)은 관습법에 관한 당사자의 주장이 없어도 직권으로 이를 확정할 수 있다.
④ 법원(法院)은 관습법이 헌법에 위반되는지 여부를 판단할 수 있다.
⑤ 사실인 관습은 사적자치가 인정되는 분야에서 법률행위 해석기준이 될 수 있다.

03 관습법과 사실인 관습에 관한 설명으로 옳은 것은? (다툼이 있으면 판례에 따름)

제26회

① 물권은 관습법에 의하여 창설될 수 없다.
② 사실인 관습은 법령에 저촉되지 않는 한 법칙으로서의 효력을 갖는다.
③ 사실인 관습은 당사자의 주장·증명이 없더라도 법원이 직권으로 확정하여야 한다.
④ 관습법이 사회질서의 변화로 인하여 적용 시점의 전체 법질서에 반하게 되면 법적 규범으로서의 효력이 부정된다.
⑤ 사실인 관습은 사회생활규범이 사회의 법적 확신에 의하여 법적 규범으로 승인된 것을 말한다.

04 민법의 법원(法源)에 관한 설명으로 옳지 않은 것은? (다툼이 있으면 판례에 따름)

제25회

① 일반적으로 승인된 국제법규가 민사에 관한 것이면 민법의 법원이 될 수 있다.
② 민사에 관하여 법률에 규정이 없으면 관습법에 의하고 관습법이 없으면 조리에 의한다.
③ 사실인 관습은 사적 자치가 인정되는 분야에서 법률행위 당사자의 의사를 보충하는 기능을 한다.
④ 민사에 관한 대법원규칙은 민법의 법원이 될 수 있다.
⑤ 관습법은 당사자가 그 존재를 주장·증명해야만 법원(法院)이 이를 적용할 수 있다.

05 법원(法源)에 관한 설명으로 옳지 않은 것은? (다툼이 있으면 판례에 따름) 제24회

① 민사에 관하여 법률과 관습법이 없는 경우에는 사실인 관습에 의한다.
② 법률의 규정을 집행하기 위해 세칙을 정하는 집행명령이 민사에 관한 것이면 민법의 법원이 된다.
③ 관습법이 사회질서의 변화로 인하여 적용 시점의 전체 법질서에 반하게 된 때에는 법적 규범으로서의 효력이 부정된다.
④ 관습법은 당사자의 주장·증명이 없더라도 법원(法院)이 직권으로 이를 확정하여야 한다.
⑤ 헌법에 의해 체결·공포된 조약 중 민사에 관한 것은 민법의 법원이 된다.

06 **관습법에 관한 설명으로 옳지 않은 것은? (다툼이 있으면 판례에 따름)** 제23회

① 물권은 관습법에 의해서도 창설할 수 있다.

② 미등기 무허가건물의 양수인에게는 소유권에 준하는 관습상의 물권이 인정된다.

③ 사실인 관습은 관습법과는 달리 법령의 효력이 없는 단순한 관행으로서 법률행위 당사자의 의사를 보충함에 그친다.

④ 민사에 관하여 법률에 규정이 없으면 관습법에 의하고 관습법이 없으면 조리에 의한다.

⑤ 관습법으로 승인되었던 관행이 그러한 관습법을 적용해야 할 시점에서의 전체 법질서에 부합하지 않게 되었다면, 그 관습법은 법적 규범으로서의 효력이 부정된다.

07 **법원(法源)에 관한 설명으로 옳지 않은 것은? (다툼이 있으면 판례에 따름)** 제21회

① 민사에 관한 대통령의 긴급명령은 민법의 법원이 된다.

② 민사에 관하여 법률에 규정이 없으면 관습법에 의하고 관습법이 없으면 조리에 의한다.

③ 일반적으로 승인된 국제법규는 민사에 관한 것이더라도 민법의 법원이 될 수 없다.

④ 관습법은 당사자의 주장·증명이 없더라도 법원(法院)이 직권으로 이를 확정할 수 있다.

⑤ 관습법이 그 적용시점에서 전체 법질서에 부합하지 않게 된 경우, 그 관습법의 효력은 부정된다.

CHAPTER 02 권리와 의무

정답 및 해설 p.151

1 권리의 종류(사권의 분류)

01 **권리에 관한 설명으로 옳지 않은 것은? (다툼이 있으면 판례에 따름)** 제28회

① 점유권은 절대권이다.

② 저당권은 지배권이다.

③ 지상권자의 지상물 매수청구권은 형성권이다.

④ 매매에서의 일방예약완결권은 형성권이다.

⑤ 상속회복청구권은 형성권이다.

02 **형성권이 아닌 것은? (다툼이 있으면 판례에 따름)** 제27회

① 계약의 해제권
② 법률행위의 취소권
③ 점유자의 유익비상환청구권
④ 매매의 일방예약완결권
⑤ 토지임차인의 지상물매수청구권

03 **권리와 의무에 관한 설명으로 옳은 것은? (다툼이 있으면 판례에 따름)** 제26회

① 매매예약 완결권의 법적 성질은 청구권이다.
② 주된 권리가 시효로 소멸하면 종된 권리도 소멸한다.
③ 채권자취소권은 권리자의 의사표시만으로 그 효과가 발생한다.
④ 연기적 항변권의 행사는 상대방의 청구권을 소멸시킨다.
⑤ 임대인의 임대차계약 해지권은 행사상 일신전속권이다.

04 **권리를 분류할 때 그 연결이 옳지 않은 것은?** 제25회

① 상계권 – 청구권
② 소유권 – 지배권
③ 사원총회에서의 결의권 – 사원권
④ 계약해제권 – 형성권
⑤ 소유권이전등기청구권 – 재산권

05 **형성권에 해당하는 것을 모두 고른 것은? (다툼이 있으면 판례에 따름)** 제24회

㉠ 전세권자의 전세금반환채권	㉡ 점유자의 유익비상환청구권
㉢ 매매예약상 권리자의 일방예약완결권	㉣ 지상권자의 지상물매수청구권

① ㉠, ㉡
② ㉠, ㉣
③ ㉡, ㉢
④ ㉡, ㉣
⑤ ㉢, ㉣

06 **형성권이 아닌 것은?** 제23회

① 취소권
② 상계권
③ 채권자대위권
④ 계약의 약정해지권
⑤ 매매의 일방예약 완결권

07 **민법상 권리와 의무에 관한 설명으로 옳지 않은 것은? (다툼이 있으면 판례에 따름)** 제21회

① 임차인의 지상물매수청구권의 법적 성질은 형성권이다.
② 물권은 법률 또는 관습법에 의하는 외에는 임의로 창설하지 못한다.
③ 인격권 침해에 대하여는 예방적 구제수단으로서 금지청구권이 인정된다.
④ 주된 권리의 소멸시효가 완성한 때에는 종속된 권리에 그 효력이 미친다.
⑤ 저당권은 1필지인 토지의 일부에도 분필하지 않은 상태로 설정할 수 있다.

2 권리의 행사와 의무의 이행

08 **신의성실의 원칙(신의칙) 및 그 파생원칙에 관한 설명으로 옳지 않은 것은? (다툼이 있으면 판례에 따름)** 제28회

① 신의칙 위반은 당사자의 주장이 없더라도 법원이 직권으로 판단할 수 있다.
② 법령에 위반되어 무효임을 알면서 법률행위를 한 자가 강행법규 위반을 이유로 그 무효를 주장하는 것은 특별한 사정이 없는 한 신의칙에 반한다.
③ 인지청구권은 포기가 허용되지 않으므로 실효의 법리가 적용될 여지가 없다.
④ 아파트 분양자는 아파트단지 인근에 공동묘지가 조성되어 있는 사실을 수분양자에게 고지할 신의칙상 의무를 부담한다.
⑤ 사용자는 근로계약에 수반되는 신의칙상의 부수적 의무로서 근로자의 안전에 대한 보호의무를 부담한다.

09 신의성실의 원칙과 그 파생원칙에 관한 설명으로 옳은 것은? (다툼이 있으면 판례에 따름) 제27회

① 권리의 행사와 의무의 이행은 신의에 좇아 성실히 하여야 한다.
② 권리를 남용한 경우 그 권리는 언제나 소멸한다.
③ 신의성실의 원칙에 반하는지의 여부는 법원이 직권으로 판단할 수 없다.
④ 신의성실의 원칙은 사법관계에만 적용되고, 공법관계에는 적용될 여지가 없다.
⑤ 사정변경의 원칙에서 사정은 계약의 기초가 된 일방당사자의 주관적 사정을 의미한다.

10 신의성실의 원칙(이하 '신의칙')에 관한 설명으로 옳지 않은 것은? (다툼이 있으면 판례에 따름) 제24회

① 세무사와 의뢰인 사이에 약정된 보수액이 부당하게 과다하여 신의칙에 반하는 경우, 세무사는 상당하다고 인정되는 범위의 보수액만 청구할 수 있다.
② 계속적 보증계약의 보증인은 주채무가 확정된 이후에는 사정변경을 이유로 보증계약을 해지할 수 없다.
③ 병원은 입원계약에 따라 입원환자들의 휴대품이 도난되지 않도록 할 신의칙상 보호 의무를 진다.
④ 인지청구권은 포기할 수 없는 권리이므로 실효의 원칙이 적용되지 않는다.
⑤ 관련 법령을 위반하여 무효인 편입허가를 받은 자에 대하여 오랜 기간이 경과한 후 편입학을 취소하는 것은 신의칙 위반이다.

11 신의성실의 원칙에 관한 설명으로 옳지 않은 것을 모두 고른 것은? (다툼이 있으면 판례에 따름)

제23회

㉠ 법령에 위반되어 무효임을 알고서도 법률행위를 한 자가 강행법규 위반을 이유로 무효를 주장하는 것은 특별한 사정이 없는 한 신의칙에 반한다.
㉡ 신의성실의 원칙에 반하는 것은 강행규정에 위배되는 것이다.
㉢ 일반보증의 경우에도 채권자의 권리행사가 신의칙에 반하여 허용될 수 없는 때에는 예외적으로 보증인의 책임을 제한할 수 있다.
㉣ 아파트 분양자는 아파트단지 인근에 대규모 공동묘지가 조성되어 있는 사실을 수분양자에게 고지할 신의칙상의 의무를 부담한다.

① ㉠　② ㉢　③ ㉠, ㉡
④ ㉡, ㉢　⑤ ㉢, ㉣

12 신의성실의 원칙에 관한 설명으로 옳지 않은 것은? (다툼이 있으면 판례에 따름)

제21회

① 소멸시효에 기한 항변권 행사에도 신의칙이 적용될 수 있다.
② 계약교섭의 부당한 파기는 신의칙에 비추어 불법행위를 구성할 수 있다.
③ 신의칙에 반하는 것은 당사자의 주장이 없더라도 법원이 직권으로 판단할 수 있다.
④ 강행법규에 반하는 법률행위를 한 자가 스스로 강행법규 위반을 이유로 그 법률행위의 무효를 주장하는 것은 신의칙에 반한다.
⑤ 본인의 지위를 단독상속한 무권대리인이 상속 전에 행한 무권대리행위에 대하여 본인의 지위에서 추인을 거절하는 것은 신의칙에 반한다.

3 권리의 중첩

13 권리 상호간의 관계에 관한 설명으로 옳은 것을 모두 고른 것은? (다툼이 있으면 판례에 따름) 제25회

> ㉠ 일방 당사자의 잘못으로 인해 상대방 당사자가 계약을 취소하거나 불법행위로 인한 손해배상을 청구할 수 있는 경우, 계약 취소로 인한 부당이득반환청구권과 불법행위로 인한 손해배상청구권은 경합하여 병존한다.
> ㉡ 공무원이 공권력의 행사로 그 직무를 행함에 있어 고의 또는 과실로 위법하게 타인에게 손해를 가한 경우, 국가가 부담하는 민법상 불법행위책임과 「국가배상법」상 배상책임은 경합하여 병존한다.
> ㉢ 매매의 목적물에 물건의 하자가 있는 경우, 매도인의 하자담보책임과 채무불이행책임은 별개의 권원에 의하여 경합하여 병존할 수 있다.

① ㉡
② ㉢
③ ㉠, ㉡
④ ㉠, ㉢
⑤ ㉠, ㉡, ㉢

PART 02 권리의 주체와 객체

CHAPTER 01 자연인

정답 및 해설 p.155

1 서설

01 **권리능력에 관한 설명으로 옳은 것은?** 제28회

① 법인은 유증을 받을 수 있는 능력이 없다.
② 청산법인의 권리능력은 청산의 목적범위내로 제한되지 않는다.
③ 태아는 채무불이행으로 인한 손해배상청구권에 관하여 이미 출생한 것으로 본다.
④ 태아는 대습상속에 관하여 이미 출생한 것으로 본다.
⑤ 사람의 권리능력은 당사자의 합의에 의하여 제한될 수 있다.

02 **권리능력에 관한 설명으로 옳지 않은 것은? (다툼이 있으면 판례에 따름)** 제24회

① 자연인의 권리능력을 제한하는 약정은 무효이다.
② 반려동물은 위자료 청구권의 귀속주체가 될 수 없다.
③ 태아는 증여와 유증에 관하여 이미 출생한 것으로 본다.
④ 사산한 태아에게는 포태 시 그에게 가해진 불법행위에 대한 손해배상청구권이 인정되지 않는다.
⑤ 2인 이상이 동일한 위난으로 사망한 경우에는 동시에 사망한 것으로 추정한다.

2 자연인

03 **자연인의 행위능력에 관한 설명으로 옳지 않은 것은? (다툼이 있으면 판례에 따름)**

제28회

① 미성년자가 혼인을 한 때에는 성년자로 본다.

② 미성년자가 타인의 대리인으로서 대리행위를 하기 위해서는 법정대리인의 승낙을 얻어야 한다.

③ 가정법원은 취소할 수 없는 피성년후견인의 법률행위의 범위를 정할 수 있다.

④ 가정법원은 피한정후견인이 한정후견인의 동의를 받아야 하는 행위의 범위를 정할 수 있다.

⑤ 성년후견 개시의 청구가 있더라도, 가정법원은 필요하다면 한정후견을 개시할 수 있다.

04 **배우자 乙과 누나 丙이 있는 X부동산의 소유자 甲은 2020. 1. 1. 해외 출장을 위해 탑승한 항공기의 추락으로 생사불명이 되었다. 이에 관한 설명으로 옳은 것은? (다툼이 있으면 판례에 따름)**

제28회

① 乙은 2025. 1. 1.이 경과하지 않으면 법원에 실종선고를 청구할 수 없다.

② 乙이 실종선고를 청구하지 않을 경우, 丙은 상속에 관한 이해관계인으로서 법원에 실종선고를 청구할 수 있다.

③ 이해관계인 乙과 丙이 있으므로 검사는 법원에 실종선고를 청구할 수 없다.

④ 실종선고의 청구를 받은 가정법원은 6개월 이상 공시최고를 하여야 하며, 그 기간 내에 甲의 생사 여부에 관한 신고가 없는 때에는 실종을 선고하여야 한다.

⑤ 법원이 실종선고를 하면 甲은 2020. 1. 1.에 사망한 것으로 본다.

05 **민법상 자연인의 능력에 관한 설명으로 옳지 않은 것은? (다툼이 있으면 판례에 따름)**

제27회

① 법원은 인정사망이나 실종선고에 의하지 않고 경험칙에 의거하여 사람의 사망사실을 인정할 수 없다.

② 의사능력의 유무는 구체적인 법률행위와 관련하여 개별적으로 판단하여야 한다.

③ 의사무능력을 이유로 법률행위의 무효를 주장하는 자는 의사무능력에 대하여 증명책임을 부담한다.

④ 의사무능력을 이유로 법률행위가 무효로 된 경우, 의사무능력자는 그 행위로 인해 받은 이익이 현존하는 한도에서 상환할 책임이 있다.

⑤ 태아가 불법행위로 인해 사산한 경우, 태아는 가해자에 대하여 자신의 생명침해로 인한 손해배상을 청구할 수 없다.

06 **권리능력에 관한 설명으로 옳은 것은? (다툼이 있으면 판례에 따름)** 제26회

① 태아는 법정대리인에 의한 수증행위를 할 수 있다.

② 실종선고가 있더라도 당사자가 생존하는 한 권리능력이 상실되는 것은 아니다.

③ 인정사망 후 그에 대한 반증만으로 사망의 추정력이 상실되는 것은 아니다.

④ 출생 후 그 사실이 가족관계등록부에 기재되어야 권리능력이 인정된다.

⑤ 2인 이상이 동일한 위난으로 사망한 경우에는 동시에 사망한 것으로 간주된다.

07 **태아의 권리능력에 관한 설명으로 옳은 것은? (다툼이 있으면 판례에 따름)** 제22회

① 태아는 유류분권에 관하여 이미 출생한 것으로 본다.

② 태아인 동안에는 모(母)가 법정대리인으로서 법률행위를 할 수 있다.

③ 태아가 타인의 불법행위로 인하여 사산된 경우, 태아의 손해배상청구권은 그 법정상속인에게 상속된다.

④ 태아를 피보험자로 하는 상해보험계약은 그 효력이 인정되지 않는다.

⑤ 태아에 대한 유증이 그 방식을 갖추지 못하여 무효이더라도 증여로서의 효력은 인정된다.

08 권리능력에 관한 설명으로 옳지 않은 것은? (다툼이 있으면 판례에 따름) 제21회

① 사람은 생존하는 동안 권리와 의무의 주체가 된다.
② 민법은 일정한 사항에 대하여만 예외적으로 태아가 이미 출생한 것으로 본다.
③ 자연인의 권리능력은 출생이라는 사실에 의하여 취득하는 것이고, 출생신고에 의하여 취득하는 것은 아니다.
④ 운전자 甲의 과실에 의한 교통사고로 母가 충격되어 태아가 사산(死産)된 경우, 母는 태아의 甲에 대한 손해배상청구권을 상속받아 甲에게 행사할 수 있다.
⑤ 태아 乙의 출생 전에 甲의 불법행위로 乙의 父가 사망한 경우, 출생한 乙은 甲에 대하여 父의 사망에 따른 자신의 정신적 손해에 대한 배상을 청구할 수 있다.

09 17세의 甲은 법정대리인 乙의 동의 없이 丙으로부터 고가의 자전거를 구입하는 계약을 체결하였다. 이에 관한 설명으로 옳은 것은? 제26회

① 甲이 성년자가 되더라도 丙은 甲에게 계약의 추인 여부에 대한 확답을 촉구할 수 없다.
② 甲은 乙의 동의 없이는 자신이 미성년자임을 이유로 계약을 취소할 수 없다.
③ 乙은 甲이 미성년자인 동안에는 계약을 추인할 수 없다.
④ 丙이 계약체결 당시 甲이 미성년자임을 알았다면, 丙은 乙에게 추인 여부의 확답을 촉구할 수 없다.
⑤ 丙이 계약체결 당시 甲이 미성년자임을 몰랐다면, 丙은 추인이 있기 전에 甲에게 철회의 의사표시를 할 수 있다.

10 미성년자에 관한 설명으로 옳지 않은 것은? (다툼이 있으면 판례에 따름) 제25회

① 미성년자가 제한능력을 이유로 자신의 법률행위를 취소한 경우, 악의인 미성년자는 받은 이익에 이자를 붙여 반환해야 한다.
② 미성년자는 타인의 임의대리인이 될 수 있다.
③ 법정대리인이 범위를 정하여 처분을 허락한 재산은 미성년자가 임의로 처분할 수 있다.
④ 미성년자의 법률행위에 대한 법정대리인의 동의는 묵시적으로도 할 수 있다.
⑤ 미성년자는 법정대리인으로부터 허락을 얻은 특정한 영업에 관하여 성년자와 동일한 행위능력이 있다.

11 **미성년자가 단독으로 행한 행위 중 제한능력자의 행위임을 이유로 취소할 수 있는 것은?**

제24회

① 만 17세 5개월 된 자의 유언행위
② 대리권을 수여받고 행한 대리행위
③ 법정대리인의 허락을 얻은 특정한 영업행위
④ 시가 300만원 상당의 물품을 100만원에 매수한 행위
⑤ 미성년자가 속임수를 써서 자신을 능력자로 상대방이 오신하게 하여 이루어진 법률행위

12 **17세인 甲은 2020. 6. 10. 법정대리인 乙의 동의 및 처분허락 없이 자신의 노트북을 丙에게 50만원에 팔기로 하는 매매계약을 체결하였다. 이에 관한 설명으로 옳은 것은?**

제23회

① 甲은 성년이 되기 전에는 매매계약을 취소할 수 없다.
② 乙은 甲이 성년이 되기 전에는 매매계약을 추인할 수 없다.
③ 2020. 6. 20. 丙은 甲에게 매매계약에 대한 추인 여부의 확답을 촉구할 수 있다.
④ 丙이 매매계약 체결 당시에 甲이 미성년자임을 알았던 경우에는 乙에게 추인 여부의 확답을 촉구할 수 없다.
⑤ 丙이 매매계약 체결 당시에 甲이 미성년자임을 몰랐다면 추인이 있기 전에 丙은 甲에 대하여도 철회의 의사표시를 할 수 있다.

13 **미혼인 18세의 甲은 친권자인 모(母) 乙과 생계를 같이 하고 있으며, 이웃의 丙을 친아버지처럼 의지하며 살고 있다. 이에 관한 설명으로 옳은 것은? (다툼이 있으면 판례에 따름)**

제22회

① 丙의 甲에 대한 수권행위가 있더라도 甲이 丙의 대리인으로 행한 법률행위는 미성년임을 이유로 취소할 수 있다.
② 甲은 자신의 재산을 丙에게 준다는 유언을 할 수 없다.
③ 乙이 甲에게 특정한 영업을 허락하였다면, 乙은 그 영업에 관한 법정대리권을 상실하므로 더 이상 그 영업에 대한 허락을 취소할 수 없다.
④ 甲이 법정대리인의 동의를 요하는 법률행위를 乙의 동의 없이 하였다면, 甲은 乙의 동의 없음을 이유로 그 행위를 취소할 수 없다.
⑤ 甲이 법정대리인의 동의를 요하는 법률행위를 하면서 상대방에게 단순히 자신이 능력자라고 사언(詐言)한 경우라면, 乙의 동의 없음을 이유로 그 행위를 취소할 수 있다.

14 행위능력에 관한 설명으로 옳지 않은 것은? (다툼이 있으면 판례에 따름) 제27회

① 가정법원은 성년후견 개시의 심판을 할 때 본인의 의사를 고려하여야 한다.
② 가정법원은 성년후견 개시의 청구가 있더라도 필요하다면 한정후견을 개시할 수 있다.
③ 가정법원은 피한정후견인이 한정후견인의 동의를 받아야 하는 행위의 범위를 정할 수 있다.
④ 가정법원은 특정후견의 심판을 하는 경우에는 특정후견의 기간 또는 사무의 범위를 정하여야 한다.
⑤ 가정법원은 본인의 의사에 반하더라도 특정사무에 관한 후원의 필요가 있으면 특정후견 심판을 할 수 있다.

15 제한능력자에 관한 설명으로 옳은 것은? 제26회

① 특정후견의 심판이 있으면 피특정후견인의 행위능력이 제한된다.
② 피성년후견인이 법정대리인의 동의서를 위조하여 주택 매매계약을 체결한 경우, 성년후견인은 이를 취소할 수 있다.
③ 가정법원은 피한정후견인에 대하여 한정후견의 종료 심판 없이 성년후견개시의 심판을 할 수 있다.
④ 의사능력이 없는 자는 성년후견개시의 심판 없이도 피성년후견인이 된다.
⑤ 피한정후견인이 동의를 요하는 법률행위를 동의 없이 하였더라도 그 후 한정후견 심판이 종료되었다면 그 법률행위는 취소할 수 없다.

16 제한능력자에 관한 설명으로 옳지 않은 것은? 제25회

① 제한능력자의 단독행위에 대한 거절의 의사표시는 제한능력자에게도 할 수 있다.
② 가정법원은 취소할 수 없는 피성년후견인의 법률행위의 범위를 정할 수 있다.
③ 가정법원은 한정후견개시심판을 할 때 본인의 의사를 고려해야 한다.
④ 제한능력자와 계약을 맺은 상대방은 계약 당시에 제한능력자임을 알았을 경우에는 그 의사표시를 철회할 수 없다.
⑤ 피성년후견인이 적극적으로 속임수를 써서 자기를 능력자로 믿게 한 경우에도 그 행위를 취소할 수 있다.

17 **제한능력자 등에 관한 설명으로 옳은 것은?** 제22회

① 성년후견인은 원칙적으로 피성년후견인의 재산상 법률행위에 대한 동의권, 대리권 및 취소권이 있다.

② 피성년후견인의 법률행위는 일상생활에 필요하고 그 대가가 과도하지 않은 것이라도 성년후견인이 취소할 수 있다.

③ 한정후견인은 피한정후견인의 모든 법률행위에 대한 동의권, 대리권 및 취소권이 있다.

④ 특정후견심판으로 특정후견인이 선임되더라도 피특정후견인의 행위능력은 제한되지 않는다.

⑤ 특정후견의 심판을 하는 경우에 특정후견의 기간이나 사무범위를 정할 필요는 없다.

18 **피성년후견인에 관한 설명으로 옳은 것은?** 제21회

① 가정법원은 성년후견개시의 심판을 할 때 본인의 의사를 고려할 필요가 없다.

② 가정법원은 본인 등 일정한 자의 청구 또는 직권으로 성년후견개시의 심판을 한다.

③ 성년후견종료의 심판이 있으면 피성년후견인은 장래에 향하여 행위능력을 회복한다.

④ 피성년후견인이 속임수로써 자기를 능력자로 믿게 한 경우에도 그 행위를 취소할 수 있다.

⑤ 피성년후견인이 성년후견인의 동의를 얻어서 한 부동산 매도행위는 특별한 사정이 없는 한 취소할 수 없다.

19 **주소에 관한 설명으로 옳지 않은 것은?** 제23회

① 주소는 동시에 두 곳 이상 있을 수 없다.

② 주소를 알 수 없으면 거소를 주소로 본다.

③ 당사자는 특정한 행위에 관하여 가주소를 정할 수 있다.

④ 법인의 주소는 그 주된 사무소의 소재지에 있는 것으로 한다.

⑤ 국내에 주소가 없는 자에 대하여는 국내에 있는 거소를 주소로 본다.

20 **부재자의 재산관리에 관한 설명으로 옳지 않은 것은? (다툼이 있으면 판례에 따름)**

제27회

① 법원이 선임한 재산관리인은 법정대리인이다.
② 부재자는 성질상 자연인에 한하고 법인은 해당하지 않는다.
③ 법원이 선임한 재산관리인의 권한초과행위에 대한 법원의 허가는 사후적으로 그 행위를 추인하는 방법으로는 할 수 없다.
④ 재산관리인을 정한 부재자의 생사가 분명하지 아니한 경우, 그 재산관리인이 권한을 넘는 행위를 할 때에는 법원의 허가를 얻어야 한다.
⑤ 법원의 부재자 재산관리인 선임 결정이 취소된 경우, 그 취소의 효력은 장래에 향하여만 생긴다.

21 **부재자의 재산관리에 관한 설명으로 옳지 않은 것은? (다툼이 있으면 판례에 따름)**

제26회

① 법원은 그가 선임한 재산관리인에 대하여 부재자의 재산으로 보수를 지급할 수 있다.
② 법원이 선임한 재산관리인은 언제든지 사임할 수 있다.
③ 법원이 선임한 재산관리인이 부재자의 사망을 확인하였다면, 그 선임결정이 취소되지 않아도 재산관리인은 권한을 행사할 수 없다.
④ 재산관리인을 둔 부재자의 생사가 분명하지 않은 경우, 법원은 재산관리인의 청구에 의하여 재산관리인을 개임할 수 있다.
⑤ 법원이 선임한 재산관리인이 법원의 허가 없이 부재자 소유의 부동산을 매각한 후 법원의 허가를 얻어 소유권이전등기를 마쳤다면 그 매각행위는 추인된 것으로 본다.

22 **부재와 실종에 관한 설명으로 옳은 것은? (다툼이 있으면 판례에 따름)** 제25회

① 법원이 선임한 재산관리인은 법원의 허가 없이도 민법 제118조에서 정한 권한을 넘는 행위를 할 수 있다.
② 법원이 선임한 재산관리인에 대하여 법원은 부재자의 재산을 보존하기 위하여 필요한 처분을 명할 수 없다.
③ 부재자의 제1순위 상속인이 있는 경우에 제4순위의 상속인은 그 부재자에 대한 실종선고를 청구할 수 없다.
④ 실종선고가 확정되면 실종선고를 받은 자는 실종선고 시에 사망한 것으로 본다.
⑤ 보통실종의 실종기간은 3년이다.

23 **부재와 실종에 관한 설명으로 옳은 것은? (다툼이 있으면 판례에 따름)** 제24회

① 생존하고 있음이 분명한 자는 부재자가 될 수 없다.
② 법원이 선임한 부재자의 재산관리인은 일종의 법정대리인이므로 자유로이 사임할 수 없다.
③ 법원이 선임한 부재자의 재산관리인은 법원에 의한 별도의 허가가 없더라도 부재자의 재산에 대한 처분행위를 자유롭게 할 수 있다.
④ 실종선고를 받은 자가 종전의 주소에서 새로운 법률행위를 하기 위해서는 실종선고를 취소하여야 한다.
⑤ 잠수장비를 착용하고 바다에 입수한 후 행방불명되었다고 하여 이를 특별실종의 원인되는 사유에 해당한다고 할 수 없다.

24 **부재자에 관한 설명으로 옳지 않은 것은? (다툼이 있으면 판례에 따름)** 제23회

① 법인은 부재자에 해당하지 않는다.
② 법원이 선임한 부재자의 재산관리인은 일종의 법정대리인이다.
③ 법원에 의하여 재산관리인이 선임된 후에도 부재자는 스스로 재산관리인을 정할 수 있다.
④ 재산관리인이 법원의 처분허가를 얻어 부재자의 재산을 처분한 후 그 허가결정이 취소된 경우, 처분행위는 소급하여 효력을 잃는다.
⑤ 법원에 의하여 선임된 재산관리인이 있는 경우, 부재자 본인을 상대로 한 공시송달은 그 효력이 인정되지 않는다.

25 **부재와 실종에 관한 설명으로 옳지 않은 것은? (다툼이 있으면 판례에 따름)** 제22회

① 외국에 장기 체류하더라도 그 소재가 분명하고 소유재산을 타인을 통하여 직접 관리하고 있는 자는 민법상 부재자라고 할 수 없다.
② 부재자에게 1순위 상속인이 있는 경우에 2순위 상속인은 특별한 사정이 없는 한, 실종선고를 청구할 수 있는 이해관계인이 아니다.
③ 실종선고를 받은 자가 생존해 있더라도 실종선고가 취소되지 않는 한, 그 사망의 효과는 지속된다.
④ 부재자가 실종선고를 받은 경우에 실종자는 그 선고일까지 생존한 것으로 본다.
⑤ 부재자가 돌아올 가망이 전혀 없는 경우에도 생존해 있다는 사실이 증명되었다면 실종선고를 받을 수 없다.

26 **부재와 실종에 관한 설명으로 옳지 않은 것은? (다툼이 있으면 판례에 따름)** 제21회

① 실종선고를 받은 자는 실종기간이 만료한 때에 사망한 것으로 본다.
② 부재자의 후순위 재산상속인은 선순위 재산상속인이 있는 경우에도 실종선고를 청구할 수 있다.
③ 법원은 자신이 선임한 부재자의 재산관리인으로 하여금 재산의 관리 및 반환에 관하여 상당한 담보를 제공하게 할 수 있다.
④ 실종기간이 만료한 때와 다른 시점에 사망한 사실이 증명되면, 법원은 이해관계인 또는 검사의 청구에 의하여 실종선고를 취소하여야 한다.
⑤ 법원이 선임한 부재자의 재산관리인은 그 부재자의 사망이 확인된 후이더라도 그 선임 결정이 취소되지 않는 한 그 권한을 상실하는 것은 아니다.

CHAPTER 02 법인

정답 및 해설 p.162

1 법인의 설립

01 **민법상 법인의 설립에 관한 설명으로 옳은 것은?** 제28회

① 법인설립등기는 법인의 대항요건이다.
② 종교사업을 목적으로 하는 사단은 주무관청의 인가를 얻어 이를 법인으로 할 수 있다.
③ 이사의 대표권의 제한은 정관에 기재하지 않더라도 그 효력이 있다.
④ 영리를 목적으로 하는 재단은 상사회사설립의 조건에 좇아 이를 법인으로 할 수 있으며, 그러한 법인에는 상사회사에 관한 규정을 준용한다.
⑤ 사단법인의 설립을 위한 정관에는 자산에 관한 규정이 반드시 기재되어 있어야 한다.

02 민법상의 법인에 관한 설명으로 옳지 않은 것은? (다툼이 있으면 판례에 따름)

제28회

① 사단법인 정관의 법적 성질은 자치법규이다.
② 법인의 해산 및 청산은 법원이 검사, 감독한다.
③ 재단법인이 부동산을 기본재산으로 새로이 편입시키는 행위는 주무관청의 허가를 얻어야 유효하다.
④ 사단법인은 총 사원 4분의 3 이상의 동의가 없으면 해산을 결의하지 못하고, 이는 정관에 다른 규정이 있더라도 마찬가지이다.
⑤ 재단법인의 존립시기나 해산사유는 정관의 필요적 기재사항이 아니다.

03 민법상 비영리사단법인의 정관의 필요적 기재사항이 아닌 것은?

제27회

① 목적
② 명칭
③ 사무소의 소재지
④ 사원자격의 득실에 관한 규정
⑤ 이사회의 구성에 관한 규정

04 민법상 비영리법인에 관한 설명으로 옳지 않은 것은? (다툼이 있으면 판례에 따름)

제27회

① 법인은 법률의 규정에 의함이 아니면 성립하지 못한다.
② 감사의 임면에 관한 규정은 정관의 필요적 기재사항이므로 감사의 성명과 주소는 법인의 등기사항이다.
③ 법인과 이사의 이익이 상반하는 사항에 관하여는 그 이사는 대표권이 없다.
④ 사단법인의 사원의 지위는 정관에 별도의 정함이 있으면 상속될 수 있다.
⑤ 재단법인의 목적을 달성할 수 없는 경우, 설립자는 주무관청의 허가를 얻어 설립의 취지를 참작하여 그 목적에 관한 정관규정을 변경할 수 있다.

05 민법상 법인의 설립에 관한 설명으로 옳지 않은 것은? (다툼이 있으면 판례에 따름)

제26회

① 법인은 법률의 규정에 의하지 않으면 성립하지 못한다.
② 사단법인 설립행위는 2인 이상의 설립자가 정관을 작성하여 기명날인하여야 하는 요식행위이다.
③ 사단법인의 정관변경은 총사원 3분의 2 이상의 동의가 있으면 주무관청의 허가가 없더라도 그 효력이 생긴다.
④ 법인의 설립등기는 특별한 사정이 없는 한 주된 사무소 소재지에서 하여야 한다.
⑤ 사단법인의 사원들이 정관의 규범적인 의미 내용과 다른 해석을 사원총회의 결의라는 방법으로 표명하였다 하더라도 그 결의에 의한 해석은 그 사단법인의 사원을 구속하는 효력이 없다.

06 재단법인 정관의 필요적 기재사항이 아닌 것은?

제25회

① 목적
② 사무소의 소재지
③ 자산에 관한 규정
④ 이사의 임면에 관한 규정
⑤ 존립시기를 정하는 때에는 그 시기

07 민법상 법인에 관한 설명으로 옳은 것은? (다툼이 있으면 판례에 따름)

제24회

① 재단법인은 항상 비영리법인이다.
② 사단법인 설립행위는 법률행위이므로 특별한 방식이 요구되지 않는다.
③ 사단법인은 주무관청의 허가 없이 자유롭게 설립할 수 있다.
④ 재단법인 설립행위는 단독행위이므로 출연자라 하더라도 착오를 이유로 출연의 의사표시를 취소할 수 없다.
⑤ 법인이 목적 이외의 사업을 하더라도 주무관청은 설립허가 자체를 취소할 수 없다.

08 **민법상 법인에 관한 설명으로 옳지 않은 것은? (다툼이 있으면 판례에 따름)** 제23회

① 법인은 이사를 두어야 한다.
② 법인이 공익을 해하는 행위를 한 때에는 주무관청은 그 허가를 취소할 수 있다.
③ 재단법인의 정관에 감사의 임면방법을 정하지 않아도 그 정관은 무효가 되지 않는다.
④ 사단법인의 사원의 지위는 양도 또는 상속할 수 없다는 민법의 규정은 강행규정이 아니다.
⑤ 사단법인의 정관은 자치법규이므로 해석 당시의 사원의 다수결에 의한 방법으로 자의적으로 해석될 수 있다.

09 **민법상 재단법인에 관한 설명으로 옳지 않은 것은? (다툼이 있으면 판례에 따름)** 제22회

① 1인의 설립자에 의한 재단법인 설립행위는 상대방 없는 단독행위이다.
② 재단법인의 설립을 위해서는 반드시 재산의 출연이 있어야 한다.
③ 출연재산이 부동산인 경우 법인의 설립등기만으로도 그 재산은 제3자에 대한 관계에서 법인에게 귀속된다.
④ 재단법인의 설립을 위하여 서면에 의한 증여를 하였더라도, 착오에 기한 의사표시를 이유로 증여의 의사표시를 취소할 수 있다.
⑤ 법인 아닌 재단에게도 부동산에 관한 등기능력이 인정될 수 있다.

10 **민법상 비영리법인에 관한 설명으로 옳은 것은?** 제22회

① 법인의 설립은 법원의 허가를 요한다.
② 법인은 주무관청의 설립허가를 받음으로써 성립한다.
③ 법인의 해산 및 청산사무는 주무관청이 검사, 감독한다.
④ 사단법인의 사원의 지위는 특별한 사정이 없는 한, 양도 또는 상속할 수 없다.
⑤ 사단법인의 정관은 특별한 사정이 없는 한, 총사원 4분의 3 이상의 동의가 있는 때에 한하여 이를 변경할 수 있다.

2 법인의 능력

11 민법상 법인의 불법행위능력에 관한 설명으로 옳지 않은 것은? (다툼이 있으면 판례에 따름) 제21회

① 청산인은 법인의 대표기관이 아니므로 그 직무에 관하여는 법인의 불법행위가 성립하지 않는다.

② 법인의 대표자가 직무에 관하여 타인에게 불법행위를 한 경우, 사용자책임에 관한 민법 규정이 적용되지 않는다.

③ 법인의 대표자가 직무에 관하여 타인에게 불법행위를 한 경우, 그 법인은 불법행위로 인한 손해를 배상할 책임을 진다.

④ 비법인사단 대표자의 행위가 직무에 관한 행위에 해당하지 않음을 피해자가 중대한 과실로 알지 못한 경우에는 비법인사단에게 손해배상책임을 물을 수 없다.

⑤ 법인의 목적범위 외의 행위로 인하여 타인에게 손해를 가한 때에는 그 사항의 의결에 찬성하거나 그 의결을 집행한 사원, 이사 및 기타 대표자가 연대하여 배상해야 한다.

3 법인의 기관

12 민법상 법인의 기관에 관한 설명으로 옳지 않은 것은? 제28회

① 이사의 수와 임기에는 제한이 없으므로 정관에서 임의로 정할 수 있다.

② 이사의 성명과 주소는 등기사항이다.

③ 사단법인의 이사는 매년 1회 이상 통상총회를 소집하여야 한다.

④ 사단법인의 재산상황에 관하여 부정한 것이 있음을 발견한 경우, 이를 총회 또는 주무관청에 보고하는 일은 감사의 직무에 해당한다.

⑤ 법인과 이사의 이익이 상반하는 경우, 법원은 이해관계인의 청구에 의하여 임시이사를 선임하여야 한다.

13 **민법상 법인 등에 관한 설명으로 옳지 않은 것은? (다툼이 있으면 판례에 따름)**

제25회

① 대표권이 없는 이사는 법인의 대표기관이 아니므로 그의 행위로 인하여 법인의 불법행위가 성립하지 않는다.

② 법인의 정관에 규정된 대표권제한을 등기하지 않았더라도 그 제한으로 악의의 제3자에게 대항할 수 있다.

③ 비법인사단의 정관에 대표자의 대표권이 제한되어 있어도 그 거래 상대방이 대표권제한에 대해 선의·무과실이면 그 거래행위는 유효하다.

④ 이사는 정관 또는 사원총회의 결의로 금지하지 않은 사항에 한하여 타인으로 하여금 특정한 행위를 대리하게 할 수 있다.

⑤ 이사는 특별한 사정이 없는 한 법인의 사무에 관하여 각자 법인을 대표한다.

14 **민법상 법인의 기관에 관한 설명으로 옳지 않은 것은? (다툼이 있으면 판례에 따름)**

제24회

① 사단법인은 감사를 두지 않을 수 있다.

② 이사의 대표권에 대한 제한은 이를 정관에 기재하지 아니하면 그 효력이 없다.

③ 사원총회에서 사단법인과 어느 사원과의 관계사항을 의결하는 경우에는 그 사원은 결의권이 없다.

④ 사원총회의 소집통지에서 목적사항으로 기재하지 않은 사항에 관한 사원총회의 결의는 특별한 사정이 없는 한 무효이다.

⑤ 이사의 결원으로 인하여 손해가 발생할 염려가 있는 경우, 법원은 직권으로 임시이사를 선임할 수 있다.

15 민법상 법인의 이사에 관한 설명으로 옳은 것은? (다툼이 있으면 판례에 따름)

제23회

① 이사가 없거나 결원이 있는 경우에 이로 인하여 손해가 생길 염려 있는 때에는 법원은 특별대리인을 선임해야 한다.
② 이사가 여럿인 경우에는 정관에 다른 규정이 없으면 법인의 사무집행은 이사가 각자 결정한다.
③ 정관에 이사의 해임사유에 관한 규정이 있는 경우, 특별한 사정이 없는 한 정관에서 정하지 아니한 사유로 이사를 해임할 수 없다.
④ 법원의 직무집행정지 가처분결정으로 대표권이 정지된 대표이사가 그 정지기간 중에 체결한 계약은 후에 그 가처분신청이 취하되면 유효하게 된다.
⑤ 법인의 이사회 결의에 무효 등 하자가 있는 경우, 법률에 별도의 규정이 없으므로 이해관계인은 그 무효를 주장할 수 없다.

16 민법상 법인의 이사에 관한 설명으로 옳지 않은 것은? (다툼이 있으면 판례에 따름)

제22회

① 법원이 선임한 이사의 직무대행자는 특별한 사정이 없는 한, 법인의 통상사무만을 집행할 수 있다.
② 이사의 임면에 관한 사항은 정관의 필요적 기재사항이다.
③ 특별한 사정이 없는 한, 이사는 법인의 사무에 관하여 각자 법인을 대표한다.
④ 법인과 이사의 이익이 상반하는 사항에 관하여는 임시이사를 선임하여야 한다.
⑤ 이사의 대표권 제한이 정관에 기재되었더라도 그에 대한 등기를 마치지 않으면 법인은 그 정관규정을 알고 있는 제3자에게 대항할 수 없다.

17 **민법상 법인의 기관에 관한 설명으로 옳지 않은 것은? (다툼이 있으면 판례에 따름)**

제21회

① 법인은 이사를 두어야 한다.
② 재단법인은 감사를 둘 수 있다.
③ 법인과 이사의 이익이 상반하는 사항에 관하여 그 이사는 대표권이 없다.
④ 법인의 이사는 법인의 제반 사무처리를 타인에게 포괄적으로 위임할 수 있다.
⑤ 감사는 법인의 재산상황에 관하여 부정이 있음을 발견하면 이를 총회 또는 주무관청에 보고해야 한다.

4 법인의 정관변경

18 **민법상 법인의 정관에 관한 설명으로 옳지 않은 것은? (다툼이 있으면 판례에 따름)**

제24회

① 사단법인의 정관의 법적 성질은 계약이 아니라 자치법규이다.
② 사원자격의 득실에 관한 규정은 사단법인 정관의 필요적 기재사항이다.
③ 재단법인의 목적을 달성할 수 없다고 하여 이사가 주무관청의 허가를 얻어 정관을 변경할 수는 없다.
④ 재단법인의 기본재산에 관한 저당권 설정행위는 특별한 사정이 없는 한 정관의 변경을 필요로 하지 않으므로 주무관청의 허가를 얻을 필요가 없다.
⑤ 재단법인의 설립자가 정관에서 이사의 임면방법을 정하지 않고 사망한 때에는 이해관계인 또는 검사의 청구에 의해 법원이 이를 정한다.

5 법인의 소멸

19 **민법상 비영리법인의 해산 및 청산에 관한 설명으로 옳은 것은?** 제27회

① 재단법인은 사원이 없게 되거나 총회의 의결로도 해산한다.
② 해산한 법인의 재산은 정관으로 지정한 자에게 귀속하고, 정관에 정함이 없으면 출연자에게 귀속한다.
③ 해산한 법인은 청산의 목적범위 내에서만 권리가 있고 의무를 부담한다.
④ 청산인은 현존사무의 종결, 채권의 추심 및 채무의 변제, 잔여재산의 인도만 할 수 있다.
⑤ 청산인은 알고 있는 채권자에게 채권신고를 최고해야 하고, 최고를 받은 그 채권자가 채권신고를 하지 않으면 청산으로부터 제외하여야 한다.

20 민법상 법인의 해산 및 청산에 관한 설명으로 옳은 것은? (다툼이 있으면 판례에 따름)

제26회

① 재단법인의 목적 달성은 해산사유가 될 수 없다.
② 청산절차에 관한 규정에 반하는 잔여재산의 처분행위는 특별한 사정이 없는 한 무효이다.
③ 청산 중인 법인은 변제기에 이르지 않은 채권에 대하여 변제할 수 없다.
④ 재단법인의 해산사유는 정관의 필요적 기재사항이다.
⑤ 법인의 청산사무가 종결되지 않았더라도 법인에 대한 청산종결등기가 마쳐지면 법인은 소멸한다.

21 민법상 법인의 해산과 청산에 관한 설명으로 옳지 않은 것은? (다툼이 있으면 판례에 따름)

제25회

① 법인의 해산 및 청산은 법원이 검사, 감독한다.
② 사단법인의 사원이 없게 되면 이는 법인의 해산사유가 될 뿐 이로써 곧 법인의 권리능력이 소멸하는 것은 아니다.
③ 청산 중의 법인은 변제기에 이르지 아니한 채권에 대하여 변제할 수 있다.
④ 법인의 목적달성이 불가능한 경우, 법인은 설립허가가 취소되어야 해산할 수 있다.
⑤ 해산한 법인이 정관에 반하여 잔여재산을 처분한 경우, 그 처분행위는 특단의 사정이 없는 한 무효이다.

22 민법상 사단법인과 재단법인에 공통된 해산사유가 아닌 것은?

제24회

① 파산
② 설립허가의 취소
③ 법인의 목적달성
④ 총사원 3/4 이상의 해산결의
⑤ 정관에 기재한 존립기간의 만료

23 **민법상 법인의 해산과 청산에 관한 설명으로 옳지 않은 것은? (다툼이 있으면 판례에 따름)** 제23회

① 청산절차에 관한 규정은 강행규정이다.
② 법인의 해산 및 청산은 주무관청이 검사, 감독한다.
③ 사단법인의 청산인은 필요하다고 인정한 때에는 임시총회를 소집할 수 있다.
④ 청산 중의 법인은 변제기에 이르지 아니한 채권에 대하여도 변제할 수 있다.
⑤ 법인에 대한 청산종결등기가 마쳐졌더라도 청산사무가 종결되지 않은 범위 내에서는 청산법인으로서 존속한다.

24 **민법상 법인에 관한 설명으로 옳지 않은 것은?** 제21회

① 법원은 법인의 청산을 감독한다.
② 법원은 중요한 사유가 있는 때에 직권으로 청산인을 해임할 수 있다.
③ 정관에 다른 규정이 없는 한 사원은 서면으로 결의권을 행사할 수 없다.
④ 법인이 공익을 해하는 행위를 한 때에 주무관청은 설립허가를 취소할 수 있다.
⑤ 이사의 결원으로 인하여 손해가 생길 염려가 있는 때에는 법원은 이해관계인이나 검사의 청구에 의하여 임시이사를 선임해야 한다.

6 법인의 등기

25 **법인의 등기에 관한 설명으로 옳지 않은 것은?** 제25회

① 법인은 그 주된 사무소의 소재지에서 설립등기를 함으로써 성립한다.
② 법인설립의 허가가 있는 때에는 그 허가서가 도착한 날로부터 3주간 내에 설립등기를 해야 한다.
③ 대표권 있는 이사의 성명과 주소는 등기사항이다.
④ 청산이 종결한 때에는 감사는 3주간 내에 이를 등기하고 주무관청에 신고해야 한다.
⑤ 법인이 동일한 등기소의 관할구역 내에서 사무소를 이전한 때에는 그 이전한 것을 등기하면 된다.

7 권리능력 없는 사단과 재단

26 **비법인 사단에 관한 설명으로 옳은 것을 모두 고른 것은? (다툼이 있으면 판례에 따름)**

제28회

㉠ 비법인 사단에 대표자가 있으면 그 사단의 이름으로 민사소송의 당사자가 될 수 있다.
㉡ 비법인 사단의 대표자가 그 사단이 타인 간의 금전채무를 보증한다는 내용으로 계약을 체결하면서 사원총회의 결의를 거치지 않았더라도 특별한 사정이 없는 한 그 계약은 유효하다.
㉢ 비법인 사단의 채권자가 채권자대위권에 기하여 비법인 사단의 총유재산에 대한 권리를 대위 행사하는 경우에는 사원총회의 결의 등 비법인 사단의 내부적 의사결정 과정을 거쳐야 한다.

① ㉠ ② ㉢
③ ㉠, ㉡ ④ ㉡, ㉢
⑤ ㉠, ㉡, ㉢

27 **법인 아닌 사단 및 재단에 관한 설명으로 옳은 것을 모두 고른 것은? (다툼이 있으면 판례에 따름)**

제27회

㉠ 총유물에 관한 보존행위는 특별한 사정이 없는 한 법인 아닌 사단의 사원 각자가 할 수 있다.
㉡ 법인 아닌 재단은 법인격이 인정되지 않지만, 대표자 또는 관리인이 있는 경우에는 민사소송의 당사자가 될 수 있다.
㉢ 공동주택의 입주자대표회의는 동별 세대수에 비례하여 선출되는 동별 대표자를 구성원으로 하는 법인 아닌 사단에 해당한다.
㉣ 민법은 법인 아닌 재단의 재산 소유를 단독소유로 규정하고 있으므로, 법인 아닌 재단 자체의 명의로 부동산등기를 할 수 있다.

① ㉠, ㉡ ② ㉠, ㉣
③ ㉡, ㉢ ④ ㉠, ㉢, ㉣
⑤ ㉡, ㉢, ㉣

28 **법인 아닌 사단에 관한 설명으로 옳지 않은 것은? (다툼이 있으면 판례에 따름)**

제26회

① 법인 아닌 사단이 타인 간의 금전채무를 보증하는 행위는 총유물의 관리·처분행위에 해당한다.

② 고유한 의미의 종중의 경우에는 종중원이 종중을 임의로 탈퇴할 수 없다.

③ 법인 아닌 사단의 사원이 집합체로서 물건을 소유할 때에는 총유로 한다.

④ 구성원 개인은 특별한 사정이 없는 한 총유재산의 보존을 위한 소를 단독으로 제기할 수 없다.

⑤ 이사의 대표권 제한에 관한 민법 제60조는 법인 아닌 사단에 유추 적용될 수 없다.

29 **법인 아닌 사단에 관한 설명으로 옳지 않은 것은? (다툼이 있으면 판례에 따름)**

제23회

① 법인 아닌 사단이 소유하는 물건은 사원의 총유에 속한다.

② 법인 아닌 사단에 대하여는 사단법인에 관한 민법 규정 중 법인격을 전제로 하는 것을 제외한 규정을 유추적용한다.

③ 종중이 법인 아닌 사단이 되기 위해서는 특별한 조직행위와 이를 규율하는 성문의 규약이 있어야 한다.

④ 교회가 그 실체를 갖추어 법인 아닌 사단으로 성립한 후 교회의 대표자가 교회를 위하여 취득한 권리의무는 교회에 귀속된다.

⑤ 사단법인의 하부조직이라도 스스로 단체로서의 실체를 갖추고 독자적인 활동을 하고 있다면 사단법인과 별개의 독립된 법인 아닌 사단이 될 수 있다.

30 **법인 아닌 사단에 관한 설명으로 옳지 않은 것은? (다툼이 있으면 판례에 따름)**

제22회

① 특별한 사정이 없는 한, 구성원 개인은 총유재산의 보존을 위한 소를 단독으로 제기할 수 없다.

② 법인 아닌 사단의 채무에 대해서는 특별한 사정이 없는 한, 구성원 각자가 그 지분비율에 따라 개인재산으로 책임을 진다.

③ 구성원들의 집단적 탈퇴로 분열되기 전 사단의 재산이 분열된 각 사단의 구성원들에게 각각 총유적으로 귀속되는 형태의 분열은 허용되지 않는다.

④ 법인 아닌 사단이 그 소유토지의 매매를 중개한 중개업자에게 중개수수료를 지급하기로 한 약정은 총유물의 관리·처분행위에 해당하지 않는다.

⑤ 사원총회의 결의에 의하여 총유물에 대한 매매계약이 체결된 후, 그 채무의 존재를 승인하여 소멸시효를 중단시키는 행위는 총유물의 관리·처분행위에 해당하지 않는다.

31 **법인에 관한 다음 민법 규정 중 비법인사단에 유추적용할 수 없는 것은? (다툼이 있으면 판례에 따름)**

제21회

① 이사의 대표권에 대한 제한은 등기하지 않으면 제3자에게 대항하지 못한다.

② 사단법인의 정관은 총사원 3분의 2 이상의 동의가 있는 때에 한하여 이를 변경할 수 있다.

③ 총회의 소집은 1주간 전에 그 회의의 목적사항을 기재한 통지를 발하고 기타 정관에 정한 방법에 의하여야 한다.

④ 총회의 결의는 민법 또는 정관에 다른 규정이 없으면 사원 과반수의 출석과 출석사원의 결의권의 과반수로써 한다.

⑤ 법인이 해산한 때에는 파산의 경우를 제하고는 이사가 청산인이 된다. 그러나 정관 또는 총회의 결의로 달리 정한 바가 있으면 그에 의한다.

 정답 및 해설 p.169

1 물건

01 물건과 권리에 관한 설명으로 옳은 것은? (다툼이 있으면 판례에 따름) 제28회

① 1필의 토지 일부에 대해서는 지역권을 설정할 수 없다.
② 「입목에 관한 법률」에 의해 소유권보존등기를 한 수목의 집단이더라도 토지와 분리하여 저당권의 목적이 될 수 없다.
③ 온천에 관한 권리는 관습상의 물권에 해당한다.
④ 등기부상 1동의 건물로 등기되어 있는 것의 일부에 대하여는 구분등기를 하지 않으면 전세권을 설정할 수 없다.
⑤ 구분건물이 물리적으로 완성되기 전이라도 건축허가 신청 등을 통하여 장래 신축되는 건물을 구분건물로 하겠다는 구분의사가 객관적으로 표시되면 구분행위의 존재를 인정할 수 있다.

02 물건에 관한 설명으로 옳지 않은 것은? (다툼이 있으면 판례에 따름) 제27회

① 권리의 객체는 물건에 한정된다.
② 사람은 재산권의 객체가 될 수 없으나, 사람의 일정한 행위는 재산권의 객체가 될 수 있다.
③ 사람의 유체·유골은 매장·관리·제사·공양의 대상이 될 수 있는 유체물로서, 분묘에 안치되어 있는 선조의 유체·유골은 그 제사주재자에게 승계된다.
④ 반려동물은 민법 규정의 해석상 물건에 해당한다.
⑤ 자연력도 물건이 될 수 있으나, 배타적 지배를 할 수 있는 등 관리할 수 있어야 한다.

03 **물건에 관한 설명으로 옳지 않은 것은? (다툼이 있으면 판례에 따름)** 제26회

① 물건의 용법에 의하여 수취하는 산출물은 천연과실이다.
② 다른 물건과 구별되고 특정되어 있는 집합동산에 대하여 양도담보권을 설정할 수 있다.
③ 1필의 토지의 일부에 대하여 분필절차 없이도 독립하여 시효로 그 소유권을 취득할 수 있다.
④ 미분리 천연과실은 명인방법에 의해 소유권의 객체가 될 수 있다.
⑤ 최소한의 기둥과 지붕 그리고 주벽이 이루어지면 사회통념상 독립된 부동산으로서 건물로 인정될 수 있다.

04 **물건에 관한 설명으로 옳지 않은 것은? (다툼이 있으면 판례에 따름)** 제25회

① 전기 기타 관리할 수 있는 자연력은 동산이다.
② 특정할 수 있는 집합물 전체를 하나의 재산권으로 하는 담보권을 설정할 수 있다.
③ 건물의 개수는 공부상의 등록에 의해서만 결정된다.
④ 전세권은 1필의 토지의 일부에도 설정될 수 있다.
⑤ 토지를 구성하고 있는 토석(土石)은 특별한 경우를 제외하고는 토지와 분리하여 별도로 거래의 객체가 될 수 없다.

05 **물건을 분류할 때 연결이 옳은 것은?** 제24회

① 등유 – 소비물
② 황소 – 가분물
③ 자동차 – 집합물
④ 유명화가의 특정작품 – 대체물
⑤ 아편 – 융통물

06 **물건에 관한 설명으로 옳지 않은 것은? (다툼이 있으면 판례에 따름)** 제23회

① 부동산의 일부는 용익물권의 객체가 될 수 있다.
② 사람의 유체·유골은 매장·제사·공양의 대상이 될 수 있는 유체물이다.
③ 토지의 소유권은 정당한 이익이 있는 범위 내에서 토지의 상하에 미친다.
④ 최소한의 기둥과 지붕 그리고 주벽이 이루어지면 사회통념상 독립한 건물로 인정될 수 있다.
⑤ 건물의 신축공사를 도급받은 수급인이 사회통념상 독립한 건물이라고 볼 수 없는 정착물을 토지에 설치한 상태에서 공사가 중단된 경우, 그 정착물은 토지의 종물이 된다.

07 **물건에 관한 설명으로 옳지 않은 것은? (다툼이 있으면 판례에 따름)** 제21회

① 온천에 관한 권리도 물권이 될 수 있다.
② 물건의 사용대가로 받은 금전 기타의 물건은 법정과실이다.
③ 물건이란 유체물 및 전기 기타 관리할 수 있는 자연력을 말한다.
④ 독립된 부동산으로서 건물이라고 하기 위해서는 최소한 기둥과 지붕 그리고 주벽이 있어야 한다.
⑤ 저당권이 설정된 건물이 증축된 경우, 그 증축부분이 독립성을 갖지 못하는 이상 저당권은 그 증축부분에도 효력이 미친다.

08 **동산과 부동산에 관한 설명으로 옳은 것은? (다툼이 있으면 판례에 따름)** 제27회

① 건물은 토지와 별개의 독립한 동산이며, 이는 민법이 명문으로 규정하고 있다.
② 지하에 매장되어 있는 미채굴 광물인 금(金)에는 토지의 소유권이 미치지 않는다.
③ 토지에 식재된 「입목에 관한 법률」상의 입목은 토지와 별개의 동산이다.
④ 지하수의 일종인 온천수는 토지와 별개의 부동산이다.
⑤ 토지는 질권의 객체가 될 수 있다.

09 **주물과 종물에 관한 설명으로 옳지 않은 것은? (다툼이 있으면 판례에 따름)** 제26회

① 부동산은 종물이 될 수 있다.
② 주물을 처분하면서 특약으로 종물을 제외할 수 있다.
③ 주물에 저당권이 설정된 경우, 특별한 사정이 없는 한 저당권의 효력은 그 설정 후의 종물에도 미친다.
④ 점유에 의하여 주물을 시효취득하면 종물을 점유하지 않아도 그 효력이 종물에 미친다.
⑤ 주유소건물의 소유자가 설치한 주유기는 주유소건물의 종물이다.

10 **주물과 종물, 원물과 과실(果實)에 관한 설명으로 옳지 않은 것은? (다툼이 있으면 판례에 따름)** 제25회

① 주물의 소유자의 사용에 공여되고 있더라도 주물 자체의 효용과 관계없는 물건은 종물이 아니다.
② 저당목적 토지 위의 건물은 특별한 사정이 없는 한 그 토지의 종물이다.
③ 천연과실은 그 원물로부터 분리하는 때에 이를 수취할 권리자에게 속한다.
④ 건물을 사용함으로써 얻는 이득은 그 건물의 과실에 준하는 것으로 본다.
⑤ 법정과실은 수취할 권리의 존속기간일수의 비율로 취득한다.

11 **주물과 종물에 관한 설명으로 옳지 않은 것은? (다툼이 있으면 판례에 따름)** 제23회

① 주물 그 자체의 효용과 직접 관계가 없는 물건은 종물이 아니다.
② 원본채권이 양도되면 특별한 사정이 없는 한 이미 변제기에 도달한 이자채권도 함께 양도된다.
③ 당사자가 주물을 처분하는 경우, 특약으로 종물을 제외할 수 있고 종물만을 별도로 처분할 수도 있다.
④ 저당부동산의 상용에 이바지하는 물건이 다른 사람의 소유에 속하는 경우, 그 물건에는 원칙적으로 부동산에 대한 저당권의 효력이 미치지 않는다.
⑤ 토지임차인 소유의 건물에 대한 저당권이 실행되어 매수인이 그 소유권을 취득한 경우, 특별한 사정이 없는 한 건물의 소유를 목적으로 한 토지임차권도 건물의 소유권과 함께 매수인에게 이전된다.

12 **주물과 종물, 원물과 과실에 관한 설명으로 옳지 않은 것은? (다툼이 있으면 판례에 따름)** 제22회

① 주물과 다른 사람의 소유에 속하는 물건은 원칙적으로 종물이 될 수 없다.
② 유치권자는 금전을 유치물의 과실로 수취한 경우, 이를 피담보채권의 변제에 충당할 수 있다.
③ 종물을 주물의 처분에 따르도록 한 법리는 권리 상호간에는 적용되지 않는다.
④ 매수인이 매매대금을 모두 지급하였다면 특별한 사정이 없는 한, 그 이후의 과실수취권은 매수인에게 귀속된다.
⑤ 주물 소유자의 사용에 공여되고 있더라도 주물 그 자체의 효용과 직접 관계가 없는 물건은 종물이 아니다.

13 **주물과 종물에 관한 설명으로 옳지 않은 것은? (다툼이 있으면 판례에 따름)** 제21회

① 주물과 별도로 종물만을 처분할 수 있다.
② 종물은 주물의 구성부분이 아닌 독립한 물건이어야 한다.
③ 주물의 소유자나 이용자의 상용에 공여되고 있더라도 주물 그 자체의 효용과 직접 관계가 없는 물건은 종물이 아니다.
④ 저당권이 설정된 건물의 상용에 이바지하기 위해 타인 소유의 전화설비가 부속된 경우, 저당권 효력은 그 전화설비에도 미친다.
⑤ 건물에 대한 저당권이 실행되어 경매의 매수인이 건물소유권을 취득한 때에는 특별한 사정이 없는 한 그 건물소유를 목적으로 하는 토지의 임차권도 매수인에게 이전된다.

PART 03

권리의 변동

CHAPTER 01 권리변동 서설

정답 및 해설 p.172

1 권리변동의 모습과 원인

01 다음 중 준물권행위에 해당하는 것은? 제28회

① 채권양도
② 유실물 습득
③ 부담부증여
④ 지상권설정행위
⑤ 매매에 의한 소유권이전행위

02 권리의 원시취득에 해당하는 것을 모두 고른 것은? (다툼이 있으면 판례에 따름) 제26회

> ㉠ 유실물을 습득하여 적법하게 소유권을 취득한 경우
> ㉡ 금원을 대여하면서 채무자 소유의 건물에 저당권을 설정 받은 경우
> ㉢ 점유취득시효가 완성되어 점유자 명의로 소유권이전등기가 마쳐진 경우

① ㉠ ② ㉡
③ ㉠, ㉡ ④ ㉠, ㉢
⑤ ㉡, ㉢

03 권리의 원시취득에 해당하지 않는 것은? (다툼이 있으면 판례에 따름) 제25회

① 건물의 신축에 의한 소유권 취득
② 유실물의 습득에 의한 소유권 취득
③ 무주물의 선점에 의한 소유권 취득
④ 부동산점유취득시효에 의한 소유권 취득
⑤ 근저당권 실행을 위한 경매에 의한 소유권 취득

04 준법률행위에 해당하는 것을 모두 고른 것은? 제24회

> ㉠ 기한의 정함이 없는 채무에 대한 이행의 최고
> ㉡ 시효중단을 위한 채무의 승인
> ㉢ 채권양도의 통지
> ㉣ 무주물의 선점
> ㉤ 유실물의 습득

① ㉠, ㉡, ㉢
② ㉢, ㉣, ㉤
③ ㉠, ㉡, ㉣, ㉤
④ ㉡, ㉢, ㉣, ㉤
⑤ ㉠, ㉡, ㉢, ㉣, ㉤

05 승계취득에 해당하는 것은? 제21회

① 첨부
② 상속
③ 건물의 신축
④ 유실물의 습득
⑤ 무주물의 선점

CHAPTER 02 법률행위 일반

정답 및 해설 p.173

1 총설

01 권리변동의 원인과 그 성질이 올바르게 연결된 것을 모두 고른 것은? (다툼이 있으면 판례에 따름) 제22회

> ㉠ 지명채권의 양도 – 준물권행위
> ㉡ 해약금(민법 제565조)으로서의 계약금계약 – 요물계약
> ㉢ 무권대리행위의 추인 – 단독행위
> ㉣ 점유취득시효에 의한 소유권취득 – 승계취득

① ㉠
② ㉠, ㉡
③ ㉢, ㉣
④ ㉠, ㉡, ㉢
⑤ ㉡, ㉢, ㉣

02 상대방 없는 단독행위에 해당하는 것을 모두 고른 것은? (다툼이 있으면 판례에 따름)

제25회

> ㉠ 1인의 설립자에 의한 재단법인 설립행위
> ㉡ 공유지분의 포기
> ㉢ 법인의 이사를 사임하는 행위
> ㉣ 계약의 해지

① ㉠
② ㉠, ㉡
③ ㉢, ㉣
④ ㉠, ㉡, ㉢
⑤ ㉡, ㉢, ㉣

03 상대방 있는 단독행위에 해당하는 것을 모두 고른 것은?

제24회

> ㉠ 한정후견인의 동의
> ㉡ 사기에 의한 매매계약의 취소
> ㉢ 유언
> ㉣ 1인 설립자에 의한 재단법인 설립행위

① ㉠, ㉡
② ㉠, ㉣
③ ㉡, ㉢
④ ㉡, ㉣
⑤ ㉢, ㉣

04 묵시적 의사표시에 의해서도 그 효력이 발생하는 것을 모두 고른 것은? (다툼이 있으면 판례에 따름)

제22회

> ㉠ 임대차계약에 대한 합의해지의 의사표시
> ㉡ 법률행위에 조건을 붙이는 의사표시
> ㉢ 무효인 법률행위를 추인하는 의사표시
> ㉣ 소멸시효의 진행을 중단시키는 승인의 의사표시

① ㉠
② ㉠, ㉣
③ ㉡, ㉢
④ ㉡, ㉢, ㉣
⑤ ㉠, ㉡, ㉢, ㉣

05 **법률행위에 관한 설명으로 옳지 않은 것은?** 제21회

① 유언은 요식행위이다.
② 매매계약은 채권행위이다.
③ 임대차계약은 재산행위이다.
④ 사용대차계약은 무상행위이다.
⑤ 재단법인의 설립행위는 상대방 있는 단독행위이다.

2 법률행위의 목적

06 **법률행위의 목적 등에 관한 설명으로 옳은 것은? (다툼이 있으면 판례에 따름)** 제22회

① 법원은 당사자의 주장이 없으면 신의칙에 반하는 것인지를 직권으로 판단할 수 없다.
② 법령에서 정한 한도를 초과하는 부동산 중개수수료 약정은 그 초과한 부분뿐만 아니라 약정 전체가 무효이다.
③ 반사회적 행위에 의하여 조성된 재산을 소극적으로 은닉하기 위한 임치계약은 반사회적 행위에 해당한다.
④ 허위로 수사기관에 진술하고 대가를 받기로 하는 약정은 급부의 상당성 여부를 판단할 필요 없이 반사회적 행위로서 무효이다.
⑤ 불공정한 법률행위에서 '궁박'이라 함은 경제적 원인에 기인한 것만을 의미하고, 정신적 또는 심리적 원인에 기인한 것은 포함되지 않는다.

07 **사회질서에 반한 법률행위에 해당하는 것을 모두 고른 것은? (다툼이 있으면 판례에 따름)** 제27회

> ㉠ 양도소득세의 회피 및 투기의 목적으로 자신 앞으로 소유권이전등기를 하지 아니하고 미등기인 채로 매매계약을 체결한 경우
> ㉡ 보험계약자가 다수의 보험계약을 통하여 보험금을 부정취득할 목적으로 보험계약을 체결한 경우
> ㉢ 전통사찰의 주지직을 거액의 금품을 대가로 양도·양수하기로 하는 약정이 있음을 알고도 이를 방조한 상태에서 한 종교법인의 주지임명행위

① ㉠
② ㉡
③ ㉠, ㉢
④ ㉡, ㉢
⑤ ㉠, ㉡, ㉢

08 사회질서에 반하는 법률행위에 해당하지 않는 것은? (다툼이 있으면 판례에 따름)

제26회

① 형사사건에서 변호사가 성공보수금을 약정한 경우
② 변호사 아닌 자가 승소를 조건으로 소송의뢰인으로부터 소송물 일부를 양도받기로 약정한 경우
③ 당초부터 오로지 보험사고를 가장하여 보험금을 취득할 목적으로 생명보험계약을 체결한 경우
④ 증인이 사실을 증언하는 조건으로 그 소송의 일방 당사자로부터 통상적으로 용인될 수 있는 수준을 넘어서는 대가를 지급받기로 약정한 경우
⑤ 양도소득세의 일부를 회피할 목적으로 계약서에 실제로 거래한 가액보다 낮은 금액을 대금으로 기재하여 매매계약을 체결한 경우

09 반사회질서의 법률행위에 해당하는 것은? (다툼이 있으면 판례에 따름)

제24회

① 양도세 회피를 목적으로 한 부동산에 관한 명의신탁약정
② 강제집행을 면할 목적으로 부동산에 허위의 근저당권설정등기를 경료하는 행위
③ 전통사찰의 주지직을 거액의 금품을 대가로 양도·양수하기로 하는 약정이 있음을 알고도 이를 묵인한 상태에서 이루어진 종교법인의 양수인에 대한 주지임명행위
④ 변호사 아닌 자가 승소 조건의 대가로 소송당사자로부터 소송목적물 일부를 양도받기로 한 약정
⑤ 도박채무의 변제를 위하여 채무자가 그 소유의 부동산 처분에 관하여 도박채권자에게 대리권을 수여한 행위

10 반사회질서의 법률행위로 무효인 것은? (다툼이 있으면 판례에 따름)

제23회

① 양도소득세 회피 목적의 미등기 전매계약
② 부첩관계인 부부생활의 종료를 해제조건으로 하는 증여계약
③ 매매계약에서 매도인에게 부과될 공과금을 매수인이 책임진다는 취지의 특약
④ 강제집행을 면할 목적으로 자신의 아파트에 허위의 근저당권설정등기를 마치는 행위
⑤ 도박채무의 변제를 위하여 채무자로부터 부동산의 처분을 위임받은 도박채권자가 이를 모르는 제3자와 체결한 매매계약

11 **반사회질서의 법률행위로 무효인 것은? (다툼이 있으면 판례에 따름)** 제21회

① 부동산에 관한 명의신탁약정
② 무허가음식점의 음식물 판매행위
③ 민사사건을 수임하는 변호사의 성공보수 약정
④ 수사기관에서 허위진술을 하는 대가로 금전을 받기로 한 약정
⑤ 부동산의 강제집행을 면할 목적으로 한 허위의 근저당권설정계약

12 **반사회질서의 법률행위에 해당하지 않는 것을 모두 고른 것은? (다툼이 있으면 판례에 따름)** 제28회

> ㉠ 강제집행을 면할 목적으로 허위의 근저당권을 설정하는 행위
> ㉡ 이미 매도된 부동산임으로 알고 있는 자가 매도인의 배임행위에 적극 가담하여 매도인과 체결한 저당권설정계약
> ㉢ 산모가 우연한 사고를 인해 발생할 수 있는 태아의 상해에 대비하기 위하여 자신을 보험수익자로, 태아를 피보험자로 하여 체결한 상해보험계약

① ㉠ ② ㉡
③ ㉠, ㉢ ④ ㉡, ㉢
⑤ ㉠, ㉡, ㉢

13 **불공정한 법률행위에 관한 설명으로 옳지 않은 것을 모두 고른 것은? (다툼이 있으면 판례에 따름)** 제27회

> ㉠ 공경매에 있어서도 불공정한 법률행위에 관한 민법 제104조가 적용된다.
> ㉡ 급부와 반대급부가 현저히 균형을 잃은 법률행위는 궁박, 경솔 또는 무경험으로 인해 이루어진 것으로 추정된다.
> ㉢ 대리인이 한 법률행위에 관하여 불공정한 법률행위가 문제되는 경우에 무경험은 대리인을 기준으로 판단하여야 한다.
> ㉣ 대물변제예약의 경우, 대차의 목적물가격과 대물변제의 목적물가격이 불균형한지 여부는 원칙적으로 대물변제 예약 당시를 표준으로 결정한다.

① ㉠, ㉡ ② ㉡, ㉢
③ ㉠, ㉡, ㉣ ④ ㉠, ㉢, ㉣
⑤ ㉡, ㉢, ㉣

14 **불공정한 법률행위(민법 제104조)에 관한 설명으로 옳지 않은 것은? (다툼이 있으면 판례에 따름)**

제26회

① 무상계약에는 제104조가 적용되지 않는다.

② 대가관계를 상정할 수 있는 한 단독행위의 경우에도 제104조가 적용될 수 있다.

③ 경매절차에서 경매부동산의 매각대금이 시가에 비해 현저히 저렴한 경우에는 제104조가 적용될 수 있다.

④ 불공정한 법률행위에서 궁박, 경솔, 무경험은 법률행위 당시를 기준으로 판단하여야 한다.

⑤ 불공정한 법률행위는 추인에 의해서도 유효로 될 수 없다.

15 **불공정한 법률행위에 관한 설명으로 옳지 않은 것은? (다툼이 있으면 판례에 따름)**

제25회

① 무상증여에는 불공정한 법률행위에 관한 규정이 적용되지 않는다.

② 급부와 반대급부 사이의 '현저한 불균형' 여부의 판단은 당사자의 주관적 가치에 의해야 한다.

③ 불공정한 법률행위에 해당하여 무효인 경우에도 무효행위의 전환에 관한 민법 제138조가 적용될 수 있다.

④ 대리행위가 불공정한 법률행위에 해당하는지를 판단함에 있어서 '무경험'은 대리인을 기준으로 한다.

⑤ 불공정한 법률행위에서의 '궁박'에는 정신적·심리적 원인에 의한 것도 포함될 수 있다.

16 불공정한 법률행위에 관한 설명으로 옳은 것을 모두 고른 것은? (다툼이 있으면 판례에 따름) 제23회

> ㉠ 무상증여에는 불공정한 법률행위에 관한 규정이 적용되지 않는다.
> ㉡ 불공정한 법률행위로서 무효인 경우, 특별한 사정이 없는 한 추인에 의하여 무효인 법률행위가 유효로 될 수 없다.
> ㉢ 급부와 반대급부가 현저히 균형을 잃은 법률행위는 궁박·경솔 또는 무경험으로 인해 이루어진 것으로 추정된다.
> ㉣ 어떠한 법률행위가 불공정한 법률행위에 해당하는지는 이행기를 기준으로 판단해야 한다.

① ㉠, ㉡
② ㉠, ㉢
③ ㉡, ㉣
④ ㉠, ㉢, ㉣
⑤ ㉡, ㉢, ㉣

3 법률행위의 해석

17 '부동산 매매계약에서 쌍방 당사자가 X토지를 계약의 목적물로 삼았으나 그 목적물의 지번에 관하여 착오를 일으켜 계약을 체결함에 있어서는 계약서상 그 목적물을 X토지와 별개인 Y토지로 표시하였다고 하더라도, X토지를 매매목적물로 한다는 쌍방 당사자의 의사합치가 있은 이상, 그 매매계약은 X토지에 관하여 성립한 것으로 보아야 한다.'고 하는 법률행위의 해석 방법은? 제28회

① 예문해석
② 자연적 해석
③ 보충적 해석
④ 규범적 해석
⑤ 확장해석

18 **법률행위의 해석에 관한 설명으로 옳은 것은? (다툼이 있으면 판례에 따름)** 제24회

① 사실인 관습은 법률행위 당사자의 의사를 보충할 뿐만 아니라 법칙으로서의 효력을 갖는다.
② 유언의 경우 우선적으로 규범적 해석이 이루어져야 한다.
③ 법률행위의 성립이 인정되는 경우에만 보충적 해석이 가능하다.
④ 처분문서가 존재한다면 처분문서의 기재내용과 다른 묵시적 약정이 있는 사실이 인정되더라도 그 기재내용을 달리 인정할 수는 없다.
⑤ 계약당사자 쌍방이 X토지를 계약목적물로 삼았으나, 계약서에는 착오로 Y토지를 기재하였다면, Y토지에 관하여 계약이 성립한 것이다.

19 **甲은 자신의 X토지를 乙에게 매도하기로 약정하였다. 甲과 乙은 계약서를 작성하면서 지번을 착각하여 매매목적물을 甲 소유의 Y토지로 표시하였다. 그 후 甲은 Y토지에 관하여 위 매매계약을 원인으로 하여 乙 명의로 소유권이전등기를 마쳐주었다. 이에 관한 설명으로 옳은 것은? (다툼이 있으면 판례에 따름)** 제21회

① 甲과 乙 사이의 매매계약은 무효이다.
② Y토지에 관한 소유권이전등기는 유효하다.
③ 甲은 착오를 이유로 乙과의 매매계약을 취소할 수 있다.
④ 乙은 甲에게 X토지의 소유권이전등기를 청구할 수 있다.
⑤ 甲은 乙의 채무불이행을 이유로 Y토지에 대한 매매계약을 해제할 수 있다.

1 의사와 표시의 불일치(의사의 흠결)

01 **통정허위표시(민법 제108조)에 관한 설명으로 옳지 않은 것은? (다툼이 있으면 판례에 따름)**

제28회

① 당사자가 통정하여 증여를 매매로 가장한 경우, 당사자가 내면적으로 의욕한 증여계약은 유효하다.

② 통정허위표시로서 무효인 법률행위에 따른 법률효과를 침해하는 것처럼 보이는 채무불이행이 있어도 손해배상을 청구할 수 없다.

③ 통정허위표시에서 제3자가 악의이더라도 전득자가 선의이면 그 전득자에 대하여 통정허위표시의 무효를 주장할 수 없다.

④ 파산채무자가 상대방과 통정허위표시를 통하여 가장채권을 보유하고 있다가 파산이 선고된 경우, 파산관재인은 민법 제108조 제2항의 제3자에 해당하지 않는다.

⑤ 채무자의 법률행위가 통정허위표시로 무효인 경우에도 채권자취소권의 대상이 될 수 있다.

02 **착오에 의한 의사표시에 관한 설명으로 옳지 않은 것은? (다툼이 있으면 판례에 따름)**

제28회

① 상대방이 표의자의 착오를 알면서 이를 이용한 경우, 표의자는 자신에게 중대한 과실이 있더라도 그 의사표시를 취소할 수 있다.

② 물상보증인이 근저당권설정계약을 체결하는 경우, 채무자의 동일성에 관한 착오는 중요부분의 착오에 해당한다.

③ 매도인이 매매계약을 적법하게 해제하였더라도, 매수인은 계약해제의 효과로 발생하는 불이익을 면하기 위하여 착오를 원인으로 그 계약을 취소할 수 있다.

④ 매매계약 내용의 중요부분에 착오가 있는 경우, 중과실 없는 매수인은 매도인의 하자담보책임이 성립하는지와 상관없이 착오를 이유로 그 매매계약을 취소할 수 있다.

⑤ 동기의 착오가 법률행위의 내용의 중요부분의 착오에 해당함을 이유로 표의자가 법률행위를 취소하려면 당사자들 사이에 별도로 그 동기를 의사표시의 내용으로 삼기로 하는 합의가 있어야 한다.

03 **통정허위표시에 기초하여 새로운 법률상 이해관계를 맺은 제3자에 해당하는 경우를 모두 고른 것은? (다툼이 있으면 판례에 따름)** 제27회

> ㉠ 가장소비대차에서 대주의 계약상 지위를 이전받은 자
> ㉡ 가장채권을 보유하고 있는 자가 파산선고를 받은 경우의 파산관재인
> ㉢ 가장전세권설정계약에 의하여 형성된 법률관계로 생긴 전세금반환채권을 가압류한 채권자

① ㉠
② ㉡
③ ㉠, ㉢
④ ㉡, ㉢
⑤ ㉠, ㉡, ㉢

04 **甲은 乙 소유의 X토지에 관하여 乙과 매매계약을 체결하였다. 이에 관한 설명으로 옳은 것은? (다툼이 있으면 판례에 따름)** 제27회

① 甲이 乙에 의하여 유발된 동기의 착오로 매매계약을 체결한 경우, 甲은 체결 당시 그 동기를 표시한 경우에 한하여 그 계약을 취소할 수 있다.
② 甲이 착오를 이유로 매매계약을 취소하려는 경우, 乙이 이를 저지하려면 甲의 중대한 과실을 증명하여야 한다.
③ X의 시가에 대한 甲의 착오는 특별한 사정이 없는 한, 법률행위의 중요부분에 대한 착오에 해당한다.
④ 乙이 甲의 중도금 지급채무 불이행을 이유로 매매계약을 적법하게 해제한 경우, 甲은 그 계약내용에 착오가 있었더라도 이를 이유로 취소권을 행사할 여지가 없다.
⑤ 법률행위 내용의 중요부분의 착오가 되기 위해서는 특별한 사정이 없는 한 착오에 빠진 甲이 그로 인하여 경제적 불이익을 입어야 하는 것은 아니다.

05 **통정허위표시에 기초하여 새로운 법률상 이해관계를 맺은 '제3자'에 해당하지 않는 것은? (다툼이 있으면 판례에 따름)**

제26회

① 채권의 가장양수인으로부터 추심을 위하여 채권을 양수한 자
② 가장의 근저당설정계약이 유효하다고 믿고 그 피담보채권을 가압류한 자
③ 허위표시인 전세권설정계약에 기하여 등기까지 마친 전세권에 관하여 저당권을 취득한 자
④ 가장매매의 매수인으로부터 매매예약에 기하여 소유권이전청구권 보전을 위한 가등기권을 취득한 자
⑤ 임대차보증금 반환채권을 가장 양수한 자의 채권자가 그 채권에 대하여 압류 및 추심명령을 받은 경우, 그 채권자

06 **착오에 의한 의사표시에 관한 설명으로 옳지 않은 것은? (다툼이 있으면 판례에 따름)**

제26회

① 매도인이 매매계약을 적법하게 해제한 경우, 매수인은 착오를 이유로 그 계약을 취소할 수 없다.
② 착오로 인하여 표의자가 경제적인 불이익을 입은 것이 아니라면 이를 법률행위 내용의 중요부분의 착오라고 할 수 없다.
③ 상대방이 표의자의 착오를 알면서 이를 이용한 경우, 표의자는 자신에게 중대한 과실이 있더라도 그 의사표시를 취소할 수 있다.
④ 출연재산이 재단법인의 기본재산인지 여부는 착오에 의한 출연행위의 취소에 영향을 주지 않는다.
⑤ 표의자에게 중대한 과실이 있는지 여부에 관한 증명책임은 그 의사표시를 취소하게 하지 않으려는 상대방에게 있다.

07 진의 아닌 의사표시에 관한 설명으로 옳은 것을 모두 고른 것은? (다툼이 있으면 판례에 따름)

제25회

㉠ 진의는 표의자가 진정으로 마음속에서 바라는 사항을 말한다.
㉡ 진의와 표시가 일치하지 않음을 표의자가 과실로 알지 못하고 한 의사표시는 진의 아닌 의사표시에 해당하지 않는다.
㉢ 어떠한 의사표시가 진의 아닌 의사표시로서 무효라고 주장하는 경우에 그 증명책임은 그 주장자에게 있다.

① ㉠
② ㉡
③ ㉠, ㉢
④ ㉡, ㉢
⑤ ㉠, ㉡, ㉢

08 착오에 의한 의사표시에 관한 설명으로 옳지 않은 것은? (다툼이 있으면 판례에 따름)

제25회

① 매도인이 매수인의 채무불이행을 이유로 매매계약을 적법하게 해제한 후에도 매수인은 착오를 이유로 그 매매계약을 취소할 수 있다.
② 물건의 하자로 매도인의 하자담보책임이 성립하는 경우, 매수인은 매매계약 내용의 중요부분에 착오가 있더라도 그 계약을 취소할 수 없다.
③ 부동산 매매계약에서 시가에 관한 착오는 원칙적으로 법률행위의 중요부분에 관한 착오가 아니다.
④ 상대방이 표의자의 착오를 알고 이용한 경우에는 착오가 표의자의 중대한 과실로 인한 것이라도 표의자는 그 의사표시를 취소할 수 있다.
⑤ 계약당사자의 합의로 착오로 인한 의사표시 취소에 관한 민법 제109조 제1항의 적용을 배제할 수 있다.

09 **의사표시에 관한 설명으로 옳지 않은 것은? (다툼이 있으면 판례에 따름)** 제24회

① 허위표시에 의한 가장행위라 하더라도 사해행위의 요건을 갖춘 경우, 채권자취소권의 대상이 된다.

② 허위표시의 당사자는 선의의 제3자에게 과실이 있다면 의사표시의 무효를 그 제3자에게 주장할 수 있다.

③ 비진의 의사표시의 무효를 주장하는 자가 상대방의 악의 또는 과실에 대한 증명책임을 진다.

④ 사기에 의한 의사표시에서 상대방에 대한 고지의무가 없다면 침묵과 같은 부작위는 기망행위가 아니다.

⑤ 동기가 표시되지 않았더라도 상대방에 의하여 유발된 동기의 착오는 취소할 수 있다.

10 **甲은 乙 소유의 X토지를 매수하기로 乙과 합의하였다. 그 후 甲이 착오를 이유로 그 매매계약을 취소하고자 한다. 이에 관한 설명으로 옳은 것은? (다툼이 있으면 판례에 따름)** 제24회

① 착오로 인한 의사표시의 취소에 관한 민법 제109조 제1항은 강행규정이므로 그 적용을 배제하는 甲과 乙의 약정은 무효이다.

② X토지의 시가에 대한 착오는 특별한 사정이 없는 한 법률행위의 중요부분에 대한 착오에 해당한다.

③ 甲은 자신에게 착오가 있었다는 사실뿐만 아니라 착오가 의사표시에 결정적인 영향을 미쳤다는 점도 증명해야 한다.

④ 甲은 자신에게 중과실뿐만 아니라 경과실도 없음을 증명해야 한다.

⑤ 착오로 인한 甲의 불이익이 사후에 사정변경으로 소멸되었더라도 甲은 착오를 이유로 매매계약을 취소할 수 있다.

11 甲은 乙의 부동산을 매수하였는데 계약 내용의 중요부분에 착오가 있어 이를 이유로 매매계약을 취소하고자 한다. 이에 관한 설명으로 옳은 것은? (다툼이 있으면 판례에 따름)

제23회

① 하자담보책임과 착오의 요건을 갖춘 경우, 甲은 하자담보책임을 물을 수 있을 뿐 착오를 이유로 매매계약을 취소할 수는 없다.
② 甲의 매매계약 취소가 인정되기 위해서는 甲은 자신에게 중대한 과실이 없었음을 주장·증명해야 한다.
③ 乙이 甲의 채무불이행을 이유로 매매계약을 적법하게 해제한 경우, 甲은 자신에게 중대한 과실이 없어도 취소권을 행사할 수 없다.
④ 경과실로 인해 착오에 빠진 甲이 매매계약을 취소한 경우, 乙은 甲에게 불법행위 책임을 물을 수 있다.
⑤ 甲은 계약 내용에 착오가 있었다는 사실과 함께 만일 그 착오가 없었더라면 의사표시를 하지 않았을 것이라는 점도 증명해야 한다.

12 의사와 표시의 불일치에 관한 설명으로 옳은 것은? (다툼이 있으면 판례에 따름)

제22회

① 진의 아닌 의사표시에서 '진의'란 표의자가 진정으로 마음속에서 바라는 사항을 뜻한다.
② 진의 아닌 의사표시는 상대방이 악의인 경우에만 무효이므로 상대방의 과실 여부는 그 효력에 영향을 미치지 않는다.
③ 통정허위표시에 기초하여 새로운 이해관계를 맺은 제3자는 특별한 사정이 없는 한 악의로 추정된다.
④ 부동산의 가장양수인으로부터 소유권이전등기청구권 보전의 가등기를 받은 자는 통정허위표시의 제3자에 해당하지 않는다.
⑤ 채무자의 법률행위가 채권자취소권의 대상이 되더라도 통정허위표시의 요건을 갖추면 무효이다.

13 **甲은 자신의 부동산을 乙에게 매도하였다. 이에 관한 설명으로 옳지 않은 것은? (다툼이 있으면 판례에 따름)**

제21회

① 착오로 인한 의사표시 취소에 관한 민법 규정의 적용을 배제하는 甲과 乙의 약정은 유효하다.

② 甲이 착오에 빠졌으나 경제적인 불이익을 입지 않았다면 이는 중요부분의 착오라고 할 수 없다.

③ 甲과 乙 사이의 계약이 반사회적 법률행위에 해당하는 경우, 추인에 의해서도 계약이 유효로 될 수 없다.

④ 甲과 乙 사이의 계약이 통정허위표시인 경우, 乙은 甲에게 채무불이행으로 인한 손해배상을 청구할 수 있다.

⑤ 乙의 대리인 丙이 甲을 기망하여 甲과 계약을 체결한 경우, 乙이 丙의 기망사실을 알 수 없었더라도 甲은 사기를 이유로 계약을 취소할 수 있다.

2 하자 있는 의사표시(사기 · 강박에 의한 의사표시)

14 **사기 · 강박의 의사표시에 관한 설명으로 옳지 않은 것은? (다툼이 있으면 판례에 따름)**

제27회

① 교환계약의 당사자가 자기 소유 목적물의 시가를 묵비한 것은 특별한 사정이 없는 한 기망행위가 아니다.

② 매수인의 대리인이 매도인을 기망하여 매도인과 매매계약을 체결한 경우, 매수인이 그 대리인의 기망사실을 알 수 없었더라도 매도인은 사기를 이유로 의사표시를 취소할 수 있다.

③ 양수인의 사기로 의사표시를 한 부동산의 양도인이 제3자에 대하여 사기에 의한 의사표시의 취소를 주장하는 경우, 제3자는 특별한 사정이 없는 한 자신의 선의를 증명하여야 한다.

④ 매매계약에 있어서 사기에 기한 취소권과 매도인의 담보책임이 경합하는 경우, 매도인으로부터 기망당한 매수인은 사기를 이유로 의사표시를 취소할 수 있다.

⑤ 강박에 의하여 의사결정의 자유가 완전히 박탈된 상태에서 이루어진 의사표시는 무효이다.

15 사기·강박에 의한 의사표시에 관한 설명으로 옳지 않은 것은? (다툼이 있으면 판례에 따름)

제26회

① 매매계약의 일방 당사자가 목적물의 시가를 묵비하여 상대방에게 고지하지 않은 것은 특별한 사정이 없는 한 기망행위에 해당하지 않는다.

② 상대방의 피용자는 제3자에 의한 사기에 관한 민법 제110조제2항에서 정한 제3자에 해당하지 않는다.

③ 제3자의 사기행위로 체결한 계약에서 그 사기행위 자체가 불법행위를 구성하는 경우, 피해자가 제3자에게 불법행위로 인한 손해배상을 청구하기 위하여 그 계약을 취소할 필요는 없다.

④ 타인의 기망행위에 의해 동기의 착오가 발생한 경우에는 사기와 착오의 경합이 인정될 수 있다.

⑤ 강박에 의한 의사표시가 취소된 동시에 불법행위의 성립요건을 갖춘 경우, 그 취소로 인한 부당이득반환청구권과 불법행위로 인한 손해배상청구권은 경합하여 병존한다.

16 사기 또는 강박에 의한 의사표시에 관한 설명으로 옳지 않은 것은? (다툼이 있으면 판례에 따름)

제25회

① 강박에 의하여 의사결정의 자유가 완전히 박탈된 상태에서 이루어진 의사표시는 무효이다.

② 교환계약의 당사자가 자기가 소유하는 목적물의 시가를 묵비하여 상대방에게 고지하지 않은 것은 특별한 사정이 없는 한 기망행위에 해당하지 않는다.

③ 어떤 해악의 고지가 없이 단지 각서에 서명·날인할 것을 강력히 요구한 것만으로도 강박에 해당한다.

④ 제3자의 사기행위로 체결한 계약에서 그 사기행위 자체가 불법행위를 구성하는 경우, 피해자가 제3자에게 불법행위로 인한 손해배상을 청구하기 위하여 그 계약을 취소할 필요는 없다.

⑤ 상대방 있는 의사표시에 있어서 상대방과 동일시 할 수 있는 자의 사기는 제3자의 사기에 해당하지 않는다.

17 **착오 또는 사기에 의한 의사표시에 관한 설명으로 옳지 않은 것은? (다툼이 있으면 판례에 따름)** 제22회

① 당사자의 합의로 착오의 의사표시 취소에 관한 민법 제109조 제1항의 적용을 배제할 수 있다.

② 상대방의 대리인은 상대방과 동일시되지 않으므로 그의 기망행위는 제3자의 기망행위에 해당한다.

③ 출연재산이 재단법인의 기본재산인지 여부는 착오에 의한 출연행위의 취소에 영향을 주지 않는다.

④ 제3자의 기망행위로 불법행위가 성립한 경우, 피해자가 제3자에게 손해배상을 청구하기 위해서는 상대방과의 계약을 취소할 필요가 없다.

⑤ 착오로 인하여 표의자가 경제적인 불이익을 입지 않았다면 법률행위 내용의 중요부분에 대한 착오라고 할 수 없다.

3 의사표시의 효력발생

18 **의사표시에 관한 설명으로 옳지 않은 것은? (다툼이 있으면 판례에 따름)** 제28회

① 표의자가 의사표시를 발송한 후 제한능력자가 되어도 그 의사표시의 효력에 영향을 미치지 아니한다.

② 표의자가 과실없이 상대방을 알지 못하는 경우에는 의사표시는 민사소송법 공시송달의 규정에 의하여 송달할 수 있다.

③ 상대방이 있는 의사표시는 특별한 사정이 없는 한 상대방에게 도달한 때에 그 효력이 생긴다.

④ 의사표시가 상대방에게 도달한 것으로 인정되기 위해서는 상대방이 그 의사표시의 내용을 알아야 한다.

⑤ 의사표시의 상대방이 제한능력자로서 의사표시를 받았으나 법정대리인이 그 사실을 알지 못한 경우, 의사표시자는 그 의사표시로써 대항할 수 없다.

19 의사표시의 효력발생에 관한 설명으로 옳은 것은? (다툼이 있으면 판례에 따름)

제26회

① 격지자 간의 계약은 승낙의 통지가 도달한 때 성립한다.
② 사원총회의 소집은 특별한 사정이 없는 한 1주간 전에 그 통지가 도달하여야 한다.
③ 표의자가 의사표시를 발신한 후 사망하더라도 그 의사표시의 효력에는 영향을 미치지 아니한다.
④ 의사표시를 보통우편으로 발송한 경우, 그 우편이 반송되지 않는 한 의사표시는 도달된 것으로 추정된다.
⑤ 의사표시가 상대방에게 도달한 후에도 상대방이 이를 알기 전이라면 특별한 사정이 없는 한 그 의사표시를 철회할 수 있다.

20 의사표시의 효력발생에 관한 설명으로 옳은 것은? (다툼이 있으면 판례에 따름)

제23회

① 의사표시자가 그 통지를 발송한 후 제한능력자가 된 경우, 그 의사표시는 효력이 없다.
② 보통우편의 방법으로 발송되었다는 사실만으로 그 우편물은 상당기간 내에 도달한 것으로 추정된다.
③ 의사표시가 상대방에게 도달하더라도 상대방이 그 내용을 알기 전에는 그 효력이 발생하지 않는다.
④ 의사표시의 상대방이 의사표시를 받은 때에 피특정후견인인 경우에는 의사표시자는 그 의사표시로써 대항할 수 있다.
⑤ 이사의 사임 의사표시가 법인의 대표자에게 도달한 때에는 정관에 따라 사임의 효력이 발생하지 않았더라도 그 사임의사를 철회할 수 없다.

21 의사표시의 효력발생에 관하여 발신주의를 따르는 것을 모두 고른 것은? 제21회

㉠ 이행불능으로 인한 계약의 해제 ㉡ 무권대리인의 상대방이 한 추인 여부의 최고에 대한 본인의 확답 ㉢ 제한능력자의 법률행위에 대한 법정대리인의 동의 ㉣ 제한능력자의 상대방이 한 추인 여부의 촉구에 대한 법정대리인의 확답

① ㉠, ㉡
② ㉡, ㉢
③ ㉡, ㉣
④ ㉢, ㉣
⑤ ㉠, ㉢, ㉣

CHAPTER 04 법률행위의 대리

정답 및 해설 p.182

1 대리권(본인과 대리인 관계)

01 대리에 관한 설명으로 옳지 않은 것은? 제28회

① 복대리인은 그 권한 내에서 자신을 선임한 대리인을 대리한다.
② 권한을 정하지 아니한 임의대리인은 대리의 목적인 물건의 성질이 변하지 않는 범위에서 그 물건을 개량할 수 있다.
③ 피한정후견인은 임의대리인이 될 수 있다.
④ 임의대리인은 본인의 승낙이 있거나 부득이한 사유있는 때가 아니면 복대리인을 선임하지 못한다.
⑤ 대리인이 수인인 경우, 특별한 사정이 없는 한 각자가 본인을 대리한다.

02 대리에 관한 설명으로 옳지 않은 것은? (다툼이 있으면 판례에 따름) 제27회

① 민법상 조합은 법인격이 없으므로 조합대리의 경우에는 반드시 조합원 전원의 성명을 표시하여 대리행위를 하여야 한다.
② 매매계약을 체결할 대리권을 수여받은 대리인이 상대방으로부터 매매대금을 지급받은 경우, 특별한 사정이 없는 한 이를 본인에게 전달하지 않더라도 상대방의 대금지급의무는 소멸한다.
③ 임의대리의 경우, 대리권 수여의 원인이 된 법률관계가 기간만료로 종료되었다면 원칙적으로 그 시점에 대리권도 소멸한다.
④ 매매계약의 체결과 이행에 관하여 포괄적으로 대리권을 수여받은 대리인은 특별한 사정이 없는 한 상대방에 대하여 약정된 매매대금지급기일을 연기하여 줄 권한도 가진다.
⑤ 대여금의 영수권한만을 위임받은 대리인이 그 대여금 채무의 일부를 면제하기 위하여는 본인의 특별수권이 필요하다.

03 甲의 대리인 乙은 본인을 위한 것임을 표시하고 그 권한 내에서 丙과 甲 소유의 건물에 대한 매매계약을 체결하였다. 다음 중 甲과 丙 사이에 매매계약의 효력이 발생하는 경우는? (다툼이 있으면 판례에 따름) 제21회

① 乙이 의사무능력 상태에서 丙과 계약을 체결한 경우
② 乙과 丙이 통정한 허위의 의사표시로 계약을 체결한 경우
③ 乙이 대리권을 남용하여 계약을 체결하고 丙이 이를 안 경우
④ 甲이 乙과 丁으로 하여금 공동대리를 하도록 했는데, 乙이 단독의 의사결정으로 계약하였고 丙이 이러한 제한을 안 경우
⑤ 乙의 대리권이 소멸하였으나 이를 과실 없이 알지 못한 채 계약을 체결한 丙이 甲에게 건물의 소유권이전등기를 청구한 경우

2 대리행위의 효과(본인과 상대방 관계)

04 **甲이 乙에게 X토지를 매도 후 등기 전에 丁이 丙의 임의대리인으로서 甲의 배임행위에 적극 가담하여 甲으로부터 X토지를 매수하고 丙 명의로 소유권이전등기를 마쳤다. 이에 관한 설명으로 옳지 않은 것은? (다툼이 있으면 판례에 따름)** 제24회

① 수권행위의 하자 유무는 丙을 기준으로 판단한다.
② 대리행위의 하자 유무는 특별한 사정이 없는 한 丁을 기준으로 판단한다.
③ 대리행위의 하자로 인하여 발생한 효과는 특별한 사정이 없는 한 丙에게 귀속된다.
④ 乙은 반사회질서의 법률행위임을 이유로 甲과 丙 사이의 계약이 무효임을 주장할 수 있다.
⑤ 丁이 甲의 배임행위에 적극 가담한 사정을 丙이 모른다면, 丙 명의로 경료된 소유권이전등기는 유효하다.

05 **甲은 자신의 X토지를 매도할 것을 미성년자 乙에게 위임하고 대리권을 수여하였다. 乙은 甲을 대리하여 丙과 X토지의 매매계약을 체결하였는데, 계약체결 당시 丙의 위법한 기망행위가 있었다. 이에 관한 설명으로 옳은 것은? (다툼이 있으면 판례에 따름)** 제23회

① 乙이 사기를 당했는지 여부는 甲을 표준으로 하여 결정한다.
② 甲이 아니라 乙이 사기를 이유로 丙과의 매매계약을 취소할 수 있다.
③ 甲은 乙이 제한능력자라는 이유로 乙이 체결한 매매계약을 취소할 수 없다.
④ 甲은 특별한 사정이 없는 한 乙과의 위임계약을 일방적으로 해지할 수 없다.
⑤ 乙이 丙의 사기에 의해 착오를 일으켜 계약을 체결한 경우, 착오에 관한 법리는 적용되지 않고 사기에 관한 법리만 적용된다.

06 **대리에 관한 설명으로 옳은 것은?** 제22회

① 임의대리권은 대리인에 대한 한정후견 개시에 의하여 소멸한다.
② 무권대리행위의 추인은 다른 의사표시가 없는 한 추인한 때부터 효력이 생긴다.
③ 법정대리인은 본인의 승낙이 있거나 부득이한 사유 있는 때가 아니면 복대리인을 선임하지 못한다.
④ 법률 또는 수권행위에 다른 정한 바가 없으면, 수인의 대리인은 공동으로 본인을 대리한다.
⑤ 본인이 특정한 법률행위를 위임한 경우, 임의대리인이 본인의 지시에 좇아 그 행위를 하였다면, 본인은 자기의 과실로 알지 못한 사정에 관하여 그 대리인의 부지를 주장하지 못한다.

3 복대리(復代理)

07 **甲의 임의대리인 乙은 甲의 승낙을 얻어 복대리인 丙을 선임하였다. 이에 관한 설명으로 옳은 것은? (다툼이 있으면 판례에 따름)** 제26회

① 丙은 乙의 대리인이 아니라 甲의 대리인이다.
② 乙의 대리권은 丙의 선임으로 소멸한다.
③ 丙의 대리권은 특별한 사정이 없는 한 乙이 사망하더라도 소멸하지 않는다.
④ 丙은 甲의 지명이나 승낙 기타 부득이한 사유가 없더라도 복대리인을 선임할 수 있다.
⑤ 만약 甲의 지명에 따라 丙을 선임한 경우, 乙은 甲에게 그 부적임을 알고 통지나 해임을 하지 않더라도 책임이 없다.

08 **민법상 복대리권의 소멸사유가 아닌 것은?** 제25회

① 본인의 사망
② 대리인의 성년후견의 개시
③ 본인의 특정후견의 개시
④ 복대리인의 파산
⑤ 복대리인의 사망

09 **대리에 관한 설명으로 옳지 않은 것은? (다툼이 있으면 판례에 따름)** 제23회

① 임의대리권은 원인된 법률관계의 종료에 의하여 소멸한다.
② 대리인은 본인의 허락이 없어도 쌍방을 대리하여 다툼이 없는 채무의 이행을 할 수 있다.
③ 복대리인이 그 권한 내에서 본인을 위한 것임을 표시한 의사표시는 직접 본인에게 효력이 생긴다.
④ 법률행위에 의해 대리권을 부여받은 대리인은 특별한 사정이 없는 한 복대리인을 선임할 수 있다.
⑤ 매매계약의 체결과 이행에 관한 포괄적 대리권을 수여받은 대리인은 특별한 사정이 없는 한 약정된 매매대금 지급기일을 연기해 줄 권한도 가진다.

4 무권대리(無權代理)

10 **무권대리인 乙이 甲을 대리하여 甲 소유의 X토지를 丙에게 매도하는 계약을 체결하였다. 이에 관한 설명으로 옳은 것은? (다툼이 있으면 판례에 따름)** 제28회

① 丙이 계약 당시에 乙에게 대리권이 없음을 알았던 경우, 丙은 계약을 철회할 수 있다.

② 甲이 乙에게 계약을 추인하였더라도, 丙이 계약 당시에 무권대리 사실을 알지 못하였다면 丙은 그 추인 사실을 알 때까지 계약을 철회할 수 있다.

③ 甲이 추인하지 않은 경우, 계약 당시에 무권대리 사실을 알았던 丙은 乙에게 손해배상을 청구할 수 있다.

④ 대리행위 당시에 乙이 제한능력자인 경우, 甲으로부터 추인받지 못한 丙은 乙에게 계약의 이행을 청구할 수 있다.

⑤ 乙이 甲을 단독 상속한 경우, 乙은 특별한 사정이 없는 한 본인의 지위에서 추인거절권을 행사할 수 있다.

11 **甲의 무권대리인 乙이 甲을 대리하여 丙과 매매계약을 체결하였고, 그 당시 丙은 제한능력자가 아닌 乙이 무권대리인임을 과실 없이 알지 못하였다. 이에 관한 설명으로 옳지 않은 것은? (표현대리는 성립하지 않으며, 다툼이 있으면 판례에 따름)** 제26회

① 乙과 丙 사이에 체결된 매매계약은 甲이 추인하지 않는 한 甲에 대하여 효력이 없다.

② 甲이 乙에게 추인의 의사표시를 하였으나 丙이 그 사실을 알지 못한 경우, 丙은 매매계약을 철회할 수 있다.

③ 甲을 단독 상속한 乙이 丙에게 추인거절권을 행사하는 것은 신의칙에 반하여 허용될 수 없다.

④ 乙의 무권대리행위가 제3자의 위법행위로 야기된 경우, 乙은 과실이 없으므로 丙에게 무권대리행위로 인한 책임을 지지 않는다.

⑤ 丙이 乙에게 가지는 계약의 이행 또는 손해배상청구권의 소멸시효는 丙이 이를 선택할 수 있는 때부터 진행한다.

12 대리에 관한 설명으로 옳지 않은 것은? (다툼이 있으면 판례에 따름) 제25회

① 대리권수여의 표시에 의한 표현대리는 어떤 자가 본인을 대리하여 제3자와 법률행위를 함에 있어서 본인이 그 자에게 대리권을 수여하였다는 표시를 그 제3자에게 한 경우에 성립할 수 있다.
② 대리인이 대리권 소멸 후 복대리인을 선임하여 복대리인으로 하여금 상대방과 대리행위를 하도록 한 경우에도 대리권 소멸 후의 표현대리가 성립할 수 있다.
③ 등기신청의 대리권도 권한을 넘은 표현대리의 기본대리권이 될 수 있다.
④ 매매계약을 체결할 권한을 수여받은 대리인이라도 특별한 사정이 없는 한 그 계약을 해제할 권한은 없다.
⑤ 무권대리행위가 제3자의 위법행위로 야기된 경우에는 무권대리인에게 귀책사유가 있어야 민법 제135조에 따른 무권대리인의 상대방에 대한 책임이 인정된다.

13 표현대리와 무권대리에 관한 설명으로 옳지 않은 것은? (다툼이 있으면 판례에 따름) 제24회

① 표현대리가 성립된다고 하더라도 무권대리의 성질이 유권대리로 전환되는 것은 아니다.
② 표현대리가 성립하는 경우, 상대방에게 과실이 있다면 과실상계의 법리가 유추적용되어 본인의 책임이 경감될 수 있다.
③ 법정대리의 경우에도 대리권 소멸 후의 표현대리가 성립할 수 있다.
④ 사실혼관계에 있는 부부의 경우, 일상가사대리권을 기본대리권으로 하는 권한을 넘은 표현대리가 성립할 수 있다.
⑤ 무권대리행위에 대해 본인이 이의를 제기하지 않고 장기간 방치해 둔 사실만으로 무권대리행위에 대한 추인이 있다고 볼 수 없다.

14 **협의의 무권대리에 관한 설명으로 옳지 않은 것은? (다툼이 있으면 판례에 따름)**

제23회

① 무권대리행위의 추인은 원칙적으로 의사표시의 전부에 대하여 해야 한다.
② 무권대리행위에 대한 본인의 추인 또는 추인거절이 없는 경우, 상대방은 최고권을 행사할 수 있다.
③ 추인의 상대방은 무권대리행위의 직접 상대방뿐만 아니라 그 무권대리행위로 인한 권리의 승계인도 포함한다.
④ 무권대리행위가 제3자의 기망 등 위법행위로 야기된 경우, 무권대리인의 상대방에 대한 책임은 부정된다.
⑤ 무권대리행위의 내용을 변경하여 추인한 경우, 상대방의 동의를 얻지 못하면 그 추인은 효력이 없다.

15 **甲으로부터 대리권을 수여받지 않은 乙이 甲을 대리하여 丙과 계약을 체결하였다. 이에 관한 설명으로 옳지 않은 것은? (표현대리는 성립하지 않았고, 다툼이 있으면 판례에 따름)**

제22회

① 乙의 무권대리를 丙이 안 경우, 丙은 상당한 기간을 정하여 甲에게 추인 여부의 확답을 최고할 수 있다.
② 계약 당시 乙의 무권대리를 丙이 알았다면, 丙은 甲을 상대로 계약을 철회할 수 없다.
③ 계약을 철회하고자 하는 丙은 乙에게 대리권이 없음을 알지 못하였다는 사실을 증명해야 한다.
④ 계약 당시 乙의 무권대리를 丙이 알지 못하였다면, 甲의 추인이 있을 때까지 丙은 乙을 상대로 계약을 철회할 수 있다.
⑤ 甲이 乙에게 무권대리행위에 대한 추인의 의사표시를 하였다면, 甲은 추인 사실을 알지 못한 丙에 대하여 그 추인으로 대항할 수 없다.

5 표현대리(表見代理)

16 **표현대리에 관한 설명으로 옳은 것을 모두 고른 것은? (다툼이 있으면 판례에 따름)**

제27회

> ㉠ 표현대리가 성립하여 본인이 이행책임을 지는 경우, 상대방에게 과실이 있더라도 과실상계의 법리가 유추 적용되지 않는다.
> ㉡ 권한을 넘는 표현대리규정은 법정대리의 경우에는 적용된다.
> ㉢ 대리인의 권한을 넘는 행위가 범죄를 구성하는 경우에는 권한을 넘는 표현대리의 법리는 적용될 여지가 없다.

① ㉠　② ㉢　③ ㉠, ㉡
④ ㉡, ㉢　⑤ ㉠, ㉡, ㉢

17 **표현대리에 관한 설명으로 옳은 것은? (다툼이 있으면 판례에 따름)** 제26회

① 사회통념상 대리권을 추단할 수 있는 직함이나 명칭 등의 사용을 승낙한 경우라도 특별한 사정이 없는 한 대리권 수여의 표시가 있는 것으로 볼 수는 없다.
② 복대리인의 권한은 권한을 넘은 표현대리의 기본대리권이 될 수 없다.
③ 대리행위가 강행법규에 반하여 무효인 경우에도 표현대리가 성립할 수 있다.
④ 유권대리에 관한 주장에는 표현대리의 주장이 포함되어 있다고 볼 수 있다.
⑤ 표현대리가 성립하는 경우에는 상대방에게 과실이 있더라도 과실상계의 법리를 유추 적용하여 본인의 책임을 경감할 수 없다.

18 **표현대리에 관한 설명으로 옳지 않은 것은? (다툼이 있으면 판례에 따름)** 제23회

① 대리권수여의 표시에 의한 표현대리가 성립하기 위해서는 대리권이 없다는 사실에 대해 상대방은 선의·무과실이어야 한다.
② 사실혼 관계에 있는 부부간에도 일상가사에 관한 대리권이 인정되므로, 이를 기본대리권으로 하는 권한을 넘은 표현대리가 성립할 수 있다.
③ 대리인이 사자(使者)를 통해 권한 외의 대리행위를 한 경우, 그 사자에게는 기본대리권이 없으므로 권한을 넘은 표현대리가 성립할 수 없다.
④ 권한을 넘은 표현대리의 경우, 권한이 있다고 믿을 만한 정당한 이유가 있는지 여부는 대리행위 당시를 기준으로 해야 한다.
⑤ 대리인이 대리권 소멸 후 복대리인을 선임하여 복대리인으로 하여금 상대방과 대리행위를 하도록 한 경우에도 대리권 소멸 후의 표현대리가 성립할 수 있다.

19 **표현대리에 관한 설명으로 옳은 것은? (다툼이 있으면 판례에 따름)** 제22회

① 무권대리행위라도 표현대리가 성립하면 무권대리의 성질이 유권대리로 전환된다.

② 권한을 넘은 표현대리에서 정당한 이유의 존부는 대리행위가 행하여질 때를 기준으로 판단한다.

③ 강행법규 위반으로 무효인 법률행위에도 표현대리에 관한 법리가 준용될 수 있다.

④ 표현대리가 성립하는 경우, 상대방에게 과실이 있으면 과실상계의 법리를 유추적용하여 본인의 책임을 경감할 수 있다.

⑤ 유권대리에 관한 주장 속에는 표현대리의 주장이 포함되어 있다.

20 **표현대리에 관한 설명으로 옳은 것은? (다툼이 있으면 판례에 따름)** 제21회

① 대리행위가 강행법규에 위반하여 무효이더라도 표현대리의 법리가 적용될 수 있다.

② 표현대리가 성립하는 경우, 과실상계의 법리를 유추적용하여 본인의 책임을 경감할 수 없다.

③ 유권대리의 주장 속에는 무권대리에 속하는 표현대리의 주장이 포함되어 있다고 볼 수 있다.

④ 대리권소멸 후의 표현대리에 관한 규정은 법정대리인의 대리권소멸에 관하여 적용되지 않는다.

⑤ 대리권소멸 후 선임된 복대리인의 대리행위에 대하여는 대리권소멸 후 표현대리가 성립할 수 없다.

01 **무효에 관한 설명으로 옳지 않은 것은? (다툼이 있으면 판례에 따름)** 제28회

① 법률행위의 일부분이 무효인 경우, 특별한 사정이 없는 한 그 전부를 무효로 한다.
② 토지거래허가구역 내의 토지에 대한 매매계약은 당사자 쌍방이 허가신청협력의무의 이행거절 의사를 상대방에게 명백히 표시한 경우에는 확정적으로 무효가 된다.
③ 무효인 가등기를 유효한 등기로 전용하기로 약정한 경우, 그 가등기는 특별한 사정이 없는 한 등기 시로 소급하여 유효한 등기로 된다.
④ 비진의 의사표시의 무효는 선의의 제3자에게 대항할 수 없다.
⑤ 불공정한 법률행위로서 무효인 법률행위는 추인에 의하여 유효로 될 수 없다.

02 **취소에 관한 설명으로 옳지 않은 것은?** 제28회

① 추인할 수 있는 날로부터 3년이 경과하였지만 법률행위를 한 날로부터 10년이 경과하지 않았다면, 취소권자는 그 법률행위를 취소할 수 있다.
② 제한능력을 이유로 법률행위가 취소된 경우, 제한능력자는 그 행위로 인하여 받은 이익이 현존하는 한도에서 상환할 책임이 있다.
③ 제한능력을 이유로 취소할 수 있는 법률행위를 한 미성년자가 행위능력자가 된 후 이의를 보류함이 없이 그 법률행위에 따라 이행한 대에는 추인한 것으로 본다.
④ 취소할 수 있는 법률행위를 추인한 취소권자는 특별한 사정이 없는 한 그 법률행위를 다시 취소할 수 없다.
⑤ 취소할 수 있는 법률행위의 상대방이 확정된 경우, 그 취소는 특별한 사정이 없는 한 그 상대방에 대한 의사표시로 하여야 한다.

03 **취소할 수 있는 법률행위에 관한 취소권자의 이의 보류 없는 행위로서 '법정추인' 사유에 해당하지 않는 것은?** 제27회

① 경개
② 담보의 제공
③ 계약의 해제
④ 전부나 일부의 이행
⑤ 취소할 수 있는 법률행위로 취득한 권리의 양도

04 **법률행위의 무효와 취소에 관한 설명으로 옳지 않은 것은? (다툼이 있으면 판례에 따름)** 제26회

① 취소할 수 있는 법률행위를 취소한 경우, 무효행위 추인의 요건을 갖추면 이를 다시 추인할 수 있다.

② 토지거래허가구역 내의 토지에 대한 매매계약이 처음부터 허가를 배제하는 내용의 계약일 경우, 그 계약은 확정적 무효이다.

③ 집합채권의 양도가 양도금지특약을 위반하여 무효인 경우, 채무자는 일부 개별 채권을 특정하여 추인할 수 없다.

④ 무권리자의 처분행위에 대한 권리자의 추인의 의사표시는 무권리자나 그 상대방 어느 쪽에 하여도 무방하다.

⑤ 취소할 수 있는 법률행위의 추인은 추인권자가 그 행위가 취소할 수 있는 것임을 알고 하여야 한다.

05 **법률행위의 무효와 취소에 관한 설명으로 옳지 않은 것은? (다툼이 있으면 판례에 따름)** 제25회

① 법률행위의 일부분이 무효인 경우, 특별한 사정이 없는 한 그 전부를 무효로 한다.

② 일부무효에 관한 민법 제137조는 당사자의 합의로 그 적용을 배제할 수 있다.

③ 무효인 가등기를 유효한 등기로 전용하기로 약정한 경우, 그 가등기는 등기 시로 소급하여 유효한 등기로 된다.

④ 취소할 수 있는 법률행위의 상대방이 확정된 경우, 취소는 그 상대방에 대한 의사표시로 해야 한다.

⑤ 제한능력자의 법정대리인이 제한능력자의 법률행위를 추인한 후에는 제한능력을 이유로 그 법률행위를 취소하지 못한다.

06 **법률행위의 취소에 관한 설명으로 옳지 않은 것은? (다툼이 있으면 판례에 따름)**

제24회

① 취소할 수 있는 법률행위에 관하여 법정추인 사유가 존재하더라도 이의를 보류했다면 추인의 효과가 발생하지 않는다.

② 취소할 수 있는 법률행위를 취소한 경우, 무효행위의 추인요건을 갖추더라도 다시 추인할 수 없다.

③ 계약체결에 관한 대리권을 수여받은 대리인이 취소권을 행사하려면 특별한 사정이 없는 한 취소권의 행사에 관한 본인의 수권행위가 있어야 한다.

④ 매도인이 매매계약을 적법하게 해제하였더라도 매수인은 해제로 인한 불이익을 면하기 위해 착오를 이유로 한 취소권을 행사할 수 있다.

⑤ 가분적인 법률행위의 일부에 취소사유가 존재하고 나머지 부분을 유지하려는 당사자의 가정적 의사가 있는 경우, 일부만의 취소도 가능하다.

07 **무효와 취소에 관한 설명으로 옳지 않은 것은? (다툼이 있으면 판례에 따름)** 제23회

① 취소할 수 있는 법률행위는 취소권을 행사하지 않더라도 처음부터 무효이다.

② 취소할 수 있는 법률행위의 상대방이 확정된 경우, 취소는 그 상대방에 대한 의사표시로 해야 한다.

③ 제한능력자가 제한능력을 이유로 법률행위를 취소한 경우, 그는 법률행위로 인하여 받은 이익이 현존하는 한도에서 상환할 책임이 있다.

④ 무효인 가등기를 유효한 등기로 전용하기로 한 약정은 그때부터 유효하고, 이로써 가등기가 소급하여 유효한 등기로 전환되지 않는다.

⑤ 무효인 법률행위에 따른 법률효과를 침해하는 것처럼 보이는 위법행위가 있다고 하여도 법률효과의 침해에 따른 손해는 없으므로 그 배상을 청구할 수 없다.

08 **법률행위의 취소와 추인에 관한 설명으로 옳지 않은 것은? (다툼이 있으면 판례에 따름)**

제22회

① 법률행위가 취소되면 그 법률행위는 처음부터 무효인 것으로 본다.
② 취소의 원인이 종료된 후 취소할 수 있는 법률행위를 추인하는 경우, 취소할 수 있는 법률행위임을 알고 추인해야 그 효력이 생긴다.
③ 법률행위가 취소된 경우, 취소권자는 취소할 수 있는 법률행위의 추인에 의하여 취소된 법률행위를 유효하게 할 수 있다.
④ 법률행위가 취소된 경우, 취소권자는 취소의 원인이 종료된 후 무효인 법률행위의 추인에 따라 그 법률행위를 유효하게 할 수 있다.
⑤ 가분적인 법률행위의 일부분에만 취소사유가 있는 경우, 나머지 부분의 효력을 유지하려는 당사자의 가정적 의사가 있다면 그 일부만의 취소도 가능하다.

09 **법률행위의 무효와 취소에 관한 설명으로 옳지 않은 것은? (다툼이 있으면 판례에 따름)**

제21회

① 취소된 법률행위는 특별한 사정이 없는 한 취소한 이후부터 무효이다.
② 취소권은 추인할 수 있는 날로부터 3년 내에, 법률행위를 한 날로부터 10년 내에 행사하여야 한다.
③ 토지거래허가구역 내의 토지거래계약이 처음부터 허가를 배제하는 내용인 경우에는 확정적 무효이다.
④ 취소할 수 있는 법률행위의 상대방이 확정된 경우, 그 취소는 그 상대방에 대한 의사표시로 하여야 한다.
⑤ 무권리자 甲이 乙의 권리를 자기 이름으로 처분한 경우, 乙이 추인하면 그 처분행위의 효력은 乙에게 미친다.

정답 및 해설 p.189

1 법률행위의 부관

01 법률행위의 부관에 관한 설명으로 옳지 않은 것은? 제27회

① 정지조건있는 법률행위는 특별한 사정이 없는 한 그 조건이 성취한 때로부터 그 효력이 생긴다.
② 해제조건있는 법률행위는 특별한 사정이 없는 한 그 조건이 성취한 때로부터 그 효력을 잃는다.
③ 법률행위의 조건이 선량한 풍속 기타 사회질서에 위반한 것인 때에는 그 법률행위는 무효로 한다.
④ 시기(始期)있는 법률행위는 그 기한이 도래한 때로부터 그 효력이 소멸한다.
⑤ 기한의 이익은 이를 포기할 수 있지만, 상대방의 이익을 해하지 못한다.

02 법률행위의 부관에 관한 설명으로 옳지 않은 것은? (다툼이 있으면 판례에 따름) 제26회

① 조건은 의사표시의 일반원칙에 따라 조건의사와 그 표시가 필요하다.
② 법률행위가 정지조건부 법률행위에 해당한다는 사실은 그 법률효과의 발생을 다투려는 자에게 증명책임이 있다.
③ 당사자 사이에 기한이익 상실의 특약이 있는 경우, 특별한 사정이 없는 한 이는 형성권적 기한이익 상실의 특약으로 추정된다.
④ 보증채무에서 주채무자의 기한이익의 포기는 보증인에게 효력이 미치지 아니한다.
⑤ 조건의 성취로 인하여 불이익을 받을 당사자가 신의칙에 반하여 조건의 성취를 방해한 경우, 그러한 행위가 있었던 시점에 조건은 성취된 것으로 의제된다.

2 조건부 법률행위, 기한부 법률행위

03 **조건과 기한에 관한 설명으로 옳지 않은 것은? (다툼이 있으면 판례에 따름)** 제28회

① 조건의 성취가 미정한 권리도 일반규정에 의하여 담보로 할 수 있다.

② 조건부 법률행위에 있어 조건의 내용 자체가 불법적인 것이어서 무효인 경우, 그 법률행위 전부가 무효로 된다.

③ 조건이 법률행위의 당시에 이미 성취할 수 없는 것인 경우, 그 조건이 해제조건이면 그 법률행위는 무효로 한다.

④ 기한이익 상실의 특약은 특별한 사정이 없는 한 형성권적 기한이익 상실의 특약으로 추정한다.

⑤ 기한의 이익은 포기할 수 있지만, 특별한 사정이 없는 한 상대방의 이익을 해하지 못한다.

04 **조건과 기한에 관한 설명으로 옳은 것은? (다툼이 있으면 판례에 따름)** 제25회

① 특별한 사정이 없는 한 기한의 이익은 이를 포기할 수 없다.

② 정지조건 있는 법률행위는 조건이 성취한 때로부터 그 효력을 잃는다.

③ 조건의 성취가 미정한 권리는 일반규정에 의하여 담보로 할 수 없다.

④ 정지조건이 법률행위 당시에 이미 성취할 수 없는 것인 경우, 그 법률행위는 무효이다.

⑤ 법률행위에 어떤 조건이 붙어 있었는지 여부는 그 조건의 부존재를 주장하는 자가 이를 증명해야 한다.

05 **조건과 기한에 관한 설명으로 옳지 않은 것은? (다툼이 있으면 판례에 따름)** 제24회

① 법률행위에 정지조건이 붙어 있다는 사실은 그 법률행위의 효력발생을 다투려는 자가 증명하여야 한다.

② 조건의사가 외부로 표시되지 않은 경우, 조건부 법률행위로 인정되지 않는다.

③ 당사자가 조건성취의 효력을 그 성취 전에 소급하게 할 의사를 표시한 경우, 그 의사표시는 무효이다.

④ 불확정한 사실이 발생한 때를 이행기한으로 정한 경우, 그 사실의 발생이 불가능하게 된 때에도 기한이 도래한 것으로 본다.

⑤ 상계의 의사표시에는 기한을 붙일 수 없다.

06 조건에 관한 설명으로 옳은 것은? (다툼이 있으면 판례에 따름) 제22회

① 정지조건부 법률행위에 있어서 조건이 성취되었다는 사실은 권리를 취득하고자 하는 자가 증명하여야 한다.
② 조건을 붙이고자 하는 의사가 외부에 표시되지 않더라도 조건부 법률행위로 인정된다.
③ 법률행위의 조건이 선량한 풍속에 반하는 경우, 원칙적으로 조건만 무효로 될 뿐 그 법률행위가 무효로 되는 것은 아니다.
④ 불능조건이 정지조건이면 조건 없는 법률행위가 된다.
⑤ 당사자 사이에는 의사표시로 조건 성취의 효력을 소급할 수 없다.

07 조건과 기한에 관한 설명으로 옳지 않은 것은? (다툼이 있으면 판례에 따름) 제21회

① 기한은 채권자의 이익을 위한 것으로 추정한다.
② 종기 있는 법률행위는 기한이 도래한 때로부터 그 효력을 잃는다.
③ 조건을 붙이는 것이 허용되지 않는 법률행위에 조건을 붙인 경우, 그 법률행위 전부가 무효이다.
④ 조건이 법률행위 당시에 이미 성취할 수 없는 경우, 그 조건이 정지조건이면 그 법률행위는 무효이다.
⑤ 정지조건부 법률행위에서 조건성취의 사실에 대한 증명책임은 조건성취로 인한 권리 취득을 주장하는 자에게 있다.

 정답 및 해설 p.191

1 기간과 기간의 계산

01 **기간의 만료점이 빠른 시간 순서대로 나열한 것은? (다툼이 있으면 판례에 따름)**

제23회

㉠ 2020년 6월 2일 오전 0시 정각부터 4일간 ㉡ 2020년 5월 4일 오후 2시 정각부터 1개월간 ㉢ 2020년 6월 10일 오전 10시 정각부터 1주일 전(前)

① ㉠ - ㉡ - ㉢　② ㉠ - ㉢ - ㉡　③ ㉡ - ㉠ - ㉢
④ ㉡ - ㉢ - ㉠　⑤ ㉢ - ㉡ - ㉠

02 **법령 또는 약정 등으로 달리 정한 바가 없는 경우, 기간에 관한 설명으로 옳지 않은 것은? (다툼이 있으면 판례에 따름)**

제22회

① 기간계산에 관한 민법 규정은 공법관계에 적용되지 않는다.
② 기간을 월 또는 연으로 정한 때에는 역(曆)에 의하여 계산한다.
③ 기간의 말일이 토요일 또는 공휴일에 해당한 때에는 기간은 그 익일로 만료한다.
④ 기간을 일 또는 주로 정한 때에는 그 기간이 오전 영시로부터 시작하지 않는 경우, 기간의 초일은 산입하지 아니한다.
⑤ 연령계산에는 출생일을 산입한다.

2 소멸시효

03 **소멸시효에 관한 설명으로 옳지 않은 것은? (다툼이 있으면 판례에 따름)** 제28회

① 매수인이 목적 부동산을 인도받아 계속 점유하는 경우에는 그 부동산에 관한 소유권이전등기청구권의 소멸시효가 진행하지 않는다.

② 건물이 완공되기 전에는 건물에 관한 소유권이전등기청구권의 시효가 진행하지 않는다.

③ 가압류에 의한 시효중단의 효력은 가압류의 집행보전의 효력이 존속하는 동안 계속된다.

④ 소멸시효의 진행이 개시되기 전에 채무자가 승인한 경우, 그 승인에 따라 채권의 소멸시효는 중단된다.

⑤ 지급명령에서 확정된 채권은 특별한 사정이 없는 한 단기의 소멸시효에 해당하는 것이라도 그 소멸시효는 10년으로 한다.

04 **소멸시효의 효력에 관한 설명으로 옳지 않은 것은? (다툼이 있으면 판례에 따름)** 제28회

① 소유권이전등기청구권의 소멸시효기간이 지난 사실을 알고 있는 등기의무자가 소유권이전등기를 해 주기로 약정한 경우, 특별한 사정이 없는 한 이는 시효이익의 포기로 보아야 한다.

② 소멸시효가 완성된 채권이 그 완성 전에 상계할 수 있었던 것이면 그 채권자는 상계할 수 있다.

③ 후순위 담보권자는 선순위 담보권의 피담보채권의 시효소멸로 직접 이익을 받는 자에 해당하기 때문에 그 피담보채권의 소멸시효 완성을 주장할 수 있다.

④ 시효완성의 이익을 받을 당사자 또는 그 대리인이 아닌 제3자가 시효완성의 이익을 포기한 경우, 그 포기는 시효완성의 이익을 받을 자에게 효력이 없다.

⑤ 소멸시효 이익의 포기는 가분채무 일부에 대하여도 가능하다.

05 **소멸시효에 관한 설명으로 옳지 않은 것은? (다툼이 있으면 판례에 따름)** 제27회

① 채권 및 소유권은 10년간 행사하지 아니하면 소멸시효가 완성한다.
② 지역권은 20년간 행사하지 아니하면 소멸시효가 완성한다.
③ 금전채무의 이행지체로 인하여 발생하는 지연손해금은 3년의 단기소멸시효가 적용되지 않는다.
④ 이자채권이라도 1년 이내의 정기로 지급하기로 한 것이 아니면 3년의 단기소멸시효가 적용되지 않는다.
⑤ 상행위로 인하여 발생한 상품 판매 대금채권은 3년의 단기소멸시효가 적용된다.

06 **추가적인 조치가 없더라도 소멸시효 중단의 효력이 발생하는 것은? (다툼이 있으면 판례에 따름)** 제27회

① 채권자의 승소 확정판결
② 최고
③ 재산명시명령의 송달
④ 이행청구 의사가 표명된 소송고지
⑤ 내용증명우편에 의한 이행청구

판례변경

07 **소멸시효에 관한 설명으로 옳은 것은? (다툼이 있으면 판례에 따름)** 제27회

① 소멸시효 중단사유인 채무의 승인은 의사표시에 해당한다.
② 시효중단의 효력이 있는 승인에는 상대방 권리에 관한 처분의 능력이나 권한 있음을 요하지 않는다.
③ 소멸시효 완성 후 채무자가 채무의 일부를 변제하였다면 시효완성 사실을 알고 시효이익을 포기한 것으로 추정된다.
④ 시효완성 전에 채무의 일부를 변제한 경우에는 그 수액에 관하여 다툼이 없는 한 채무승인의 효력이 있어 채무전부에 관하여 소멸시효 이익 포기의 효력이 발생한다.
⑤ 채무자가 담보 목적의 가등기를 설정하여 주는 것은 채무의 승인에 해당하므로, 그 가등기가 계속되고 있는 동안 그 피담보채권에 대한 소멸시효는 진행하지 않는다.

08 소멸시효에 관한 설명으로 옳은 것을 모두 고른 것은? (다툼이 있으면 판례에 따름)

제26회

> ㉠ 소유권에 기한 물권적 청구권은 소멸시효에 걸리지 않는다.
> ㉡ 하자담보책임에 기한 토지 매수인의 손해배상청구권은 제척기간에 걸리므로 소멸시효의 적용이 배제된다.
> ㉢ 사실상 권리의 존재나 권리행사 가능성을 알지 못하였다는 사유는 특별한 사정이 없는 한 소멸시효의 진행을 방해하지 않는다.

① ㉡
② ㉠, ㉡
③ ㉠, ㉢
④ ㉡, ㉢
⑤ ㉠, ㉡, ㉢

09 소멸시효에 관한 설명으로 옳은 것은? (다툼이 있으면 판례에 따름)

제25회

① 소멸시효의 이익은 미리 포기할 수 있다.
② 1개월 단위로 지급되는 집합건물의 관리비채권의 소멸시효기간은 3년이다.
③ 부작위를 목적으로 하는 채권의 소멸시효는 계약체결 시부터 진행한다.
④ 근저당권설정약정에 의한 근저당권설정등기청구권은 그 피담보채권이 될 채권과 별개로 소멸시효에 걸리지 않는다.
⑤ 당사자가 본래의 소멸시효 기산일과 다른 기산일을 주장하는 경우, 법원은 원칙적으로 본래의 소멸시효 기산일을 기준으로 소멸시효를 계산해야 한다.

10 소멸시효의 중단에 관한 설명으로 옳지 않은 것은? (다툼이 있으면 판례에 따름)

제25회

① 승인으로 인한 시효중단의 효력은 그 승인의 통지가 상대방에게 발신된 때에 발생한다.
② 소멸시효의 중단사유인 승인은 묵시적으로도 할 수 있다.
③ 재판상의 청구로 인하여 중단된 시효는 재판이 확정된 때로부터 새로이 진행한다.
④ 지급명령신청은 소멸시효의 중단사유로서 재판상의 청구에 포함된다.
⑤ 가압류는 소멸시효의 중단사유이다.

11 **소멸시효에 관한 설명으로 옳지 않은 것은? (다툼이 있으면 판례에 따름)** 제24회

① 불계속지역권은 소멸시효에 걸리는 권리이다.
② 공유관계가 존속하는 한 공유물분할청구권은 독립하여 소멸시효에 걸리지 않는다.
③ 건물이 완공되기 전에는 건물에 관한 소유권이전등기청구권의 시효가 진행하지 않는다.
④ 소멸시효 완성 후에 채무승인이 있었다면, 곧바로 소멸시효 이익의 포기가 있은 것으로 간주된다.
⑤ 정지조건부 채권의 소멸시효는 그 조건이 성취한 때로부터 진행한다.

12 **소멸시효의 중단과 정지에 관한 설명으로 옳지 않은 것은? (다툼이 있으면 판례에 따름)** 제24회

① 시효의 중단은 원칙적으로 당사자 및 그 승계인 간에만 효력이 있다.
② 가압류에 의한 시효중단의 효력은 가압류의 집행보전의 효력이 존속하는 동안 계속된다.
③ 물상보증인 소유의 부동산에 대한 압류는 그 통지와 관계없이 주채무자에 대하여 시효중단의 효력이 생긴다.
④ 재산을 관리하는 후견인에 대한 제한능력자의 권리는 그가 능력자가 되거나 후임 법정대리인이 취임한 때부터 6개월 내에는 소멸시효가 완성되지 않는다.
⑤ 부부 중 한쪽이 다른 쪽에 대하여 가지는 권리는 혼인관계가 종료된 때부터 6개월 내에는 소멸시효가 완성되지 않는다.

13 **소멸시효의 중단에 관한 설명으로 옳지 않은 것은? (다툼이 있으면 판례에 따름)** 제23회

① 재판상 청구는 그 소가 각하되더라도 최고의 효력은 있다.
② 응소행위로 인한 시효중단의 효력은 원고가 소를 제기한 때에 발생한다.
③ 소멸시효가 중단되면 중단사유가 종료된 때부터 새로 시효가 진행한다.
④ 시효중단의 효력 있는 승인에는 상대방의 권리에 관한 처분의 능력이나 권한 있음을 요하지 않는다.
⑤ 부진정연대채무자 1인에 대한 이행의 청구는 다른 부진정연대채무자에 대하여 시효중단의 효력이 없다.

14 소멸시효에 걸리는 권리는? (다툼이 있으면 판례에 따름) 제23회

① 점유권
② 유치권
③ 주위토지통행권
④ 소유권에 기한 방해제거청구권
⑤ 물상보증인의 채무자에 대한 구상권

15 소멸시효에 관한 설명으로 옳지 않은 것은? (다툼이 있으면 판례에 따름) 제22회

① 정지조건부 권리는 조건이 성취된 때부터 소멸시효가 진행한다.
② 당사자가 본래의 소멸시효 기산일과 다른 기산일을 주장하는 경우, 법원은 본래의 소멸시효 기산일을 기준으로 소멸시효를 계산하여야 한다.
③ 공동불법행위자 사이에 인정되는 구상권의 소멸시효는 구상권자가 공동면책행위를 한 때부터 진행한다.
④ 특정물 매도인의 하자담보책임에 기한 매수인의 손해배상청구권은 특별한 사정이 없는 한, 그 목적물을 인도받은 때부터 소멸시효가 진행한다.
⑤ 채권자가 선택권자인 선택채권은 선택권을 행사할 수 있는 때부터 소멸시효가 진행한다.

16 소멸시효의 중단에 관한 설명으로 옳은 것은? (다툼이 있으면 판례에 따름) 제22회

① 과세처분의 취소 또는 무효 확인의 소는 소멸시효 중단사유인 재판상 청구에 해당하지 않는다.
② 권리의 일부에 대하여 소를 제기한 것이 명백한 경우, 원칙적으로 그 일부뿐만 아니라 나머지 부분에 대하여도 시효중단의 효력이 발생한다.
③ 채권자가 파산법원에 대한 파산채권신고를 한 경우, 시효중단의 효력이 발생하지 않는다.
④ 주채무자에 대한 시효의 중단은 보증인에 대하여 그 효력이 있다.
⑤ 소멸시효가 중단된 때에는 그 시효의 진행이 일시 중지되었다가 중단사유가 종료한 때로부터 다시 이어서 진행한다.

17 **소멸시효에 관한 설명으로 옳지 않은 것은? (다툼이 있으면 판례에 따름)** 제21회

① 지상권은 20년간 행사하지 않으면 소멸시효가 완성한다.
② 시효중단사유가 종료한 때로부터 소멸시효는 새로이 진행한다.
③ 부작위를 목적으로 한 채권의 소멸시효는 계약체결 시부터 진행한다.
④ 최고가 있은 후 6개월 내에 압류 또는 가압류를 하면 그 최고는 시효중단의 효력이 있다.
⑤ 매도인의 소유권이전채무가 이행불능이 된 경우, 매수인의 손해배상채권의 소멸시효는 그 채무가 이행불능이 된 때부터 진행한다.

18 **소멸시효에 관한 설명으로 옳은 것은? (다툼이 있으면 판례에 따름)** 제21회

① 소멸시효는 당사자의 합의에 의하여 단축할 수 없으나 연장할 수는 있다.
② 법원은 어떤 권리의 소멸시효기간이 얼마나 되는지를 직권으로 판단할 수 없다.
③ 연대채무자 중 한 사람에 대한 이행청구는 다른 연대채무자에 대하여도 시효중단의 효력이 있다.
④ 재판상 청구는 소송이 각하된 경우에는 시효중단의 효력이 없으나, 기각된 경우에는 시효중단의 효력이 있다.
⑤ 주채무가 민사채무이고 보증채무는 상행위로 인한 것일 경우, 보증채무는 주채무에 따라 10년의 소멸시효에 걸린다.

PART 04 물권법

CHAPTER 01 물권법 총론

정답 및 해설 p.195

01 물권적 청구권에 관한 설명으로 옳은 것은? (다툼이 있으면 판례에 따름) 제27회

① 지상권을 설정한 토지소유자는 그 토지에 대한 불법점유자에 대하여 물권적 청구권을 행사할 수 없다.
② 점유를 상실하여 현실적으로 점유하고 있지 아니한 불법점유자에 대하여 소유자는 그 소유물의 인도를 청구할 수 있다.
③ 소유권을 상실한 전(前)소유자가 그 물건의 양수인에게 인도의무를 부담하는 경우, 제3자인 불법점유자에 대하여 소유권에 기한 물권적 청구권을 행사할 수 있다.
④ 소유자는 소유권을 현실적으로 방해하지 않고 그 방해를 할 염려있는 행위를 하는 자에 대하여도 그 예방을 청구할 수 있다.
⑤ 지역권자는 지역권의 행사를 방해하는 자에게 승역지의 반환청구를 할 수 있다.

02 물권에 관한 설명으로 옳지 않은 것은? (다툼이 있으면 판례에 따름) 제24회

① 물권법정주의에 관한 민법 제185조의 '법률'에는 규칙이나 지방자치단체의 조례가 포함되지 않는다.
② 온천에 관한 권리는 독립한 물권으로 볼 수 없다.
③ 일물일권주의 원칙상 특정 양만장 내의 뱀장어들 전부에 대해서는 1개의 양도담보권을 설정할 수 없다.
④ 사용·수익권능이 영구적·대세적으로 포기된 소유권은 특별한 사정이 없는 한 허용될 수 없다.
⑤ 소유권에 기한 물권적 청구권은 소멸시효의 대상이 아니다.

03 **관습법상의 권리에 관한 설명으로 옳지 않은 것을 모두 고른 것은? (다툼이 있으면 판례에 따름)** 제22회

> ㉠ 온천에 관한 권리는 관습법상의 물권이다.
> ㉡ 미등기 무허가건물의 양수인은 사실상의 소유권이라는 관습법상의 물권을 취득한다.
> ㉢ 지역주민이 관련 법령에 따른 근린공원을 자유롭게 이용할 수 있는 경우, 그들에게 배타적인 관습법상의 공원이용권이 인정된다.

① ㉠
② ㉡
③ ㉢
④ ㉡, ㉢
⑤ ㉠, ㉡, ㉢

CHAPTER 02 물권의 변동

정답 및 해설 p.196

1 물권변동 일반

01 **물권변동에 관한 설명으로 옳지 않은 것은? (다툼이 있으면 판례에 따름)** 제26회

① 별도의 공시방법을 갖추면 토지 위에 식재된 입목을 그 토지와 독립하여 거래의 객체로 할 수 있다.
② 지역권은 20년간 행사하지 않으면 시효로 소멸한다.
③ 취득시효에 의한 소유권취득의 효력은 점유를 개시한 때로 소급한다.
④ 부동산 공유자가 자기 지분을 포기한 경우, 그 지분은 이전등기 없이도 다른 공유자에게 각 지분의 비율로 귀속된다.
⑤ 공유물분할의 조정절차에서 협의에 의하여 조정조서가 작성되더라도 그 즉시 공유관계가 소멸하지는 않는다.

02 **부동산물권의 변동에 관한 설명으로 옳은 것은? (다툼이 있으면 판례에 따름)** 제23회

① 등기는 물권의 효력존속요건이다.
② 무효등기의 유용에 관한 합의는 묵시적으로 이루어질 수 없다.
③ 토지거래허가구역 내의 토지에 대해 행하여진 중간생략등기는 무효이다.
④ 상속에 의한 토지소유권 취득은 등기해야 그 효력이 생긴다.
⑤ 미등기건물의 원시취득자와 그 승계취득자 사이의 합의에 의하여 직접 승계취득자 명의로 소유권보존등기를 한 경우, 그 등기는 무효이다.

2 등기

03 **부동산등기에 관한 설명으로 옳지 않은 것은? (다툼이 있으면 판례에 따름)** 제28회

① 물권에 관한 등기가 원인 없이 말소된 경우에 그 물권의 효력에는 아무런 영향을 미치지 않는다.
② 소유권이전등기명의자는 그 전(前)소유자에 대하여 적법한 등기원인에 의해 소유권을 취득한 것으로 추정된다.
③ 사망자 명의로 신청하여 이루어진 소유권이전등기는 특별한 사정이 없는 한 원인무효의 등기이다.
④ 등기한 토지임차권은 제3자에게 대항할 수 있다.
⑤ 소유권이전청구권 보전을 위한 가등기가 있으면 소유권이전등기를 청구할 어떤 법률 관계가 있다고 추정된다.

04 **청구권보전을 위한 가등기에 관한 설명으로 옳은 것은? (다툼이 있으면 판례에 따름)** 제27회

① 소유권이전등기청구권 보전을 위한 가등기가 있는 경우, 소유권이전등기를 청구할 어떤 법률관계가 있다고 추정된다.
② 가등기된 소유권이전등기청구권은 타인에게 양도될 수 없다.
③ 가등기에 기하여 본등기가 마쳐진 경우, 본등기에 의한 물권변동의 효력은 가등기한 때로 소급하여 발생한다.
④ 가등기 후에 제3자에게 소유권이전등기가 이루어진 경우, 가등기권리자는 가등기 당시의 소유명의인이 아니라 현재의 소유명의인에게 본등기를 청구하여야 한다.
⑤ 가등기권리자는 가등기에 기하여 무효인 중복된 소유권보존등기의 말소를 구할 수 없다.

05 **등기에 관한 설명으로 옳은 것은? (다툼이 있으면 판례에 따름)** 제26회

① 등기는 물권의 효력발생요건이자 효력존속요건에 해당한다.
② 동일인 명의로 소유권보존등기가 중복으로 된 경우에는 특별한 사정이 없는 한 후행등기가 무효이다.
③ 매도인이 매수인에게 소유권이전등기를 마친 후 매매계약의 합의해제에 따른 매도인의 등기말소청구권의 법적 성질은 채권적 청구권이다.
④ 소유자의 대리인으로부터 토지를 적법하게 매수하였더라도 소유권이전등기가 위조된 서류에 의하여 마쳐졌다면 그 등기는 무효이다.
⑤ 무효등기의 유용에 관한 합의는 반드시 명시적으로 이루어져야 한다.

06 **X토지가 소유자인 최초 매도인 甲으로부터 중간 매수인 乙에게, 다시 乙로부터 최종 매수인 丙에게 순차로 매도되었다. 한편 甲, 乙, 丙은 전원의 의사합치로 X토지에 대하여 甲이 丙에게 직접 소유권이전등기를 하기로 하는 중간생략등기의 합의를 하였다. 이에 관한 설명으로 옳은 것을 모두 고른 것은? (다툼이 있으면 판례에 따름)** 제25회

> ㉠ 중간생략등기합의로 인해 乙의 甲에 대한 소유권이전등기청구권은 소멸한다.
> ㉡ 중간생략등기합의 후 甲과 乙 사이에 매매대금을 인상하기로 약정한 경우, 甲은 인상된 매매대금이 지급되지 않았음을 이유로 丙 명의로의 소유권이전등기의무의 이행을 거절할 수 있다.
> ㉢ 만약 X토지가 토지거래허가구역 내의 토지라면, 丙이 자신과 甲을 매매 당사자로 하는 토지거래허가를 받아 자신 앞으로 소유권이전등기를 경료하였더라도 그 소유권이전등기는 무효이다.

① ㉠
② ㉢
③ ㉠, ㉡
④ ㉡, ㉢
⑤ ㉠, ㉡, ㉢

07 부동산매매계약으로 인한 등기청구권에 관한 설명으로 옳은 것을 모두 고른 것은? (다툼이 있으면 판례에 따름) 제25회

> ㉠ 부동산 매수인이 목적 부동산을 인도받아 계속 점유하는 경우, 그 소유권이전등기청구권의 소멸시효는 진행되지 않는다.
> ㉡ 부동산 매수인 甲이 목적 부동산을 인도받아 이를 사용·수익하다가 乙에게 그 부동산을 처분하고 그 점유를 승계하여 준 경우, 甲의 소유권이전등기청구권의 소멸시효는 진행되지 않는다.
> ㉢ 부동산매매로 인한 소유권이전등기청구권은 특별한 사정이 없는 한 권리의 성질상 양도가 제한되고 양도에 채무자의 승낙이나 동의를 요한다.

① ㉠
② ㉢
③ ㉠, ㉡
④ ㉡, ㉢
⑤ ㉠, ㉡, ㉢

08 채권적 청구권에 해당하는 등기청구권을 모두 고른 것은? (다툼이 있으면 판례에 따름) 제24회

> ㉠ 매매계약에 기한 매수인의 소유권이전등기청구권
> ㉡ 위조서류에 의해 마쳐진 소유권이전등기에 대한 소유자의 말소등기청구권
> ㉢ 점유취득시효완성자의 소유자에 대한 소유권이전등기청구권
> ㉣ 민법 제621조에 의한 임차인의 임대인에 대한 임차권설정등기청구권

① ㉠, ㉡
② ㉡, ㉢
③ ㉢, ㉣
④ ㉠, ㉡, ㉣
⑤ ㉠, ㉢, ㉣

09 **등기의 추정력이 깨지는 경우를 모두 고른 것은? (다툼이 있으면 판례에 따름)**

제23회

> ㉠ 건물 소유권보존등기의 명의자가 건물을 신축한 것이 아닌 경우
> ㉡ 등기부상 등기명의자의 공유지분의 분자 합계가 분모를 초과하는 경우
> ㉢ 소유권보존등기의 명의인이 부동산을 양수받은 것이라 주장하는데, 전(前) 소유자가 양도 사실을 부인하는 경우

① ㉠
② ㉡
③ ㉠, ㉢
④ ㉡, ㉢
⑤ ㉠, ㉡, ㉢

10 **건물의 중간생략등기에 관한 설명으로 옳은 것을 모두 고른 것은? (다툼이 있으면 판례에 따름)**

제22회

> ㉠ 부동산등기특별조치법은 중간생략등기를 금지하고 있다.
> ㉡ 최종 매수인이 최초 매도인에게 직접 소유권이전등기청구권을 행사하기 위해서는 당사자 전원이 중간생략등기에 관한 합의를 하여야 한다.
> ㉢ 적법한 원인행위에 의해 중간생략등기가 마쳐진 경우, 특별한 사정이 없는 한 그 등기는 유효하다.
> ㉣ 중간생략등기를 하기로 한 경우, 중간자의 채무불이행이 있어도 최초 매도인은 최종 매수인 명의로의 소유권이전등기 이행을 거절할 수 없다.

① ㉠, ㉡
② ㉡, ㉣
③ ㉢, ㉣
④ ㉠, ㉡, ㉢
⑤ ㉠, ㉢, ㉣

11 부동산등기에 관한 설명으로 옳지 않은 것은? (다툼이 있으면 판례에 따름) 제21회

① 멸실된 건물의 소유권등기는 그 대지에 신축한 건물의 등기로 유용할 수 없다.
② 증여에 의하여 취득한 부동산의 등기원인을 매매로 기재하였더라도 소유권이전등기는 유효하다.
③ 乙이 甲 소유 미등기 건물을 매수한 뒤 甲과의 합의에 따라 직접 자기명의로 보존등기한 경우, 그 등기는 무효이다.
④ 등기가 원인 없이 말소된 경우, 그 회복등기가 마쳐지기 전이라도 말소된 등기의 명의인은 적법한 권리자로 추정된다.
⑤ 소유권이전청구권 보전을 위한 가등기가 있어도, 소유권이전등기를 청구할 어떤 법률관계가 있다고 추정되지 않는다.

12 물권의 취득을 위하여 등기가 필요한 경우를 모두 고른 것은? (다툼이 있으면 판례에 따름) 제21회

㉠ 상속에 의한 건물소유권의 취득
㉡ 경매로 인한 토지소유권의 취득
㉢ 공용징수에 의한 토지소유권의 취득
㉣ 저당건물의 경매로 인한 법정지상권의 취득
㉤ 토지매도인을 상대로 한 소유권이전등기소송에서 승소한 매수인의 소유권 취득

① ㉤
② ㉠, ㉢
③ ㉡, ㉣
④ ㉣, ㉤
⑤ ㉠, ㉡, ㉢

3 동산 물권변동

13 선의취득에 관한 설명으로 옳지 않은 것은? (다툼이 있으면 판례에 따름) 제22회

① 선의취득에 관한 민법 제249조는 동산질권에 준용한다.
② 연립주택의 입주권은 선의취득의 대상이 아니다.
③ 동산을 경매로 취득하는 것은 선의취득을 위한 거래행위에 해당하지 않는다.
④ 점유개정에 의한 점유취득만으로는 선의취득이 인정되지 않는다.
⑤ 금전 아닌 유실물이 선의취득의 목적물인 경우, 유실자는 유실한 날로부터 2년 내에 그 물건의 반환을 청구할 수 있다.

1 점유의 모습(태양)

01 자주점유에 관한 설명으로 옳지 않은 것은? (다툼이 있으면 판례에 따름) 제28회

① 부동산에 관한 자주점유의 추정은 국가가 점유하는 경우에도 적용된다.
② 타인의 물건을 관리하기 위하여 한 점유는 점유권원의 성질상 자주점유이다.
③ 공유자 1인이 공유부동산 전부를 점유하고 있더라도 특별한 사정이 없는 한 다른 공유자의 지분비율의 범위 내에서는 타주점유이다.
④ 타주점유자가 그 명의로 소유권보존등기를 경료한 것만으로는 타주점유가 자주점유로 전환되지 않는다.
⑤ 자주점유는 소유자와 동일한 지배를 사실상 행사하려는 의사를 가지고 하는 점유이다.

02 자주점유에 관한 설명으로 옳지 않은 것은? (다툼이 있으면 판례에 따름) 제27회

① 자주점유는 소유자와 동일한 지배를 하려는 의사를 가지고 하는 점유를 의미한다.
② 매매계약이 무효가 되는 사정이 있음을 알지 못하고 부동산을 매수한 자의 점유는 후일 그 매매가 무효가 되면 그 점유의 성질이 타주점유로 변한다.
③ 동산의 무주물선점에 의한 소유권취득은 자주점유인 경우에 인정된다.
④ 무허가 건물 부지가 타인의 소유라는 사정을 알면서 그 건물만을 매수한 경우, 특별한 사정이 없는 한 매수인의 그 부지에 대한 자주점유는 인정되지 않는다.
⑤ 타주점유자가 자신의 명의로 소유권이전등기를 마친 것만으로는 점유시킨 자에 대하여 소유의 의사를 표시한 것으로 인정되지 않으므로 자주점유로 전환되었다고 볼 수 없다.

03 **점유에 관한 설명으로 옳지 않은 것은? (다툼이 있으면 판례에 따름)** 제26회

① 건물에 대하여 유치권을 행사하는 자는 건물의 부지를 점유하는 자에 해당하지 않는다.

② 미등기건물을 양수하여 사실상의 처분권을 가진 자는 토지소유자에 대하여 건물 부지의 점유·사용에 따른 부당이득반환의무를 진다.

③ 간접점유가 인정되기 위해서는 직접점유자와 간접점유자 사이에 점유매개관계가 존재하여야 한다.

④ 계약명의신탁약정에 따라 명의수탁자 명의로 등기된 부동산을 명의신탁자가 점유하는 경우, 특별한 사정이 없는 한 명의신탁자의 점유는 타주점유에 해당한다.

⑤ 선의의 타주점유자는 자신에게 책임있는 사유로 점유물이 멸실되더라도 현존이익의 범위에서만 손해배상책임을 진다.

04 **자주점유에 관한 설명으로 옳지 않은 것은? (다툼이 있으면 판례에 따름)** 제25회

① 부동산의 점유자가 지적공부 등의 관리주체인 국가나 지방자치단체인 경우에는 자주점유로 추정되지 않는다.

② 매매로 인한 점유의 승계가 있는 경우, 전(前) 점유자의 점유가 타주점유라도 현(現) 점유자가 자기의 점유만을 주장하는 때에는 현(現) 점유자의 점유는 자주점유로 추정된다.

③ 점유자가 스스로 주장한 매매와 같은 자주점유의 권원이 인정되지 않는다는 사유만으로는 자주점유의 추정이 깨진다고 볼 수 없다.

④ 자주점유인지 여부는 점유취득의 원인이 된 권원의 성질이나 점유와 관계가 있는 모든 사정에 의하여 외형적·객관적으로 결정되어야 한다.

⑤ 자주점유에서 소유의 의사는 사실상 소유할 의사가 있는 것으로 충분하다.

2 점유권의 효력

05 **점유에 관한 설명으로 옳지 않은 것은? (다툼이 있으면 판례에 따름)** 제22회

① 과실(過失) 없이 과실(果實)을 수취하지 못한 악의의 점유자는 회복자에 대하여 그 과실(果實)의 대가를 보상하여야 한다.

② 전후 양시에 점유한 사실이 있는 때에는 그 점유는 계속한 것으로 추정한다.

③ 점유자가 점유하고 있는 동산에 대하여 행사하는 권리는 적법하게 보유한 것으로 추정함이 원칙이다.

④ 선의의 점유자라도 본권에 관한 소에 패소한 때에는 그 소가 제기된 때로부터 악의의 점유자로 본다.

⑤ 타주점유자에게도 유익비상환청구권이 인정될 수 있다.

06 **점유권에 관한 설명으로 옳지 않은 것은? (다툼이 있으면 판례에 따름)** 제21회

① 점유권에 기한 소는 본권에 관한 이유로 재판하지 못한다.

② 점유자는 소유의 의사로 선의, 평온 및 공연하게 점유한 것으로 추정한다.

③ 점유의 권리 적법추정에 관한 규정은 등기된 부동산에는 적용되지 않는다.

④ 공사로 인하여 점유를 방해받은 경우, 그 공사가 완성되기 전이라면 공사착수 후 1년이 경과하였더라도 방해제거를 청구할 수 있다.

⑤ 전(前) 점유자의 점유가 타주점유라 하여도 전(前) 점유자의 특정승계인인 현 점유자가 자기의 점유만을 주장하는 경우, 현 점유자의 점유는 자주점유로 추정된다.

1 소유권 일반

01 민법상 상린관계에 관한 설명으로 옳지 않은 것을 모두 고른 것은? (다툼이 있으면 판례에 따름) 제28회

ㄱ 토지 주변의 소음이 사회통념상 수인한도를 넘지 않은 경우에도 그 토지소유자는 소유권에 기하여 소음피해의 제거를 청구할 수 있다.
ㄴ 토지소유자가 부담하는 자연유수의 승수의무(承水義務)에는 적극적으로 그 자연유수의 소통을 유지할 의무가 포함된다.
ㄷ 경계에 설치된 담이 상린자의 공유인 경우, 상린자는 공유를 이유로 공유물 분할을 청구하지 못한다.
ㄹ 분할로 인하여 공로에 통하지 못하는 토지가 있는 때에는 그 토지소유자는 공로에 출입하기 위하여 다른 분할자의 토지를 보상 없이 통행할 수 있다.

① ㄱ, ㄴ
② ㄴ, ㄷ
③ ㄷ, ㄹ
④ ㄱ, ㄴ, ㄹ
⑤ ㄱ, ㄷ, ㄹ

02 토지소유권의 범위에 포함되는 것은? (다툼이 있으면 판례에 따름) 제24회

① 지중(地中)에 있는 지하수
② 지상권자가 식재한 수목
③ 완성된 미등기건물
④ 바다
⑤ 명인방법을 갖춘 미분리과실

2 소유권의 취득

03 **소유권에 기한 물권적 청구권에 관한 설명으로 옳지 않은 것은? (다툼이 있으면 판례에 따름)**

제28회

① 소유권이전등기를 마치지 않은 매수인은 직접 소유권에 기한 방해제거청구를 할 수 없다.

② 소유권에 기한 물권적 청구권은 소멸시효의 대상이 되지 않는다.

③ 건물소유자가 건물의 소유를 통해 타인 소유의 토지 전부를 불법점유하고 있는 경우, 그 토지소유자는 특별한 사정이 없는 한 건물소유자에게 건물철거를 청구할 수 있다.

④ 불법점유자가 물건을 다른 사람에게 인도하여 현실적으로 점유를 하고 있지 않더라도 소유자는 그 불법점유자를 상대로 그 소유물의 인도청구를 할 수 있다.

⑤ 소유권에 기한 방해배제청구는 현재 계속되고 있는 방해의 원인을 제거하는 것을 내용으로 해야 한다.

04 **부동산점유취득시효에 관한 설명으로 옳지 않은 것은? (다툼이 있으면 판례에 따름)**

제26회

① 부동산에 대한 압류 또는 가압류는 취득시효의 중단사유에 해당하지 않는다.

② 취득시효기간 중 계속해서 등기명의자가 동일한 경우, 점유개시 후 임의의 시점을 시효기간의 기산점으로 삼을 수 있다.

③ 시효완성자는 시효완성 당시의 진정한 소유자에 대하여 채권적 등기청구권을 가진다.

④ 시효완성 후 그에 따른 소유권이전등기 전에 소유자가 부동산을 처분하면 시효완성자에 대하여 채무불이행책임을 진다.

⑤ 시효완성자가 소유자에게 등기이전을 청구하더라도 특별한 사정이 없는 한, 부동산의 점유로 인한 부당이득반환의무를 지지 않는다.

05 부동산 점유취득시효에 관한 설명으로 옳지 않은 것은? (다툼이 있으면 판례에 따름)

제25회

① 시효완성자의 시효이익의 포기는 특별한 사정이 없는 한 시효완성 당시의 원인무효인 등기의 등기부상 소유명의자에게 하여도 그 효력이 있다.
② 점유자가 시효완성 후 점유를 상실하였다고 하더라도 이를 시효이익의 포기로 볼 수 있는 경우가 아닌 한, 이미 취득한 소유권이전등기청구권이 즉시 소멸되는 것은 아니다.
③ 시효완성 당시의 점유자로부터 양수하여 점유를 승계한 현(現) 점유자는 전(前) 점유자의 시효완성의 효과를 주장하여 직접 자기에게로 소유권이전등기를 청구할 수 없다.
④ 시효완성 당시의 소유자는 특별한 사정이 없는 한 시효완성자가 등기를 마치지 않았더라도 그에 대하여 부동산의 점유로 인한 부당이득반환청구를 할 수 없다.
⑤ 시효완성 당시의 소유자는 특별한 사정이 없는 한 시효완성자가 등기를 마치지 않았더라도 그에 대하여 불법점유임을 이유로 그 부동산의 인도를 청구할 수 없다.

06 부동산점유취득시효에 관한 설명으로 옳지 않은 것은? (다툼이 있으면 판례에 따름)

제24회

① 취득시효 완성 당시에는 일반재산이었으나 취득시효 완성 후에 행정재산으로 변경된 경우, 국가를 상대로 소유권이전등기청구를 할 수 없다.
② 점유자가 매매와 같은 자주점유의 권원을 주장하였다가 그 점유권원이 인정되지 않았다는 것만으로는 자주점유의 추정은 번복되지 않는다.
③ 취득시효기간 중 계속해서 등기명의자가 동일한 경우, 점유개시 후 임의의 시점을 시효기간의 기산점으로 삼을 수 있다.
④ 취득시효의 완성을 알고 있는 소유자가 부동산을 선의의 제3자에게 처분하여 소유권이전등기를 마친 경우, 그 소유권자는 시효완성자에게 불법행위로 인한 손해배상책임을 진다.
⑤ 취득시효 완성 후 그로 인한 등기 전에 소유자가 저당권을 설정한 경우, 특별한 사정이 없는 한 시효완성자는 등기를 함으로써 저당권의 부담이 없는 소유권을 취득한다.

07 **물건에 관한 설명으로 옳지 않은 것은? (다툼이 있으면 판례에 따름)** 제22회

① 부합한 동산의 주종을 구별할 수 있는 경우, 특별한 사정이 없는 한 각 동산의 소유자는 부합 당시의 가액 비율로 합성물을 공유한다.
② 반려동물의 권리능력을 인정하는 관습법은 존재하지 않는다.
③ 제사주재자에게는 자기 유골의 매장장소를 지정한 피상속인의 의사에 구속되어야 할 법률적 의무가 없다.
④ 건물의 개수는 공부상의 등록에 의하여 결정되는 것이 아니라 건물의 상태 등 객관적 사정과 소유자의 의사 등 주관적 사정을 참작하여 결정된다.
⑤ 분할이 가능한 토지의 일부에도 유치권이 성립할 수 있다.

08 **甲 소유의 토지에 관하여 乙이 점유취득시효를 완성하였다. 시효완성 후에 丙이 甲으로부터 그 토지를 매수하여 소유권이전등기를 마친 뒤 1년이 지난 상태이다. 이에 관한 설명으로 옳은 것을 모두 고른 것은? (다툼이 있으면 판례에 따름)** 제21회

㉠ 乙은 등기 없이도 토지소유권을 취득한다.
㉡ 乙은 甲에게 소유권이전등기의무의 불이행을 이유로 손해배상을 청구할 수 있다.
㉢ 丙이 시효완성 사실을 알지 못한 경우, 乙은 丙에게 시효완성을 주장할 수 없다.
㉣ 甲이 시효완성 사실을 모르고 丙에게 처분했더라도, 乙은 甲에게 불법행위를 이유로 손해배상을 청구할 수 있다.

① ㉢
② ㉣
③ ㉠, ㉡
④ ㉠, ㉢
⑤ ㉡, ㉣

3 공동소유

09 **공유에 관한 설명으로 옳은 것을 모두 고른 것은? (다툼이 있으면 판례에 따름)** 제28회

> ㉠ 공유자의 지분은 특별한 사정이 없는 한 균등한 것으로 추정한다.
> ㉡ 부동산 공유자의 공유지분 포기에 따른 등기는 해당 지분에 관하여 다른 공유자 앞으로 소유권이전등기를 하는 형태가 되어야 한다.
> ㉢ 공유물을 단독으로 점유하고 있는 소수지분권자는 공유물관리를 위한 과반수지분권자의 공유물 인도청구를 공유물의 사용수익권으로 거부할 수 없다.

① ㉠
② ㉡
③ ㉠, ㉢
④ ㉡, ㉢
⑤ ㉠, ㉡, ㉢

10 **공유에 관한 설명으로 옳지 않은 것은? (다툼이 있으면 판례에 따름)** 제27회

① 공유자는 그 지분권을 다른 공유자의 동의없이 담보로 제공할 수 있다.
② 공유자 중 1인이 다른 공유자의 동의없이 그 공유 토지의 특정부분을 매도하여 타인명의로 소유권이전등기가 마쳐졌다면 그 등기는 전부무효이다.
③ 공유자가 1년 이상 그 지분비율에 따른 공유물의 관리비용 등의 의무이행을 지체한 경우, 다른 공유자는 상당한 가액으로 그 지분을 매수할 수 있다.
④ 공유물의 소수지분권자가 다른 공유자와 협의없이 공유물의 일부를 독점적으로 점유·사용하고 있는 경우, 다른 소수지분권자는 공유물의 보존행위로서 공유물의 인도를 청구할 수 없다.
⑤ 공유자들이 공유물의 무단점유자에게 가지는 차임상당의 부당이득반환채권은 특별한 사정이 없는 한 가분채권에 해당한다.

11 **공유에 관한 설명으로 옳은 것은? (다툼이 있으면 판례에 따름)** 제26회

① 공유자 1인이 무단으로 공유물을 임대하고 보증금을 수령한 경우, 다른 공유자에게 지분비율에 상응하는 보증금액을 부당이득으로 반환하여야 한다.
② 공유자들이 공유물의 무단점유자에게 가지는 차임 상당의 부당이득반환채권은 특별한 사정이 없는 한 불가분채권에 해당한다.
③ 공유물의 소수지분권자가 다른 공유자와 협의 없이 공유물의 일부를 독점적으로 사용하는 경우, 다른 소수지분권자는 공유물에 대한 보존행위로서 공유물의 인도를 청구할 수 있다.
④ 구분소유적 공유관계의 성립을 주장하는 자는 구분소유 약정의 대상이 되는 해당 토지의 위치를 증명하면 족하고, 그 면적까지 증명할 필요는 없다.
⑤ 공유물분할청구의 소가 제기된 경우, 법원은 청구권자가 요구한 분할방법에 구애받지 않고 공유자의 지분 비율에 따라 합리적으로 분할하면 된다.

12 **甲, 乙, 丙이 X토지를 같은 지분비율로 공유하고 있는데, 甲은 乙, 丙과 어떠한 합의도 없이 X토지 전부를 독점적으로 점유·사용하고 있다. 이에 관한 설명으로 옳은 것을 모두 고른 것은? (다툼이 있으면 판례에 따름)** 제25회

> ㉠ 乙은 甲에게 공유물의 보존행위로서 X토지의 인도청구를 할 수 있다.
> ㉡ 丙은 甲에게 자신의 공유지분권에 기초하여 X토지에 대한 방해배제청구를 할 수 있다.
> ㉢ 乙은 甲에게 자신의 지분에 상응하는 부당이득반환청구를 할 수 있다.

① ㉠　　② ㉡
③ ㉠, ㉢　　④ ㉡, ㉢
⑤ ㉠, ㉡, ㉢

13 **공동소유에 관한 설명으로 옳지 않은 것은? (다툼이 있으면 판례에 따름)** 제23회

① 합유자는 합유물의 분할을 청구하지 못한다.
② 합유는 조합체의 해산 또는 합유물의 양도로 인하여 종료한다.
③ 총유물의 관리는 특별한 사정이 없는 한 사원 각자 할 수 있다.
④ 공유자의 지분은 특별한 사정이 없는 한 균등한 것으로 추정한다.
⑤ 공유자는 다른 공유자의 동의 없이 공유물을 처분하거나 변경하지 못한다.

14 **甲(1/3 지분)과 乙(2/3 지분)이 공유하는 X토지를 乙이 단독으로 丙에게 임대한 후 丁과 매매계약을 체결하였으나 丁 명의로의 이전등기는 마쳐지지 않았다. 이에 관한 설명으로 옳지 않은 것은? (다툼이 있으면 판례에 따름)** 제22회

① 乙의 丙에 대한 임대행위는 X토지의 관리방법으로서 적법하다.
② 丙은 甲에 대하여 X토지의 사용에 따른 부당이득반환의무를 부담하지 아니한다.
③ 乙과 丁 사이의 매매계약은 무효이다.
④ 甲이 X토지에 관한 공유물분할청구의 소를 제기한 경우, 법원은 甲이 청구한 분할방법에 구애받지 않고 공유자의 지분 비율에 따른 합리적인 분할을 하면 된다.
⑤ 甲이 1년 이상 X토지의 관리비용 기타 의무의 이행을 지체한 경우, 乙은 상당한 가액으로 甲의 지분을 매수할 수 있다.

1 지상권

01 **지상권과 관련하여 인정되지 않는 것을 모두 고른 것은? (다툼이 있으면 판례에 따름)**

제27회

㉠ 지상물과 지상권의 분리처분
㉡ 지료없는 지상권
㉢ 지상권의 법정갱신
㉣ 수목의 소유를 위한 구분지상권

① ㉠, ㉡
② ㉠, ㉣
③ ㉡, ㉢
④ ㉡, ㉣
⑤ ㉢, ㉣

02 **지상권에 관한 설명으로 옳지 않은 것은? (다툼이 있으면 판례에 따름)** 제26회

① 지상권의 설정은 처분행위이므로 토지소유자가 아니어서 처분권한이 없는 자는 지상권 설정계약을 체결할 수 없다.
② 분묘기지권을 시효로 취득한 자는 토지소유자가 지료를 청구한 날로부터 지료지급 의무가 있다.
③ 토지와 건물을 함께 매도하였으나 토지에 대해서만 소유권이전등기가 이루어진 경우, 매도인인 건물소유자를 위한 관습법상의 법정지상권은 인정되지 않는다.
④ 동일인 소유에 속하는 토지와 건물이 매매를 이유로 그 소유자를 달리하게 된 경우, 건물의 소유를 위하여 토지에 임대차계약을 체결하였다면 관습법상의 법정지상권은 인정되지 않는다.
⑤ 나대지(裸垈地)에 저당권을 설정하면서 그 대지의 담보가치를 유지하기 위해 무상의 지상권이 설정된 경우, 피담보채권이 시효로 소멸하면 지상권도 소멸한다.

03 지상권에 관한 설명으로 옳지 않은 것은? (다툼이 있으면 판례에 따름) 제24회

① 지료연체를 이유로 한 지상권 소멸청구에 의해 지상권이 소멸한 경우, 지상권자는 지상물에 대한 매수청구권을 행사할 수 없다.

② 나대지(裸垈地)에 저당권을 설정하면서 그 대지의 담보가치를 유지하기 위해 무상의 지상권을 설정하고 채무자로 하여금 그 대지를 사용하도록 한 경우, 제3자가 그 대지를 무단으로 점유·사용한 것만으로는 특별한 사정이 없는 한 지상권자는 그 제3자에게 지상권 침해를 이유로 손해배상을 청구할 수 없다.

③ 지상권자는 지상권을 유보한 채 지상물 소유권만을 양도할 수 있고, 지상물 소유권을 유보한 채 지상권만을 양도할 수도 있다.

④ 담보가등기가 마쳐진 나대지(裸垈地)에 그 소유자가 건물을 신축한 후 그 가등기에 기한 본등기가 경료되어 대지와 건물의 소유자가 달라진 경우, 특별한 사정이 없는 한 관습상 법정지상권이 성립된다.

⑤ 법정지상권을 취득한 건물소유자가 법정지상권의 설정등기를 경료함이 없이 건물을 양도하는 경우, 특별한 사정이 없는 한 토지소유자는 건물의 양수인을 상대로 건물의 철거를 청구할 수 없다.

04 甲은 X토지와 그 지상에 Y건물을 소유하고 있으며, 그중에서 Y건물을 乙에게 매도하고 乙 명의로 소유권이전등기를 마쳐주었다. 그 후 丙은 乙의 채권자가 신청한 강제경매에 의해 Y건물의 소유권을 취득하였다. 乙과 丙의 각 소유권취득에는 건물을 철거한다는 등의 조건이 없다. 이에 관한 설명으로 옳지 않은 것은? (다툼이 있으면 판례에 따름) 제23회

① 丙은 등기 없이 甲에게 관습상 법정지상권을 주장할 수 있다.

② 甲은 丙에 대하여 Y건물의 철거 및 X토지의 인도를 청구할 수 없다.

③ 丙은 Y건물을 개축한 때에도 甲에게 관습상 법정지상권을 주장할 수 있다.

④ 甲은 법정지상권에 관한 지료가 결정되지 않았더라도 乙이나 丙의 2년 이상의 지료지급지체를 이유로 지상권소멸을 청구할 수 있다.

⑤ 만일 丙이 관습상 법정지상권을 등기하지 않고 Y건물만을 丁에게 양도한 경우, 丁은 甲에게 관습상 법정지상권을 주장할 수 없다.

05 **지상권에 관한 설명으로 옳지 않은 것은? (다툼이 있으면 판례에 따름)** 제22회

① 지상권설정등기를 하면서 지료를 등기하지 않은 경우, 지상권설정자는 그 지상권을 양수한 자에게 지료를 청구할 수 없다.
② 1필의 토지의 일부에는 지상권을 설정할 수 없다.
③ 지상권설정등기 후 그 존속기간 중에는 지상물인 건물이 멸실되어도 지상권이 소멸하지 않는다.
④ 하나의 채무를 담보하기 위하여 나대지(裸垈地)에 저당권과 함께 지상권을 설정한 경우, 피담보채권이 소멸하면 그 지상권도 소멸한다.
⑤ 지상권자는 타인에게 그 권리를 양도하거나 그 권리의 존속기간 내에서 그 토지를 임대할 수 있다.

06 **관습상 법정지상권에 관한 설명으로 옳은 것은? (다툼이 있으면 판례에 따름)** 제21회

① 무허가건물을 위해서는 관습상 법정지상권이 성립할 여지가 없다.
② 국세징수법에 의한 공매로 인하여 대지와 건물의 소유자가 달라지는 경우에는 관습상 법정지상권이 성립하지 않는다.
③ 건물만을 매수하면서 그 대지에 관한 임대차계약을 체결했더라도, 특별한 사정이 없는 한 관습상 법정지상권을 포기한 것으로 볼 수 없다.
④ 토지와 그 지상건물이 처음부터 동일인 소유가 아니었더라도 그중 어느 하나를 처분할 당시에 동일인 소유에 속했다면, 관습상 법정지상권이 성립할 수 있다.
⑤ 甲으로부터 그 소유 대지와 미등기 지상건물을 양수한 乙이 대지에 관하여서만 소유권이전등기를 넘겨받은 상태에서 丙에게 대지를 매도하여 소유권을 이전한 경우, 乙은 관습상 법정지상권을 취득한다.

2 전세권

07 **전세권에 관한 설명으로 옳지 않은 것은? (다툼이 있으면 판례에 따름)** 제28회

① 전세권자는 목적물의 현상을 유지하고 그 통상의 관리에 속한 수선을 하여야 한다.
② 전세권자는 특별한 사정이 없는 한 전세권설정자의 동의 없이 전세권을 타인에게 양도할 수 없다.
③ 전세목적물의 인도는 전세권의 성립요건이 아니다.
④ 전세목적물에 대한 사용·수익 권능을 배제하고 채권담보만을 위해 설정한 전세권설정등기는 무효이다.
⑤ 전세권이 갱신없이 그 존속기간이 만료되면 전세권의 용익물권적 권능은 전세권설정등기의 말소 없이도 당연히 소멸한다.

08 **전세권에 관한 설명으로 옳은 것은? (다툼이 있으면 판례에 따름)** 제27회

① 전세목적물의 인도는 전세권의 성립요소이다.
② 존속기간의 만료로 토지전세계약이 종료되면 그 계약을 원인으로 한 전세권설정등기 절차의 이행청구권은 소멸한다.
③ 전세권이 존속하는 동안 전세권을 존속시키기로 하면서 전세금반환채권만을 전세권과 분리하여 확정적으로 양도하는 것은 허용된다.
④ 전세권이 존속하는 동안 목적물의 소유권이 이전되는 경우, 전세권자와 구 소유자 간의 전세권 관계가 신 소유자에게 이전되는 것은 아니다.
⑤ 전세금은 현실적으로 수수되어야 하므로 임차보증금채권으로 전세금 지급에 갈음할 수 없다.

09 전세권에 관한 설명으로 옳지 않은 것은? (다툼이 있으면 판례에 따름) 제25회

① 전세권이 갱신 없이 그 존속기간이 만료되면 전세권의 용익물권적 권능은 전세권 설정등기의 말소 없이도 당연히 소멸한다.

② 전세권이 존속하는 동안은 전세권을 존속시키기로 하면서 전세금반환채권만을 전세권과 분리하여 확정적으로 양도하는 것은 허용되지 않는다.

③ 토지임차인의 건물 기타 공작물의 매수청구권에 관한 민법 제643조의 규정은 토지의 전세권에도 유추적용될 수 있다.

④ 전세권이 성립한 후 그 소멸 전에 전세목적물의 소유권이 이전된 경우, 목적물의 구(舊) 소유자는 전세권이 소멸하는 때에 전세권자에 대하여 전세금 반환의무를 부담한다.

⑤ 대지와 건물이 동일한 소유자에 속한 경우에 건물에 전세권을 설정한 때에는 그 대지 소유권의 특별승계인은 전세권설정자에 대하여 지상권을 설정한 것으로 본다.

10 전세권에 관한 설명으로 옳은 것을 모두 고른 것은? (다툼이 있으면 판례에 따름) 제24회

㉠ 전세권은 건물에 한하여 설정할 수 있다. ㉡ 기존 채권으로도 전세금의 지급에 갈음할 수 있다. ㉢ 전세권은 용익물권적 성격과 담보물권적 성격을 겸비한다.

① ㉠
② ㉢
③ ㉠, ㉡
④ ㉡, ㉢
⑤ ㉠, ㉡, ㉢

11 **전세권에 관한 설명으로 옳은 것은? (다툼이 있으면 판례에 따름)** 제23회

① 전세목적물의 인도는 전세권의 성립요소이다.
② 전세권설정자가 부속물매수청구권을 행사한 때에도 전세권자는 원칙적으로 부속물을 수거할 수 있다.
③ 전세권자가 목적물의 통상적인 유지 및 관리를 위하여 비용을 지출한 경우, 그 필요비의 상환을 청구할 수 있다.
④ 전세권을 목적으로 한 저당권이 설정된 경우, 전세권의 존속기간이 만료되면 전세권 자체에 대하여 저당권을 실행할 수 없다.
⑤ 당사자는 설정행위로 전세권의 양도나 전세목적물의 임대를 금지하는 약정을 할 수 없다.

12 **甲이 乙 소유의 대지에 전세권을 취득한 후 丙에 대한 채무의 담보로 그 전세권에 저당권을 설정하여 주었다. 이에 관한 설명으로 옳지 않은 것은? (다툼이 있으면 판례에 따름)** 제22회

① 甲과 乙은 전세권을 설정하면서 존속기간을 6개월로 정할 수 있다.
② 설정행위로 금지하지 않은 경우, 甲은 전세권의 존속기간 중에 丙에게 전세권을 양도할 수 있다.
③ 전세권의 존속기간 중에 甲은 전세권을 보유한 채, 전세금반환채권을 丙에게 확정적으로 양도할 수 없다.
④ 전세권의 갱신 없이 甲의 전세권의 존속기간이 만료되면, 丙은 甲의 전세권 자체에 대하여 저당권을 실행할 수 없다.
⑤ 존속기간의 만료로 甲의 전세권이 소멸하면 특별한 사정이 없는 한, 乙은 丙에게 전세금을 반환하여야 한다.

13 **전세권에 관한 설명으로 옳지 않은 것은? (다툼이 있으면 판례에 따름)** 제21회

① 전세권은 용익물권적 성질과 담보물권적 성질을 겸유하고 있다.
② 전세권설정자는 목적물의 현상을 유지하고 그 통상의 관리에 속한 수선을 하여야 한다.
③ 전세금은 반드시 현실적으로 수수되어야만 하는 것은 아니고, 기존의 채권으로 전세금의 지급에 갈음할 수 있다.
④ 전세권이 존속기간 만료 등으로 종료한 경우, 전세권의 용익물권적 권능은 전세권설정등기의 말소 없이도 당연히 소멸한다.
⑤ 타인의 토지에 있는 건물에 전세권을 설정한 경우, 전세권의 효력은 그 건물의 소유를 목적으로 한 지상권 또는 임차권에 미친다.

CHAPTER 06 담보물권

정답 및 해설 p.211

1 유치권

01 **민사유치권에 관한 설명으로 옳지 않은 것은? (다툼이 있으면 판례에 따름)** 제28회

① 유치권 배제 특약에는 조건을 붙일 수 없다.
② 채무자의 직접점유를 통한 채권자의 간접점유는 유치권의 요건으로서의 점유에 해당하지 않는다.
③ 유치권자는 피담보채권을 변제받기 위하여 유치물을 경매할 수 있다.
④ 채무자는 상당한 담보를 제공하고 유치권의 소멸을 청구할 수 있다.
⑤ 유치권의 행사는 피담보채권의 소멸시효의 진행에 영향을 미치지 아니한다.

02 甲 소유 X주택의 공사수급인 乙이 공사대금채권을 담보하기 위하여 X에 관하여 적법하게 유치권을 행사하고 있다. 이에 관한 설명으로 옳지 않은 것은? (다툼이 있으면 판례에 따름) 제27회

① 乙이 X에 계속 거주하면 사용하는 것은 특별한 사정이 없는 한 적법하다.
② 乙은 X에 관하여 경매를 신청할 수 있으나 매각대금으로부터 우선변제를 받을 수는 없다.
③ 甲의 X에 관한 소유물반환청구의 소에 대하여 乙이 유치권의 항변을 하는 경우, 법원은 상환이행판결을 한다.
④ 乙이 X의 점유를 침탈당한 경우, 1년 내에 점유회수의 소를 제기하여 승소하면 점유를 회복하지 않더라도 유치권은 회복된다.
⑤ 乙이 X의 점유를 침탈당한 경우, 점유침탈자에 대한 유치권 소멸을 원인으로 한 손해배상청구권은 점유를 침탈당한 날부터 1년 내에 행사할 것을 요하지 않는다.

03 민사유치권에 관한 설명으로 옳지 않은 것은? (다툼이 있으면 판례에 따름) 제26회

① 유치권은 약정담보물권이므로 당사자의 약정으로 그 성립을 배제할 수 있다.
② 유치권의 불가분성은 그 목적물이 분할가능하거나 수개의 물건인 경우에도 적용된다.
③ 유치물의 소유권자는 채무자가 아니더라도 상당한 담보를 제공하고 유치권의 소멸을 청구할 수 있다.
④ 신축건물의 소유권이 수급인에게 인정되는 경우, 그 공사대금의 지급을 담보하기 위한 유치권은 성립하지 않는다.
⑤ 부동산 매도인은 매수인의 매매대금 지급을 담보하기 위하여 매매목적물에 대해 유치권을 행사할 수 없다.

04 **민법상 유치권에 관한 설명으로 옳지 않은 것은? (다툼이 있으면 판례에 따름)**

제25회

① 채권자가 채무자를 직접점유자로 하여 유치물을 간접점유하는 경우, 그 유치물에 대한 유치권은 성립하지 않는다.
② 타인의 물건에 대한 점유가 불법행위로 인한 경우, 그 물건에 대한 유치권은 성립하지 않는다.
③ 유치권배제특약에 따른 효력은 특약의 상대방만 주장할 수 있다.
④ 유치권배제특약에는 조건을 붙일 수 있다.
⑤ 유치권의 행사는 피담보채권의 소멸시효의 진행에 영향을 미치지 않는다.

05 **유치권에 관한 설명으로 옳지 않은 것은? (다툼이 있으면 판례에 따름)**

제24회

① 유치권에는 물상대위성이 인정되지 않는다.
② 분할이 가능한 토지의 일부에도 유치권이 성립할 수 있다.
③ 피담보채권의 양도와 목적물의 인도가 있으면 유치권은 이전된다.
④ 유치권자는 채권의 변제를 받기 위해 유치물을 경매할 수 있다.
⑤ 유치부동산에 대하여 법원이 간이변제충당을 허가한 경우, 그 부동산에 대한 등기를 하여야 소유권이 이전된다.

06 **유치권에 관한 설명으로 옳지 않은 것은?**

제23회

① 유치권은 점유의 상실로 인하여 소멸한다.
② 유치권자는 채권의 변제를 받기 위하여 유치물을 경매할 수 없다.
③ 유치권의 행사는 채권의 소멸시효의 진행에 영향을 미치지 않는다.
④ 채무자는 상당한 담보를 제공하고 유치권의 소멸을 청구할 수 있다.
⑤ 유치권자가 유치물에 관하여 필요비를 지출한 때에는 소유자에게 그 상환을 청구할 수 있다.

07 유치권에 관한 설명으로 옳은 것은? (다툼이 있으면 판례에 따름) 제22회

① 피담보채권의 변제기가 도래하지 않은 동안에는 유치권이 성립하지 아니한다.
② 유치권자가 스스로 유치물인 주택에 거주하며 사용하는 것은 특별한 사정이 없는 한, 유치물의 보존에 필요한 사용에 해당하지 않는다.
③ 유치권자가 채무자의 승낙 없이 채무자 소유인 유치물을 타인에게 대여하면 이로써 즉시 유치권은 소멸한다.
④ 유치권행사는 피담보채권의 소멸시효 중단사유에 해당한다.
⑤ 유치권에 의한 경매에서 유치권자는 일반채권자보다 우선하여 배당을 받는다.

08 유치권에 관한 설명으로 옳지 않은 것은? (다툼이 있으면 판례에 따름) 제21회

① 유치권에는 물상대위성이 인정되지 않는다.
② 당사자가 미리 유치권 발생을 배제하는 특약을 한 경우, 유치권은 발생하지 않는다.
③ 유치권에 의하여 담보되고 있는 채권의 소멸시효는 유치권 행사 시점부터 중단된다.
④ 유치권자의 점유가 간접점유이고 채무자가 직접점유자인 경우, 유치권은 성립하지 않는다.
⑤ 유치권자는 유치목적물의 경대로 매각받은 자에게 그 피담보채권의 변제를 청구할 수 없다.

2 질권

09 질권에 관한 설명으로 옳지 않은 것은? (다툼이 있으면 판례에 따름) 제24회

① 타인의 채무를 담보하기 위하여 질권을 설정한 자는 채무자에 대한 사전구상권을 갖는다.
② 선의취득에 관한 민법 제249조는 동산질권에 준용한다.
③ 양도할 수 없는 채권은 질권의 목적이 될 수 없다.
④ 임대차보증금채권에 질권을 설정할 경우, 임대차계약서를 교부하지 않더라도 채권질권은 성립한다.
⑤ 채권질권의 설정자가 그 목적인 채권을 양도하는 경우, 질권자의 동의는 필요하지 않다.

3 저당권

10 **저당권에 관한 설명으로 옳지 않은 것은? (다툼이 있으면 판례에 따름)** 제28회

① 건물에 대한 저당권의 효력은 특별한 사정이 없는 한 그 건물에 종된 권리인 건물의 소유를 목적으로 하는 지상권에도 미친다.
② 저당권은 피담보채권과 분리하여 타인에게 양도할 수 없다.
③ 저당권자는 피담보채권의 변제를 받기 위하여 저당물의 경매를 청구할 수 있다.
④ 저당물의 소유권을 취득한 제3자는 그 저당물의 경매에서 경매인이 될 수 없다.
⑤ 저당권으로 담보한 채권이 시효의 완성으로 소멸한 때에는 저당권도 소멸한다.

11 **저당권의 효력이 미치는 피담보채권의 범위에 속하는 것은? (근저당은 고려하지 않고, 이해관계 있는 제3자가 존재함)** 제27회

① 등기된 금액을 초과하는 원본
② 저당물의 보존비용
③ 저당물의 하자로 인한 손해배상
④ 등기된 손해배상예정액
⑤ 원본의 이행기일 경과 후 1년분을 넘는 지연배상

12 **저당권의 객체가 될 수 없는 것은?** 제26회

① 광업권　　② 지상권
③ 지역권　　④ 전세권
⑤ 등기된 입목

13 저당권에 관한 설명으로 옳은 것은? (다툼이 있으면 판례에 따름) 제26회

① 근저당권을 설정한 이후 피담보채권이 확정되기 전에 근저당설정자와 근저당권자의 합의로 채무자를 추가할 경우에는 특별한 사정이 없는 한, 이해관계인의 승낙을 받아야 한다.
② 저당권으로 담보된 채권에 질권을 설정하였다면 특별한 사정이 없는 한, 저당권은 질권의 목적이 될 수 없다.
③ 무담보채권에 질권이 설정된 이후 그 채권을 담보하기 위하여 저당권이 설정되었다면 특별한 사정이 없는 한, 저당권은 질권의 목적이 될 수 없다.
④ 저당부동산의 제3취득자는 저당권설정자의 의사에 반하여 피담보채무를 변제하고 저당권의 소멸을 청구할 수는 없다.
⑤ 저당권설정자로부터 저당토지에 대해 용익권을 설정받은 자가 그 지상에 건물을 신축한 후 저당권설정자가 그 건물의 소유권을 취득한 경우, 저당권자는 토지와 건물에 대해 일괄경매를 청구할 수 있다.

14 저당권에 관한 설명으로 옳지 않은 것은? (다툼이 있으면 판례에 따름) 제25회

① 지상권은 저당권의 목적으로 할 수 없다.
② 등록된 자동차는 저당권의 목적물이 될 수 있다.
③ 저당권자는 피담보채권의 변제를 받기 위해 저당물의 경매를 청구할 수 있다.
④ 저당부동산의 제3취득자는 그 부동산에 대한 저당권 실행을 위한 경매절차에서 매수인이 될 수 있다.
⑤ 저당목적물을 권한 없이 멸실·훼손하거나 담보가치를 감소시키는 행위는 특별한 사정이 없는 한 불법행위가 될 수 있다.

15 **저당권에 관한 설명으로 옳지 않은 것은? (다툼이 있으면 판례에 따름)** 제24회

① 저당권설정 후 저당부동산에 부합된 물건에 대해서도 특별한 사정이 없는 한 저당권의 효력은 미친다.

② 저당목적물이 제3자에게 양도된 후 저당권자가 저당목적물을 압류만 하더라도 그 목적물의 과실에 관하여 그 제3취득자에게 대항할 수 있다.

③ 저당권이 설정된 후 그 부동산의 소유권이 제3자에게 이전된 경우, 종전 소유자도 피담보채권의 소멸을 이유로 저당권설정등기의 말소를 청구할 수 있다.

④ 저당권설정자로부터 저당토지에 대해 용익권을 설정받은 자가 그 지상에 건물을 신축한 후 저당권설정자에게 그 건물의 소유권을 이전한 경우, 저당권자는 토지와 건물에 대해 일괄경매를 청구할 수 있다.

⑤ 후순위 저당권자가 저당부동산에 대해 경매를 신청한 경우, 선순위 근저당권의 피담보 채무 확정시기는 매수인이 매각대금을 완납한 때이다.

16 **저당권에 관한 설명으로 옳지 않은 것은? (다툼이 있으면 판례에 따름)** 제23회

① 저당권의 효력은 원칙적으로 저당부동산에 부합된 물건과 종물에 미친다.

② 물상보증인은 수탁보증인과 마찬가지로 원칙적으로 채무자에게 사전구상권을 행사할 수 있다.

③ 저당권의 효력은 저당부동산에 대한 압류 이후의 저당권설정자의 저당부동산에 관한 차임채권에도 미친다.

④ 저당부동산에 대하여 전세권을 취득한 제3자는 저당권자에게 그 부동산으로 담보된 채권을 변제하고 저당권의 소멸을 청구할 수 있다.

⑤ 저당권은 그 담보한 채권과 분리하여 타인에게 양도하거나 다른 채권의 담보로 하지 못한다.

17 甲이 5,000만원의 채권을 담보하기 위해, 채무자 乙 소유의 X부동산과 물상보증인 丙 소유의 Y부동산에 각각 1번 저당권을 취득하였다. 그 후 丁이 4,000만원의 채권으로 X부동산에, 戊가 3,000만원의 채권으로 Y부동산에 각각 2번 저당권을 취득하였다. 甲이 X부동산과 Y부동산에 대하여 담보권실행을 위한 경매를 신청하여 X부동산은 6,000만원, Y부동산은 4,000만원에 매각되어 동시에 배당하는 경우, 이자 및 경매비용 등을 고려하지 않는다면 甲이 Y부동산의 매각대금에서 배당받을 수 있는 금액은? (다툼이 있으면 판례에 따름) 제23회

① 0원
② 1,000만원
③ 2,000만원
④ 3,000만원
⑤ 4,000만원

18 근저당권에 관한 설명으로 옳은 것은? (다툼이 있으면 판례에 따름) 제22회

① 저당권과 달리 근저당권은 채권최고액을 정하여 등기하여야 한다.
② 피담보채무의 이자는 채권최고액에서 제외된다.
③ 피담보채권의 확정 전에 발생한 원본채권에 관하여 그 확정 후에 발생한 이자채권은 피담보채권의 범위에 속하지 않는다.
④ 채권자는 피담보채권이 확정되기 전에 그 채권의 일부를 양도하여 근저당권의 일부양도를 할 수 있다.
⑤ 확정된 피담보채무액이 채권최고액을 초과하더라도 근저당권설정자인 채무자는 채권최고액을 변제하고 근저당권의 말소를 청구할 수 있다.

19 저당권에 관한 설명으로 옳은 것은? (다툼이 있으면 판례에 따름) 제21회

① 지상권은 저당권의 목적으로 하지 못한다.
② 저당권은 그 담보한 채권과 분리하여 타인에게 양도할 수 있다.
③ 제3자가 저당목적물의 변형물을 이미 압류한 경우, 저당권자는 스스로 압류하지 않더라도 물상대위권을 행사할 수 있다.
④ 저당부동산에 대하여 지상권을 취득한 제3자는 저당권자에게 그 부동산으로 담보된 채권을 변제하더라도 저당권의 소멸을 청구할 수 없다.
⑤ 근저당권의 피담보채권의 확정 전에 발생한 원본채권에 관하여 확정 후에 발생하는 이자나 지연손해금 채권은 채권최고액의 범위 내에 있더라도 그 근저당권에 의하여 담보되지 않는다.

PART 05

채권법

CHAPTER 01 채권법 총론

정답 및 해설 p.218

1 총설

01 **불가분채무에 해당하지 않는 것은? (다툼이 있으면 판례에 따름)** 제27회

① 건물을 공동으로 상속한 상속인들의 건물철거의무
② 자동차를 공유하는 매도인들의 매수인에 대한 자동차인도의무
③ 임대목적물을 공유하고 있는 공동임대인의 보증금반환채무
④ 공동임차인의 임대인에 대한 임차물반환의무
⑤ 공유 토지에 수목이 부합되어 이익을 얻은 토지공유자들의 제3자에 대한 부당이득반환채무

02 **선택채권에 관한 설명으로 옳은 것은? (다툼이 있으면 판례에 따름)** 제25회

① 선택권에 관하여 법률의 규정이나 당사자의 약정이 없으면 선택권은 채권자에게 있다.
② 선택권 행사의 기간이 있는 경우, 선택권자가 그 기간 내에 선택권을 행사하지 않으면 즉시 상대방에게 선택권이 이전된다.
③ 제3자가 선택권을 행사하기로 하는 당사자의 약정은 무효이다.
④ 선택채권의 소멸시효는 선택권을 행사한 때부터 진행한다.
⑤ 채권의 목적으로 선택할 여러 개의 행위 중에 당사자의 과실 없이 처음부터 불능한 것이 있으면 채권의 목적은 잔존한 것에 존재한다.

2 채권의 효력

03 채권의 효력에 관한 설명으로 옳지 않은 것은? 제27회

① 채무자는 귀책사유가 없으면 민법 제390조의 채무불이행에 따른 손해배상책임을 지지 않는다.
② 채무자의 법정대리인이 채무자를 위하여 채무를 이행하는 경우, 법정대리인의 고의나 과실은 채무자의 고의나 과실로 본다.
③ 채무이행의 불확정한 기한이 있는 경우에는 채무자는 기한이 도래함을 안 때로부터 지체책임이 있다.
④ 특별한 사정으로 인한 손해는 채무자가 그 사정을 알았거나 알 수 있었을 때에 한하여 배상의 책임이 있다.
⑤ 채무가 채무자의 법률행위를 목적으로 한 경우, 채무자가 이를 이행하지 않으면 채권자는 채무자의 비용으로 제3자에게 이를 하게 할 것을 법원에 청구할 수 있다.

04 채무불이행에 따른 손해배상에 관한 설명으로 옳은 것은? (다툼이 있으면 판례에 따름) 제24회

① 채무불이행을 이유로 계약을 해제하면 별도로 손해배상을 청구하지 못한다.
② 채무불이행에 관해 채권자에게 과실이 있는 경우, 법원은 채무자의 주장에 의해 손해배상의 책임 및 그 금액을 정함에 이를 참작할 수 있다.
③ 채권자가 그 채권의 목적인 물건의 가액 일부를 손해배상으로 받은 경우, 채무자는 그 물건의 소유권을 취득한다.
④ 지연손해배상액을 예정한 경우, 채권자는 예정배상액의 청구와 함께 본래의 급부이행을 청구할 수 있다.
⑤ 금전채무불이행의 경우, 채무자는 과실 없음을 항변할 수 있다.

05 **채권자대위권에 관한 설명으로 옳은 것은? (다툼이 있으면 판례에 따름)** 제23회

① 채권자는 자신의 채권을 보전하기 위하여 채무자의 제3자에 대한 채권자취소권을 대위행사할 수 없다.
② 이혼으로 인한 재산분할청구권은 그 구체적 내용이 심판에 의해 명확하게 확정되었더라도 피보전채권이 될 수 없다.
③ 채무자가 자신의 제3채무자에 대한 권리를 이미 재판상 행사하였더라도 채권자는 그 권리를 대위행사할 수 있다.
④ 채권자는 피보전채권의 이행기가 도래하기 전이라도 피대위채권의 시효중단을 위해서 채무자를 대위하여 제3채무자에게 이행청구를 할 수 있다.
⑤ 채권자가 채무자에 대한 소유권이전등기청구권을 보전하기 위하여 채무자의 제3자에 대한 소유권이전등기청구권을 대위행사하는 경우에도 채무자의 무자력을 그 요건으로 한다.

06 **채권자취소권에 관한 설명으로 옳은 것을 모두 고른 것은? (다툼이 있으면 판례에 따름)** 제22회

㉠ 채권자취소권은 상대방에 대한 의사표시로 행사할 수 있다.
㉡ 채무자를 상대로 채권자취소권을 행사할 수 없다.
㉢ 채권자취소권 행사에 따른 원상회복은 가액반환이 원칙이다.

① ㉠　② ㉡　③ ㉠, ㉢
④ ㉡, ㉢　⑤ ㉠, ㉡, ㉢

07 **이행지체에 관한 설명으로 옳지 않은 것은? (다툼이 있으면 판례에 따름)** 제21회

① 이행지체를 이유로 한 계약의 해제는 손해배상의 청구에 영향을 미치지 않는다.
② 불법행위로 인한 손해배상채무의 지연손해금 기산일은 채무이행을 통지받은 때이다.
③ 채무이행의 기한이 없는 경우, 채무자는 이행청구를 받은 다음 날부터 지체책임이 있다.
④ 채무자는 자기에게 과실이 없는 경우에도 원칙적으로 이행지체 중에 생긴 손해를 배상하여야 한다.
⑤ 동시이행관계에 있는 채무의 이행기가 도래하였더라도 상대방이 이행제공을 하지 않는 한 이행지체가 성립하지 않는다.

3 수인의 채권자 및 채무자

08 **보증채무에 관한 설명으로 옳은 것을 모두 고른 것은?** 제28회

㉠ 보증인의 보증채무는 주채무의 위약금이나 손해배상을 포함하지 않는다.
㉡ 주채무자의 항변포기는 보증인에게 효력이 없다.
㉢ 보증인은 주채무자의 채권에 의한 상계로 채권자에게 대항할 수 있다.
㉣ 주채무자에 대한 시효의 중단은 보증인에 대하여 효력이 없다.

① ㉠, ㉡
② ㉡, ㉢
③ ㉢, ㉣
④ ㉠, ㉡, ㉢
⑤ ㉡, ㉢, ㉣

09 **보증채무에 관한 설명으로 옳은 것은? (다툼이 있으면 판례에 따름)** 제26회

① 장래의 채무에 대한 보증계약은 효력이 없다.
② 주채무자에 대한 시효의 중단은 보증인에 대하여 그 효력이 없다.
③ 보증인은 그 보증채무에 관한 위약금 기타 손해배상액을 예정할 수 없다.
④ 보증인의 보증의사를 표시하기 위한 '기명날인'은 보증인이 직접 하여야 하고 타인이 이를 대행하는 방법으로 할 수 없다.
⑤ 채무자의 부탁으로 보증인이 된 자의 구상권은 면책된 날 이후의 법정이자 및 피할 수 없는 비용 기타 손해배상을 포함한다.

10 **공동불법행위에 관한 설명으로 옳은 것을 모두 고른 것은? (다툼이 있으면 판례에 따름)** 제23회

㉠ 공동불법행위가 성립하기 위해서는 행위자 사이에 행위공동의 인식이 전제되어야 한다.
㉡ 공동불법행위자 중 1인에 대한 상계는 다른 공동불법행위자에게 공동면책의 효력이 없다.
㉢ 공동불법행위자 중 1인에 대하여 구상의무를 부담하는 다른 공동불법행위자가 여럿인 경우, 특별한 사정이 없는 한 그들의 구상권자에 대한 채무는 분할채무이다.

① ㉠
② ㉢
③ ㉠, ㉡
④ ㉡, ㉢
⑤ ㉠, ㉡, ㉢

4 채권양도 · 채무인수

11 **甲이 乙에 대한 매매대금채권을 丙에게 양도하였다. 이에 관한 설명으로 옳지 않은 것을 모두 고른 것은? (다툼이 있으면 판례에 따름)** 제26회

> ㉠ 채권양도의 통지는 양도인이 해야 하므로 丙이 甲의 대리인으로서 채권양도의 통지에 관한 위임을 받았더라도 丙에 의한 양도통지는 효력이 없다.
> ㉡ 甲이 乙과의 양도금지특약에 반하여 매매대금채권을 양도하였는데, 丙이 그 특약을 경과실로 알지 못하였다면 丙은 乙을 상대로 그 양수금의 지급을 청구할 수 있다.
> ㉢ 乙이 채권양도에 관하여 이의를 보류하지 않고 승낙하였으나 그 전에 甲의 매매대금채권과 상계적상에 있는 채권을 가지고 있었다면, 이러한 사정을 알고 있었던 丙의 양수금 지급청구에 대해서 乙은 상계로 대항할 수 있다.

① ㉠ ② ㉢
③ ㉠, ㉡ ④ ㉡, ㉢
⑤ ㉠, ㉡, ㉢

12 **매도인 甲은 매수인 乙에 대한 매매대금채권 전부를 丙에게 즉시 양도하기로 丙과 합의하였다. 이에 관한 설명으로 옳지 않은 것은? (다툼이 있으면 판례에 따름)** 제25회

① 甲의 매매대금채권은 그 성질상 원칙적으로 양도가 가능하다.
② 채권의 양도통지는 甲이 乙에게 직접 해야 하며 丙에게 이를 위임할 수 없다.
③ 乙이 채권의 양도통지만을 받은 경우, 그 통지 전에 乙이 甲에게 일부 변제한 것이 있으면 乙은 이를 가지고 丙에게 대항할 수 있다.
④ 甲이 乙에게 채권의 양도통지를 한 경우, 甲은 丙의 동의가 없으면 그 통지를 철회하지 못한다.
⑤ 만일 甲이 乙과의 양도금지특약에 반하여 매매대금채권을 양도하였고 丙이 그 특약을 과실 없이 알지 못하였다면, 위 채권양도는 유효하다.

13 **면책적 채무인수에 관한 설명으로 옳은 것은?** 제21회

① 인수인은 전(前) 채무자의 항변할 수 있는 사유로 채권자에게 대항할 수 있다.
② 전(前) 채무자의 채무에 대한 보증이나 제3자가 제공한 담보는 채무인수가 있더라도 원칙적으로 소멸하지 않는다.
③ 채무인수는 채무자에게 불리한 것이 아니므로 이해관계 없는 제3자도 채무자의 의사에 반하여 채무를 인수할 수 있다.
④ 제3자와 채무자 사이의 계약에 의한 채무인수를 채권자가 승낙한 경우, 당사자는 임의로 채무인수의 의사표시를 철회할 수 있다.
⑤ 제3자가 채무자와의 계약으로 채무를 인수한 경우, 채권자가 이를 승낙하면 특별한 사정이 없는 한 그 승낙의 의사표시를 한 때부터 채무인수의 효력이 생긴다.

5 채권의 소멸

14 **변제에 관한 설명으로 옳은 것은?** 제28회

① 특정물의 인도는 특별한 사정이 없는 한 채권자의 현주소에서 하여야 한다.
② 변제는 채무자에게 이익이 되므로, 이해관계 없는 제3자라도 채무자의 의사에 반하여 변제할 수 있다.
③ 변제할 정당한 이익이 있는 자는 채권자의 승낙을 얻어야만 변제로 채권자를 대위할 수 있다.
④ 채권의 준점유자에 대한 변제는 변제자가 선의이며 과실없는 때에 한하여 효력이 있다.
⑤ 변제충당은 원본, 이자, 비용의 순서에 의한다.

15 **변제에 관한 설명으로 옳지 않은 것은? (다툼이 있으면 판례에 따름)** 제24회

① 법률상 이해관계 없는 제3자는 채무자의 의사에 반하여 변제할 수 없다.
② 지명채권증서의 반환과 변제는 동시이행관계에 있다.
③ 채권의 준점유자에 대한 변제는 변제자가 선의이며 과실 없는 때에 한하여 효력이 있다.
④ 채무자가 채무의 변제로 인도한 타인의 물건을 채권자가 선의로 소비한 경우에 채권은 소멸한다.
⑤ 영수증 소지자가 변제를 받을 권한이 없음을 변제자가 알면서도 변제한 경우에는 변제로서의 효력이 없다.

16 **변제에 관한 설명으로 옳은 것은? (다툼이 있으면 판례에 따름)** 제22회

① 특정물의 인도가 채권의 목적인 때에는 채무자는 채권발생 당시의 현상대로 그 물건을 인도하여야 한다.
② 채무의 변제로 타인의 물건을 인도한 채무자는 채권자에게 손해를 배상하고 물건의 반환을 청구할 수 있다.
③ 채무자가 채권자의 승낙 없이 본래의 채무이행에 갈음하여 동일한 가치의 물건으로 급여한 때에는 변제와 같은 효력이 있다.
④ 채무의 성질 또는 당사자의 의사표시로 변제장소를 정하지 아니한 경우 특정물의 인도는 채권자의 현주소에서 하여야 한다.
⑤ 법률상 이해관계 있는 제3자는 특별한 사정이 없는 한, 채무자의 의사에 반하여 변제할 수 있다.

1 계약의 종류

01 민법이 규정하고 있는 전형계약이 아닌 것은? 제24회

① 부당이득 ② 위임 ③ 도급
④ 증여 ⑤ 매매

2 계약의 성립

02 계약의 성립에 관한 설명으로 옳지 않은 것은? 제24회

① 승낙기간이 정해진 경우에 승낙의 통지가 그 기간 내에 도달하지 않으면 특별한 사정이 없는 한 계약은 성립하지 않는다.
② 격지자 간의 계약은 승낙의 통지가 도달한 때에 성립한다.
③ 청약이 상대방에게 도달하여 그 효력이 발생하면 청약자는 임의로 이를 철회하지 못한다.
④ 청약자의 의사표시에 의하여 승낙의 통지가 필요 없는 경우, 계약은 승낙의 의사표시로 인정되는 사실이 있는 때에 성립한다.
⑤ 당사자간에 동일한 내용의 청약이 상호 교차된 경우에는 양청약이 상대방에게 도달한 때에 계약이 성립한다.

03 2020. 3. 2. 甲은 乙에게 자신의 X토지를 1억원에 매도하겠다는 뜻과 함께 승낙기간을 2020. 3. 10.로 전한 내용의 서면을 발송하였고, 위 서면이 2020. 3. 4. 乙에게 도달하였다. 이에 관한 설명으로 옳은 것은? 제23회

① 甲은 2020. 3. 10. 오전 0시에 청약을 원칙적으로 철회할 수 없다.
② 乙이 발송한 승낙통지가 2020. 3. 9. 甲에게 도달한 경우, 계약은 2020. 3. 10.에 성립한다.
③ 乙이 2020. 3. 12. 계약내용에 변경을 가하여 승낙한 경우, 甲이 이를 곧바로 승낙하여도 계약은 성립하지 않는다.
④ 乙이 2020. 3. 9. 발송한 승낙통지가 2020. 3. 11. 甲에게 도달한 경우, 甲이 이를 곧바로 승낙하여도 계약은 성립하지 않는다.
⑤ 만일 乙이 甲에게 X토지를 2020. 3. 3. 1억원에 매수하겠다는 서면을 발송하여 2020. 3. 6. 도달하였다면 계약은 2020. 3. 4. 성립한다.

04 **청약과 승낙에 관한 설명으로 옳지 않은 것은?** 제22회

① 승낙기간을 정한 청약은 청약자가 그 기간 내에 승낙의 통지를 받지 못한 때에는 그 효력을 잃는다.
② 승낙의 연착 통지를 하여야 할 청약자가 연착의 통지를 하면 계약이 성립한다.
③ 청약자는 연착된 승낙을 새로운 청약으로 볼 수 있다.
④ 당사자간에 동일한 내용의 청약이 상호교차된 경우에는 양청약이 상대방에게 도달한 때에 계약이 성립한다.
⑤ 관습에 의하여 승낙의 통지가 필요 없는 경우, 계약은 승낙의 의사표시로 인정되는 사실이 있는 때에 성립한다.

3 계약의 효력

05 **甲은 그 소유의 X주택을 乙에게 매도하기로 약정하였는데, 인도와 소유권이전등기를 마치기 전에 X주택이 소실되었다. 이에 관한 설명으로 옳지 않은 것은? (다툼이 있으면 판례에 따름)** 제24회

① X주택이 불가항력으로 소실된 경우, 甲은 乙에게 대금지급을 청구할 수 없다.
② X주택이 甲의 과실로 소실된 경우, 乙은 甲에게 이행불능에 따른 손해배상을 청구할 수 있다.
③ X주택이 乙의 과실로 소실된 경우, 甲은 乙에게 대금지급을 청구할 수 있다.
④ 乙의 수령지체 중에 X주택이 甲과 乙에게 책임 없는 사유로 소실된 경우, 甲은 乙에게 대금지급을 청구할 수 없다.
⑤ 乙은 이미 대금을 지급하였는데 X주택이 불가항력으로 소실된 경우, 乙은 甲에게 부당이득을 이유로 대금의 반환을 청구할 수 있다.

06 **쌍무계약상 채무이행이 불능인 경우에 관한 설명으로 옳지 않은 것은?** 제23회

① 계약이 원시적·객관적 전부불능인 경우, 그 계약은 무효이다.
② 채무자의 책임 있는 사유로 후발적 이행불능이 된 경우, 채권자는 최고 없이 계약을 해제할 수 있다.
③ 채무자의 책임 있는 사유로 후발적 불능이 발생한 경우, 채권자는 그로 인해 발생한 손해의 배상을 청구할 수 있다.
④ 채권자의 수령지체 중에 당사자 쌍방의 책임 없는 사유로 채무자의 이행이 불능이 된 경우, 채무자는 채권자에게 이행을 청구할 수 있다.
⑤ 채권자가 이행불능을 이유로 계약을 해제한 경우, 그는 이행불능으로 인한 손해의 배상을 청구할 수 없다.

07 동시이행의 관계에 있는 것을 모두 고른 것은? (다툼이 있으면 판례에 따름) 제23회

> ㉠ 가압류등기가 있는 부동산매매에서 매도인의 소유권이전등기의무 및 가압류등기의 말소의무와 매수인의 대금지급의무
> ㉡ 주택임대인과 임차인 사이의 임대차보증금반환의무와 임차권등기명령에 의해 마쳐진 임차권등기의 말소의무
> ㉢ 채권담보의 목적으로 마쳐진 가등기의 말소의무와 피담보채무의 변제의무

① ㉠ ② ㉢ ③ ㉠, ㉡
④ ㉡, ㉢ ⑤ ㉠, ㉡, ㉢

4 계약의 해제 · 해지(계약의 소멸)

08 채무자의 이행지체로 인한 계약해제에 관한 설명으로 옳은 것은? (다툼이 있으면 판례에 따름) 제28회

① 정기행위의 경우, 채권자는 이행의 최고 없이 계약을 해제할 수 있다.
② 확정기한부 채무의 경우, 채무자는 이행청구를 받은 때부터 지체책임을 지게 된다.
③ 채권자는 채무자에게 도달한 계약해제의 의사표시를 철회할 수 있다.
④ 계약해제로 채권자가 받은 금전을 반환해야 할 경우, 채권자는 그 원금만 반환하면 족하다.
⑤ 채권자가 매매계약을 해제하면 그 계약은 장래에 향하여 효력을 잃는다.

09 해제에 관한 설명으로 옳지 않은 것은? (다툼이 있으면 판례에 따름) 제27회

① 매도인의 소유권이전등기의무가 매수인의 귀책사유에 의해 이행불능이 된 경우, 매수인은 이를 이유로 계약을 해제할 수 있다.
② 부수적 채무의 불이행을 이유로 계약을 해제하기 위하여서는 그로 인하여 계약의 목적을 달성할 수 없거나 특별한 약정이 있어야 한다.
③ 소제기로써 계약해제권을 행사한 후 나중에 그 소송을 취하한 때에는 그 행사의 효력에는 영향이 없다.
④ 당사자의 일방 또는 쌍방이 수인인 경우, 해제권이 당사자 1인에 대하여 소멸한 때에는 다른 당사자에 대하여도 소멸한다.
⑤ 일방 당사자의 계약위반을 이유로 계약이 해제된 경우, 계약을 위반한 당사자도 당해 계약이 상대방의 해제로 소멸되었음을 들어 그 이행을 거절할 수 있다.

10 **계약의 해제와 해지에 관한 설명으로 옳은 것은? (다툼이 있으면 판례에 따름)**

제26회

① 해지의 의사표시는 도달되더라도 철회할 수 있으나 해제의 의사표시는 철회할 수 없다.

② 채무불이행을 원인으로 계약을 해제하면 그와 별도로 손해배상을 청구하지 못한다.

③ 당사자의 일방이 2인인 경우, 특별한 사정이 없는 한 그 중 1인의 해제권이 소멸하더라도 다른 당사자의 해제권은 소멸하지 않는다.

④ 당사자 사이에 별도의 약정이 없는 한 합의해지로 인하여 반환할 금전에는 그 받은 날로부터의 이자를 더하여 지급할 의무가 없다.

⑤ 소유권이전등기의무의 이행불능을 이유로 매매계약을 해제하기 위해서는 그와 동시이행관계에 있는 잔대금지급의무의 이행제공이 필요하다.

11 **계약의 합의해제에 관한 설명으로 옳지 않은 것은? (다툼이 있으면 판례에 따름)**

제25회

① 일부 이행된 계약의 묵시적 합의해제가 인정되기 위해서는 그 원상회복에 관하여도 의사가 일치되어야 한다.

② 당사자 일방이 합의해제에 따른 원상회복 및 손해배상의 범위에 관한 조건을 제시한 경우, 그 조건에 관한 합의까지 이루어져야 합의해제가 성립한다.

③ 계약이 합의해제된 경우, 원칙적으로 채무불이행에 따른 손해배상을 청구할 수 있다.

④ 계약의 해제에 관한 민법 제543조 이하의 규정은 합의해제에는 원칙적으로 적용되지 않는다.

⑤ 매매계약이 합의해제된 경우, 원칙적으로 매수인에게 이전되었던 매매목적물의 소유권은 당연히 매도인에게 복귀한다.

12 계약의 해제에 관한 설명으로 옳지 않은 것은? (다툼이 있으면 판례에 따름) 제23회

① 해제의 의사표시에는 원칙적으로 조건과 기한을 붙이지 못한다.

② 계약의 해제로 인한 원상회복청구권의 소멸시효는 해제한 때부터 진행한다.

③ 해제로 인한 원상회복의무는 부당이득반환의무의 성질을 가지고, 그 반환의무의 범위는 선의·악의를 불문하고 특단의 사유가 없는 한 받은 이익 전부이다.

④ 합의해제의 경우, 손해배상에 대한 특약 등의 사정이 없더라도 채무불이행으로 인한 손해배상을 청구할 수 있다.

⑤ 매도인은 매매계약에 의하여 채무자의 책임재산이 된 부동산을 계약해제 전에 가압류한 채권자에 대하여 해제의 소급효로 대항할 수 없다.

13 계약의 해제에 관한 설명으로 옳지 않은 것은? (다툼이 있으면 판례에 따름) 제22회

① 당사자 일방이 이행을 제공하더라도 상대방이 그 채구를 이행하지 아니할 것이 객관적으로 명백한 경우, 그 일방은 이행의 제공 없이 계약을 해제할 수 있다.

② 매도인의 매매목적물에 관한 소유권이전의무가 매수인의 귀책사유만으로 이행불능이 된 경우, 매수인은 그 이행불능을 이유로 계약을 해제할 수 없다.

③ 계약의 목적달성에 영향을 미치지 않는 부수적 채무의 불이행을 이유로 계약을 해제할 수 없다.

④ 당사자 일방이 이행지체를 이유로 적법하게 계약을 해제한 경우, 상대방은 계약을 이행할 책임을 면한다.

⑤ 계약이 해제된 경우 그 원상회복의 범위를 정함에 있어서는 과실상계가 적용된다.

14 계약의 해제에 관한 설명으로 옳지 않은 것은? (다툼이 있으면 판례에 따름) 제21회

① 계약해제에 따라 원상회복을 하는 경우, 그 이익반환의 범위는 특단의 사유가 없으면 받은 이익의 전부이다.

② 매매계약이 무효인 경우, 매매대금의 반환에 대하여는 해제에 관한 규정이 유추적용되어 법정이자가 가산된다.

③ 계약이 해제된 경우, 계약해제 이전에 해제로 인하여 소멸되는 채권을 양수한 자는 제3자로서 보호되지 않는다.

④ 매매계약 해제에 따른 원상회복의무의 이행으로서 이미 지급한 매매대금의 반환을 구하는 경우, 과실상계는 적용되지 않는다.

⑤ 권리가 전부 타인에게 속하여 그 권리를 이전받지 못한 매수인이 계약을 해제한 경우, 매도인은 매수인에게서 받은 대금에 법정이자를 가산하여 반환하여야 한다.

1 매매의 성립

01 매매의 예약에 관한 설명으로 옳지 않은 것은? (다툼이 있으면 판례에 따름) 제27회

① 매매의 일방예약은 예약완결자가 매매를 완결할 의사를 표시하는 때에 매매의 효력이 생긴다.

② 예약목적물인 부동산을 인도받은 경우, 예약완결권은 제척기간의 경과로 소멸하지 않는다.

③ 예약완결권을 재판상 행사하는 경우, 그 의사표시가 담긴 소장 부본이 제척기간 내에 상대방에게 송달되면 적법하게 예약완결권을 행사하였다고 볼 수 있다.

④ 매매예약 완결의 의사표시 전에 목적물이 멸실된 경우, 매매예약 완결의 의사표시를 하여도 매매의 효력을 발생하지 않는다.

⑤ 예약완결권의 제척기간 도과 여부는 법원이 직권으로 조사하여 재판에 고려하여야 한다.

02 도급계약에 관한 설명으로 옳지 않은 것은? 제26회

① 목적물의 인도를 요하지 않는 경우, 보수(報酬)는 수급인이 일을 완성한 후 지체 없이 지급하여야 한다.

② 하자보수에 관한 담보책임이 없음을 약정한 경우에는 수급인이 하자에 관하여 알고서 고지하지 아니한 사실에 대하여 담보책임이 없다.

③ 수급인이 일을 완성하기 전에는 도급인은 손해를 배상하고 계약을 해제할 수 있다.

④ 완성된 목적물의 하자가 중요하지 않은 경우, 그 보수(補修)에 과다한 비용을 요할 때에는 하자의 보수(補修)를 청구할 수 없다.

⑤ 부동산공사의 수급인은 보수(報酬)에 관한 채권을 담보하기 위하여 그 부동산을 목적으로 한 저당권설정청구권을 갖는다.

03 甲은 乙 소유의 X토지를 3억원에 매수하면서 계약금으로 3천만원을 乙에게 지급하기로 약정하고, 그 즉시 계약금 전액을 乙의 계좌로 입금하였다. 이에 관한 설명으로 옳지 않은 것은? (다툼이 있으면 판례에 따름) 제25회

① 甲과 乙의 계약금계약은 요물계약이다.
② 甲과 乙 사이에 다른 약정이 없는 한 계약금은 해약금의 성질을 갖는다.
③ 乙에게 지급된 계약금은 특약이 없는 한 손해배상액의 예정으로 볼 수 없다.
④ 만약 X토지가 토지거래허가구역 내의 토지이고 甲과 乙이 이행에 착수하기 전에 관할 관청으로부터 토지거래허가를 받았다면, 甲은 3천만원을 포기하고 매매계약을 해제할 수 있다.
⑤ 乙이 甲에게 6천만원을 상환하고 매매계약을 해제하려는 경우, 甲이 6천만원을 수령하지 않는 때에는 乙은 이를 공탁해야 유효하게 해제할 수 있다.

04 계약금에 관한 설명으로 옳은 것은? (다툼이 있으면 판례에 따름) 제23회

① 계약금계약은 하나의 독립한 요물계약으로서 주계약이 취소되더라도 그 효력에 영향이 없다.
② 위약벌의 성질을 가지는 계약금이 부당하게 과도한 경우, 법원은 손해배상액의 예정에 관한 규정을 유추적용하여 그 액을 감액할 수 있다.
③ 당사자가 계약금 전부를 나중에 지급하기로 약정한 경우, 교부자가 이를 지급하지 않으면 상대방은 채무불이행을 이유로 계약금약정을 해제할 수 있다.
④ 토지거래허가를 받지 않아 유동적 무효 상태인 매매계약은 특별한 사정이 없는 한 해약금에 관한 규정에 의해 해제할 수 없다.
⑤ 해약금에 관한 규정에 의해 계약을 해제한 경우, 당사자 상호간에는 그 해제에 따른 손해배상의무를 부담한다.

2 매매의 효력

05 매매에 관한 설명으로 옳지 않은 것은? 제28회

① 매매목적물에 하자가 있다는 사실을 과실로 알지 못한 매수인은 매도인에 대하여 하자담보책임을 물을 수 있다.
② 매매계약에 관한 비용은 당사자 쌍방이 균분하여 부담한다.
③ 매매목적물의 인도와 동시에 대금을 지급할 경우에는 그 인도장소에서 이를 지급하여야 한다.
④ 매매의 목적이 된 권리가 타인에게 속한 경우에는 매도인은 그 권리를 취득하여 매수인에게 이전하여야 한다.
⑤ 매매의 당사자 일방에 대한 의무이행의 기한이 있는 때에는 상대방의 의무이행에 대하여도 동일한 기한이 있는 것으로 추정한다.

06 매도인의 담보책임에 관한 설명으로 옳은 것을 모두 고른 것은? (다툼이 있으면 판례에 따름) 제26회

㉠ 변제기에 이르지 않은 채권의 매도인이 채무자의 자력을 담보한 경우, 변제기의 자력을 담보한 것으로 추정한다.
㉡ 매매의 목적 부동산에 설정된 저당권 행사로 매수인이 그 소유권을 취득할 수 없는 경우, 저당권 설정 사실에 관하여 악의의 매수인은 그 입은 손해의 배상을 청구할 수 없다.
㉢ 매매의 목적이 된 권리가 타인에게 속하여 매도인이 그 권리를 취득한 후 매수인에게 이전할 수 없는 때에는 매수인이 계약 당시 그 권리가 매도인에게 속하지 아니함을 알았더라도 손해배상을 청구할 수 있다.

① ㉠
② ㉡
③ ㉢
④ ㉠, ㉡
⑤ ㉡, ㉢

07 甲이 乙에게 X토지 1천m^2를 10억원에 매도하였는데, 그중 200m^2가 丙 소유에 속하였고 이를 乙에게 이전할 수 없게 되었으며 乙은 이러한 사실을 모르고 있었다. 이에 관한 설명으로 옳은 것을 모두 고른 것은? (다툼이 있으면 판례에 따름) 제24회

ㄱ 乙은 X토지 중에서 그 200m^2의 비율에 따라 대금감액을 청구할 수 있다.
ㄴ 乙은 잔존한 800m^2 부분만이면 X토지를 매수하지 아니하였을 때에는 계약 전부를 해제할 수 있다.
ㄷ 乙은 대금감액청구와 함께 손해배상청구도 할 수 있다.
ㄹ 乙은 단순히 그 200m^2 부분이 丙에게 속한 사실을 안 날로부터 1년 내에 손해배상청구권을 행사하여야 한다.

① ㄱ, ㄴ
② ㄴ, ㄷ
③ ㄷ, ㄹ
④ ㄱ, ㄴ, ㄷ
⑤ ㄴ, ㄷ, ㄹ

08 매도인의 담보책임에 관한 설명으로 옳지 않은 것은? (다툼이 있으면 판례에 따름) 제22회

① 특정물매매의 경우 목적물에 하자가 있더라도 악의의 매수인은 계약을 해제할 수 없다.
② 변제기에 도달한 채권의 매도인이 채무자의 자력을 담보한 때에는 매매계약 당시의 자력을 담보한 것으로 추정한다.
③ 무효인 강제경매절차를 통하여 하자 있는 권리를 경락받은 자는 경매의 채무자나 채권자에게 담보책임을 물을 수 없다.
④ 매매계약 내용의 중요 부분에 착오가 있는 경우, 매수인은 매도인의 하자담보책임이 성립하는지와 상관없이 착오를 이유로 그 매매계약을 취소할 수 있다.
⑤ 종류매매의 경우 인도된 목적물에 하자가 있는 때에는 선의의 매수인은 하자 없는 물건을 청구하는 동시에 손해배상을 청구할 수 있다.

09 **매매계약에 관한 설명으로 옳지 않은 것은?** 제21회

① 매매계약은 쌍무·유상의 계약이다.
② 변제기에 도달하지 않은 채권의 매도인이 채무자의 자력을 담보한 때에는 변제기의 자력을 담보한 것으로 추정한다.
③ 매도인은 담보책임면제의 특약을 한 경우에도 제3자에게 권리를 설정 또는 양도한 행위에 대하여는 책임을 면하지 못한다.
④ 매매목적물이 전세권의 목적이 된 경우, 선의의 매수인은 이로 인하여 계약의 목적을 달성할 수 없으면 계약을 해제할 수 있다.
⑤ 타인의 권리매매에서 매도인이 그 권리를 취득하여 매수인에게 이전할 수 없는 경우, 계약 당시에 그 사실을 안 매수인은 계약을 해제할 수 없다.

CHAPTER 04 임대차

정답 및 해설 p.231

1 임대차의 효력

01 **민법상 건물의 소유를 목적으로 한 토지임차인이 토지소유자인 임대인에게 행사할 수 있는 권리가 아닌 것은?** 제28회

① 비용상환청구권
② 차임감액청구권
③ 부속물매수청구권
④ 계약갱신청구권
⑤ 건물매수청구권

02 **乙은 사과나무를 식재하여 과수원을 운영할 목적으로 甲 소유의 X임야에 대해 甲과 존속계약을 10년으로 하는 임대차계약을 체결하였다. 이에 관한 설명으로 옳은 것은?**

제22회

① 차임지급시기에 대한 관습 또는 다른 약정이 없으면 乙은 甲에게 매월 말에 차임을 지급하여야 한다.
② 산사태로 X임야가 일부 유실되어 복구가 필요한 경우, 乙은 甲에게 그 복구를 청구할 수 없다.
③ 甲이 X임야에 산사태 예방을 위해 필요한 옹벽설치공사를 하려는 경우, 乙은 과수원 운영을 이유로 이를 거부할 수 없다.
④ 乙이 X임야에 대하여 유익비를 지출하여 그 가액이 증가된 경우, 甲에게 임대차 종료 전에도 그 상환을 청구할 수 있다.
⑤ 임대차가 존속기간의 만료로 종료되는 경우, 乙이 식재한 사과나무들이 존재하는 때에도 乙은 甲에게 갱신을 청구할 수 없다.

03 **임차인의 유익비상환청구권에 관한 설명으로 옳지 않은 것은? (다툼이 있으면 판례에 따름)**

제21회

① 임차인은 임대차가 종료하기 전에는 유익비 상환을 청구할 수 없다.
② 임대인은 임차인의 선택에 따라 지출한 금액이나 가치증가액을 상환하여야 한다.
③ 유익비상환청구권은 임대인이 목적물을 반환받은 날로부터 6개월 내에 행사하여야 한다.
④ 임대인에게 비용 상환을 요구하지 않기로 약정한 경우, 임차인은 유익비 상환을 청구할 수 없다.
⑤ 임대인이 유익비를 상환하지 않으면, 임차인은 특별한 사정이 없는 한 임대차 종료 후 임차목적물의 반환을 거절할 수 있다.

2 임차권의 양도와 임차물의 전대

04 임대인의 동의가 있는 전대차에 관한 설명으로 옳지 않은 것은? (다툼이 있으면 판례에 따름)

제27회

① 전차인은 전대차계약으로 전대인에 대하여 부담하는 의무이상으로 임대인에게 의무를 지지 않고 동시에 임대차계약으로 임차인이 임대인에 대하여 부담하는 의무 이상으로 임대인에게 의무를 지지 않는다.

② 전차인은 전대차의 차임지급시기 이후 전대인에게 차임을 지급한 것으로 임대인에게 대항할 수 있다.

③ 전차인이 전대차의 차임지급시기 이전에 전대인에게 차임을 지급한 경우, 임대인의 차임청구 전에 그 차임지급시기가 도래한 때에는 임대인에게 대항할 수 있다.

④ 건물전차인은 임대차 및 전대차의 기간이 동시에 만료되고 건물이 현존하는 경우, 특별한 사정이 없는 한 임대인에 대하여 이전 전대차와 동일한 조건으로 임대할 것을 청구할 수 있다.

⑤ 임대차계약이 해지의 통고를 인하여 종료된 경우, 임대인은 전차인에 대하여 그 사유를 통지하지 아니하면 해지로써 전차인에게 대항하지 못한다.

3 임대차의 종료

05 乙은 건물 소유의 목적으로 甲 소유 X토지를 10년간 월차임 2백만원에 임차한 후, X토지에 Y건물을 신축하여 자신의 명의로 보존등기를 마쳤다. 이에 관한 설명으로 옳지 않은 것은?

제25회

① 甲은 다른 약정이 없는 한 임대기간 중 X토지를 사용, 수익에 필요한 상태로 유지할 의무를 부담한다.

② X토지에 대한 임차권등기를 하지 않았다면 특별한 사정이 없는 한 乙은 X토지에 대한 임차권으로 제3자에게 대항하지 못한다.

③ 甲이 X토지의 보존을 위한 행위를 하는 경우, 乙은 특별한 사정이 없는 한 이를 거절하지 못한다.

④ 乙이 6백만원의 차임을 연체하고 있는 경우에 甲은 임대차계약을 해지할 수 있다.

⑤ 甲이 변제기를 경과한 최후 2년의 차임채권에 의하여 Y건물을 압류한 때에는 저당권과 동일한 효력이 있다.

회계원리 공동주택시설개론 민법

1 도급

01 **도급에 관한 설명으로 옳지 않은 것은? (다툼이 있으면 판례에 따름)** 제27회

① 공사도급계약의 경우, 특별한 사정이 없는 한 수급인은 제3자를 사용하여 일을 완성할 수 있다.

② 수급인이 완공기한 내에 공사를 완성하지 못한 채 완공기한을 넘겨 도급계약이 해제된 경우, 그 지체상금의 발생 시기는 완공기한 다음 날이다.

③ 도급인이 파산선고를 받은 때에는 파산관재인은 도급계약을 해제할 수 있다.

④ 보수 일부를 선급하기로 하는 특약이 있는 경우, 도급인이 선급금의 지급을 지체한 기간만큼은 수급인이 지급하여야 하는 지체상금의 발생기간에서 공제된다.

⑤ 하자확대손해로 인한 수급인의 손해배상채무와 도급인의 공사대금채무는 동시이행관계가 인정되지 않는다.

02 **도급계약에 관한 설명으로 옳지 않은 것은? (다툼이 있으면 판례에 따름)** 제25회

① 부대체물을 제작하여 공급하기로 하는 계약은 도급의 성질을 갖는다.

② 당사자 사이의 특약 등 특별한 사정이 없는 한 수급인 자신이 직접 일을 완성하여야 하는 것은 아니다.

③ 도급계약의 보수(報酬) 일부를 선급하기로 하는 특약이 있는 경우, 수급인은 그 제공이 있을 때까지 일의 착수를 거절할 수 있다.

④ 제작물공급계약에서 완성된 목적물의 인도와 동시에 보수(報酬)를 지급해야 하는 경우, 특별한 사정이 없는 한 목적물의 인도는 단순한 점유의 이전만으로 충분하다.

⑤ 완성된 목적물에 중요하지 않은 하자가 있고 그 보수(補修)에 과다한 비용이 필요한 경우, 도급인은 특별한 사정이 없는 한 그 하자의 보수(補修)를 청구할 수 없다.

03 도급에 관한 설명으로 옳지 않은 것은? (다툼이 있으면 판례에 따름) 제24회

① 특별한 사정이 없는 한 수급인은 제3자를 사용하여 일을 완성할 수 있다.
② 완성된 주택을 도급인이 원시취득한 경우, 수급인은 보수를 지급받을 때까지 그 주택에 대하여 유치권을 행사할 수 있다.
③ 도급인의 파산선고로 수급인이 계약을 해제한 경우, 수급인은 도급인에 대하여 계약해제로 인한 손해배상을 청구할 수 있다.
④ 수급인이 일을 완성하기 전에는 도급인은 수급인이 입게 될 손해를 배상하고 계약을 해제할 수 있다.
⑤ 완성된 주택의 하자로 인하여 계약의 목적을 달성할 수 없더라도 도급인은 계약을 해제할 수 없다.

04 도급에 관한 설명으로 옳지 않은 것은? (다툼이 있으면 판례에 따름) 제21회

① 수급인의 완성물인도의무와 도급인의 보수지급의무는 원칙적으로 동시이행관계에 있다.
② 완성된 건물에 하자가 있는 경우, 계약목적을 달성할 수 없더라도 도급인은 계약을 해제할 수 없다.
③ 수급인이 일을 완성하기 전에는 도급인은 수급인이 입게 될 손해를 배상하고 계약을 해제할 수 있다.
④ 완성된 목적물의 하자가 중요하지 않고 그 보수에 과다한 비용을 요할 때에는 하자의 보수를 청구할 수 없다.
⑤ 수급인의 공사대금이 도급인의 손해배상채권액을 현저히 초과하더라도, 도급인은 공사대금 전액에 대하여 하자에 갈음한 손해배상채권에 기하여 동시이행항변권을 행사할 수 있다.

2 위임

05 민법상 위임에 관한 설명으로 옳은 것은? 제28회

① 위임인은 수임인에 대하여 보수를 지급하여야 함이 원칙이다.
② 위임사무의 처리에 비용을 요하는 때에는 위임인은 수임인의 청구에 의하여 이를 선급하여야 한다.
③ 수임인은 자기재산과 동일한 주의로 위임사무를 처리하여야 한다.
④ 위임인의 승낙이나 부득이한 사유가 없더라도 수임인은 제3자로 하여금 자기에 갈음하여 위임사무를 처리하게 할 수 있다.
⑤ 수임인은 위임인의 불리한 시기에 위임계약을 해지하지 못한다.

06 위임계약에 관한 설명으로 옳지 않은 것은? 제22회

① 수임인은 보수의 약정이 없는 경우에도 선량한 관리자의 주의의무를 진다.
② 위임인은 수임인이 위임사무의 처리에 필요한 비용을 미리 청구한 경우 이를 지급하여야 한다.
③ 무상위임의 수임인이 위임사무의 처리를 위하여 과실 없이 손해를 받은 때에는 위임인에 대하여 그 배상을 청구할 수 있다.
④ 수임인이 부득이한 사정에 의해 위임사무를 처리할 수 없게 된 경우, 제3자에게 그 사무를 처리하게 할 수 있다.
⑤ 수임인이 위임인의 승낙을 얻어서 제3자에게 위임사무를 처리하게 한 경우, 위임인에 대하여 그 선임감독에 관한 책임이 없다.

07 위임에 관한 설명으로 옳지 않은 것은? 제21회

① 위임계약은 각 당사자가 언제든지 해지할 수 있다.
② 복위임은 위임인이 승낙한 경우나 부득이한 경우에만 허용된다.
③ 수임인은 위임이 종료한 때에는 지체 없이 그 전말을 위임인에게 보고하여야 한다.
④ 위임이 무상인 경우, 수임인은 선량한 관리자의 주의의무로써 위임사무를 처리해야 한다.
⑤ 당사자 일방이 상대방의 불리한 시기에 위임계약을 해지하는 경우, 부득이한 사유가 있더라도 그 손해를 배상해야 한다.

1 부당이득

01 **甲, 乙, 丙은 X건물을 각 1/4, 1/2, 1/4씩 공유하고 있다. 甲은 다른 공유자의 동의 없이 丁에게 X건물의 창호공사를 도급하였고, 丁이 약정기간 내에 위 공사를 완료하였으나, 공사대금을 전혀 지급받지 못했다. 이 공사로 인하여 X건물의 가치가 크게 증가하였다. 이에 관한 설명으로 옳지 않은 것을 모두 고른 것은? (다툼이 있으면 판례에 따름)** 제28회

ㄱ 丁은 乙과 丙에 대하여 부당이득반환을 청구할 수 있다.
ㄴ 丁은 乙과 丙에 대하여 점유자와 회복자의 관계에 기한 유익비상환을 청구할 수 있다.
ㄷ 乙과 丙은 각자의 지분에 상응하여 도급계약에 따른 공사대금을 丁에게 지급하여야 한다.

① ㄱ
② ㄱ, ㄴ
③ ㄱ, ㄷ
④ ㄴ, ㄷ
⑤ ㄱ, ㄴ, ㄷ

02 **부당이득에 관한 설명으로 옳은 것은? (다툼이 있으면 판례에 따름)** 제27회

① 불법도박채무에 대하여 양도담보의 명목으로 소유권이전등기를 해주는 것은 불법원인급여에 해당하지 않는다.
② 부당이득반환채무는 이행의 기한이 없는 채무로서 이행청구 후 상당한 기간이 경과하면 지체책임이 있다.
③ 수익자가 부당이득을 얻기 위하여 비용을 지출한 경우, 그 비용은 수익자가 반환하여야 할 이득의 범위에서 공제되지 않는다.
④ 채무없는 자가 착오로 인하여 변제한 경우에 그 변제가 도의관념에 적합한 때에는 그 반환을 청구할 수 있다.
⑤ 불법원인 급여가 인정되어 부당이득반환청구가 불가능한 경우, 특별한 사정이 없는 한 그 불법의 원인에 가공한 상대방에게 불법행위에 의한 손해배상청구권도 행사할 수 없다.

03 부당이득에 관한 설명으로 옳지 않은 것은? (다툼이 있으면 판례에 따름) 제26회

① 채무자가 채무 없음을 알고 변제한 때에는 원칙적으로 그 반환을 청구하지 못한다.
② 채무자가 변제기에 있지 아니한 채무를 변제한 때에는 특별한 사정이 없는 한 그 반환을 청구하지 못한다.
③ 악의의 수익자는 그 받은 이익에 이자를 붙여 반환하고 손해가 있으면 이를 배상하여야 한다.
④ 수익자가 이익을 받은 후 법률상 원인 없음을 안 때에는 이익을 받은 때부터 악의의 수익자로서 이익반환의 책임이 있다.
⑤ 불법의 원인으로 인하여 재산을 급여하거나 노무를 제공한 경우, 특별한 사정이 없는 한 그 이익의 반환을 청구하지 못한다.

04 부당이득에 관한 설명으로 옳지 않은 것은? (다툼이 있으면 판례에 따름) 제25회

① 채무자가 피해자로부터 횡령한 금전을 자신의 채권자에 대한 변제에 사용한 경우, 채권자가 변제를 수령할 때 횡령사실을 알았던 때에도 채권자의 금전취득은 피해자에 대한 관계에서 법률상 원인이 있다.
② 연대보증인이 있는 주채무를 제3자가 변제하여 주채무가 소멸한 경우, 그 제3자는 연대보증인에게 부당이득반환을 청구할 수 없다.
③ 임차인이 임대차계약이 종료한 후 임차건물을 계속 점유하였더라도 이익을 얻지 않았다면 임차인은 그로 인한 부당이득반환의무를 지지 않는다.
④ 과반수 지분의 공유자로부터 제3자가 공유물의 사용·수익을 허락받아 그 공유물을 점유하고 있는 경우, 소수지분권자는 그 제3자에게 점유로 인한 부당이득반환청구를 할 수 없다.
⑤ 변제자가 채무 없음을 알고 있었지만 자기의 자유로운 의사에 반하여 변제를 강제당한 경우, 변제자는 부당이득반환청구권을 상실하지 않는다.

05 **부당이득에 관한 설명으로 옳지 않은 것은? (다툼이 있으면 판례에 따름)** 제23회

① 채무 없음을 알고 이를 변제한 때에는 원칙적으로 그 반환을 청구하지 못한다.

② 부당이득반환에 있어 수익자가 악의라는 점에 대하여는 이를 주장하는 측에서 증명책임을 진다.

③ 계약상 급부가 계약의 상대방뿐만 아니라 제3자의 이익으로 된 경우, 급부를 한 계약당사자는 제3자에 대하여 직접 부당이득반환청구를 할 수 있다.

④ 채무 없는 자가 착오로 인하여 변제한 경우, 그 변제가 도의관념에 적합한 때에는 그 반환을 청구하지 못한다.

⑤ 타인의 토지를 점유함으로 인한 부당이득반환채무는 그 이행청구를 받은 때부터 지체책임을 진다.

2 불법행위

06 **A회사에서 근무하는 책임능력이 있는 미성년자 甲은 퇴근 후 함께 사는 아버지 乙의 오토바이를 몰래 타고 친구를 만나러 가던 중 신호를 위반하여 丙을 치어 즉사하게 하였다. 이에 관한 설명으로 옳지 않은 것은? (다툼이 있으면 판례에 따름)** 제28회

① 甲은 丙의 사망에 대하여 불법행위책임을 진다.

② 丙의 사망으로 인한 손해발생과 乙의 감독의무 위반이 상당인과관계가 있으면 乙은 일반불법행위 책임을 진다.

③ A는 甲과 연대하여 丙에게 사용자책임을 진다.

④ 丙의 배우자는 재산상의 손해가 없어도 甲에 대하여 위자료를 청구할 수 있다.

⑤ 위 사고와 관련하여 丙에게 과실이 있는 경우, 특별한 사정이 없는 한 과실상계에 관한 민법의 규정이 적용된다.

07 甲 소유의 X창고에 몰래 들어가 함께 놀던 책임능력 있는 17세 동갑인 乙, 丙, 丁이 공동으로 X에 부설된 기계를 고장 냈으며, 그에 따라 甲에게 300만원의 손해가 발생하였다. 이에 관한 설명으로 옳은 것은? (다툼이 있으면 판례에 따름) 제27회

① 乙, 丙, 丁이 甲에 대한 손해배상채무를 면하려면 스스로 고의나 과실이 없다는 것을 증명해야 한다.
② 과실비율이 50%인 乙이 甲에게 300만원을 배상한 경우, 乙은 丙과 丁에게 구상권을 행사할 수 없다.
③ 乙, 丙, 丁의 과실비율이 동일한 경우, 丙은 甲에게 100만원의 손해배상채무만을 부담한다.
④ 甲이 丁의 친권자 A의 丁에 대한 감독의무 위반과 甲의 손해 사이에 상당인과관계를 증명하면, 甲은 A에 대해 일반불법행위에 따른 손해배상책임을 물을 수 있다.
⑤ 甲의 부주의를 이용하여 乙, 丙, 丁이 고의로 기계를 고장 낸 경우, 甲의 부주의를 이유로 한 과실상계가 적용된다.

08 甲의 고의와 乙의 과실이 경합한 공동불법행위로 丙에게 1억 원의 손해가 발생하였는데, 甲과 乙에 대한 丙의 과실이 각각 10%와 50%가 인정되었고 甲이 丙의 부주의를 이용한 사실이 밝혀졌다. 그 후 甲이 丙에게 3,000만 원을 변제하였다. 이에 관한 설명으로 옳지 않은 것을 모두 고른 것은? (이자나 지연배상금은 고려하지 않고, 다툼이 있으면 판례에 따름) 제26회

> ㉠ 甲의 손해배상액을 산정할 때 丙의 과실을 참작해야 한다.
> ㉡ 乙의 손해배상액을 산정할 때 丙의 과실을 참작해야 한다.
> ㉢ 甲의 丙에 대한 잔존 손해배상채무는 7,000만 원이다.
> ㉣ 乙의 丙에 대한 잔존 손해배상채무는 2,000만 원이다.

① ㉠ ② ㉠, ㉢
③ ㉠, ㉣ ④ ㉡, ㉢
⑤ ㉡, ㉣

09 **불법행위에 관한 설명으로 옳은 것을 모두 고른 것은? (다툼이 있으면 판례에 따름)**

제25회

㉠ 과실로 인하여 스스로 심신상실을 초래하고 그 상태에서 타인에게 위법하게 손해를 가한 자는 손해배상책임을 진다.
㉡ 도급인은 도급 또는 지시에 관하여 중대한 과실이 있는 경우, 수급인이 그 일에 관하여 제3자에게 가한 손해를 배상할 책임이 있다.
㉢ 제3자의 행위와 공작물의 설치 또는 보존상의 하자가 공동원인이 되어 발생한 손해는 공작물의 설치 또는 보존상의 하자에 의하여 발생한 것이라고 볼 수 없다.

① ㉠
② ㉢
③ ㉠, ㉡
④ ㉡, ㉢
⑤ ㉠, ㉡, ㉢

10 **甲이 자신의 과실 없음을 스스로 증명하여 불법행위책임을 면할 수 있는 경우를 모두 고른 것은? (다툼이 있으면 판례에 따름)**

제24회

㉠ 甲의 보호·감독을 받는 심신상실자가 매장에서 물건을 파손하여 타인에게 손해를 입힌 경우
㉡ 피자집 사장 甲의 종업원이 배달 중 행인에게 손해를 입힌 경우
㉢ 甲이 소유한 공작물에 대한 보존의 하자로 인하여 공작물의 임차인이 손해를 입은 경우

① ㉠
② ㉢
③ ㉠, ㉡
④ ㉡, ㉢
⑤ ㉠, ㉡, ㉢

11 **불법행위에 관한 설명으로 옳지 않은 것은? (다툼이 있으면 판례에 따름)** 제22회

① 사용자가 피용자의 선임 및 그 사무감독에 상당한 주의를 한 때에는 피용자가 그 사무집행에 관하여 제3자에게 가한 손해를 배상할 책임이 없다.
② 도급인은 도급 또는 지시에 관하여 중대한 과실이 있는 경우, 수급인이 그 일에 관하여 제3자에게 가한 손해를 배상할 책임이 있다.
③ 공작물의 설치 또는 보존의 하자로 인하여 타인이 손해를 입은 경우, 1차적으로 공작물의 소유자가 배상책임을 진다.
④ 교사자나 방조자도 공동행위자로서 공동불법행위책임을 질 수 있다.
⑤ 대리감독자인 교사의 보호·감독책임은 소속 학교에서의 교육활동 및 이와 밀접 불가분의 관계에 있는 생활관계에 한하여 인정된다.

12 **甲회사에 근무하는 乙은 甲의 관리감독 부실을 이용하여 그 직무와 관련하여 제3자 丙과 공동으로 丁을 상대로 불법행위를 하였고 그로 인해 丁에게 1억원의 손해를 입혔다. 이에 관한 설명으로 옳지 않은 것은? (다툼이 있으면 판례에 따름)** 제21회

① 丁은 동시에 乙과 丙에게 1억원의 손해배상을 청구할 수 있다.
② 丁은 乙과 丙에게 각각 5천만원의 손해배상을 청구할 수 있다.
③ 丁은 甲과 乙에게 각각 5천만원의 손해배상을 청구할 수 있다.
④ 甲이 丁에게 1억원의 손해 전부를 배상한 경우, 甲은 乙에게 구상할 수 있다.
⑤ 丁이 丙에게 손해배상채무 중 5천만원을 면제해 준 경우, 丁은 乙에게 5천만원을 한도로 손해배상을 청구할 수 있다.

계획하지 않는 것은
실패를 계획하는 것과 같다.

– 에피 닐 존스(Effie Neal Jones)

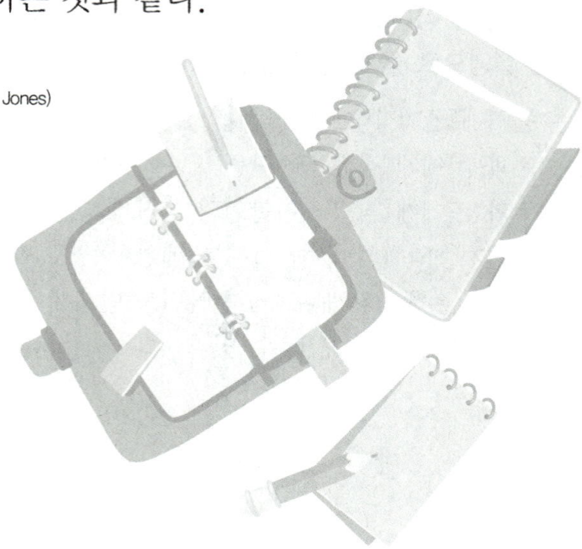

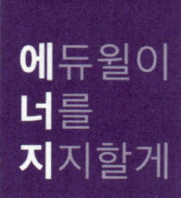

2025년도 제28회 주택관리사보 1차 국가자격시험

교 시	문제형별	시험시간	시 험 과 목
1, 2교시	**A**	**150분**	1 회계원리 2 공동주택시설개론 3 민법

수험번호		성 명	

【수험자 유의사항】

1. 시험문제는 **단일 형별(A형)**이며, 답안카드 형별 기재란에 표시된 형별(A형)을 확인하시기 바랍니다. 시험문제지의 **총면수, 문제번호 일련순서, 인쇄상태** 등을 확인하시고, 문제지 표지에 수험번호와 성명을 기재하시기 바랍니다.
2. 답은 각 문제마다 요구하는 **가장 적합하거나 가까운 답 1개**만 선택하고, 답안카드 작성 시 시험문제지 **마킹착오**로 인한 불이익은 전적으로 **수험자에게 책임**이 있음을 알려 드립니다.
3. 수험자 인적사항 및 답안지 등 작성은 **반드시 검은색 필기구만을 계속 사용**하여야 합니다. (**그 외 연필류, 유색필기구, 지워지는 펜 등으로 작성한 답항은 0점 처리**됩니다.)
4. 답안 정정 시에는 **두 줄(=)을 긋고 다시 기재** 또는 **수정테이프 사용이 가능**하며, **수정액**을 사용할 경우 채점상의 불이익을 받을 수 있으므로 **사용하지 마시기 바랍니다.**
5. **감독위원의 지시에 불응하거나 시험시간 종료 후 답안지를 제출하지 않을 경우** 불이익이 발생할 수 있음을 알려 드립니다.
6. 주관식 문제 답안 작성시 법령 등의 규정을 인용한 문제는 **해당 규정의 정확한 표현대로 작성하는 경우에만 정답**으로 인정함을 알려드립니다.
7. 시험문제지는 시험 종료 후 가져가시기 바랍니다.

◆ **기출문제 사용법**

- 문제집을 풀기 전 실력 점검의 용도로 사용하세요.
  지금까지 배웠던 이론 내용을 바탕으로 문제를 풀면서 현재 내 실력이 어느 정도인지 파악해 보세요.
- 문제집을 풀어 본 후 마무리용으로 사용하세요.
  시험 전 최신 경향은 물론, 본인의 취약 부분을 파악할 수 있어 효과가 더욱 좋습니다.

회 계 원 리

※ 아래 문제들에서 특별한 언급이 없는 한 기업의 보고기간(회계기간)은 매년 1월 1일부터 12월 31일까지이다. 회계처리와 관련된 문제는 한국채택국제회계기준(K-IFRS)에 따라 답하며, 정답 선택에 있어 자료에서 제시한 것 외의 사항은 고려하지 않는다. 예를 들어 법인세에 대한 언급이 없으면 법인세효과는 고려하지 않는다. 위의 조건 하에서 각 문제의 답지항 중 가장 합당한 것을 고르시오.

1. 회계상 거래에 해당하는 것을 모두 고른 것은?

ㄱ. 종업원을 채용하기로 계약하고 급여를 ₩5,000으로 책정하였다.
ㄴ. 거래처로부터 상품을 ₩10,000에 매입하기로 계약하였다.
ㄷ. 사무실을 임차하기로 계약하고 보증금 ₩30,000을 지급하였다.
ㄹ. 상품을 ₩20,000에 판매하였으나 그 대금은 나중에 받기로 하였다.

① ㄱ, ㄴ ② ㄱ, ㄷ ③ ㄴ, ㄷ
④ ㄴ, ㄹ ⑤ ㄷ, ㄹ

2. 외부감사인이 다음과 같이 결론을 내리는 경우 한정의견에 해당하는 것을 모두 고른 것은?

ㄱ. 감사인이 충분하고 적합한 감사증거를 입수한 결과, 왜곡표시가 재무제표에 개별적으로 또는 집합적으로 중요하나 전반적이지는 않다고 결론을 내리는 경우
ㄴ. 감사인이 충분하고 적합한 감사증거를 입수한 결과, 왜곡표시가 재무제표에 개별적으로 또는 집합적으로 중요하며 동시에 전반적이라고 결론을 내리는 경우
ㄷ. 감사인이 감사의견의 근거가 되는 충분하고 적합한 감사증거를 입수할 수 없었지만, 발견되지 아니한 왜곡표시가 재무제표에 미칠 수 있는 영향이 중요할 수는 있으나 전반적이지는 않을 것으로 결론을 내리는 경우
ㄹ. 감사인이 감사의견의 근거가 되는 충분하고 적합한 감사증거를 입수할 수 없으며, 발견되지 아니한 왜곡표시가 있을 경우 이것이 재무제표에 미칠 수 있는 영향이 중요하고 동시에 전반적일 수 있다고 결론을 내리는 경우

① ㄱ, ㄴ ② ㄱ, ㄷ ③ ㄱ, ㄹ
④ ㄴ, ㄹ ⑤ ㄷ, ㄹ

3. (주)한국은 기중에 소모품을 ₩100,000에 구입하였으며, 기말 현재 남아 있는 소모품은 ₩90,000이다. 수정전시산표상 소모품 잔액이 ₩120,000인 경우 기말 수정분개로 옳은 것은?

	차변		대변	
①	소모품비	30,000	소모품	30,000
②	소모품비	20,000	소모품	20,000
③	소모품비	10,000	소모품	10,000
④	소모품	20,000	소모품비	20,000
⑤	소모품	10,000	소모품비	10,000

4. 장부마감 시 원장 기입에 관한 설명으로 옳은 것은?

① 수익이 비용보다 큰 경우 집합손익계정 원장의 차변에 이익잉여금으로 마감한다.

② 수익은 수익계정 원장의 대변에 집합손익으로 마감한다.

③ 비용은 비용계정 원장의 대변에 차기이월로 마감한다.

④ 자산은 자산계정 원장의 차변에 차기이월로 마감한다.

⑤ 부채는 부채계정 원장의 차변에 집합손익으로 마감한다.

5. (주)한국이 20×1년도에 지급한 보험료는 ₩18,000이다. 재무상태표상 선급보험료 계정의 잔액이 다음과 같을 때, 20×1년도 포괄손익계산서에 표시될 보험료는?

계정과목	20×1년 초	20×1년 말
선급보험료	₩6,000	₩4,000

① ₩16,000 ② ₩20,000 ③ ₩22,000 ④ ₩24,000 ⑤ ₩26,000

6. 일반목적재무보고의 목적에 관한 설명으로 옳지 않은 것은?

① 일반목적재무보고서는 기업의 경제적자원 및 보고기업에 대한 청구권에 관한 정보를 제공한다.

② 보고기업의 재무성과에 대한 정보는 그 기업의 경제적자원에서 해당 기업이 창출한 수익을 이용자들이 이해하는 데 도움을 준다.

③ 보고기업의 경제적자원 및 청구권의 성격 및 금액에 대한 정보는 이용자들이 보고기업의 재무적 강점과 약점을 식별하는 데 도움을 줄 수 있다.

④ 보고기업의 한 기간의 재무성과에 대한 정보는 이용자들이 기업의 경제적자원에 대한 경영진의 수탁책임을 평가하는 데에도 도움을 줄 수 있다.

⑤ 보고기업의 과거 재무성과와 그 경영진이 수탁책임을 어떻게 이행했는지에 대한 정보는 기업의 경제적자원에서 발생하는 미래 수익을 예측하는 데 일반적으로 도움이 되지 않는다.

7. 유용한 재무정보의 질적특성 중 보강적 질적특성에 해당하는 것을 모두 고른 것은?

ㄱ. 표현충실성	ㄴ. 목적적합성	ㄷ. 비교가능성
ㄹ. 이해가능성	ㅁ. 검증가능성	

① ㄱ, ㄴ, ㄷ ② ㄱ, ㄴ, ㅁ ③ ㄱ, ㄷ, ㄹ
④ ㄴ, ㄹ, ㅁ ⑤ ㄷ, ㄹ, ㅁ

8. 재무제표 표시에 관한 설명으로 옳지 않은 것은?

① 각각의 재무제표는 전체 재무제표에서 동등한 비중으로 표시한다.
② 당기손익과 기타포괄손익은 단일의 포괄손익계산서에 두 부분으로 나누어 표시할 수 있다.
③ 재무제표는 동일한 문서에 포함되어 함께 공표되는 그 밖의 정보와 명확하게 구분되고 식별되어야 한다.
④ 재무제표 항목의 표시나 분류를 변경하는 경우 실무적으로 적용할 수 없는 것이 아니라면 비교금액도 재분류해야 한다.
⑤ 재무제표가 한국채택국제회계기준의 요구사항을 모두 충족한 경우가 아니라도 한국채택국제회계기준을 준수하여 작성되었다고 기재한다.

9. 유동부채로 분류되지 않는 것은?

① 당좌차월 ② 매입채무 ③ 미지급배당금
④ 이연법인세부채 ⑤ 유동성장기차입금

10. (주)한국의 20×1년 재고자산 관련 자료는 다음과 같다. 가중평균(평균원가)소매재고법에 따라 측정된 (주)한국의 20×1년 기말재고자산 장부금액은? (단, 재고자산감모손실과 재고자산평가손실은 없다.)

구분	원가	판매가격
기초재고자산	₩90,000	₩100,000
당기매입액	630,000	900,000
매출액		800,000

① ₩140,000 ② ₩144,000 ③ ₩160,000
④ ₩180,000 ⑤ ₩224,000

11. (주)한국의 20×1년 재고자산 관련 자료는 다음과 같다. (주)한국은 재고자산의 장부기록방법으로는 계속기록법, 단위원가결정 방법으로는 선입선출법을 적용하고 있다. (주)한국의 20×1년도 매출총이익은? (단, 재고자산감모손실과 재고자산평가손실은 없다.)

일자	적요	수량(단위)	단위당 원가	단위당 판매가격
1월 1일	기초재고	100	₩50	
4월 1일	매입	150	60	
6월 1일	매출	200		₩100
9월 1일	매입	100	65	
11월 1일	매입	150	70	
12월 1일	매출	100		120

① ₩13,750 ② ₩14,000 ③ ₩14,750 ④ ₩17,250 ⑤ ₩18,600

12. (주)한국은 20×1년 12월 31일 창고에 보관하고 있던 상품 전부가 폭우로 인해 소실되었다. (주)한국의 20×1년 기초상품금액은 ₩5,000, 당기상품매입액은 ₩140,000, 매출액은 ₩150,000이다. (주)한국은 원가에 원가의 25%에 해당하는 이윤을 가산한 금액을 판매가격으로 책정하고 있다. 20×1년 12월 31일 폭우로 인해 소실된 상품 추정액은? (단, (주)한국은 상품을 모두 창고에 보관한다.)

① ₩5,000 ② ₩20,000 ③ ₩25,000 ④ ₩31,250 ⑤ ₩32,500

13. (주)한국의 20×1년 회계 자료는 다음과 같다. (주)한국의 20×1년도 총매입액은?

○ 기초재고자산	₩40,000	○ 총매출액	₩498,000
○ 기말재고자산	30,000	○ 매출할인	10,000
○ 총매입액	?	○ 매출운임	5,000
○ 매입환출	15,000	○ 매출에누리	8,000
○ 매입할인	5,000	○ 매출총이익	70,000

① ₩380,000 ② ₩400,000 ③ ₩415,000 ④ ₩420,000 ⑤ ₩425,000

14. 20×1년 초 (주)한국은 사무용 건물을 (주)대한의 토지와 교환하면서 추가적으로 현금 ₩3,000을 (주)대한에게 지급하였다. 교환일 현재 건물의 장부금액은 ₩30,000(취득원가 ₩90,000, 감가상각누계액 ₩60,000)이며, 토지의 장부금액은 ₩25,000이다. 교환 시 건물의 공정가치는 ₩40,000으로 신뢰성 있게 측정되었다. (주)한국이 자산 교환 시 인식할 토지의 취득원가는? (단, 동 교환거래는 상업적 실질이 존재하며, 건물의 공정가치가 토지의 공정가치보다 명백하다.)

① ₩25,000 ② ₩30,000 ③ ₩37,000 ④ ₩40,000 ⑤ ₩43,000

15. (주)한국은 20×1년 초 토지(유형자산)를 ₩70,000에 취득하였다. (주)한국은 토지에 대하여 재평가모형을 적용하고 매년 말 재평가한다. 동 토지의 공정가치가 다음과 같을 경우, (주)한국이 동 토지와 관련하여 20×2년 말 재무상태표의 기타포괄손익누계액으로 인식할 재평가잉여금은? (단, 손상은 발생하지 않았다.)

구분	20×1년 말	20×2년 말
공정가치	₩65,000	₩80,000

① ₩0 ② ₩5,000 ③ ₩8,000 ④ ₩10,000 ⑤ ₩15,000

16. 잔존가치가 변동하지 않는다고 가정할 때, 자산의 내용연수 동안 매 기간 일정액의 감가상각액을 계상하는 감가상각방법은?

① 정액법 ② 정률법 ③ 연수합계법
④ 이중체감법 ⑤ 체증상각법

17. (주)한국은 20×1년 초 본사건물(내용연수 4년, 잔존가치 ₩0, 정액법 상각, 원가모형 적용)을 ₩100,000에 취득하였다. (주)한국은 20×2년 초 동 건물에 대하여 ₩15,000을 지출하였고, 이는 자산의 인식요건을 충족하며, 동 지출로 인하여 건물의 잔존가치가 ₩3,000 증가하였다. (주)한국이 동 건물과 관련하여 20×2년도에 인식할 감가상각비는? (단, 손상은 발생하지 않았다.)

① ₩25,000 ② ₩26,000 ③ ₩28,000 ④ ₩29,000 ⑤ ₩30,000

18. (주)한국은 20×1년 초 건물(내용연수 5년, 잔존가치 없음, 정액법 상각)을 ₩100,000에 취득하고 투자부동산으로 분류하였다. (주)한국은 투자부동산에 대해 공정가치모형을 적용하고 있으며, 동 건물에 대한 20×1년 말 공정가치는 ₩110,000이다. (주)한국은 20×2년 7월 1일 동 건물을 ₩90,000에 처분하였다. 동 건물에 대한 회계처리가 20×1년도와 20×2년도의 당기순이익에 미치는 영향은?

	20×1년도	20×2년도
①	₩10,000 증가	₩20,000 감소
②	₩10,000 증가	₩10,000 감소
③	₩10,000 증가	₩10,000 증가
④	₩20,000 증가	₩20,000 감소
⑤	₩20,000 증가	₩10,000 증가

19. (주)한국은 20×1년 7월 1일에 주식A를 취득일의 공정가치인 ₩50,000에 취득하고 기타포괄손익－공정가치측정 금융자산으로 분류하였다. (주)한국은 20×2년 4월 1일에 주식A와 관련하여 ₩1,000의 현금배당금을 수령하였고, 20×2년 12월 1일에 주식A를 ₩55,000에 전량 매각하였다. 주식A의 공정가치가 다음과 같을 때, 주식 A와 관련된 회계처리가 (주)한국의 20×2년도 당기순이익에 미치는 영향은? (단, 주식매매수수료는 없다.)

구 분	20×1년 12월 31일	20×2년 4월 1일	20×2년 12월 1일
공정가치	₩53,500	₩52,000	₩55,000

① ₩1,000 증가
② ₩1,500 증가
③ ₩3,000 증가
④ ₩5,000 증가
⑤ ₩6,000 증가

20. (주)한국은 20×1년 1월 1일에 (주)대한이 발행한 사채(액면금액 ₩1,000,000, 표시이자율 연 10%, 매년 말 이자지급, 만기 3년)를 공정가치로 취득하고 상각후원가 측정 금융자산으로 분류하였다. 취득 당시 유효이자율은 연 8%이다. (주)한국이 동 사채를 만기까지 보유할 때, 보유기간 동안 인식할 이자수익 총액은? (단, 사채발행일과 취득일은 동일하며, 단수차이가 발생할 경우 가장 근사치를 선택한다.)

기간	단일금액 ₩1의 현재가치		정상연금 ₩1의 현재가치	
	8%	10%	8%	10%
3	0.7938	0.7513	2.5771	2.4869

① ₩228,690 ② ₩240,000 ③ ₩248,490 ④ ₩289,748 ⑤ ₩300,000

21. 20×1년 말 현재 (주)한국의 장부상 당좌예금 잔액과 은행 측 잔액증명서상 잔액의 불일치 원인은 다음과 같다. 불일치 원인을 조정한 후의 올바른 당좌예금 잔액이 ₩200,000일 때, (주)한국의 조정 전 장부상 당좌예금 잔액은?

○ (주)한국은 입금처리하였으나, 은행에서 미기록한 예금	₩40,000
○ (주)한국에서 회계처리하지 않은 은행수수료	₩10,000
○ 거래처가 입금한 금액 중 은행으로부터 통보받지 못한 금액	₩30,000
○ (주)한국이 발행한 수표 중 은행에서 인출되지 않은 금액	₩25,000
○ (주)한국이 은행에 예입한 ₩50,000의 수표를 회사장부에 ₩5,000으로 기록	

① ₩120,000 ② ₩135,000 ③ ₩150,000 ④ ₩185,000 ⑤ ₩225,000

22. (주)한국은 매출처로부터 받은 액면금액 ₩100,000(발행일 20×1년 7월 1일, 만기일 20×1년 12월 31일, 표시이자율 연 9%, 만기 이자수취)인 이자부어음을 20×1년 8월 1일 은행에 이자율 연 12% 조건으로 할인하였다. 동 어음 할인으로 ㈜ 한국이 할인료를 제외하고 수취한 현금은? (단, 어음할인은 제거조건을 충족하며, 이자는 월할계산한다.)

① ₩98,525 ② ₩99,275 ③ ₩100,000 ④ ₩100,025 ⑤ ₩104,500

23. 금융부채에 해당하는 것을 모두 고른 것은?

ㄱ. 차입금	ㄴ. 선수금	ㄷ. 충당부채
ㄹ. 미지급법인세	ㅁ. 지급어음	

① ㄱ, ㄷ ② ㄱ, ㅁ ③ ㄴ, ㄹ ④ ㄱ, ㄷ, ㄹ ⑤ ㄴ, ㄹ, ㅁ

24. (주)한국은 20×1년 초 사채(액면금액 ₩100,000, 표시이자율 연 5%, 매년 말 이자 지급, 만기 3년)를 ₩92,268에 발행하고 상각후원가로 측정하였다. 동 사채의 20×1년 말 장부금액이 ₩94,649인 경우, (주)한국이 20×2년도에 인식할 이자비용은? (단, 단수차이가 발생할 경우 가장 근사치를 선택한다.)

① ₩5,679 ② ₩6,625 ③ ₩7,571 ④ ₩8,518 ⑤ ₩9,465

25. (주)한국은 20×1년 4월 1일부터 제품을 판매하기 시작하면서, 제품매출액의 2%에 해당하는 금액을 제품보증비용(보증기간 2년)으로 추정하였다. 20×1년과 20×2년의 제품매출액과 보증비용 지출액이 다음과 같을 때, 제품보증과 관련하여 20×2년 말 재무상태표에 인식할 충당부채는? (단, 제품보증은 확신유형보증이다.)

연도	제품매출액	보증비용 지출액
20×1년	₩300,000	₩5,000
20×2년	500,000	8,000

① ₩2,000 ② ₩3,000 ③ ₩6,000 ④ ₩10,000 ⑤ ₩16,000

26. (주)한국의 20×1년 초 자본총계는 ₩500,000이다. 20×1년 중 다음과 같은 거래가 발생하였다고 할 때, 20×1년 말 자본총계는?

○ 보통주 10주(주당 액면금액 ₩1,000)를 주당 ₩2,000에 발행하여 전액 납입받았으며, 주식발행비 ₩3,000을 현금으로 지급하였다.
○ 보통주 20주(주당 액면금액 ₩1,000)를 주당 ₩900에 매입하여 소각하였다.

① ₩490,000 ② ₩497,000 ③ ₩499,000 ④ ₩500,000 ⑤ ₩502,000

27. 20×1년 초 (주)한국은 (주)대한과 매출액의 5%를 판매수수료로 지급하는 위탁판매계약을 체결하였다. 20×1년 (주)한국은 (주)대한에 단위당 원가 ₩800인 상품 100개를 적송하였다. (주)대한은 20×1년 중 수탁한 상품 중 50개를 단위당 ₩1,000에 최종고객에게 판매하고 수탁상품 매출계산서와 함께 판매수수료를 제외한 나머지 금액을 (주)한국에 송금하였다. 동 위탁판매와 관련된 회계처리가 (주)한국의 20×1년도 당기순이익에 미치는 영향은? (단, (주)대한에 적송한 재화의 통제권은 최종고객에게 판매되기 전까지 (주)한국이 계속 보유한다.)

① ₩7,500 증가 ② ₩9,500 증가 ③ ₩10,000 증가
④ ₩12,500 증가 ⑤ ₩15,000 증가

28. 20×1년 초 (주)한국은 (주)대한과 총계약금액에 변동이 없는 용역제공 계약을 체결하였으며, 용역제공기간은 20×1년 초부터 20×3년 말까지 3년이다. 용역과 관련된 20×1년의 자료가 다음과 같을 경우, 동 용역제공계약의 총계약금액은? (단, 진행률에 의해 계약수익을 인식하며, 진행률은 총추정계약원가 대비 누적발생계약원가로 산정한다.)

○ 20×1년도 계약원가 발생액	₩20,000
○ 20×1년 말에 추정한 추가소요예정 계약원가	₩80,000
○ 20×1년도에 인식한 용역계약이익	₩40,000

① ₩160,000 ② ₩200,000 ③ ₩240,000 ④ ₩300,000 ⑤ ₩380,000

29. 아파트 관리용역을 제공하는 (주)한국의 현금흐름표상 투자활동 현금흐름에 속하지 않는 것은?

① 유형자산 처분에 따른 현금유입

② 상각후원가 측정 금융자산의 취득에 따른 현금유출

③ 대여금의 회수에 따른 현금유입

④ 무형자산 취득에 따른 현금유출

⑤ 장기차입에 따른 현금유입

30. 20×1년 초 (주)한국의 유통보통주식수는 500주(주당 액면금액 ₩1,000)이다. (주)한국은 20×1년 7월 1일 자기주식 100주를 취득하였으며, 자기주식 취득을 제외하고는 유통보통주식수에 영향을 미치는 거래는 없었다. 20×1년도 (주)한국의 당기순이익이 ₩90,000일 때, (주)한국의 20×1년 기본주당순이익은? (단, (주)한국은 우선주를 발행하지 않았으며, 가중평균유통보통주식수는 월수를 기준으로 산정한다.)

① ₩200　② ₩205　③ ₩210　④ ₩215　⑤ ₩225

31. (주)한국의 다음 자료를 이용하여 계산한 20×1년 기말 재무상태표상 매출채권은? (단, 매출채권의 손상차손은 없다.)

○ 20×1년 기초매출채권	₩400,000
○ 20×1년도 신용매출액	₩5,000,000
○ 20×1년도 신용매출액과 평균매출채권을 이용하여 계산한 매출채권회전율 10회	

① ₩400,000　② ₩450,000　③ ₩500,000　④ ₩550,000　⑤ ₩600,000

32. (주)한국의 20×1년 6월 말 현재 유동자산은 ₩125,000, 당좌자산은 ₩20,000, 유동부채는 ₩100,000이다. (주)한국은 20×1년 7월 1일에 상품을 ₩10,000(원가 ₩5,000)에 판매하면서, 현금 ₩5,000을 수령하고 나머지는 1달 후에 받기로 하였다. 동 거래를 반영한 후의 당좌비율은? (단, 상품기록은 계속기록법을 적용한다.)

① 20%　② 25%　③ 30%　④ 130%　⑤ 135%

33. (주)한국의 당기에 발생한 원가 자료는 다음과 같다.

○ 기본원가(prime cost)	₩25,000
○ 전환원가(conversion cost)	₩30,000
○ 직접노무원가	₩10,000

기초 재공품보다 기말 재공품이 ₩3,000 더 많을 때, 당기제품제조원가는?

① ₩42,000　② ₩45,000　③ ₩48,000　④ ₩52,000　⑤ ₩58,000

34. (주)한국은 두 개의 보조부문(S1, S2)과 두 개의 제조부문(P1, P2)으로 제품을 생산하고 있다. 각 부문원가와 용역수수관계는 다음과 같다.

	보조부문		제조부문	
	S1	S2	P1	P2
부문원가	₩80,000	₩70,000	?	?
S1	–	20%	50%	30%
S2	30%	–	40%	30%

직접배분법으로 보조부문원가를 제조부문에 배분하는 경우, 제조부문 P1에 배분될 총 보조부문원가는?

① ₩70,000 ② ₩80,000 ③ ₩90,000 ④ ₩100,000 ⑤ ₩110,000

35. 다음에 설명하는 원가계산제도는?

원가요소별로 수량 표준과 가격 표준을 설정하여 이를 기준으로 제품의 원가계산을 하고, 차이분석을 통하여 원가를 관리 및 통제하는 제도

① 실제원가계산 ② 정상원가계산 ③ 활동기준원가계산
④ 품질원가계산 ⑤ 표준원가계산

36. (주)한국은 선입선출법을 적용하여 종합원가계산을 하며, 전환원가는 전체 공정에 걸쳐 균등하게 발생한다. 관련 자료는 다음과 같으며, 괄호 안의 숫자는 전환원가 완성도를 의미한다.

기초 재공품	당기 착수	기말 재공품
200단위 (40%)	800단위	100단위 (50%)

완성품환산량 단위당 전환원가가 ₩100이라면, 당기에 발생한 전환원가는? (단, 공손과 감손은 발생하지 않는다.)

① ₩80,000 ② ₩83,000 ③ ₩85,000 ④ ₩87,000 ⑤ ₩95,000

37. (주)한국의 20×1년 기초 제품은 없고, 당기 제품 생산수량은 2,000단위이다. 20×1년 단위당 변동제조간접원가는 ₩200이고, 총고정제조간접원가는 ₩600,000이다. 20×1년 전부원가계산에 의한 영업이익이 변동원가계산에 의한 영업이익보다 ₩120,000 더 많은 경우, 20×1년 제품 판매수량은? (단, 기초와 기말 재공품은 없다.)

① 1,400단위 ② 1,500단위 ③ 1,600단위 ④ 1,760단위 ⑤ 1,860단위

38. (주)한국은 단일 제품을 생산 · 판매하고 있다. 20×1년 제품의 단위당 판매가격은 ₩100이고, 단위당 변동원가는 ₩80이며, 손익분기점 판매수량은 8,000단위이다. 20×1년에 ₩50,000의 영업이익을 얻기 위한 제품 판매수량은? (단, 기초와 기말 재고자산은 없다.)

① 10,000단위　② 10,500단위　③ 11,000단위　④ 11,500단위　⑤ 12,000단위

39. (주)한국은 단일제품을 생산 · 판매한다. 제품의 단위당 판매가격은 ₩1,000이고, 단위당 변동원가는 ₩600이며, 총고정원가는 ₩1,200,000이다. 그 동안 거래가 없던 곳으로부터 제품 500단위를 단위당 ₩800에 구입하겠다는 특별주문을 받았다. 현재 유휴생산능력으로 제품 300단위를 생산할 수 있으나, 특별주문을 전량 수락하기 위해서는 정규시장 판매량을 200단위 줄여야 한다. 특별주문 전량 수락이 영업이익에 미치는 영향은?

① ₩10,000 감소　② ₩10,000 증가　③ ₩20,000 감소
④ ₩20,000 증가　⑤ ₩30,000 감소

40. (주)한국은 제품 단위당 4kg의 재료를 사용하며, 재료의 kg당 가격은 ₩50이다. (주)한국은 다음 분기 재료 목표사용량의 20%를 분기 말 재료 재고로 유지하는 정책을 적용하고 있다. 3분기 목표 제품 생산수량은 5,000단위이고, 4분기 목표 제품 생산수량은 4,800단위이다. 3분기의 재료구입예산은? (단, 기초와 기말 재공품은 없다.)

① ₩988,000　② ₩992,000　③ ₩994,000
④ ₩1,004,000　⑤ ₩1,008,000

공동주택시설개론

41. 얕은기초의 형식에 따른 분류에 해당하지 않는 것은?

① 독립기초　② 잠함기초　③ 연속기초　④ 전면기초　⑤ 복합기초

42. 건축물에 작용하는 하중에 관한 설명으로 옳은 것은?

① 기본지상설하중은 재현기간 100년에 대한 수직 최심적설깊이를 기준으로 한다.

② 건축물을 점유 사용함으로써 발생하는 하중은 고정하중이다.

③ 고정하중은 활하중에 비해 하중의 크기와 위치가 수시로 변화한다.

④ 골조에 고정된 영구설비하중은 밑면전단력 계산에서 유효건물중량에 포함되지 않는다.

⑤ 고정하중과 활하중은 단기하중이며, 지진하중과 풍하중은 장기하중이다.

43. 지반의 허용지내력 단위로 옳은 것은?

① kN　② kN · m　③ kN/m　④ kN/m²　⑤ kN/m³

44. 철근의 배근 및 역할에 관한 설명으로 옳지 않은 것은?

① 기둥 띠철근은 주근의 좌굴방지와 전단보강의 역할을 한다.

② 보의 축방향 철근은 휨모멘트에 저항한다.

③ 슬래브 주근은 배력철근 안쪽인 슬래브 중심 가까이 배근한다.

④ 1방향 슬래브 주근은 단변방향 철근으로 휨모멘트에 저항한다.

⑤ 기둥 주근은 압축력에 주로 저항한다.

45. 철근콘크리트구조의 특징에 관한 설명으로 옳지 않은 것은?

① 철근과 콘크리트의 선팽창계수는 거의 같다.

② 부착강도는 원형철근보다 이형철근이 우수하다.

③ 콘크리트는 압축력에 강하고 알칼리성이다.

④ 철근을 적절히 배치하면 건조수축 균열을 줄일 수 있다.

⑤ 피복두께는 주근 중심에서 콘크리트 표면까지의 최단 거리를 말한다.

46. 그림은 철근 표면에 새겨지는 기호의 예를 표시한 것이다. (가)의 '4'가 의미하는 것으로 옳은 것은?

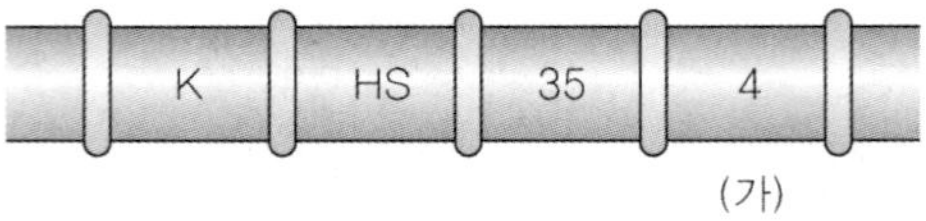

① 이형철근 ② 일반철근 ③ 철근강도 ④ 철근리브 ⑤ 철근지름

47. 철근의 정착에 관한 설명으로 옳지 않은 것은?

① 기둥의 주근을 기초에 정착한다.

② 작은 보(beam)의 주근을 기둥에 정착한다.

③ 직교하는 보 밑에 기둥이 없을 때 보의 주근을 보 상호 간에 정착한다.

④ 지중보의 주근을 기초 또는 기둥에 정착한다.

⑤ 슬래브의 철근을 보 또는 벽체에 정착한다.

48. 그림에 나타낸 용접기호에 관한 설명으로 옳지 않은 것은?

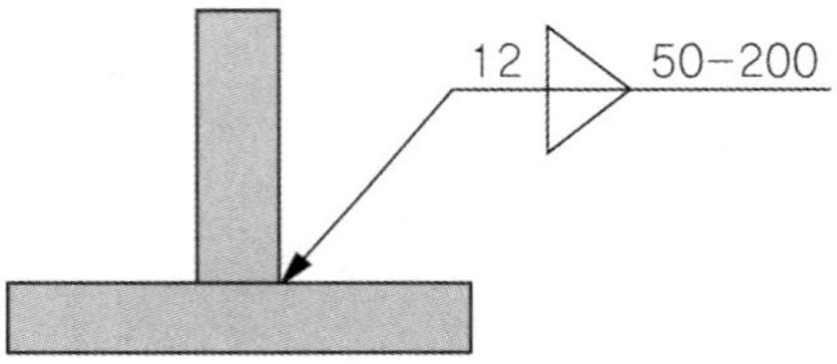

① 유효목두께는 12mm

② 용접길이는 50mm

③ 용접피치는 200mm

④ 모살(fillet)용접

⑤ 병렬용접

49. 강판 두께가 20mm인 SM275 구조용 강재의 항복강도는?

① 235MPa ② 245MPa ③ 255MPa ④ 265MPa ⑤ 275MPa

50. 미장공사에 관한 설명으로 옳지 않은 것은?

① 바름면의 흙손작업은 갈라지거나 들뜨는 것을 방지하기 위해 바름층이 굳기 전에 끝낸다.

② 압송뿜칠기계로 바름하는 두께가 20mm를 넘는 경우에 초벌, 정벌 2회로 나누어 뿜칠바름을 한다.

③ 콘크리트바탕의 표면 경화 불량은 두께가 2mm 이하의 경우에 와이어 브러시 등으로 불량부분을 제거한다.

④ 미장바름 주변의 온도가 5℃ 이하일 때는 공사를 중단하거나 난방하여 5℃ 이상으로 유지한다.

⑤ 경석고 플라스터는 무수석고, 모래, 여물 등을 물에 혼합한 것으로 경화속도가 빠르고 수축이 거의 없다.

51. 벽돌 쌓기에 관한 설명으로 옳지 않은 것은? (단, 설계도서에 정한바가 없는 경우)

① 내쌓기는 1켜씩 $\frac{1}{8}$B 또는 2켜씩 $\frac{1}{4}$B 내쌓는다.

② 기초 쌓기는 $\frac{1}{4}$B로 1켜 또는 2켜씩 내어 쌓으며 기초 벽돌 맨 밑면의 너비는 벽두께로 한다.

③ 공간 쌓기는 바깥쪽을 주벽체로 하고 안쪽을 0.5B 쌓기로 한다.

④ 내화벽돌의 줄눈너비는 6mm를 표준으로 한다.

⑤ 창대벽돌 윗면은 15° 정도의 경사로 옆세워 쌓는다.

52. 타일공사의 보양 및 검사에 관한 설명으로 옳지 않은 것은?

① 접착력 시험은 타일 시공 후 3주 이상일 때 실시한다.

② 접착력 시험 결과의 판정은 인장부착강도가 0.39N/mm^2 이상이어야 한다.

③ 일반건축물인 경우에 접착력 시험은 타일면적 200m^2 당 1장씩 시험한다.

④ 줄눈을 넣은 후 24시간 이내에 비가 올 우려가 있는 경우, 폴리에틸렌 필름 등으로 차단·보양한다.

⑤ 접착력 시험할 타일의 크기가 40mm 미만인 경우, 타일 4매를 1개조로 하여 부속장치에 붙여 시험한다.

53. 유리공사에 관한 설명으로 옳지 않은 것은?

① 4℃ 미만에서 실란트 시공 시, 피접착 표면은 반드시 용제로 닦은 후 마른 걸레로 닦아내고 담당원의 승인을 받은 후 시공해야 한다.

② 복층유리는 20매 이상 겹쳐서 적치하여서는 안 된다.

③ 배수구멍(weep hole)은 일반적으로 직경 5mm 이상, 2개 이상으로 한다.

④ 실란트 작업은 상대습도가 90% 이상이면 작업을 하여서는 안 된다.

⑤ 세팅블록은 유리 폭의 1/3지점에 각각 1개씩 설치하여 유리의 하단부가 하부 프레임에 닿지 않도록 한다.

54. 목재 창호공사에 관한 설명으로 옳지 않은 것은?

① 수장용 집성재의 두께 및 너비에 대한 치수의 허용치는 ±2.0mm 이하이다.

② 창호철물류의 설치에서 모서리의 앵커간격은 150mm 내외, 중앙의 앵커간격은 500mm 내외로 한다.

③ 문틀은 위틀, 선틀, 밑틀 등으로 구성되며 고창 및 엽문 등이 있을 때에는 중간틀, 중간선틀이 추가로 구성된다.

④ 합판, 집성재가 아닌 목재의 건조 정도에 따른 함수율은 설계도서에 정한 바가 없는 경우에 18% 이하로 한다.

⑤ 풍소란은 방풍을 목적으로 미서기 창호의 마중대에 턱솔 등을 두어 서로 접하는 부분에 틈새가 발생하지 않도록 하는 것이다.

55. 방수공사에 관한 설명으로 옳은 것은?

① 건조한 바탕을 전제로 할 때, 바탕면 함수상태는 12% 이하로 관리하여야 한다.

② 바탕표면에 발생한 요철은 방수재료와의 부착에 유리하므로 존치해도 된다.

③ 구배는 방수층보다는 구조체에 두어 하중증가를 막고 배수를 원활하게 한다.

④ 바탕청소를 위한 고압 물세척은 방수에 불리하므로 실시하지 않는다.

⑤ 바탕표면 강도가 부족하더라도 방수층으로 덮이므로 청소 후 방수공사를 진행한다.

56. 콘크리트 구조체의 누수균열 보수용 주입재가 아닌 것은?

① 합성고무계 폴리머 겔
② 벤토나이트 겔
③ 수계 아크릴 겔
④ 친수성 에폭시 수지계
⑤ 폴리(발포) 우레탄계

57. 천장판의 이음이 밀착되어 우수한 방음효과를 얻을 수 있는 매립형 경량천장 공법은?

① A-Bar공법 ② I-Bar공법 ③ L-Bar공법 ④ M-Bar공법 ⑤ T-Bar공법

58. 지붕경사에 관한 설명으로 옳은 것은?

① 지붕경사란 수직방향의 높이에 대한 수평방향 길이의 비이다.

② 평지붕이란 지붕의 경사가 $\frac{1}{5}$ 이하인 지붕이다.

③ 완경사지붕이란 경사가 $\frac{1}{7} \sim \frac{1}{4}$ 미만인 지붕이다.

④ 일반경사지붕이란 경사가 $\frac{1}{4} \sim \frac{3}{4}$ 미만인 지붕이다.

⑤ 급경사지붕이란 경사가 $\frac{3}{5}$ 이상인 지붕이다.

59. 소요수량 산출 시 할증률이 동일한 재료끼리 묶인 것은?

ㄱ. 이형철근	ㄴ. 일반합판	ㄷ. 기와
ㄹ. 비닐타일	ㅁ. 봉강	ㅂ. 고장력볼트

① ㄱ, ㄴ, ㄷ ② ㄱ, ㅁ, ㅂ ③ ㄴ, ㄷ, ㄹ ④ ㄷ, ㄹ, ㅁ ⑤ ㄹ, ㅁ, ㅂ

60. 아래 조건으로 계산한 벽체타일의 정미량은?

○ 벽체면적: 6,300mm × 3,100mm	○ 타일크기: 300mm × 200mm
○ 줄눈너비: 10mm	○ 벽체 수: 3개소

① 60매 ② 90매 ③ 300매 ④ 600매 ⑤ 900매

61. 건축설비의 기초사항으로 옳지 않은 것은?

① 1기압 하에서 순수한 물의 온도를 4℃에서 100℃로 높이면 체적은 약 4.3% 팽창한다.
② 물질을 가열이나 냉각했을 때 상변화없이 온도변화에만 사용되는 열량을 현열이라고 한다.
③ 농도를 나타내는 단위인 ppm은 천만분의 일의 양을 의미한다.
④ 비열은 단위 질량의 물체 온도를 1℃ 높이는 데 필요한 열량이다.
⑤ 비체적이란 체적을 질량으로 나눈 것이다.

62. 수도법령상 급수관의 상태검사 및 조치 등의 일부이다. ( )에 들어갈 내용으로 옳은 것은?

> 제23조(급수관의 상태검사 및 조치 등) ① 영 제51조에 해당하는 건축물 또는 시설의 소유자등은 법 제33조 제4항에 따라 별표 7 제1호에 따른 일반검사를 다음 각 호의 구분에 따라 실시하여야 한다.
> 1. 최초 일반검사: 해당 건축물 또는 시설의 준공검사(급수관의 갱생 · 교체 등의 조치를 한 경우를 포함한다)를 실시한 날부터 (ㄱ)년이 경과한 날을 기준으로 6개월 이내에 실시
> 2. 2회 이후의 일반검사: 최근 일반검사를 받은 날부터 2년이 되는 날까지 매 (ㄴ)년다다 실시

① ㄱ: 3, ㄴ: 1 ② ㄱ: 3, ㄴ: 2 ③ ㄱ: 3, ㄴ: 3
④ ㄱ: 5, ㄴ: 2 ⑤ ㄱ: 5, ㄴ: 3

63. 다음과 같은 조건의 배관에서 마찰손실수두(mAq)는? (단, Darcy-Weisbach 공식을 사용함)

○ 유속: 1.4m/s	○ 배관(직관) 길이: 100m	○ 중력가속도: 9.8m/s^2
○ 관경: 50mm	○ 관의 마찰계수: 0.04	

① 7.2 ② 7.6 ③ 8.0 ④ 8.5 ⑤ 9.2

64. 다음 트랩의 단면에서 (ㄱ), (ㄴ)의 명칭으로 옳은 것은?

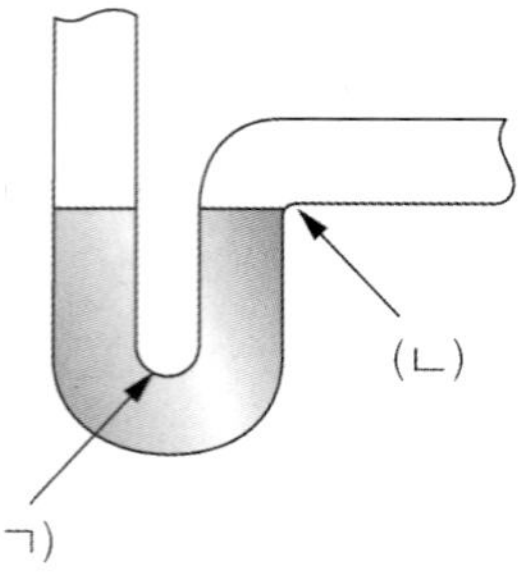

① ㄱ: 벤트(vent), ㄴ: 디프(dip)
② ㄱ: 디프(dip), ㄴ: 웨어(weir)
③ ㄱ: 웨어(weir), ㄴ: 벤트(vent)
④ ㄱ: 웨어(weir), ㄴ: 디프(dip)
⑤ ㄱ: 디프(dip), ㄴ: 벤트(vent)

65. 다음과 같은 조건의 벽체에서 실내측 표면온도(℃)는 얼마인가? (단, 계산결과 값은 소수점 둘째자리에서 반올림함)

○ 실내온도: 23℃	○ 외기온도: −5℃
○ 실내측 표면 열전달율: 8.0W/m^2·K	○ 벽체 열관류율: 0.5W/m^2·K

① 19.8 ② 20.3 ③ 20.8 ④ 21.3 ⑤ 21.8

66. 급탕설비에 관한 내용으로 옳지 않은 것은?

① 기수혼합식은 증기에서 발생하는 소음을 줄이기 위해 스트레이너를 사용한다.
② 급탕온도를 일정하게 유지하기 위해 자동온도조절장치를 설치한다.
③ 중앙식 급탕방식 중 간접 가열식은 저탕조 내에 가열코일을 설치하고, 이 코일에 증기 등을 공급하여 저탕조 내의 물을 가열하는 방식이다.
④ 스위블 조인트는 엘보를 사용하여 배관의 신축을 흡수하는 방식이다.
⑤ 순간온수기는 벤튜리(Venturi)의 압력차에 의한 다이어프램의 구동으로 작동된다.

67. 급수설비에서 사용되는 펌프 중 구조상 터보형 펌프에 해당하는 것은?

① 피스톤 펌프　② 기어 펌프　③ 볼류트 펌프
④ 다이어프램 펌프　⑤ 플런저 펌프

68. 하수설비에 관한 내용으로 옳지 않은 것은?

① SS는 오수 중의 용존산소량을 나타낸다.
② 합류식 하수관로는 오수와 하수도로 유입되는 빗물 · 지하수가 함께 흐르도록 하기 위한 하수관로를 말한다.
③ 부패탱크방식 정화조의 산화조는 호기성균을 이용한다.
④ BOD는 오수 중의 유기물이 미생물에 의해 분해될 때 소비되는 산소량을 나타낸다.
⑤ 오수처리시설에 사용되는 스크린은 오수의 여과과정에서 고형물 또는 이형물을 제거하기 위함이다.

69. 다음은 압축식 냉동기의 냉동사이클을 나타낸 것이다. (ㄱ) ~ (ㄷ)에 들어갈 내용으로 옳은 것은?

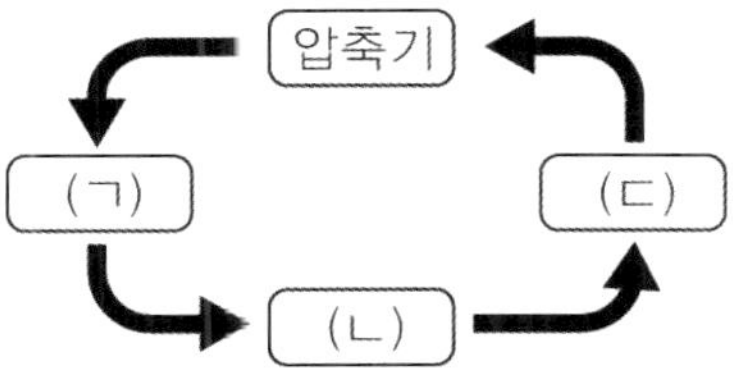

① ㄱ: 응축기, ㄴ: 팽창밸브, ㄷ: 증발기　② ㄱ: 응축기, ㄴ: 증발기, ㄷ: 팽창밸브
③ ㄱ: 증발기, ㄴ: 팽창밸브, ㄷ: 응축기　④ ㄱ: 증발기, ㄴ: 응축기, ㄷ: 팽창밸브
⑤ ㄱ: 팽창밸브, ㄴ: 증발기, ㄷ: 응축기

70. 건축물의 설비기준 등에 관한 규칙상 공동주택 및 다중이용시설의 환기설비기준 등의 일부이다. (　)에 들어갈 내용으로 옳은 것은?

> 제11조(공동주택 및 다중이용시설의 환기설비기준 등) ① 영 제87조 제2항의 규정에 따라 신축 또는 리모델링하는 다음 각 호의 어느 하나에 해당하는 주택 또는 건축물(이하 "신축공동주택등"이라 한다)은 시간당 (　)회 이상의 환기가 이루어질 수 있도록 자연환기설비 또는 기계환기설비를 설치해야 한다.
> 1. 30세대 이상의 공동주택
> 2. 주택을 주택 외의 시설과 동일건축물로 건축하는 경우로서 주택이 30세대 이상인 건축물

① 0.3　② 0.5　③ 0.7　④ 1.0　⑤ 1.5

71. 실내공기질 관리법령상 100세대 이상 신축 공동주택의 실내공기질 측정항목에 해당하는 것으로 옳게 짝지어진 것은?

① 미세먼지, 벤젠　　② 라돈, 자일렌　　③ 에틸벤젠, 오존
④ 스티렌, 이산화질소　　⑤ 폼알데하이드, 이산화탄소

72. 공동주택의 화재안전성능기준상 스프링클러설비 설치기준의 일부이다. (　)에 들어갈 내용으로 옳은 것은?

제7조(스프링클러설비) 스프링클러설비는 다음 각 호의 기준에 따라 설치해야 한다. 1. 폐쇄형스프링클러헤드를 사용하는 아파트등은 기준개수 (ㄱ)개(스프링클러헤드의 설치개수가 가장 많은 세대에 설치된 스프링클러헤드의 개수가 기준개수보다 작은 경우에는 그 설치개수를 말한다)에 (ㄴ)세제곱미터를 곱한 양 이상의 수원이 확보되도록 할 것. 다만, 아파트등의 각 동이 주차장으로 서로 연결된 구조인 경우 해당 주차장 부분의 기준개수는 (ㄷ)개로 할 것

① ㄱ: 5, ㄴ: 1.3, ㄷ: 40
② ㄱ: 7, ㄴ: 1.6, ㄷ: 40
③ ㄱ: 9, ㄴ: 1.3, ㄷ: 30
④ ㄱ: 10, ㄴ: 1.6, ㄷ: 30
⑤ ㄱ: 15, ㄴ: 1.0, ㄷ: 40

73. 건축물의 설비기준 등에 관한 규칙상 온수온돌에 관한 내용으로 옳지 않은 것은? (단, 한국산업규격에 따른 조립식 온수온돌판을 사용하여 온수온돌을 시공하는 경우는 제외함)

① 온수온돌은 바탕층, 단열층, 채움층, 배관층(방열관을 포함한다) 및 마감층 등으로 구성된다.
② 채움층이란 온돌구조의 높이 조정, 차음성능 향상, 보조적인 단열기능 등을 위하여 배관층과 단열층 사이에 완충재 등을 설치하는 층을 말한다.
③ 배관층이란 단열층 또는 채움층 위에 방열관을 설치하는 층을 말한다.
④ 방열관이란 열을 발산하는 온수를 순환시키기 위하여 배관층에 설치하는 온수배관을 말한다.
⑤ 바탕층이 지면에 접하는 경우에는 바탕층 아래와 주변 벽면에 높이 5센티미터 이상의 방수처리를 하여야 하며, 단열재의 윗부분에 방습처리를 하여야 한다.

74. 지능형 홈네트워크 설비 설치 및 기술기준에 관한 내용으로 옳지 않은 것은?

① 단지서버는 상온 · 상습인 곳에 설치하여야 한다.

② 홈네트워크 설비는 타 설비와 간섭이 없도록 설치하여야 하며 유지보수가 용이하도록 설치하여야 한다.

③ 통신배관실의 출입문은 폭 0.7미터, 높이 1.8미터 이상(문틀의 내측치수)이어야 하며, 잠금장치를 설치하고, 관계자외 출입통제 표시를 부착하여야 한다.

④ 가스감지기는 LNG인 경우에는 바닥 쪽에, LPG인 경우에는 천장 쪽에 설치하여야 한다.

⑤ 전자출입시스템은 화재발생 등 비상시, 소방시스템과 연동되어 주동현관과 지하주차장의 출입문을 수동으로 여닫을 수 있게 하여야 한다.

75. 도시가스사업법령상 가스사용시설의 시설 · 기술 · 검사기준에 관한 내용으로 옳지 않은 것은?

① 정압기는 도시가스를 안전하고 원활하게 수송할 수 있도록 하기 위하여 적절한 기밀 성능을 가지도록 해야 한다.

② 정압기와 필터의 경우에는 설치 후 3년까지는 1회 이상, 그 이후에는 4년에 1회 이상 분해점검을 실시해야 한다.

③ 도시가스 중 수분의 동결로 정압기능을 저해할 우려가 있는 정압기에는 동결방지조치를 해야 한다.

④ 정압기의 입구와 출구에는 가스차단장치를 설치해야 한다.

⑤ 도시가스의 안정공급을 위하여 정압기의 입구에는 도시가스의 압력을 측정 · 기록할 수 있는 장치를 설치해야 한다.

76. 조명에 관한 내용으로 옳은 것은?

① 상시인공보조조명(PSALI)은 전반조명과 국부조명을 조합하여 조명 효율성을 높인 방식이다.

② 광원이 발광하는 빛의 색을 온도로 나타낸 것이 색온도이며, 빨간색은 파란색에 비해 색온도가 높다.

③ 광원의 연색성이 낮을수록 태양광선에 더욱 가까운 분광분포를 갖는다.

④ 조명률은 광원의 총광속을 조명 작업면에 도달하는 광속으로 나눈 것이다.

⑤ 눈부심(glare)은 높은 휘도의 광원에 의해 시각적 불쾌감 등이 유발되는 현상이다.

77. 옥내 배선 설비의 명칭과 도시 기호의 연결로 옳은 것은?

① 전열기: 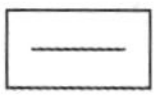
② 전력량계: 

③ 분전반: 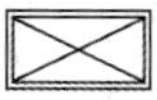
④ 축전지: 

⑤ 배선용 차단기: 

78. 다음은 전기설비기술기준에서 규정된 전압 중 고압에 관한 내용이다. (   )에 들어갈 내용으로 옳은 것은?

고압: 직류는 (ㄱ) kV를, 교류는 (ㄴ) kV를 초과하고, (ㄷ) kV 이하인 것

① ㄱ: 1, ㄴ: 1.5, ㄷ: 5
② ㄱ: 1, ㄴ: 1.5, ㄷ: 7
③ ㄱ: 1.5, ㄴ: 1, ㄷ: 7
④ ㄱ: 1.5, ㄴ: 1.5, ㄷ: 10
⑤ ㄱ: 1.5, ㄴ: 1.5, ㄷ: 15

79. 건축물의 에너지절약설계기준상 전기설비에 관한 내용으로 옳지 않은 것은?

① “최대수요전력”이라 함은 수용가에서 일정 기간 중 사용한 전력의 최대치를 말한다.
② “가변속제어기(인버터)”라 함은 정지형 전력변환기로서 전동기의 가변속운전을 위하여 설치하는 설비를 말한다.
③ “변압기 대수제어”라 함은 변압기를 여러 대 설치하여 부하상태에 따라 필요한 운전 대수를 자동 또는 수동으로 제어하는 방식을 말한다.
④ “부하율”이라 함은 부하설비 용량 합계에 대한 최대 수용전력의 백분율을 말한다.
⑤ “일괄소등스위치”라 함은 층 또는 구역 단위(세대 단위)로 설치되어 조명등(센서등 및 비상등 제외 가능)을 일괄적으로 끌 수 있는 스위치를 말한다.

80. 승강기안전부품 및 승강기의 안전인증에 관한 운영규정상 승강기 안전기준 결함의 구분기준에서 승강장문 및 카문에 대한 심사항목 중 “경미한 결함”에 해당되는 것은? (단, 심사 또는 시험의 결과가 단순 조립 불량 등 즉시 개선 조치될 수 있다고 판단되는 경우는 제외함)

① 자동 작동 승강장 문의 닫힘
② 문턱, 가이드 및 문의 현수장치
③ 승강장문 및 카문 잠금 및 비상 잠금해제 확인
④ 여러 문짝이 기계적으로 연결된 개폐식 승강장문
⑤ 카 문의 닫힘 확인을 입증하는 전기안전장치

민법

1. 민법의 법원(法源)에 관한 설명으로 옳지 않은 것은? (다툼이 있으면 판례에 따름)

① 헌법에 의하여 체결·공포된 조약이 민사에 관한 것이면 민법의 법원이 될 수 있다.

② 대법원이 제정한 부동산등기규칙은 민법의 법원이 될 수 있다.

③ 관습법은 당사자의 주장·증명이 없으면 법원(法院)이 직권으로 이를 확정할 수 없다.

④ 종중 구성원의 자격을 성년남자만으로 제한하는 종래의 관습법은 법적 효력을 상실하였다.

⑤ 민사에 관하여 법률에 규정이 없으면 관습법에 의하고 관습법이 없으면 조리에 의한다.

2. 권리에 관한 설명으로 옳지 않은 것은? (다툼이 있으면 판례에 따름)

① 점유권은 절대권이다.

② 저당권은 지배권이다.

③ 지상권자의 지상물매수청구권은 형성권이다.

④ 매매에서의 일방예약완결권은 형성권이다.

⑤ 상속회복청구권은 형성권이다.

3. 신의성실의 원칙(신의칙) 및 그 파생원칙에 관한 설명으로 옳지 않은 것은? (다툼이 있으면 판례에 따름)

① 신의칙 위반은 당사자의 주장이 없더라도 법원이 직권으로 판단할 수 있다.

② 법령에 위반되어 무효임을 알면서 법률행위를 한 자가 강행법규 위반을 이유로 그 무효를 주장하는 것은 특별한 사정이 없는 한 신의칙에 반한다.

③ 인지청구권은 포기가 허용되지 않으므로 실효의 법리가 적용될 여지가 없다.

④ 아파트 분양자는 아파트단지 인근에 공동묘지가 조성되어 있는 사실을 수분양자에게 고지할 신의칙상 의무를 부담한다.

⑤ 사용자는 근로계약에 수반되는 신의칙상의 부수적 의무로서 근로자의 안전에 대한 보호의무를 부담한다.

4. 권리능력에 관한 설명으로 옳은 것은?

① 법인은 유증을 받을 수 있는 능력이 없다.

② 청산법인의 권리능력은 청산의 목적범위 내로 제한되지 않는다.

③ 태아는 채무불이행으로 인한 손해배상청구권에 관하여 이미 출생한 것으로 본다.

④ 태아는 대습상속에 관하여 이미 출생한 것으로 본다.

⑤ 사람의 권리능력은 당사자의 합의에 의하여 제한할 수 있다.

5. 자연인의 행위능력에 관한 설명으로 옳지 않은 것은? (다툼이 있으면 판례에 따름)

① 미성년자가 혼인을 한 때에는 성년자로 본다.

② 미성년자가 타인의 대리인으로서 대리행위를 하기 위해서는 법정대리인의 승낙을 얻어야 한다.

③ 가정법원은 취소할 수 없는 피성년후견인의 법률행위의 범위를 정할 수 있다.

④ 가정법원은 피한정후견인이 한정후견인의 동의를 받아야 하는 행위의 범위를 정할 수 있다.

⑤ 성년후견 개시의 청구가 있더라도, 가정법원은 필요하다면 한정후견을 개시할 수 있다.

6. 배우자 乙과 누나 丙이 있는 X부동산의 소유자 甲은 2020. 1. 1. 해외 출장을 위해 탑승한 항공기의 추락으로 생사불명이 되었다. 이에 관한 설명으로 옳은 것은? (다툼이 있으면 판례에 따름)

① 乙은 2025. 1. 1.이 경과하지 않으면 법원에 실종선고를 청구할 수 없다.

② 乙이 실종선고를 청구하지 않을 경우, 丙은 상속에 관한 이해관계인으로서 법원에 실종선고를 청구할 수 있다.

③ 이해관계인인 乙과 丙이 있으므로 검사는 법원에 실종선고를 청구할 수 없다.

④ 실종선고의 청구를 받은 가정법원은 6개월 이상 공시최고를 하여야 하며, 그 기간 내에 甲의 생사 여부에 관한 신고가 없는 때에는 실종을 선고하여야 한다.

⑤ 법원이 실종을 선고하면 甲은 2020. 1. 1.에 사망한 것으로 본다.

7. 민법상 법인의 설립에 관한 설명으로 옳은 것은?

① 법인설립등기는 법인의 대항요건이다.

② 종교사업을 목적으로 하는 사단은 주무관청의 인가를 얻어 이를 법인으로 할 수 있다.

③ 이사의 대표권의 제한은 정관에 기재하지 않더라도 그 효력이 있다.

④ 영리를 목적으로 하는 재단은 상사회사설립의 조건에 좇아 이를 법인으로 할 수 있으며, 그러한 법인에는 상사회사에 관한 규정을 준용한다.

⑤ 사단법인의 설립을 위한 정관에는 자산에 관한 규정이 반드시 기재되어 있어야 한다.

8. 민법상 법인의 기관에 관한 설명으로 옳지 않은 것은?

① 이사의 수와 임기에는 제한이 없으므로 정관에서 임의로 정할 수 있다.

② 이사의 성명과 주소는 등기사항이다.

③ 사단법인의 이사는 매년 1회 이상 통상총회를 소집하여야 한다.

④ 사단법인의 재산상황에 관하여 부정한 것이 있음을 발견한 경우, 이를 총회 또는 주무관청에 보고하는 일은 감사의 직무에 해당한다.

⑤ 법인과 이사의 이익이 상반하는 경우, 법원은 이해관계인의 청구에 의하여 임시이사를 선임하여야 한다.

9. 민법상 법인에 관한 설명으로 옳지 않은 것은? (다툼이 있으면 판례에 따름)

① 사단법인 정관의 법적 성질은 자치법규이다.
② 법인의 해산 및 청산은 법원이 검사, 감독한다.
③ 재단법인이 부동산을 기본재산으로 새로이 편입시키는 행위는 주무관청의 허가를 얻어야 유효하다.
④ 사단법인은 총 사원 4분의 3 이상의 동의가 없으면 해산을 결의하지 못하고, 이는 정관에 다른 규정이 있더라도 마찬가지이다.
⑤ 재단법인의 존립시기나 해산사유는 정관의 필요적 기재사항이 아니다.

10. 비법인 사단에 관한 설명으로 옳은 것을 모두 고른 것은? (다툼이 있으면 판례에 따름)

ㄱ. 비법인 사단에 대표자가 있으면 그 사단의 이름으로 민사소송의 당사자가 될 수 있다. ㄴ. 비법인 사단의 대표자가 그 사단이 타인 간의 금전채무를 보증한다는 내용의 계약을 체결하면서 사원총회의 결의를 거치지 않았더라도 특별한 사정이 없는 한 그 계약은 유효하다. ㄷ. 비법인 사단의 채권자가 채권자대위권에 기하여 비법인 사단의 총유재산에 대한 권리를 대위행사하는 경우에는 사원총회의 결의 등 비법인 사단의 내부적 의사결정 과정을 거쳐야 한다.

① ㄱ ② ㄷ ③ ㄱ, ㄴ ④ ㄴ, ㄷ ⑤ ㄱ, ㄴ, ㄷ

11. 물건과 권리에 관한 설명으로 옳은 것은? (다툼이 있으면 판례에 따름)

① 1필의 토지의 일부에 대해서는 지역권을 설정할 수 없다.
② 「입목에 관한 법률」에 의해 소유권보존등기를 한 수목의 집단이더라도 토지와 분리하여 저당권의 목적이 될 수 없다.
③ 온천에 관한 권리는 관습상의 물권에 해당한다.
④ 등기부상 1동의 건물로 등기되어 있는 것의 일부에 대하여는 구분등기를 하지 않으면 전세권을 설정할 수 없다.
⑤ 구분건물이 물리적으로 완성되기 전이라도 건축허가 신청 등을 통하여 장래 신축되는 건물을 구분건물로 하겠다는 구분의사가 객관적으로 표시되면 구분행위의 존재를 인정할 수 있다.

12. 다음 중 준물권행위에 해당하는 것은?

① 채권양도 ② 유실물 습득 ③ 부담부증여
④ 지상권설정행위 ⑤ 매매에 의한 소유권이전행위

13. 반사회질서의 법률행위에 해당하지 않는 것을 모두 고른 것은? (다툼이 있으면 판례에 따름)

ㄱ. 강제집행을 면할 목적으로 허위의 근저당권을 설정하는 행위
ㄴ. 이미 매도된 부동산임을 알고 있는 자가 매도인의 배임행위에 적극 가담하여 매도인과 체결한 저당권설정계약
ㄷ. 산모가 우연한 사고로 인해 발생할 수 있는 태아의 상해에 대비하기 위하여 자신을 보험수익자로, 태아를 피보험자로 하여 체결한 상해보험계약

① ㄱ ② ㄴ ③ ㄱ, ㄷ ④ ㄴ, ㄷ ⑤ ㄱ, ㄴ, ㄷ

14. 통정허위표시(민법 제108조)에 관한 설명으로 옳지 않은 것은? (다툼이 있으면 판례에 따름)

① 당사자가 통정하여 증여를 매매로 가장한 경우, 당사자가 내면적으로 의욕한 증여계약은 유효하다.
② 통정허위표시로서 무효인 법률행위에 따른 법률효과를 침해하는 것처럼 보이는 채무불이행이 있어도 손해배상을 청구할 수 없다.
③ 통정허위표시에서 제3자가 악의이더라도 전득자가 선의이면 그 전득자에 대하여 통정허위표시의 무효를 주장할 수 없다.
④ 파산채무자가 상대방과 통정허위표시를 통하여 가장채권을 보유하고 있다가 파산이 선고된 경우, 파산관재인은 민법 제108조 제2항의 제3자에 해당하지 않는다.
⑤ 채무자의 법률행위가 통정허위표시로 무효인 경우에도 채권자취소권의 대상이 될 수 있다.

15. '부동산 매매계약에서 쌍방 당사자가 X토지를 계약의 목적물로 삼았으나 그 목적물의 지번에 관하여 착오를 일으켜 계약을 체결함에 있어서는 계약서상 그 목적물을 X토지와는 별개인 Y토지로 표시하였다고 하더라도, X토지를 매매목적물로 한다는 쌍방 당사자의 의사합치가 있은 이상, 그 매매계약은 X토지에 관하여 성립한 것으로 보아야 한다.'고 하는 법률행위의 해석 방법은?

① 예문해석 ② 자연적 해석 ③ 보충적 해석
④ 규범적 해석 ⑤ 확장해석

16. 착오에 의한 의사표시에 관한 설명으로 옳지 않은 것은? (다툼이 있으면 판례에 따름)

① 상대방이 표의자의 착오를 알면서 이를 이용한 경우, 표의자는 자신에게 중대한 과실이 있더라도 그 의사표시를 취소할 수 있다.

② 물상보증인이 근저당권설정계약을 체결하는 경우, 채무자의 동일성에 관한 착오는 중요부분의 착오에 해당한다.

③ 매도인이 매매계약을 적법하게 해제하였더라도, 매수인은 계약해제의 효과로 발생하는 불이익을 면하기 위하여 착오를 원인으로 그 계약을 취소할 수 있다.

④ 매매계약 내용의 중요부분에 착오가 있는 경우, 중과실 없는 매수인은 매도인의 하자담보책임이 성립하는지와 상관없이 착오를 이유로 그 매매계약을 취소할 수 있다.

⑤ 동기의 착오가 법률행위의 내용의 중요부분의 착오에 해당함을 이유로 표의자가 법률행위를 취소하려면 당사자들 사이에 별도로 그 동기를 의사표시의 내용으로 삼기로 하는 합의가 있어야만 한다.

17. 의사표시에 관한 설명으로 옳지 않은 것은? (다툼이 있으면 판례에 따름)

① 표의자가 의사표시를 발송한 후 제한능력자가 되어도 그 의사표시의 효력에 영향을 미치지 아니한다.

② 표의자가 과실없이 상대방을 알지 못하는 경우에는 의사표시는 민사소송법 공시송달의 규정에 의하여 송달할 수 있다.

③ 상대방이 있는 의사표시는 특별한 사정이 없는 한 상대방에게 도달한 때에 그 효력이 생긴다.

④ 의사표시가 상대방에게 도달한 것으로 인정되기 위해서는 상대방이 그 의사표시의 내용을 알아야 한다.

⑤ 의사표시의 상대방이 제한능력자로서 의사표시를 받았으나 법정대리인이 그 사실을 알지 못한 경우, 의사표시자는 그 의사표시로써 대항할 수 없다.

18. 대리에 관한 설명으로 옳지 않은 것은?

① 복대리인은 그 권한 내에서 자신을 선임한 대리인을 대리한다.

② 권한을 정하지 아니한 임의대리인은 대리의 목적인 물건의 성질이 변하지 않는 범위에서 그 물건을 개량할 수 있다.

③ 피한정후견인은 임의대리인이 될 수 있다.

④ 임의대리인은 본인의 승낙이 있거나 부득이한 사유있는 때가 아니면 복대리인을 선임하지 못한다.

⑤ 대리인이 수인인 경우, 특별한 사정이 없는 한 각자가 본인을 대리한다.

19. 무권대리인 乙이 甲을 대리하여 甲소유의 X토지를 丙에게 매도하는 계약을 체결하였다. 이에 관한 설명으로 옳은 것은? (다툼이 있으면 판례에 따름)

① 丙이 계약 당시에 乙에게 대리권이 없음을 알았던 경우, 丙은 계약을 철회할 수 있다.
② 甲이 乙에게 계약을 추인하였더라도, 丙이 계약 당시에 무권대리 사실을 알지 못하였다면 丙은 그 추인 사실을 알 때까지 계약을 철회할 수 있다.
③ 甲이 추인하지 않은 경우, 계약 당시에 무권대리 사실을 알았던 丙은 乙에게 손해배상을 청구할 수 있다.
④ 대리행위 당시에 乙이 제한능력자인 경우, 甲으로부터 추인받지 못한 丙은 乙에게 계약의 이행을 청구할 수 있다.
⑤ 乙이 甲을 단독 상속한 경우, 乙은 특별한 사정이 없는 한 본인의 지위에서 추인거절권을 행사할 수 있다.

20. 무효에 관한 설명으로 옳지 않은 것은? (다툼이 있으면 판례에 따름)

① 법률행위의 일부분이 무효인 경우, 특별한 사정이 없는 한 그 전부를 무효로 한다.
② 토지거래허가구역 내의 토지에 대한 매매계약은 당사자 쌍방이 허가신청협력의무의 이행거절 의사를 상대방에게 명백히 표시한 경우에는 확정적으로 무효가 된다.
③ 무효인 가등기를 유효한 등기로 전용하기로 약정한 경우, 그 가등기는 특별한 사정이 없는 한 등기 시로 소급하여 유효한 등기로 된다.
④ 비진의 의사표시의 무효는 선의의 제3자에게 대항할 수 없다.
⑤ 불공정한 법률행위로서 무효인 법률행위는 추인에 의하여 유효로 될 수 없다.

21. 취소에 관한 설명으로 옳지 않은 것은?

① 추인할 수 있는 날로부터 3년이 경과하였지만 법률행위를 한 날로부터 10년이 경과하지 않았다면, 취소권자는 그 법률행위를 취소할 수 있다.
② 제한능력을 이유로 법률행위가 취소된 경우, 제한능력자는 그 행위로 인하여 받은 이익이 현존하는 한도에서 상환할 책임이 있다.
③ 제한능력을 이유로 취소할 수 있는 법률행위를 한 미성년자가 행위능력자가 된 후 이의를 보류함이 없이 그 법률행위에 따라 이행한 때에는 추인한 것으로 본다.
④ 취소할 수 있는 법률행위를 추인한 취소권자는 특별한 사정이 없는 한 그 법률행위를 다시 취소할 수 없다.
⑤ 취소할 수 있는 법률행위의 상대방이 확정된 경우, 그 취소는 특별한 사정이 없는 한 그 상대방에 대한 의사표시로 하여야 한다.

22. 조건과 기한에 관한 설명으로 옳지 않은 것은? (다툼이 있으면 판례에 따름)

① 조건의 성취가 미정한 권리도 일반규정에 의하여 담보로 할 수 있다.

② 조건부 법률행위에 있어 조건의 내용 자체가 불법적인 것이어서 무효인 경우, 그 법률행위 전부가 무효로 된다.

③ 조건이 법률행위의 당시에 이미 성취할 수 없는 것인 경우, 그 조건이 해제조건이면 그 법률행위는 무효로 한다.

④ 기한이익 상실의 특약은 특별한 사정이 없는 한 형성권적 기한이익 상실의 특약으로 추정한다.

⑤ 기한의 이익은 포기할 수 있지만, 특별한 사정이 없는 한 상대방의 이익을 해하지 못한다.

23. 소멸시효에 관한 설명으로 옳지 않은 것은? (다툼이 있으면 판례에 따름)

① 매수인이 목적 부동산을 인도받아 계속 점유하는 경우에는 그 부동산에 관한 소유권이전등기청구권의 소멸시효가 진행하지 않는다.

② 건물이 완공되기 전에는 건물에 관한 소유권이전등기청구권의 시효가 진행하지 않는다.

③ 가압류에 의한 시효중단의 효력은 가압류의 집행보전의 효력이 존속하는 동안 계속된다.

④ 소멸시효의 진행이 개시되기 전에 채무자가 승인한 경우, 그 승인에 따라 채권의 소멸시효는 중단된다.

⑤ 지급명령에서 확정된 채권은 특별한 사정이 없는 한 단기의 소멸시효에 해당하는 것이라도 그 소멸시효는 10년으로 한다.

24. 소멸시효의 효력에 관한 설명으로 옳지 않은 것은? (다툼이 있으면 판례에 따름)

① 소유권이전등기청구권의 소멸시효기간이 지난 사실을 알고 있는 등기의무자가 소유권이전등기를 해 주기로 약정한 경우, 특별한 사정이 없는 한 이는 시효이익의 포기로 보아야 한다.

② 소멸시효가 완성된 채권이 그 완성전에 상계할 수 있었던 것이면 그 채권자는 상계할 수 있다.

③ 후순위 담보권자는 선순위 담보권의 피담보채권의 시효소멸로 직접 이익을 받는 자에 해당하기 때문에 그 피담보채권의 소멸시효 완성을 주장할 수 있다.

④ 시효완성의 이익을 받을 당사자 또는 그 대리인이 아닌 제3자가 시효완성의 이익을 포기한 경우, 그 포기는 시효완성의 이익을 받을 자에게 효력이 없다.

⑤ 소멸시효 이익의 포기는 가분채무 일부에 대하여도 가능하다.

25. 부동산등기에 관한 설명으로 옳지 않은 것은? (다툼이 있으면 판례에 따름)

① 물권에 관한 등기가 원인 없이 말소된 경우에 그 물권의 효력에는 아무런 영향을 미치지 않는다.

② 소유권이전등기명의자는 그 전(前)소유자에 대하여 적법한 등기원인에 의해 소유권을 취득한 것으로 추정된다.

③ 사망자 명의로 신청하여 이루어진 소유권이전등기는 특별한 사정이 없는 한 원인무효의 등기이다.

④ 등기한 토지임차권은 제3자에게 대항할 수 있다.

⑤ 소유권이전청구권 보전을 위한 가등기가 있으면 소유권이전등기를 청구할 어떤 법률관계가 있다고 추정된다.

26. 자주점유에 관한 설명으로 옳지 않은 것은? (다툼이 있으면 판례에 따름)

① 부동산에 관한 자주점유의 추정은 국가가 점유하는 경우에도 적용된다.

② 타인의 물건을 관리하기 위하여 한 점유는 점유권원의 성질상 자주점유이다.

③ 공유자 1인이 공유부동산 전부를 점유하고 있더라도 특별한 사정이 없는 한 다른 공유자의 지분비율의 범위 내에서는 타주점유이다.

④ 타주점유자가 그 명의로 소유권보존등기를 경료한 것만으로는 타주점유가 자주점유로 전환되지 않는다.

⑤ 자주점유는 소유자와 동일한 지배를 사실상 행사하려는 의사를 가지고 하는 점유이다.

27. 소유권에 기한 물권적 청구권에 관한 설명으로 옳지 않은 것은? (다툼이 있으면 판례에 따름)

① 소유권이전등기를 마치지 않은 매수인은 직접 소유권에 기한 방해제거청구를 할 수 없다.

② 소유권에 기한 물권적 청구권은 소멸시효의 대상이 되지 않는다.

③ 건물소유자가 건물의 소유를 통해 타인 소유의 토지 전부를 불법점유하고 있는 경우, 그 토지소유자는 특별한 사정이 없는 한 건물소유자에게 건물철거를 청구할 수 있다.

④ 불법점유자가 물건을 다른 사람에게 인도하여 현실적으로 점유를 하고 있지 않더라도 소유자는 그 불법점유자를 상대로 그 소유물의 인도청구를 할 수 있다.

⑤ 소유권에 기한 방해배제청구는 현재 계속되고 있는 방해의 원인을 제거하는 것을 내용으로 해야 한다.

28. 공유에 관한 설명으로 옳은 것을 모두 고른 것은? (다툼이 있으면 판례에 따름)

ㄱ. 공유자의 지분은 특별한 사정이 없는 한 균등한 것으로 추정한다. ㄴ. 부동산 공유자의 공유지분 포기에 따른 등기는 해당 지분에 관하여 다른 공유자 앞으로 소유권이전등기를 하는 형태가 되어야 한다. ㄷ. 공유물을 단독으로 점유하고 있는 소수지분권자는 공유물관리를 위한 과반수 지분권자의 공유물 인도청구를 공유물의 사용수익권으로 거부할 수 없다.

① ㄱ ② ㄴ ③ ㄱ, ㄷ ④ ㄴ, ㄷ ⑤ ㄱ, ㄴ, ㄷ

29. 민법상 상린관계에 관한 설명으로 옳지 않은 것을 모두 고른 것은? (다툼이 있으면 판례에 따름)

ㄱ. 토지 주변의 소음이 사회통념상 수인한도를 넘지 않은 경우에도 그 토지소유자는 소유권에 기하여 소음피해의 제거를 청구할 수 있다. ㄴ. 토지소유자가 부담하는 자연유수의 승수의무(承水義務)에는 적극적으로 그 자연유수의 소통을 유지할 의무가 포함된다. ㄷ. 경계에 설치된 담이 상린자의 공유인 경우, 상린자는 공유를 이유로 공유물 분할을 청구하지 못한다. ㄹ. 분할로 인하여 공로에 통하지 못하는 토지가 있는 때에는 그 토지소유자는 공로에 출입하기 위하여 다른 분할자의 토지를 보상 없이 통행할 수 있다.

① ㄱ, ㄴ ② ㄴ, ㄷ ③ ㄷ, ㄹ ④ ㄱ, ㄴ, ㄹ ⑤ ㄱ, ㄷ, ㄹ

30. 전세권에 관한 설명으로 옳지 않은 것은? (다툼이 있으면 판례에 따름)

① 전세권자는 목적물의 현상을 유지하고 그 통상의 관리에 속한 수선을 하여야 한다.
② 전세권자는 특별한 사정이 없는 한 전세권설정자의 동의 없이 전세권을 타인에게 양도할 수 없다.
③ 전세목적물의 인도는 전세권의 성립요건이 아니다.
④ 전세목적물에 대한 사용·수익 권능을 배제하고 채권담보만을 위해 설정한 전세권설정등기는 무효이다.
⑤ 전세권이 갱신없이 그 존속기간이 만료되면 전세권의 용익물권적 권능은 전세권설정등기의 말소 없이도 당연히 소멸한다.

31. 민사유치권에 관한 설명으로 옳지 않은 것은? (다툼이 있으면 판례에 따름)

① 유치권 배제 특약에는 조건을 붙일 수 없다.
② 채무자의 직접점유를 통한 채권자의 간접점유는 유치권의 요건으로서의 점유에 해당하지 않는다.
③ 유치권자는 피담보채권을 변제받기 위하여 유치물을 경매할 수 있다.
④ 채무자는 상당한 담보를 제공하고 유치권의 소멸을 청구할 수 있다.
⑤ 유치권의 행사는 피담보채권의 소멸시효의 진행에 영향을 미치지 아니한다.

32. 저당권에 관한 설명으로 옳지 않은 것은? (다툼이 있으면 판례에 따름)

① 건물에 대한 저당권의 효력은 특별한 사정이 없는 한 그 건물에 종된 권리인 건물의 소유를 목적으로 하는 지상권에도 미친다.
② 저당권은 피담보채권과 분리하여 타인에게 양도할 수 없다.
③ 저당권자는 피담보채권의 변제를 받기 위하여 저당물의 경매를 청구할 수 있다.
④ 저당물의 소유권을 취득한 제3자는 그 저당물의 경매에서 경매인이 될 수 없다.
⑤ 저당권으로 담보한 채권이 시효의 완성으로 소멸한 때에는 저당권도 소멸한다.

33. 변제에 관한 설명으로 옳은 것은?

① 특정물의 인도는 특별한 사정이 없는 한 채권자의 현주소에서 하여야 한다.
② 변제는 채무자에게 이익이 되므로, 이해관계 없는 제3자라도 채무자의 의사에 반하여 변제할 수 있다.
③ 변제할 정당한 이익이 있는 자는 채권자의 승낙을 얻어야만 변제로 채권자를 대위할 수 있다.
④ 채권의 준점유자에 대한 변제는 변제자가 선의이며 과실없는 때에 한하여 효력이 있다.
⑤ 변제충당은 원본, 이자, 비용의 순서에 의한다.

34. 보증채무에 관한 설명으로 옳은 것을 모두 고른 것은?

ㄱ. 보증인의 보증채무는 주채무의 위약금이나 손해배상을 포함하지 않는다. ㄴ. 주채무자의 항변포기는 보증인에게 효력이 없다. ㄷ. 보증인은 주채무자의 채권에 의한 상계로 채권자에게 대항할 수 있다. ㄹ. 주채무자에 대한 시효의 중단은 보증인에 대하여 효력이 없다.

① ㄱ, ㄴ ② ㄴ, ㄷ ③ ㄷ, ㄹ ④ ㄱ, ㄴ, ㄷ ⑤ ㄴ, ㄷ, ㄹ

35. 채무자의 이행지체로 인한 계약해제에 관한 설명으로 옳은 것은? (다툼이 있으면 판례에 따름)

① 정기행위의 경우, 채권자는 이행의 최고 없이 계약을 해제할 수 있다.
② 확정기한부 채무의 경우, 채무자는 이행청구를 받은 때부터 지체책임을 지게 된다.
③ 채권자는 채무자에게 도달한 계약해제의 의사표시를 철회할 수 있다.
④ 계약해제로 채권자가 받은 금전을 반환해야 할 경우, 채권자는 그 원금만 반환하면 족하다.
⑤ 채권자가 매매계약을 해제하면 그 계약은 장래에 향하여 효력을 잃는다.

36. 매매에 관한 설명으로 옳지 않은 것은?

① 매매목적물에 하자가 있다는 사실을 과실로 알지 못한 매수인은 매도인에 대하여 하자담보책임을 물을 수 있다.
② 매매계약에 관한 비용은 당사자 쌍방이 균분하여 부담한다.
③ 매매목적물의 인도와 동시에 대금을 지급할 경우에는 그 인도장소에서 이를 지급하여야 한다.
④ 매매의 목적이 된 권리가 타인에게 속한 경우에는 매도인은 그 권리를 취득하여 매수인에게 이전하여야 한다.
⑤ 매매의 당사자 일방에 대한 의무이행의 기한이 있는 때에는 상대방의 의무이행에 대하여도 동일한 기한이 있는 것으로 추정한다.

37. 민법상 건물의 소유를 목적으로 한 토지임차인이 토지소유자인 임대인에게 행사할 수 있는 권리가 아닌 것은?

① 비용상환청구권
② 차임감액청구권
③ 부속물매수청구권
④ 계약갱신청구권
⑤ 건물매수청구권

38. 민법상 위임에 관한 설명으로 옳은 것은?

① 위임인은 수임인에 대하여 보수를 지급하여야 함이 원칙이다.
② 위임사무의 처리에 비용을 요하는 때에는 위임인은 수임인의 청구에 의하여 이를 선급하여야 한다.
③ 수임인은 자기재산과 동일한 주의로 위임사무를 처리하여야 한다.
④ 위임인의 승낙이나 부득이한 사유가 없더라도 수임인은 제3자로 하여금 자기에 갈음하여 위임사무를 처리하게 할 수 있다.
⑤ 수임인은 위임인의 불리한 시기에 위임계약을 해지하지 못한다.

39. 甲, 乙, 丙은 X건물을 각 1/4, 1/2, 1/4씩 공유하고 있다. 甲은 다른 공유자의 동의 없이 丁에게 X건물의 창호공사를 도급하였고, 丁이 약정기간 내에 위 공사를 완료하였으나, 공사대금을 전혀 지급받지 못했다. 이 공사로 인하여 X건물의 가치가 크게 증가하였다. 이에 관한 설명으로 옳지 않은 것을 모두 고른 것은? (다툼이 있으면 판례에 따름)

ㄱ. 丁은 乙과 丙에 대하여 부당이득반환을 청구할 수 있다.
ㄴ. 丁은 乙과 丙에 대하여 점유자와 회복자의 관계에 기한 유익비상환을 청구할 수 있다.
ㄷ. 乙과 丙은 각자의 지분에 상응하여 도급계약에 따른 공사대금을 丁에게 지급하여야 한다.

① ㄱ ② ㄱ, ㄴ ③ ㄱ, ㄷ ④ ㄴ, ㄷ ⑤ ㄱ, ㄴ, ㄷ

40. A회사에서 근무하는 책임능력이 있는 미성년자 甲은 퇴근 후 함께 사는 아버지 乙의 오토바이를 몰래 타고 친구를 만나러 가던 중 신호를 위반하여 丙을 치어 즉사하게 하였다. 이에 관한 설명으로 옳지 않은 것은? (다툼이 있으면 판례에 따름)

① 甲은 丙의 사망에 대하여 불법행위책임을 진다.
② 丙의 사망으로 인한 손해발생과 乙의 감독의무 위반이 상당인과관계가 있으면 乙은 일반불법행위 책임을 진다.
③ A는 甲과 연대하여 丙에게 사용자책임을 진다.
④ 丙의 배우자는 재산상의 손해가 없어도 甲에 대하여 위자료를 청구할 수 있다.
⑤ 위 사고와 관련하여 丙에게 과실이 있는 경우, 특별한 사정이 없는 한 과실상계에 관한 민법의 규정이 적용된다.

2025년 제28회 주택관리사(보) 1차 시험 정답

[회계원리]

1	⑤	2	②	3	①	4	①	5	②
6	⑤	7	⑤	8	⑤	9	④	10	②
11	③	12	③	13	④	14	⑤	15	④
16	①	17	④	18	①	19	①	20	③
21	②	22	②	23	②	24	③	25	②
26	③	27	①	28	④	29	⑤	30	①
31	⑤	32	③	33	①	34	③	35	⑤
36	④	37	③	38	②	39	④	40	②

[공동주택시설개론]

41	②	42	①	43	④	44	③	45	⑤
46	③	47	②	48	①	49	④	50	②
51	②	52	①	53	⑤	54	①	55	③
56	②	57	④	58	④	59	④	60	⑤
61	③	62	④	63	③	64	②	65	④
66	①	67	③	68	①	69	①	70	②
71	②	72	④	73	⑤	74	④	75	⑤
76	⑤	77	⑤	78	③	79	④	80	①

[민법]

1	③	2	⑤	3	②	4	④	5	②
6	④	7	⑤	8	⑤	9	④	10	③
11	⑤	12	①	13	③	14	④	15	②
16	⑤	17	④	18	①	19	②	20	③
21	①	22	③	23	④	24	③	25	⑤
26	②	27	④	28	⑤	29	①	30	②
31	①	32	④	33	④	34	②	35	①
36	①	37	③	38	②	39	⑤	40	③

에듀윌이
너를
지지할게

ENERGY

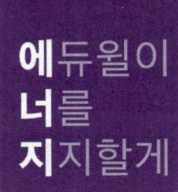

삶의 순간순간이
아름다운 마무리이며
새로운 시작이어야 한다.

– 법정 스님

여러분의 작은 소리
에듀윌은 크게 듣겠습니다.

본 교재에 대한 여러분의 목소리를 들려주세요.
공부하시면서 어려웠던 점, 궁금한 점,
칭찬하고 싶은 점, 개선할 점, 어떤 것이라도 좋습니다.

에듀윌은 여러분께서 나누어 주신 의견을
통해 끊임없이 발전하고 있습니다.

에듀윌 도서몰 book.eduwill.net
- 부가학습자료 및 정오표: 에듀윌 도서몰 → 도서자료실
- 교재 문의: 에듀윌 도서몰 → 문의하기 → 교재(내용, 출간) / 주문 및 배송

2026 에듀윌 주택관리사 1차 단원별 기출문제집

발 행 일	2026년 1월 11일 초판
편 저 자	윤재옥, 신명, 신의영
펴 낸 이	양형남
펴 낸 곳	(주)에듀윌
ISBN	979-11-360-3968-2
등록번호	제25100-2002-000052호
주 소	08378 서울특별시 구로구 디지털로34길 55 코오롱싸이언스밸리 2차 3층

www.eduwill.net

대표전화 1600-6700

11,800여 건의
생생한 후기

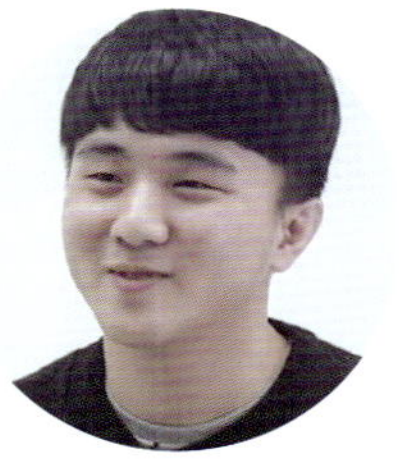

한○수 합격생

에듀윌로 합격과 취업 모두 성공

저는 1년 정도 에듀윌에서 공부하여 합격하였습니다. 수많은 주택관리사 합격생을 배출해 낸 1위 기업이라는 점 때문에 에듀윌을 선택하였고, 선택은 틀리지 않았습니다. 에듀윌에서 제시하는 커리큘럼은 상대평가에 최적화되어 있으며, 나에게 맞는 교수님을 선택할 수 있었기 때문에 만족하며 공부를 할 수 있었습니다. 또한 합격 후에는 에듀윌 취업지원센터의 도움을 통해 취업까지 성공할 수 있었습니다. 에듀윌만 믿고 따라간다면 합격과 취업 모두 문제가 없을 것입니다.

박○현 합격생

20년 군복무 끝내고 주택관리사로 새 출발

육군 소령 전역을 앞두고 70세까지 전문직으로 할 수 있는 제2의 직업이 뭘까 고민하다가 주택관리사 시험에 도전하게 됐습니다. 주택관리사를 검색하면 에듀윌이 가장 먼저 올라오고, 취업까지 연결해 주는 프로그램이 잘 되어 있어서 에듀윌을 선택하였습니다. 특히, 언제 어디서나 지원되는 동영상 강의와 시험을 앞두고 진행되는 특강, 모의고사가 많은 도움이 되었습니다. 거기에 오답노트를 만들어서 틈틈이 공부했던 것까지 가 저 합격의 비법인 것 같습니다.

이○준 합격생

에듀윌에서 공인중개사, 주택관리사 준비해 모두 합격

에듀윌에서 준비해 제27회 공인중개사 시험에 합격한 후, 취업 전망을 기대하고 주택관리사에도 도전하게 됐습니다. 높은 합격률, 차별화된 학습 커리큘럼, 훌륭한 교수진, 취업지원센터를 통한 취업 연계 등 여러 가지 이유로 다시 에듀윌을 선택했습니다. 에듀윌 학원은 체계적으로 학습 관리를 해 주고, 공부할 수 있는 공간이 많아서 좋았습니다. 교수님과 자기 자신을 믿고, 에듀윌에서 시작하면 반드시 합격할 수 있습니다.

다음 합격의 주인공은 당신입니다!

더 많은
합격 비법

* 에듀윌 홈페이지 게시 건수 기준 (2025년 10월 기준)

1위 에듀윌만의
체계적인 합격 커리큘럼

원하는 시간과 장소에서, 1:1 관리까지 한번에

온라인 강의

① 전 과목 최신 교재 제공
② 업계 최강 교수진의 전 강의 수강 가능
③ 교수진이 직접 답변하는 1:1 Q&A 서비스

쉽고 빠른 합격의 첫걸음 기초용어집 무료 신청

최고의 학습 환경과 빈틈 없는 학습 관리

직영학원

① 현장 강의와 온라인 강의를 한번에
② 시험일까지 온라인 강의 무제한 수강
③ 강의실, 자습실 등 프리미엄 호텔급 학원 시설

COUPON
당일 등록 회원
시크릿 할인 혜택

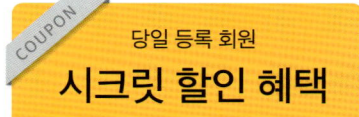

설명회 참석 당일 등록 시 특별 수강 할인권 제공

친구 추천 이벤트

"친구 추천하고 한 달 만에 920만원 받았어요"

친구 1명 추천할 때마다 현금 10만원 제공
추천 참여 횟수 무제한 반복 가능

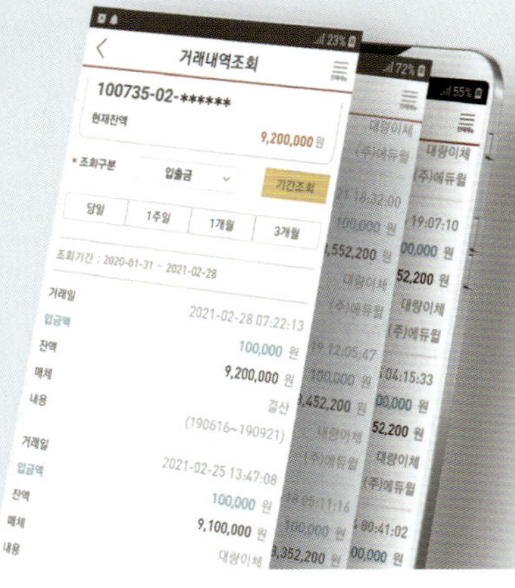

※ *a*o*h**** 회원의 2021년 2월 실제 리워드 금액 기준
※ 해당 이벤트는 예고 없이 변경되거나 종료될 수 있습니다.

친구 추천 이벤트
바로가기

* 2023 대한민국 브랜드만족도 주택관리사 교육 1위 (한경비즈니스)

2026 최신판

eduwill

에듀윌 주택관리사
단원별 기출문제집

1차 | 회계원리, 공동주택시설개론, 민법

정답 및 해설

에듀윌에서
공부해듀~

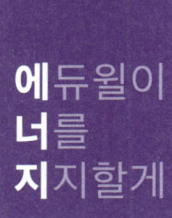

처음에는 당신이 원하는 곳으로
갈 수는 없겠지만,
당신이 지금 있는 곳에서
출발할 수는 있을 것이다.

– 작자 미상

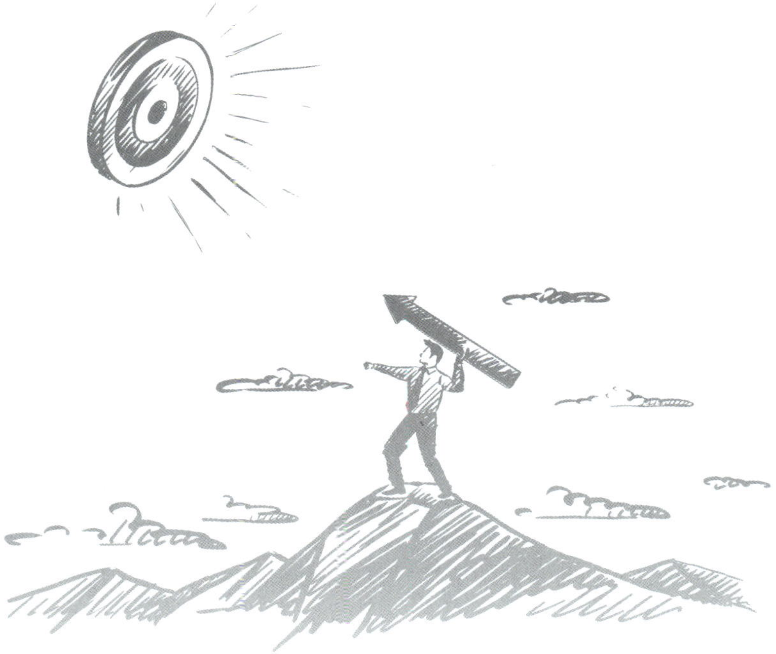

2026

에듀윌 주택관리사

단원별 기출문제집 1차

정답 및 해설

eduwill

차례

SUBJECT 1 회계원리

PART 01 | 재무회계

PART 02 | 원가 · 관리회계

SUBJECT 2

공동주택시설개론

PART 01 | 건축구조

PART 02 | 건축설비

차례

SUBJECT 3 민법

PART 01 | 민법 통칙

PART 02 | 권리의 주체와 객체

PART 03 | 권리의 변동

PART 04 | 물권법

PART 05 | 채권법

SUBJECT 1

회계원리

정답 및 해설

PART

01 재무회계

CHAPTER 01 회계의 이론적 구조

▶ 연계학습: 기본서 상권 pp. 20~48

01	⑤	02	⑤	03	③	04	②	05	②
06	③	07	②	08	⑤	09	②		

1 재무상태와 경영성과

01 ⑤

오답해설 자산, 부채, 자본, 자본잉여금은 재무상태표의 기본요소이다.

02 ⑤

정답해설 임차료는 비용계정으로 손익계산서에 표시되는 계정이다.

03 ③

정답해설 자산합계에서 부채합계를 차감한 잔액을 잔여지분 또는 자본(순자산)이라 한다.

04 ②

정답해설 수정후 잔액시산표의 당좌예금 계정잔액이 대변에 존재할 경우, 이는 당좌차월에 해당하고 기말 재무상태표에 표시는 단기차입금으로 분류한다.

2 순손익의 측정방법

05 ②

정답해설
- 기초자본: 기초자산(12,000) − 기초부채(7,000) = ₩5,000
- 당기순이익: 총수익(30,000) − 총비용(26,500) = ₩3,500
- 기말자본: 기초자본(5,000) + 당기순이익(3,500) + 유상증자(1,000) − 현금배당(500) = ₩9,000
- 기말부채: 기말자산(22,000) − 기말자본(9,000) = ₩13,000

06 ③

정답해설
- 기초자본: 자산(300,000) − 부채(200,000) = ₩100,000
- 당기순이익: 총수익(600,000) − 총비용(400,000) = ₩200,000
- 기말자본: 기초자본(100,000) + 당기순이익(200,000) = ₩300,000

07 ②

정답해설
- 기말자본: 기말자산(100,000) − 기말부채(60,000) = ₩40,000
- 기초자본: 기말자본(40,000) + 현금배당(5,000) − [유상증자(10,000) + 총포괄이익(20,000)] = ₩15,000
- 기초자산: 기초부채(50,000) + 기초자본(15,000) = ₩65,000

08 ⑤

정답해설
- 기초자본: 500,000 − 300,000 = ₩200,000
- 기말자본: 기초자본(200,000) + 총포괄이익(300,000) = ₩500,000

09 ②

정답해설
- 기초자본: 1,000,000 − 700,000 = ₩300,000
- 당기순손실: 총비용(1,000,000) − 총수익(900,000) = ₩100,000
- 기말자본: 기초자본(300,000) + 유상증자(500,000) − 현금배당(100,000) − 당기순손실(100,000) = ₩600,000

CHAPTER 02 회계의 기술적 구조(회계의 순환과정)

▶ 연계학습: 기본서 상권 pp. 49~91

01	⑤	02	①	03	②	04	③	05	①
06	①	07	⑤	08	①	09	①	10	②
11	③								

01 ⑤

오답해설 ㉠, ㉡은 거래가 아님.

02 ①

오답해설 ② 수익은 수익계정 원장의 차변에 집합손익으로 마감한다.
③ 비용은 비용계정 원장의 대변에 집합손익으로 마감한다.
④ 자산은 자산계정 원장의 대변에 차기이월로 마감한다.
⑤ 부채는 부채계정 원장의 차변에 차기이월로 마감한다.

03 ②

정답해설 기타포괄손익－공정가치측정 금융자산으로 분류된 지분상품의 평가손익은 기타포괄손익으로 당기손익에는 영향이 없다.

04 ③

정답해설 당해 연도 발생한 임차료를 지급하지 않았다면 임차료비용이 발생하고 미지급임차료 부채가 증가한다.

05 ①

정답해설 자산과 비용에 모두 영향을 미치는 거래는 손익거래이다(비용 발생 – 자산 감소).

오답해설 ②③④는 교환거래이고 ⑤는 거래가 아니다.
② 자산 증가 – 부채 증가
③ 자산 증가 – 자본 증가
④ 부채 감소 – 자산 감소

06 ①

정답해설 용역제공계약을 체결하고 현금을 수취하였다면 선수금(부채)으로 회계처리한다.

07 ⑤

정답해설 다음 회계연도 차변으로 이월되는 계정과목은 자산(투자부동산)계정이다. 수익과 비용은 차기로 이월되지 않는 계정이고, 부채와 자본은 잔액이 대변으로 이월된다.

08 ①

정답해설 포괄손익계산서에 나타나는 항목이 아닌 것은 자산, 부채, 자본이다. 미수수익은 자산이다.

09 ①

정답해설 고객에게 용역을 제공하고 수익을 인식하였다면 수익이 발생하여 자본이 증가한다. 회계처리는 다음과 같다.

(차)	현 금	×××	(대)	매 출 수 익	×××

10 ②

정답해설 총계정원장에 전기 시 어느 한쪽에만 전기하였다면 대차가 불일치한다. 차입금 상환에 대해 분개를 한 후, 차입금계정에는 전기를 하였으나 현금계정에는 전기를 누락하였다면 대변의 금액이 적게 나타난다.

함정 CHECK ④의 경우 대변금액이 차변금액보다 크게 나타난다.

11 ③

정답해설 회계상의 거래는 자산·부채·자본의 증감을 주는 모든 사건으로, 거래처와 원재료를 1kg당 ₩100에 장기간 공급받기로 계약하였다면 회계상 거래가 아니다.

CHAPTER 03 재무보고를 위한 개념체계

▶ 연계학습: 기본서 상권 pp. 92~116

01	⑤	02	⑤	03	⑤	04	⑤	05	①
06	③	07	③	08	①	09	②	10	③
11	①	12	③	13	⑤	14	④		

1 재무보고를 위한 질적 특성

01 ⑤

정답해설 보강적 질적특성: 비교가능성, 검증가능성, 적시성, 이해가능성

02 ⑤

정답해설 보고기업의 과거 재무성과와 그 경영진이 수탁책임을 어떻게 이행했는지에 대한 정보는 기업의 경제적자원에서 발생하는 미래 수익을 예측하는 데 일반적으로 도움이 된다.

03 ⑤

정답해설 근본적 질적특성은 목적 적합성과 표현 충실성이다.

04 ⑤

정답해설 완벽한 표현충실성을 위해서는 서술이 완전하고 중립적이고 오류가 없어야 한다. '적시성'은 보강적 질적특성이다.

05 ①

정답해설 일반목적 재무보고의 목적은 현재 및 잠재적 투자자, 대여자와 그 밖의 채권자가 기업에 자원을 제공하는 것과 관련된 의사결정을 할 때 유용한 보고기업 재무정보를 제공하는 것이다.

이론 PLUS **일반목적 재무보고의 한계**

1. 정보이용자가 필요로 하는 모든 정보를 제공하지는 않으며, 제공할 수도 없다.
2. 일반목적 재무보고서는 보고기업의 가치를 보여주기 위해 고안된 것이 아니다.
3. 주요 이용자 중 특정한 일부를 위한 정보가 아니라 주요 이용자 최대 다수의 수요를 충족하는 정보를 제공한다.
4. 재무보고서는 정확한 서술보다는 상당 부분 추정, 판단 및 모형에 근거한다.

고난도

06 ③

정답해설 기업(실체) 간 비교가능성을 높이거나 향상시키기 위해서는 각 기업의 취득시점이 다른 동일한 자산과 부채에 대하여 현재시점에서의 동일한 측정가치가 적용되어야 한다.

㉠ **역사적 원가:** 검증가능하고 신뢰성 있는 정보를 제공하지만, 동일한 자산과 부채에 대하여 취득시점이 다른 경우에는 서로 다른 금액(각각 다른 취득시점의 원가)으로 보고되어 기간별 또는 기업(실체) 간 비교가능성을 떨어뜨린다.

㉡㉤ **공정가치와 현행원가:** 개별기업의 관점이 아니라 현재시점의 시장참여자의 관점에서 결정되는 측정치로서 취득시점이 다른 자산인 경우에도 동일한 측정가치가 적용되어 기간별 또는 실체 간 비교가능성이 높은 정보를 제공한다.

㉢㉣ **사용가치와 이행가치:** 개별기업의 기업 특유의 가치를 반영하기 때문에 동일한 자산이나 부채라 하더라도 기업이 다르면 그 측정치가 달라질 수 있어 기간별 또는 기업(실체) 간 비교가능성이 떨어진다.

고난도 TIP 현행가치라야 비교가능성이 있다.

07 ③

정답해설 정보의 유용성을 보강시키는 질적특성에는 비교가능성, 검증가능성, 적시성 및 이해가능성이 있다.

08 ①

정답해설
- (가) 정보이용자가 항목 간의 유사점과 차이점을 식별하고 이해할 수 있게 하는 질적특성은 비교가능성이다.
- (나) 정보가 나타내고자 하는 경제적 현상을 충실히 표현하는지를 정보이용자가 확인하는 데 도움을 준다면 검증가능성이다.

2 회계감사 의견

09 ②

정답해설 ㉠, ㉢은 한정의견, ㉡은 부적정의견, ㉣은 의견거절

10 ③

정답해설 **부채:** 과거사건의 결과로 실체의 경제적자원을 이전해야 하는 현재의무

11 ①

정답해설 갑회사와 을회사는 적정의견이고 병회사는 의견거절이다.

12 ③

정답해설 감사의견은 적정의견, 부적정의견, 한정의견, 의견거절이 있으며 조정의견은 없다.

13 ⑤

정답해설 감사대상 재무제표는 기업의 경영진이 감사인의 도움 없이 작성해야 한다. 주석도 감사대상 재무제표에 포함되므로 감사인의 도움을 받을 수 없다.

14 ④

정답해설
- (가)의 경우 재무제표가 중대한 영향을 받았을 때 부적정의견이 표명된다.
- (나)의 경우 부분적 제한이나 부분적 위배는 한정의견을 표명한다.

CHAPTER 04 자산의 일반이론

▶ 연계학습: 기본서 상권 pp. 117~135

01	③	02	④	03	⑤	04	②	05	①
06	④								

1 자산의 정의 및 인식

01 ③

오답해설 ① 자산은 과거사건의 결과로 기업이 통제하는 미래의 경제적 자원이다.
② 부채는 과거사건의 결과로 기업이 경제적 자원을 이전해야 하는 현재의무이다.
④ 수익은 자산의 증가 또는 부채의 감소로서 자본의 증가를 가져온다.
⑤ 비용은 자산의 감소 또는 부채의 증가로서 자본의 감소를 가져온다.

2 자산의 측정

02 ④

오답해설 ① 공정가치는 측정일에 시장참여자 사이의 정상거래에서 자산을 매도할 때 받거나 부채를 이전할 때 지급하게 될 가격이다.
② 공정가치는 유출가치이고 역사적원가는 유입가치에 해당한다.
③ 사용가치는 기업 특유의 가정을 반영한다.
⑤ 역사적 원가를 기반으로 한 이익은 과거 원가를 기반으로 한 이익으로 미래 이익을 예측하는 데 적시성이 없다.

03 ⑤

정답해설 측정일에 시장참여자 사이의 정상거래에서 자산을 매도할 때 받거나 부채를 이전할 때 지급하게 될 가격은 공정가치이다.

04 ②

정답해설
- 유입(구입)가치: ㉠ 역사적 원가, ㉤ 현행원가
- 유출(처분)가치: ㉡ 공정가치, ㉢ 사용가치, ㉣ 이행가치

3 자산의 분류

05 ①

정답해설 선수임대료는 비금융부채이다.

06 ④

정답해설 선급비용은 비금융자산이다.

01	②	02	④	03	⑤	04	②	05	⑤
06	②	07	②	08	②	09	④	10	④
11	④	12	④	13	③	14	②	15	④
16	②	17	②	18	④	19	⑤	20	③
21	①	22	③	23	⑤	24	③	25	①

1 금융상품

01 ②

정답해설
- **금융부채:** 차입금, 지급어음
- **비금융부채:** 선수금, 미지급법인세, 충당부채

02 ④

정답해설 당기법인세자산은 비금융상품에 해당한다.

03 ⑤

정답해설 선급금, 선수금 등은 비금융상품에 해당한다.

2 현금및현금성자산과 은행계정조정표

04 ②

정답해설

은행계정조정표

회사측잔액	₩(135,000)	은행측잔액	₩185,000
은행수수료	(−) 10,000	예입미기입	(+) 40,000
거래처입금	(+)30,000	미인출수표	(−) 25,000
장부기입오기	(+) 45,000		
	₩200,000		₩200,000

05 ⑤

정답해설

은행계정조정표

회사측 잔액	(₩10,200)	은행측 잔액	₩10,000
은행수수료	(−)300	미인출수표	(−)2,000
이자비용	(−)500	미기록예금	(+)1,000
		타회사수수료	(+)400
	9,400		9,400

06 ②

정답해설

- 현금 및 현금성자산은 다음과 같다.
- **보통예금:** ₩250 = ₩500 − (₩50 + ₩100 + ₩100)

고난도

07 ②

정답해설

- 매출채권 회수액으로 받은 ₩50,000의 수표를 예입하면서, 장부에 ₩69,500으로 잘못 기록하여 ₩19,500을 수정 분개하여 차감하였다.

은행계정조정표

회사측 잔액	130,000	은행측 잔액	10,000
부도수표	(−)60,000	예입미기입	(+)70,000
은행수수료	(−)500	미인출수표	(−)30,000
장부기입오기	(−)19,500		
	50,000		50,000

08 ②

정답해설

- **현금및현금성자산:** 100 + 450 + 260 + 250 + ($2 × 110) = ₩1,280
- 취득일로부터 만기가 3개월을 초과하는 양도성예금증서와 당좌개설보증금은 현금및현금성자산에 포함되지 않는다.
- 당좌차월은 부채계정이다.

09 ④

정답해설 **현금및현금성자산:** 1,000 + 1,500 + 2,000 + 600 + 1,000 = ₩6,100

10 ④

정답해설

은행계정조정표

회 사 측 잔 액	₩84,500	은 행 측 잔 액	₩83,800
거 래 처 입 금	(+)5,600	미 인 출 수 표	(−)11,000
부 도 수 표	(−)5,000	미 기 입 예 금	(+)12,300
	₩85,100		₩85,100

11 ④

정답해설

은행계정조정표

회사측잔액	₩22,500	은행측잔액	(₩28,600)
미통지입금	(+)3,000	미기입예금	(+)2,000
이 자 수 익	(+)300	미인출수표	(−)5,000
은행수수료	(−)200		
	₩25,600		₩25,600

12 ④

정답해설 12월 1일 거래에서 당좌차월 ₩12,000이 발생하여 12월 20일 거래에서 당좌차월 ₩12,000을 차감한 후 잔액 ₩8,000이 당좌예금 잔액이 된다.

13 ③

정답해설

- **현금및현금성자산:** 통화(200) + 보통예금(300) + 당좌예금(x) + 우편환증서(500) = ₩4,000
  ∴ 당좌예금(x) = ₩3,000
- 수입인지(소모품)는 현금및현금성자산이 아니다.

14 ②

정답해설

- **현금및현금성자산:** 10,000 + 2,000 + 40,000 + ($10 × 1,100) = ₩63,000
- 양도성예금증서는 만기가 4개월이라 제외한다.
- 약속어음과 차용증서는 제외한다.

15 ④

정답해설

은행계정조정표

회사측잔액	₩65,000	은행측잔액	₩56,000
미통지예금	(+)2,200	미기입예금	(+)4,500
은행수수료	(−)1,500	미인출수표	(−)5,200
장부오기분	(+)500		
	₩66,200		₩55,300

• 회사 측 잔액과 은행 측 잔액의 차이(직원이 횡령한 것으로 추정되는 금액)
= 66,200 − 55,300 = ₩10,900

3 대여금 및 수취채권

16 ②

정답해설 • 만기수취액: 100,000 + 이자(100,000 × 9% × 6/12) = ₩104,500

• 할인료: 104,500 × 12% × 5/12 = ₩5,225

• 수취한 현금(실수금): 104,500 − 5,225 = ₩99,275

17 ②

정답해설 • 만기수취액: 10,000 + 이자$(10,000 \times 6\% \times \frac{6}{12})$ = ₩10,300

• 할인시점의 장부금액: 액면금액(10,000) + 보유기간(3개월) 이자(150) = ₩10,150

• 현금수취액(실수금): 장부금액(10,150) − 처분손실(159) = ₩9,991

18 ④

정답해설 • 어음의 만기수취액: $120,000 + (120,000 \times 6\% \times \frac{6}{12})$ = ₩123,600

• 할인료: $123,600 \times 9\% \times \frac{2}{12}$ = ₩1,854

• 실수령금액: 123,600 − 1,854 = ₩121,746

4 매출채권의 손상(대손)회계

19 ⑤

정답해설 • 20×2년 중 현금 회수된 매출채권은 ₩975,000이다.

매출채권(20×2년)

기 초 잔 액	95,000	손 상 확 정	0
외 상 매 출 액	980,000	현 금 회 수 액	975,000
		기 말 잔 액	100,000
	1,075,000		1,075,000

손실충당금(20×2년)

손 상 확 정	0	기 초 잔 액	15,500
기 말 잔 액	17,000	손 상 차 손	1,500
	17,000		17,000

고난도

20 ③

정답해설

매출채권

기 초 잔 액	800,000	현 금 회 수	1,000,000
외 상 매 출 액	700,000	손 상 확 정	20,000
		기 말 잔 액	480,000
	1,500,000		1,500,000

손실충당금

기 말 잔 액	9,600	기 초 잔 액	15,000
손 상 확 정	20,000	손 상 차 손	(14,600)
	29,600		29,600

21 ①

정답해설

연체기간	금액		손실률		추정액
연체되지 않음	₩120,000	×	0.4%	=	₩480
1일 ~ 60일	25,000	×	2.0%	=	500
61일 이상	5,000	×	8.0%	=	400
	기대신용손실 합계:				₩1,380

• 손실충당금 잔액: 2,500 − 1,000(회수불능) = ₩1,500

• 손상차손환입액: 1,500 − 1,380 = ₩120

22 ③

정답해설

손실충당금

손 상 확 정	₩8,900	기 초 재 고	(₩2,900)
기 말 재 고	30,000	현 금 회 수 액	1,000
		손 상 차 손	35,000
	₩38,900		₩38,900

고난도

23 ⑤

정답해설

손실충당금

손 상 확 정	₩7,500	기 초 잔 액	₩5,000
기 말 잔 액	36,000	손상회복(현금)	1,000
		손 상 차 손	(37,500)
	₩43,500		₩43,500

고난도 TIP 12월 31일 분석한 ₩36,000이 기말추정금액이다.

24 ③

정답해설

손실충당금

손 상 확 정	₩70,000	기 초 잔 액	₩50,000
기 말 잔 액	80,000	현 금 추 심	40,000
		손 상 차 손	(60,000)
	₩150,000		₩150,000

5 기타 채권과 채무

25 ①

정답해설 기업이 종업원에게 급여를 지급하면서 소득세 등을 원천징수하여 일시적으로 보관하는 계정과목은 예수금이다.

금융자산 II

▶ 연계학습: 기본서 상권 pp. 195~226

01	④	02	③	03	⑤	04	⑤	05	①
06	⑤	07	⑤	08	③	09	④	10	⑤

고난도

01 ④

정답해설
- 당기손익-공정가치 측정 금융자산인 주식 A의 처분손익은 당기손익에 반영하지만, 기타포괄손익-공정가치 측정 금융자산인 주식 B의 평가손익은 기타포괄손익으로 당기손익에 반영하지 않는다.
- 주식 A의 처분손익: 230 − 250 = 처분손실 ₩20(순이익 감소)

고난도 TIP 주식 B의 평가손익은 기타포괄손익으로 당기손익에 반영하지 않는다. 다만, 총포괄손익에는 반영한다.

1 당기손익-공정가치 측정 금융자산(FVPL 금융자산)

02 ③

정답해설
- 처분 시 주식: 50주 × (처분 시 공정가치 110 − 20×1년 말 공정가치 120) = 손실 ₩500
- 보유 시 주식: 50주 × (20×2년 공정가치 140 − 20×1년 공정가치 120) = 이익 ₩1,000
- 20×2년 순이익에 미치는 영향: 평가이익 1,000 − 처분손실 500 = ₩500 증가

고난도

03 ⑤

정답해설
- 취득시 거래원가: 비용 ₩5,000
- 20×1년 처분손실: 100주 × (800 − 1,000) = ₩20,000
- 20×1년 말 평가이익: 100주 × (1,300 − 1,000) = ₩30,000
- 20×1년 말 당기순이익 증가: 30,000 − 25,000 = ₩5,000

04 ⑤

정답해설 금융자산 평가손익: (10,500 − 10,000) × 100주 = ₩50,000(이익)

함정 CHECK 평가손익과 당기손익은 다르다. 평가손익은 ₩50,000이지만 당기손익은 ₩130,000(배당수익 100,000 + 평가손익 50,000 − 수수료비용 20,000)이다.

2 기타포괄손익-공정가치 측정 금융자산(FVOCI 금융자산)

05 ①

정답해설 • 기타포괄손익 - 공정가치측정 금융자산은 당기순이익에 미치는 영향은 없다. 다만, 처분 시 수수료가 발생하거나 배당금을 수령하는 경우에는 당기순이익이 발생한다.

• 현금배당금 ₩1,000은 당기수익으로 당기순이익이 증가한다.

06 ⑤

정답해설 • 이자수익은 매 보고기간 말의 발행 당시 시장이자율을 이용하여 인식한다.

고난도

07 ⑤

정답해설 ⑤ 기타포괄손익-공정가치 측정 금융자산은 처분 시 평가 후 처분한다. 그러므로 20×3년 당기순이익에 미치는 영향은 없다.

고난도 TIP 기타포괄손익(FVOCI)은 당기손익이 발생하지 않는다.

3 상각 후 원가 측정 금융자산(AC 금융자산)

08 ③

정답해설 • 이자수익 총액: 3년간 현금이자 - 할증취득 시 할증발행차금

• 3년간 현금이자: (1,000,000 × 10%)×3년 = ₩300,000

• 할증취득원가: (1,000,000 × 0.7938) + (100,000 × 2.5771) = ₩1,051,510

• 할증취득차금: (1,051,510 - 1,000,000) = ₩51,510

• 이자수익 총액: 300,000 - 51,510 = ₩248,490

회계원리

시설개론 공동주택

민법

고난도

09 ④

정답해설
- 20×1년 취득원가: (10,000 × 0.7118) + (1,000 × 2.4019) ≒ ₩9,520
- 20×1년 말 상각액: (9,520 × 12%) − (10,000 × 10%) ≒ ₩142
- 20×1년 말 장부금액: 9,520 + 142 = ₩9,662
- 20×2년 말 이자수익: 9,662 × 12% ≒ ₩1,159
- 20×2년 말 상각액: (9,662 × 12%) − (10,000 × 10%) ≒ ₩159
- 20×2년 말 장부금액: 9,662 + 159 = ₩9,821

고난도 TIP 상각후원가 측정 금융자산의 장부금액은 결산일의 상각후원가이고, 공정가치로 평가하지 않는다.

10 ⑤

정답해설
- 만기(3년) 동안의 총이자수익: (100,000 × 5% × 3년) + (100,000 − 87,566) = ₩27,434
- 20×2년과 20×3년에 인식할 이자수익: 27,434 − 8,757 = ₩18,677
- 만기(3년) 동안의 총이자수익에서 20×1년 이자수익 ₩8,757을 차감하면 나머지가 2년간의 이자수익이다.

CHAPTER 07 재고자산

▶ 연계학습: 기본서 상권 pp. 227~286

01	③	02	①	03	⑤	04	①	05	⑤
06	③	07	④	08	②	09	③	10	④
11	③	12	④	13	④	14	③	15	④
16	③	17	④	18	③	19	⑤	20	③
21	③	22	④	23	④	24	③	25	③
26	③	27	①	28	②				

1 재고자산의 정의 및 분류(범위)

01 ③

정답해설
- 재고자산: 50,000 + 15,000 + (20,000×0.7) + (15,000×0.4) = ₩85,000
- 차입금에 대한 담보로 제공 중인 재고자산은 이미 재고 실사액 50,000에 포함되어 있어 고려하지 않는다.

02 ①

정답해설 • 기말재고: 700,000 + 120,000 + 50,000 + 30,000 = ₩900,000

• 전시관 내 홍보목적으로 제공하고 있는 화장품은 판매관리비이고 선적지인도조건으로 판매한 화장품 중 현재 선적 후 운송 중인 화장품은 구매자 재고자산이다.

03 ⑤

정답해설 ㉣ 가구제조회사가 판매를 위하여 보유하고 있는 가구는 재고자산이다.

㉤ 자동차제조회사가 제조공정에 투입하기 위해 보유하고 있는 원재료는 재고자산이다.

오답해설 ㉠ 상품매매회사가 영업활동에 사용하고 있는 차량은 유형자산이다.

㉡ 건설회사가 본사 사옥으로 사용하고 있는 건물은 유형자산이다.

㉢ 컴퓨터제조회사가 공장신축을 위해 보유하고 있는 토지는 유형자산이다.

2 재고자산의 취득

04 ①

정답해설 • 취득원가: 500,000 + 2,500 − 15,000 + 10,000 + (10,000 − 7,500) = ₩500,000

• 수입관세 중 환급받을 금액 ₩7,500은 포함하지 않는다.

• 재료원가, 기타 제조원가 중 비정상적으로 낭비된 부분은 포함하지 않는다.

• 후속 생산단계에 투입 전 보관이 필요한 경우 이외의 보관원가는 포함하지 않는다.

05 ⑤

정답해설 재고자산의 매입원가는 매입가격에서 매입할인, 리베이트 및 기타 유사한 항목을 차감한 금액이다.

3 재고자산의 측정(평가)

06 ③

정답해설 • 매출원가: 매출액 150,000 ÷ (1 + 0.25) = ₩120,000

재고자산

기초재고	₩5,000	매출원가	₩120,000
순매입액	140,000	기말재고	(25,000)
	₩145,000		₩145,000

07 ④

정답해설

재고자산

기 초 재 고	₩40,000	매 출 원 가	₩410,000
순 매 입 액	400,000	기 말 재 고	30,000
	₩440,000		₩440,000

- **매출원가 ₩410,000:** 매출액 480,000 − 매출원가(x) = 매출총이익 70,000
- **총매입액 ₩420,000:** 순매입액 400,000 + 매입환출(할인) 20,000
- 매출운임은 당기비용으로 처리한다.

08 ②

정답해설

- **매가에 의한 기말재고액:** (기초재고 + 당기매입)− 기말재고= 매출액
- **매가에 의한 기말재고액 ₩200,000:** (100,000+900,000)− (x)=₩800,000
- **원가율(평균법):** $\frac{90,000 + 630,000}{100,000 + 900,000} = 0.72$
- **기말재고액(원가):** 200,000 × 0.72 = ₩144,000

09 ③

정답해설

- **매출총이익:** 매출액 32,000 − 매출원가 17,250 = ₩14,750
- **매출액:** (200개 × 100) + (100개 × 120) = ₩32,000
- **매출원가:** (100개 × 50) + (150개 × 60) + (50개 × 65) = ₩17,250

10 ④

오답해설

① 재고자산은 취득원가와 순실현가능가치 중 낮은 금액으로 측정한다.

② 개별법이 적용되지 않은 재고자산의 단위원가는 선입선출법, 가중평균법을 사용하여 결정한다.

③ 재고자산의 수량결정방법 중 실지재고조사법만 적용 시 파손이나 도난이 있는 경우 매출원가가 과대평가될 수 있는 문제점이 있다.

⑤ 물가가 지속적으로 상승하고 재고청산이 발생하지 않는 경우, 선입선출법의 매출원가가 다른 방법에 비해 가장 작게 나타난다.

11 ③

정답해설

일자	적요	수량(단위)	단위당 원가	금액
1월 1일	기초재고	500	75	37,500
6월 1일	매출	250	75	18,750
	계	250	75	18,750
8월 1일	매입	250	90	22,500
	계	500	82.5	41,250
12월 1일	매출	300	82.5	24,750
	기말재고	200	82.5	16,500

12 ④

정답해설

- 총 평균단가: (60개 × @₩10) + (40개 × @₩15) + (60개 × @₩20) ÷ 160개 = @₩15
- 매출원가: 매출수량 130개 × @₩15 = ₩1,950

13 ④

정답해설

재고자산

기 초 재 고	30,000	매 출 원 가	329,000
매 입 액	380,000	기 말 재 고	(81,000)
	410,000		410,000

- 전년도 매출총이익율: 270,000 ÷ 900,000 = 30%
- 매출원가: 매출액 (500,000 − 30,000) × 0.7(원가율) = ₩329,000

14 ③

정답해설

재고자산

기 초 재 고	6,000	매 출 원 가	8,000
순 매 입 액	11,000	기 말 재 고	9,000
	17,000		17,000

- 순매출액: 매출원가 8,000 ÷ 0.8(원가율) = ₩10,000
- 총매출액: 순매출액 10,000 + (에누리 1,500 + 할인 2,500) = ₩14,000
- 매출운임 3,000원은 손익계산서 비용으로 처리한다.

15 ④

정답해설

- 매출원가: (20개 × 100) + (50개 × 110) = ₩7,500
- 기말재고자산: (80개 × 120) = ₩9,600

16 ③

정답해설 **매출원가**: 기초재고(100,000) + 매입액(400,000) − 기말재고(200,000) = ₩300,000

17 ④

정답해설
- 매입운임은 원가에 포함하고 매출운임은 비용으로 처리한다.
- **순매입액**: 1,300 + 70 − 100 = ₩1,270
- **순매출액**: 1,600 − 50 = ₩1,550
- **매출원가**: 순매출액(1,550) × (1 − 0.1) = ₩1,395

재고자산

기 초 재 고	₩300	매 출 원 가	₩1,395
순 매 입 액	1,270	기 말 재 고	(175)
	₩1,570		₩1,570

18 ③

정답해설
- **총평균단가**: {(90 × 10) + (150 × 14) + (120 × 20)} ÷ 360개 = @₩15
- **기말재고자산**: 70개 × 15 = ₩1,050

19 ⑤

정답해설 기초재고수량과 기말재고수량이 같다 하더라도 선입선출법과 가중평균법을 적용한 매출원가는 다르게 계산될 수 있다.

20 ③

정답해설
- **매출원가**: (100개 × 11) + (50개 × 20) + (110개 × 30) = ₩5,400
- **기말재고**: 40개 × 30 = ₩1,200

21 ③

정답해설

재고자산

기 초 재 고	₩50,000	순 매 출 액	₩493,000
순 매 입 액	393,000	기 말 재 고	30,000
매 출 총 이 익	80,000		
	₩523,000		₩523,000

- 매출운임 ₩4,000은 운반비로 처리한다.
- **총매출액**: 순매출액(493,000) + 환입 및 할인(13,000) = ₩506,000

함정 CHECK 매출운임 ₩4,000은 판매비로서 매출과는 관련이 없다.

고난도

22 ④

정답해설

- 선입선출법: 200개 × 200 = ₩40,000
- 총평균법: [(150개 × 100) + (350개 × 200)] ÷ 500개 = @₩170 × 200개 = ₩34,000

23 ④

정답해설

재고자산

기 초 재 고	₩10,000	매 출 액	₩95,500
순 매 입 액	79,500	기 말 재 고	30,000
매 출 총 이 익	(36,000)		
	₩125,500		₩125,500

- 매출운임 ₩8,000은 운반비(당기비용)로 처리한다.

24 ③

정답해설

재고자산

기 초 재 고	₩400,000	매 출 원 가	₩1,440,000
순 매 입 액	1,340,000	기 말 재 고	300,000
	₩1,740,000		₩1,740,000

- 매출원가: 1,800,000(2,000,000 − 200,000) × 0.8 = ₩1,440,000
- 총매입액: 순매입액(1,340,000) + 매입환출(40,000) = ₩1,380,000

4 감모손실과 평가손실

25 ③

정답해설

- 저가에 의한 기말재고액: 실제수량 10개 × 1,000 = ₩10,000
- 비정상감모손실: (감모수량 10개 × 1,000) × 0.4 = ₩4,000

재고자산

기 초 재 고	₩10,000	매 출 원 가	(₩76,000)
당 기 매 입 액	80,000	비정상감모손실	4,000
		기 말 재 고 액	10,000
	₩90,000		₩90,000

고난도

26 ③

정답해설

- 비정상감모: [(50개 − 45개) × 50] × 0.6 = 250 × 0.6 = ₩150
- 기말재고: 45개 × 40 = ₩1,800

재고자산

기 초 재 고	₩2,000	매 출 원 가	(₩10,050)
순 매 입 액	10,000	비 정 상 감 모	150
		기 말 재 고	1,800
	₩12,000		₩12,000

고난도 TIP 정상적 감모(40%)는 매출원가에 포함된다.

27 ①

정답해설

재고자산

기 초 재 고	₩60,000	매 출 원 가	₩1,072,000
매 입 액	1,260,000	기 말 재 고	248,000
	₩1,320,000		₩1,320,000

- 매출원가: 1,340,000 ÷ 1.25 = ₩1,072,000
- 재해손실: (248,000 − 4,000) × 0.3 = ₩73,200

28 ②

정답해설

재고자산

기 초 재 고	₩80,000	매 출 원 가	(₩142,000)
순 매 입 액	120,000	비 정 상 감 모	8,000
		기 말 재 고	50,000
	₩200,000		₩200,000

- 기말재고: 250개 × 200 = ₩50,000(저가)
- 비정상감모손실: (300개 − 250개) × 200 × 0.8 = ₩8,000

CHAPTER 08 유형자산

▶ 연계학습: 기본서 상권 pp. 287~348

01	④	02	④	03	④	04	②	05	①
06	②	07	④	08	④	09	③	10	②
11	⑤	12	①	13	⑤	14	②	15	④
16	③	17	③	18	①	19	④	20	①
21	②	22	①	23	④	24	②	25	②
26	④	27	①	28	②	29	③		

1 유형자산의 기본개념

01 ④

오답해설 ① 자산을 해체, 제거하거나 부지를 복구하는 의무를 부담하게 되는 경우 의무 이행에 소요될 것으로 최초에 추정되는 원가를 취득 시 자산으로 처리한다.

② 정기적인 종합검사과정에서 발생하는 원가가 인식기준을 충족하여 유형자산의 일부가 대체되는 것은 해당 유형자산의 장부금액에 포함한다.

③ 적격자산의 취득, 건설 또는 생산과 직접 관련된 차입원가는 발생기간에 자산으로 인식하여야 한다.

⑤ 상업적 실질이 결여된 교환거래에서 취득한 자산의 취득원가는 제공한 자산의 장부금액으로 측정한다.

02 ④

정답해설 사용중인 유형자산의 정기적인 종합검사에서 발생하는 원가는 자산의 인식요건을 충족하는 경우 자산으로 인식하고 자산의 인식요건을 충족하지 못하는 경우 당기비용으로 처리한다.

2 유형자산의 인식과 측정

03 ④

정답해설
- 취득원가: 1,050 + 100 + 100 = ₩1,250
- 신제품 광고 및 판촉활동 관련 원가와 재배치 과정에서 발생한 원가는 비용인식
- 시험가동과정에서 생산된 시제품의 순 매각금액은 당기손익으로 처리한다.

고난도

04 ②

정답해설 • 20×1년 초 취득원가: 1,400,000 + (200,000 × 0.8227) = ₩1,564,540

• 20×2년 말 감가상각비: (1,564,540 − 200,000) ÷ 4년 = ₩341,135

05 ①

정답해설 금융자산과 단기간 내에 제조되는 재고자산은 적격자산이 아니다.

06 ②

정답해설 • 20×1년 초 현재가치: 1,000,000 × 2.4869 = ₩2,486,900

• 20×1년 말 이자비용: 2,486,900 × 10% = ₩248,690

• 20×1년 말 장부금액: 2,486,900 − (1,000,000 − 248,690) = ₩1,735,590

• 20×2년 말 이자비용: 1,735,590 × 10% = ₩173,559

07 ④

정답해설 • 취득원가: 1,100 + 150 + 100 = ₩1,350

• 취득 후 가입한 화재보험료 ₩60은 비용으로 처리한다.

• 시험가동 과정에서 생산된 시제품의 순매각금액 ₩20은 당기손익으로 처리한다.

고난도

08 ④

정답해설 • 구축물의 취득원가: 500,000 + (100,000 × 0.6209) = ₩562,090

• 구축물의 감가상각비: (562,090 − 50,000) ÷ 5년 = ₩102,418

• 복구충당부채전입액(이자비용): (100,000 × 0.6209) × 10% = ₩6,209

고난도 TIP 구축물의 취득원가(500,000 + x)를 구한다. x는 ₩100,000의 현재가치 ₩62,090(100,000 × 0.6209)이다.

09 ③

정답해설 새로운 상품과 서비스를 소개하는 데 소요되는 원가는 당기비용이다.

3 유형자산의 후속원가(추가적 지출)

고난도

10 ②

정답해설 • 20×3년 초 감가상각누계액: $(12,000 \times \frac{5}{15}) + (12,000 \times \frac{4}{15} \times \frac{9}{12}) = ₩6,400$

• 20×3년 초 장부금액: $12,000 - 6,400 + 400 = ₩6,000$

고난도 TIP 성능을 유지하는 수선유지비는 비용으로, 장부금액에 포함하지 않는다.

4 유형자산의 취득형태

11 ⑤

정답해설 • ㈜한국의 취득원가는 건물 공정가치에 현금지급액을 더한다.

• 취득원가: $40,000 + 3,000 = ₩43,000$

• 처분손익: 공정가치 40,000 − 장부금액 30,000 = 이익 ₩10,000

12 ①

정답해설 • 정부보조금은 원가에서 차감하고 계산한다.

• 20×1년 말 감가상각비: $(800,000 - 100,000) \div 4년 \times \frac{3}{12} = ₩43,750$

13 ⑤

오답해설 ① 기업이 판매를 위해 1년 이상 보유하며, 물리적 실체가 있는 것은 재고자산으로 분류된다.

② 유형자산과 관련된 산출물에 대한 수요가 형성되는 과정에서 발생하는 초기 가동손실은 취득원가에 포함하지 않는다.

③ 유형자산의 제거로 인하여 발생하는 손익은 순매각금액(매각금액 − 처분수수료)과 장부금액의 차이로 결정한다.

④ 기업은 해당 자산이 포함되는 유형자산 분류 전체에 대해 원가모형이나 재평가모형 중 하나를 회계정책으로 선택하여 동일하게 적용한다.

14 ②

정답해설
- 정부보조금 ₩100,000은 취득원가에서 차감하고 계산한다.
- 20×1년 말 장부금액: 100,000 − (100,000 ÷ 5년) = ₩80,000

15 ④

정답해설
- 토지의 장부금액: 1,000 + (2,000 × 1.7355) = ₩4,471
- 미지급금의 장부금액: 3,471 − {2,000 − (2,000 × 1.7355 × 10%)} ≒ ₩1,818

16 ③

정답해설
- 토지원가: 500,000 + 4,000 + 5,000 − 1,000 + 2,000 + 3,000 = ₩513,000
- 건물원가: 50,000 + 1,000,000 = ₩1,050,000
- 야외 주차장 공사비 ₩100,000은 구축물로 처리한다.

함정 CHECK 야외 주차장은 토지로 계산하면 안 되고 구축물로 처리해야 한다.

17 ③

정답해설
- (가) 상업적 실질이 결여된 경우는 제공한 자산의 장부금액 ₩40,000이 취득원가이다.
- (나) 상업적 실질이 있는 경우 상대방의 공정가치가 더 명백한 경우에는 상대방의 공정가치 ₩50,000이 취득원가이다.

5 유형자산의 감가상각

18 ①

정답해설
- 잔존가치가 변동하지 않는다고 가정할 때, 자산의 내용연수 동안 매 기간 일정액의 감가상각액을 계상하는 감가상각 방법은 정액법이다.

19 ④

정답해설
- 20×2년 초 장부금액: $100,000 - (100,000 \times \frac{1}{4}) + 15,000 = ₩90,000$
- 20×2년 말 감가상각비: $(90,000 - 3,000) \times \frac{1}{3} = ₩29,000$

20 ①

정답해설 • 건물의 취득원가: $2,400,000 \times \frac{720,000}{2,880,000} = ₩600,000$

• 20×1년 감가상각비: $(600,000 - 60,000) \times \frac{5}{15} \times \frac{6}{12} = ₩90,000$

6 유형자산의 처분 및 손상

21 ②

정답해설 • 20×4년 초 처분 시 장부금액(3년사용): 처분금액 16,000 − 처분이익 1,500 = ₩14,500

• 연간 감가상각비: 장부금액 14,500 − 잔존가치 2,000 = ₩12,500

• 4년간 감가상각누계액: 연간 감가상각비 12,500 × 4년 = 50,000

• 취득원가: 감가상각누계액 50,000 + 잔존가치 2,000 = ₩52,000

22 ①

정답해설 • 20×2년 말 장부금액: $2,000,000 - \{(2,000,000 - 200,000) \times \frac{5.5}{10}\} = ₩1,010,000$

• 20×2년 말 처분손실: 1,000,000 − 1,010,000 = 손실 ₩10,000

23 ④

정답해설 • 내용연수가 6년이고, 2년 사용 후 처분하면서 현금 ₩5,500을 수취하고 손실이 ₩500이었다면 장부금액은 ₩6,000이다. 또한 내용연수의 남은 기간은 4년이다.

• 연간 상각액(정액법): $\frac{6,000}{4년} = ₩1,500$

• 취득원가: 1,500 × 6년 = ₩9,000

24 ②

정답해설 • 20×1년 말 장부금액: $180,000 - (180,000 \times \frac{3}{6}) = ₩90,000$

• 20×1년 말 손상차손: 90,000 − 74,000 = ₩16,000

• 유형자산의 손상차손은 순공정가치와 사용가치 중 큰 금액을 손상으로 인식한다.

25 ②

정답해설 • 20×3년 7월 1일 장부금액: 2,000,000 − $(1,600,000 \times \frac{2.5}{5})$ = ₩1,200,000

• 20×3년 7월 1일 처분손익: 1,100,000 − 1,200,000 = ₩100,000(손실)

7 원가모형과 재평가모형

26 ④

정답해설 • 20×1년 재평가: 65,000 − 70,000 = ₩5,000(재평가손실)

• 20×2년 재평가: 80,000 − 65,000 = ₩15,000 − 5,000(재평가손실) = 10,000(재평가잉여금)

• 20×1년 재평가손실 5,000은 20×2년에는 재평가이익으로 환원한다.

27 ①

정답해설 • 20×1년 말 장부금액: 800,000 − (800,000 ÷ 10년) = ₩720,000

• 재평가잉여금: 공정가치 750,000 − 장부금액 720,000 = ₩30,000

28 ②

정답해설 • 재평가는 항상 감가상각을 먼저 계산한다.

• 20×1년 말 장부금액: 50,000 − (50,000 ÷ 5년) = ₩40,000

• 20×1년 말 재평가잉여금: 45,000 − 40,000 = ₩5,000

29 ③

정답해설 • 20×1년 재평가: 1,200 − 1,000 = ₩200(재평가잉여금)

• 20×2년 재평가: 900 − 1,200 = (−)₩300

• 20×2년 재평가 차액 ₩300 중 ₩200은 전기 재평가잉여금으로 차감하고 잔액 ₩100만 당기손실로 처리한다.

▶ 연계학습: 기본서 상권 pp. 349~375

01	②	02	①	03	②	04	②	05	①
06	③	07	②	08	④	09	①		

1 무형자산의 기초개념

01 ②

정답해설
- 20×1년 말 특허권상각: 960,000 ÷ 4년 × $\frac{6}{12}$ = ₩120,000
- 무형자산의 경우 경제적 효익이 소비될 것으로 예상되는 형태를 신뢰성 있게 결정할 수 없을 경우에는 정액법으로 처리한다.

02 ①

정답해설 무형자산은 물리적 실체는 없지만 식별가능한 비화폐성 자산이다.

2 개발비와 영업권

03 ②

정답해설
- 합병 시 공정가치를 적용한다: 자산 − 부채 = 순자산의 공정가치
- 순자산의 공정가치: (자산 20,000 − 부채 12,000) = ₩8,000
- 영업권: 12,000 − 8,000 = ₩4,000

04 ②

정답해설 생산이나 사용 전의 시제품과 모형을 설계, 제작, 시험하는 활동은 개발활동이다.

오답해설 ①③④⑤는 연구활동이다.

3 투자부동산

05 ①

정답해설
- 투자부동산을 공정가치모형으로 평가하는 경우 감가상각을 하지 않는다.
- 20×1년 재평가: 110,000 − 100,000 = 평가이익 ₩10,000(증가)
- 20×2년 처분손익: 90,000 − 110,000 = 처분손실 ₩20,000(감소)

06 ③

정답해설
- 투자부동산을 공정가치모형으로 선택하여 측정하는 경우 감가상각은 하지 않는다.
- 20×2년 당기순이익에 미치는 영향: 42,000 − 38,000 = ₩4,000

07 ②

정답해설 ㉠㉢은 투자부동산에 해당한다.

오답해설 ㉡ 미래에 자가사용하기 위한 토지는 유형자산이다.
㉣ 금융리스로 제공한 토지는 처분된 것으로 본다.
- 금융리스로 제공받은 토지를 운용리스로 제공한 토지는 투자부동산이다.

08 ④

정답해설
- 투자부동산을 공정가치로 측정하는 경우 감가상각은 하지 않는다.
- 20×1년 순이익의 영향: 320,000 − 300,000 = ₩20,000 증가
- 20×2년 순이익의 영향: 325,000 − 320,000 = ₩5,000(처분이익)

고난도

09 ①

정답해설
- 투자부동산에 공정가치모형을 적용하면 감가상각은 하지 않는다.
- 투자부동산은 공정가치의 변동을 당기손익으로 처리한다.
- 투자부동산 평가이익: 80,000 − 60,000 = ₩20,000

고난도 TIP 투자부동산은 항상 당기손익으로 처리하고 기타포괄손익(FVOCI)은 발생하지 않는다.

CHAPTER 10 부채

▶ 연계학습: 기본서 상권 pp. 376~417

01	④	02	④	03	①	04	⑤	05	②
06	①	07	⑤	08	④	09	⑤	10	③
11	④	12	③	13	①	14	②	15	④
16	④								

1 부채의 기초개념

01 ④

정답해설
- 이연법인세부채(자산)는 어떠한 경우에도 비유동으로 분류한다.

02 ④

정답해설 금융부채: ₩60,000 + ₩35,000 + ₩10,000 + ₩40,000 = ₩145,000

함정 CHECK 충당부채, 선수금, 미지급법인세 등은 비금융부채에 속한다.

03 ①

오답해설 ②, ④, ⑤는 자산이고 ③은 자본이다.

04 ⑤

정답해설 당기법인세부채는 비금융부채이다.

2 충당부채와 우발부채

05 ②

정답해설 • 제품보증충당부채: (300,000 + 500,000) × 2% − (5,000 + 8,000) = ₩3,000

06 ①

정답해설 ㉠ 20×1년 근무결과로 20×2년에 연차를 사용할 수 있게 되었고 해당 연차는 20×2년이 모두 사용될 것으로 예상되나, 사용되지 않은 연차에 20×3년 초에 수당이 지급된다면 그 금액은 충당부채로 인식한다.

오답해설 ㉡ 구매계약이 체결되었다면 거래가 아니다.

㉢ 20×2년 3월에 정기주주총회에서 현금배당을 결의했을 때 부채로 인식한다.

07 ⑤

오답해설 ① 우발자산은 경제적 효익의 유입가능성이 높은 경우에만 그 특성과 추정금액을 주석으로 공시하고, 가능성이 높지 않은 경우에는 공시하지 않는다.

② 과거에 우발부채로 처리한 경우에는 그 이후 기간에 미래경제적 효익의 유출 가능성이 높아졌다면 이를 충당부채로 인식한다.

③ 미래에 영업손실이 발생할 가능성이 높은 경우라도 그러한 영업손실의 예상 금액은 충당부채로 인식하지 않는다.

④ 충당부채는 화폐의 시간가치 영향이 중요하다고 한다면 의무이행 시 예상되는 지출액을 할인한 금액으로 평가한다.

08 ④

정답해설 • 충당부채는 아래 3가지 요건을 모두 충족해야 한다.

- 과거사건의 결과로 현재의 의무(법적의무 또는 의제의무)가 존재한다.
- 해당 의무를 이행하기 위하여 경제적 효익이 있는 자원이 유출될 가능성이 높다.
- 해당 의무를 이행하기 위하여 소요되는 금액을 신뢰성 있게 추정할 수 있다.

• 미래에 실현되지 않을 수도(또는 실현될 수도) 있는 수익은 우발자산으로, 자산으로 인식할 수 없다.

09 ⑤

정답해설 예상되는 자산 처분이익은 충당부채를 측정할 때 고려하지 않는다.

3 사채

10 ③

정답해설 • 20×1년 말 차금상각: (94,649 − 92,268) = ₩2,381

• 20×1년 말 이자비용: (5,000 + 2,381) = ₩7,381

• 유효이자율: 7,381 ÷ 92,268 = 8%

• 20×2년 말 이자비용: 94,649 × 8% = ₩7,571

11 ④

정답해설 • 20×1년 말 차금상각액: (8,757×10%) − (10,000×5%) = 376

• 20×1년 말 장부금액: 8,757 + 376 = ₩9,133

• 20×2년 말 차금상각액: (9,133×10%) − (10,000×5%) = 413

• 20×2년 말 상환 시 장부금액: (9,133 + 413) = 9,546×90% = ₩8,591

• 20×3년 초 상환손실: 장부금액 8,591 − 상환금액 9,546 = ₩955

고난도

12 ③

정답해설 • 20×1년 초 유효이자율: ₩95,025 ÷ ₩950,250 = 10%

• 20×1년 말 장부금액: ₩950,250 + {(950,250 ×10%) − (1,000,000 × 8%)}
= ₩965,275

• 20×2년 말 장부금액: ₩965,275 + {(965,275 × 10%) − (1,000,000 × 8%)}
= ₩981,803

• 20×3년 초 상환손익: ₩981,803 − ₩980,000 = ₩1,803(이익)

고난도

13 ①

정답해설
- 20×1년 말 차금상각: (1,106,900 × 6%) − (1,000,000 × 10%) = ₩33,586
- 20×1년 말 장부금액: 1,106,900 − 33,586 = ₩1,073,314
- 현금지급(상환금액): 1,073,314 − 4,500(이익) = ₩1,068,814

고난도 TIP 지급액은 상환금액에 손실은 더하고 이익은 차감한 금액이다.

14 ②

정답해설
- 이자비용: (875,650 × 10%) − (1,000,000 × x) = ₩37,565
- 이자비용: 87,565 − 37,565 = ₩50,000
- 표시이자율(x): 50,000 ÷ 1,000,000 = 5%

15 ④

정답해설
- 20×2년 말 사채의 장부금액 ₩98,148에서 차금상각 ₩1,715을 차감한 금액이다.
- 20×1년 말 사채의 장부금액: 98,148 − 1,715 = ₩96,433

16 ④

정답해설
- 20×1년 말 장부금액: 95,026 + {(95,026 × 10%) − (100,000 × 8%)} ≒ ₩96,529
- 20×2년 말 장부금액: 96,529 − {(96,529 × 10%) − (100,000 × 8%)} ≒ ₩98,182
- 20×3년 말 이자비용: 98,182 × 10% ≒ ₩9,818

CHAPTER 11 자본회계

▶ 연계학습: 기본서 상권 pp. 418~457

01	②	02	③	03	④	04	⑤	05	⑤
06	③	07	③	08	①	09	⑤	10	⑤
11	①	12	③	13	④	14	③	15	⑤
16	③	17	①						

고난도

01 ②

정답해설
- 자본의 증가분: 기말자본 1,500,000 − 기초자본 1,000,000 = ₩500,000
- 실물자본(재고자산) 증가분: 6,000 − (₩1,000,000 ÷ 200개) = @₩1,000
- 자본유지조정: 재고자산 개당 증가 ₩1,000(6,000 − 5,000) × 200개 = ₩200,000
- 자본증가분 500,000원 중 200,000원은 자본유지조정으로 차액 300,000원은 실물자본 유지개념의 당기이익이다.

고난도 TIP
1. 재무자본유지개념
   (1) 명목자본유지개념의 당기이익: 1,500,000 − 1,000,000 = ₩500,000
   (2) 불변구매력개념: 일반 물가지수 상승분만큼 자본이 유지되어야 한다.
   - 기초자본: 1,000,000 + (1,000,000 × 3%) = ₩1,030,000
   - 당기이익: 기말자본 1,500,000 − 기초자본 1,030,000 = ₩470,000
2. 실물자본유지개념: 실물자산인 재고자산의 기초수량(200개)만큼 구매할 수 있는 금액을 자본으로 유지해야 한다.
   - 수정 후 기초자본: 200개 × 6,000 = ₩1,200,000
   - 당기이익: 기말자본 1,500,000 − 수정 후 기초자본 1,200,000 = ₩300,000

1 자본의 기초개념

02 ③

정답해설
- 수익과 비용이 발생하여야 당기순이익에 영향을 미친다.
- 당기 관리비 수입 발생(단, 당기 말까지 관리비 고지서는 미 발행): 수익 발생
- 차기 관리비를 당기에 미리 수령: 선수관리비(부채)
- 당기 급여 발생(단, 급여지급은 차기에 이루어짐): 비용 발생
- 당기 중 주식배당 실시: 자본 불변
- 당기 미수이자 발생(단, 이자수령은 차기에 이루어짐): 수익 발생

03 ④

오답해설 ㉠ 주식 발행과 직접 관련하여 발생한 거래원가는 주식발행가격에서 직접 차감한다.

㉢ 무상증자 시 납입자본과 자본총계는 불변한다.

㉤ 이익준비금은 법정준비금으로 상법 규정에 따라 강제적으로 매기 배당금(주식배당을 제외한 금액)의 1/10 이상씩을 적립하여 자본금의 1/2이 될 때까지 적립하도록 규정하고 있으나, 그 금액만큼을 외부 금융기관에 예치해야 할 의무는 없다.

04 ⑤

정답해설 유형자산에 대한 최초 재평가에서 평가이익을 인식하면 재평가잉여금(기타포괄이익)이 증가한다.

고난도

05 ⑤

오답해설 ㉠ 자기주식을 취득하면 자본총액은 감소한다.

㉡ 유상증자 시에 자본금도 증가하고 자본총액도 증가한다.

㉤ 주식분할로 인해 발행주식수가 증가하고 액면가액은 감소한다.

고난도 TIP 자본의 증가항목과 감소항목을 구분하여야 한다.

2 주식회사의 자본금

06 ③

정답해설
- 기초자본: 500,000
- 유상증자: (10주 × 2,000) − 3,000 = ₩17,000
- 유상감자(매입소각): (20주 × 900) = ₩18,000
- 기말자본: 기초자본 500,000 + 유상증자 17,000 − 유상감자 18,000 = ₩499,000

고난도

07 ③

정답해설

자본

기 말 잔 액	3,233,000	기 초 잔 액	3,267,000
3/1 취득	36,000	6/30 처분	52,000
당 기 순 손 실	200,000	기타포괄이익	150,000
	3,469,000		3,469,000

함정 CHECK 10월 1일 자기주식의 소각은 자본 불변이다.

08 ①

정답해설
- 100주 × 5,000 = ₩500,000(자본금)
- 100주 × 6,000 = ₩600,000(발행가액)
- 차액 ₩100,000은 주식발행초과금(자본잉여금)이다.

3 이익잉여금의 처분

09 ⑤

정답해설 이익준비금은 상법의 규정에 따라 자본금의 1/2에 달할 때까지 현금배당액의 1/10 이상을 의무적으로 적립해야 한다.

10 ⑤

정답해설
- 현금배당은 실질적 감자에 해당하고, 배당 선언일에 자본이 감소한다. 따라서 20×1년도 순이익에 대하여 20×2년에 배당을 선언하고 현금을 지급하였다면 20×1년 말에 자본이 감소하는 것이 아니라 20×2년 배당 선언일에 자본과 자산(현금)이 감소한다.
- 20×2년 3월 27일 현금배당 시

(차) 이 익 잉 여 금　　×××　　(대) 현　　　금　　×××

4 자기주식과 주당순이익

11 ①

정답해설
- 20×1년 초: 500주
- 20×1년 7월 1일 자기주식 취득: 100주 × 6/12 = (−)50주
- 20×1년 유통보통주식수: 500주 − 50주 = 450주
- 주당 순이익: 90,000 ÷ 450주 = @₩200

12 ③

정답해설
- 우선주 배당금: (3,000주 × 1,000) × 10% = ₩300,000
- 주당순이익: (5,000,000 − 300,000) ÷ 10,000주 = @₩470

13 ④

정답해설 가중평균유통보통주식수: (510,000 − 30,000) ÷ @₩30 = 16,000주

14 ③

정답해설 주당순이익: 10,000 ÷ 100주 = ₩100

15 ⑤

정답해설 주식병합은 주식수가 감소한다.

고난도

16 ③

정답해설
- 자기주식을 처분할 때 처분손익이 있으면 우선 상계하여야 한다.
- 11월 5일(매각): (970 − 950) × 20주 = 자기주식처분이익 ₩400
- 11월 10일(매각): 자기주식처분손실[(930 − 950) × 30주] − 400 = ₩200
- 11월 10일:

(차)	현금	₩27,900	(대)	자기주식	₩28,500
	자기주식처분이익	400			
	자기주식처분손실	200			

고난도 TIP 해당하는 날짜별로 분개한다.

17 ①

정답해설 1월 1일(10,000주) + 4월 1일(10,000주 × 10%) + 9월 1일(11,000주 × 15% × $\frac{4}{12}$)

= 11,550주

함 정 CHECK 4월 1일 무상증자는 날짜와 관계없이 기초부터 계산한다.

CHAPTER 12 수익 · 비용회계

▶ 연계학습: 기본서 상권 pp. 458~505

01	①	02	②	03	①	04	②	05	①
06	⑤	07	③	08	④	09	①	10	④
11	④	12	②	13	①	14	①	15	④
16	②	17	②						

01 ①

정답해설 • 1년분 임대료 1,200원 중 당기분(임대료) 900원, 선수분(선수임대료) 300이다.

현금 수취 시

(차) 현 금	1,200	(대) 임 대 료	1,200

기말수정분개

(차) 임 대 료	300	(대) 선 수 임 대 료	300

• 기말 마감분개는 당기에 속하는 임대료를 집합손익으로 대체한다.

기말마감분개

(차) 임 대 료	900	(대) 집 합 손 익	900

고난도

02 ②

정답해설 • 매출수익: 100,000 + (100,000 × 1.7355) = ₩273,550

• 이자수익: (100,000 × 1.7355) × 10% = ₩17,355

• 수익총액: 273,550 + 17,355 = ₩290,905

1 고객과의 계약에서 생기는 수익

03 ①

정답해설
- 매출액: 50개 × 1,000 = ₩50,000
- 매출원가: 50개 × 800 = ₩40,000
- 판매수수료: 매출액 50,000 × 5% = ₩2,500
- 당기순이익: 매출액 50,000 − (매출원가 40,000 + 판매수수료 2,500) = ₩7,500

04 ②

정답해설
- 위탁판매의 경우, 수탁자가 상품을 판매하면 그 매출액은 위탁자의 수익으로 인식하고, 수탁자는 위탁자로부터 받기로 약정한 수수료만 수익으로 인식한다.
- 위탁자 (주)한국: 8개 × 100 = ₩800
- 수탁자 (주)민국: 800 × 10% = ₩80

함정 CHECK 적송품 10개를 수익으로 인식하지 않고, 고객에게 판매된 8개만 수익으로 인식한다.

05 ①

정답해설
- 판매금액(8매 × 900)에서 현금으로 반환한 금액은 차감한다.
- 수익금액: (8매 × 900) − 700 = ₩6,500

함정 CHECK 액면금액 ₩1,000은 무시하고, 발행한 가격 ₩900으로 계산한다.

2 수익인식의 5단계

06 ⑤

정답해설 수익인식 5단계: 계약의 식별 → (수행의무)의 식별 → 거래가격을 산정 → 거래가격을 계약 내 (수행의무)에 배분 → (수행의무)의 이행에 따라 수익을 인식

07 ③

정답해설 수익인식 5단계의 순서는 다음과 같다.

ⓛ 고객과의 계약을 식별
㉠ 수행의무를 식별
㉢ 거래가격을 산정
㉣ 거래가격을 계약 내 수행의무에 배분
㉤ 수행의무를 이행할 때 수익을 인식

3 거래형태별 수익인식

08 ④

정답해설
- 20×1년 진행률: $\frac{20,000}{20,000 + 80,000} = 20\%$
- 계약수익: 계약수익(y) − 계약원가 20,000 = 계약이익 ₩40,000 y = ₩60,000
- 총계약금액: (x) × 20% = ₩60,000 x = 300,000

09 ①

정답해설
- 20×2년 진행률: 52,000 ÷ (52,000 + 28,000) = 65%
- 20×2년 공사수익: 100,000 × 65% = ₩65,000
- 20×3년 진행률: 68,000 ÷ (68,000 + 12,000) = 85%
- 20×3년 공사수익: (100,000 × 85%) − 65,000 = ₩20,000
- 20×3년 공사이익: 공사수익 20,000 − 공사원가(68,000 − 52,000) = ₩4,000

10 ④

정답해설
- 매출액: 200개 × 10,000 = ₩2,000,000
- 매출액: 2,000,000 × 97% = ₩1,940,000
- 환불부채: 2,000,000 × 3% = ₩60,000

11 ④

정답해설

구분	20×1년	20×2년
진행률	$\frac{320}{1,600} = 20\%$	$\frac{1,200}{2,000} = 60\%$
공사수익	2,000 × 0.2 = ₩400	(2,400 × 0.6) − 400 = ₩1,040
공사이익	400 − 320 = ₩80	1,040 − 880 = ₩160

4 결산정리 및 수익 · 비용의 이연과 예상

12 ②

정답해설

보험료계정

선 급 기 초	₩6,000	집 합 손 익	(₩20,000)
현 금	18,000	선 급 기 말	4,000
	₩24,000		₩24,000

13 ①

정답해설
- 시산표 잔액 120,000은 구입액 100,000원과 기초잔액 20,000원의 합계액이다.
- 사용액: 120,000 − 90,000 = ₩30,000

14 ①

정답해설

수익

미 수 기 초	₩11,000	미 수 기 말	₩10,000
선 수 기 말	8,500	선 수 기 초	7,800
손 익	(116,300)	현 금	118,000
	135,800		135,800

15 ④

정답해설
- 20×1년 10월 1일

(차) 현 금 ₩6,000 (대) 임 대 료 ₩6,000

- 20×1년 12월 말 수정분개(누락)

(차) 임 대 료 ₩4,500 (대) 선 수 임 대 료 ₩4,500

- 수정분개의 누락으로 임대료(수익) ₩4,500이 과대계상되었고 선수임대료(부채)가 ₩4,500 과소계상되어 순이익이 ₩4,500 과대계상되었다.

16 ②

정답해설

미지급급여

기말미지급액	₩2,000	기초미지급액	₩1,000
현 금 지 급	(9,000)	손 익 (급 여)	10,000
	₩11,000		₩11,000

17 ②

정답해설

이자비용

기 말 미 지 급	₩132	기 초 미 지 급	₩92
기 초 선 급	40	기 말 선 급	52
현 금	(692)	손 익	720
	₩864		₩864

• 사채할인발행차금 상각액 ₩80은 현금유출이 없는 비용으로 이자비용에서 차감하고 계산한다.

∴ 800 − 80 = ₩720

CHAPTER 13 회계변경과 오류수정

▶ 연계학습: 기본서 상권 pp. 506~528

01	②	02	⑤	03	①	04	①	05	①
06	①								

1 회계변경

01 ②

정답해설 • 20×3년 초 장부금액: $200,000 - (180,000 \times \frac{2}{5}) =$ ₩128,000

• 20×3년 말 감가상각: $(128,000 - 30,000) \times \frac{1}{4} =$ ₩24,500

2 오류수정

고난도

02 ⑤

정답해설 • 20×1년 회계처리 누락

(차) 급 여 ₩500 (대) 미 지 급 급 여 ₩500

⇨ 비용 과소계상, 부채 과소계상, 순이익 과대계상, 자본 과대계상, 자산 영향 없음

• 20×2년 급여지급 분개

(차) 급 여 ₩500 (대) 현 금 ₩500

⇨ 20×1년 급여의 누락으로 20×2년 비용 과대계상, 순이익 과소계상

고난도 TIP 미지급급여는 자동조정 오류에 해당하므로 2회계기간이 지나면 오류의 효과가 소멸된다.

고난도

03 ①

정답해설 • 8월 1일 지급 시

(차) 선 급 보 험 료 ₩12,000 (대) 현 금 ₩12,000

• 12월 결산수정분개

(차) 보 험 료 ₩5,000 (대) 선 급 보 험 료 ₩5,000

• 위의 수정분개가 누락되면 자산이 ₩5,000 과대계상되고, 부채는 영향이 없으며, 자본은 ₩5,000 과대계상된다. 또한 비용이 과소계상되어 이익이 과대계상된다.

고난도 TIP 선급보험료가 과대계상되어 결산분개를 누락하면 자산이 과대계상된다.

04 ①

정답해설 실사법: 20×1년의 기말재고의 누락 ⇨ 20×2년의 기초재고의 누락

– 20×1년: 기말재고자산 누락 ⇨ 매출원가 과대계상, 영업이익(매출이익) 과소계상

– 20×2년: 기초재고자산 누락 ⇨ 매출원가 과소계상, 영업이익(매출이익) 과대계상

– 20×3년: 영향 없음

오답해설 ② 20×1년 영업이익은 ₩10,000 과소계상된다.

③ 20×2년 기초재고자산은 ₩10,000 과소계상된다.

④ 20×2년 매출원가는 ₩10,000 과소계상된다.

⑤ 누락된 기말재고자산이 20×2년 중 판매되었다면, 20×3년 매출총이익에는 영향 없다.

함정 CHECK 재고자산의 오류는 항상 2 회계기간이 지나면 오류의 효과가 상쇄된다.

05 ①

정답해설 소모품을 자산으로 회계처리한 경우 결산 시 사용액을 분개한다. 그러므로 비용이 ₩30,000 증가한다.

(차) 소 모 품 비 ₩30,000 (대) 소 모 품 ₩30,000

06 ①

정답해설 임대료 1년분 ₩1,200 중 9개월분(₩900)은 당기수익이고 3개월분(₩300)은 차기 분으로 선수임대료이다. 이때 3개월분(₩300)은 선수임대료의 회계처리가 누락되었으므로 부채가 ₩300 과소계상된다.

고난도 TIP 선입선출법을 먼저 계산하는 것이 문제풀이에 좋은 방법이다.

CHAPTER 14 재무제표

▶ 연계학습: 기본서 상권 pp. 529~581

01	⑤	02	⑤	03	②	04	④	05	②
06	③	07	④	08	③	09	①	10	⑤
11	①	12	⑤	13	③	14	①	15	①

1 재무제표의 일반이론

01 ⑤

정답해설 재무제표가 한국채택국제회계기준의 요구사항을 모두 충족한 경우가 아니라면 한국채택국제회계기준을 준수하여 작성되었다고 기재할 수 없다.

02 ⑤

정답해설 현금흐름을 제외한 모든 재무제표는 발생기준 회계를 사용하여 작성해야 한다.

03 ②

정답해설 경영진 재무검토보고서와 환경보고서는 재무제표가 아니다.

04 ④

정답해설 부적절한 회계정책은 이에 대해 공시나 주석 또는 보충 자료를 통해 설명한다고 해도 정당화될 수 없다.

05 ②

정답해설 ㉠ 현금흐름을 제외한 모든 재무제표는 발생기준 회계를 적용하여 작성한다.
㉢ 부적절한 회계정책은 이에 대하여 공시나 주석 또는 보충 자료를 통해 설명하더라도 정당화될 수 없다.

06 ③

정답해설 당기손익과 기타포괄손익은 단일의 포괄손익계산서에서 두 부분으로 나누어 표시할 수 있다.

07 ④

정답해설 부적절한 회계정책에 대하여 공시나 주석 또는 보충 자료를 통해 설명하더라도 정당화 될 수 없다.

08 ③

정답해설 정상적인 활동과 명백하게 구분되는 수익이나 비용은 당기손익과 기타포괄손익을 표시하는 보고서에 특별손익 항목으로 나타나지 않는다.

09 ①

정답해설 한국채택국제회계기준의 전체 재무제표는 다음과 같다.

- 기말 재무상태표
- 기간 손익과 기타포괄손익계산서
- 기간 현금흐름표
- 기간 자본변동표
- 주석(유의적인 회계정책 및 그 밖의 설명으로 구성)

2 현금흐름표

10 ⑤

정답해설 장기차입에 따른 현금유입은 재무활동으로 분류한다.

11 ①

정답해설

현금흐름표

당기순이익	₩10,000	현금흐름액	(₩6,000)
감가상각비	4,000	매출채권 순증가	2,000
		재고자산의 증가	4,000
		매입채무의 감소	2,000
	14,000		14,000

고난도

12 ⑤

정답해설

현금흐름표

당기순이익	100,000	영업활동	(108,800)
이자비용	5,000	재고자산 증가	8,000
감가상각비	11,000	매입채무 감소	4,200
매출채권 감소	3,000		
선수금 증가	2,000		
	121,000		121,000

고난도

13 ③

정답해설

현금흐름표

당기순이익	(₩8,340)	영업활동현금흐름	₩12,000
매출채권감소	1,500	선급비용증가	800
감가상각비	900	미지급이자감소	40
유형자산처분손실	2,100		
	₩12,840		₩12,840

- **재무활동 현금흐름:** 자본금 유입(700) − 단기차입금 유출(250) = 순유입(₩450)

고난도 TIP 영업활동과 재무활동을 분리하여 계산해야 한다.

함정 CHECK 미지급이자는 영업활동이므로 재무활동에서 제외한다.

14 ①

정답해설

현금흐름표

영업활동 현금흐름	₩25,000
투자활동 현금흐름	(−12,000)
재무활동 현금흐름	−17,000
순 현 금 흐 름	−4,000
기초 현금및현금성자산	9,000
기말 현금및현금성자산	5,000

15 ①

정답해설 신주발행으로 유입된 현금은 재무활동 현금흐름이다.

CHAPTER 15 재무제표 비율분석

▶ 연계학습: 기본서 상권 pp. 582~602

01	③	02	②	03	④	04	⑤	05	③
06	②	07	④	08	⑤	09	②	10	③
11	⑤	12	④						

1 안정성 및 유동성비율

01 ③

정답해설

• 반영 전 당좌비율: $\frac{\text{당좌자산}(20,000)}{\text{유동부채}(100,000)} \times 100 = 20\%$

• 상품 매출로 당좌자산 10,000원(현금 5,000 + 매출채권 5,000)이 증가한다. 그러나 유동부채는 불변한다.

• 반영 후 당좌비율: $\frac{\text{당좌자산}(30,000)}{\text{유동부채}(100,000)} \times 100 = 30\%$

02 ②

정답해설
- 당좌자산은 3,500이고 유동자산은 재고자산(1,500)을 포함하여 5,000원에 해당한다.
- 당좌비율: $\frac{3,500}{2,000} = 175\%$
- 유동비율: $\frac{5,000}{2,000} = 250\%$
- 상품매입: (차) 상품(재고자산) 1,000 (대) 현금 1,000(유동자산 불변, 당좌자산 감소)
- 외상매출금회수: (차) 현금 500 (대) 외상매출금 500(유동자산 불변, 당좌자산 불변)
- 당좌비율: 당좌자산이 감소하여 당좌비율은 감소한다.
- 유동비율: 자산이 불변하여 유동비율은 불변한다.

고난도

03 ④

정답해설

손익구성항목	20×1년	20×2년
매출액 매출원가	₩1,000,000 ₩(600,000)	₩1,100,000 ₩(660,000)
매출총이익 기타영업비용	₩400,000 ₩(150,000)	₩440,000 ₩(165,000)
영업이익 이자비용	₩250,000 ₩(62,500)	₩275,000 ₩(55,000)
당기순이익	₩187,500	₩220,000

고난도 TIP
- 20×1년 이자보상비율: $\frac{\text{영업이익 } 250,000}{\text{이자비용 } 62,500} = 4\text{배}$
- 20×2년 이자보상비율: 4배 × 1.25 = 5배
- 20×2년 이자비용: $\frac{\text{영업이익 } 275,000}{\text{이자비용 } (55,000)} = 5\text{배}$

고난도

04 ⑤

정답해설 • 회계처리는 다음과 같다.

(차) 상 품	₩1,000	(대) 현 금	₩500
		외 상 매 입 금	500

• 유동비율이 100% 미만인 경우 유동자산과 유동부채가 동액으로 증가하면 유동비율은 증가한다.

• 당좌비율이 100% 미만인 경우 당좌자산이 감소하고 유동부채가 증가하면 당좌비율은 감소한다.

고난도 TIP 상품은 재고자산으로, 당좌자산에서 제외한다.

2 수익성비율

05 ③

정답해설 • 자기자본이익률 = 매출액순이익률 × 총자산회전율 × (1 + 부채비율)

• 자기자본이익률(0.1) = 매출액순이익률(0.05) × 총자산회전율(x) × (1 + 2)

• 총자산회전율: 0.1 ÷ 0.15 = 0.66

• 총자산회전율: 매출액(x) ÷ 총자산(3,000,000) = 0.66

• 매출액: 총자산 3,000,000 × 0.66 = 1,999,999(2,000,000)

06 ②

정답해설 • 매출액 순이익률 $= \dfrac{\text{순이익}}{\text{매출액}}$

• 20×0년 매출액 순이익률: $\dfrac{\text{순이익}(120)}{\text{매출액}(800)} = 0.15$

• 20×1년 순이익: 120 × (1 + 0.25) = ₩150

• 20×1년 매출액 순이익률: $\dfrac{\text{순이익}(150)}{\text{매출액}(750)} = 0.2$

07 ④

정답해설 • 총자산회전율: $\dfrac{\text{매출액}(x)}{\text{총자산}(40,000)} = 3\text{회}$ ∴ 매출액(x) = ₩120,000

• 매출액순이익률: $\dfrac{\text{당기순이익}(x)}{\text{매출액}(120,000)} = 5\%$ ∴ 당기순이익(x) = ₩6,000

3 활동성비율

08 ⑤

정답해설

- 매출채권회전율: $\frac{\text{매출액}(5,000,000)}{\text{평균매출채권}(500,000)}$ =10회
- 매출채권합계(기초+기말): 평균매출채권 500,000 × 2 = ₩1,000,000
- 기말매출채권: 매출채권합계 1,000,000 − 기초매출채권 400,000 = ₩600,000

09 ②

정답해설

재고자산

기 초 재 고	18,000	매 출 원 가	56,000
매 입 액	55,000	기 말 재 고	17,000
	73,000		73,000

- 매출원가: 80,000 × (1 − 0.3) = ₩56,000
- 평균재고자산: (기초재고 18,000 + 기말재고 17,000) ÷ 2 = ₩17,500
- 재고자산회전율: $\frac{56,000}{17,500}$ = 3.2회

고난도

10 ③

정답해설

- 20×0년 기말재고자산의 추정
  - 20×0년 평균매출채권: (500 + 700) ÷ 2 = ₩600
  - 20×0년 매출채권회전율: $\frac{\text{매출액}(x)}{\text{평균매출채권}(600)}$ = 5회

    ∴ 매출액(x) = 평균매출채권(600) × 5회 = ₩3,000
  - 20×0년 매출원가: 매출액(3,000) × (1 − 0.2) = ₩2,400
  - 20×0년 재고자산회전율: $\frac{\text{매출원가}(2,400)}{\text{평균재고자산}(x)}$ = 4회

    ∴ 평균재고자산(x) = 매출원가(2,400) ÷ 4회 = ₩600
  - 평균재고자산: [기초재고자산(200) + 기말재고자산(x)] ÷ 2 = ₩600

    ∴ 기말재고자산(x) = (600 × 2) − 기초재고자산(200) = ₩1,000
- 20×1년 매출원가: 매출액(3,500) × (1 − 0.2) = ₩2,800

재고자산

기초재고	₩1,000	매출원가	₩2,800
매입액	3,000	기말재고(화재소실)	(1,200)
	₩4,000		₩4,000

고난도 TIP 20×0년의 매출채권회전율을 구하기 위해 기말재고를 먼저 추정한다. 이후 매출원가를 계산한다.

11 ⑤

정답해설

- 매출채권회전율: $\frac{\text{매출액}(x)}{\text{평균매출채권}(600,000)} = 5\text{회}(500\%)$ ∴ 매출액(x) = ₩3,000,000
- 매출원가: 매출액(3,000,000) × (1 − 0.3) = ₩2,100,000
- 소실된 기말재고: 판매가능상품(2,650,000) − 매출원가(2,100,000) = ₩550,000

12 ④

정답해설

- 재고자산회전율: $\frac{\text{매출원가}(500,000)}{\text{평균재고자산}(100,000)} = 5\text{회}$
- 매출액: 매출원가(500,000) + 매출이익(50,000) = ₩550,000

PART 02

원가 · 관리회계

CHAPTER 01 원가의 기초

▶ 연계학습: 기본서 하권 pp. 8~41

01	①	02	④	03	①	04	②	05	②
06	④								

1 원가의 기초개념

01 ①

정답해설

재공품

기 초 재 고	₩0	매 출 원 가	(₩42,000)
직접재료비	15,000	기 말 재 고	3,000
직접노무원가	10,000		
제조간접원가	20,000		
	₩45,000		₩45,000

02 ④

정답해설

재공품

기 초 재 공 품	5,000	제품제조원가	(55,000)
직 접 재 료 비	10,000	기 말 재 공 품	4,000
직 접 노 무 비	20,000		
제 조 간 접 비	24,000		
	59,000		59,000

03 ①

정답해설
- 대안 1과 대안 2의 차이를 증가 또는 감소하는 이익으로 본다.
- 대안 2의 순실현가치(58,100 − 6,600) − 대안 1(45,600) = ₩5,900 증가

2 원가의 흐름

04 ②

정답해설
- 직접노무원가가 가공원가의 40%라면 직접재료원가는 60%에 해당한다.
- **가공원가:** 직접재료원가 90,000÷0.6 = ₩150,000
- **직접노무원가:** 150,000 × 0.4 = ₩60,000

재공품계정

기초재공품	₩5,000	완성품원가	₩205,000
직접재료원가	90,000	기말재공품	(20,000)
직접노무원가	60,000		
제조간접원가	70,000		
	225,000		225,000

05 ②

정답해설

재공품

기초재공품	₩32,400	매출원가	₩69,000
직접재료매입	22,000	기말재공품	33,400
직접노무원가	(32,000)		
제조간접원가	(16,000)		
	₩102,400		₩102,400

- **매출원가:** 매출액(115,000) × 0.6 = ₩69,000
- **가공원가:** 102,400 − 54,400 = ₩48,000
- **제조간접원가:** $48,000 \times \frac{50}{150}$ = ₩16,000

06 ④

정답해설

재공품

기초잔액	₩26,000	제품제조원가	₩554,000
재료매입	(200,000)	기말잔액	42,000
직접노무비	170,000		
제조간접비	200,000		
	₩596,000		₩596,000

- 감가상각비(본부사옥) ₩50,000과 판매수수료 ₩20,000은 손익계산서 비용으로 처리한다.

 ▶ 연계학습: 기본서 하권 pp. 42~74

01	④	02	⑤	03	③	04	⑤	05	⑤
06	③	07	④	08	⑤				

1 제조간접비의 배부

고난도

01 ④

정답해설

재공품

기초재공품	₩9,500	제품제조원가	(₩57,000)
직접재료원가	15,000	기말재공품	12,500
직접노무원가	18,000		
제조간접원가	27,000		
	₩69,500		₩69,500

- 기초재공품의 예정배부율: $4,200 \div 2,800 = 1.5$
- 기말재공품의 제조간접원가: $3,800 \times 1.5 =$ ₩5,700
- 제조간접원가 예정배부액: $18,000 \times 1.5 =$ ₩27,000

고난도 TIP 당기분 예정배부율은 전기(기초)의 예정배부율을 사용한다.

02 ⑤

정답해설 제조간접원가 차이는 매출원가에서 조정하거나 비례배분법으로 처리한다. 비례배분법으로 처리하는 경우 비례배분대상은 기말재공품(ⓒ), 기말제품(ⓓ), 매출원가(ⓑ)이다.

2 부문별 원가계산

03 ③

정답해설
- S1의 p1 배부: $80,000 \times \frac{50\%}{80\%} =$ ₩50,000
- S2의 p1 배부: $70,000 \times \frac{40\%}{70\%} =$ ₩40,000
- p1의 보조부문원가 합계: $50,000 + 40,000 =$ ₩90,000

04 ⑤

정답해설
- 보조부문 S의 부문공통비 배부: $30,000 \times 0.2 = ₩6,000$
- 제조부문 P1의 부문공통비 배부: $30,000 \times 0.3 = ₩9,000$
- 제조부문 P2의 부문공통비 배부: $30,000 \times 0.5 = ₩15,000$
- 보조부문 S의 부문비 합계: $10,000 + 6,000 = ₩16,000$
- 보조부문 S의 제조부문 P1의 배부: $16,000 \times \frac{50}{80} = ₩10,000$
- 제조부문 P1의 부문비 합계: $15,000 + 9,000 + (10,000) = ₩34,000$

05 ⑤

정답해설
- S1의 S2 배부: $\frac{120,000 \times 20\%}{80\%} = ₩30,000$
- S1의 P1 배부: $\frac{120,000 \times 20\%}{80\%} = ₩30,000$
- S2의 보조부문원가: $110,000 + 30,000 = ₩140,000$
- S2의 P1 배부: $\frac{140,000 \times 42\%}{70\%} = ₩84,000$
- P1의 보조부문원가 합계: $84,000 + 30,000 = ₩114,000$

06 ③

정답해설
- S2 ₩140,000의 배부
  - 제조부문 P1: $140,000 \times \frac{4}{7} = ₩80,000$
  - 제조부문 P2: $140,000 \times \frac{3}{7} = ₩60,000$
- P1의 제조부문 합계: $S1(x) + S2(80,000) = ₩120,000$

  $\therefore S1 = ₩40,000$
- S1에 집계된 부문원가(x): $x \times \frac{2}{6} = 40,000$

  $\therefore x = ₩120,000$

고난도

07 ④

정답해설
- S1의 총부문원가는 자기부문 ₩250,000에 S2로부터 배부받은 금액 ₩120,000(0.4S2)을 포함하여 ₩370,000이었다.
- S1: 250,000 + 0.4S2(120,000) = ₩370,000
- S2: 152,000 + 0.4S1(148,000) = ₩300,000
- P2의 보조부문원가: S1(370,000 × 0.4) + S2(300,000 × 0.2) = ₩208,000

고난도 TIP 상호배부법은 S1, S2, P1, P2 모두에 배부하는 방법이다.

3 활동기준원가계산

고난도

08 ⑤

정답해설
- 매출액(250개 × 1,000) − 매출원가(250개 × 660) = 매출총이익(₩85,000)
  - 조립작업: $500,000 \times \frac{400\text{시간}}{25,000\text{시간}}$ = ₩8,000
  - 주문처리: $75,000 \times \frac{80\text{회}}{1,500\text{회}}$ = ₩4,000
  - 검사작업: $30,000 \times \frac{100\text{시간}}{1,000\text{시간}}$ = ₩3,000
- 단위당 제조간접원가: (8,000 + 4,000 + 3,000) ÷ 250개 = @₩60
- A제품의 제조원가: 150 + 450 + 60 = @₩660

고난도 TIP 제품의 제조원가(매출원가)를 먼저 계산한다.

01	④	02	③	03	①	04	①	05	⑤
06	①	07	①						

1 종합원가계산의 개념

01 ④

정답해설
- 완성품수량: (200단위 + 800단위) − 100단위 = 900단위
- 완성품환산량: 900개 + (100개 × 0.5) − (200개 × 0.4) = 870단위
- 완성품환산량 단위당 원가: $\frac{\text{전환원가}(x)}{870\text{단위}}$ = @₩100 ∴ x = ₩87,000

고난도

02 ③

정답해설
- 완성수량: 기초수량 100개 + 착수량 1,000개 − 기말수량 200개 = 900개
- 가공비완성품환산량: (900개) + (200 × 50%) − (100 × 40%) = 960개
- 완성품환산량 단위당 전환원가: $\frac{4,800,000}{960}$ = ₩5,000

03 ①

정답해설
- 가중평균법과 선입선출법 간에 가공원가의 완성품환산량 차이는 기초재공품의 차이다.
- 200단위 × 30% = 60단위

고난도

04 ①

정답해설

• 당기 총제조원가: 직접재료원가 + 직접노무원가 + 제조간접원가

• 직접재료원가는 매입재료에 기초재료를 가산하고 기말재료를 차감한 소비액이다.

재공품

기 초 재 고	₩150,000	매 출 원 가	₩115,000
총 제 조 원 가	(115,000)	기 말 재 고	150,000
	₩265,000		₩265,000

고난도 TIP 당기 총제조원가는 기초재공품과 기말재공품을 무시하고 순수한 당기분만 계산한다.

함정 CHECK 총제조원가는 당기 총제조비용으로, 당월제품 제조원가와 다르다.

고난도

05 ⑤

정답해설

• 단위당 원가: 기초(40,000) + 당월(260,000) ÷ 완성품 환산량(x) = @₩250

∴ 완성품 환산량(x) = 1,200단위

• 기말재공품 환산량: 완성품 환산량(1,200단위) − 완성수량(900단위) = 300단위

• 기말재공품 환산량: 기말수량(400단위) × 기말재공품 완성도(x) = 300단위

∴ 기말재공품 완성도(x) = 75%

고난도 TIP 기말재공품 수량 400단위가 제시되어 있으므로 기말재공품 환산수량을 구해야 한다.

2 결합(연산품, 등급별)원가계산

고난도

06 ①

정답해설

• A의 결합원가 배분액: $100,000 \times \frac{80,000}{200,000}$ = ₩40,000

• 총결합원가 ₩100,000 중 A의 결합원가를 계산하면 ₩40,000이고 B의 결합원가는 ₩10,000이므로, C의 결합원가는 ₩50,000이 된다.

• C의 결합원가: 합계(100,000) − [A(40,000) + B(10,000)] = ₩50,000

• C의 제조원가: 결합원가(50,000) + 추가가공비(5,000) = ₩55,000

• C의 매출총이익: 판매가치(120,000) − 매출원가(55,000) = ₩65,000

고난도 TIP 결합원가 배분액 ₩100,000을 기초로 A의 배분액을 계산하면 나머지는 C의 결합원가 배분액이다.

3 공손품과 감손

07 ①

정답해설
- 검사시점이 40%이고 기말수량은 30%가 진행되어 아직 검사를 통과하지 않았다. 그래서 공손 비용은 기말수량과는 관계 없다.
- 공손수량: 기초 100개 + 착수수량 1,100개 − 완성량 900개 − 기말 200개 = 100개
- 정상공손원가: (100개 × 40%) × 187 = ₩7,480
- 완성품원가: 900개 × 187 = ₩168,300
- 기말재공품원가: (200개 × 30%) × 187 = ₩11,220

CHAPTER 04 전부원가계산과 변동원가계산

▶ 연계학습: 기본서 하권 pp. 115~128

01	③	02	④	03	②	04	①	05	④
06	⑤								

01 ③

정답해설
- 단위당 고정제조간접원가: 600,000 ÷ 2,000개 = @₩300
- 기말재고수량: 기말재고수량(x) × @₩300 = ₩120,000 x = 400개
- 판매수량 1,600개: 생산수량 2,000개 − 기말재고수량 400개

02 ④

정답해설
- 20×1년 말 재고수량: 생산량 500개 − 판매량 300개 = 200개
- 20×2년 말 누적 재고수량: 기초 200개 + 생산 500개 − 판매 300개 = 기말수량 400개
- 영업이익의 차이 ₩120,000은 기말재고량에 포함된 고정제조간접비 차이이다.
- 고정제조간접비: 120,000 ÷ 200개 = @₩600 × 400개 = ₩240,000

03 ②

정답해설
- 20×1년 공헌이익: 판매가격 3,000 − 변동비 1,400 = 공헌이익 1,600
- 20×1년 영업이익: 1,600 × 900개 = 1,440,000 − 고정비 1,400,000 = ₩40,000
- 20×2년 공헌이익: 판매가격 3,000 − 변동비 1,300 = 공헌이익 1,700
- 20×2년 총 공헌이익: (x) − 고정비 1,717,800 = ₩40,000, (x) = ₩1,757,800

 ※ 20×2 고정비 1,717,800: 고정비 1,400,000 + 연간 증가액 ₩317,800
- 20×2년 영업이익: 1,700 × (?개) = ₩1,757,800, (?) = 1,034개

04 ①

정답해설 영업이익의 차이: 기말수량 1,000개 × @₩100 = ₩100,000

고난도

05 ④

정답해설
- 20×1년의 단위당 고정비: 1,600,000 ÷ 8,000단위 = @₩200
- 20×1년의 기말재고에 포함된 고정비: 1,000단위 × @₩200 = ₩200,000
- 20×2년의 단위당 고정비: 1,800,000 ÷ 10,000단위 = @₩180
- 변동원가의 순이익이 전부원가의 순이익보다 ₩20,000이 크다면 기초재고가 기말재고보다 크므로 20×2년의 기초재고가 ₩200,000이라면 20×2년의 기말재고는 ₩180,000이다.
- 20×2년의 기말재고수량(x): x × @₩180 = ₩180,000

 ∴ x = 1,000단위

제품

기 초 재 고	1,000단위	판 매 수 량	10,000단위
생 산 수 량	10,000	기 말 재 고	1,000
	11,000단위		11,000단위

고난도 TIP 변동원가의 순이익이 전부원가의 순이익보다 크다면 기초재고가 기말재고보다 크므로 생산량보다 판매량이 크게 계산된다. 다만, 기초수량이 있는 경우 다를 수 있다.

고난도

06 ⑤

정답해설
- 순이익의 차이는 고정제조간접원가 중 기말의 재고수량 차이다.
- 기말재고량: $1{,}000{,}000 \times \dfrac{\text{재고량}(x)}{\text{생산량}(5{,}000\text{단위})} = ₩300{,}000$ ∴ 재고량(x) = 1,500단위
- 판매량: 생산량(5,000단위) − 재고량(1,500단위) = 3,500단위

고난도 TIP 판매수량의 계산은 생산수량에서 기말재고수량을 차감하여야 한다.

01	⑤	02	⑤	03	⑤	04	②	05	④
06	①	07	③						

01 ⑤

정답해설 원가요소별로 수량 표준과 가격 표준을 설정하여 이를 기준으로 제품의 원가계산을 하고, 차이분석을 통하여 원가를 관리 및 통제하는 제도는 표준원가계산 제도이다.

02 ⑤

정답해설 • 변동제조간접비 차이분석

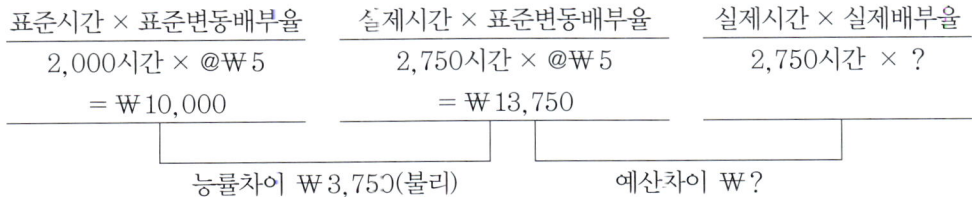

표준시간 × 표준변동배부율	실제시간 × 표준변동배부율	실제시간 × 실제배부율
2,000시간 × @₩5 = ₩10,000	2,750시간 × @₩5 = ₩13,750	2,750시간 × ?

능률차이 ₩3,750(불리) 예산차이 ₩?

• 고정제조간접비 차이분석

표준시간 × 표준고정배부율	기준조업도 × 표준고정배부율	실제시간 × 실제배부율
2,000시간 × @₩4 = ₩8,000	2,500시간 × @₩4 = ₩10,000	−

조업도차이 ₩2,000(불리) 예산차이 ₩?

고난도

03 ⑤

정답해설

표준시간 × 표준고정배부율	기준조업도 × 표준고정배부율	실제고정제조간접비
4,080시간 × @₩30 = ₩122,400	4,200시간 × @₩30 = ₩126,000	= ₩119,700

조업도차이 ₩3,600(불리) 예산차이 ₩6,300(유리)

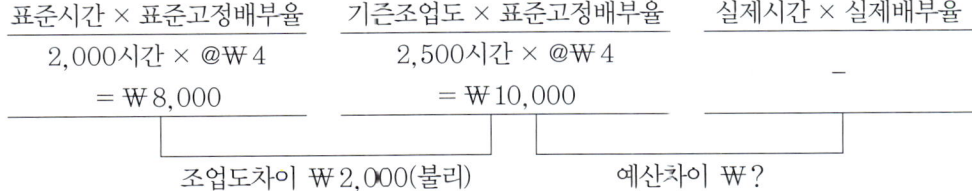

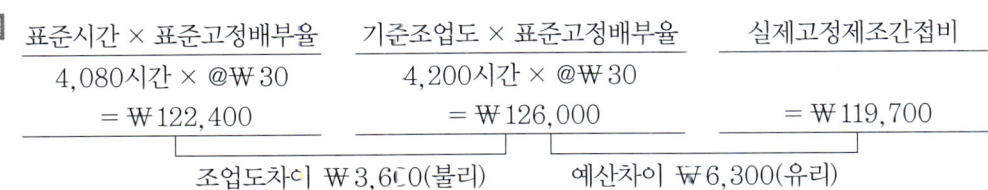

고난도

04 ②

정답해설

표준수량 × 표준가격	실제수량 × 표준가격	실제수량 × 실제가격
600kg × @₩250 = ₩150,000	500kg × @₩250 = ₩125,000	500kg × @₩300 = ₩150,000

수량차이 ₩25,000 (유리)　　가격차이 ₩25,000 (불리)

- 실제 제품생산량: 표준수량(600kg) ÷ 단위당 표준수량(2kg) = 300단위

고난도 TIP 직접재료원가 가격차이 ₩25,000(불리)과 직접재료원가 수량차이 ₩25,000(유리)을 기초로 하여 계산한다.

함정 CHECK 가격차이 분석시점을 분리하지 않는다면 소비시점에서 계산한다.

05 ④

정답해설

표준시간 × 표준임률	실제시간 × 표준임률	실제시간 × 실제임률
9,000시간 × ₩400 = ₩3,600,000	8,600시간 × ₩400 = ₩3,440,000	8,600시간 × ₩? = ₩3,569,000

능률차이 ₩160,000 (유리)　　임률차이 ₩129,000 (불리)

고난도

06 ①

정답해설

- 표준변동비배부율: $\frac{\text{변동제조간접원가 예산액}}{\text{기준조업도 기계작업시간}} = \frac{153,000}{900\text{시간}} = ₩170$
- 표준고정비배부율: $\frac{\text{고정제조간접원가 예산액}}{\text{기준조업도 기계작업시간}} = \frac{180,000}{900\text{시간}} = ₩200$
- 표준고정비: 표준고정비(170,000) − 고정비예산(180,000) = −₩10,000 조업도차이
- 표준작업시간: 표준고정비(170,000) ÷ 표준고정비배부율(200) = 850시간
- 변동제조간접원가 능률차이:
  [표준작업시간(850시간) − 실제작업시간(840시간)] × 표준변동비배부율(170)
  = ₩1,700(유리)

고난도 TIP 고정비의 차이를 먼저 계산한 후 변동제조원가 차이를 계산한다.

고난도

07 ③

정답해설

표준수량 × 표준가격	실제수량 × 표준가격	실제수량 × 실제가격
(2,800단위 × 2kg) × @₩300 = ₩1,680,000	(6,000kg) × @₩300 = ₩1,800,000	6,000kg × @₩265.5 = ₩1,593,000

능률차이 ₩120,000 (불리)

가격차이 ₩207,000 (유리)

> **고난도 TIP** 예정생산량 3,000단위는 무시하고 실제생산량 2,800단위를 기준으로 계산한다.

CHAPTER 06 원가추정(원가행태)

▶ 연계학습: 기본서 하권 pp. 145~152

01	③	02	②	03	③	04	④		

01 ③

정답해설

- 고저점법: $\frac{69,000 - 41,000}{1,700시간 - 1,000시간} = @₩40$
- 고정비 추정액: 69,000 − (1,700시간 × 40) = ₩1,000
- 20×1년 6월 기계시간(x): ₩81,000 = 1,000 + (@₩40 × x)

  ∴ x = 2,000시간

고난도

02 ②

정답해설

- 학습곡선모형의 경우 배수로 계산하여 학습률을 적용하고, 7개를 시공하므로 처음 1개의 시공 시간을 차감한다(간편법).

누적단위	1단위당 작업시간	총작업시간
1개(10m²)	20시간	20시간
2개(20m²)	(20시간 × 0.9) = 18시간	18시간 × 2개 = 36시간
4개(40m²)	(18시간 × 0.9) = 16.2시간	16.2시간 × 4개 = 64.8시간
8개(80m²)	(16.2시간 × 0.9) = 14.58시간	14.58시간 × 8개 = 116.64시간

- 7개(70m²) 시공: 116.64시간(8개) − 20시간(1개) = 96.64시간

> **고난도 TIP** 학습곡선모형은 앞 숫자의 배수로 계산한다. 예 1, 2, 4, 8 …

고난도

03 ③

정답해설 • 직접노무시간이 400시간일 때 제조간접원가의 변동예산액은 ₩190,000이다.

• 30,000 + (@₩400 × 400시간) = ₩190,000

고난도 TIP 변동비는 400시간 × @₩400 = ₩160,000이다.

04 ④

정답해설 단위당 변동비: $\frac{9,400 - 8,800}{1,100 - \text{조업도수준}(x)}$ = @₩4 ∴ 조업도수준(x) = 950(시간)

그러므로 20×1년 최저 조업도수준은 950 기계시간이다.

CHAPTER 07 C · V · P분석(손익분기점)

▶ 연계학습: 기본서 하권 pp. 153~172

01	②	02	①	03	④	04	④	05	④
06	②	07	⑤	08	②				

01 ②

정답해설 • 단위당 공헌이익: $\frac{\text{고정비 } 160,000}{\text{공헌이익}(20)}$ = 8,000단위

• 매출수량: $\frac{160,000 + 50,000}{\text{공헌이익}(20)}$ = 10,500단위

02 ①

정답해설 • 공헌이익율: (1 − 변동비율 70%) = 30%

• 공헌이익: 판매가격 2,000×0.3 = @₩600

• 증가한 판매량: 판매량 400개×20% = 80개

• 증가한 영업이익: 80개×@₩600 = ₩48,000

03 ④

정답해설 • 단위당 공헌이익: 단위당 판매가격 ₩500 − 단위당 변동원가 ₩300 = ₩200

• 세전이익: 40,000 ÷ (1 − 0.2) = ₩50,000

• 판매수량: $\frac{600,000 + 50,000}{200}$ = 3,250개

04 ④

정답해설
- 단위당 공헌이익: 1,000 − 700 = ₩300
- 손익분기점 수량: $\frac{450,000}{300}$ = 1,500단위

05 ④

정답해설
- 손익분기점 매출액: $\frac{\text{고정비}(100,000)}{\text{공헌이익률}(x)}$ = ₩250,000 ∴ 공헌이익률(x) = 0.4
- 영업이익이 비율로 주어지면 공헌이익률 0.4에서 차감하여 계산한다.
- 예상매출액: $\frac{\text{고정비}(100,000)}{0.25}$ = ₩400,000
- 안전한계율: $\frac{(400,000 - 250,000)}{400,000}$ = 0.375 = 37.5(%)

06 ②

정답해설
- 20×2년 판매량이 20×1년보다 20% 증가한다면 매출액도 20% 증가하게 된다.
- 영업이익 증가액: [매출액(2,000,000) × 0.2] × 0.3 = ₩120,000

07 ⑤

정답해설
- 손익분기점 수량: $\frac{\text{고정비}(45,000)}{\text{공헌이익}(x)}$ = 900단위

  ∴ 공헌이익(x) = @₩50
- 판매 수량: $\frac{\text{고정비}(45,000) + \text{목표이익}(x)}{\text{공헌이익}(50)}$ = 930단위

  ∴ 영업이익(목표이익)(x) = ₩1,500

고난도

08 ②

정답해설
- 수정 후 고정비: 600,000 − 150,000 = ₩450,000
- 단위당 공헌이익: 5,000 − (3,000 + 700) = ₩1,300
- 영업이익이 20×1년과 동일하다면 20×2년의 영업이익은 ₩200,000이다.
- 매출수량: $\frac{\text{고정비} + \text{목표이익}}{\text{공헌이익}} = \frac{450,000 + 200,000}{1,300}$ = 500개

고난도 TIP 고정비(급여)를 변동비(급여수당)로 변경하여 계산한다.

▶ 연계학습: 기본서 하권 pp. 173~189

01	④	02	②	03	③	04	①	05	③
06	⑤	07	②	08	②	09	⑤	10	④

01 ④

정답해설
- 공헌이익: 판매가격 1,000 − 변동원가 600 = @₩400
- 증분수익: 500단위 × @₩800 = ₩400,000
- 변동원가: 500단위 × @₩600 = ₩300,000
- 매출감소분: 200단위 × @₩400(공헌이익) = ₩80,000
- 증분이익: 400,000 − 380,000 = ₩20,000 증가

02 ②

- 제품단위당 재료소비액: 4kg × 50 = @₩200
- 2분기 기말재고: 3분기 생산수량 5,000단위 × 20% = 1,000단위(3분기 기초재고)
- 3분기 기말재고: 4분기 생산수량 4,800단위 × 20% = 960단위(3분기 기말재고)

3분기 재료

기 초 재 고	1,000단위	생 산 수 량	5,000단위
구 입 수 량	4,960단위	기 말 재 고	960단위
	5,960단위		5,960단위

- 3분기 재료구입예산: 재료구입수량 4960단위 × 200 = ₩992,000

03 ③

정답해설
- 7월 상품매입액은 8월에 지출이 완료되므로 9월 지출에 영향이 없다.
- 8월 매입액 90,000원 중 외상매입은 60%(54,000)에 해당한다. 이 중 9월에 지출해야 하는 금액은 (54,000 × 70%) = 37,800이다.
- 9월 매입액 80,000원 중 현금매입(40%) 32,000중 현금지급은 (32,000 × 98%) = 31,360원이고 외상매입 48,000(60%)중 9월에 지출해야 하는 금액은 (48,000 × 30%) = 14,400이다.

구분	상품매입액(예산)	8월지급액	9월지급액
8월	₩90,000	현금(40%) 36,000 외상(60%) 54,000	54,000×0.7 = ₩37,800
9월	₩80,000	현금(40%) 32,000 외상(60%) 48,000	32,000 × 0.98 = 31,360 48,000 × 0.30 = 14,400
9월 지출액			₩83,560

04 ①

정답해설
- 증분수익: 700개 × ₩300 = ₩420,000
- 변동원가 및 추가비용: 700개 × ₩580 = ₩406,000
- 영업이익에 미치는 영향: 420,000 − 406,000 = ₩14,000(증가)

고난도

05 ③

정답해설
- 1분기 기말재고수량: 2분기 생산량 1,000개 × 30% = 300개(2분기 기초수량)
- 2분기 기말재고수량: 3분기 생산량 1,200개 × 30% = 360개
- 2분기 재료구입수량: 기초 300개 + 재료구입(1,060개) − 기말 360개 = 생산수량 1,000개
- 2분기 재료구입예산: 구입량 1,060개 × (2kg × ₩50) = ₩106,000

고난도

06 ⑤

정답해설
- 1월의 기말재고: 2월 예상판매량 600단위 × 0.25 = 150단위(2월의 기초수량)
- 2월의 기말재고: 3월 예상판매량 800단위 × 0.25 = 200단위

2월 재고자산

기초재고	150단위	판매수량	600단위
구입수량	650	기말재고	200
	800단위		800단위

고난도 TIP 매월 말 상품의 적정 재고수량은 다음 달 예상판매량의 25%라고 했다. 이 부분에서 힌트를 얻어야 한다.

고난도

07 ②

정답해설 특별주문에 의한 최소 판매가격은 특별주문 수락으로 인한 증분수익(특별주문 매출액)과 증분비용이 일치하는 가격이다.

- 증분비용: 875,000 + 225,000 = ₩1,100,000
  - 변동원가: 350 × 2,500단위 = ₩875,000
    ※ 단위당 변동원가: 150 + 100 + 50 + 50 = ₩350
  - 특별주문 수락으로 인한 일반판매 포기분에 대한 이익:
    (500 − 350) × 1,500단위 = ₩225,000
- 단위당 최소 판매가격: 1,100,000 ÷ 2,500단위 = ₩440

고난도 TIP 단위당 최소 판매가격은 손익분기점과 같다.

고난도

08 ②

정답해설
- 단위당 공헌이익: 75 − 45 = ₩30
- 받아야 할 최소금액은 '변동원가 + 추가비용 + 매출감소에 따른 공헌이익'이다.
- 매출감소에 따른 단위당 공헌이익: (8,000단위 × 30) ÷ 10,000단위 = ₩24
- 단위당 받아야 할 최소금액: 변동원가(35) + 추가비용(0) + 공헌이익(24) = ₩59

고난도 TIP 최소 받아야 할 금액은 손익분기점이다.

고난도

09 ⑤

정답해설

구분	2월 말 잔액	3월 말 잔액	4월 말 잔액
2월 매출 ₩100,000	4월까지 모두 회수됨		
3월 매출 ₩200,000	–	200,000 × 0.4 = ₩80,000	80,000 × 0.6 = ₩48,000
4월 매출 ₩300,000	–	–	300,000 × 0.4 = ₩120,000

고난도 TIP 월별로 매출채권 잔액을 계산한다.

고난도

10 ④

정답해설 제품 A의 생산을 중단하면 제품 A에서 발생하는 공헌이익 ₩390,000만큼 손실이 발생한다. 그러나 중단으로 인해서 고정비 ₩480,000 중 ₩270,000은 회피 가능하므로 ₩120,000의 손실이 발생하게 된다.

고난도 TIP 기존 영업이익과 생산 중단한 영업이익의 차이를 계산한다.

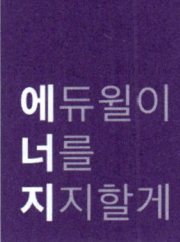

계획하지 않는 것은
실패를 계획하는 것과 같다.

– 에피 닐 존스(Effie Neal Jones)

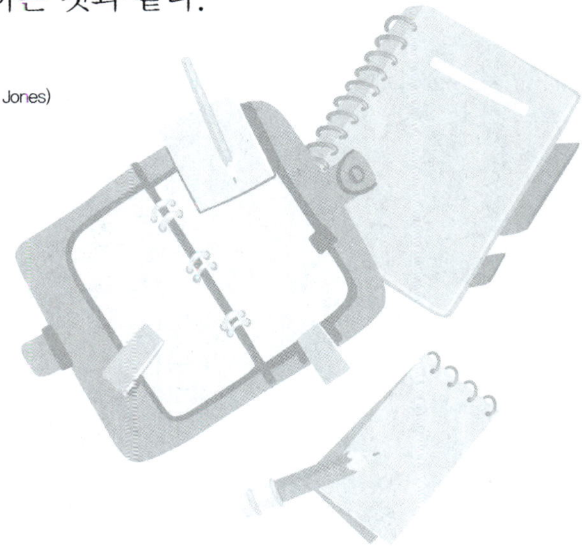

SUBJECT 2

공동주택 시설개론

정답 및 해설

PART 01

건축구조

CHAPTER 01 건축구조 총론

▶ 연계학습: 기본서 상권 pp. 22~59

01	①	02	②	03	②	04	③	05	③
06	②	07	①	08	⑤	09	①	10	③
11	④	12	②	13	②	14	③	15	②

1 설계하중

01 ①

오답해설 ② 건축물을 점유 사용함으로써 발생하는 하중은 활하중이다.
③ 활하중은 고정하중에 비해 하중의 크기와 위치가 수시로 변화한다.
④ 골조에 고정된 영구설비하중은 밑면전단력 계산에서 유효건물중량에 포함된다.
⑤ 고정하중과 활하중은 장기하중이며, 지진하중과 풍하중은 단기하중이다.

02 ②

정답해설 주거용 건축물의 거실: $2kN/m^2$

오답해설 ① 공동주택의 공용실: $5kN/m^2$
③ 판매장의 상점: 1층은 $5kN/m^2$, 2층 이상은 $4kN/m^2$
④ 도서관의 서고: $7.5kN/m^2$
⑤ 기계실의 공조실: $5kN/m^2$

03 ②

오답해설 ① 고정하중은 기계설비 하중을 포함한다.
③ 외력을 받아 변형한 물체가 그 외력을 제거하면 본래의 모양으로 되돌아가는 성질을 탄성이라 한다.
④ 등분포 활하중은 저감해서 사용할 수 있다.
⑤ 지진하중 계산을 위해 사용하는 밑면전단력은 구조물유효무게에 비례한다.

04 ③

오답해설 ㉡ 고도분포계수와 ㉣ 가스트영향계수는 풍하중 산정 시 관련사항에 해당된다.

> **이 론 PLUS**
> - **고도분포계수:** 지표면의 고도에 따라 기준경도풍 높이(지표면의 거칠기에 의해 발생하는 마찰력의 영향을 받지 않아 풍속이 거의 일정하게 되는 지상으로부터의 높이)까지의 풍속의 증가분포를 지수법칙에 의해 표현했을 때의 수직방향 분포계수를 말한다.
> - **가스트영향계수:** 바람의 난류로 인해 발생되는 구조물의 동적 거동 성분을 나타내는 것으로 평균변위에 대한 최대변위의 비를 통계적인 값으로 나타낸 계수를 말한다.

05 ③

오답해설 ① 고정하중과 활하중은 장기하중이다.
② 엘리베이터의 자중은 고정하중에 포함된다.
④ 풍하중은 건축물의 형태, 높이, 깊이, 폭, 표면상태, 풍속에 영향을 받는다.
⑤ 반응수정계수가 클수록 산정된 지진하중의 크기는 작아진다.

06 ②

오답해설 ㉡ 고정하중과 활하중은 장기하중이다.
㉢ 사무실 용도의 건물에서 가동성 경량 칸막이벽은 활하중이다.

07 ①

오답해설 ② 지붕활하중을 제외한 등분포 활하중은 부재의 영향면적이 36㎡ 이상인 경우 저감할 수 있다.
③ 활하중은 점유·사용에 의하여 발생할 것으로 예상되는 최대하중으로, 용도별 최솟값을 적용한다.
④ 풍하중에서 설계속도압은 공기밀도에 비례하고 설계풍속의 제곱에 비례한다.
⑤ 지진하중 산정 시 반응수정계수가 클수록 지진하중은 감소한다.

08 ⑤

정답해설 가동성 경량 칸막이벽은 고정되어 있지 않고 이동이 가능하므로 활하중에 포함된다.

2 건축구조방식

09 ①

정답해설 건식구조는 물을 사용하지 않는 구조로 강구조(철골구조), 목구조 등이 있으며, 일체식구조는 물을 사용하는 구조인 습식구조이다.

10 ③

정답해설 트러스는 부재에 인장력 또는 압축력만 작용한다. 전단력이나 모멘트가 발생하지 않도록 접합부를 핀으로 연결하도록 고안된 구조이다.

11 ④

오답해설 ① **이중골조구조**: 수평력의 25% 이상을 부담하는 연성모멘트골조가 전단벽이나 가새골조와 조합되어 있는 구조

② **전단벽구조**: 일정한 두께를 갖고 길이가 긴 수직 벽체는 건축 계획적 공간을 분할하는 역할을 함과 동시에 횡력 및 중력에 대하여 저항하는 구조적 역할을 하며, 이런 횡력 및 중력에 대하여 저항하는 벽체로 구성된 건물구조를 말하며, 전단벽이 캔틸레버 형태로 나와 외곽부의 기둥을 스트럿(strut)이나 타이(tie)처럼 거동하게 함으로써 응력 및 하중을 재분배시키는 구조는 아웃리거구조

③ **골조-전단벽구조**: 수평력을 전단벽과 골조가 동시에 저항하는 구조

⑤ **플랫 슬래브구조**: 슬래브의 상부 하중을 보 없이 기둥과 슬래브로 지지하는 구조

12 ②

정답해설 라멘구조는 시공과정에 따른 분류가 아니라 건축구조형식의 분류에 해당한다.

13 ②

정답해설 조적구조는 벽돌, 석재, 블록, ALC 등과 같은 조적재를 결합재(접착제)를 사용하여 쌓아 올려 만든 구조이다.

14 ③

오답해설 ① 조적식구조-벽돌구조, 블록구조, 돌구조

② 습식구조-철근콘크리트구조, 철골철근콘크리트구조, 벽돌구조, 블록구조, 돌구조

④ 가구식구조-강구조, 목구조

⑤ 건식구조-강구조, 목구조

3 가설공사

15 ②

정답해설 비계기둥의 간격은 띠장방향으로 1.85m 이하, 장선방향으로 1.5m 이하이어야 하며, 시공 여건을 고려하여 별도의 설계가 요구되는 경우에는 안전성을 검토한 후 설치할 수 있다.

CHAPTER 02 토공사 및 기초구조

▶ 연계학습: 기본서 상권 pp. 60~100

01	④	02	②	03	②	04	②	05	⑤
06	③	07	⑤	08	②	09	②	10	⑤
11	⑤	12	③	13	③				

1 지반

01 ④

정답해설 지반의 허용지내력도의 단위는 kN/m^2이다.

02 ②

오답해설 ① 액상화는 사질지반이 진동 및 지진 등에 의해 전단저항력을 상실하여 액체와 같이 거동하는 현상이다.

③ 샌드벌킹(sand bulking)은 사질지반의 모래에 물이 흡수되어 체적이 팽창되는 현상이다.

④ 간극수압은 모래 속에 포함된 물에 의한 상향수압을 의미한다.

⑤ 다짐은 사질지반에서 외력에 의해 공기가 제거되어 체적이 감소되는 현상이다.

03 ②

정답해설 지반내력(허용지내력)의 크기는 '경암반(화성암)－연암반(수성암)－자갈－자갈과 모래의 혼합물－모래 섞인 점토－모래'의 순으로 작아진다.

04 ②

정답해설 풍화암 지반에 기초를 시공하면 오히려 부등침하가 발생하지 않는다.

05 ⑤

오답해설 ① 사질토 지반에서 실시하는 것을 원칙으로 한다.
② N값은 로드를 지반에 30cm 관입시키는 타격 횟수이다.
③ N값이 10~30인 모래지반은 보통 상태(중간 정도 모래)이다.
④ 표준관입시험에 사용하는 추의 무게는 63.5kgf이다.

2 토공사

06 ③

정답해설 오픈 컷(open cut) 공법은 흙막이를 설치하지 않고 흙의 휴식각(안식각)을 고려하여 기초파기하는 공법이다.

07 ⑤

오답해설 ① 서로 다른 종류의 지정을 사용하면 부등침하가 발생할 수 있다.
② 지중보는 부등침하 억제에 영향을 미친다.
③ 2개의 기둥에서 전달되는 하중을 1개의 기초판으로 지지하는 방식의 기초를 복합기초라고 한다.
④ 웰포인트 공법은 사질토 지반의 대표적인 연약 지반 개량공법이다.

08 ②

오답해설 ㉠ **액상화:** 사질지반이 급속 하중에 의해 전단저항력을 상실하고 마치 액체와 같이 거동하는 현상
㉢ **히빙:** 연약한 점성토 지반에서 땅파기 외측의 흙의 중량으로 인하여 땅파기된 저면이 부풀어 오르는 현상

이론 PLUS 보일링 현상은 분사현상이라고도 하며, 모래질 지반에서 흙막이벽을 설치하고 기초파기할 때의 흙막이벽 뒷면 수위가 높아서 지하수가 흙막이벽을 돌아서 모래와 같이 솟아오르는 현상을 말한다.

3 기초구조

09 ②

정답해설 얕은기초의 종류에는 독립기초, 복합기초, 연속기초, 줄기초, 전면기초가 있으며, 깊은기초에는 말뚝기초와 잠함기초가 있다.

10 ⑤

정답해설 허용지내력은 독립기초의 기초판 크기(면적) 결정에 큰 영향을 미친다.

11 ⑤

정답해설
- **확대기초**: 상부구조물의 기둥 또는 벽체를 지지하면서 그 하중을 말뚝이나 지반에 전달하는 기초 형식
- **전면기초**: 상부구조물의 여러 개의 기둥 또는 내력벽체를 하나의 넓은 슬래브로 지지하는 기초 형식
- **연속기초**: 벽 아래를 따라 또는 일련의 기둥을 묶어 띠모양으로 설치하는 기초의 저판에 의하여 상부 구조로부터 받는 하중을 지반에 전달하는 형식의 기초

12 ③

오답해설
② **확대기초**: 상부구조물의 기둥 또는 벽체를 지지하면서 그 하중을 말뚝이나 지반에 전달하는 기초 형식
④ **복합기초**: 두 개 이상의 기둥으로부터의 하중을 하나의 기초판을 통하여 지반으로 전달하는 구조체
⑤ **전면기초**: 건물 전체의 하중을 두꺼운 하나의 기초판으로 지반에 전달하는 기초

13 ③

정답해설 연속기초는 벽 아래를 따라 또는 일련의 기둥을 묶어 띠모양으로 설치하는 기초의 저판에 의하여 상부구조로부터 받는 하중을 지반에 전달하는 형식의 기초를 말하며, 상부구조물의 여러 개의 기둥 또는 내력벽체를 하나의 넓은 슬래브로 지지하는 기초 형식은 전면기초라고 한다.

CHAPTER 03 철근콘크리트구조

▶ 연계학습: 기본서 상권 pp. 101~205

01	⑤	02	⑤	03	③	04	④	05	③
06	③	07	②	08	③	09	⑤	10	①
11	⑤	12	④	13	③	14	⑤	15	②
16	⑤	17	③	18	④	19	⑤	20	①
21	③	22	⑤	23	①	24	②	25	④
26	③	27	①						

1 일반사항

01 ⑤

정답해설 철근의 피복두께는 철근콘크리트 단면에서 최외측의 철근표면에서 콘크리트부재 표면까지의 최단거리를 말한다.

02 ⑤

정답해설 내력벽의 철근배근 간격은 벽두께의 3배 이하, 450mm 이하로 한다.

03 ③

오답해설 ① 콘크리트 탄성계수는 압축시험에 의해 결정된다.

② SD400 철근의 항복강도는 400N/mm^{2}이다.

④ 나선철근은 기둥의 전단내력 성능을 향상시킬 목적으로 설치한다.

⑤ 1방향 슬래브의 경우 장변방향보다 단변방향으로 하중이 더 많이 전달된다.

04 ④

정답해설 철근량이 같은 경우, 가는 철근을 사용하는 것이 굵은 철근을 사용하는 것보다 콘크리트와의 부착에 유리하다.

2 철근공사

05 ③

정답해설 K: 원산지 한국, HS: 제조사, 35: 철근의 공칭지름, 4: 철근의 항복강도(400MPa)

06 ③

정답해설 슬래브 주근은 배력철근보다 바깥쪽에 배근한다.

07 ②

정답해설 큰보의 주근은 기둥에 정착하고, 작은 보(beam)의 주근은 큰보에 정착한다.

08 ③

정답해설 주철근에 갈고리를 둘 경우 부착력이 증가하므로, 압축철근보다는 인장철근의 정착길이 확보에 더 큰 효과가 있다.

09 ⑤

오답해설 ① 보단부의 사인장균열은 전단응력과 휨응력의 조합에 의한 응력으로 발생한다.
② 보단부의 사인장균열을 방지하기 위해 주로 전단보강철근(늑근, 스터럽)으로 보강한다.
③ 연직하중을 받는 단순보의 중앙부 하단에서 휨인장응력에 의한 수직방향의 균열이 발생한다.
④ 압축철근비가 클수록 장기처짐은 감소한다.

10 ①

정답해설 늑근은 단부에서 전단력이 크기 때문에 중앙부보다 단부에 많이 배근한다.

11 ⑤

오답해설 ① 전단철근이 배근된 보의 피복두께는 보 표면에서 전단철근 표면까지 거리이다.
② SD400 철근은 항복강도 400N/mm²인 이형철근이다.
③ 나선기둥의 주근은 최소 6개로 한다.
④ 1방향 슬래브 수축온도철근은 장변방향으로 배근한다.

12 ④

오답해설 ㉢ 철근의 항복강도가 크면 정착길이를 증가하여야 되는 것은 맞지만, 철근의 항복강도의 증감에 따라 부착력에 영향을 주는 것은 아니다.

13 ③

오답해설 ① D35 철근은 인장 겹침 이음을 할 수 있다.
② 기둥의 주근은 기초에 정착한다.
④ 큰 보의 주근은 기둥에 정착하고, 작은 보의 주근은 큰 보에 정착한다.
⑤ 갈고리로 가공하는 것은 인장 저항에는 효과적이지만 압축 저항에는 효과가 없다.

3 거푸집공사

14 ⑤

오답해설 ① 간격재는 거푸집과 철근 간의 간격을 유지하기 위한 것이며, 격리재는 거푸집 상호간에 일정한 간격을 유지하기 위한 것이다.
② 철근 조립 시 철근의 간격은 동일 평면에서 평행한 철근 사이의 수평 순간격은 25mm 이상, 철근의 공칭지름 이상으로 하여야 하며, 또한 굵은골재의 최대 공칭치수값 중 최댓값을 사용한다.
③ 기둥의 철근 피복두께는 띠철근(hoop) 외면에서 콘크리트 표면까지의 거리를 말한다.
④ 거푸집의 존치기간을 콘크리트 압축강도 기준으로 결정할 경우에 기둥, 보, 벽 등의 측면은 최소 5MPa 이상의 강도가 필요하다. 다만 내구성이 중요한 구조물일 경우는 최소 10MPa 이상의 강도가 필요하다.

4 콘크리트공사

15 ②

정답해설 누수균열 보수재료는 시멘트계 주입재, 친수성 에폭시수지계 주입재, 폴리우레탄계 주입재, 수계 아크릴 겔 주입재, 합성고무계 폴리머 겔 주입재로 구분한다. 벤토나이트 겔은 벤토나이트 광물을 물과 혼합해 만든 점성이 높은 젤 형태의 물질로, 주로 건축·토목 방수재 등에 사용된다.

16 ⑤

정답해설 콘크리트의 온도가 낮아지면 공기량은 증가하기 때문에 콘크리트의 온도는 공기량에 영향을 준다.

17 ③

정답해설 입경의 차이가 크고, 편평하고 세장한 골재를 사용한 경우에는 콘크리트의 재료분리 현상이 발생하지만, 표면이 거친 구형의 골재를 사용하면 재료분리가 발생하지 않는다.

18 ④

오답해설 ① 소성수축균열은 콘크리트의 표면에서 물의 증발속도가 블리딩 속도보다 빠른 경우에 발생한다.

② 소성침하균열은 굵은 철근 아래의 공극으로 콘크리트가 침하하여 철근 위에 발생한다.

③ 하중에 의한 균열은 설계하중을 초과하거나 부동침하 등의 원인으로 생기며 주로 휨균열, 전단균열이 발생하며, 망상균열은 시멘트의 이상팽창으로 발생하는 재료적인 요인이다.

⑤ 건조수축균열은 콘크리트 경화 후 수분의 증발에 의한 체적 감소로 발생한다.

19 ⑤

정답해설 콜드 조인트는 신·구 타설 콘크리트의 경계면에 발생되기 쉬운 이어치기의 불량부위를 말한다.

20 ①

정답해설 슬럼프 시험은 아직 굳지 않은 콘크리트의 반죽질기를 측정하여 시공연도를 판단하는 기준으로 사용되는 시험이다.

21 ③

오답해설 ① 콘크리트 타설 후 양생기간 동안의 일평균 기온이 4℃ 이하인 경우 한중 콘크리트로 시공하고, 하루평균기온이 25℃를 초과할 것으로 예상되는 경우에는 서중 콘크리트로 시공하여야 한다.

② 거푸집이 오므라드는 것을 방지하고, 거푸집 상호간의 간격을 유지하기 위해 격리재를 설치한다.

④ 보의 철근이음 시 하부주근은 단부에서 이음한다.

⑤ 콘크리트의 배합강도는 소요강도보다 충분히 커야 한다.

22 ⑤

정답해설 거푸집의 콘크리트 측압은 슬럼프가 클수록, 온도가 낮을수록, 부배합일수록 크다.

23 ①

정답해설 수화반응은 시멘트에 일정한 물을 가해 섞으면 화학반응이 일어나 응결 및 경화현상이 생기며, 이와 같이 시멘트와 물이 화합하여 생긴 수산화칼슘은 내구성 저하 요인이 아니다.

24 ②

정답해설 압축강도 50MPa 이상의 고강도 콘크리트는 내구성은 매우 우수하지만, 화재 시 폭렬현상이 우려되므로 내화성은 불리하다.

25 ④

정답해설 소성수축균열은 굳지 않은 콘크리트 표면의 블리딩 속도보다 표면증발속도가 빠른 경우 발생되는 표면수축으로, 높은 외기온도, 높은 풍속이 강할수록 증가한다.

26 ③

정답해설 철근의 피복두께를 유지하기 위해 간격재(고임재)를 사용한다.

5 철근콘크리트 부재설계

27 ①

오답해설 ② 갈고리(hook)는 철근의 정착 또는 겹침이음을 위해 철근 끝을 구부린 부분을 말하며, 하중을 분산시키거나 균열을 제어할 목적으로 설치하는 철근은 배력철근이다.

③ 이형철근은 콘크리트와의 부착력을 높이기 위해 표면에 마디와 리브를 가공한 철근이다.

④ 스터럽(stirrup)은 보의 전단보강 및 주근의 위치고정을 목적으로 배치한다.

⑤ SD400에서 400은 항복강도가 400MPa 이상을 의미한다.

01	④	02	①	03	④	04	③	05	③
06	①	07	②	08	②	09	③	10	②
11	②	12	③	13	③	14	④	15	②
16	①	17	②						

1 개요

01 ④

정답해설 SM275 구조용 강재의 항복강도는 판두께가 16mm 이하인 경우 275MPa, 판두께가 16mm 초과 40mm 이하인 경우 265MPa 이다.

이론 PLUS 강구조설계 일반사항(하중저항계수설계법)에 따라 다음 표의 값을 F_y(항복강도), F_u(인장강도)로 본다.

강도	강재 기호 / 판 두께	SS235	SS275	SM275	SM355
F_y	16mm 이하	235	275	275	355
	16mm 초과 40mm 이하	225	265	265	345
	40mm 초과 75mm 이하	205	245	255	335
	75mm 초과 100mm 이하	205	245	245	325
	100mm 초과	195	235	235	305
F_u		330	410	410	490

02 ①

정답해설 강재의 화학적 성질에서 탄소량이 증가하면 강도는 증가하나, 연성과 용접성은 감소한다.

03 ④

정답해설 건축구조용 압연강재는 SN으로 표시하며, SSC는 일반구조용 경량형강의 표시이다.

04 ③

정답해설 강재의 취성파괴는 저온에서 인장할 때 또는 갑작스런 하중의 집중으로 생기기 쉽다.

05 ③

정답해설 강구조는 공장에서 제품을 만들어 현장에서 조립하기 때문에 공사기간이 철근콘크리트에 비해 짧다.

2 강구조 부재의 접합방법

06 ①

정답해설 용접(모살)치수가 12mm이고, 유효목두께는 용접치수의 0.7배인 8.4mm가 된다.

07 ②

오답해설 ① 고장력볼트 F10T-M24의 표준구멍지름은 27mm이다.
③ 플러그용접은 겹침이음에서 휨응력보다는 전단응력을 주로 전달하게 해준다.
④ 필릿용접의 유효단면적은 유효목두께에 유효길이를 곱한 것이다.
⑤ 용접을 먼저 한 후 고장력볼트를 시공한 경우 접합부의 내력은 용접이 전부를 부담하는 것으로 본다.

이론 PLUS KDS 14 31 25: 2024 강구조 연결 설계기준 (하중저항계수설계법)에 의한 고장력볼트의 구멍치수

〈표〉 고장력볼트의 구멍치수, mm

고장력 볼트의 직경	표준구멍	대형구멍(과대구멍)
M16	18	20
M20	22	24
M22	24	28
M24	27	30
M27	30	35
M30	33	38

08 ②

정답해설 필릿(fillet)용접에 관한 설명이다.

오답해설 ① 그루브(groove)용접: 용접이 양호하게 되도록 한쪽, 또는 양쪽 부재의 끝단면을 비스듬히 절단하여 용접하는 방법

③ 플러그(plug)용접: 서로 접합하는 두 장의 판 중 하나의 판에 파인 원형의 구멍을 메워가며, 아래의 판을 이어 붙이는 용접

④ 슬롯(slot)용접: 모재(母材) 두 개를 겹쳐 놓고, 한쪽 모재에 좁고 긴 홈을 파서 그 속에 용착 금속을 채우고 용접하는 방법

⑤ 스터드(stud)용접: 머리가 있는 스터드 볼트의 앞쪽 끝부분과 모재(母材) 사이에 아크를 발생시키고 압력을 가하여 접합하는 용접

이론 PLUS

플러그용접과 슬롯용접

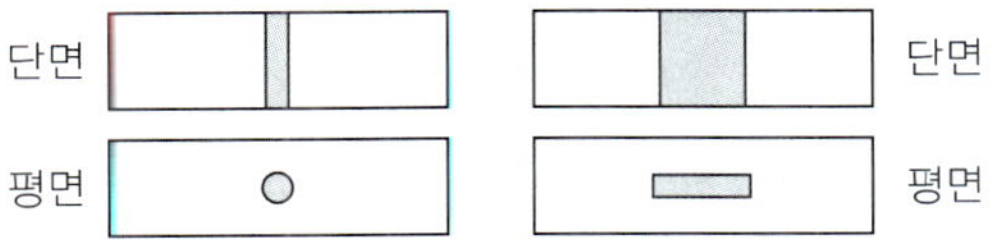

플러그용접 슬롯용접

스터드용접

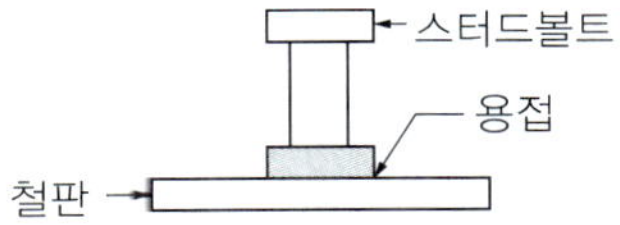

09 ③

오답해설 ㉠ 볼트접합은 주요 구조부재의 접합에는 주로 사용하지 않는다.

㉡ 용접금속과 모재가 융합되지 않고 겹쳐지는 용접결함을 오버랩이라고 하며, 언더컷은 용접 상부에 모재가 녹아 용착금속이 채워지지 않고 홈으로 남게 된 부분을 말한다.

10 ②

정답해설 언더컷(under cut)은 강한(과다한) 전류로 인해 생기는 용접 결함의 하나이다.

11 ②

정답해설 볼트는 1차 조임 후 본조임까지의 작업은 같은 날 이루어지는 것을 원칙으로 한다.

3 강구조의 현장시공

12 ③

정답해설 스터드 볼트(stud bolt)는 휨 연결철물이 아니고 슬래브에서 콘크리트와 데크플레이트 사이에서 발생하는 수평전단력에 저항하기 위해서 설치하는 전단연결재 철물이다.

13 ③

정답해설 뿜칠공법은 복잡한 형상에 시공이 가능하나 균일한 피복두께를 확보하기가 어렵다.

14 ④

오답해설 ㉠ 고장력볼트를 먼저 시공한 후 용접을 한 경우, 응력은 고장력볼트와 용접이 각각 부담한다.
㉢ 볼트 접합은 구조 안정성이 좋지 않기 때문에 구조내력상 주요부분 접합에는 사용하지 않는다.

15 ②

오답해설 ① **래티스보:** 상하 플랜지에 ㄱ형강을 쓰고 웨브재를 45°, 60° 등의 경사로 어긋나게 접합한 조립보이다.
③ **격자보:** 상하 플랜지에 ㄱ형강을 쓰고 웨브재를 90° 각도로 접합한 조립보이다.
④ **판보:** 플랜지와 웨브의 접합은 볼트접합 또는 용접접합으로 하며, 건축에서 강당과 같은 장스팬의 구조물이 요구될 때, 시공성과 가공성의 이유와 층고가 낮은 장점 때문에 많이 쓰인다.
⑤ **합성보:** 강재보가 슬래브와 연결되어 하나의 구조물로서 구조적 거동을 할 수 있는 보를 말한다.

16 ①

정답해설 12/50[최고층수/최고높이(m)]를 초과하는 주거시설의 보·기둥은 3시간 이상의 내화구조 성능기준을 만족해야 한다.

17 ②

정답해설 H형강보에서 웨브의 국부좌굴 방지를 위해 스티프너를 사용한다.

01	②	02	②	03	⑤	04	②	05	①
06	⑤	07	②	08	④	09	⑤	10	①

1 벽돌구조

01 ②

정답해설 기초 쌓기는 1/4B로 1켜 또는 2켜씩 내어 쌓으며 기초 벽돌 맨 밑면의 너비는 벽두께의 2배로 한다.

02 ②

오답해설 ① **시멘트벽돌**: 시멘트와 골재를 배합하여 성형 제작한 벽돌
③ **오지벽돌**: 벽돌면에 오지물을 칠해 구운 치장벽돌
④ **아치벽돌**: 아치 모양으로 만든 벽돌
⑤ **경량벽돌**: 경량골재를 사용하여 간든 벽돌로 단열, 방음, 경량의 효과가 있음

03 ⑤

오답해설 ① 벽량이란 내력벽 길이의 합을 그 층의 바닥면적으로 나눈 값으로 150mm/m^2 이상이어야 한다.
② 공간쌓기에서 주 벽체는 정한 바가 없을 경우 바깥벽으로 한다.
③ 점토 및 콘크리트 벽돌은 압축강도, 흡수율의 품질기준을 모두 만족하여야 한다.
④ 막만든 아치쌓기란 벽돌을 쐐기 모양으로 다듬어 만든 아치로 줄눈은 아치의 중심에 모이게 하여야 한다. 거친 아치쌓기는 보통 벽돌을 그대로 쓰고 줄눈을 쐐기 모양으로 한 것을 말한다.

04 ②

오답해설 ① **공간쌓기**: 벽돌벽의 중간에 공간을 두어 쌓는 방식
③ **내화쌓기**: 내화점토로 만든 벽돌로 고열에 견디는 목적으로 불에 직접 면하는 벽난로 등에 사용하는 방식
④ **불식쌓기**: 입면상 매 켜에 길이와 마구리가 번갈아 쌓는 방식
⑤ **영식쌓기**: 한 켜는 길이, 다음 켜는 마구리쌓기를 교대로 하며, 모서리나 벽 끝 마구리켜에 반절이나 이오토막을 사용하는 방식

05 ①

오답해설 ② 표준형 벽돌크기는 190mm×90mm×57mm이다.
③ 내력 조적벽은 막힌줄눈으로 시공한다.
④ 치장줄눈 파기는 줄눈 모르타르가 경화하기 전 실시한다.
⑤ 줄눈의 표준 너비는 10mm로 한다.

06 ⑤

정답해설 아치쌓기는 상부하중을 아치의 축선을 따라 압축력으로 하부에 전달되게 쌓는 방식이다.

07 ②

정답해설 분말도가 큰 시멘트를 사용하면 백화현상을 방지할 수 있다.

08 ④

정답해설 인방보는 좌우 측 기둥이나 벽체에 200mm 이상 서로 물리도록 설치한다.

이 론 PLUS **인방보의 물림 길이**

1. 인방보의 물림 길이는 기준에 따라 차이가 있으나, 문제에서는 공사(시공)에 관한 내용을 묻고 있으므로 KCS 기준에 따라 200mm로 본다.
2. KCS 41 34 02 : 2021 벽돌공사: 인방보는 양 끝을 벽체의 블록에 200mm 이상 걸치고, 또한 위에서 오는 하중을 전달할 충분한 길이로 한다.
3. KDS 41 60 15 : 2022 조적식구조 설계 일반사항: 인방보는 조적조가 허용응력도를 초과하지 않도록 최소한 100mm의 지지길이는 확보되어야 한다.

창대벽돌 세워쌓기(단면)

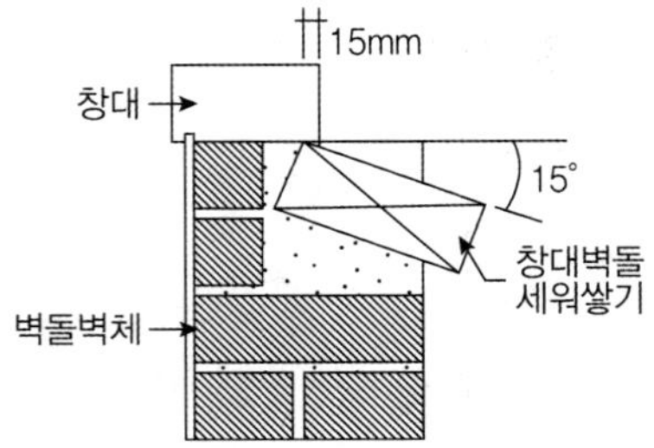

2 조적구조의 구조기준

09 ⑤

오답해설 ① 치장줄눈의 깊이는 6mm를 표준으로 한다.
② 공간쌓기의 목적은 방습, 방음, 단열, 방한, 방서이며 공간폭은 통상 50~70mm(단열재 두께+10mm) 정도로 한다.
③ 벽돌의 하루 쌓기높이는 최대 1.5m 이내로 한다.
④ 아치쌓기는 조적조에서 문꼴 너비가 1.0m 이하일 때는 평아치로 할 수 있다.

10 ①

정답해설 벽돌의 하루 쌓기높이는 1.2m(18켜 정도)를 표준으로 하고 최대 1.5m(22켜 정도) 이하로 한다.

CHAPTER 06 방수 및 방습공사

▶ 연계학습: 기본서 상권 pp. 299~344

01	③	02	④	03	④	04	②	05	①
06	⑤	07	④	08	①	09	③	10	②
11	③	12	④	13	④	14	①		

1 방수공사

01 ③

오답해설 ① 건조한 바탕을 전제로 할 때, 바탕면 함수상태는 8% 이하로 관리하여야 한다.
② 바탕표면에 발생한 요철은 방수재료와의 부착에 불리하므로 존치하지 않도록 평탄하게 조정되어 있어야 한다.
④ 방수층의 접착력을 저하시킬 우려가 있는 지나치게 치밀한 표면은 고압수세척기 등을 이용하여 거칠게 하는 등 접착력 확보를 위한 적절한 조치가 취해져 있어야 한다.
⑤ 바탕의 청소는 방수층의 접착력을 떨어뜨리는 먼지, 유지류, 오염, 녹 또는 거푸집 박리제 등이 없도록 세심하게 되어 있어야 한다.

02 ④

정답해설 시멘트 액체방수 시 치켜올림 부위의 겹침폭은 100mm 이상으로 한다.

03 ④

오답해설 ① 기상조건은 방수층의 품질 및 성능에 큰 영향을 미친다.

② 바깥방수 공법은 수압이 크고 깊은 지하실 방수공사에 적합하며, 안방수 공법은 수압이 작고 얕은 지하실 방수공사에 적합한 공법이다.

③ 도막 방수공법은 이음매가 없어 일체성이 좋다.

⑤ 아스팔트 방수는 보호누름이 필요하며, 비보행용일 경우 보호누름이 필요하지 않다.

04 ②

정답해설 시멘트 액체방수는 결함부의 발견이 쉽고, 아스팔트 방수는 결함부의 발견이 어렵다.

05 ①

정답해설 아스팔트방수는 모체에 균열이 발생하여도 방수층 손상이 효과적으로 방지되지만, 시멘트액체방수는 모체에 균열이 발생하면 방수층도 함께 손상된다.

06 ⑤

정답해설 개량 아스팔트시트 방수의 시공순서는 '바탕처리(㉣)→프라이머도포(㉢)→개량 아스팔트시트 붙이기(㉤)→특수부위 처리(㉡)→보호 및 마감(㉠)'의 순으로 진행한다.

07 ④

정답해설 아스팔트 방수공법은 결함부 발견이 어렵다.

08 ①

정답해설 바깥방수 공법은 수압이 크고 깊은 지하실 방수공사에 적합하며, 안방수 공법은 수압이 작고 얕은 지하실 방수공사에 적합한 공법이다.

09 ③

정답해설 아스팔트 방수공사의 시공순서는 '바탕면 처리 및 청소(㉠) → 아스팔트 프라이머 바르기(㉢) → 아스팔트 바르기(㉡) → 아스팔트 방수지 붙이기(㉣) → 방수층 누름(㉤)' 순으로 시공한다.

10 ②

정답해설 합성고분자 시트방수는 신장력과 내후성, 접착성이 우수하며, 여러 겹을 적층하여 방수층을 형성하는 방수공법이 아니고 한겹으로 방수층을 형성하는 방수공법이다.

2 방습공사

11 ③

오답해설 ㉢ 아스팔트 필름 방습지는 박판시트계 방습재료에 속한다.

12 ④

정답해설 아스팔트 필름 방습층은 박판시트계 방습자재에 속한다.

이론 PLUS 방습자재(방습재료)

박판시트계 방습자재	• 종이 적층 방습자재 • 적층된 플라스틱 또는 종이 방습자재 • 펠트, 아스팔트 필름 방습층 • 플라스틱 금속박 방습자재 • 금속박과 종이로 된 방습자재 • 금속박과 비닐직물로 된 방습자재 • 금속과 크라프트지로 된 방습자재 • 보강된 플라스틱 필름 형태의 방습자재
신축성 시트계 방습자재	• 비닐 필름 방습지 • 폴리에틸렌 방습층 • 교착성이 있는 플라스틱 아스팔트 방습층 • 방습층 테이프
아스팔트계 방습자재	–
시멘트 모르타르계 방습자재	–

13 ④

정답해설 방습도포는 첫 번째 도포층을 24시간 동안 양생한 후에 반복해야 한다.

14 ①

정답해설 폴리에틸렌 방습층은 신축성 시트계 방습자재이다.

CHAPTER 07 지붕 및 홈통공사

▶ 연계학습: 기본서 상권 pp. 345~362

01	④	02	⑤	03	④	04	④	05	①
06	③	07	②						

01 ④

오답해설 ① 지붕면적이 클수록 물매는 크게 하는 것이 좋다.
② 되물매란 경사가 45°일 때의 물매를 말한다.
③ 지붕 위에 작은 지붕을 설치하는 것은 솟을지붕이다.
⑤ 장식홈통은 선홈통 상부에 설치되며, 장식 기능 이외에 우수방향을 돌리거나 넘쳐흐름을 방지한다.

02 ⑤

오답해설 ① 지붕의 물매(경사)가 1/6 이하인 지붕을 평지붕이라고 한다.
② 평잇기 금속지붕의 물매는 1/2 이상이어야 한다.
③ 지붕 하부 데크의 처짐은 경사가 1/50 이하의 경우에 별도로 지정하지 않은 한 1/240 이내이어야 한다.
④ 처마홈통의 이음부는 겹침 부분이 최소 30mm 이상 겹치도록 제작하고 연결철물은 최대 50mm 이하의 간격으로 설치, 고정한다.

1 지붕공사

03 ④

오답해설 ① 지붕경사란 수평방향 길이에 대한 수직방향 높이의 비이다.
② 평지붕이란 지붕의 경사가 1/6 이하인 지붕이다.
③ 완경사지붕이란 경사가 1/6~1/4 미만인 지붕이다.
⑤ 급경사지붕이란 경사가 3/4 이상인 지붕이다.

04 ④

오답해설 ① **합각지붕:** 모임지붕 일부에 박공지붕을 같이 한 것이다.

② **솟을지붕:** 지붕 위에 작은 지붕을 설치하여 채광, 통풍을 위하여 만든 작은 지붕이다.

③ **꺾임지붕:** 주택이나 건물의 지붕 형태 중 하나로, 지붕의 경사가 한 번 꺾이는 형태를 의미한다.

⑤ **부섭지붕:** 벽이나 물림간에 기대어 만든 지붕을 말한다.

이 론 PLUS

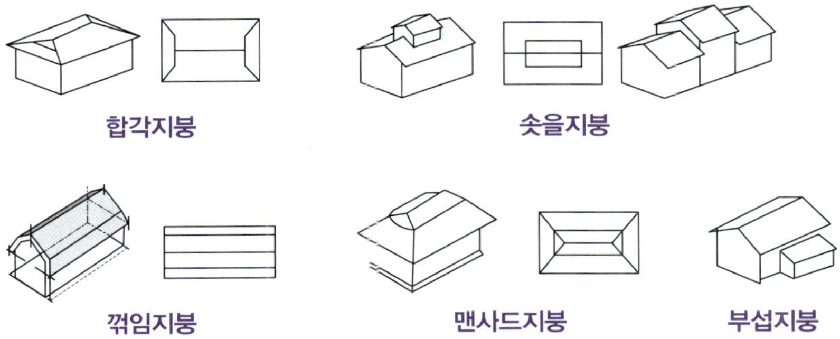

05 ①

정답해설 되물매는 밑변이 10cm일 때 높이도 10cm인 경사 45°의 물매이다.

06 ③

정답해설 ③은 방형지붕이다.

07 ②

정답해설 금속 기와 지붕의 물매는 1/4 이상이다.

01	①	02	⑤	03	①	04	①	05	②
06	⑤	07	④	08	①	09	①	10	⑤
11	①	12	⑤	13	①	14	①	15	②
16	①	17	④						

1 창호공사

01 ①

정답해설 수장용 집성재의 두께 및 너비에 대한 치수의 허용치는 ±1.0mm 이하이다.

02 ⑤

정답해설 도어체크는 피스톤장치가 있어서 개폐속도를 조절할 수 있다.

03 ①

정답해설 플로어힌지(floor hinge)는 문을 자동으로 닫히게 하는 경첩으로 중량의 자재문에 사용하지만, 피봇힌지(pivot hinge)는 문을 자동으로 닫히게 하는 경첩은 아니다.

04 ①

오답해설 ② **양판문**: 문 울거미를 짜고 울거미 사방에 홈을 만들어 울거미의 중간에 넓은 판(양판)을 끼워 넣는 방법으로 제작하며, 울거미가 노출되는 문이다.

③ **도듬문**: 울거미는 테두리로 내보이게 하고, 중간 살을 가로세로 성기게 짜 온통 종이로 두껍게 바른 문이다.

④ **널문**: 넓고 판판하게 켠 나뭇조각으로 만든 문이다.

⑤ **합판문**: 문의 울거미를 짜고 울거미 안에 합판 또는 얇은 널을 끼워 댄 문이다.

05 ②

정답해설 경첩의 축이 되는 것은 핀(pin)이고, 핀을 보호하기 위해 둘러감은 것이 너클(knuckle)이다.

06 ⑤

오답해설 ㉡ 여닫이 창호철물에는 플로어힌지, 피봇힌지, 도어클로저 등이 있으며, 도어행거는 접문의 상부에 부착되어 있는 이동장치이다.

07 ④

오답해설 ① **도어체크(door check)**: 문짝과 문 위틀에 설치하여 자동으로 문을 닫히게 하는 장치

② **크레센트(crescent)**: 미서기창과 오르내리창의 잠금장치

③ **패스너(fastener)**: 두 개 이상의 부재를 결합하거나 고정시키는 데 사용되는 연결부재의 총칭

⑤ **레버토리힌지(lavatory hinge)**: 자유정첩(경첩)의 일종으로 저절로 닫히지만 10~15cm 정도 열려 있도록 만든 철물

08 ①

오답해설 ② **플로어힌지**: 바닥에 설치하여 한쪽에서 열고 나면 저절로 닫혀지는 철물

③ **레버토리힌지**: 자유정첩(경첩)의 일종으로 저절로 닫히지만 10~15cm 정도 열려 있도록 만든 철물

④ **도어스톱**: 문을 열 때 충돌에 의한 벽의 파손을 방지하는 철물

⑤ **크레센트**: 미서기창과 오르내리창의 잠금장치

09 ①

오답해설 ② **도어클로저(door closer)**: 문짝과 문 위틀에 설치하여 자동으로 문을 닫히게 하는 장치

③ **크레센트(crescent)**: 미서기창과 오르내리창의 잠금장치

④ **실린더 자물쇠(cylinder lock)**: 여닫이문의 손잡이로 버튼을 눌러 잠금을 할 수 있는 철물

⑤ **피봇힌지(pivot hinge)**: 암수 돌쩌귀를 서로 끼워 회전으로 여닫게 해주는 철물

2 유리공사

10 ⑤

정답해설 세팅블록은 유리 폭의 $\frac{1}{4}$ 지점에 각각 1개씩 설치하여 유리의 하단부가 하부 프레임에 닿지 않도록 한다.

11 ①

정답해설 강화유리는 판유리를 연화점 이상으로 가열 후 급냉시켜 열처리한 유리다.

12 ⑤

정답해설 열선반사유리는 판유리 한쪽 면에 열선반사를 위한 얇은 금속산화물 코팅막을 형성시켜 경면효과와 반사성능을 높인 유리이며, 열선흡수유리는 유리 재질에 소량의 금속산화물을 첨가하여 적외선이 잘 투과되지 않는 성질을 갖는다.

13 ①

정답해설
- 열선흡수유리는 판유리에 소량의 금속산화물을 첨가하여 제작한 유리로서, 적외선이 잘 투과되지 않는 성질을 갖는다.
- 열선반사유리는 판유리 표면에 금속산화물의 얇은 막을 코팅하여 입힌 유리로서, 경면효과가 발생하는 성질을 갖는다.
- 스팬드럴유리는 판유리의 한쪽 면에 세라믹질 도료를 코팅하여 불투명하게 제작한 유리이다.

14 ①

오답해설
② 개스킷은 재료 접합부의 빈틈이나 재료 사이를 채워주는 것으로, 성형된 형태로 제공되는 일종의 실재를 말한다.
③ 로이(Low-E)유리는 특수금속 코팅막(얇은 은막)을 실외 측 유리의 내부면에 두어 단열효과를 극대화한 것이다.
④ 강화유리는 판유리를 연화점 이상의 온도에서 열처리한 후 급랭시켜 유리 표면에 강한 압축응력 층을 만든 것이다.
⑤ 배강도유리는 판유리를 연화점 이하의 온도에서 열처리한 후 서냉하여 유리 표면에 압축응력 층을 만든 것으로 내풍압이 우수하다.

15 ②

오답해설
① 망입유리는 유리 내부에 금속철망을 봉입하고 압축 성형한 유리이다.
③ 스팬드럴유리는 판유리의 한쪽 면에 세라믹질 도료를 코팅하여 불투명하게 제작한 유리이다.
④ 복층유리는 2장 또는 3장의 판유리를 일정한 간격으로 두고 기밀하게 금속테두리를 한 다음 유리 사이의 내부에 공기를 봉입한 유리이다.
⑤ 프리즘유리는 지하실, 지붕 등의 채광용으로 투과광선의 방향을 변화시키거나 집중 확산시킬 목적으로 사용된다.

16 ①

오답해설
④ 접합유리는 유리 파손 시 파편이 되어 날아가는 것을 방지하기 위하여 2장 이상의 판유리 사이에 접합필름을 삽입하여 가열 압착한 유리이다.

17 ④

정답해설
유리공사에서 핀홀(pin hole)은 바탕 유리까지 도달하는 윤곽이 뚜렷한 얇은 막의 구멍을 말한다.

01	②	02	③	03	④	04	④	05	④
06	⑤	07	②	08	①	09	①	10	⑤
11	②	12	②	13	①	14	④	15	④

1 미장공사

01 ②

정답해설 압송뿜칠기계로 바름하는 두께가 20mm를 넘는 경우에 초벌, 재벌, 정벌 3회로 나누어 뿜칠 바름을 한다.

02 ③

오답해설 ① 소석회, 돌로마이트 플라스터 등은 기경성 재료로서 공기 중에 경화된다.
② 바탕처리 시 살붙임바름은 얇게 바르는 것이 좋다.
④ 석고 플라스터는 수경성으로 경화속도가 빨라 작업시간에 제한을 받는다.
⑤ 셀프레벨링재의 표면에 물결무늬가 생기지 않도록 창문 등은 밀폐하여 통풍과 기류를 차단한다.

03 ④

정답해설 눈먹임이란 작업면의 종석이 빠져나간 자리를 메우기 위해 반죽한 것을 작업면에 발라 채우는 작업이고, 덧먹임이란 바르기의 접합부 또는 균열의 틈새, 구멍 등에 반죽된 재료를 밀어 넣어 때워주는 것을 말한다.

04 ④

오답해설 ① **고름질**: 바름두께 또는 마감두께가 두꺼울 때 혹은 요철이 심할 때 적정한 바름두께 또는 마감두께가 될 수 있도록 초벌바름 위에 발라 붙여 주는 작업 또는 그 바름층을 말한다.
② **라스먹임**: 메탈 라스, 와이어 라스 등의 바탕에 모르타르 등을 최초로 바르는 것을 말한다.
③ **규준바름**: 미장바름 시 바름면의 구준이 되기도 하고, 규준대 고르기에 닿는 면이 되기 위해 기준선에 맞춰 미리 둑 모양 혹은 덩어리 모양으로 발라 놓은 것 또는 바르는 작업을 말한다.
⑤ **실러바름**: 바탕의 흡수 조정, 바름재와 바탕과의 접착력 증진 등을 위하여 합성수지 에멀션 희석액 등을 바탕에 바르는 것을 말한다.

05 ④

정답해설 재료의 배합은 바탕에 가까운 바름층일수록 부배합으로 하고, 정벌바름에 가까울수록 빈배합으로 한다.

06 ⑤

정답해설 미장공사는 균열의 폭과 간격을 일정하게 유지하는게 아니고, 균열이 발생하지 않도록 계획하여야 한다.

07 ②

정답해설 ㉡ 라스 또는 졸대바탕의 마감두께는 바탕먹임을 제외한 바름층 전체의 두께를 말한다.

2 타일공사

08 ①

정답해설 접착력 시험은 타일 시공 후 4주 이상일 때 실시한다.

09 ①

정답해설 자기질 타일은 물기가 있는 곳과 외부에도 사용할 수 있다.

10 ⑤

정답해설 모르타르로 부착하는 타일공법의 붙임시간(open time)은 공법에 따라 다르게 관리한다.

11 ②

정답해설 타일공사는 붙임용 모르타르에 시멘트 가루를 뿌리면 시멘트의 수축이 크기 때문에 타일이 떨어지기 쉽고 백화가 생기기 쉬우므로 시멘트 가루를 뿌리지 않아야 한다.

12 ②

정답해설 대형벽돌형(외부) 타일의 줄눈너비는 9mm이다.

13 ①

오답해설 ② **떠붙임공법**: 타일 뒷면에 붙임 모르타르를 바르고 모르타르가 충분히 채워져 타일이 밀착되도록 바탕에 눌러 붙이는 공법

③ **접착제공법**: 합성수지 계통의 접착제를 바탕에 바르고 타일을 눌러 붙이는 공법

④ **개량압착붙임공법**: 평탄하게 마무리한 바탕 모르타르 면에 붙임 모르타르를 바르고, 타일 뒷면에도 붙임 모르타르를 발라 나무망치 등으로 두들겨 붙이는 방법

⑤ **개량떠붙임공법**: 벽돌 벽면이나 거친 콘크리트면에 평활하게 미장바름 후 타일 뒷면에 붙임 모르타르를 바르고 타일이 밀착되도록 바탕에 눌러 붙이는 공법

14 ④

오답해설 ㉢ 타일공사는 붙임용 모르타르에 시멘트 가루를 뿌리면 시멘트의 수축이 크기 때문에 타일이 떨어지기 쉽고 백화가 생기기 쉬우므로 시멘트 가루를 뿌리지 않아야 한다.

15 ④

정답해설 타일의 탈락(박락)은 떠붙임공법에서 가장 많이 발생하며 타일 뒷면 모서리 부분에 붙임 모르타르가 채워지지 않아 공극이 생길 경우, 작은 충격에도 파손되고 백화현상이 발생하여 부착력이 떨어지는 것이 주요 원인이다.

CHAPTER 10	도장 및 수장공사	▶ 연계학습: 기본서 상권 pp. 430~452

01	③	02	①	03	⑤	04	①	05	②
06	④	07	④	08	①	09	⑤		

1 도장공사

01 ③

오답해설 ① 바니시(varnish)는 수지를 용매에 녹여 만든 안료가 함유되지 않은 도료의 총칭으로 도막은 대개 투명하다.

② 롤러도장은 붓도장보다 도장 속도가 빠르지만 일정한 도막두께를 유지할 수 없다.

④ 수지는 도료의 기본골격을 이루며, 특성과 성능의 핵심을 결정하고, 안료는 물이나 용체에 녹지 않는 무채 또는 유채의 분말이다.

⑤ 철재면 바탕만들기는 일반적으로 가공 장소에서 바탕재 조립 전에 한다.

02 ①

정답해설 도료의 사용목적은 방부, 방수, 방습, 방청, 내화, 광택 등의 특수목적의 달성, 물체의 보호, 외관의 미화 등이 있지만, 단면증가는 도료 사용목적과 무관하다.

03 ⑤

정답해설 피트는 강재 용접결함의 종류로 용접부 표면에 생기는 미세한 홈을 말한다.

04 ①

정답해설 녹막이도장의 첫 번째 녹막이칠은 공장에서 조립 전에 도장함을 원칙으로 한다.

05 ②

오답해설 ① 유성페인트는 내화학성이 우수하지만, 알칼리성분에 약하기 때문에 알칼리성분이 큰 콘크리트 표면에는 사용이 부적합하다.

③ 기온이 5℃ 미만이거나 상대습도가 85%를 초과할 때는 도장작업을 피한다.

④ 뿜칠 시공 시 약 30cm 정도의 거리를 두고, 뿜칠 너비의 1/3 정도가 겹치도록 한다.

⑤ 롤러도장은 붓도장보다 도장속도가 빠르지만 일정한 도막두께를 유지하기 어렵다.

06 ④

정답해설 징크로메이트 도료는 알루미늄 초벌 녹막이용이고, 광명단은 철재 녹막이용으로 철재의 내구연한을 증대시킨다.

2 수장(修粧)공사

07 ④

정답해설 M-Bar 공법은 천장에 특수한 M자 형상의 금속 바(Bar)를 사용하여 보드를 고정하는 시스템으로, 천장판의 이음이 밀착되어 우수한 방음효과를 얻을 수 있는 매립형 경량천장 공법이다.

08 ①

오답해설 ㉣ 코너비드는 기둥, 벽체의 모서리 면, 각진 면, 구석 면의 미장보호를 위해 사용하는 미장 철물이다.

㉤ 엔드탭은 용접선의 단부에 붙인 보조판으로, 아크의 시작부나 종단부의 크레이터 등의 결함 방지를 위해 사용하는 판이다.

09 ⑤

오답해설 ① 익스팬션 볼트(expansion bolt): 콘크리트에 구멍을 뚫고 볼트를 틀어 박으면 그 끝이 벌어지게 되어 있는 철물을 말한다.

② 코펜하겐 리브(copenhagen rib): 목재를 특수한 형태의 단면으로 만들어 벽에 붙여 댄 것으로서, 음향조절효과 및 의장용으로 많이 사용한다.

③ 드라이브 핀(drive pin): 특수 총(건)을 사용하여 극소량의 화약으로 쳐 박는 특수 핀(또는 특수 못)을 말한다.

④ 멀리온(mullion): 창의 면적이 클 경우 창의 개폐 시 진동으로 유리가 파손될 우려가 있으므로 창의 면적을 분할하기 위하여 사용하는 보강 부재를 말한다.

이론 PLUS

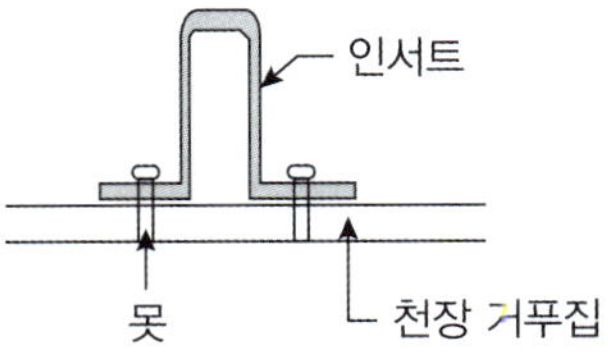

인서트

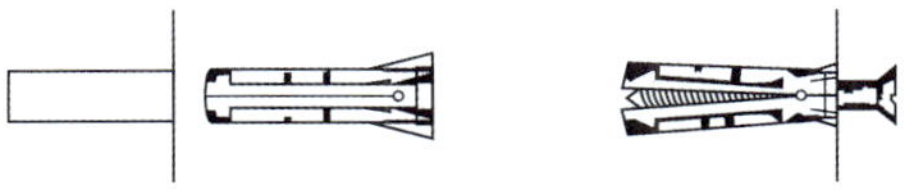

정착 전 / 정착 후

익스팬션 볼트

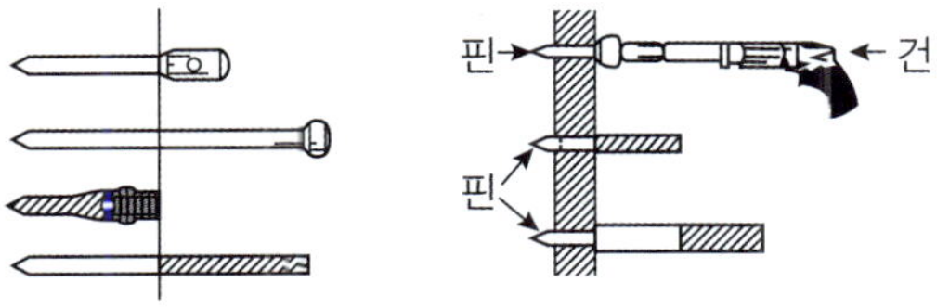

콘크리트 타입용 핀 / 강재타설용 핀

드라이브 핀

CHAPTER 11 적산 및 견적

▶ 연계학습: 기본서 상권 pp. 453~471

01	④	02	④	03	②	04	④	05	②
06	③	07	③	08	①	09	⑤	10	③
11	④	12	③	13	⑤	14	⑤	15	④
16	②								

1 개요

01 ④

정답해설 ㉠ 이형철근: 3%, ㉡ 일반합판: 3%, ㉢ 기와: 5%, ㉣ 비닐타일: 5%, ㉤ 봉강: 5%, ㉥ 고장력볼트: 3%

02 ④

정답해설 공사원가는 일반관리비와 이윤을 제외한다.

03 ②

정답해설 본사 및 현장의 여비, 교통비, 통신비는 경비에 포함된다.

04 ④

정답해설 품셈은 정부 및 공공기관에서 집행하는 건설공사에 대한 원가계산 시 비목별 가격 결정의 기초자료로 삼기 위하여, 단위공정별로 보편적인 공종, 공법을 기준으로 하여 소요되는 재료량, 노무량 및 기계력 등을 수치로 제시한 것을 말하며, 단가와는 무방하다.

05 ②

정답해설 보통 콘크리트: 2,300(kg/m^3)

06 ③

정답해설 ① 도료: 2%

② 이형철근: 3%

③ 유리: 1%

④ 일반용 합판: 3%

⑤ 석고보드: 5%(못붙임용), 8%(본드붙임용)

07 ③

정답해설 공사원가는 간접공사비와 직접공사비로 구성되며, 직접공사비는 재료비, 노무비, 경비의 합계액을 말한다.

08 ①

오답해설 ② 시멘트(콘크리트)벽돌 – 5%　　③ 목재(각재) – 5%

④ 고장력볼트 – 3%　　⑤ 유리 – 1%

2 각 공사별 물량산출

09 ⑤

정답해설 타일의 정미수량 $= \dfrac{\text{시공면적}}{(\text{타일가로변크기} + \text{줄눈간격}) \times (\text{타일세로변 크기} + \text{줄눈간격})}$

$= \dfrac{6.3\text{m} \times 3.1\text{m}}{(0.3\text{m} + 0.01\text{m}) \times (0.2\text{m} + 0.01\text{m})} = 300$매

$\therefore$ 300매 × 3개소 = 900매

10 ③

정답해설 시멘트 벽돌의 정미량 = (6 × 2) × 149 = 1,788매

11 ④

정답해설 타일의 정미량 = (2 × 11.2 × 6.4) ÷ (0.16 × 0.16) = 5,600매

12 ③

정답해설 (1) 콘크리트(시멘트)벽돌의 정미량(1.5B) = (8 × 2.5) × 224 = 4,480(매)

(2) 붉은벽돌의 정미량(0.5B) = (8 × 2.5) × 75 = 1,500(매)

13 ⑤

정답해설 (1) 콘크리트 블록의 소요량 = (100m × 3m) × 17매/m^2 = 5,100매

(2) 모르타르의 소요량 = (100m × 3m) × 0.01m^3/m^2 = 3m^3

14 ⑤

정답해설 콘크리트(시멘트)벽돌의 소요량 = 100 × 75 × 1.05 = 7,875(매)

15 ④

정답해설 (1) 콘크리트(시멘트)벽돌 소요량 = (12 × 1) × 149 × 1.05 = 1877.4 ≒ 1,878(매)

(2) 붉은벽돌 소요량 = (12 × 1) × 75 × 1.03 = 927(매)

16 ②

정답해설 0.5B 붉은벽돌의 소요량 = (12 × 3) × 75 × 1.03 = 2,781(매)

PART 02 건축설비

CHAPTER 01 건축설비 총론

▶ 연계학습: 기본서 하권 pp. 8~39

01	③	02	③	03	⑤	04	②	05	④
06	⑤	07	③	08	③	09	⑤	10	③
11	③	12	④	13	④	14	④	15	④
16	①	17	⑤	18	①				

1 설비의 기초이론

01 ③

정답해설 농도를 나타내는 단위인 ppm은 백만분의 일의 양을 의미한다.

02 ③

정답해설 $\text{마찰손실수두} = \dfrac{\text{마찰계수} \times \text{배관길이} \times \text{유속}^2}{2 \times \text{중력가속도} \times \text{관경}} = \dfrac{0.04 \times 100 \times 1.4^2}{2 \times 9.8 \times 0.05} = 8$

03 ⑤

정답해설 배관에 흐르는 유체의 마찰손실수두는 유체속도의 제곱에 비례한다.

04 ②

정답해설 보강된 벽체의 열관류 저항 = 3.5 + (0.06 ÷ 0.04) = 3.5 + 1.5 = 5

∴ 열관류율 = 열관류 저항의 역수 = 1/5 = 0.2

05 ④

오답해설 ㉠ 순수한 물은 1기압 하에서 4℃일 때 밀도가 가장 높다.

06 ⑤

정답해설 배관의 마찰손실수두 계산 시 배관의 관경(㉠), 배관의 길이(㉡), 배관 내 유속(㉢), 배관의 마찰계수(㉣) 모두 고려해야 할 사항이다.

07 ③

오답해설 ① 순수한 물은 1기압하에서 4℃일 때 가장 무겁고 부피는 최소가 된다.

② 켈빈 절대온도는 섭씨온도에 273.15를 더한 값이다.

④ 물체의 상태 변화 없이 온도가 변화할 때 필요한 열량은 현열이다.

⑤ 비열은 단위 중량 물체의 온도를 1℃ 올리는 데 필요한 열량이다.

08 ③

정답해설 서징현상은 산형특성의 양정곡선을 갖는 펌프의 산형 왼쪽부분에서 유량과 양정이 주기적으로 변동하는 현상을 말하며, 공동현상은 배관 내를 흐르는 유체의 압력이 그 온도에서의 유체의 포화증기압보다 낮아질 경우 그 일부가 증발하여 기포가 발생하는 것이다.

이 론 PLUS 공동현상은 배관 내 유체의 압력이 떨어질 경우 기포(빈 공간)가 생기는 것이고, 서징현상은 펌프에 연결된 배관의 압력과 유량이 비정상적으로 변하는 것이다.

09 ⑤

오답해설 ① 배관 내를 흐르는 물과 배관 표면과의 마찰력은 물의 속도의 제곱에 비례한다.

② 물체의 비열은 그 물체 1kg을 1℃ 올리는 데 필요한 열량을 말한다.

③ 공기가 가지고 있는 열량 중, 공기의 온도에 관한 것이 현열, 습도에 관한 것이 잠열이다.

④ 동일한 양의 물이 배관 내를 흐를 때 배관의 단면적이 2배가 되면 물의 속도는 1/2배가 된다.

10 ③

오답해설 ① 마찰손실수두는 관의 길이에 비례한다.

② 마찰손실수두는 중력가속도에 반비례한다.

④ 관의 내경이 클수록 마찰손실수두는 작아진다.

⑤ 관의 마찰(손실)계수가 클수록 마찰손실수두는 커진다.

2 환경요소

11 ③

정답해설 욕실, 화장실 및 다용도실 등에서 급수·배수로 인하여 발생하는 소음은 층간소음에서 제외한다.

3 단열계획

12 ④

정답해설 $실내측\ 표면온도(℃) = 실내온도 - \frac{열관류량}{실내측\ 표면열전달율} = 23 - \frac{0.5 \times [23 - (-5)]}{8}$

$= 21.3℃$

13 ④

정답해설 기존 열관류저항 1/0.25 = 4, 변경 열관류저항 1/0.16 = 6.25

6.25 = 4 + (d/0.04), d = (6.25 − 4) × 0.04 = 0.09m

∴ 추가 단열재의 최소 두께 d = 0.09 × 1000 = 90mm

14 ④

정답해설 $보강\ 후\ 열관류저항 = 3 + \frac{0.04}{0.04} = 4$

$\therefore 보강\ 후\ 열관류율 = \frac{1}{4} = 0.25(W/m^2 \cdot K)$

15 ④

정답해설 실내 측 표면온도를 주변공기의 노점온도보다 높이면 겨울철 벽체의 표면결로를 방지할 수 있다.

4 배관재료 및 밸브

16 ①

오답해설 ② 게이트 밸브는 슬루스 밸브라고도 하며, 개폐용으로 사용되지만 유량조절용으로는 부적합하다.
③ 스트레이너는 배관 중에 먼지 또는 토사, 쇠 부스러기 등을 걸러내기 위해 사용한다.
④ 글로브 밸브는 유로의 폐쇄나 유량의 계속적인 변화에 의한 유량조절에 적합하다.
⑤ 감압 밸브는 고압증기를 저압증기로 감압시켜 유량과 압력을 일정하게 유지한다.

17 ⑤

정답해설 글로브 밸브는 주로 유량조절에 사용하며 게이트 밸브에 비해 유체에 대한 저항이 큰 단점을 갖고 있다.

18 ①

CHAPTER 02 급수설비

▶ 연계학습: 기본서 하권 pp. 40~78

01	③	02	⑤	03	④	04	①	05	②
06	④	07	③	08	③	09	③	10	①
11	④	12	①	13	②	14	③	15	③
16	④	17	④	18	③	19	②	20	②
21	①								

1 급수설비 개요

01 ③

정답해설 (1) 회전수 증가 후 양정의 변화는 1.1의 제곱 = 1.21, 따라서, 21% 증가한다.
(2) 회전수 증가 후 축동력의 변화는 1.1의 3제곱 = 1.33, 따라서 33%가 증가한다.

02 ⑤

오답해설 ① 급수펌프의 회전수를 2배로 하면 양정은 4배가 된다.
② 펌프의 흡입양정이 작을수록 공동현상 방지에 유리하다.
③ 펌프직송방식은 정전 시 비상발전기가 없으면 사용이 불가능하다.
④ 고층건물의 급수 조닝방법으로 감압밸브를 설치하는 경우가 있다.

2 급수설계

03 ④

정답해설 영 제51조에 해당하는 건축물 또는 시설의 소유자등은 법 제33조제4항에 따라 별표 7 제1호에 따른 일반검사를 다음의 구분에 따라 실시하여야 한다.

1. 최초 일반검사: 해당 건축물 또는 시설의 준공검사(급수관의 갱생·교체 등의 조치를 한 경우를 포함한다)를 실시한 날부터 5년이 경과한 날을 기준으로 6개월 이내에 실시
2. 2회 이후의 일반검사: 최근 일반검사를 받은 날부터 2년이 되는 날까지 매2년마다 실시

04 ①

오답해설 ② 공중용 화장실에 설치하는 수도꼭지는 최대 토수유량이 1분당 5리터 이하인 것

③ 대변기는 사용수량이 6리터 이하인 것

④ 샤워용 수도꼭지는 해당 수도꼭지에 샤워호스(hose)를 부착한 상태로 측정한 최대토수유량이 1분당 7.5리터 이하인 것

⑤ 대·소변 구분형 대변기는 평균사용수량이 6리터 이하인 것

05 ②

정답해설 수도꼭지

1) 공급수압 98kPa에서 최대토수유량이 1분당 6리터 이하인 것. 다만, 공중용 화장실에 설치하는 수도꼭지는 1분당 5리터 이하인 것이어야 한다.
2) 샤워용은 공급수압 98kPa에서 해당 수도꼭지에 샤워 호스(hose)를 부착한 상태로 측정한 최대토수유량이 1분당 7.5리터 이하인 것

이론 PLUS 절수설비 유형별 수압과 수유량

절수설비·절수기기 유형	공급수압(kPa)	수유량(리터)	
수도꼭지	98	분당 최대토수유량	6 이하, 다만 공중용 화장실은 5 이하
샤워헤드	98		7.5 이하
대변기	98	사용수량	6 이하
대·소변 구분형 대변기	98		6 이하(평균치)
소변기	98		2 이하

06 ④

정답해설 펌프의 공동현상(cavitation)을 방지하기 위하여 펌프의 설치 위치를 수조의 수위보다 낮게 하는 것이 바람직하다.

07 ③

오답해설 ㉢ 절수형 대변기는 공급수압 98kPa에서 사용수량이 6리터 이하인 것이어야 한다.
㉣ 절수형 소변기는 물을 사용하지 않는 것이거나, 공급수압 98kPa에서 사용수량이 2리터 이하인 것이어야 한다.

08 ③

정답해설 급수 배관의 관경 결정법에는 급수부하단위(FU)에 의한 결정, 기구 연결관의 관경에 의한 결정, 균등표에 의한 방법(㉡), 마찰저항선도에 의한 방법(㉢)이 있다.

3 급수방식

09 ③

오답해설 ① 고가수조방식은 타 급수방식에 비해 수질오염 가능성이 높다.
② 수도직결방식은 건물 내 정전 시 급수가 가능하다.
④ 배관의 크로스커넥션을 통해 수질오염이 될 수 있다.
⑤ 동시사용률은 위생기기의 개수가 증가할수록 작아진다.

10 ①

정답해설 고가수조방식은 일정한 높이까지는 일정한 수압으로 급수할 수 있지만, 건물 내 위생기구는 종류별 최소 수압이 다르므로 모든 층의 위생기구에서 압력이 동일할 수는 없다.

11 ④

정답해설 고층건물에서 급수조닝을 하는 이유는 최고층과 최하층의 수압 차가 높으면 급수기구에서의 토출량이 필요 이상 많아진다든지, 튀는 물로 된다든지, 또 유수음이 소음으로 된다든지, 수격작용 등이 발생할 수 있기 때문에 급수조닝을 하게 된다.

4 급수배관설계

12 ①

정답해설 수조의 급수 유입구와 유출구 사이의 거리는 가능한 한 길게 하여 정체에 의한 오염이 발생하지 않도록 한다.

13 ②

정답해설 물탱크에 물이 오래 있으면 잔류염소가 감소하면서 오염 가능성이 커진다.

5 펌프

14 ③

정답해설 볼류트 펌프는 대표적인 원심펌프, 즉 터보형 펌프의 한 종류에 속한다. 피스톤 펌프, 플런저 펌프, 다이어프램 펌프는 왕복동 펌프의 종류에 속하고, 기어 펌프는 두 개의 맞물린 기어의 회전운동을 통해 유체를 밀폐된 공간으로 이송하는 용적형인 특수펌프로 분류된다.

15 ③

오답해설 ① 흡입양정을 작게 할수록 공동현상(cavitation) 방지에 유리하다.
② 펌프 실양정은 흡입양정, 토출양정의 합이며, 전양정은 실양정에 배관손실수두를 더한 값으로 한다.
④ 펌프의 유량은 펌프의 회전수에 비례하고, 양정은 펌프의 회전수의 제곱에 비례한다.
⑤ 펌프의 회전수를 2배로 하면, 펌프의 축동력은 8배가 된다.

16 ④

정답해설 펌프의 성능곡선(특성곡선)은 효율, 양정, 축동력과 토출량의 관계를 나타낸 것이다.

17 ④

정답해설 급수펌프를 1대에서 2대로 병렬 연결하여 운전할 경우, 유량과 양정이 모두 증가하지만, 증가폭은 배관계 저항조건에 따라 달라진다.

18 ③

오답해설 ① 원심펌프에는 벌(볼)류트펌프와 터빈펌프가 있다.
② 동일 특성을 갖는 펌프를 직렬로 연결하면 양정이 이론상으로 2배로 증가하지만, 실제로는 증가폭이 배관계 저항조건에 따라 달라질 수 있다.
④ 펌프의 양수량은 펌프의 회전수에 비례한다.
⑤ 공동현상을 방지하기 위해 흡입양정을 낮춘다.

19 ②

정답해설 펌프의 실양정은 흡입양정, 토출양정의 합으로 산정하기 때문에 펌프의 실양정 산정 시 흡입양정(㉢)과 토출양정(㉤)이 필요하다.

20 ②

정답해설 펌프의 축동력(kW) $= \dfrac{\text{물의 단위중량}(1{,}000\text{kg/m}^3) \times \text{양수량}(\text{m}^3/\text{min}) \times \text{전양정}(\text{m})}{6{,}120 \times \text{효율}}$

$$= \frac{1{,}000 \times \frac{30}{60} \times 50}{6{,}120 \times 0.6} = 6.8(\text{kw})$$

21 ①

오답해설 ② 펌프의 전양정은 회전수의 제곱에 비례한다.

③ 펌프의 양수량은 회전수에 비례한다.

④ 동일 특성을 갖는 펌프를 직렬로 연결하면 이론상으로 양정은 2배로 증가하지만, 실제로는 증가폭이 배관계 저항조건에 따라 달라질 수 있다.

⑤ 동일 특성을 갖는 펌프를 병렬로 연결하면 이론상으로 유량은 2배로 증가하지만, 실제로는 증가폭이 배관계 저항조건에 따라 달라질 수 있다.

▶ 연계학습: 기본서 하권 pp. 79~101

01	④	02	③	03	③	04	①	05	②
06	①	07	①	08	②	09	①	10	①
11	①	12	②	13	①	14	③		

1 급탕설계

01 ④

정답해설 열량(kJ) = $(3 \times 4.2 \times 80) + (3 \times 2,257) = 7,779$

02 ③

정답해설 최소 가스량(m^3) = (물의 순환량 × 물의 비열 × 온도차) ÷ (가스발열량 × 효율)

$$= (3,000 \times 4.2 \times 70) \div (40,000 \times 0.9) = 24.5(m^3)$$

03 ③

정답해설 급탕가열장치의 용량(kW)

$$= [500(\text{인}) \times 100(kg/d \cdot \text{인})] \times \frac{1}{7}(d/hr) \times 4.2(kJ/kg \cdot K) \times (65-5)(℃)$$

$$= 500 \times 100 \times \frac{1}{7} \times \frac{1}{3,600s} \times 4.2 \times 60 = 500(kJ/s) = 500(kW)$$

2 급탕설비용 기기

04 ①

정답해설 팽창관 도중에는 어떠한 경우에도 벌브를 설치하지 않고, 단독배관으로 한다.

05 ②

정답해설 • 상용출력 = 난방부하 + 급탕부하 + 배관(손실)부하
• 정격출력 = 상용출력 + 예열부하

3 급탕방식

06 ①

정답해설 기수혼합식은 증기에서 발생하는 소음을 줄이기 위해 스팀사일런서(Steam Silencer)를 사용한다.

07 ①

정답해설 중앙식에서 온수를 빨리 얻기 위해 복관식을 적용한다.

08 ②

정답해설 기수혼합식 탕비기는 소음이 발생하는 단점이 있으나 열효율이 매우 좋다.

09 ①

오답해설 ㉢ 직접가열식은 소규모 설비에 적합하고, 간접가열식은 대규모 설비에 사용한다.
㉣ 직접가열식은 간접가열식보다 수처리를 많이 해야 한다.

10 ①

정답해설 간접가열식이 직접가열식보다 열효율이 나쁘다.

11 ①

정답해설 직접가열식은 간접가열식에 비해 수처리를 더 자주 해야 한다.

4 급탕배관설계

12 ②

정답해설 배관의 신축에 대응하기 위해서 설치하는 이음쇠의 종류에는 스위블조인트(①), 슬리브형조인트(②), 벨로즈형조인트(⑤), 신축곡관(③)이 있으며, 컨트롤 조인트는 배관 신축 이음쇠가 아니다.

13 ①

정답해설 슬리브는 급탕배관이 벽이나 바닥을 통과할 경우 온수 온도변화에 따른 배관의 신축이 쉽게 이루어지도록 벽(바닥)과 배관 사이에 설치하여 벽(바닥)과 배관을 분리시킨다.

14 ③

정답해설 ㄷ자형의 배관 시에는 배관 도중에 공기의 정체를 방지하기 위하여 공기빼기밸브를 설치하며, 에어챔버(공기실)는 수격작용을 방지하기 위해서 기구 가까이에 설치하는 것이다.

CHAPTER 04 배수 · 통기 및 위생기구설비

▶ 연계학습: 기본서 하권 pp. 102~133

01	②	02	②	03	①	04	②	05	②
06	①	07	④	08	①	09	②	10	①
11	③	12	④	13	①	14	②	15	②
16	④	17	④						

1 배수설비

01 ②

정답해설 트랩은 배수계통의 일부에 물을 고이게 하는 기구로 봉수깊이는 디프(dip)에서 웨어(weir)까지를 말한다.

02 ②

정답해설 배수 배관에서 청소구는 배수수평지관의 기점에 설치해야 한다.

03 ①

오답해설 트랩의 봉수파괴 원인에는 자기사이펀작용(⑤), 유인사이펀작용(흡인 또는 흡출작용), 분출작용(④), 모세관현상(②), 증발작용(③), 운동량에 의한 관성작용 등이 있으며, 수격작용은 트랩의 봉수파괴 원인이 아니라 배관 소음의 원인이 된다.

04 ②

정답해설 기구배수부하단위는 각 기구의 최대 배수유량을 세면기 최대 배수유량으로 나눈 값에 동시사용률 등을 고려하여 결정한다.

05 ②

정답해설 기구배수부하단위는 '개인용 세면기(㉠)-주택용 욕조(㉢)-공중용 대변기(㉡)'의 순으로 높아진다.

06 ①

정답해설 자기사이펀 작용이 원활하면 봉수 파괴의 원인이 되므로, 일어나지 않도록 하여야 한다.

07 ④

정답해설 배수트랩의 종류에는 벨트랩(㉠), 그리스트랩(㉢), P트랩(㉣), 드럼트랩(㉥)이 배수트랩에 해당하며, 플로트트랩, 버킷트랩은 증기난방에서 사용하는 트랩의 종류이다.

08 ①

정답해설 기구트랩은 대변기나 소변기처럼 위생기구와 일체로 된 트랩을 말하며, 기구의 기능에 따라 여러 가지 형태가 있으며, 바닥 배수용으로 분류되지는 않는다.

09 ②

정답해설 트랩의 봉수파괴 원인 중 건물 상층부의 배수수직관으로부터 일시에 많은 양의 물이 흐를 때, 이 물이 피스톤 작용을 일으켜 하류 또는 하층 기구의 트랩 봉수를 공기의 압축에 의해 실내 측으로 역류시키는 작용은 분출작용이다.

2 통기설비

10 ①

오답해설 ② **공용통기관**: 2개의 위생기구가 같은 위치에 설치되어 있을 때 배수관의 교점에서 접속되어 수직으로 올려 세운 통기관이다.

③ **각개통기관**: 각 위생기구마다 통기관을 설치하며, 가장 이상적인 방법이나 시설비가 비싸다.

④ **루프통기관**: 최상류기구로부터 기구배수관이 배수수평지관에 연결된 직후 하류측에서 입상하여 통기수직관으로 연결하는 통기관이다.

⑤ **신정통기관**: 배수수직관 상부에서 관경을 축소하지 않고 연장하여 옥상 등에 개구한 통기관으로, 배수수직관의 관지름 이상으로 한다.

11 ③

정답해설 각개통기관의 수직올림위치는 동수구배선보다 위에 위치시켜 흐름이 원활하도록 하여야 한다.

12 ④

정답해설 배수수평관이 긴 경우, 배수관의 관지름이 100mm 이하인 경우에는 15m 이내, 100mm를 넘는 경우에는 매 30m마다 청소구를 설치한다.

13 ①

오답해설 ② 신정통기관은 배수수직관의 상부를 그대로 연장하여 대기에 개방한 통기관이다.
③ 결합통기관은 고층건물에서 배수수직관과 통기수직관을 연결하여 설치한 것이다.
④ 각개통기관은 모든 위생기구마다 설치하는 통기관이다.
⑤ 급수탱크의 배수방식은 간접배수방식으로 해야 한다.

3 위생기구설비

14 ②

오답해설 ㉠ 세락식 대변기는 오물을 직접 유수부에 낙하시켜 물의 낙차에 의하여 오물을 배출하는 방식이다.
㉢ 블로우 아웃식 대변기는 분수구로부터 높은 압력으로 물을 뿜어내어 그 작용으로 유수를 배수관으로 유인하는 방식이다.

15 ②

정답해설 버큠 브레이커(vacuum breaker)의 역할은 오염된 물이 역사이펀작용으로 인해 음용수 계통(상수계통)으로 역류하는 것을 차단하여 급수계통을 오염으로부터 보호해 주는 것이다.

16 ④

정답해설 블로아웃식 대변기는 사이펀 볼텍스식 대변기에 비해 세정음이 커서 주택이나 호텔 등에 부적합하다.

17 ④

오답해설 ① 위생기구로서 도기는 다른 재질들에 비해 흡수성이 작은 장점을 갖고 있어 가장 많이 사용되고 있다.
② 대변기 급수관의 최소 관지름은 세정밸브식이 25mm, 세정탱크식이 10mm이다.
③ 세정탱크식 대변기에는 세정 시 소음은 로(low) 탱크식이 하이(high) 탱크식보다 작다.
⑤ 세정밸브식 대변기에는 역류방지를 위해 역류방지기(버큠 브레이커)를 설치해야 한다.

CHAPTER 05 오수정화설비

▶ 연계학습: 기본서 하권 pp. 134~152

01	①	02	①	03	⑤	04	①	05	②
06	③	07	④						

1 오수정화설비 개요

01 ①

정답해설 SS는 오수 중에 함유되어 있는 입자지름 2mm 이하의 불용성 부유물질을 ppm으로 표시한 것을 말하며, 오수 중의 용존산소량은 DO(Dissolved Oxygen)로 나타낸다.

02 ①

정답해설 DO는 용존산소량으로, DO 값이 작을수록 오수의 정화능력이 떨어진다.

03 ⑤

정답해설
- (개인하수도)란 건물·시설 등의 설치자 또는 소유자가 해당 건물·시설 등에서 발생하는 하수를 유출 또는 처리하기 위하여 설치하는 배수설비·개인하수처리시설과 그 부대시설을 말한다.
- (합류식하수관로)란 오수와 하수도로 유입되는 빗물·지하수가 함께 흐르도록 하기 위한 하수관로를 말한다.
- (분류식하수관로)란 오수와 하수도로 유입되는 빗물·지하수가 각각 구분되어 흐르도록 하기 위한 하수관로를 말한다.

04 ①

정답해설 '하수'라 함은 사람의 생활이나 경제활동으로 인하여 액체성 또는 고체성의 물질이 섞이어 오염된 물(이하 '오수'라 한다)과 건물·도로 그 밖의 시설물의 부지로부터 하수도로 유입되는 빗물·지하수를 말한다. 다만, 농작물의 경작으로 인한 것은 제외한다.

05 ②

정답해설 개인하수처리시설의 관리기준

1. 다음 각 목의 구분에 따른 기간마다 그 시설로부터 배출되는 방류수의 수질을 자가측정하거나 「환경분야 시험·검사 등에 관한 법률」 제16조에 따른 측정대행업자가 측정하게 하고, 그 결과를 기록하여 3년 동안 보관할 것
   가. 1일 처리용량이 200세제곱미터 이상인 오수처리시설과 1일 처리대상 인원이 2천 명 이상인 정화조: (6개월마다 1)회 이상
   나. 1일 처리용량이 50세제곱미터 이상 200세제곱미터 미만인 오수처리시설과 1일 처리대상 인원이 1천 명 이상 2천 명 미만인 정화조: (연 1)회 이상

06 ③

정답해설 $$\text{BOD제거율}(\%) = \frac{\text{유입수의 BOD} - \text{유출수의 BOD}}{\text{유입수의 BOD}} \times 100\%$$

$$0.6 = \frac{\text{유입수의 BOD} - 60}{\text{유입수의 BOD}}$$

$\therefore$ 유입수 BOD농도 = 150(ppm)

2 오수정화조

07 ④

정답해설 부패탱크 방식의 정화조에서 오수의 처리순서는 '부패조 → 여과조 → 산화조 → 소독조'의 순서로 오수를 처리한다.

CHAPTER 06 **가스설비**

▶ 연계학습: 기본서 하권 pp. 153~168

01	①	02	⑤	03	②	04	④	05	④
06	⑤	07	④						

1 도시가스

01 ①

정답해설 일반적으로 LNG의 발열량은 LPG의 발열량보다 작다.

2 가스배관설계

02 ⑤

정답해설 도시가스의 안정공급을 위하여 정압기의 출구에는 도시가스의 압력을 측정·기록할 수 있는 장치를 설치해야 한다.

03 ②

오답해설 ① 가스계량기와 전기개폐기는 60cm, 전기점멸기와의 거리는 30cm 이상의 거리를 유지하여야 한다.

③ 가스계량기와 화기(그 시설 안에서 사용하는 자체화기는 제외한다) 사이에 유지하여야 하는 거리는 2m 이상으로 하여야 한다.

④ 가스계량기와 절연조치를 하지 아니한 전선과의 거리는 15cm 이상의 거리를 유지 하여야 한다.

⑤ 가스배관은 움직이지 않도록 고정 부착하는 조치를 하되 그 호칭지름이 13mm 미만의 것에는 1m마다 고정장치를 설치하여야 한다.

04 ④

오답해설 ① 가스계량기는 절연조치를 하지 않은 전선과는 15cm 이상 거리를 유지한다.

② 가스사용시설에 설치된 압력조정기는 매 1년에 1회 이상 압력조정기의 유지·관리에 적합한 방법으로 안전점검을 실시한다.

③ 가스배관은 움직이지 않도록 고정 부착하는 조치를 하되 그 호칭지름이 13mm 미만의 것에는 1m마다, 13mm 이상 33mm 미만인 배관은 2m마다, 33mm 이상인 배관은 3m마다 고정장치를 설치한다.

⑤ 가스계량기와 전기계량기 및 전기개폐기와의 거리는 60cm 이상 유지한다.

05 ④

정답해설 가스계량기와 전기계량기 및 전기개폐기와의 거리(60)cm 이상, 절연조치를 하지 아니한 전선과의 거리는 (15)cm 이상의 거리를 유지할 것

06 ⑤

정답해설 가스계량기와 전기개폐기와의 거리는 60cm 이상으로 유지해야 한다.

07 ④

오답해설 ① 가스계량기와 화기 사이에 유지하여야 하는 거리는 2m 이상이어야 한다.
② 가스계량기와 전기계량기 및 전기개폐기와의 거리는 60cm 이상을 유지하여야 한다.
③ 입상관의 밸브는 바닥으로부터 1.6m 이상 2m 이내에 설치하여야 한다. 단, 보호 상자에 설치하는 경우에는 그러하지 아니하다.
⑤ 가스계량기의 설치 높이는 바닥으로부터 1.6m 이상 2m 이내에 수직·수평으로 설치하여야 한다.

CHAPTER 07 소방설비

▶ 연계학습: 기본서 하권 pp. 169~213

01	⑤	02	⑤	03	⑤	04	②	05	④
06	⑤	07	⑤	08	④	09	③	10	⑤
11	②	12	③	13	②	14	⑤	15	④
16	①								

1 소방설비 개요

01 ⑤

정답해설 소화활동설비에는 제연설비, 연결송수관설비, 연결살수설비, 연소방지설비, 비상콘센트설비, 무선통신보조설비(⑤) 등이 있다.
① 이산화탄소소화설비-소화설비
② 비상방송설비-경보설비
③ 상수도소화용수설비-소화용수설비
④ 자동식사이렌설비-경보설비

02 ⑤

정답해설 체절운전이란 펌프의 성능시험을 목적으로 펌프 토출측의 개폐밸브를 닫은 상태에서 펌프를 운전하는 것을 말한다.

03 ⑤

정답해설 소방시설 등의 자체점검 시 점검인력 배치기준

제3호부터 제6호까지의 규정에도 불구하고 아파트등(공용시설, 부대시설 또는 복리시설은 포함하고, 아파트등이 포함된 복합건축물의 아파트등 외의 부분은 제외한다. 이하 이 표에서 같다)를 점검할 때에는 다음 각 목의 기준에 따른다.

가. 점검인력 1단위가 하루 동안 점검할 수 있는 아파트등의 세대수(이하 "점검한도 세대수"라 한다)는 종합점검 및 작동점검에 관계없이 (250)세대로 한다.

나. 점검인력 1단위에 보조 기술인력을 1명씩 추가할 때마다 (60)세대씩을 점검한도 세대수에 더한다.

04 ②

정답해설 소화활동설비에는 제연설비, 연결송수관설비, 연결살수설비, 연소방지설비, 비상콘센트설비, 무선통신보조설비 등이 있으며, 상수도소화용수설비는 소화용수설비에 해당한다.

2 소화설비

05 ④

정답해설 폐쇄형스프링클러헤드를 사용하는 아파트등은 기준개수 10개(스프링클러헤드의 설치개수가 가장 많은 세대에 설치된 스프링클러헤드의 개수가 기준개수보다 작은 경우에는 그 설치개수를 말한다)에 1.6세제곱미터를 곱한 양 이상의 수원이 확보되도록 하여야 한다. 다만, 아파트등의 각 동이 주차장으로 서로 연결된 구조인 경우 해당 주차장 부분의 기준 개수는 30개로 한다.

06 ⑤

정답해설 옥내소화전설비의 화재안전성능기준상 배관

옥내소화전설비의 배관을 연결송수관설비와 겸용하는 경우 주배관은 구경 (100)밀리미터 이상, 방수구로 연결되는 배관의 규경은 (65)밀리미터 이상의 것으로 해야 한다.

07 ⑤

정답해설 아파트등의 세대 내 스프링클러헤드를 설치하는 천장·반자·천장과 반자사이·덕트·선반등의 각 부분으로부터 하나의 스프링클러헤드까지의 수평거리는 2.6m 이하로 해야 한다.

08 ④

정답해설 옥내소화전설비의 화재안전기준

- 특정소방대상물의 어느 층에서도 해당 층의 옥내소화전(두 개 이상 설치된 경우에는 두 개의 옥내소화전)을 동시에 사용할 경우 각 소화전의 노즐선단에서 (0.17) 메가파스칼 이상의 방수압력으로 분당 130리터 이상의 소화수를 방수할 수 있는 성능인 것으로 할 것
- 옥내소화전방수구의 호스는 구역(40) 밀리미터(호스릴옥내소화전설비의 경우에는 25 밀리미터) 이상인 것으로서 특정소방대상물의 각 부분에 물이 유효하게 뿌려질 수 있는 길이로 설치할 것

09 ③

오답해설 ㉡ 옥내소화전 송수구의 설치높이는 바닥으로부터 높이 0.5m 이상 1m 이하에 설치하여야 한다.

㉢ 고가수조란 구조물 또는 지형지물 등에 설치하여 자연낙차의 압력으로 급수하는 수조를 말하며, 소화용수와 공기를 채우고 일정압력 이상으로 가압하여 그 압력으로 급수하는 수조는 압력수조이다.

10 ⑤

정답해설 '주방화재(K급 화재)'란 주방에서 동식물유를 취급하는 조리기구에서 일어나는 화재를 말하다. 주방화재에 대한 소화기의 적응 화재별 표시는 'K'로 표시한다.

3 경보설비 및 피난구조설비

11 ②

정답해설 피난구조설비에는 피난사다리(③), 완강기(①), 공기안전매트, 구조대(④), 피난교, 인명구조기구, 유도등 및 유도표지(⑤), 비상조명등이 있으며, 제연설비는 소화활동설비에 해당한다.

12 ③

정답해설 화재안전기준상 피난기구

- (완강기)란 사용자의 몸무게에 따라 자동적으로 내려올 수 있는 기구 중 사용자가 교대하여 연속적으로 사용할 수 있는 것을 말한다.
- (구조대)란 포지 등을 사용하여 자루형태로 만든 것으로서 화재 시 사용자가 그 내부에 들어가서 내려옴으로써 대피할 수 있는 것을 말한다.
- (다수인피난장비)란 화재 시 2인 이상의 피난자가 동시에 해당층에서 지상 또는 피난층으로 하강하는 피난기구를 말한다.

13 ②

정답해설 통로유도등 설치기준

제6조【통로유도등 설치기준】① 통로유도등은 특정소방대상물의 각 거실과 그로부터 지상에 이르는 복도 또는 계단의 통로에 다음 각 호의 기준에 따라 설치하여야 한다.

1. 복도통로유도등은 다음 각 목의 기준에 따라 설치할 것
   가. 복도에 설치하되 피난구유도등이 설치된 출입구의 맞은편 복도에는 입체형으로 설치하거나, 바닥에 설치할 것
   나. 구부러진 모퉁이 및 가목에 따라 설치된 통로유도등을 기점으로 (보행거리 20m)마다 설치할 것
   다. 바닥으로부터 높이 (1m 이하)의 위치에 설치할 것. 다만, 지하층 또는 무창층의 용도가 도매시장·소매시장·여객자동차터미널·지하역사 또는 지하상가인 경우에는 복도·통로 중앙부분의 바닥에 설치하여야 한다.

14 ⑤

정답해설 화재안전기준상 유도등의 전원

비상전원은 다음 각 호의 기준에 적합하게 설치하여야 한다.

1. 축전지로 할 것
2. 유도등을 (20)분 이상 유효하게 작동시킬 수 있는 용량으로 할 것. 다만, 다음 각 목의 특정소방대상물의 경우에는 그 부분에서 피난층에 이르는 부분의 유도등을 (60)분 이상 유효하게 작동시킬 수 있는 용량으로 하여야 한다.

15 ④

정답해설 피난용트랩은 3층에 설치하는 피난기구로서 4층 이상 10층 이하에는 설치할 수 없다.

이론 PLUS 소방대상물의 설치장소별 피난기구의 적응성

3층	4층 이상 10층 이하
미끄럼대	–
피난사다리	피난사다리
구조대	구조대
완강기	완강기
피난교	피난교
피난용트랩	–
간이완강기	간이완강기
공기안전매트	공기안전매트
다수인피난장비·승강식피난기	다수인피난장비·승강식피난기

※ 비고: 간이완강기의 적응성은 숙박시설의 3층 이상에 있는 객실에, 공기안전매트의 적응성은 공동주택(공동주택관리법 관련 규정에 해당하는 공동주택)에 추가로 설치하는 경우에 한한다.

16 ①

정답해설 경계전로가 분기되지 아니한 정격전류가 60A를 초과하는 전로에 있어서는 1급 누전경보기를 설치하며, 60A 이하의 전로에 있어서는 1급 또는 2급 누전경보기를 설치하여야 한다. 다만, 정격전류가 60A를 초과하는 경계전로가 분기되어 각 분기회로의 정격전류가 60A 이하로 되는 경우 당해 분기회로마다 2급 누전경보기를 설치한 때에는 당해 경계전로에 1급 누전경보기를 설치한 것으로 본다.

CHAPTER 08 난방 및 냉동설비

▶ 연계학습: 기본서 하권 pp. 216~260

01	⑤	02	④	03	②	04	③	05	⑤
06	⑤	07	③	08	①	09	⑤	10	④
11	②	12	⑤	13	③	14	①	15	③
16	①								

1 난방설비

01 ⑤

정답해설 바탕층이 지면에 접하는 경우에는 바탕층 아래와 주변 벽면에 높이 10센티미터 이상의 방수처리를 하여야 하며, 단열재의 윗부분에 방습처리를 하여야 한다.

02 ④

오답해설 ㉢ 저온수를 이용하는 방식의 경우 장기적인 난방에 효과적이다.

03 ②

정답해설 온수난방에서 역환수방식은 직접환수방식에 비해 각 방열기에 온수를 균등히 공급할 수 있다.

04 ③

오답해설 ① 상용출력은 예열부하를 제외한 난방부하, 급탕부하 및 배관 손실부하 등의 합이다.

② 환산증발량은 100℃의 물을 100℃의 증기로 1시간동안 증발시키는 것을 기준으로 하여 보일러의 실제증발량을 환산한 것이다.

④ 이코노마이저(economizer)는 보일러 배기가스에서 회수한 열로 보일러 급수를 예열하는 장치이다.

⑤ 저위발열량은 연료 연소 시 발생하는 수증기의 잠열을 제외한 것이다.

05 ⑤

정답해설 동일 방열량에 대하여 바닥복사난방은 대류난방보다 실의 평균온도가 낮아도 동일한 난방효과를 유지할 수 있으므로 손실열량이 적다.

06 ⑤

정답해설 버킷트랩은 기계식 트랩의 종류로 증기와 응축수의 밀도 차에 따른 부력 차를 이용하여 작동하는 방식으로, 응축수의 생성과 동시에 배출되며, 증기와 응축수의 온도 및 엔탈피 차이를 이용하여 응축수를 배출하는 방식은 온도조절식으로 종류에는 벨로스식 트랩, 다이어프램식 트랩, 서모왁스식 트랩, 바이메탈식 트랩이 있다.

이론 PLUS **증기트랩의 유형과 작동원리**

구분	작동원리	유형(trap type)
기계식 스팀트랩 (mechanical steam trap)	증기와 드레인 비중차	• 버킷트랩(bucket trap) • 플로트트랩(float trap)
온도조절식 스팀트랩 (thermostatic steam trap)	증기와 드레인 온도차	• 벨로스트랩(bellows trap) • 다이어프램트랩(diaphragm trap) • 서모왁스트랩(thermo wax trap) • 바이메탈식트랩(bimetallic trap)
열역학식 스팀트랩 (thermodynamic steam trap)	증기와 드레인의 열역학적 특성차	• 디스크트랩(disk trap)

07 ③

오답해설 ㉠ 정격출력은 난방부하, 급탕부하, 손실부하, 예열부하를 합한 것이다.

㉢ 고위발열량은 증발잠열을 포함한 열량이고, 저위발열량은 증발잠열을 포함하지 않은 열량이다.

08 ①

정답해설 온수난방은 증기난방과 비교하여 예열시간이 길어 지속운전에 적합하다.

09 ⑤

정답해설 건물이 플랜트로부터 멀리 떨어질수록 열매 반송 동력이 증가한다.

10 ④

정답해설 바닥복사난방 방식은 실내의 상하 온도분포 차이가 거의 없어 대류난방 방식에 비해 쾌적성이 좋다.

11 ②

정답해설 증기난방과 비교하여 실내 층고와 관계없이 상하 온도차가 거의 없다.

12 ⑤

정답해설 증기난방은 온수난방보다 열매체의 온도가 높아 열매량 차이에 따른 열량조절이 어렵기 때문에 부하변동에 대한 대응이 쉽지 않다.

13 ③

정답해설 증기난방설비의 구성요소에는 증기트랩, 2중서비스밸브, 감압밸브, 증기헤더, 인젝터, 응축수펌프 및 응축수탱크 등이 있으며, 온수난방설비의 구성요소에는 리턴콕, 3방밸브, 팽창탱크, 팽창관 등이 있다.

14 ①

정답해설 보일러의 정격출력은 '난방부하 + 급탕부하 + 배관(손실)부하 + 예열부하'이다.

15 ③

정답해설 온수난방은 증기난방에 비해 예열시간이 길다.

2 냉동설비

16 ①

정답해설 압축식 냉동기의 냉동사이클은 '압축기 → 응축기 → 팽창밸브 → 증발기' 순이다.

CHAPTER 09 공기조화 및 환기설비

▶ 연계학습: 기본서 하권 pp. 261~277

01	②	02	③	03	②	04	④	05	③
06	⑤								

1 공기조화설비

01 ②

정답해설 신축 공동주택의 실내공기질 측정항목은 '폼알데하이드, 벤젠, 톨루엔, 에틸벤젠, 자일렌, 스티렌, 라돈'이 해당된다.

02 ③

오답해설 ① 습공기선도를 사용하면 수증기분압, 현열비 등을 알 수 있지만 유효온도는 알 수 없다.
② 상대습도 50%인 습공기의 건구온도는 습구온도보다 높다.
④ 건구온도의 변화 없이 절대습도만 상승시키면 습구온도는 높아진다.
⑤ 절대습도의 변화 없이 건구온도만 상승시키면 노점온도는 일정하다.

2 환기설비

03 ②

정답해설 신축 또는 리모델링하는 '30세대 이상의 공동주택 또는 주택을 주택 외의 시설과 동일건축물로 건축하는 경우로서 주택이 30세대 이상인 건축물' 중 어느 하나에 해당하는 주택 또는 건축물은 시간당 0.5회 이상의 환기가 이루어질 수 있도록 자연환기설비 또는 기계환기설비를 설치해야 한다.

04 ④

정답해설 외부에 면하는 공기흡입구와 배기구는 교차오염을 방지할 수 있도록 (㉠ 1.5)미터 이상의 이격거리를 확보하거나, 공기흡입구와 배기구의 방향이 서로 (㉡ 90)도 이상 되는 위치에 설치되어야 하고 화재 등 유사시 안전에 대비할 수 있는 구조와 성능이 확보되어야 한다.

05 ③

정답해설 $환기량(Q) = \dfrac{실내의\ 총\ CO_2\ 배출량}{실내\ CO_2\ 허용농도 - 실외\ CO_2\ 농도}$

$$\therefore Q = \frac{0.015 \times 6}{(1,000 - 400)ppm} = \frac{0.015 \times 6 \times 100만}{600} = 150(m^3/h)$$

06 ⑤

정답해설 하나의 기계환기설비로 세대 내 2 이상의 실에 바깥공기를 공급할 경우의 필요 환기량은 각 실에 필요한 환기량의 합계 이상이 되도록 하여야 한다.

CHAPTER 10 전기 및 수송설비

▶ 연계학습: 기본서 하권 pp. 278~334

01	③	02	⑤	03	⑤	04	③	05	②
06	②	07	④	08	⑤	09	④	10	③
11	③	12	①	13	③	14	③	15	④
16	④	17	④	18	⑤	19	④	20	①
21	④	22	④	23	②	24	①	25	②

1 전기설비

01 ③

정답해설 전압 중 고압에서 직류는 1.5kV를, 교류는 1kV를 초과하고, 7kV 이하인 것을 말한다.

02 ⑤

오답해설 ① 상시인공보조조명(PSALI)은 자연조명이 그 자체만으로 불충분하거나 또는 불쾌할 때에 건축물의 자연조명을 보조하기 위해 설치하는 실내 상시 보조 인공 조명을 말하며, 전반조명과 국부조명을 조합하여 조명 효율성을 높인 방식은 전반국부병용조명이라고 한다.

② 광원이 발광하는 빛의 색을 온도로 나타낸 것이 색온도이며, 파란색은 빨간색에 비해 색온도가 높다.

③ 광원의 연색성이 높을수록 태양광선에 더욱 가까운 분광분포를 갖는다.

④ 조명률은 조명 작업면에 도달하는 광속을 광원의 총광속으로 나눈 것이다.

03 ⑤

오답해설 ① 단자반: 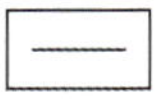　　② 전동기: 

③ 배전반: 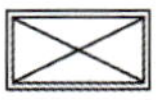　　④ 누전차단기: 

04 ③

오답해설 ① 광도(光度, luminous intensity)는 광원의 밝기를 나타내는 값이며, 단위는 칸델라(cd)이다. 광속은 광원에서 나오는 빛의 양으로 단위는 lm(루멘)이다.

② 어떤 물체의 색깔이 태양광 아래에서 보이는 색과 동일한 색으로 인식될 경우, 그 광원의 연색지수를 Ra 100으로 한다.

④ 수은등은 메탈할라이드등보다 효율이 낮고, 연색성이 나쁘다.

⑤ 건축화조명인 코브조명은 천장은 비추어 현휘를 방지할 수 있는 간접조명 방식이다.

05 ②

정답해설 부하율이 클수록 전기설비가 효율적으로 사용되고 있음을 나타내며, 부하율이 작으면 공급설비를 유효하게 사용하지 못한다는 의미이다.

06 ②

정답해설 $조도 = \dfrac{광속 \times 광원\ 개수 \times 조명률}{방의\ 면적 \times 감광보상률}$

(1) 조명률 0.5인 경우

$$480 = \frac{4{,}000 \times 광원\ 개수 \times 0.5}{100 \times \dfrac{1}{0.8}}$$ 에서 광원 개수 = 30개

(2) 조명률 0.6인 경우

$$480 = \frac{4{,}000 \times 광원\ 개수 \times 0.6}{100 \times \dfrac{1}{0.8}}$$ 에서 광원 개수 = 25개

∴ 30 − 25 = 5개

07 ④

오답해설 ① 천장은폐배선

② 노출배선

③ 바닥은폐배선

⑤ 바닥면 노출배선

08 ⑤

정답해설 $조도 = \frac{광속 \times 광원\ 개수 \times 조명률}{방의\ 면적 \times 감광보상률}$

$$400 = \frac{4{,}000 \times 광원\ 개수 \times 0.6}{120 \times \frac{1}{0.8}}$$

$\therefore$ 광원 개수 = 25(개)

09 ④

정답해설 금속몰드 공사는 철제 홈통의 바닥에 전선을 넣고 뚜껑을 덮는 배선방법으로 주로 철근콘크리트 건물에서 기설치된 금속관 배선을 증설할 경우에 사용하며, 매립공사에는 부적합하다.

10 ③

정답해설 $광속 = \frac{조명의\ 평균조도 \times 방의\ 면적 \times 감광보상률}{조명률 \times 광원\ 개수}$

$$= \frac{조명의\ 평균조도 \times 방의\ 면적}{조명률 \times 광원\ 개수 \times 보수율}$$

$\therefore 광속 = \frac{400 \times 100}{0.5 \times 25 \times 0.8} = 4{,}000(lm)$

11 ③

정답해설 전력용 반도체소자의 스위칭 작용을 이용하여 직류전력을 교류전력으로 변환하는 장치를 '인버터'라고 한다.

12 ①

이론 PLUS

전기자동차 충전시설

제18조의5【전용주차구역 및 충전시설의 설치 대상시설】법 제11조의2 제1항 각 호 외의 부분에서 '대통령령으로 정하는 시설'이란 다음 각 호에 해당하는 시설로서 「주차장법」에 따른 주차단위구획의 총 수(같은 법에 따른 기계식주차장의 주차단위구획의 수는 제외하며, 이하 '총주차대수'라 한다)가 50개 이상인 시설 중 환경친화적 자동차 보급현황·보급계획·운행현황 및 도로여건 등을 고려하여 특별시·광역시·특별자치시·도·특별자치도(이하 '시·도'라 한다)의 조례로 정하는 시설을 말한다.

1. … 생략 …
2. 「건축법 시행령」 제3조의5 및 별표 1 제2호에 따른 공동주택 중 다음 각 목의 시설
   가. (100)세대 이상의 아파트
   나. 기숙사
3. 시·도지사, 시장·군수 또는 구청장이 설치한 「주차장법」 제2조 제1호에 따른 주차장

13 ③

정답해설 주택에 설치하는 전기시설의 용량은 각 세대별로 3kW(세대당 전용면적이 60㎡ 이상인 경우에는 3kW에 60㎡를 초과하는 10㎡마다 0.5kW를 더한 값) 이상이어야 한다. 즉, 각 세대별 최소 3kW 이상이 되어야 하며, 세대당 전용면적이 60㎡ 이상일 경우 기본 용량 3kW보다 큰 용량이 필요하다.

14 ③

오답해설 ① **합성수지몰드 공사:** 접속점이 없는 절연전선을 사용하여 전선이 노출되지 않도록 설치한다.
② **플로어덕트 공사:** 옥내의 건조한 콘크리트 바닥에 덕트를 설치하고 전선을 매입하는 공사이다.
④ **금속몰드 공사:** 금속몰드 공사는 철제 홈통의 바닥에 전선을 넣고 뚜껑을 덮는 배선방법으로 주로 철근콘크리트 건물에서 기설치된 금속관 배선을 증설할 경우에 사용한다.
⑤ **버스덕트 공사:** 빌딩, 공장 등에서 비교적 큰 전류가 통하는 간선공사에 사용한다.

15 ④

오답해설 ① SPD(Surge Protector Device): '서지보호기'라고 하며, 낙뢰로 인한 전압 또는 전력계통의 도체를 통해 침입하는 전압을 '서지'라고 하며, SPD는 높은 전압에 의한 전기적 고장을 막기 위해 설치하는 것이다.
② PID: 자동제어방식 가운데 가장 널리 쓰이는 제어 방식으로 P(Proportional, 비례), I(Integral, 적분), D(Differential, 미분)인 3가지 제어 동작을 조합한 것을 의미하며, 이 3가지를 적절히 조합하면 단순한 제어보다 훨씬 유연하고 정밀한 제어가 가능해진다.
③ VAV: 가변풍량 시스템
⑤ VVVF: 가변속제어 전기시스템

16 ④

정답해설 역률개선용 콘덴서를 부하와 병렬로 설치함으로써 얻는 효과에는 역률개선, 전압강하 경감, 전기요금 경감, 설비용량의 여유분 증가, 배전선 및 변압기의 손실 경감 등이 있다.

17 ④

정답해설 고유저항이 일정할 경우 전선의 굵기와 길이를 각각 2배로 하면 저항은 1/2로 감소한다.

18 ⑤

정답해설 큰 고장전류가 접지도체를 통하여 흐르지 않을 경우 접지도체의 최소 단면적은 구리 $6mm^2$ 이상, 철 $50mm^2$ 이상으로 한다.

19 ④

오답해설 ① 단로기(DS): 무부하 상태의 전로를 개폐한다.

② 지락과전류보호계전기(OCGR; Over Current Ground Relay): 선로가 단선되어 땅에 떨어지면 대지를 통하여 전류가 흐른다. 이와 같은 대지전류를 지락전류라고 하는데, 지락과전류보호계전기는 선로가 대지를 통하여 전류를 흘리고 있는지를 검출하는 계전기이다.

③ 과전류보호계전기(OCR; Over Current Relay): 전선용량이 15A인데 30A 전류를 쓰면 전선이 과열된다. 과전류보호계전기는 이와 같은 현상을 방지하기 위하여 이상(과한) 전류가 흐를 경우 자동으로 차단할 수 있도록 한 계전기이다.

⑤ 자동고장구분개폐기(ASS; Automatic Section Switch): 높은 전압을 지닌 배전선로 분기지점 또는 수용가와의 인입지점에 설치하여 고장 구간을 자동으로 구분·분리하는 개폐기이다.

2 수송설비

20 ①

정답해설 자동 작동 승강장 문의 닫힘: 경미한 결함

오답해설 ② 문턱, 가이드 및 문의 현수장치: 매우 중대한 결함

③ 승강장문 및 카문 잠금 및 비상 잠금해제 확인: 매우 중대한 결함

④ 여러 문짝이 기계적으로 연결된 개폐식 승강장문: 매우 중대한 결함

⑤ 카문의 닫힘 확인을 입증하는 전기안전장치: 매우 중대한 결함

21 ④

이론 PLUS **피난용승강기의 설치기준**

제30조(피난용승강기의 설치기준)

4. 피난용승강기 전용 예비전원

가. 정전시 피난용승강기, 기계실, 승강장 및 폐쇄회로 텔레비전 등의 설비를 작동할 수 있는 별도의 예비전원 설비를 설치할 것

나. 가목에 따른 예비전원은 초고층 건축물의 경우에는 (2시간)이상, 준초고층 건축물의 경우에는 (1시간)이상 작동이 가능한 용량일 것

22 ④

오답해설 ① 전자제동 장치: 기계실에 설치
② 리밋 스위치: 승강로에 설치
③ 조속기: 기계실에 설치
⑤ 종점정지 스위치: 승강로에 설치

23 ②

정답해설 옥내에 설치하는 피난용승강기의 승강장 바닥면적은 승강기 1대에 6m² 이상으로 해야 한다.

24 ①

오답해설 ② 전자·기계 브레이크는 전자식으로 운전 중에는 항상 개방되어 있고, 정지 시에 전원이 차단됨과 동시에 작동하는 장치이다.
③ 비상통화장치는 정전 시나 고장 등으로 승객이 갇혔을 때 외부와의 연락을 위한 장치이다.
④ 리미트 스위치는 승강기가 최상층 이상 및 최하층 이하로 운행되지 않도록 엘리베이터의 초과운행을 방지하여 주는 장치이다.
⑤ 세이프티 슈는 승강기 문에 승객 또는 물건이 끼었을 때 자동으로 다시 열리게 되어 있는 장치이다.

25 ②

정답해설 파이널 리미트 스위치는 리미트 스위치의 고장을 대비한 2차 안전장치로, 주회로를 차단하는 장치이며, 엘리베이터가 정격속도 이상일 경우 전동기에 공급되는 전기회로를 차단시키고 전자 브레이크를 작동시키는 기기는 조속기이다.

CHAPTER 11 홈네트워크 및 건축물의 에너지절약설계기준 ▶ 연계학습: 기본서 하권 pp. 335~366

01	④	02	⑤	03	②	04	③	05	③
06	③	07	②	08	⑤	09	⑤	10	②
11	③	12	④	13	①				

1 홈네트워크설비

01 ④

정답해설 가스감지기는 LNG인 경우에는 천장 쪽에, LPG인 경우에는 바닥 쪽에 설치하여야 한다.

02 ⑤

정답해설 원격검침시스템은 주택 내부 및 외부에서 전력, 가스, 난방, 온수, 수도, 등의 사용량 정보를 원격으로 검침하는 시스템이다.

03 ②

오답해설 ① 무인택배함의 설치수량은 소형주택의 경우 세대수의 약 10~15%, 중형주택 이상은 세대수의 15~20% 정도 설치할 것을 권장한다.

③ 홈네트워크 사용기기의 예비부품은 내구연한을 고려하고, 5% 이상 5년간 확보할 것을 권장한다.

④ 전자출입시스템의 접지단자는 프레임 내부에 설치하여야 한다.

⑤ 차수판 또는 차수막을 설치하지 아니한 경우, 통신배관실은 외부의 청소 등에 의한 먼지, 물 등이 들어오지 않도록 50mm 이상의 문턱을 설치하여야 한다.

04 ③

오답해설 홈네트워크 사용기기에는 원격제어기기, 원격검침시스템(ⓑ), 감지기(ⓡ), 전자출입시스템, 차량출입시스템(ⓒ), 무인택배시스템(ⓐ)이 있으며, 홈네트워크 장비에는 홈게이트웨이(ⓛ), 세대단말기(ⓜ), 단지네트워크장비, 단지서버가 있다.

이 론 PLUS **홈네트워크 설치 유형 구분과 필요설비**

구분		필요설비
홈네트워크 설비	홈네트워크망	단지망, 세대망
	홈네트워크장비	홈게이트웨이, 세대단말기, 단지네트워크장비, 단지서버
	홈네트워크 사용기기	원격제어기기, 원격검침시스템, 감지기, 전자출입시스템, 차량출입시스템, 무인택배시스템, 영상정보처리기기 등
홈네트워크 설비 설치공간		세대단자함, 통신배관실(TPS실), 집중구내통신실(MDF실), 그 밖에 방재실, 단지서버실 등

05 ③

오답해설 ① 가스감지기는 LNG인 경우에는 천장 쪽에, LPG인 경우에는 바닥 쪽에 설치하여야 한다.

② 차수판 또는 차수막을 설치하지 않은 통신배관실에는 최소 50mm 이상의 문턱을 설치하여야 한다.

④ 통신배관실의 출입문은 폭 0.7미터, 높이 1.8미터 이상(문틀의 내측치수)이어야 하며, 잠금장치를 설치하고, 관계자 외 출입통제 표시를 부착하여야 한다.

⑤ 통신배관실은 TPS실이라고 하며, 통신용 파이프 샤프트 및 통신단자함을 설치하기 위한 공간을 말하며, 집중구내통신실은 MDF실이라고 하며 국선·국선단자함 또는 국선배선반과 초고속통신망장비, 이동통신망장비 등 각종 구내통신선로설비 및 구내용 이동통신설비를 설치하기 위한 공간을 말한다.

06 ③

정답해설 차수판 또는 차수막을 설치하지 않은 통신배관실에는 최소 50mm 이상의 문턱을 설치하여야 한다.

07 ②

정답해설 홈네트워크 사용기기에는 원격제어기기, 원격검침시스템(⑤), 감지기(③), 전자출입시스템(④), 차량출입시스템, 무인택배시스템(①)이 있으며, 홈네트워크 장비에는 홈게이트웨이, 세대단말기(②), 단지네트워크장비, 단지서버가 있다.

08 ⑤

정답해설 통신배관실은 TPS라고 하며, 통신용 파이프 샤프트 및 통신단자함을 설치하기 위한 공간을 말하며, 집중구내통신실은 MDF라고 하며, 국선·국선단자함 또는 국선배선반과 초고속통신망장비, 이동통신망장비 등 각종 구내통신선로설비 및 구내용 이동통신설비를 설치하기 위한 공간이다.

09 ⑤

정답해설 홈네트워크 장비에는 홈게이트웨이(④), 세대단말기(①), 단지네트워크장비(②), 단지서버(③)가 있으며, 홈네트워크 사용기기에는 원격제어기기, 원격검침시스템(⑤), 감지기, 전자출입시스템, 차량출입시스템, 무인택배시스템이 있다.

10 ②

정답해설 집중구내통신실은 MDF라고 하며, 국선·국선단자함 또는 국선배선반과 초고속통신망장비, 이동통신망장비 등 각종 구내통신선로설비 및 구내용 이동통신설비를 설치하기 위한 공간이다.

11 ③

정답해설 원격제어기기는 주택 내부 및 외부에서 가스, 조명, 전기 및 난방, 출입 등을 원격으로 제어할 수 있는 기기이다.

2 건축물의 에너지절약설계기준

12 ④

정답해설 '수용률'이라 함은 부하설비 용량 합계에 대한 최대 수용전력의 백분율을 말한다.

13 ①

정답해설 지하주차장의 환기용 팬은 일산화탄소(CO) 농도에 의한 자동(on-off) 제어방식을 도입한다.

SUBJECT 3

민법

정답 및 해설

PART 01

민법 통칙

CHAPTER 01 민법 서론

▶ 연계학습: 기본서 상권 pp. 22~41

01	③	02	②	03	④	04	⑤	05	①
06	②	07	③						

1 민법의 법원(法源)

01 ③

정답해설 관습법도 법(法)이므로 관습법의 존재 유・무에 관하여 분쟁이 발생하면 법원(法院)이 직권으로 이를 판단하여 확정하여야 한다.

02 ②

정답해설 민사에 관한 대통령의 긴급재정명령은 민법의 법원이 될 수 있다.

03 ④

오답해설 ① 물권은 관습법에 의하여 창설될 수 있다(민법 제185조). 관습법상 법정지상권이나 분묘기지권 등은 관습법에 의하여 창설된 물권이다.

② 사실인 관습은 법령으로서의 효력이 없는 단순한 관행으로서 법률행위의 당사자의 의사를 보충함에 그치는 것이다. 즉 사적자치가 인정되는 분야에서 해석기준이 된다.

③ 사실인 관습은 당사자가 주장·증명하는 것을 원칙으로 하되(80다3231), 사실인 관습도 일종의 경험칙으로서 당사자의 주장에 구애됨이 없이 법원이 직권으로 판단할 수 있다(76다1124).

⑤ 사실인 관습이란 사회의 거듭된 관행으로 인한 사회생활규범이라는 점에서 관습법과 같으나, 다만 사회의 법적 확신에 의해 법적 규범으로 승인될 정도에 이르지 못한 것이다.

04 ⑤

정답해설 법령과 같은 효력을 갖는 관습법은 당사자의 주장 입증을 기다림이 없이 법원이 직권으로 이를 확정하여야 한다(80다3231).

오답해설 ④ 대법원규칙 중 민사에 관한 내용은 민법 제1조에서 서술하는 법률에 포함된다.

05 ①

정답해설 민사에 관하여 법률에 규정이 없으면 관습법에 의하고 관습법이 없으면 조리에 의한다(제1조).

06 ②

정답해설 미등기 무허가건물의 양수인이라 할지라도 소유권이전등기를 경료받지 않는 한 그 건물에 대한 소유권을 취득할 수 없고, 그러한 상태의 건물 양수인에게 소유권에 준하는 관습상의 물권이 있다고 볼 수도 없다(2007다11347).

07 ③

정답해설 민사에 관하여 법률에 규정이 없으면 관습법에 의하고 관습법이 없으면 조리에 의한다(제1조). 여기서의 '법률'은 민사에 관한 모든 제정법을 의미하므로 일반적으로 승인된 국제법규가 민사에 관한 것이라면 민법의 법원이 될 수 있다.

CHAPTER 02 권리와 의무

▶ 연계학습: 기본서 상권 pp. 42~68

01	⑤	02	③	03	②	04	①	05	⑤
06	③	07	⑤	08	②	09	①	10	⑤
11	①	12	④	13	④				

1 권리의 종류(사권의 분류)

01 ⑤

정답해설 상속회복청구권은 형성권이 아닌 청구권이다.

02 ③

정답해설 임차인의 비용상환청구권은 형성권이 아니다.

03 ②

정답해설 주된 권리가 시효로 소멸하면 종된 권리도 소멸한다. (부종성)

오답해설 ① 매매예약 완결권의 법적 성질은 형성권이다.

③ 채권자취소권은 소(訴)로써만 행사하여야 한다.

④ 연기적 항변권은 상대방청구권 행사의 효력을 잠시 저지하는 효력이 있을 뿐이다. 영구적 항변권의 행사는 상대방의 청구권을 소멸시킨다.

⑤ 임대인의 임대차계약 해지권은 일신전속권이 아니다.

04 ①

정답해설 상계권은 형성권이다.

05 ⑤

정답해설 형성권에 해당하는 것은 매매예약상 권리자의 일방예약완결권(㉢)과 지상권자의 지상물매수청구권(㉣)이다.

오답해설 ㉠ 전세권자의 전세금반환채권 – 채권

㉡ 점유자의 유익비상환청구권 – 채권

06 ③

정답해설 채권자취소권은 형성권이지만 채권자대위권은 형성권이 아니다.

07 ⑤

정답해설 담보물권은 원칙적으로 물건의 전부를 그 객체로 하고, 분할 절차를 거치지 않은 물건의 일부는 담보물권의 객체가 될 수 없다. 따라서 1필지인 토지의 일부에 분필하지 않은 상태로 저당권을 설정할 수는 없다.

2 권리의 행사와 의무의 이행

08 ②

정답해설 법령에 위반되어 무효임을 알면서 법률행위를 한 자가 강행법규 위반을 이유로 그 무효를 주장하는 것은 특별한 사정이 없는 한 신의칙에 반하지 않는다.

09 ①

오답해설 ② 권리남용금지의 원칙은 권리남용을 제한하기 위한 것이지 권리를 박탈하기 위한 것이 아니므로 권리자가 권리를 남용한 경우에도 명문의 규정이 없는 한 그 권리가 소멸하는 것은 아니다. 다만, 권리행사의 효력을 제한할 뿐이다.

③ 신의성실의 원칙에 관한 민법 제2조는 일반적 강행규정에 해당하고 그 강행규정에 반하는지의 여부는 법원이 직권으로 판단할 수 있다.

④ 신의성실의 원칙에 관한 민법 제2조는 일반적 강행규정으로서 사법관계뿐만 아니라 공법관계 등 우리 사회 일반에 적용되는 강행규정이다.

⑤ 사정변경의 원칙에서 사정은 계약의 기초가 된 객관적 사정을 말하는 것이고, 일방당사자의 주관적 사정을 의미하는 것은 아니다.

고난도

10 ⑤

정답해설 관련 법령을 위반하여 무효인 편입허가를 받은 자가 있는 경우, 이는 절대적으로 무효로서 오랜 기간이 경과하였다 하더라도 무효의 효과는 변함이 없으므로 편입학을 취소하는 것은 신의칙 위반이라 할 수 없다.

> **고난도 TIP** 신의성실의 원칙과 관련한 대법원 판례를 알아 두어야 할 뿐만 아니라 건전한 사회인의 상식을 바탕으로 한 응용력과 상상력이 필요한 문제이다.

11 ①

정답해설 ㉠ 법령에 위반되어 무효임을 알고서도 법률행위를 한 자가 강행법규 위반을 이유로 무효를 주장하는 것은 특별한 사정이 없는 한 신의칙에 반하지 않는다(2003다2390).

오답해설 ㉡ 신의성실의 원칙에 관한 민법 규정은 강행규정으로서 이에 반하는 것은 강행규정에 위배되는 것이다(97다37821).

㉢ 채권자와 채무자 사이에 계속적인 거래관계에서 발생하는 불확정한 채무를 보증하는 이른바 계속적 보증의 경우뿐만 아니라 특정채무를 보증하는 일반보증의 경우에 있어서도, 채권자의 권리행사가 신의칙에 비추어 용납할 수 없는 성질의 것인 때에는 보증인의 책임을 제한하는 것이 예외적으로 허용될 수 있을 것이나, 일단 유효하게 성립된 보증계약에 따른 책임을 신의칙과 같은 일반원칙에 의하여 제한하는 것은 자칫 잘못하면 사적 자치의 원칙이나 법적 안정성에 대한 중대한 위협이 될 수 있으므로 신중을 기하여 극히 예외적으로 인정하여야 한다(2003다45410).

㉣ 아파트 분양자는 아파트단지 인근에 대규모 공동묘지가 조성되어 있는 사실을 수분양자에게 고지할 신의칙상의 의무를 부담한다(2005다5812).

12 ④

정답해설 강행법규를 위반한 행위는 절대적 무효로서 강행법규에 반하는 법률행위를 한 자가 스스로 강행법규 위반을 이유로 그 법률행위의 무효를 주장하는 것은 신의칙에 반하지 않는다.

3 권리의 중첩

고난도

13 ④

정답해설 ㉠ 계약당사자 사이에서 일방 당사자의 잘못으로 인해 상대방 당사자가 계약을 취소하거나 불법행위로 인한 손해배상을 청구할 수 있는 경우 계약 취소로 인한 부당이득반환청구권과 불법행위로 인한 손해배상청구권은 동일한 경제적 급부를 목적으로 경합하여 병존하게 되고, 특별한 사정이 없는 한 어느 하나의 청구권이 만족을 얻어 소멸하면 그 범위 내에서 다른 나머지 청구권도 소멸하는 관계에 있다(92다56087). 채무자가 부당이득반환채무를 변제하였다면 그와 경합 관계에 있는 손해배상채무도 소멸한다. 이때 불법행위로 인한 손해배상채무에 관하여 채무자와 함께 공동불법행위책임을 부담하는 자가 있고, 채무자의 위와 같은 변제가 공동불법행위자들 내부관계에서 인정되는 자기의 부담 부분을 초과한 것이라면, 채무자는 다른 공동불법행위자에게 공동 면책을 이유로 그 부담 부분의 비율에 따라 구상권을 행사할 수 있다(2016다229980).

㉢ 매매의 목적물에 하자가 있는 경우 매도인의 하자담보책임과 채무불이행책임은 별개의 권원에 의하여 경합적으로 인정된다. 이 경우 특별한 사정이 없는 한, 하자를 보수하기 위한 비용은 매도인의 하자담보책임과 채무불이행책임에서 말하는 손해에 해당한다. 따라서 매매목적물인 토지에 폐기물이 매립되어 있고 매수인이 폐기물을 처리하기 위해 비용이 발생한다면 매수인은 그 비용을 민법 제390조에 따라 채무불이행으로 인한 손해배상으로 청구할 수도 있고, 민법 제580조 제1항에 따라 하자담보책임으로 인한 손해배상으로 청구할 수도 있다(2017다202050).

오답해설 ㉡ 공무원이 직무상 불법행위로 인하여 타인에게 손해를 가한 때에는 「국가배상법」이 적용되고, 민법의 사용자책임은 적용되지 않는다.

고난도 TIP 권리의 경합 및 법규의 경합과 관련하여 민법의 전 분야에 걸쳐서 발생할 수 있는 권리의 경합에 관한 문제로, 모든 파트에서 꼭 알아야 할 내용으로 구성되었다. 모든 파트에서 쟁점이 되는 판례는 꼭 암기해야 한다.

PART 02 권리의 주체와 객체

CHAPTER 01 자연인

▶ 견계학습: 기본서 상권 pp. 72~11

01	④	02	③	03	②	04	④	05	①
06	②	07	①	08	④	09	⑤	10	①
11	④	12	⑤	13	⑤	14	⑤	15	②
16	⑤	17	④	18	③	19	①	20	③
21	③	22	③	23	⑤	24	④	25	④
26	②								

회계원리
시설개론
공동주택
민법

1 서설

01 ④

오답해설 ① 법인은 상속을 받을 수는 없으나 유증을 받을 수 있는 능력이 있다.
② 해산한 법인 즉, 청산법인은 청산에 필요한 목적범위 내에서만 권리와 의무의 주체가 된다.
③ 태아는 채무불이행이 아닌 불법행위로 인한 손해배상청구권에 관하여 이미 출생한 것으로 본다.
⑤ 권리능력에 관한 민법 규정은 강행규정으로서 사람의 권리능력은 당사자의 합의에 의하여 제한될 수 없다.

02 ③

정답해설 증여는 계약이므로 태아의 권리능력을 인정할 수 없고, 유증에 관하여도 판례가 태아의 권리능력을 인정하지 않는다.

2 자연인

03 ②

정답해설 미성년자는 법정대리인의 동의 없이도 타인의 대리인이 될 수 있고, 그 대리행위시 법정대리인의 동의는 요하지 않는다.

04 ④

정답해설 ① 乙은 2025. 1. 1.이 아닌 2021. 1. 2.부터 법원에 실종선고를 청구할 수 있다.

② 1순위 상속인이 있으면 그 후순위 상속인은 실종선고를 청구할 수 있는 청구권자가 아니므로 1순위 상속권자인 乙이 실종선고를 청구하지 않을 경우, 후순위 상속권자인 丙은 실종선고를 청구할 수 없다.

③ 실종선고의 청구는 이해관계인과 검사가 그 청구권자이므로 이해관계인 乙과 丙이 있어도 검사는 법원에 실종선고를 청구할 수 있다.

⑤ 법원이 실종선고를 하면 甲은 2021. 1. 2. 0시에 사망한 것으로 본다.

05 ①

정답해설 인정사망이나 실종선고에 의하지 아니하고 법원이 사망사실을 인정할 수 있는지 여부(적극) – 수난, 전란, 화재 기타 사변에 편승하여 타인의 불법행위로 사망한 경우에 있어서는 확정적인 증거의 포착이 손쉽지 않음을 예상하여 법은 인정사망, 위난실종선고 등의 제도와 그밖에도 보통실종선고제도도 마련해 놓고 있으나 그렇다고 하여 위와 같은 자료나 제도에 의함이 없는 사망사실의 인정을 수소법원이 절대로 할 수 없다는 법리는 없다(87다카2954).

06 ②

정답해설 실종선고는 실종자의 권리능력을 박탈하는 제도가 아니다. 그러므로 실종선고가 있더라도 당사자가 생존하는 한 그의 권리능력이 상실되는 것은 아니다.

오답해설 ① 태아에게는 증여의 수증능력이 없으므로 태아는 법정대리인에 의한 수증행위를 할 수 없다.

③ 인정사망은 사망에 대한 추정적 효력이 있을 뿐이므로 이후 그에 대한 반증만으로 사망의 추정력이 복멸한다.

④ 전부노출설에 의하여 출생으로 인하여 즉시 권리능력을 취득하는 것이고, 출생 후 그 사실이 가족관계등록부에 기재는 출생에 관한 추정적 효력이 있을 뿐이다.

⑤ 2인 이상이 동일한 위난으로 사망한 경우에는 동시에 사망한 것으로 추정된다.

07 ①

오답해설 ② 태아인 동안에는 법정대리인이 존재할 수 없으므로 모(母)가 법정대리인으로서 할 수 있는 법률행위는 없다.

③ 태아가 살아서 출생하지 못했다면 그 권리능력이 인정되지 않으므로 태아가 타인의 불법행위로 인하여 사산된 경우, 태아의 손해배상청구권은 인정되지 않는다.

④ 태아를 피보험자로 하는 상해보험계약은 그 유효성이 인정된다(2016다211224).

⑤ 태아에 대한 유증이 그 방식을 갖추지 못하여 무효가 되었다면 그 유증은 확정적으로 무효가 되고 무효행위전환의 법리가 적용될 여지가 없다. 그러므로 증여로서의 효력이 인정되지도 않는다.

08 ④

정답해설 태아는 손해배상의 청구권에 관하여는 이미 출생한 것으로 본다(제762조). 이는 태아가 출생한 것을 전제로 하는 것이므로 운전자 甲의 과실에 의한 교통사고로 母가 충격되어 태아가 사산(死産)된 경우, 태아의 권리능력이 인정되지 않으므로 母는 태아의 甲에 대한 손해배상청구권을 상속받을 수 없고, 존재하지 않는 상속에 관한 권리를 甲에게 행사할 수도 없다.

09 ⑤

오답해설 ① 甲이 성년자가 되었다면 단독으로 추인할 수 있는 상태가 되었으므로 丙은 甲에게 계약의 추인 여부에 대한 확답을 촉구할 수 있다.

② 미성년자도 스스로 자신의 행위에 대한 취소권이 있으므로 甲은 乙의 동의 없이도 자신이 미성년자임을 이유로 계약을 취소할 수 있다.

③ 법정대리인 乙은 甲이 미성년자인 동안에 계약을 추인할 수 있다.

④ 미성년자의 법률행위에 대한 확답의 촉구는 상대방의 선·악 불문하고 인정이 되므로 丙이 계약체결 당시 甲이 미성년자임을 알았더라도, 丙은 乙에게 추인 여부의 확답을 촉구할 수 있다.

10 ①

정답해설 일반적인 부당이득반환에 있어서는 민법 제748조에 의하여 수익자의 선의·악의 여부에 따라 그 반환범위가 달라지게 되나, 제한능력자가 반환할 경우에는 언제나 그 행위로 인하여 받은 이익이 현존하는 한도에서만 반환하면 된다(제141조 단서).

오답해설 ④ 미성년자의 법률행위에 대한 법정대리인의 동의는 불요식 행위에 해당하므로 명시적·묵시적 모두 가능하다.

11 ④

정답해설 경제적으로 유리한 매매계약이라도 권리만 얻거나 의무만을 면하는 행위가 아니라면 미성년자가 법정대리인의 동의 없이 한 경우 이를 미성년자나 그 법정대리인이 취소할 수 있다.

고난도

12 ⑤

오답해설 ① 미성년자도 취소권을 행사할 수 있으므로 甲은 성년이 되기 전이라도 매매계약을 취소할 수 있다.

② 법정대리인 乙은 甲이 성년이 되기 전에만 매매계약을 추인할 수 있다. 甲이 성년이 되면 법정대리권이 소멸하므로 더이상 추인할 수 없고, 성년이 된 甲이 추인할 여지는 있다.

③ 2020. 6. 20. 甲은 여전히 미성년자이므로 丙은 甲에게 매매계약에 대한 추인 여부의 확답을 촉구할 수 없고, 법정대리인 乙에게 추인 여부의 확답을 촉구하여야 한다.

④ 추인 여부의 확답 촉구는 상대방의 선악을 불문하고 인정된다. 그러므로 丙이 매매계약 체결 당시에 甲이 미성년자임을 알았던 경우라도 乙에게 추인 여부의 확답을 촉구할 수 있다.

고난도 TIP 이론, 조문, 판례를 조합하여 사례화하는 연습을 해야 한다.

13 ⑤

오답해설 ① 대리인은 행위능력자임을 요하지 않는다. 그러므로 미성년자도 타인의 대리인이 될 수 있다. 丙이 甲에 대하여 수권행위를 하였다면 甲이 丙의 대리인으로 행한 법률행위는 유효이고 미성년임을 이유로 취소할 수 없다.

② 甲은 18세이므로 단독으로 유언을 할 수 있다. 따라서 자신의 재산을 丙에게 준다는 유언은 유효이다.

③ 乙이 甲에게 특정한 영업을 허락하였다면 乙은 그 영업에 관한 법정대리권을 상실하지만, 향후 미성년자가 법률행위를 하기 전에 그 영업에 대한 허락을 취소할 수 있다.

④ 미성년자가 그 법정대리인의 동의 없이 한 법률행위는 취소할 수 있으므로, 甲이 법정대리인의 동의를 요하는 법률행위를 乙의 동의 없이 하였다면, 甲은 乙의 동의 없음을 이유로 그 행위를 취소할 수 있다.

함정 CHECK 문제의 '아버지처럼' 등과 같이 감성을 자극하는 단어에 현혹되면 안 된다.

14 ⑤

정답해설 특정후견은 본인의 의사에 반하여 심판할 수 없다.

15 ②

정답해설 피성년후견인에 대한 법정대리인인 성년후견인은 피성년후견인의 법률행위에 대한 동의권이 없으므로 피성년후견인이 법정대리인의 동의서를 위조하여 주택 매매계약을 체결한 경우라 할지라도 속임수를 쓴 것이라고 할 수 없어서 성년후견인은 이를 취소할 수 있다.

오답해설 ① 특정후견의 심판이 있어도 피특정후견인은 제한능력자가 되는 것은 아니다.
③ 가정법원은 피한정후견인에 대하여 성년후견개시의 심판을 하고자 하는 경우 한정후견의 종료심판을 하여야 한다.
④ 의사능력이 없는 자일지라도 성년후견개시의 심판이 없다면 피성년후견인이 아니다.
⑤ 피한정후견인이 동의를 요하는 법률행위를 동의 없이 하였고 그 후 한정후견심판이 종료되었더라도 취소권의 제척기간 이내라면 그 법률행위는 취소될 수 있다.

16 ⑤

정답해설 피성년후견인이 적극적으로 속임수를 써서 자기를 능력자로 믿게 한 경우에는 취소권이 소멸하므로 더 이상 그 행위를 취소할 수 없다(제17조 제1항).

함정 CHECK 조문의 단순 암기가 아닌 세부적 해석이 필요하다.

고난도

17 ④

오답해설 ① 성년후견인은 원칙적으로 피성년후견인의 재산상 법률행위에 대한 동의권이 없다. 그래서 성년후견개시 심판 시 가정법원에서 취소할 수 없다고 정한 법률행위가 아니라면 피성년후견인은 법정대리인의 동의 유무를 불문하고 자신의 법률행위를 취소할 수 있다.
② 피성년후견인의 법률행위는 일상생활에 필요하고 그 대가가 과도하지 않은 것이면 성년후견인이 취소할 수 없다.
③ 한정후견인은 대리권의 수여심판이 있는 경우가 아니라면 가정법원이 정한 범위 내에서 피한정후견인의 법률행위에 대한 동의권이 있다.
⑤ 특정후견의 심판을 하는 경우에 특정후견의 기간이나 사무범위를 정하여야 한다.

고난도 TIP ①, ②와 같이 사실상 범위를 초과한 내용이 포함된 선지는 정답이 아닐 가능성이 크다.

18 ③

오답해설 ① 가정법원은 성년후견개시의 심판을 할 때 본인의 의사를 고려하여야 한다(제9조 제2항).

② 가정법원은 질병, 장애, 노령, 그 밖의 사유로 인한 정신적 제약으로 사무를 처리할 능력이 지속적으로 결여된 사람에 대하여 본인, 배우자, 4촌 이내의 친족, 미성년후견인, 미성년후견감독인, 한정후견인, 한정후견감독인, 특정후견인, 특정후견감독인, 검사 또는 지방자치단체의 장의 청구에 의하여 성년후견개시의 심판을 한다(제9조 제1항). 즉, 직권에 의한 성년후견심판은 불가능하다.

④ 제한능력자가 속임수로써 자기를 능력자로 믿게 한 경우에는 그 행위를 취소할 수 없다(제17조 제1항). 여기서 제한능력자에는 피성년후견인도 포함된다. 따라서 피성년후견인이 속임수로써 자기를 능력자로 믿게 한 경우에도 그 행위를 취소할 수 없다.

⑤ 성년후견인은 피성년후견인의 법률행위에 관한 동의권이 없으므로 피성년후견인이 성년후견인의 동의를 얻어서 한 부동산 매도행위도 취소권이 배제되지 않는다. 따라서 피성년후견인 측에서 제한능력을 이유로 취소할 수 있다.

19 ①

정답해설 주소는 동시에 두 곳 이상 있을 수 있다(제18조 제2항).

20 ③

정답해설 법원이 선임한 재산관리인의 권한초과행위에 대한 법원의 허가는 사후적으로 그 행위를 추인하는 방법으로도 할 수 있다.

21 ③

정답해설 법원에 의하여 부재자재산관리인으로 선임된 자는 그 부재자의 사망이 확인된 후라 할지라도 위 선임결정이 취소되지 않는 한 관리인으로서의 권한이 소멸하지 않는다(71다189). 그러므로 법원이 선임한 재산관리인이 부재자의 사망을 확인하였더라도 그 선임결정이 취소되지 않는 한 재산관리인은 권한을 행사할 수 있다.

22 ③

오답해설 ① 법원이 선임한 재산관리인은 민법 제118조에서 정한 권한을 넘는 행위를 하고자 하는 경우 법원의 허가를 얻어야 한다(제25조 본문).

② 법원이 선임한 재산관리인에 대하여 법원은 부재자의 재산을 보존하기 위하여 필요한 처분을 명할 수 있다(제24조 제2항).

④ 실종선고가 확정되면 실종선고를 받은 자는 실종기간이 만료한 때에 사망한 것으로 본다(제28조).

⑤ 부재자의 생사가 5년간 분명하지 아니한 때에는 법원은 이해관계인이나 검사의 청구에 의하여 실종선고를 하여야 한다(제27조 제1항).

23 ⑤

정답해설 잠수장비를 착용하고 바다에 입수한 후 행방불명되었다고 하여 이를 특별실종의 원인으로 침몰한 선박 중에 있던 자에 해당한다고 할 수 없다.

오답해설 ① 생존하고 있음이 분명한 자도 그 주소지를 떠나 당분간 돌아올 가망이 없고 그 재산이 관리되고 있지 않다면 민법상 부재자가 될 수 있다.

② 법원이 선임한 부재자의 재산관리인은 일종의 법정대리인이지만 자유로이 사임할 수 있다.

③ 법원이 선임한 부재자의 재산관리인은 법원의 허가가 없이는 부재자의 재산에 대한 처분행위를 자유롭게 할 수 없다.

④ 실종선고제도는 실종자의 권리능력을 박탈하는 제도가 아니다. 실종선고를 받은 자라도 돌아온 후 그의 종전의 주소에서 새로운 법률행위를 하기 위해서 실종선고의 취소가 필요한 것은 아니다.

함정 CHECK 잠수장비를 착용하고 바다에 입수했다가 행방불명이 된 자는 개인적 사정으로 실종된 사람으로 보아야 한다.

24 ④

정답해설 재산관리인에 대한 처분허가 취소의 효력은 소급효가 없으므로 재산관리인이 법원의 처분허가를 얻어 부재자의 재산을 처분한 후 그 허가결정이 취소된 경우, 처분행위는 유효하고 그 부재자의 상속인에게 미친다(69다719).

25 ④

정답해설 부재자가 실종선고를 받은 경우에 실종자는 실종선고 전에는 생존으로 추정이 되고, 실종선고가 확정이 되면 그 실종선고일이 아니라 사망간주일인 실종기간 만료일 전까지는 생존한 것으로 간주한다.

26 ②

정답해설 실종선고를 청구할 수 있는 이해관계인은 부재자의 사망과 법률상 이해관계가 있는 자에 한정하므로, 부재자의 1순위 상속인이 있는 경우 후순위 재산상속인은 실종선고를 청구할 수 있는 이해관계인이 아니다.

▶ 연계학습: 기본서 상권 pp. 112~162

01	⑤	02	④	03	⑤	04	②	05	③
06	⑤	07	①	08	⑤	09	③	10	④
11	①	12	⑤	13	②	14	⑤	15	③
16	④	17	④	18	③	19	③	20	②
21	④	22	④	23	②	24	③	25	④
26	③	27	③	28	①	29	③	30	②
31	①								

01 ⑤

오답해설 ① 법인의 설립등기는 법인의 성립요건이다.

② 종교사업을 목적으로 하는 사단은 주무관청의 인가가 아니라 허가를 얻어 이를 법인으로 할 수 있다.

③ 이사의 대표권의 제한은 정관에 기재해야 그 효력이 있고, 이를 등기해야 제3자에게 대항할 수 있다. 이사의 대표권을 제한했더라도 정관에 기재하지 않으면 그 효력이 없다.

④ 재단법인은 모두 비영리법인으로서 영리 재단법인은 존재할 수 없다.

02 ④

정답해설 사단법인은 총 사원 4분의 3 이상의 동의가 없으면 해산을 결의하지 못한다. 다만, 이는 강행규정이 아니므로 그 의결 정족수에 관하여 정관에 다른 규정을 둘 수 있고, 정관에 달리 정함이 있으면 그에 따른다.

03 ⑤

정답해설 이사의 임면에 관한 사항은 정관의 필요적 기재사항에 해당하고, 이사회 구성에 관한 사항은 정관의 필요적 기재사항이 아니다.

04 ②

정답해설 감사의 임면에 관한 규정은 정관의 필요적 기재사항이 아니고, 감사의 성명과 주소는 법인의 등기사항에도 해당하지 않는다.

05 ③

정답해설 정관의 변경은 주무관청의 허가를 얻지 아니하면 그 효력이 없다(제42조 제2항).

오답해설 ⑤ 사단법인의 정관은 이를 작성한 사원뿐만 아니라 그 후에 가입한 사원이나 사단법인의 기관 등도 구속하는 점에 비추어 보면 그 법적 성질은 계약이 아니라 자치법규로 보는 것이 타당하므로, 이는 어디까지나 객관적인 기준에 따라 그 규범적인 의미 내용을 확정하는 법규해석의 방법으로 해석되어야 하는 것이지, 작성자의 주관이나 해석 당시의 사원의 다수결에 의한 방법으로 자의적으로 해석될 수는 없다 할 것이어서, 어느 시점의 사단법인의 사원들이 정관의 규범적인 의미 내용과 다른 해석을 사원총회의 결의라는 방법으로 표명하였다 하더라도 그 결의에 의한 해석은 그 사단법인의 구성원인 사원들이나 법원을 구속하는 효력이 없다(99다12437).

06 ⑤

정답해설 존립시기를 정하는 때 그 시기는 사단법인 정관의 필요적 기재사항에 해당한다.

07 ①

오답해설 ② 사단법인 설립행위는 요식행위로서 법정 방식에 따라서 기명날인을 하여야 한다.
③ 민법상 법인은 주무관청의 허가를 받아 설립할 수 있다.
④ 재단법인 설립행위는 단독행위로서 그 출연행위에 착오가 있다면 착오를 이유로 출연의 의사표시를 취소할 수 있다.
⑤ 법인이 목적 이외의 사업을 하면 주무관청은 설립허가 자체를 취소할 수 있다.

08 ⑤

정답해설 사단법인의 정관의 법적 성질은 계약이 아니라 자치법규로 보는 것이 타당하므로, 이는 법규해석의 방법으로 해석되어야 하는 것이지, 작성자의 주관이나 해석 당시의 사원의 다수결에 의한 방법으로 자의적으로 해석될 수는 없다(99다12437).

09 ③

정답해설 출연재산이 부동산인 경우 제3자에 대한 관계에서 그 법인의 명의로 이전등기를 하여야만 법인에게 귀속된다.

10 ④

정답해설 사단법인의 사원의 지위는 특별한 사정이 없는 한, 양도 또는 상속할 수 없다. 다만, 이는 강행규정이 아니므로 정관이나 관습 등에 의하여 양도 또는 상속도 가능하다.

오답해설 ①② 법인의 설립은 주무관청의 설립허가를 받아 그 주된 사무소 소재지에 설립등기를 함으로써 성립한다.
③ 법인의 해산 및 청산사무는 법원이 검사, 감독한다.
⑤ 사단법인의 정관은 특별한 사정이 없는 한, 총사원 3분의 2 이상의 동의가 있는 때에 한하여 이를 변경할 수 있다.

2 법인의 능력

11 ①

정답해설 청산인도 청산법인의 대표기관이므로 청산인이 직무와 관련하여 불법행위를 한 경우 이는 법인의 불법행위가 되어 법인은 청산인의 불법행위에 대한 책임을 진다.

3 법인의 기관

12 ⑤

정답해설 법인과 이사의 이익이 상반하는 경우, 법원은 이해관계인 또는 검사의 청구에 의하여 특별대리인을 선임하여야 한다.

13 ②

정답해설 법인의 정관에 법인 대표권의 제한에 관한 규정이 있으나 그와 같은 취지가 등기되어 있지 않다면 법인은 그와 같은 정관의 규정에 대하여 선의냐 악의냐에 관계없이 제3자에 대하여 대항할 수 없다(91다24564).

14 ⑤

정답해설 이사가 없거나 결원이 있는 경우에 이로 인하여 손해가 생길 염려 있는 때에는 법원은 이해관계인이나 검사의 청구에 의하여 임시이사를 선임하여야 한다(제63조).

15 ③

정답해설 법인의 정관에 이사의 해임사유에 관한 규정이 있는 경우 법인으로서는 이사의 중대한 의무위반 또는 정상적인 사무집행 불능 등의 특별한 사정이 없는 이상, 정관에서 정하지 아니한 사유로 이사를 해임할 수 없다(2011다41741).

오답해설 ① 이사가 없거나 결원이 있는 경우에 이로 인하여 손해가 생길 염려 있는 때에는 법원은 임시이사를 선임해야 한다.

② 이사가 여럿인 경우에는 정관에 다른 규정이 없으면 법인의 사무집행은 이사의 과반수로 결정한다.

④ 법원의 직무집행정지 가처분결정에 의해 회사를 대표할 권한이 정지된 대표이사가 그 정지기간 중에 체결한 계약은 절대적으로 무효이고, 그 후 가처분신청의 취하에 의하여 보전집행이 취소되었다 하더라도 집행의 효력은 장래를 향하여 소멸할 뿐 소급적으로 소멸하는 것은 아니라 할 것이므로, 가처분신청이 취하되었다 하여 무효인 계약이 유효하게 되지는 않는다(2008다4537).

⑤ 법인의 이사회 결의에 무효 등 하자가 있는 경우, 이해관계인은 그 무효를 주장할 수 있다.
⇨ 학교법인의 이사회가 소집권자에 의해 소집된 것도 아니고 소집권자를 포함한 이사 전원의 동의에 의한 것이 아니라면 그 이사회의 결의가 사실상 이사 전원의 의사에 일치한다 하더라도 적법하다 할 수 없고, 위와 같은 이사회에 참석하여 그 결의에 적극가담하고 문교당국의 인가를 받아 학교 법인을 운영해 온 자라 할지라도 이사회 결의 부존재 또는 무효주장이 반드시 신의성실이나 금반언의 원칙에 반하는 것은 아니다(85누973).

함정 CHECK 이사회는 민법상 기관이 아니고, 정관으로 둘 수 있는 기관이다.

16 ④

정답해설 법인과 이사의 이익이 상반하는 사항에 관하여는 특별대리인을 선임하여 처리를 하여야 하고, 임시이사는 이사가 없거나 그 결원으로 인하여 법인에 손해가 생길 염려가 있을 때 이해관계인이나 검사의 청구에 의하여 법원이 선임한다.

17 ④

정답해설 이사는 정관 또는 총회의 결의로 금지하지 아니한 사항에 한하여 타인으로 하여금 특정한 행위를 대리하게 할 수 있다(제62조). 즉, 특정한 사항만 위임이 가능하고 포괄적인 위임은 금지된다.

4 법인의 정관변경

18 ③

정답해설 재단법인의 목적을 달성할 수 없는 때에는 설립자나 이사는 주무관청의 허가를 얻어 설립의 취지를 참작하여 그 목적 기타 정관의 규정을 변경할 수 있다(제46조).

5 법인의 소멸

19 ③

오답해설 ① 사단법인은 사원이 없게 되거나 총회의 의결로도 해산한다. 재단법인에는 적용되지 않는 내용이다.

② 해산한 법인의 재산은 정관으로 지정한 자에게 귀속하고, 정관에 정함이 없으면 주무관청의 허가를 얻어 법인의 목적과 유사목적으로 처분할 수 있다.

④ 청산인은 현존사무의 종결, 채권의 추심 및 채무의 변제, 잔여재산의 인도를 포함하여 청산에 필요한 범위내의 모든 행위를 할 수 있다.

⑤ 청산인은 알고 있는 채권자에게 채권신고를 최고해야 하고, 최고를 받은 그 채권자가 채권신고를 하지 않아도 반드시 채무를 변제해야 한다. 즉, 청산인이 알고 있는 채권자는 그 채권의 신고를 하지 않는 경우에도 청산에서 제외할 수 없다.

20 ②

정답해설 민법 제87조의 청산절차에 관한 규정은 모두 제3자의 이해관계에 중대한 영향을 미치기 때문에 소위 강행규정이라고 해석되므로 만일 그 청산법인이나 그 청산인이 청산법인의 목적범위 외의 행위를 한 때는 무효라 아니할 수 없다(79다2036).

오답해설 ① 재단법인의 목적을 달성하였다면 이는 해산사유가 발생한 것이다.

③ 청산 중인 법인은 변제기에 이르지 않은 채권에 대하여 변제할 수 있다(제91조).

④ 재단법인의 해산사유는 정관의 필요적 기재사항이 아니다.

⑤ 청산종결등기가 경료된 경우에도 청산사무가 종료되었다 할 수 없는 경우에는 청산법인으로 존속한다(79다2036).

21 ④

정답해설 법인의 목적달성이 불가능한 경우 이 자체로서 법인의 해산 사유가 발생한 것이지, 추가적으로 법인의 설립허가 취소를 기다릴 필요가 없다. 참고로, 법인의 설립허가 취소 사유는 법인이 목적 이외의 활동을 하거나, 설립허가의 조건을 위반하거나, 기타 공익을 해하는 행위를 한 경우이다.

22 ④

정답해설 총사원 3/4 이상에 의한 사원총회의 결의는 사단법인의 해산사유에만 해당한다.

23 ②

정답해설 법인의 해산 및 청산은 법원이 검사, 감독한다(제95조).

24 ③

정답해설 사원은 서면이나 대리인으로 결의권을 행사할 수 있다(제73조 제2항). 그러므로 정관에 특별한 금지규정이 없는 한 사원은 서면으로 결의권을 행사할 수 있다.

6 법인의 등기

25 ④

정답해설 청산이 종결한 때에는 감사가 아닌 청산인이 3주간 내에 이를 등기하고 주무관청에 신고해야 한다.

7 권리능력 없는 사단과 재단

고난도

26 ③

정답해설 ㄴ 민법 제275조, 제276조 제1항에서 말하는 총유물의 관리 및 처분이라 함은 총유물 그 자체에 관한 이용·개량행위나 법률적·사실적 처분행위를 의미하는 것이므로, 비법인사단이 타인 간의 금전채무를 보증하는 행위는 총유물 그 자체의 관리·처분이 따르지 아니하는 단순한 채무부담행위에 불과하여 이를 총유물의 관리·처분행위라고 볼 수는 없다. 따라서 비법인사단인 재건축조합의 조합장이 채무보증계약을 체결하면서 조합규약에서 정한 조합 임원회의 결의를 거치지 아니하였다거나 조합원총회 결의를 거치지 않았다고 하더라도 그것만으로 바로 그 보증계약이 무효라고 할 수는 없다(2004다60072).

오답해설 ㄷ 비법인사단이 총유재산에 관한 권리를 행사하지 아니하고 있어 비법인사단의 채권자가 채권자대위권에 기하여 비법인사단의 총유재산에 관한 권리를 대위 행사하는 경우에는 사원총회의 결의 등 비법인사단의 내부적인 의사결정절차를 거칠 필요가 없다(2014다211336).

고난도 TIP 비법인사단의 유형은 너무도 많다. 그와 관련하여 판례도 많고 다양하다. 특히 종중이나 재건축조합, 아파트 입주자대표회의·부녀회 등 그의 활동과 관련된 판례를 다 공부할 수는 없다. 기본서의 내용에 충실하게 학습하고 공부하지 못한 내용은 과감하게 포기하는 것도 필요하다.

27 ③

오답해설 ㉠ 총유물에 관한 보존행위는 법인 아닌 사단의 사원 각자가 할 수 없다. 총유물의 보존에 있어서는 공유물의 보존에 관한 민법 제265조의 규정이 적용될 수 없고, 민법 제276조 제1항의 규정에 따른 사원총회의 결의를 거치거나 정관이 정하는 바에 따른 절차를 거쳐야 하므로, 법인 아닌 사단인 교회가 총유재산에 대한 보존행위로서 소송을 하는 경우에도 교인 총회의 결의를 거치거나 정관이 정하는 바에 따른 절차를 거쳐야 한다(2012다112299,112305).

㉣ 법인 아닌 재단의 재산 소유에 관한 민법 규정은 없다. 다만, 해석상 법인 아닌 재단의 소유는 그 단독소유로 하며, 법인 아닌 재단도 그 자체의 명의로 부동산등기를 할 수 있다.

28 ①

정답해설 민법 제275조, 제276조 제1항에서 말하는 총유물의 관리 및 처분이라 함은 총유물 그 자체에 관한 이용·개량행위나 법률적·사실적 처분행위를 의미하는 것이므로, 비법인사단이 타인 간의 금전채무를 보증하는 행위는 총유물 그 자체의 관리·처분이 따르지 아니하는 단순한 채무부담행위에 불과하여 이를 총유물의 관리·처분행위라고 볼 수는 없다(2004다60072, 60089 전원합의체 판결).

29 ③

정답해설 종중(宗中)이란 공동선조의 후손 중 성년 이상의 자를 종원으로 하여 구성되는 자연발생적인 종족집단체로서 종중이 성립하기 위하여서는 종중구성의 결의 등 특별한 조직행위를 필요로 하거나 이를 규율화하기 위한 성문의 규약이 있어야 하는 것은 아니다(83다카2396).

고난도

30 ②

정답해설 법인 아닌 사단의 채무도 그 구성원들에게 총유적으로 귀속(준총유)되므로 채권자 청구에 대하여 법인 아닌 사단의 총유재산범위 내에서만 변제책임을 질 뿐이고, 그 구성원 각자가 그 개인의 고유재산으로 책임을 지지는 않는다.

고난도 TIP 비법인사단 관련 판례는 심도 있게 학습해야 한다.

31 ①

정답해설 비법인사단은 등기를 하지 않으므로 등기부가 없다. 그러므로 비법인사단의 대표권 제한에 관하여 상대방이 이를 알았거나 알 수 있었는지 여부가 제3자에 대한 대항요건이 되고, 이는 사단법인과 다른 점이다.

CHAPTER 03 **권리의 객체**

▶ 연계학습: 기본서 상권 pp. 163~183

01	⑤	02	①	03	③	04	③	05	①
06	⑤	07	①	08	②	09	④	10	②
11	②	12	③	13	④				

1 물건

01 ⑤

정답해설 구분건물이 물리적으로 완성되기 전에도 건축허가신청이나 분양계약 등을 통하여 장래 신축되는 건물을 구분건물로 하겠다는 구분의사가 객관적으로 표시되면 구분행위의 존재를 인정할 수 있고, 이후 1동의 건물 및 구분행위에 상응하는 구분건물이 객관적·물리적으로 완성되면 아직 그 건물이 집합건축물대장에 등록되거나 구분건물로서 등기부에 등기되지 않았더라도 그 시점에서 구분소유가 성립한다. 특히 일반건물로 등기된 기존의 건물이 구분건물로 변경등기되기 전이라도, 위와 같은 요건들을 갖추면 구분소유권이 성립한다(2019두46763).

오답해설 ① 용익물권은 부동산 일부에도 성립할 수 있으므로 1필의 토지 일부에 대해서도 지역권을 설정할 수 있다.

② 「입목에 관한 법률」에 의해 소유권보존등기를 한 수목의 집단에 대하여 토지와 분리하여 저당권의 목적이 될 수 있다.

③ 온천에 관한 권리는 관습상의 물권이 아니다.

④ 용익물권은 부동산 일부에도 성립할 수 있으므로 등기부상 1동의 건물로 등기되어 있는 것의 일부에 대하여는 구분등기를 하지 않아도 전세권을 설정할 수 있다.

02 ①

정답해설 권리의 객체는 물건뿐만 아니라, 일정한 권리도 포함된다. 즉, 지상권이나 전세권도 저당권의 객체가 될 수 있다.

03 ③

정답해설 1필의 토지의 일부에 대하여 분필절차 없이도 취득시효가 완성된 경우라 하더라도 그 소유권 취득을 위하여는 분필절차를 거쳐 소유권이전등기가 경료되어야 한다.

04 ③

정답해설 건물의 개수는 토지와 달리 공부상의 등록에 의하여 결정되는 것이 아니라 사회통념 또는 거래관념에 따라 물리적 구조, 거래 또는 이용의 목적물로서 관찰한 건물의 상태 등 객관적 사정과 건축한 자 또는 소유자의 의사 등 주관적 사정을 참작하여 결정되는 것이다(96다36517).

함정 CHECK 민법 제98조 및 제99조 법조문을 결합하여 반대해석을 통해 지문의 진위를 파악해야 한다. 단순히 지문 암기만 해서는 틀리기 쉬운 문제이다.

05 ①

오답해설 ② 황소 – 불가분물

③ 자동차 – 합성물

④ 유명화가의 특정작품 – 부대체물

⑤ 아편 – 불융통물(금제물)

06 ⑤

정답해설 건물의 신축공사를 도급받은 수급인이 사회통념상 독립한 건물이라고 볼 수 없는 정착물을 토지에 설치한 상태에서 공사가 중단된 경우에 위 정착물은 토지의 부합물에 불과하여 이러한 정착물에 대하여 유치권을 행사할 수 없는 것이고, 또한 공사중단 시까지 발생한 공사금채권은 토지에 관하여 생긴 것이 아니므로 위 공사금채권에 기하여 토지에 대하여 유치권을 행사할 수도 없는 것이다(2007마98).

07 ①

정답해설 물권법정주의 원칙상 온천에 관한 권리는 물권이 될 수 없다(69다1239).

08 ②

오답해설 ① 민법에 명문의 규정은 없으나, 건물은 토지와 별개의 독립한 부동산이다.

③ 토지에 식재된 「입목에 관한 법률」상의 입목은 토지와 별개의 물건으로서 부동산이다.

④ 지하수의 일종인 온천수는 토지의 구성부분이고, 토지와 별개의 물건은 아니다.

⑤ 토지는 저당권의 객체가 될 수 있고, 질권의 객체는 아니다.

09 ④

정답해설 점유에 의하여 주물을 시효취득하였다 하더라도 종물이 인도되지 않는 한 그 효력이 종물에 미치지 않는다.

10 ②

정답해설 건물은 언제나 토지와 별개의 부동산으로서, 토지의 종물이 아니다.

11 ②

정답해설 이자채권은 원본채권에 대하여 종속성을 갖고 있으나, 이미 변제기에 도달한 이자채권은 원본채권과 분리하여 양도할 수 있고 원본채권과 별도로 변제할 수 있으며, 시효로 인하여 소멸되기도 하는 등 어느 정도 독립성을 갖게 되는 것이므로, 원본채권이 양도된 경우 이미 변제기에 도달한 이자채권은 원본채권의 양도 당시 그 이자채권도 양도한다는 의사표시가 없는 한 당연히 양도되지는 않는다(88다카12803).

12 ③

정답해설 종물을 주물의 처분에 따르도록 한 법리는 권리 상호간에도 적용한다. 그래서 타인의 토지 위의 건물에 저당권 또는 전세권이 설정된 경우, 그 효력은 그 건물 소유를 목적으로 하는 토지에 대한 임차권 또는 지상권에 미친다.

13 ④

정답해설 건물에 대한 저당권의 효력은 그 건물의 종물에도 효력이 있다. 다만, 타인 소유 물건은 원칙적으로 종물이 될 수 없으므로(2007다36933, 36940), 저당권이 설정된 건물의 상용에 이바지하기 위해 타인 소유의 전화설비가 부속된 경우, 저당권 효력은 그 전화설비에는 미치지 않는다.

PART 03

권리의 변동

CHAPTER 01

권리변동 서설

▶ 연계학습: 기본서 상권 pp. 186~191

01	①	02	④	03	⑤	04	⑤	05	②

1 권리변동의 모습과 원인

01 ①

오답해설 ② 유실물 습득은 사실행위에 해당한다.
③ 부담부증여는 계약에 해당한다.
④ 지상권설정행위는 물권행위이다.
⑤ 매매에 의한 소유권이전행위는 물권행위이다.

함정 CHECK 권리의 변동 중 원시취득에 관한 내용은 암기해야 한다.

02 ④

정답해설 ㉠ 유실물을 습득하여 적법하게 소유권을 취득한 경우 – 원시취득
㉢ 점유취득시효가 완성되어 점유자 명의로 소유권이전등기가 마쳐진 경우 – 원시취득

오답해설 ㉡ 금원을 대여하면서 채무자 소유의 건물에 저당권을 설정 받은 경우 – 승계취득 중 설정적 승계

03 ⑤

정답해설 근저당권 실행을 위한 소유권 취득은 매매의 일종으로서 승계취득에 해당한다.

04 ⑤

정답해설 모두 준법률행위에 해당한다. 단독행위를 정확히 암기하면 나머지는 모두 준법률행위로 인식하면 된다.

05 ②

정답해설 상속은 승계취득으로서 포괄승계에 해당한다.

법률행위 일반

▶ 연계학습: 기본서 상권 pp. 192~228

01	④	02	①	03	①	04	⑤	05	⑤
06	④	07	②	08	⑤	09	④	10	②
11	④	12	③	13	③	14	③	15	②
16	①	17	②	18	③	19	④		

1 총설

01 ④

오답해설 ㉣ 점유취득시효에 의한 소유권취득은 이전등기의 형식을 취하지만, 그 본질은 승계취득이 아니라 원시취득이다.

함정 CHECK 기초적인 암기사항과 판례가 조합된 다소 평이한 문제이지만, 법률행위의 분류를 명확히 하지 않으면 틀린 답을 고를 확률이 높다.

02 ①

정답해설 상대방 없는 단독행위에 해당하는 것은 ㉠이다. 유언, 유증, 재단법인의 설립행위, 소유권·점유권의 포기는 상대방 없는 단독행위에 해당한다.

오답해설 ㉡㉢㉣ 공유지분의 포기(2015다52978), 법인의 이사를 사임하는 행위(2004다10909), 계약의 해지는 모두 상대방 있는 단독행위에 해당한다.

03 ①

정답해설 ㉠, ㉡은 상대방 있는 단독행위이고, ㉢, ㉣은 상대방 없는 단독행위에 해당한다.

04 ⑤

정답해설 재산상 법률행위는 계약자유의 원칙상 불요식행위로서 그 방식의 자유가 인정되므로 ㉠, ㉡, ㉢, ㉣ 모두 명시적·묵시적 의사표시 및 구두·서면의 의사표시가 모두 자유롭게 가능하다.

함정 CHECK '묵시적 의사표시'와 '침묵'을 구분해야 한다. 침묵은 의사표시가 아니다. 명시적 의사표시와 묵시적 의사표시의 효력에는 차이가 없다.

05 ⑤

정답해설 재단법인의 설립행위는 상대방 없는 단독행위이다.

2 법률행위의 목적

06 ④

오답해설 ① 신의칙에 관한 민법의 모든 규정은 강행규정으로서 법원은 신의칙에 반하는 것인지를 직권으로 판단할 수 있다.

② 법령에서 정한 한도를 초과하는 부동산 중개수수료 약정은 그 초과한 부분만 무효이다.

③ 반사회적 행위에 의하여 조성된 재산을 소극적으로 은닉하기 위한 임치계약은 반사회적 행위에 해당하지 않는다.

⑤ 불공정한 법률행위에서 '궁박'이라 함은 경제적 원인, 정신적 또는 심리적 원인에 기인한 것이 모두 포함된다.

07 ②

오답해설 ㉠ 양도소득세의 회피 및 투기의 목적으로 자신 앞으로 소유권이전등기를 하지 아니하고 미등기인 채로 매매계약을 체결하는 행위는 반사회적 행위가 아니다.

㉢ 전통사찰의 주지직을 거액의 금품을 대가로 양도·양수하기로 하는 약정이 있음을 알고도 이를 방조한 상태에서 한 종교법인의 주지임명행위는 반사회적 행위가 아니다.

08 ⑤

정답해설 양도소득세의 일부를 회피할 목적으로 계약서에 실제로 거래한 가액보다 낮은 금액을 대금으로 기재하여 매매계약을 체결한 경우는 반사회적 행위라 할 수 없다.

고난도

09 ④

정답해설 변호사 아닌 자가 승소 조건의 대가로 소송당사자로부터 소송목적물 일부를 양도받기로 한 약정은 반사회적 행위로서 무효이다(89다카10514).

고난도 TIP 반사회적 법률행위 관련 판례는 대단히 많다. 따라서 기본서에 제시된 판례 중 반사회적 법률행위가 아니라고 판단한 판례를 반드시 숙지해 둔다.

10 ②

정답해설 부첩관계인 부부생활의 종료를 해제조건으로 하는 증여계약은 그 조건만이 무효인 것이 아니라 증여계약 자체가 무효이다(66다530).

11 ④

정답해설 수사기관에서 허위진술을 하는 대가로 금전을 받기로 한 약정은 그 금전적 대가의 유무를 불문하고 반사회적 행위로서 무효이다(2000다71999).

12 ③

정답해설 ㉠ 강제집행을 면할 목적으로 허위의 근저당권을 설정하는 행위 - 유효

㉢ 산모가 우연한 사고로 인해 발생할 수 있는 태아의 상해에 대비하기 위하여 자신을 보험수익자로, 태아를 피보험자로 하여 체결한 상해보험계약 - 유효

오답해설 ㉡ 이미 매도된 부동산임으로 알고 있는 자가 매도인의 배임행위에 적극 가담하여 매도인과 체결한 저당권설정계약 - 이중매매에 관한 법리를 적용하여 반사회적 행위에 해당한다.

13 ③

정답해설 ㉠ 공경매에 있어서도 불공정한 법률행위에 관한 민법 제104조가 적용되지 않는다.

㉡ 급부와 반대급부가 현저히 균형을 잃은 법률행위라고 하여 이 행위가 궁박, 경솔 또는 무경험으로 인해 이루어진 것으로 추정되는 것은 아니다.

㉣ 대물변제예약의 경우, 대차의 목적물가격과 대물변제의 목적물가격이 불균형한지 여부는 원칙적으로 대물변제 예약 당시가 아닌 변제기 즉, 이행기를 표준으로 결정한다.

14 ③

정답해설 기부나 증여와 같은 무상행위와 경매에는 민법 제104조의 불공정한 법률행위가 적용되지 않는다.

15 ②

정답해설 급부와 반대급부 사이의 '현저한 불균형' 여부의 판단은 당사자의 주관적 가치가 아니라 객관적 가치만을 기준으로 판단해야 한다.

16 ①

오답해설 ㉢ 급부와 반대급부가 현저히 균형을 잃은 법률행위는 궁박·경솔 또는 무경험으로 인해 이루어진 것으로 추정되지 않는다(69다594).

㉣ 불공정한 법률행위에 해당하는지는 법률행위가 이루어진 시점을 기준으로 약속된 급부와 반대급부 사이의 객관적 가치를 비교 평가하여 판단하여야 한다(2010다42075).

3 법률행위의 해석

17 ②

정답해설 오표시 무해의 원칙에 관한 것으로 자연적 해석에 해당한다. ➪ 신, 상, 알, 오, 즉, 신분행위, 상대방 없는 단독행위, 의사와 표시의 불일치를 상대방이 알았거나, 알 수 있었을 경우, 오표시 무해의 원칙은 자연적 해석에 해당한다.

함정 CHECK '오표시무해의 원칙' 관련 문제는 본 문제처럼 사례형으로 출제된다. 본 문제를 숙지하면 오표시무해의 원칙에 관한 다른 유형의 문제도 해결할 수 있다.

18 ③

오답해설 ① 특별히 정한 바가 없다면 사실인 관습은 법률행위 당사자의 의사를 보충하는 효력만 있다.

② 유언은 신분행위로서 자연적 해석에 의한다.

④ 처분문서가 존재한다면 처분문서의 기재 내용과 다른 명시적·묵시적 약정이 있는 사실이 인정될 경우에는 그 기재 내용을 달리 인정할 수는 있다(2016다242440).

⑤ 계약당사자 쌍방이 X토지를 계약목적물로 삼았으나, 계약서에는 착오로 Y토지를 기재하였다 하더라도 오표시무해의 원칙상 X토지에 관하여 계약이 성립한 것이다.

함정 CHECK 처분문서와 다른 합의가 있는 경우, 문서에 표시된 내용보다 당사자간의 합치된 의사가 우선적인 고려 대상이 되어야 한다.

고난도

19 ④

오답해설 ①③ 甲과 乙 사이의 매매계약은 당사자가 의도한 X토지에 관하여 유효하게 성립하고, 이 계약에는 착오가 인정되지 않는다.

②⑤ 계약서상의 Y토지에 대한 표시는 오표시(誤表示)에 해당하여 무효이고, 이를 기초로 경료된 소유권이전등기도 무효이므로, 이는 채무불이행을 이유로 취소할 수 없다.

▶ 연계학습: 기본서 상권 pp. 229~267

01	④	02	⑤	03	④	04	②	05	①
06	①	07	④	08	②	09	②	10	③
11	⑤	12	⑤	13	④	14	③	15	②
16	③	17	②	18	④	19	③	20	④
21	③								

1 의사와 표시의 불일치(의사의 흠결)

01 ④

정답해설 통정허위표시로 가장채권을 보유하던 자가 파산한 경우 파산관재인은 통정허위표시의 제3자에 해당한다.

02 ⑤

정답해설 동기의 착오가 법률행위의 내용의 중요 부분의 착오에 해당함을 이유로 표의자가 법률행위를 취소하려면 그 동기를 당해 의사표시의 내용으로 삼을 것을 상대방에게 표시하고 의사표시의 해석상 법률행위의 내용으로 되어 있다고 인정되면 충분하고 당사자들 사이에 별도로 그 동기를 의사표시의 내용으로 삼기로 하는 합의까지 이루어질 필요는 없지만, 그 법률행위의 내용의 착오는 보통 일반인이 표의자의 입장에 섰더라면 그와 같은 의사표시를 하지 아니하였으리라고 여겨질 정도로 그 착오가 중요한 부분에 관한 것이어야 한다(97다44737).

고난도 TIP 의사표시의 효력에 더하여 종합적으로 숙지한다.

03 ④

오답해설 ㉠ 가장소비대차에서 대주의 계약상 지위를 이전받은 자는 일종의 계약인수자로서 포괄승계인에 해당하므로 민법 제108조 제2항의 제3자에 해당하지 않는다. ➪ 소정의 계약이전은 금융거래에서 발생한 계약상의 지위가 이전되는 사법상의 법률효과를 가져오는 것이므로, 계약이전을 받은 금융기관은 계약이전을 요구받은 금융기관과 대출채무자 사이의 통정허위표시에 다라 형성된 법률관계를 기초로 하여 새로운 법률상 이해관계를 가지게 된 민법 제108조 제2항의 제3자에 해당하지 않는다(2002다31537).

고난도

04 ②

오답해설 ① 甲이 乙에 의하여 유발된 동기의 착오로 매매계약을 체결한 경우, 甲은 체결 당시 그 동기를 표시하지 않았다 하더라도 그 계약을 취소할 수 있다.

③ X의 시가에 대한 甲의 착오는 특별한 사정이 없는 한, 법률행위의 중요부분에 대한 착오에 해당하지 않는다.

④ 乙이 甲의 중도금 지급채무 불이행을 이유로 매매계약을 적법하게 해제한 경우라도 甲은 그 계약내용에 착오가 있었다면 이를 이유로 취소권을 행사할 여지가 있다.

⑤ 법률행위 내용의 중요부분의 착오가 되기 위해서는 특별한 사정이 없는 한 착오에 빠진 甲이 그로 인하여 경제적 불이익을 입어야 하는 것이고, 경제적 불이익이 없다고 중요한 부분이라 할 수 없다.

05 ①

정답해설 추심을 위한 채권의 양도는 일종의 신탁행위로서 채권의 가장양수인으로부터 추심을 위하여 채권을 양수한 자는 민법 제108조의 통정허위표시를 기초로 새로운 이해관계를 맺은 자가 아니다.

06 ①

정답해설 매도인이 매수인의 중도금 지급채무불이행을 이유로 매매계약을 적법하게 해제한 후라도 매수인으로서는 상대방이 한 계약해제의 효과로서 발생하는 손해배상책임을 지거나 매매계약에 따른 계약금의 반환을 받을 수 없는 불이익을 면하기 위하여 착오를 이유로 한 취소권을 행사하여 위 매매계약 전체를 무효로 돌리게 할 수 있다(91다11308).

07 ④

오답해설 ㉠ 진의 아닌 의사표시는 진의와 표시의 불일치를 표의자가 알고 한 것이다. 여기에서 '진의'란 특정한 내용으로 의사표시를 하고자 하는 표의자의 생각을 말하는 것이고, 표의자가 진정 마음속에서 바라는 사항을 뜻하는 것은 아니다(95누16509, 99다34475).

08 ②

정답해설 착오로 인한 취소 제도와 매도인의 하자담보책임 제도는 취지가 서로 다르고, 요건과 효과도 구별된다. 따라서 매매계약 내용의 중요 부분에 착오가 있는 경우 매수인은 매도인의 하자담보책임이 성립하는지와 상관없이 착오를 이유로 매매계약을 취소할 수 있다(2015다78703).

09 ②

정답해설 허위표시를 기초로 새로운 이해관계를 맺은 제3자의 선의는 추정되며, 제3자는 선의이면 충분하고 무과실을 요하지 않으므로, 허위표시의 당사자는 선의의 제3자에게 과실이 있더라도 의사표시의 무효를 그 제3자에게 주장할 수 없다.

10 ③

정답해설 착오를 이유로 취소하고자 하는 甲은 자신에게 착오가 있었다는 사실뿐만 아니라 착오가 의사표시에 결정적인 영향을 미쳤다는 사실, 즉 중요부분에 관한 착오라는 점을 증명해야 한다.

오답해설 ① 착오로 인한 의사표시의 취소에 관한 민법 제109조 제1항은 강행규정이 아니므로 그 적용을 배제하는 甲과 乙의 약정은 유효이다.

② X토지의 시가에 대한 착오는 부동산을 매매하려는 의사를 결정함에 있어서 동기의 착오에 불과할 뿐 법률행위의 중요부분에 대한 착오라 할 수 없다.

④ 계약 내용에 착오가 있었다는 사실과 만일 그 착오가 없었더라면 의사표시를 하지 않았을 것이라는 점은 甲이 증명해야 하지만, 중대한 과실은 乙이 증명하여야 한다.

⑤ 경제적 불이익이 없다면 중요부분에 해당하지 않으므로, 착오로 인한 甲의 불이익이 사후에 사정변경으로 소멸되었다면 甲은 더이상 착오를 이유로 매매계약을 취소할 수 없다.

고난도

11 ⑤

오답해설 ① 하자담보책임과 착오는 서로 제도적 취지가 다르므로 매도인 乙의 하자담보책임이 성립하는 경우에도 甲은 착오를 이유로 매매계약을 취소할 수 있다(2015다78703).

② 계약 내용에 착오가 있었다는 사실과 만일 그 착오가 없었더라면 의사표시를 하지 않았을 것이라는 점은 甲이 증명해야 하지만, 중대한 과실은 乙이 증명하여야 한다.

③ 乙이 甲의 채무불이행을 이유로 매매계약을 적법하게 해제한 이후라도 甲은 착오를 이유로 매매계약 전체를 취소할 수 있다(91다11308).

④ 불법행위로 인한 손해배상책임이 성립하기 위하여는 가해자의 고의 또는 과실 이외에 행위의 위법성이 요구되므로, 표의자에게 과실이 있다고 하더라도 민법 제109조에서 중과실이 없는 착오자의 착오를 이유로 한 의사표시의 취소를 허용하고 있는 이상, 그 착오를 이유로 보증계약을 취소한 것이 위법하다고 할 수는 없어 손해배상책임도 없다(97다13023).

고난도 TIP 의사표시의 해석과 효력을 융합하여 사례화하는 연습을 해야 한다.

12 ⑤

오답해설 ① 진의 아닌 의사표시에서 '진의'란 특정한 내용의 의사표시를 하고자 하는 표의자의 생각을 말하는 것이지 표의자가 진정으로 마음속에서 바라는 사항을 뜻하는 것은 아니다.
② 진의 아닌 의사표시는 원칙적으로 표시한 대로 유효이나, 상대방이 악의 또는 과실이 있는 경우에는 무효가 된다.
③ 통정허위표시에 기초하여 새로운 이해관계를 맺은 제3자는 특별한 사정이 없는 한 선의로 추정된다.
④ 부동산의 가장양수인으로부터 소유권이전등기청구권 보전의 가등기를 받은 자는 통정허위표시의 제3자에 해당한다.

고난도

13 ④

정답해설 통정허위표시는 당사자 사이에는 무효로서 그 내용에 따른 법률효과는 발생하지 않는 것이므로 당사자는 이행의 의무가 없고 이행을 청구할 수도 없다. 甲과 乙 사이의 계약이 통정허위표시인 경우, 이는 무효이므로 이행하지 않는다고 하여 乙은 甲에게 채무불이행으로 인한 손해배상을 청구할 수 없다(2002다72125).

2 하자 있는 의사표시(사기 · 강박에 의한 의사표시)

14 ③

정답해설 민법 제110조에서 제3자의 선의는 추정된다. 제3자가 선의의 제3자로서 보호되기 위하여 스스로 선의를 증명할 필요는 없다.

15 ②

정답해설 의사표시의 상대방이 아닌 자로서 기망행위를 하였으나 민법 제110조제2항에서 정한 제3자에 해당되지 아니한다고 볼 수 있는 자란 그 의사표시에 관한 상대방의 대리인 등 상대방과 동일시할 수 있는 자만을 의미하고, 단순히 상대방의 피용자이거나 상대방이 사용자책임을 져야 할 관계에 있는 피용자에 지나지 않는 자는 상대방과 동일시할 수는 없어 이 규정에서 말하는 제3자에 해당한다(96다41496).

16 ③

정답해설 어떤 해악의 고지가 없이 단지 각서에 서명·날인할 것을 강력히 요구한 것만으로는 강박이 있었다고 할 수 없다(78다1968).

17 ②

정답해설 상대방의 대리인 등 상대방과 동일시할 수 있는 자의 사기(기망)행위나 강박행위는 제3자의 사기나 강박으로 보지 않고 상대방이 스스로 사기 또는 강박한 것으로 취급한다.

3 의사표시의 효력발생

18 ④

정답해설 도달이라 함은 사회통념상 상대방이 통지의 내용을 알 수 있는 객관적 상태에 놓여 있는 경우를 가리키는 것으로서, 상대방이 통지를 현실적으로 수령하거나 통지의 내용을 알 것까지는 필요로 하지 않는다(82다카439).

19 ③

정답해설 표의자가 그 통지를 발한 후 사망하거나 행위능력을 상실하여도 의사표시의 효력에 영향을 미치지 아니한다(제111조 제2항).

오답해설 ① 격지자 간의 계약은 승낙의 통지가 발송한 때 성립한다.

② 총회의 소집은 1주간 전에 그 회의의 목적사항을 기재한 통지를 발하고 기타 정관에 정한 방법에 의하여야 한다(제71조).

④ 내용증명우편이나 등기우편과는 달리, 보통우편의 방법으로 발송되었다는 사실만으로는 그 우편물이 상당한 기간 내에 도달하였다고 추정할 수 없고, 송달의 효력을 주장하는 측에서 증거에 의하여 이를 입증하여야 한다(2007두20140).

⑤ 의사표시가 상대방에게 도달한 경우, 그로써 효력이 발생하는 것이므로 이후 그 상대방이 이를 알기 전이라도 특별한 사정이 없는 한 그 의사표시를 철회할 수 없다.

20 ④

정답해설 피특정후견인은 제한능력자가 아니므로 의사표시의 상대방이 의사표시를 받은 때에 피특정후견인인 경우에는 의사표시자는 그 의사표시로써 대항할 수 있다.

오답해설 ① 의사표시자가 그 통지를 발송한 후 제한능력자가 된 경우에도 그 의사표시의 효력에는 영향이 없다.

② 보통우편이 아닌 등기 또는 내용증명의 방법으로 발송되고 반송되지 않았다면 그 우편물은 상당기간 내에 도달한 것으로 추정된다.

③ 의사표시가 상대방에게 도달하였다면 비록 상대방이 그 내용을 알기 전이라도 그 효력이 발생한다.

⑤ 이사의 사임의 의사표시가 법인의 대표자에게 도달하였다고 하더라도 그와 같은 사정만으로 곧바로 사임의 효력이 발생하는 것은 아니고 정관에서 정한 바에 따라 사임의 효력이 발생하는 것이므로, 이사가 사임의 의사표시를 하였더라도 정관에 따라 사임의 효력이 발생하기 전에는 그 사임의사를 자유롭게 철회할 수 있다(2007다17109).

21 ③

정답해설 발신주의를 따르는 것은 ㉡, ㉣이다.

㉡㉣ 무권대리인의 상대방이 한 추인 여부의 최고에 대한 본인의 확답 및 제한능력자의 상대방이 한 추인 여부의 촉구에 대한 법정대리인의 확답은 발신주의에 의하여 효력이 발생한다. 하지만 이는 의사표시가 아닌 준법률행위에 해당한다.

CHAPTER 04 법률행위의 대리

▶ 연계학습: 기본서 상권 pp. 268~313

01	①	02	①	03	⑤	04	⑤	05	③
06	⑤	07	①	08	③	09	④	10	②
11	④	12	⑤	13	②	14	④	15	③
16	③	17	⑤	18	③	19	②	20	②

1 대리권(본인과 대리인 관계)

01 ①

정답해설 복대리인은 대리인이 선임한 본인의 대리인으로서 본인을 직접 대리한다.

함정 CHECK 법률행위의 대리와 연계하여 능력, 의사표시 등의 법리를 혼합한 문제이다.

고난도

02 ①

정답해설 민법상 조합의 경우 법인격이 없어 조합 자체가 본인이 될 수 없으므로, 이른바 조합대리에 있어서는 본인에 해당하는 모든 조합원을 위한 것임을 표시하여야 하나, 반드시 조합원 전원의 성명을 제시할 필요는 없고, 상대방이 알 수 있을 정도로 조합을 표시하는 것으로 충분하다(2008다79340).

고난도

03 ⑤

정답해설 乙의 대리권이 소멸하였으나 이를 과실 없이 알지 못한 채 계약을 체결한 丙이 甲에게 건물의 소유권이전등기를 청구한 경우, 대리권소멸 후의 표현대리가 성립하여 본인은 이에 대해 전적으로 책임을 진다(제129조).

오답해설 ① 의사무능력자의 행위는 절대적 무효이므로, 乙이 의사무능력 상태에서 丙과 계약을 체결한 경우도 의사무능력자의 행위로서 절대적 무효가 된다.

② 乙과 丙이 통정한 허위의 의사표시로 계약을 체결한 경우, 이는 무효이다(제108조).

③ 대리권 남용의 경우 민법 제107조 제1항이 적용되므로, 乙이 대리권을 남용하여 계약을 체결하고 丙이 이를 안 경우 민법 제107조 제1항 단서규정에 의거하여 무효가 된다.

④ 공동대리를 위반한 경우 무권대리 중 권한을 넘은 표현대리가 성립할 여지가 있으나 이는 상대방이 선의·무과실임을 전제로 한다. 그러므로 甲이 乙과 丁으로 하여금 공동대리를 하도록 했는데, 乙이 단독의 의사결정으로 계약하였고 丙이 이러한 제한을 안 경우에는 무권대리로서 무효가 될 여지가 있을 뿐이다.

2 대리행위의 효과(본인과 상대방 관계)

04 ⑤

정답해설 대리행위의 효과는 모두 본인에게 귀속되므로 대리인 丁이 甲의 배임행위에 적극 가담한 사정을 본인 丙이 모른다고 하여도 丙 명의로 경료된 소유권이전등기는 무효이다.

05 ③

정답해설 대리인은 행위능력자임을 요하지 않으므로 甲은 乙이 제한능력자라는 이유로 乙이 체결한 매매계약을 취소할 수 없다.

오답해설 ① 대리행위의 하자 여부는 대리인을 표준하여 판단해야 하므로(제116조 제1항) 乙이 사기를 당했는지 여부는 대리인인 乙을 표준으로 하여 결정한다.

② 대리인이 사기를 당한 경우에도 취소권자는 본인이므로 乙이 아니라 甲이 사기를 이유로 丙과의 매매계약을 취소할 수 있다.

④ 위임계약은 당사자가 언제든지 해지할 수 있으므로 甲은 특별한 사정이 없는 한 乙과의 위임계약을 일방적으로 해지할 수 있다.

⑤ 착오와 사기는 선택적으로 경합하므로 乙이 丙의 사기에 의해 착오를 일으켜 계약을 체결한 경우, 착오 또는 사기를 이유로 계약을 취소할 수 있다.

06 ⑤

오답해설 ① 대리인에 대한 성년후견개시가 대리권의 소멸사유에 해당한다.

② 무권대리행위의 추인은 계약 성립 시로 소급하여 효력이 생긴다. 그러나 제3자의 권리를 해하지는 못한다.

③ 법정대리인은 그 책임으로 복대리인을 선임할 수 있고, 임의대리인은 본인의 승낙이 있거나 부득이한 사유가 있는 때가 아니면 복대리인을 선임하지 못한다.

④ 법률 또는 수권행위에 다른 정한 바가 없으면, 수인의 대리인은 각자 단독으로 본인을 대리한다.

3 복대리(復代理)

07 ①

정답해설 복대리인은 대리인이 선임한 본인의 대리인이다.

오답해설 ② 乙의 대리권은 丙을 선임한다고 하여 소멸되는 것이 아니다.

③ 복대리권은 대리인의 대리권에 부종하므로 대리인 乙이 사망하여 그 대리권이 소멸하였다면 복대리인인 丙의 대리권은 이에 부종하여 소멸한다.

④ 복대리인은 언제나 임의대리인이므로 丙은 甲의 지명이나 승낙 기타 부득이한 사유가 없다면 복대리인을 선임할 수 없다.

⑤ 만약 乙이 甲의 지명에 따라 丙을 선임한 경우, 乙은 甲에게 그 부적임 또는 불성실함을 알고 이를 본인에게 통지나 해임을 하지 않아서 생긴 손해에 대하여는 책임을 진다.

08 ③

정답해설 본인의 사망이 대리권 및 복대리권의 소멸사유에 해당하고, 본인에 대한 특정후견의 개시는 대리권이나 복대리권의 소멸사유가 아니다.

09 ④

정답해설 법정대리인은 그 책임으로 복대리인을 선임할 수 있지만, 법률행위에 의하여 대리권을 수여받은 대리인(임의대리인)은 본인의 승낙이나 부득이한 사유가 있는 경우에 한하여 복대리인을 선임할 수 있다.

4 무권대리(無權代理)

10 ②

오답해설 ① 무권대리에 대한 상대방의 철회는 선의의 상대방에게만 인정되는 것이므로, 丙이 계약 당시에 乙에게 대리권이 없음을 알았던 경우, 丙은 계약을 철회할 수 없다.

③ 무권대리인이 본인의 추인을 받지 못한 경우 상대방 선택에 따라 계약의 이행 또는 손해배상의 의무가 있는데, 이는 상대방이 선의・무과실의 경우에 인정되므로, 乙의 무권대리에 대하여 본인 甲이 추인하지 않은 경우라도 악의의 상대방인 丙은 乙에게 손해배상을 청구할 수 없다.

④ 무권대리인이 본인의 추인을 받지 못한 경우 상대방 선택에 따라 계약의 이행 또는 손해배상의 의무가 있는데, 이는 무권대리인이 제한능력자인 경우에는 적용하지 아니하므로, 대리행위 당시에 乙이 제한능력자인 경우, 甲으로부터 추인받지 못한 丙은 乙에게 계약의 이행을 청구할 수 없다.

⑤ 무권대리인이 본인을 상속한 경우, 본인의 지위에서 추인을 거절하는 것은 신의칙 내지 금반언의 원칙상 허용할 수 없는 것이므로, 乙이 甲을 단독 상속한 경우, 乙은 특별한 사정이 없는 한 본인의 지위에서 추인거절권을 행사할 수 없다.

함정 CHECK 판례와 조문, 이론을 구체적으로 사례화하는 연습을 해야 한다.

11 ④

정답해설 무권대리인의 상대방에 대한 책임은 무과실책임으로서 대리권의 흠결에 관하여 대리인에게 과실 등의 귀책사유가 있어야만 인정되는 것이 아니고, 무권대리 행위가 제3자의 기망이나 문서위조 등 위법행위로 야기되었다고 하더라도 책임은 부정되지 아니한다(2013다213038).

12 ⑤

정답해설 무권대리인의 상대방에 대한 책임은 무과실책임으로서 대리권의 흠결에 관하여 대리인에게 과실 등의 귀책사유가 있어야만 인정되는 것이 아니고, 무권대리행위가 제3자의 기망이나 문서위조 등 위법행위로 야기되었다고 하더라도 책임은 부정되지 아니한다(2013다213038).

13 ②

정답해설 표현대리가 성립하면 이는 본인이 전적으로 책임을 져야 하고 상대방에게 과실이 있다 하여 과실상계의 법리를 유추적용하여 그 책임을 경감할 수는 없다.

14 ④

정답해설 민법 제135조 제1항은 "타인의 대리인으로 계약을 한 자가 그 대리권을 증명하지 못하고 또 본인의 추인을 얻지 못한 때에는 상대방의 선택에 좇아 계약의 이행 또는 손해배상의 책임이 있다."라고 규정하고 있다. 위 규정에 따른 무권대리인의 상대방에 대한 책임은 무과실책임으로서 대리권의 흠결에 관하여 대리인에게 과실 등의 귀책사유가 있어야만 인정되는 것이 아니고, 무권대리행위가 제3자의 기망이나 문서위조 등 위법행위로 야기되었다고 하더라도 책임은 부정되지 아니한다(2013다213038).

고난도

15 ③

정답해설 민법 제134조에 의거하여 무권대리에 대한 선의의 상대방만이 철회권 행사가 가능하고 상대방이 악의인 경우에는 철회권을 행사할 수 없으므로, 계약을 철회하고자 하는 丙은 乙에게 대리권이 없음을 알지 못하였다는 사실을 스스로 입증할 필요가 없다.

5 표현대리(表見代理)

16 ③

오답해설 ㉢ 대리인의 권한을 넘는 행위가 범죄를 구성하는 경우에는 권한을 넘는 표현대리의 법리는 적용되는데 아무런 지장이 없다. 즉, 대리인의 권한 유월이 범죄를 구성한다하여 본인이 표현대리의 법리에 의한 책임을 지는데 아무런 지장도 될 수 없다(63다326).

17 ⑤

정답해설 표현대리행위가 성립하는 경우에 본인은 표현대리행위에 의하여 전적인 책임을 져야 하고, 상대방에게 과실이 있다고 하더라도 과실상계의 법리를 유추적용하여 본인의 책임을 경감할 수 없다(95다49554).

오답해설 ① 호텔 등의 시설이용 우대회원 모집계약을 체결하면서 자신의 판매점, 총대리점 또는 연락사무소 등의 명칭을 사용하여 회원모집 안내를 하거나 입회계약을 체결하는 것을 승낙 또는 묵인하였다면 민법 제125조의 표현대리가 성립할 여지가 있다(97다53762).

② 대리인이 사자 내지 임의로 선임한 복대리인을 통하여 권한 외의 법률행위를 한 경우, 상대방이 그 행위자를 대리권을 가진 대리인으로 믿었고 또한 그렇게 믿는 데에 정당한 이유가 있는 때에는, 복대리인 선임권이 없는 대리인에 의하여 선임된 복대리인의 권한도 기본대리권이 될 수 있다(97다48982).

③ 증권회사 또는 그 임·직원의 부당권유행위를 금지하는 증권거래법 제52조 제1호는 공정한 증권거래질서의 확보를 위하여 제정된 강행법규로서 이에 위배되는 주식거래에 관한 투자수익보장약정은 무효이고, 투자수익보장이 강행법규에 위반되어 무효인 이상 증권회사의 지점장에게 그와 같은 약정을 체결할 권한이 수여되었는지 여부에 불구하고 그 약정은 여전히 무효이므로 표현대리의 법리가 준용될 여지가 없다(94다38199).

④ 유권대리에 관한 주장 가운데 무권대리에 속하는 표현대리의 주장이 포함되어 있다고 볼 수 없으며, 따로이 표현대리에 관한 주장이 없는 한 법원은 나아가 표현대리의 성립여부를 심리판단할 필요가 없다(83다카1489 전합).

18 ③

정답해설 대리인이 사자(使者) 내지 임의로 선임한 복대리인을 통하여 권한 외의 법률행위를 한 경우, 상대방이 그 행위자를 대리권을 가진 대리인으로 믿었고 또한 그렇게 믿는 데에 정당한 이유가 있는 때에는, 복대리인 선임권이 없는 대리인에 의하여 선임된 복대리인의 권한도 기본대리권이 될 수 있을 뿐만 아니라, 그 행위자가 사자라고 하더라도 대리행위의 주체가 되는 대리인이 별도로 있고 그들에게 본인으로부터 기본대리권이 수여된 이상, 민법 제126조를 적용함에 있어서 기본대리권의 흠결 문제는 생기지 않는다(97다48982).

19 ②

오답해설 ① 무권대리의 일종인 표현대리가 성립한다고 하여 무권대리의 성질이 유권대리로 전환되는 것은 아니다. 표현대리도 대리행위 성립 당시 대리권이 없었기 때문이다.

③ 강행법규 위반으로 무효인 법률행위는 절대적으로 무효이므로 본인에게 대리행위에 따른 계약상 책임은 없다. 따라서 표현대리에 관한 법리도 준용될 수 없다.

④ 표현대리가 성립하면 그 효과는 본인이 전적으로 책임을 지는 것이므로, 상대방에게 과실이 있다 하여 과실상계의 법리를 유추적용할 수 없고, 본인의 책임을 경감할 수도 없다.

⑤ 표현대리도 무권대리의 일종이므로 유권대리에 관한 주장 속에 표현대리의 주장이 포함되어 있다고 할 수 없다.

20 ②

오답해설 ① 강행법규를 위반한 행위는 절대적으로 무효이므로, 대리행위가 강행법규에 위반하여 무효라면 표현대리의 법리가 적용될 수 없다.

③ 표현대리는 대리인의 대리행위 시 대리권이 없었으나 마치 대리권이 있는 것과 같은 외형을 갖추고 있는 경우에 해당하는 것 중 본인이 원인을 제공한 경우를 말한다. 즉, 표현대리도 무권대리의 일종이므로 유권대리의 주장 속에는 무권대리에 속하는 표현대리의 주장이 포함되어 있다고 볼 수 없다.

④ 대리권소멸 후의 표현대리에 관한 규정은 임의대리 및 법정대리 모두에 적용된다.

⑤ 대리권소멸 후 선임된 복대리인의 대리행위에 대하여는 대리권소멸 후 표현대리가 성립할 수 있다.

CHAPTER 05 법률행위의 무효와 취소

▶ 연계학습: 기본서 상권 pp. 314~336

01	③	02	①	03	③	04	③	05	③
06	②	07	①	08	③	09	①		

01 ③

정답해설 무효인 법률행위는 당사자가 무효임을 알고 추인할 경우 새로운 법률행위를 한 것으로 간주할 뿐이고 소급효가 없는 것이므로 무효인 가등기를 유효한 등기로 전용키로 한 약정은 그때부터 유효하고 이로써 위 가등기가 소급하여 유효한 등기로 전환될 수 없다(91다26546).

함정 CHECK 기본이론과 물권법의 판례를 접목한 문제로, 기본서에 제시되어 있는 판례를 면밀하게 학습해야 한다.

02 ①

정답해설 취소권의 행사기간은 제척기간으로서 추인할 수 있는 날로부터 3년, 법률행위를 한 날로부터 10년 중 먼저 도래한 날을 기준으로 소멸한다. 추인할 수 있는 날로부터 3년이 경과하였다면, 법률행위를 한 날로부터 10년이 경과하지 않았더라도 이미 제척기간이 경과하였으므로, 취소권자는 더 이상 그 법률행위를 취소할 수 없다.

03 ③

정답해설 계약의 해제는 법정추인 사유가 아니다.

04 ③

정답해설 당사자의 양도금지의 의사표시로써 채권은 양도성을 상실하며 양도금지의 특약에 위반해서 채권을 제3자에게 양도한 경우에 악의 또는 중과실의 채권양수인에 대하여는 채권 이전의 효과가 생기지 아니하나, 악의 또는 중과실로 채권양수를 받은 후 채무자가 그 양도에 대하여 승낙을 한 때에는 채무자의 사후승낙에 의하여 무효인 채권양도행위가 추인되어 유효하게 되며 이 경우 다른 약정이 없는 한 소급효가 인정되지 않고 양도의 효과는 승낙시부터 발생한다. 이른바 집합채권의 양도가 양도금지특약을 위반하여 무효인 경우 채무자는 일부 개별 채권을 특정하여 추인하는 것이 가능하다(2009다47685).

⇨ 집합채권이란 특정인이 다른 특정인에 대하여 현재 또는 장래에 취득하게 되는 일정 범위의 다수 채권을 일괄하여 거래상 하나의 채권으로 취급하는 것을 말한다. 집합채권으로 인정되기 위하여는 채권이 증감 변동하더라도 전체로서의 동일성이 유지되어야 한다.

고난도

05 ③

정답해설 무효인 법률행위는 당사자가 무효임을 알고 추인할 경우 새로운 법률행위를 한 것으로 간주할 뿐이고 소급효가 없는 것이므로, 무효인 가등기를 유효한 등기로 전용하기로 한 약정은 그때부터 유효하고 이로써 위 가등기가 소급하여 유효한 등기로 전환될 수 없다(91다26546).

고난도

06 ②

정답해설 취소할 수 있는 법률행위를 취소한 경우, 더이상 취소할 수 있는 행위로서 추인은 할 수 없으나 무효행위의 추인요건에 따라 추인할 수는 있다.

고난도 TIP 법률행위의 취소와 관련된 판례는 정확하게 숙지한다.

07 ①

정답해설 취소할 수 있는 법률행위는 취소하기 전에는 유효이다. 즉, 취소권자가 취소권을 행사하지 않는다면 유효인 법률행위이다.

함 정 CHECK 취소하면 소급하여 무효가 되지만, 취소 전에는 유효임을 주의한다.

08 ③

정답해설 법률행위가 취소된 경우 그 효과는 무효가 된 것이고 더 이상 취소할 수 있는 행위가 아니므로, 취소할 수 있는 법률행위의 추인이 아닌 무효인 법률행위의 추인에 따라 그 법률행위를 유효하게 할 수 있다.

09 ①

정답해설 취소된 법률행위는 처음부터 무효인 것으로 본다(제141조).

CHAPTER 06 조건과 기한

▶ 연계학습: 기본서 상권 pp. 337~353

01	④	02	⑤	03	③	04	④	05	③
06	①	07	①						

1 법률행위의 부관

01 ④

정답해설 시기(始期) 있는 법률행위는 그 기한이 도래한 때로부터 그 효력이 발생한다.

02 ⑤

정답해설 조건의 성취로 인하여 불이익을 받을 당사자가 신의성실에 반하여 조건의 성취를 방해한 경우, 조건이 성취된 것으로 의제되는 시점은 이러한 신의성실에 반하는 행위가 없었더라면 조건이 성취되었으리라고 추산되는 시점이다(98다42356).

2 조건부 법률행위, 기한부 법률행위

03 ③

정답해설 불능조건이 정지조건이면 무효로 하고, 해제조건이면 조건없는 법률행위로 하는 것이므로, 조건이 법률행위의 당시에 이미 성취할 수 없는 것인 경우, 그 조건이 해제조건이면 그 법률행위는 조건없는 법률행위로 한다.

04 ④

오답해설 ① 기한의 이익은 이를 포기할 수 있다. 그러나 상대방의 이익을 해하지 못한다(제153조 제2항).

② 정지조건 있는 법률행위는 조건이 성취한 때로부터 그 효력이 생긴다(제147조 제1항).

③ 조건의 성취가 미정한 권리의무는 일반규정에 의하여 처분, 상속, 보존 또는 담보로 할 수 있다(제149조).

⑤ 법률행위에 어떤 조건이 붙어 있었는지 여부는 그 조건의 존재를 주장하는 자가 이를 증명해야 한다(2006다35766).

05 ③

정답해설 당사자가 조건성취의 효력을 그 성취 전에 소급하게 할 의사를 표시한 경우, 그 의사표시는 유효이다. 다만, 그 소급효로써 제3자의 권리를 해하지 못한다.

06 ①

오답해설 ② 조건을 붙이고자 하는 의사가 외부에 표시되지 않았다면 이는 법률행위에 조건을 붙이고자 하는 동기가 있었음에 불과할 뿐이고, 부관으로서 조건부 법률행위는 아니다.

③ 법률행위의 조건이 선량한 풍속에 반하는 경우, 법률행위 전부가 무효가 된다.

④ 불능조건이 정지조건이면 무효인 법률행위가 된다.

⑤ 조건성취의 효과는 비소급이 원칙이나 당사자 사이에는 의사표시로 조건 성취의 효력을 소급할 수 있고, 이 경우 그 소급효로써 제3자의 권리를 해하지는 못한다.

07 ①

정답해설 기한은 채무자의 이익을 위한 것으로 추정한다(제153조 제1항).

01	⑤	02	①	03	④	04	③	05	①
06	①	07	②	08	③	09	②	10	①
11	④	12	③	13	②	14	⑤	15	②
16	④	17	③	18	③				

1 기간과 기간의 계산

01 ⑤

정답해설 기간의 만료점이 빠른 시간 순서대로 나열하면 ㉢－㉡－㉠ 이다.

㉠ 2020년 6월 2일 오전 0시 정각부터 4일간: 기산일은 6월 2일, 만료일은 6월 5일 24시

㉡ 2020년 5월 4일 오후 2시 정각부터 1개월간: 기산일은 5월 5일, 만료일은 6월 4일 24시

㉢ 2020년 6월 10일 오전 10시 정각부터 1주일 전(前): 기산일은 6월 9일, 만료일은 6월 2일 24시

02 ①

정답해설 기간계산에 관한 민법 규정은 일반규정으로서 법령 또는 당사자 약정으로 달리 정하지 않았다면 사법관계 및 공법관계에도 적용된다.

2 소멸시효

03 ④

정답해설 소멸시효 중단 사유로서 채무의 승인은 소멸시효가 개시되어 그 완성 전에만 가능한 것이므로, 소멸시효의 진행이 개시되기 전에 채무자가 승인한 경우, 그 승인은 효력이 없으므로, 그 승인에 따라 채권의 소멸시효는 중단되지 않는다.

고난도

04 ③

정답해설 소멸시효가 완성된 경우 이를 주장할 수 있는 사람은 시효로 채무가 소멸되는 결과 직접적인 이익을 받는 사람에 한정된다. 후순위 담보권자는 선순위 담보권의 피담보채권이 소멸하면 담보권의 순위가 상승하고 이에 따라 피담보채권에 대한 배당액이 증가할 수 있지만, 이러한 배당액 증가에 대한 기대는 담보권의 순위 상승에 따른 반사적 이익에 지나지 않는다. 후순위 담보권자는 선순위 담보권의 피담보채권 소멸로 직접 이익을 받는 자에 해당하지 않아

선순위 담보권의 피담보채권에 관한 소멸시효가 완성되었다고 주장할 수 없다고 보아야 한다(2016다232597).

고난도 TIP 소멸시효 중단의 효력 중 예외를 종합적으로 정리한다.

05 ①

정답해설 소유권은 소멸시효 적용대상이 아니다.

06 ①

정답해설 재판상청구로 인한 소멸시효의 중단은 민사소송을 제기하여 그 권리를 주장하면 족한 것이고, 그 권리가 소송물이 되어 기판력이 발생할 것을 요하지 않는다(판).

07 ②

오답해설 ① 소멸시효 중단사유인 채무의 승인은 관념의 통지에 해당한다.

③ 채무자가 소멸시효완성 후 채무의 일부를 변제한 사실만으로 시효완성 사실을 알면서 그로 인한 법적인 이익을 받지 않겠다는 의사표시를 하였다고 추정할 수는 없다.

④ 시효완성 전에 채무의 일부를 변제한 경우에는 그 수액에 관하여 다툼이 없는 한 채무 전부에 대한 승인의 효력이 있을 뿐이다.

⑤ 채무자가 채권자에 대하여 자신 소유의 부동산에 담보 목적의 가등기를 설정하여 주는 것은 제168조 소정의 채무의 승인에 해당한다(97다22676). 하지만 채권자가 담보가등기를 마친 부동산을 인도받아 점유하더라도 담보가등기의 피담보채권의 소멸시효가 중단되는 것은 아니다(2006다12701).

08 ③

오답해설 ㉡ 매도인에 대한 하자담보에 기한 손해배상청구권에 대하여는 민법 제582조의 제척기간이 적용되고, 이는 법률관계의 조속한 안정을 도모하고자 하는 데에 그 취지가 있다. 그런데 하자담보에 기한 매수인의 손해배상청구권은 그 권리의 내용·성질 및 취지에 비추어 민법 제162조 제1항의 채권 소멸시효의 규정이 적용된다고 할 것이고, 민법 제582조의 제척기간 규정으로 인하여 위 소멸시효 규정의 적용이 배제된다고 볼 수 없으며, 이때 다른 특별한 사정이 없는 한 무엇보다도 매수인이 매매의 목적물을 인도받은 때부터 그 소멸시효가 진행한다고 해석함이 상당하다(2011다10266).

09 ②

정답해설 1개월 단위로 지급되는 집합건물의 관리비채권은 민법 제163조 제1호의 '1년 이내의 기간으로 정한 금전 또는 물건의 지급을 목적으로 한 채권'에 해당하여 그 소멸시효기간이 3년이다.

오답해설 ① 소멸시효의 이익은 미리 포기할 수 없다.

③ 부작위를 목적으로 하는 채권의 소멸시효는 위반행위를 한 때로부터 진행한다.

④ 근저당권설정약정에 의한 근저당권설정등기청구권은 그 피담보채권이 될 채권과 별개로 소멸시효에 걸린다(2002다7213).

⑤ 당사자가 본래의 소멸시효 기산일과 다른 기산일을 주장하는 경우, 변론주의 원칙상 법원은 당사자가 주장하는 소멸시효 기산일을 기준으로 소멸시효를 계산해야 한다(94다35886).

10 ①

정답해설 승인으로 인한 시효중단의 효력은 그 승인의 통지가 상대방에게 도달한 때에 발생한다.

함정 CHECK 발신주의에 의해 효력이 발생한다는 사실을 암기하고, 그 반대 해석이 추가되어야 한다.

11 ④

정답해설 소멸시효 완성 후 채무승인이 있었다고 해서 시효이익을 포기했다고 간주할 수 없고, 채무자가 소멸시효완성 후 채무의 일부를 변제한 사실만으로 시효완성 사실을 알면서 그로 인한 법적인 이익을 받지 않겠다는 의사표시를 하였다고 추정할 수는 없다.

12 ③

정답해설 물상보증인 소유의 부동산에 대한 압류를 한 경우 그 사실을 주채무자에게 통지하면 주채무의 소멸시효가 중단된다.

13 ②

정답해설 시효를 주장하는 자가 원고가 되어 소를 제기한 데 대하여 피고로서 응소하여 소송에서 적극적으로 권리를 주장하고 그것이 받아들여진 경우, 이와 같은 응소행위로 인한 시효중단의 효력은 피고가 현실적으로 권리를 행사하여 응소한 때에 발생한다(2011다78606).

14 ⑤

정답해설 물상보증인의 채무자에 대한 구상권은 채권적 청구권으로서, 물상보증인이 채무자를 대위하여 변제한 때로부터 10년의 소멸시효에 걸린다.

15 ②

정답해설 본래의 소멸시효 기산일과 당사자가 주장하는 기산일이 서로 다른 경우에는 변론주의의 원칙상 법원은 당사자가 주장하는 기산일을 기준으로 소멸시효를 계산하여야 하는데, 이는 당사자가 본래의 기산일보다 뒤의 날짜를 기산일로 하여 주장하는 경우는 물론이고 특별한 사정이 없는 한 그 반대의 경우에 있어서도 마찬가지이다(94다35886).

16 ④

오답해설 ① 과세처분의 취소 또는 무효 확인의 소는 비록 행정소송에 해당하지만, 과오납한 조세에 대한 부당이득반환청구권의 소멸시효 중단사유인 재판상 청구에 해당한다.

② 권리의 일부에 대하여 소를 제기한 것이 명백한 경우, 원칙적으로 그 일부만 소멸시효 중단의 효력이 발생한다.

③ 채권자가 파산법원에 대한 파산채권신고를 한 경우, 시효중단의 효력이 발생한다.

⑤ 소멸시효가 중단된 때에는 그 중단사유가 종료한 때로부터 새로이 시효가 진행한다.

17 ③

정답해설 부작위를 목적으로 하는 채권의 소멸시효는 위반행위를 한 때로부터 진행한다(제166조 제2항).

고난도

18 ③

오답해설 ① 소멸시효는 법률행위에 의하여 이를 배제, 연장 또는 가중할 수 없으나 이를 단축 또는 경감할 수 있다(제184조 제2항).

② 소멸시효의 항변은 변론주의가 적용되나, 어떤 권리의 소멸시효기간이 얼마나 되는지는 직권으로 판단할 수 있다(2012다68217).

④ 재판상의 청구는 소송의 각하, 기각 또는 취하의 경우에는 시효중단의 효력이 없다(제170조 제1항).

⑤ 보증채무는 주채무와 각각 독립된 채무이므로 그 시효기간도 각각의 채무의 성질에 따라 달리 정해져야 하므로, 주채무가 민사채무이고 보증채무는 상행위로 인한 것일 경우 주채무가 10년의 소멸시효에 걸린다고 하더라도 상사채무인 보증채무는 5년의 소멸시효기간이 적용된다(2011다76105).

PART

04 물권법

CHAPTER 01 물권법 총론

▶ 연계학습: 기본서 하권 pp. 8~23

01	④	02	③	03	⑤				

01 ④

정답해설 물권적 청구권 중 방해예방청구는 현실적인 방해가 없어도 그 예방을 청구할 수 있다.

오답해설 ① 지상권을 설정한 토지소유권자는 불법점유자에 대하여 물권적청구권을 행사할 수 있다. 그러나, 지상권을 설정한 토지소유권자는 지상권이 존속하는 한 토지를 사용·수익할 수 없으므로 특별한 사정이 없는 한 불법점유자에게 손해배상을 청구할 수 없다(74다1150).

② 불법점유를 이유로 하여 그 명도 또는 인도를 청구하려면 현실적으로 그 목적물을 점유하고 있는 자를 상대로 하여야 하고 불법점유자라 하여도 그 물건을 다른 사람에게 인도하여 현실적으로 점유를 하고 있지 않은 이상, 그 자를 상대로 한 인도 또는 명도청구는 부당하다(98다9045).

③ 소유권에 기한 물상청구권을 소유권과 분리하여 이를 소유권 없는 전소유자에게 유보하여 행사시킬 수는 없는 것이므로 소유권을 상실한 전(前)소유자는 제3자인 불법점유자에 대하여 소유권에 기한 물권적 청구권에 의한 방해배제를 구할 수 없다(68다725 전합).

⑤ 지역권은 비배타적 공용권으로서 지역권자는 지역권의 행사를 방해하는 자에게 방해의 제거를 청구할 수는 있지만 승역지의 반환청구를 할 수는 없다.

02 ③

정답해설 유동집합물도 장소 지정·종류 지정이나 수량 지정 등의 방법으로 특정할 수 있다면 양도담보의 목적으로 할 수 있다. 따라서 특정 양만장 내의 뱀장어들 전부에 대한 양도담보는 목적물을 특정할 수 있으므로 유효이다.

03 ⑤

정답해설 ㉠㉢ 온천에 관한 권리나 공원이용권 등은 관습법상의 물권이 아니다.

㉡ 미등기 무허가건물의 양수인은 그 등기를 경료하지 않는 한 물권을 취득할 수 없고 그 매수인에게 소유권에 준하는 관습상의 물권을 인정하는 것은 물권법정주의에 반하는 것이므로 인정할 수 없다. 다만, 사실상의 처분권은 인정한다.

01	④	02	③	03	⑤	04	⑤	05	②
06	④	07	⑤	08	⑤	09	⑤	10	④
11	③	12	①	13	③				

1 물권변동 일반

01 ④

정답해설 민법 제267조는 "공유자가 그 지분을 포기하거나 상속인 없이 사망한 때에는 그 지분은 다른 공유자에게 각 지분의 비율로 귀속한다."라고 규정하고 있다. 여기서 공유지분의 포기는 법률행위로서 상대방 있는 단독행위에 해당하므로, 부동산 공유자의 공유지분 포기의 의사표시가 다른 공유자에게 도달하더라도 이로써 곧바로 공유지분 포기에 따른 물권변동의 효력이 발생하는 것은 아니고, 다른 공유자는 자신에게 귀속될 공유지분에 관하여 소유권이전등기청구권을 취득하며, 이후 민법 제186조에 의하여 등기를 하여야 공유지분 포기에 따른 물권변동의 효력이 발생한다. 그리고 부동산 공유자의 공유지분 포기에 따른 등기는 해당 지분에 관하여 다른 공유자 앞으로 소유권이전등기를 하는 형태가 되어야 한다(2015다52978).

02 ③

오답해설 ① 등기는 물권변동의 효력발생요건이지 효력존속요건이 아니다.

② 무효등기의 유용에 관한 합의 내지 추인은 묵시적으로도 이루어질 수 있으나, 묵시적 합의 내지 추인을 인정하려면 무효등기 사실을 알면서 장기간 이의를 제기하지 아니하고 방치한 것만으로는 부족하고, 그 등기가 무효임을 알면서도 유효함을 전제로 기대되는 행위를 하거나 용태를 보이는 등 무효등기를 유용할 의사에서 비롯되어 장기간 방치된 것이라고 볼 수 있는 특별한 사정이 있어야 한다(2006다50055).

④ 상속에 의한 토지소유권 취득은 민법 제187조에 의한 물권취득이므로 취득 시에는 등기 없이 취득하지만 처분 시에는 등기하지 않으면 처분할 수 없다.

⑤ 미등기건물을 등기할 때에는 소유권을 원시취득한 자 앞으로 소유권보존등기를 한 다음 이를 양수한 자 앞으로 이전등기를 함이 원칙이라 할 것이나, 원시취득자와 승계취득자 사이의 합치된 의사에 따라 승계취득자 앞으로 직접 소유권보존등기를 경료하게 되었다면, 그 소유권보존등기는 실체적 권리관계에 부합되어 적법한 등기로서의 효력을 가진다(94다44675).

2 등기

03 ⑤

정답해설 소유권이전청구권 보전을 위한 가등기가 있다 하여, 소유권이전등기를 청구할 어떤 법률관계가 있다고 추정되지 아니한다(79다239).

고난도

04 ⑤

정답해설 가등기는 부동산등기법 제6조 제2항의 규정에 의하여 그 본등기시에 본등기의 순위를 가등기의 순위에 의하도록 하는 순위보전적 효력만이 있을 뿐이고, 가등기만으로는 아무런 실체법상 효력을 갖지 아니하고 그 본등기를 명하는 판결이 확정된 경우라도 본등기를 경료하기까지는 마찬가지이므로, 중복된 소유권보존등기가 무효이더라도 가등기권리자는 그 말소를 청구할 권리가 없다(2000다51285).

오답해설 ① 소유권이전청구권 보전을 위한 가등기가 있다 하여, 소유권이전등기를 청구할 어떤 법률관계가 있다고 추정되지 아니한다(79다239).

② 가등기된 소유권이전등기청구권은 타인에게 양도될 수 있다. 가등기는 원래 순위를 확보하는 데에 그 목적이 있으나, 순위 보전의 대상이 되는 물권변동의 청구권은 그 성질상 양도될 수 있는 재산권일 뿐만 아니라 가등기로 인하여 그 권리가 공시되어 결과적으로 공시방법까지 마련된 셈이므로, 이를 양도한 경우에는 양도인과 양수인의 공동신청으로 그 가등기상의 권리의 이전등기를 가등기에 대한 부기등기의 형식으로 경료할 수 있다고 보아야 할 것이다(98다24105 전합)

③ 가등기 이후 그 가등기에 터잡은 본등기가 경료된 경우에 본등기에 의한 물권변동의 효력이 가등기 경료시까지 소급하는 것은 아니다(80다3117).

④ 가등기 후에 제3자에게 소유권이전등기가 이루어진 경우, 가등기권리자는 현재의 소유명의인이 아닌 가등기 당시의 소유명의인에게 본등기를 청구하여야 한다. 이후 제3자명의로 경료된 소유권이전의 중간처분등기는 가등기권자가 소유권이전의 본등기를 한 경우에는 등기공무원은 부동산등기법 175조 1항, 55조 2호에 의하여 가등기 이후에 한 제3자의 본등기를 직권 말소의 대상이 되기 때문이다(4294민재항675).

05 ②

정답해설 동일 부동산에 관하여 등기명의인을 달리하여 중복하여 보존등기가 이루어진 경우와는 달리 동일인 명의로 소유권보존등기가 중복되어 있는 경우에는 먼저 경료된 등기가 유효하고 뒤에 경료된 중복등기는 그것이 실체관계에 부합하는 여부를 가릴 것 없이 무효이다(81다1340).

오답해설 ① 등기는 물권의 효력 발생 요건이고 존속 요건이 아니므로 제3자의 불법행위로 원고 명의의 등기가 원인 없이 말소되었다고 해서 담보를 상실한 손해가 발생했다고 볼 수 없다(2020다209150).

③ 매매계약이 합의해제된 경우에도 매수인에게 이전되었던 소유권은 당연히 매도인에게 복귀하는 것이므로 합의해제에 따른 매도인의 원상회복청구권은 소유권에 기한 물권적 청구권이라고 할 것이고 이는 소멸시효의 대상이 되지 아니한다(80다2968).

④ 소유자의 대리인으로부터 토지를 적법하게 매수한 이상 설사 매수인의 소유권이전등기가 위조된 서류에 의하여 경료되었다 하더라도 그 등기는 유효한 것이다(80다459).

⑤ 무효등기의 유용에 관한 합의 내지 추인은 묵시적으로도 이루어질 수 있으나, 위와 같은 묵시적 합의 내지 추인을 인정하려면 무효등기 사실을 알면서 장기간 이의를 제기하지 아니하고 방치한 것만으로는 부족하고 그 등기가 무효임을 알면서도 유효함을 전제로 기대되는 행위를 하거나 용태를 보이는 등 무효등기를 유용할 의사에서 비롯되어 장기간 방치된 것이라고 볼 수 있는 특별한 사정이 있어야 한다(2006다50055).

고난도

06 ④

오답해설 ㉠ 중간생략등기의 합의가 있었다 하더라도 이러한 합의는 중간등기를 생략하여도 당사자 사이에 이의가 없겠고 또 그 등기의 효력에 영향을 미치지 않겠다는 의미가 있을 뿐이지, 그러한 합의가 있었다 하여 중간매수인의 소유권이전등기청구권이 소멸된다거나 첫 매도인의 그 매수인에 대한 소유권이전등기의무가 소멸되는 것은 아니라 할 것이다(91다18316).

고난도 TIP 중간생략등기와 관련된 판례이론은 기본서에 있는 것이 시험에 필요한 전부이다. 따라서 기본서에 수록된 판례를 숙지한다.

07 ⑤

정답해설 모두 옳은 설명이다.

㉠㉡ 98다32175 전합

㉢ 2000다51216

08 ⑤

정답해설 채권적 청구권에 해당하는 등기청구권은 ㉠, ㉢, ㉣이다.

오답해설 ㉡ 위조서류에 의해 마쳐진 소유권이전등기에 대한 소유자의 말소등기청구권은 소유권에 기한 물권적 청구권에 해당한다.

고난도

09 ⑤

정답해설 등기의 추정력이 깨지는 경우는 ㉠, ㉡, ㉢이다.

㉠ 건물 소유권보존등기의 명의자가 그 건물을 신축한 것이 아니라면 그 등기의 권리추정력은 깨어진다(95다30734).

㉡ 등기부상 등기명의자의 공유지분의 분자 합계가 분모를 초과하는 경우, 등기명의자가 등기부상 공유지분 비율로 공유한다고 추정되지 않는다(96다33709).

㉢ 소유권보존등기의 명의자가 부동산을 양수받은 것이라 주장하는데, 전(前) 소유자가 양도한 사실을 부인하는 경우 보존등기의 추정력이 깨어진다(82다카707).

고난도 TIP 물권변동과 연계하여 등기의 효력을 별도로 정리한다.

고난도

10 ④

정답해설 옳은 것은 ㉠, ㉡, ㉢이다.

오답해설 ㉣ 중간생략등기에 3자 간의 합의가 있어도 당사자간의 기존 계약의 효력에는 영향을 미치지 않는다. 따라서 중간자의 채무불이행이 있다면 이는 채무불이행이 성립하므로, 최초 매도인은 최종 매수인 명의로의 소유권이전등기 이행을 거절할 수 있다.

고난도 TIP 물권변동과 관련된 등기의 효력을 정리한다.

11 ③

정답해설 등기는 공신력이 없고 다만 실체권리관계를 공시하는 기능을 수행하므로, 비록 미등기 건물을 매수한 자가 그 명의로 소유권보존등기를 경료한 경우에도 그 등기는 권리적법의 추정적 효력은 별론으로 하고 실체와 부합되는 등기로서 그 효력을 무효라 할 수 없다.

12 ①

정답해설 ㉤ 소유권이전등기소송에서의 판결은 이행판결이므로, 그 승소판결이 확정된 경우에도 등기를 해야 물권(소유권)을 취득할 수 있다.

오답해설 ㉠㉡㉢㉣ 상속, 공용징수, 판결, 경매 기타 법률의 규정에 의한 부동산에 관한 물권의 취득은 등기를 요하지 아니한다(제187조). 여기서 규정한 판결은 형성판결만을 의미하고 이행판결은 이에 포함되지 않는다.

3 동산 물권변동

13 ③

정답해설 동산을 경매로 취득하는 경우도 선의취득을 위한 거래행위로 본다.

함정 CHECK 선의취득은 '동산의 유효한 거래'에만 적용된다.

CHAPTER 03 점유권

▶ 연계학습: 기본서 하권 pp. 64~86

01	②	02	②	03	⑤	04	①	05	①
06	④								

1 점유의 모습(태양)

01 ②

정답해설 타인의 물건을 관리하기 위하여 한 점유는 점유권원의 성질상 타주점유이다.

02 ②

정답해설 부동산을 매수하여 이를 점유하게 된 자는 그 매매가 무효가 된다는 사정이 있음을 알았다는 등의 특단의 사정이 없는 한 그 점유의 시초에 소유의 의사로 점유한 것이며, 나중에 매도자에게 처분권이 없었다는 등의 사유로 그 매매가 무효인 것이 밝혀졌다 하더라도 그와 같은 점유의 성질이 변하는 것은 아니다(95다40328).

오답해설 ④ 무허가건물을 매수할 당시에 이미 그 건물의 부지가 타인의 소유라는 사정을 잘 알면서도 건물만을 매수한 후 그 건물 부지에 대한 점유를 개시한 경우, 매수인이 그 건물 부지에 대한 점유를 개시할 당시에 성질상 소유권 취득의 원인이 될 수 있는 법률행위 기타 법률요건이 없이 그와 같은 법률요건이 없다는 사정을 알면서 점유한 것이므로, 매수인이 그 건물 부지를 소유의 의사로 점유한 것이라는 추정은 깨어졌다고 보아야 하고, 달리 특별한 사정이 없는 한 그의 점유는 타주점유로 보아야 한다(97다55447).

03 ⑤

정답해설 점유물이 점유자의 책임있는 사유로 인하여 멸실 또는 훼손한 때에는 악의의 점유자는 그 손해의 전부를 배상하여야 하며 선의의 점유자는 이익이 현존하는 한도에서 배상하여야 한다. 소유의 의사가 없는 점유자는 선의인 경우에도 손해의 전부를 배상하여야 한다(제202조). 즉, 선의의 자주점유자는 현존이익만 반환할 의무가 있으나, 타주점유자는 선의의 경우에도 손해의 전부를 배상할 책임이 있다.

04 ①

정답해설 부동산의 점유권원의 성질이 분명하지 않을 때에는 민법 제197조 제1항에 의하여 점유자는 소유의 의사로 선의, 평온 및 공연하게 점유한 것으로 추정되는 것이며, 이러한 추정은 지적공부 등의 관리주체인 국가나 지방자치단체가 점유하는 경우에도 마찬가지로 적용된다(2007다42112).

2 점유권의 효력

05 ①

정답해설 과실(過失) 없이 과실(果實)을 수취하지 못한 악의의 점유자는 회복자에 대하여 그 과실(果實)의 대가를 보상할 필요가 없다.

06 ④

정답해설 공사로 인하여 점유의 방해를 받은 경우에는 공사착수 후 1년을 경과하거나 그 공사가 완성한 때에는 방해의 제거를 청구하지 못한다(제205조 제3항).

01	①	02	①	03	④	04	④	05	①
06	⑤	07	①	08	①	09	⑤	10	②
11	⑤	12	④	13	③	14	③		

1 소유권 일반

고난도

01 ①

정답해설 ㉠ 어느 토지나 건물의 소유자가 종전부터 향유하고 있던 경관이나 조망, 조용하고 쾌적한 종교적 환경 등이 그에게 하나의 생활이익으로서의 가치를 가지고 있다고 객관적으로 인정된다면 법적인 보호의 대상이 될 수 있는 것이므로, 인접 대지 위에 건물의 건축 등으로 그와 같은 생활이익이 침해되고 그 침해가 사회통념상 일반적으로 수인할 정도를 넘어선다고 인정되는 경우에는 위 토지 등의 소유자는 그 소유권에 기하여 건물의 건축 금지 등 방해의 제거나 예방을 위하여 필요한 청구를 할 수 있다(98다47528).

㉡ 민법 221조 1항 소정의 자연유수의 승수의무란 토지소유자는 다만 소극적으로 이웃 토지로부터 자연히 흘러오는 물을 막지 못한다는 것뿐이지 적극적으로 그 자연유수의 소통을 유지할 의무까지 토지소유자로 하여금 부담케 하려는 것은 아니다(77다1588).

고난도 TIP 본 문제 ㉡의 지문은 과거 농업이 우리의 주력의 생산수단으로서 핵심 산업이었던 때에 발생하던 문제로서 최근 20년 이상 거의 분쟁 또는 쟁점도 없었던 내용이 4~5년 전에 공인중개사 시험에 출제되었다가 금번 우리 시험에 출제된 것으로서 이런 정도의 판례까지 모두 공부한다는 것은 불가능하다. 선택과 집중을 수험전략으로 하여 과감하게 포기하는 것도 좋은 방법이다.

02 ①

정답해설 지하수는 토지와 별개의 부동산이 아니고, 토지의 구성부분에 해당한다.

2 소유권의 취득

03 ④

정답해설 불법점유자라 하여도 그 물건을 다른 사람에게 인도하여 현실적으로 점유를 하고 있지 않는 이상, 그 자를 상대로 한 인도 또는 명도청구는 부당하다(70다1508).

오답해설 ⑤ 소유권에 기한 방해배제청구권에 있어서 '방해'라 함은 현재에도 지속되고 있는 침해를 의미하고, 법익 침해가 과거에 일어나서 이미 종결된 경우에 해당하는 '손해'의 개념과는 다르다 할 것이어서, 소유권에 기한 방해배제청구권은 방해결과의 제거를 내용으로 하는 것이 되어서는 아니 되며(이는 손해배상의 영역에 해당한다 할 것이다) 현재 계속되고 있는 방해의 원인을 제거하는 것을 내용으로 한다(2003다5917).

고난도 TIP 취득시효 관련 판례는 빠짐없이 정리하고 숙지한다.

04 ④

정답해설 취득시효가 완성된 후 점유자가 그 취득시효를 주장하거나 이로 인한 소유권이전등기청구를 하기 이전에는, 특별한 사정이 없는 한 그 등기명의인인 부동산 소유자로서는 그 시효취득 사실을 알 수 없는 것이므로, 이를 제3자에게 처분하였다고 하더라도 불법행위가 성립하는 것은 아니고, 부동산 점유자에게 시효취득으로 인한 소유권이전등기청구권이 있다고 하더라도 이로 인하여 부동산 소유자와 시효취득자 사이에 계약상의 채권·채무관계가 성립하는 것은 아니므로, 그 부동산을 처분한 소유자에게 채무불이행 책임을 물을 수 없다(94다4509).

오답해설 ① 민법 제247조 제2항은 '소멸시효의 중단에 관한 규정은 점유로 인한 부동산소유권의 시효취득기간에 준용한다.'고 규정하고, 민법 제168조 제2호는 소멸시효 중단사유로 '압류 또는 가압류, 가처분'을 규정하고 있다. 점유로 인한 부동산소유권의 시효취득에 있어 취득시효의 중단사유는 종래의 점유상태의 계속을 파괴하는 것으로 인정될 수 있는 사유이어야 하는데, 민법 제168조 제2호에서 정하는 '압류 또는 가압류'는 금전채권의 강제집행을 위한 수단이거나 그 보전수단에 불과하여 취득시효기간의 완성 전에 부동산에 압류 또는 가압류 조치가 이루어졌다고 하더라도 이로써 종래의 점유상태의 계속이 파괴되었다고는 할 수 없으므로 이는 취득시효의 중단사유가 될 수 없다(2018다296878).

② 취득시효를 주장하는 자는 점유기간 중에 소유자의 변동이 없는 토지에 관하여는 취득시효의 기산점을 임의로 선택할 수 있고, 취득시효를 주장하는 날로부터 역산하여 20년 이상의 점유 사실이 인정되고 그것이 자주점유가 아닌 것으로 밝혀지지 않는 한 취득시효를 인정할 수 있는 것이다(93다46360 전합).

③ 부동산에 대한 점유취득시효 완성을 원인으로 하는 소유권이전등기청구권은 채권적 청구권으로서, 취득시효가 완성된 점유자가 그 부동산에 대한 점유를 상실한 때로부터 10년간 이를 행사하지 아니하면 소멸시효가 완성한다(95다24241).

⑤ 부동산에 대한 취득시효가 완성되면 점유자는 소유명의자에 대하여 취득시효완성을 원인으로 한 소유권이전등기절차의 이행을 청구할 수 있고 소유명의자는 이에 응할 의무가 있으므로 점유자가 그 명의로 소유권이전등기를 경료하지 아니하여 아직 소유권을 취득하지 못하였다고 하더라도 소유명의자는 점유자에 대하여 점유로 인한 부당이득반환청구를 할 수 없다(92다51280).

고난도

05 ①

정답해설 취득시효완성으로 인한 권리변동의 당사자는 시효취득자와 취득시효완성 당시의 진정한 소유자이고, 실체관계와 부합하지 않는 원인무효인 등기의 등기부상 소유명의자는 권리변동의 당사자가 될 수 없는 것이므로, 결국 시효이익의 포기는 달리 특별한 사정이 없는 한 시효취득자가 취득시효완성 당시의 진정한 소유자에 대하여 하여야 그 효력이 발생하는 것이지 원인무효인 등기의 등기부상 소유명의자에게 그와 같은 의사를 표시하였다고 하여 그 효력이 발생하는 것은 아니라 할 것이다(94다40734).

고난도 TIP 취득시효와 관련된 내용은 모두 판례를 기반으로 한 것이다. 따라서 취득시효와 관련된 판례는 빠짐없이 학습해야 한다.

고난도

06 ⑤

정답해설 취득시효 완성 후 그로 인한 등기 전에 소유자가 저당권을 설정한 경우, 특별한 사정이 없는 한 시효완성자는 저당권의 제한이 있는 소유권을 취득한 것으로 된다(2005다75910).

고난도 TIP 취득시효와 관련된 문제는 판례의 내용을 변형하여 주로 사례형으로 출제되므로 판례를 정확히 학습해 두어야 한다.

07 ①

정답해설 부합한 동산의 주종을 구별할 수 없는 경우, 특별한 사정이 없는 한 각 동산의 소유자는 부합 당시의 가액 비율로 합성물을 공유한다. 그러나 주종을 구별할 수 있다면 주된 동산의 소유자가 소유권을 취득한다.

고난도

08 ①

정답해설 ㉢ 취득시효완성 후 그 등기청구 전에 소유권을 취득한 丙은 등기청구의 상대방이 아니고 또한 丙이 시효완성 사실을 알지 못한 경우라면, 乙은 丙에게 시효완성을 주장할 수 없다.

오답해설 ㉠ 취득시효 완성자는 그 시효완성 당시의 소유자에게 등기청구하여 등기함으로써 소유권을 취득하므로, 등기를 경료하지 않은 乙은 취득시효완성 사실만으로는 토지소유권을 취득할 수 없다.

㉡ 취득시효의 완성 사실만으로 토지소유자가 시효완성자에게 소유권을 이전해 줄 의무가 당연히 생긴다고 볼 수 없고, 乙이 시효완성을 원인으로 소유권이전등기를 청구하기 전이라면 취득시효의 완성 사실을 모르는 甲의 처분행위는 소유권에 기한 당연한 처분행위이므로 乙은 甲에게 소유권이전등기의무의 불이행을 이유로 손해배상을 청구할 수 없다.

㉣ 甲이 乙로부터 등기청구를 받은 상태에서 시효완성 사실을 알고 처분하였다면 이는 불법행위가 성립할 수 있으나, 이를 모르고 甲이 丙에게 처분하였다면 이는 불법행위가 성립하지 않으므로 乙은 甲에게 불법행위를 이유로 손해배상을 청구할 수 없다.

3 공동소유

고난도

09 ⑤

정답해설 ㉠ 공유자의 지분은 특별한 사정이 없는 한 균등한 것으로 추정한다(제262조 제2항 참조).

㉡ 공유지분의 포기는 법률행위로서 상대방 있는 단독행위에 해당하므로, 부동산 공유자의 공유지분 포기의 의사표시가 다른 공유자에게 도달하더라도 이로써 곧바로 공유지분 포기에 따른 물권변동의 효력이 발생하는 것은 아니고, 다른 공유자는 자신에게 귀속될 공유지분에 관하여 소유권이전등기청구권을 취득하며, 이후 민법 제186조에 의하여 등기를 하여야 공유지분 포기에 따른 물권변동의 효력이 발생한다(2015다52978).

㉢ 부동산에 관해 과반수 공유지분을 가진 자는 공유자 사이에 공유물의 관리방법에 관해 협의가 미리 없었다 하더라도 공유물의 관리에 관한 사항을 단독으로 결정할 수 있어 공유토지를 배타적으로 사용·수익할 수 있고, 이에 따라 다른 소수 지분권자를 상대로 방해배제 및 인도청구를 할 수 있다(88다카33855). 공유물을 단독으로 점유하고 있는 소수지분권자가 국가로서 그 점유부분이 군사시설에 해당하는 경우일지라도 공유물관리를 위한 과반수지분권자의 공유물 인도청구를 공유물의 사용수익권으로 거부할 수 없다(2021가단5136290).

고난도 TIP 본 문제의 ㉢의 지문은 군사시설의 철거와 관련된 문제로서 군사시설 보호법과 사권(私權)으로 재산권인 지분권이 충돌한 문제로서 통상적으로 다루지 않는 내용의 판례를 문제화한 것으로서 이런 정도의 판례까지 모두 공부한다는 것은 불가능하다. 선택과 집중을 수험전략으로 하여 과감하게 포기하는 것도 좋은 방법이다.

고난도 TIP 공유자의 지분권, 보존행위, 관리행위, 처분행위 등을 세분한다.

10 ②

정답해설 공유자 중 1인이 다른 공유자의 동의 없이 그 공유 토지를 매도하여 타인 명의로 소유권이전등기가 마쳐졌다면, 그 매도 토지에 관한 소유권이전등기는 처분공유자의 공유지분 범위 내에서는 실체관계에 부합하는 유효한 등기라고 보아야 한다(93다1596).

오답해설 ④ 공유물의 소수지분권자가 다른 공유자와 협의 없이 공유물의 전부 또는 일부를 독점적으로 점유·사용하고 있는 경우 다른 소수지분권자는 공유물의 보존행위로서 그 인도를 청구할 수는 없고, 다만 자신의 지분권에 기초하여 공유물에 대한 방해 상태를 제거하거나 공동 점유를 방해하는 행위의 금지 등을 청구할 수 있다고 보아야 한다(2018다287522 전합).

고난도

11 ⑤

정답해설 2009다79811

오답해설 ① 부동산의 1/7 지분 소유권자가 타공유자의 동의없이 그 부동산을 타에 임대하여 임대차보증금을 수령하였다면, 이로 인한 수익 중 자신의 지분을 초과하는 부분에 대하여는 법률상 원인없이 취득한 부당이득이 되어 이를 반환할 의무가 있고, 또한 위 무단임대행위는 다른 공유지분권자의 사용, 수익을 침해한 불법행위가 성립되어 그 손해를 배상할 의무가 있다. 이 경우 소수의 지분권자가 반환 또는 배상해야 할 범위는 위 부동산의 임대차로 인한 차임 상당액이라 할 것으로서 타공유자는 그 임대보증금 자체에 대한 지분비율 상당액의 반환 또는 배상을 구할 수는 없다(91다23639).

② 토지공유자는 특별한 사정이 없는 한 그 지분에 대응하는 비율의 범위내에서만 그 차임상당의 부당이득금반환의 청구권을 행사할 수 있다(78다2088). 즉, 공유자들이 공유물의 무단점유자에게 가지는 차임 상당의 부당이득반환채권은 특별한사정이 없는 한 분할채권에 해당한다.

③ 공유물의 소수지분권자가 다른 공유자와 협의 없이 공유물의 전부 또는 일부를 독점적으로 점유·사용하고 있는 경우 다른 소수지분권자는 공유물의 보존행위로서 그 인도를 청구할 수는 없고, 다만 자신의 지분권에 기초하여 공유물에 대한 방해 상태를 제거하거나 공동 점유를 방해하는 행위의 금지 등을 청구할 수 있다고 보아야 한다(2018다287522 전합).

④ 구분소유적 공유관계를 주장하여 특정 토지 부분을 취득했다고 주장하는 사람은 구분소유약정의 대상이 되는 해당 토지의 위치뿐만 아니라 면적까지도 주장·증명해야 한다(2012다103813).

고난도 TIP 공동소유관계 중 공유와 관련된 판례 중 어려운 부분을 발췌·응용하여 출제한 문제입니다. 공유 관련 최신 판례에 대한 면밀한 집중 학습이 필요합니다.

고난도

12 ④

정답해설 ㉡ 공유물의 소수지분권자가 다른 공유자와 협의 없이 공유물의 전부 또는 일부를 독점적으로 점유·사용하고 있는 경우 다른 소수지분권자는 공유물의 보존행위로서 그 인도를 청구할 수는 없고, 다만 자신의 지분권에 기초하여 공유물에 대한 방해 상태를 제거하거나 공동 점유를 방해하는 행위의 금지 등을 청구할 수 있다고 보아야 한다(2018다287522).

㉢ 공유자 중의 일부가 특정 부분을 배타적으로 점유·사용하고 있다면, 그들은 비록 그 특정 부분의 면적이 자신들의 지분 비율에 상당하는 면적 범위 내라고 할지라도, 다른 공유자들 중 지분은 있으나 사용·수익은 전혀 하지 않고 있는 자에 대하여는 그 자의 지분에 상응하는 부당이득을 하고 있다고 보아야 한다(2000다13948). 그러므로 乙뿐만 아니라 丙도 甲에게 부당이득의 반환을 청구할 수 있다.

오답해설 ㉠ 공유물의 소수지분권자가 다른 공유자와 협의 없이 공유물의 전부 또는 일부를 독점적으로 점유·사용하고 있는 경우 다른 소수지분권자는 공유물의 보존행위로서 그 인도를 청구할 수는 없다(2018다287522).

고난도 TIP 최신 판례를 문제화한 것으로, 최신 판례는 빠짐없이 학습해야 한다.

13 ③

정답해설 총유물의 관리 및 처분은 사원총회의 결의에 의한다(제276조 제1항).

고난도

14 ③

정답해설 乙과 丁 사이의 매매계약은 단순한 의무부담행위로서 채권행위이므로 유효이다.

▶ 연계학습: 기본서 하권 pp. 134~179

01	⑤	02	①	03	④	04	④	05	②
06	④	07	②	08	②	09	④	10	④
11	④	12	⑤	13	②				

1 지상권

01 ⑤

정답해설 ㉢ 법정갱신은 임대차에서 유래한 것으로 전세권은 법정갱신이 존재하지만 지상권의 법정갱신관련 제도는 없다.

㉣ 구분지상권은 타인 토지의 지하 또는 지상의 공간을 상하의 범위를 정해서, 건물 기타 공작물을 소유하기 위하여 취득하는 지상권으로서 수목의 소유를 위하여 설정할 수는 없다.

02 ①

정답해설 유상계약인 지상권설정계약에도 민법 제569조를 준용하여 부동산의 소유자가 아닌 자라도 향후 해당 부동산에 지상권을 설정하여 줄 것을 내용으로 하는 계약을 체결할 수 있고, 단지 그 계약상 의무자는 향후 처분권한을 취득하거나 소유자의 동의를 얻어 해당 부동산에 지상권을 설정하여 줄 의무를 부담할 뿐이라고 보아야 한다(2018다37949).

고난도

03 ④

정답해설 담보가등기가 마쳐진 나대지(裸垈地)에 그 소유자가 건물을 신축한 후 그 가등기에 기한 본등기가 경료되어 대지와 건물의 소유자가 달라진 경우, 특별한 사정이 없는 한 관습상 법정지상권이 성립될 수는 없고, 다만 일괄경매의 요건에 따라 일괄경매청구는 가능할 수 있다.

고난도 TIP 관습법상 법정지상권은 판례 문제로만 출제된다. 따라서 관련 판례를 정확하게 숙지한다.

고난도

04 ④

정답해설 甲은 그 소유 토지 위에 토지(X)와 건물(Y)을 소유한 상태에서 乙에게 건물(Y)만을 양도하였으므로 乙은 관습법상의 법정지상권을 취득하고, 이후 강제경매절차에서 건물(Y)을 乙로부터 승계취득한 丙은 건물소유권과 함께 토지에 대한 권리인 관습법상 법정지상권을 경매에 의하여 승계한다. 지료는 당사자 합의로 정하되, 합의가 성립하지 않으면 당사자 청구에 의하여 법원에서 정한다. 다만, 지료를 정한 바가 없다면 지료 연체를 이유로 한 지상권소멸청구권은 발생하지 않는다(99다17142).

고난도 TIP 여러 개의 판례를 하나의 사례로 묶어 문제를 해결하는 능력을 키워야 한다.

05 ②

정답해설 1필의 토지의 일부에도 지상권을 설정할 수 있다.

06 ④

정답해설 관습법상 법정지상권은 동일인 소유에 속하던 토지와 건물이 저당물 경매가 아닌 기타 처분행위로 토지의 소유자와 건물의 소유자가 달라졌을 때 성립하는 것이고, 이 경우 동일인 소유의 토지와 건물은 원시적으르 동일인일 필요는 없고 처분행위 당시에 동일인 소유이면 충분하다(95다9075).

오답해설 ① 관습법상 법정지상권 성립을 위한 지상물은 미등기 무허가건물도 무방하다.

② 관습법상 법정지상권 성립을 위한 기타 처분행위에 공매도 포함된다.

③ 대지에 관한 임대차계약을 체결한 경우 관습법상 법정지상권을 포기한 것으로 본다.

⑤ 甲과 乙의 거래에서 乙은 토지의 소유권만 취득하였고 乙이 이를 다시 丙에게 매도한 경우, 관습법상 법정지상권은 성립하지 않는다.

2 전세권

07 ②

정답해설 전세권자는 전세권을 타인에게 양도 또는 담보로 제공할 수 있고 그 존속기간내에서 그 목적물을 타인에게 전전세 또는 임대할 수 있다. 그러나 설정행위로 이를 금지한 때에는 그러하지 아니하다(제306조). 그러므로 설정행위로 금지하는 등의 특별한 사정이 없다면 전세권자는 전세권설정자의 등의 없이드 전세권을 타인에게 양도할 수 있다.

08 ②

정답해설 전세계약이 그 존속기간의 만료로 종료되면 위 계약을 원인으로 하는 전세권설정등기절차의 이행청구권도 소멸한다(73다1262).

오답해설 ①⑤ 전세권이 용익물권적 성격과 담보물권적 성격을 모두 갖추고 있고, 목적물의 인도는 전세권의 성립 요건이 아닌 점 등에 비추어 볼 때, 당사자가 주로 채권담보의 목적으로 전세권을 설정하였고, 그 설정과 동시에 목적물을 인도하지 않은 경우라 하더라도, 장차 전세권자가 목적물을 사용·수익하는 것을 완전히 배제하는 것이 아니라면 그 전세권의 효력을 부인할 수는 없다. 전세금의 지급은 전세권 성립의 요소가 되는 것이지만 그렇다고 하여 전세금의 지급이 반드시 현실적으로 수수되어야만 하는 것은 아니고 기존의 채권으로 전세금의 지급을 갈음할 수도 있다(94다18508). 임대차계약에 따른 임대차보증금반환채권을 담보할 목적으로 임차인과 임대인 사이의 합의에 따라 임차인 명의로 전세권설정등기를 마친 경우, 전세금의 지급은 임대차보증금반환채권으로 갈음한 것이고 장차 전세권자가 목적물을 사용·수익하는 것을 완전히 배제하는 것도 아니므로 전세권설정등기는 유효하다(2020다257999).

③ 전세권은 전세금을 지급하고 타인의 부동산을 그 용도에 따라 사용·수익하는 권리로서 전세금의 지급이 없으면 전세권은 성립하지 아니하는 등으로 전세금은 전세권과 분리될 수 없는 요소일 뿐 아니라 전세권에서는 그 설정행위에서 금지하지 아니하는 한 전세권자는 전세권 자체를 처분하여 전세금으로 지출한 자본을 회수할 수 있으므로, 전세권이 존속하는 동안은 전세권을 존속시키기로 하면서 전세금반환채권만을 전세권과 분리하여 확정적으로 양도하는 것은 허용되지 아니한다(2001다69122).

④ 전세권이 성립한 후 목적물의 소유권이 이전되는 경우, 전세권자와 구 소유자 간의 전세권 관계가 신 소유자에게 이전되는것이므로 전세금반환의무도 신 소유자에게 이전되는 것이다(99다15122). ➪ 새로운 소유자의 면책적 채무인수

09 ④

정답해설 전세권이 성립한 후 전세목적물의 소유권이 이전된 경우 민법이 전세권 관계로부터 생기는 상환청구, 소멸청구, 갱신청구, 전세금증감청구, 원상회복, 매수청구 등의 법률관계의 당사자로 규정하고 있는 전세권설정자 또는 소유자는 모두 목적물의 소유권을 취득한 신 소유자가 된다(2006다6072).

10 ④

오답해설 ㉠ 전세권은 토지 및 건물에 설정할 수 있다.

11 ④

정답해설 전세권을 목적으로 한 저당권이 설정된 경우, 전세권의 존속기간이 만료되면 전세권 자체에 대하여 저당권을 실행할 수 없다(95마684).

오답해설 ① 전세권이 용익물권적 성격과 담보물권적 성격을 겸비하고 있다는 점 및 목적물의 인도는 전세권의 성립요건이 아니다(94다18508).

② 전세권설정자가 전세권자에게 그 부속물매수청구권을 행사한 때에는 정당한 이유 없이 거절할 수 없다(제316조 제1항 단서).

③ 전세권자는 목적물의 현상을 유지하고 수선할 의무가 있다(제309조). 그러므로 전세권자가 목적물의 통상적인 유지 및 관리를 위하여 비용을 지출한 경우라도 그 필요비의 상환을 청구할 수 없다.

⑤ 당사자는 설정행위로 전세권의 양도나 전세목적물의 임대를 금지하는 약정을 할 수 있다(제306조 단서).

12 ⑤

정답해설 전세권에 저당권이 설정된 경우에도 전세권이 기간만료로 소멸하면 전세금반환채권에 대한 제3자의 압류 등이 없는 한 전세권설정자는 전세권자에 대하여만 전세금반환의무를 부담한다(98다31301).

13 ②

정답해설 전세권자는 목적물의 현상을 유지하고 그 통상의 관리에 속한 수선을 하여야 한다(제309조).

CHAPTER 06 담보물권

▶ 연계학습: 기본서 하권 pp. 180~236

01	①	02	④	03	①	04	③	05	⑤
06	②	07	①	08	③	09	①	10	④
11	④	12	③	13	⑤	14	①	15	②
16	②	17	①	18	①	19	③		

1 유치권

01 ①

정답해설 조건은 법률행위의 효력 발생 또는 소멸을 장래의 불확실한 사실의 발생 여부에 의존케 하는 법률행위의 부관으로서, 법률행위에서 효과의사와 일체적인 내용을 이루는 의사표시 그 자체라고 볼 수 있다. 유치권 배제 특약에도 조건을 붙일 수 있는데, 조건을 붙이고자 하는 의사가 있는지는 의사표시에 관한 법리에 따라 판단하여야 한다(2016다234043).

고난도

02 ④

정답해설 유치권에 대한 점유의 침탈로 인하여 점유를 상실한 경우 유치권은 소멸하는 것이고 이후 점유회수의 소를 제기하여 승소판결을 받아 점유를 회복하면 점유를 상실하지 않았던 것으로 되어 유치권이 되살아나지만, 위와 같은 방법으로 점유를 회복하기 전에는 유치권이 되살아나는 것이 아니다(2011다72189).

오답해설 ⑤ 점유의 회수와 관련한 민법 제204조 제3항은 본권 침해로 발생한 손해배상청구권의 행사에는 적용되지 않으므로 점유를 침탈당한 자가 본권인 유치권 소멸에 따른 손해배상청구권을 행사하는 때에는 민법 제204조 제3항이 적용되지 아니하고, 점유를 침탈당한 날부터 1년 내에 행사할 것을 요하지 않는다(2021다213866). ➪ 민법 제204조에 따르면, 점유자가 점유의 침탈을 당한 때에는 그 물건의 반환 및 손해의 배상을 청구할 수 있고(제1항), 위 청구권은 점유를 침탈당한 날부터 1년 내에 행사하여야 하며(제3항), 여기서 말하는 1년의 행사기간은 제척기간으로서 소를 제기하여야 하는 기간을 말한다.

03 ①

정답해설 유치권은 채권자의 이익을 보호하기 위한 법정담보물권으로서, 당사자는 미리 유치권의 발생을 막는 특약을 할 수 있고 이러한 특약은 유효하며, 이러한 특약에 따른 효력은 특약의 상대방뿐 아니라 그 밖의 사람도 주장할 수 있다(대판 2016다234043).

오답해설 ② 유치권의 불가분성은 그 목적물이 분할가능하거나 수개의 물건인 경우에도 적용된다(2005다16942).

③ 유치권 소멸청구는 민법 제327조에 규정된 채무자뿐만 아니라 유치물의 소유자도 할 수 있다(2019다216077).

④ 유치권은 타물권인 점에 비추어 볼 때 수급인의 재료와 노력으로 건축되었고 독립한 건물에 해당되는 기성부분은 수급인의 소유라 할 것이므로 수급인은 공사대금을 지급받을 때까지 이에 대하여 유치권을 가질 수 없다(91다14116).

⑤ 매도인이 부동산을 점유하고 있고 소유권을 이전받은 매수인에게서 매매대금 일부를 지급받지 못하고 있다고 하여 매매대금채권을 피담보채권으로 매수인이나 그에게서 부동산 소유권을 취득한 제3자를 상대로 유치권을 주장할 수 없다(2011마2380).

04 ③

정답해설 유치권배제특약이 있는 경우 다른 법정요건이 모두 충족되더라도 유치권은 발생하지 않는다. 특약에 따른 효력은 특약의 상대방뿐 아니라 그 밖의 사람도 주장할 수 있다(2010마1544).

오답해설 ④ 유치권배제특약에도 조건을 붙일 수 있다. 조건을 붙이고자 하는 의사가 있는지는 의사표시에 관한 법리에 따라 판단하여야 한다(2016다234043).

05 ⑤

정답해설 유치부동산에 대하여 법원이 간이변제충당을 허가한 경우, 그 권리의 변동은 승계취득에 해당하지만 법률행위가 아닌 원인(법률규정)에 의한 권리변동에 해당하여 등기 없이도 물권변동의 효과가 발생하여 소유권이 채권자에게 이전된다.

06 ②

정답해설 유치권자는 채권의 변제를 받기 위하여 유치물을 경매할 수 있다(제322조 제1항).

함정 CHECK 유치권자는 경매절차에서 우선변제를 받을 수는 없으나, 채무자 소유의 유치물에 대하여 경매를 실행할 수는 있다.

07 ①

오답해설 ② 유치권자는 보존을 위한 사용을 할 수 있고, 유치권자가 스스로 유치물인 주택에 거주하며 사용하는 것은 특별한 사정이 없는 한, 유치물의 보존에 필요한 사용에 해당한다.

③ 유치권자가 채무자의 승낙 없이 채무자 소유인 유치물을 타인에게 대여하면 이는 유치권자의 의무위반행위이므로 채무자인 소유자가 유치권소멸청구를 하면 이로써 즉시 유치권은 소멸한다.

④ 유치권행사는 피담보채권의 소멸시효 중단에 영향을 미치지 아니한다.

⑤ 유치권에 의한 경매는 환가를 위한 경매로서 유치권자에게는 우선변제권이 없다.

08 ③

정답해설 유치권의 행사는 채권의 소멸시효의 진행에 영향을 미치지 아니한다(제326조). 즉, 유치권을 행사하는 중에도 피담보채권의 소멸시효는 진행한다.

2 질권

09 ①

정답해설 수탁보증인의 사전구상권에 관한 내용은 물상보증인에게 적용할 수 없다(2009다19802).

3 저당권

10 ④

정답해설 저당물의 소유권을 취득한 제3자도 경매인이 될 수 있다(제363조 제2항). 저당물의 제3취득자도 피담보채권의 대위변제, 경매인, 비용의 우선상환을 청구할 수 있다.

11 ④

정답해설 저당권과 관련하여 손해배상예정(위약금)을 정하고 이를 등기한 경우, 그 위약금은 피담보채권의 범위에 속한다.

오답해설 ① 저당권의 피담보채권에 관한 제360조는 이해관계있는 제3자를 보호하기 위한 것으로 원본채권은 등기를 하여야 하며 등기된 금액을 초과하는 원본은 저당권의 피담보채권의 범위에 포함하지 않는다(부동산등기법 제77조 참조).

② 저당물의 보존비용은 저당권의 피담보채권의 범위에 포함하지 않는다(제360조).

③ 저당물의 하자로 인한 손해배상은 저당권의 피담보채권의 범위에 포함하지 않는다(제360조).

⑤ 원본의 이행기일 경과후 1년분을 넘는 지연배상은 피담보채권의 범위에 속하지 않는다(제360조).

12 ③

정답해설 물권법정주의 원칙상 지역권은 저당권의 객체가 될 수 없다.

고난도

13 ⑤

정답해설 저당권설정자로부터 저당토지에 대한 용익권을 설정받은 자가 그 토지에 건물을 축조한 경우라도 그 후 저당권설정자가 그 건물의 소유권을 취득한 경우에는 저당권자는 토지와 함께 그 건물에 대하여 경매를 청구할 수 있다(2003다3850).

오답해설 ① 근저당권을 설정한 후에 근저당설정자와 근저당권자의 합의로 채무의 범위 또는 채무자를 추가하거나 교체하는 등으로 피담보채무를 변경할 수 있다. 이러한 경우 위와 같이 변경된 채무가 근저당권에 의하여 담보된다. 후순위저당권자 등 이해관계인은 근저당권의 채권최고액에 해당하는 담보가치가 근저당권에 의하여 이미 파악되어 있는 것을 알고 이해관계를 맺었기 때문에 이러한 변경으로 예측하지 못한 손해를 입었다고 볼 수 없으므로, 피담보채무의 범위 또는 채무자를 변경할 때 이해관계인의 승낙을 받을 필요가 없다(97다15777, 15784).

② 저당권으로 담보된 채권에 질권을 설정한 경우 원칙적으로는 저당권이 피담보채권과 함께 질권의 목적이 된다고 보는 것이 합리적이지만, 질권자와 질권설정자가 피담보채권만을 질권의 목적으로 하고 저당권은 질권의 목적으로 하지 않는 것도 가능하고 이는 저당권의 부종성에 반하지 않는다(2016다235411).

③ 담보가 없는 채권에 질권을 설정한 다음 그 채권을 담보하기 위하여 저당권이 설정된 경우 원칙적으로는 저당권도 질권의 목적이 되지만, 질권자와 질권설정자가 피담보채권만을 질권의 목적으로 하였고 그 후 질권설정자가 질권자에게 제공하려는 의사 없이 저당권을 설정받는 등 특별한 사정이 있는 경우에는 저당권은 질권의 목적이 되지 않는다(2016다235411).

④ 타인의 채무를 담보하기 위하여 저당권을 설정한 부동산의 소유자(물상보증인)로부터 소유권을 양수한 제3자는 채권자에 의하여 저당권이 실행되게 되면 저당부동산에 대한 소유권을 상실한다는 점에서 이해관계있는 자의 지위에 있다고 할 것이므로 저당부동산의 제3취득자는 저당권설정자의 의사에 반하여 피담보채무를 변제하고 저당권의 소멸을 청구할 수는 있다.

고난도 TIP 저당권뿐만 아니라 질권 중 권리질권과 근저당권의 효력을 전반적으로 이해하고 있어야 해결이 가능한 문제입니다. 저당권의 객체가 되는 부동산 및 질권의 객체가 되는 채권에 관한 연계 학습이 필요합니다.

14 ①

정답해설 저당권은 부동산뿐만 아니라 지상권 및 전세권과 같은 권리에도 성립한다.

15 ②

정답해설 저당권의 효력은 저당부동산에 대한 압류 후의 과실에만 그 효력이 있으나, 저당물에 대한 소유권이나 지상권, 전세권을 취득한 제3자에게 그 압류한 사실을 통지하지 않으면 대항하지 못한다(제359조).

16 ②

정답해설 물상보증인이 채무자에게 구상할 구상권의 범위는 특별한 사정이 없는 한 채무를 변제하거나 담보권의 실행으로 담보물의 소유권을 상실하게 된 시점에 확정된다는 점 등을 종합하면, 원칙적으로 수탁보증인의 사전구상권에 관한 민법 제442조는 물상보증인에게 적용되지 아니하고 물상보증인은 사전구상권을 행사할 수 없다(2009다19802).

이 론 PLUS **물상보증인**

1. 타인의 채무를 위하여 자기가 소유하는 재산을 담보에 제공하는 것을 물상보증이라고 하고, 그 재산을 담보에 제공한 사람을 물상보증인(物上保證人)이라고 한다. 물상보증인은 타인의 채무를 위하여 채권자와 계약으로 저당권 또는 질권을 설정한다. 물상보증인은 수탁보증인과 달라서 채무를 부담하지 않으므로 채권자는 물상보증인에 대하여 이행청구를 하거나 그의 일반재산에 대하여 강제집행을 하지는 못한다.
2. 그러나 담보권이 실행되거나 또는 물상보증인이 변제를 했을 때에는 물상보증인은 채무자에 대하여 보증인과 동일한 구상권(求償權)을 취득한다(제341조, 제370조).
3. 물상보증인(物上保證人)은 변제를 하는 데 이해관계를 가진 제3자로서 채무자의 의사에 반하여 변제할 수 있으며(제469조 제2항), 변제에 의하여 당연히 채권자를 대위한다(제481조).

고난도

17 ①

정답해설 공동저당권이 설정되어 있는 수개의 부동산 중 일부는 채무자 소유이고 일부는 물상보증인의 소유인 경우 민법 제368조 제1항(안분배당)은 적용되지 아니하므로 채무자 소유 부동산의 경매대가에서 공동저당권자에게 우선적으로 배당을 하고, 부족분이 있는 경우에 한하여 물상보증인 소유 부동산의 경매대가에서 추가로 배당을 하여야 한다(2008다41475). 이 경우 채무자 소유 부동산의 경매대가가 6,000만원으로서 이로부터 모두 변제가 가능하므로 물상보증인 소유 부동산의 매각대금에서 추가로 배당할 것은 없다.

고난도 TIP 현장 실무에서 충분히 발생할 수 있는 사례로, 이론을 실무에 접목시키는 연습을 요하는 문제이다.

18 ①

오답해설 ② 피담보채무의 이자는 채권최고액에 포함한다.

③ 피담보채권의 확정 전에 발생한 원본채권에 관하여 그 확정 후에 발생한 이자채권은 피담보채권의 범위에서 계속하여 담보되나, 피담보채권 확정 후 새로운 거래관계에서 발생하는 채권은 더 이상 담보되지 않는다.

④ 근저당권은 부종성과 수반성이 일부 완화되므로 기본계약상의 지위에는 부종하지만 개별채권에는 부종하지 않는다. 그러므로 채권자는 피담보채권이 확정되기 전에 그 채권의 일부를 양도하여 근저당권의 일부양도를 할 수 없다.

⑤ 확정된 피담보채무액이 채권최고액을 초과하는 경우, 근저당권설정자인 채무자는 확정된 채무 전액을 변제하고 근저당권의 말소를 청구할 수 있다.

19 ③

정답해설 물상대위를 위한 가치변형물의 압류는 담보물권의 특정성 유지를 위한 것이므로, 저당권자 스스로 압류하지 않았으나 제3자가 저당물을 압류하였다면 가치변형물의 특정성이 확보되었다고 볼 수 있어 저당권자의 물상대위가 가능하다.

오답해설 ① 저당권은 부동산뿐만 아니라 지상권 및 전세권을 그 목적으로 성립한다.

② 피담보채권을 양도하면서 저당권을 소멸하게 할 수 있지만, 저당권은 그 담보한 채권과 분리하여 타인에게 양도하거나 다른 권리의 목적으로 할 수 없다.

④ 저당부동산에 대하여 소유권, 지상권 또는 전세권을 취득한 제3자는 저당권자에게 그 부동산으로 담보된 채권을 변제하고 저당권의 소멸을 청구할 수 있다(제364조). 이는 저당부동산과 관련된 이해관계인을 보호하기 위한 것으로서, 저당부동산에 대하여 지상권을 취득한 제3자는 피담보채권에 대하여 이해관계 있는 제3자에 해당하므로 저당권자에게 그 부동산으로 담보된 채권을 변제하고 저당권의 소멸을 청구할 수 있다.

⑤ 근저당권의 피담보채권이 확정된 경우 이후 새로운 거래로 인한 채권은 더이상 근저당에 의하여 담보되지 않는다. 그러나 근저당권의 피담보처권의 확정 전에 발생한 원본채권에 관하여 확정 후에 발생하는 이자나 지연손해금 채권은 채권최고액의 범위 내에 있다면 계속하여 담보된다.

PART 05 채권법

CHAPTER 01 채권법 총론

▶ 연계학습: 기본서 하권 pp. 240~315

01	④	02	⑤	03	⑤	04	④	05	④
06	②	07	②	08	②	09	⑤	10	②
11	①	12	②	13	①	14	④	15	②
16	⑤								

1 총설

01 ④ (잠정 결정)

1. 공동임차인들의 임대차보증금 반환채권을 분할 채권이 아닌 불가분 채권으로 하는 판례(대법원 2012. 3. 29. 선고 2011다95861 판결, 서울동부지방법원 2023. 6. 15. 선고 2022가합105502(본소), 2023가합192(반소) 판결, 서울중앙지방법원 2022. 5. 3. 선고 2021나30282 판결 참조) 등이 존재한다.
2. 이에 관한 행정심판위원회의 답변은 산업인력 공단의 반론을 여과없이 수용하여,
3. "견해가 나누어져 있고 어느 견해에 의하면 정답항이 없고 다른 견해에 의하면 정답항이 있는 경우에는 응시자는 정답항이 있는 견해에 따라 답항을 선택하라는 출제자의 묵시적인 지시사항이 있는 것으로 보아 문제를 풀어야 할 것이다."(2009. 9. 10. 선고 2008두2675 사건 참조)라는 대법원판결 및 "객관식 시험문제의 특성상 출제의도와 답항 선택의 지시사항은 시험문제 자체에서 객관적으로 파악·평가되어야 하고 특별한 사정도 없이 문언의 한계를 벗어나 임의로 출제자의 숨겨진 주관적 출제의도를 짐작하여 판단할 수는 없으나, 그것은 문항에 의하여 명시적으로만 결정되는 것이 아니라 문항과 답항에 대한 종합적 분석을 통하여 명시적·묵시적으로 진정한 출제의도와 답항 선택에 관한 지시사항이 결정되는 것이므로, 수험생으로서는 위와 같은 명시적·묵시적 지시사항에 따라 문항과 답항의 내용을 상호 비교·검토하여 가장 적합한 하나만을 정답으로 골라야 한다."라고 판시한 바 있다.(대법원 2009.10.15.선고 2007두22061판결)를 근거로 하여 ④번 지문의 공동임차인의 임대인에 대한 임차물 반환의무에 관하여 불가분채무에 해당한다는 판례가 존재하지 않고, ① ② ③ ⑤의 경우 해당 판례가 존재한다는 이유로 이의 신청을 기각하였기에 행정소송이 결론이 날 때까지 ④번을 잠정적으로 정답으로 공지한다.

02 ⑤

오답해설 ① 선택권에 관하여 법률의 규정이나 당사자의 약정이 없으면 선택권은 채무자에게 있다.

② 선택권 행사의 기간이 있는 경우에 선택권자가 그 기간 내에 선택권을 행사하지 아니하는 때에는 상대방은 상당한 기간을 정하여 그 선택을 최고할 수 있고, 선택권자가 그 기간 내에 선택하지 아니하면 선택권은 상대방에게 있다(제381조 제1항).

③ 제3자가 선택권을 행사하기로 하는 당사자의 약정은 유효이다.

④ 선택권 행사에 필요한 상당한 기간이 경과한 날(선택권을 행사할 수 있는 때)로부터 양수인의 소유권이전등기청구권의 소멸시효가 진행된다(98다23195).

2 채권의 효력

고난도

03 ⑤

정답해설 채무가 법률행위를 목적으로 한 때에는 채무자의 의사표시에 갈음할 재판을 청구할 수 있고 채무자의 일신에 전속하지 아니한 작위를 목적으로 한 때에는 채무자의 비용으로 제삼자에게 이를 하게 할 것을 법원에 청구할 수 있다(제389조 제2항). ➪ 의사표시를 필수불가결의 요소로 하는 법률행위가 채무의 목적인 경우 그 의사표시를 간접강제하게 할 수 없으므로 이를 제3자에게 하게 할 것을 법원에 청구할 수는 없다.

04 ④

정답해설 손해배상액의 예정은 이행의 청구나 계약의 해제에 영향을 미치지 아니한다(제398조 제3항).

오답해설 ① 채무불이행을 이유로 계약을 해제한 후에도 손해배상을 청구할 수 있다(제390조).

② 채무불이행에 관해 채권자에게 과실이 있는 경우, 법원은 손해배상의 책임 및 그 금액을 정함에 이를 참작하여야 한다(제396조). 그리고 이는 법원이 직권으로 심리·판단할 사항이다(99다50538).

③ 채권자가 그 채권의 목적인 물건의 가액 전부를 손해배상으로 받은 경우, 채무자는 그 물건의 소유권을 취득한다(제399조).

⑤ 금전채무불이행의 경우, 채무자는 과실 없음을 항변할 수 없다(제397조 제2항).

함정 CHECK 금전도 동산이지만, 금전은 일반적인 동산과는 달리 취급되는 부분이 있으므로 이를 유의해야 한다.

05 ④

정답해설 채권자는 그 채권의 기한이 도래하기 전에는 법원의 허가 없이 전항[채권자는 자기의 채권을 보전하기 위하여 채무자의 권리를 행사할 수 있다. 그러나 일신에 전속한 권리는 그러하지 아니하다(제404조 제1항)]의 권리를 행사하지 못한다. 그러나 보전행위는 그러하지 아니하다(제404조 제2항). 청구는 소멸시효의 중단 사유에 해당하고, 채권자대위권 행사 시 보전행위는 그 변제기가 도래하기 전에도 행사할 수 있으며, 소멸시효 중단을 위한 이행청구 등은 대표적인 보전행위에 해당한다.

오답해설 ① 채권자는 자기의 채권을 보전하기 위하여 채무자의 권리를 행사할 수 있다(제404조 제1항). 그러므로 채권자취소권도 대위행사가 가능하다(2000다73049).

② 이혼으로 인한 재산분할청구권은 그 구체적 내용이 심판에 의해 명확하게 확정되었다면 피보전채권이 될 수 있다. ⇨ 이혼으로 인한 재산분할청구권은 협의 또는 심판에 의하여 그 구체적 내용이 형성되기까지는 그 범위 및 내용이 불명확·불확정하기 때문에 구체적으로 권리가 발생하였다고 할 수 없으므로 이를 보전하기 위하여 채권자대위권을 행사할 수 없다(98다58016).

③ 채무자가 자신의 제3채무자에 대한 권리를 이미 재판상 행사하였다면 채권자는 그 권리를 대위행사하는 것이 허용되지 않는다(2012다75239).

⑤ 금전채권이 아닌 특정채권으로서 소유권이전등기청구권을 보전하기 위하여 채무자의 제3자에 대한 소유권이전등기청구권을 채권자가 대위행사하는 경우에도 채무자의 무자력을 그 요건으로 하지 않는다(91다483).

06 ②

오답해설 ㉠ 채권자취소권은 상대방에 대한 소 제기 방식으로 재판상 행사해야 한다.

㉢ 채권자취소권 행사에 따른 원상회복은 원물반환이 원칙이다.

07 ②

정답해설 불법행위로 인한 손해배상채권은 그 성립일부터 채권자는 채권을 행사할 수 있고 채무자는 그 변제의 의무가 있는 것이므로, 채무자가 그 변제의 의무를 이행하지 않았다면 불법행위의 성립일로부터 손해배상의 의무가 있다.

오답해설 ③ 채무이행의 기한이 없는 경우에는 채무자는 이행청구를 받은 때로부터 지체책임이 있다(제387조 제2항). 또한 최고에 의한 지체는 그 청구를 받은 날이 도과한 때로부터 생긴다(72다1066).

함정 CHECK 채무의 변제기일이 지난 다음 날 0시부터 지체의 시작이 된다(판례).

3 수인의 채권자 및 채무자

고난도

08 ②

오답해설 ㉠ 보증채무는 주채무의 이자, 위약금, 손해배상 기타 주채무에 종속한 채무를 포함한다(제429조 제1항).

㉣ 주채무자에 대한 시효의 중단은 보증인에 대하여 그 효력이 있다(제440조).

고난도 TIP 불법행위와 손해배상, 연대채무 중 부진정연대채무 등의 사례를 종합적으로 연계하는 문제에 대비 하여야 한다.

09 ⑤

정답해설 제441조

오답해설 ① 주채무 발생의 원인이 되는 기본계약이 반드시 보증계약보다 먼저 체결되어야만 하는 것은 아니고, 보증계약 체결 당시 보증의 대상이 될 주채무의 발생원인과 그 내용이 어느 정도 확정되어 있다면 장래의 채무에 대해서도 유효하게 보증계약을 체결할 수 있다 할 것이다(2005다50041).

② 주채무자에 대한 시효의 중단은 보증인에 대하여 그 효력이 있다(제440조).

③ 보증인은 그 보증채무에 관한 위약금 기타 손해배상액을 예정할 수 있다(제429조 제2항).

④ 민법 제428조의2 제1항 전문은 "보증은 그 의사가 보증인의 기명날인 또는 서명이 있는 서면으로 표시되어야 효력이 발생한다."라고 규정하고 있는데, '보증인의 서명'은 원칙적으로 보증인이 직접 자신의 이름을 쓰는 것을 의미하므로 타인이 보증인의 이름을 대신 쓰는 것은 이에 해당하지 않지만, '보증인의 기명날인'은 타인이 이를 대행하는 방법으로 하여도 무방하다(2018다282473).

고난도

10 ②

정답해설 ㉢ 공동불법행위자 중 1인이 전체 채무를 변제한 경우, 나머지 공동불법행위자들이 부담하는 구상채무의 성질은 분할채무이다(2002다15917, 2007다89494).

오답해설 ㉠ 수인이 공동하여 타인에게 손해를 가하는 민법 제760조의 공동불법행위에 있어서는 행위자 상호간의 공모는 물론 공동의 인식을 필요로 하지 아니하고, 다만 객관적으로 그 공동행위가 관련 공동되어 있으면 족하며 그 관련 공동성 있는 행위에 의하여 손해가 발생함으로써 이의 배상책임을 지는 공동불법행위가 성립한다(2005다47014).

㉡ 공동불법행위자(부진정연대채무자) 중 1인이 한 상계 내지 상계계약은 다른 부진정연대채무자에게 절대적 효력이 있다(2008다97218 전합).

4 채권양도 · 채무인수

고난도

11 ①

정답해설 ㉠ 민법 제450조에 의한 채권양도통지는 양도인이 직접하지 아니하고 사자를 통하여 하거나 대리인으로 하여금 하게 하여도 무방하고, 채권의 양수인도 양도인으로부터 채권양도통지 권한을 위임받아 대리인으로서 그 통지를 할 수 있다(94다19242).

고난도 TIP 채권법 총론의 전반적 내용을 알아야 해결이 가능한 문제입니다. 채권양도와 관련된 판례와 민법 규정을 서로 연계하여 철저한 학습이 필요합니다.

12 ②

정답해설 채권의 양도통지는 양도인이 직접 하지 아니하고 사자를 통하여 하거나 대리인으로 하여금 하게 하여도 무방하고, 채권의 양수인도 양도인으로부터 채권의 양도통지 권한을 위임받아 대리인으로서 그 통지를 할 수 있다(2003다43490).

13 ①

정답해설 제458조

오답해설 ② 전(前) 채무자의 채무에 대한 보증이나 제3자가 제공한 담보는 채무인수로 인하여 소멸한다(제459조).

③ 이해관계 없는 제3자는 채무자의 의사에 반하여 채무를 인수하지 못한다(제453조 제2항).

④ 제3자와 채무자 간의 계약에 의한 채무인수는 채권자의 승낙이 있을 때까지 당사자는 이를 철회하거나 변경할 수 있다(제456조). 그러므로 제3자와 채무자 사이의 계약에 의한 채무인수를 채권자가 이미 승낙한 경우라면 당사자는 채무인수의 의사표시를 임의로 철회할 수 없다.

⑤ 제3자가 채무자와의 계약으로 채무를 인수한 경우, 채권자의 채무인수에 대한 승낙은 다른 의사표시가 없으면 채무를 인수한 때에 소급하여 그 효력이 생긴다(제457조).

5 채권의 소멸

14 ④

정답해설 제470조

오답해설 ① 채무의 성질 또는 당사자의 의사표시로 변제장소를 정하지 아니한 때에는 특정물의 인도는 채권성립당시에 그 물건이 있던 장소에서 하여야 한다(제467조).

② 이해관계 없는 제3자는 채무자의 의사에 반하여 변제하지 못한다(제469조 제2항).

③ 변제할 정당한 이익이 있는 자는 변제로 당연히 채권자를 대위한다(제481조).

⑤ 채무자가 1개 또는 수개의 채무의 비용 및 이자를 지급할 경우에 변제자가 그 전부를 소멸하게 하지 못한 급여를 한 때에는 비용, 이자, 원본의 순서로 변제에 충당하여야 한다(제479조 제1항).

15 ②

정답해설 지명채권증서의 반환과 변제는 동시이행관계가 아니다. 채무자의 채무변제와 채권자의 영수증 교부가 동시이행관계에 있고, 채무자는 채무를 완제한 후에 그 증서의 반환을 청구할 수 있다.

16 ⑤

오답해설 ① 특정물의 인도가 채권의 목적인 때에는 채무자는 이행기의 현상대로 그 물건을 인도하여야 한다.

② 채무의 변제로 타인의 물건을 인도한 채무자는 다시금 유효한 변제를 하지 아니하면 그 변제한 물건의 반환을 청구하지 못한다.

③ 채무자가 채권자의 승낙을 얻어 본래의 채무이행에 갈음하여 동일한 가치의 물건으로 급여할 수 있고, 이는 변제와 같은 효력이 있다.

④ 채무의 성질 또는 당사자의 의사표시로 변제장소를 정하지 아니한 경우, 특정물의 인도는 계약 성립 당시 특정물이 있던 장소에서 하여야 한다.

CHAPTER 02 채권법 각론(계약법 총론)

▶ 연계학습: 기본서 하권 pp. 317~378

01	①	02	②	03	①	04	②	05	④
06	⑤	07	①	08	①	09	①	10	④
11	③	12	④	13	⑤	14	②		

1 계약의 종류

01 ①

정답해설 민법이 규정하고 있는 전형계약은 증여, 매매, 교환, 소비대차, 사용대차, 임대차, 고용, 도급, 현상광고, 위임, 임치, 조합, 종신정기금, 화해, 여행계약으로 총 15종이다. 부당이득은 법률행위가 아니라 사건이다.

2 계약의 성립

02 ②

정답해설 격지자 간의 계약은 승낙의 통지를 발송한 때에 성립한다.

03 ①

정답해설 계약의 청약은 이를 철회하지 못한다(제527조).

오답해설 ② 乙이 발송한 승낙통지가 2020. 3. 9. 甲에게 도달한 경우, 계약의 성립시기는 격지자인 경우에는 발송 시이고, 대화자인 경우에는 2020. 3. 9.이다.

③④ 乙이 계약내용에 변경을 가하여 승낙한 경우, 변경을 가하거나 연착한 승낙이지만 甲이 이를 새로운 청약으로 보아 곧바로 승낙했다면 그 시점에 계약은 성립한다.

⑤ 만일 乙이 甲에게 X토지를 2020. 3. 3. 1억원에 매수하겠다는 서면을 발송하여 2020. 3. 6. 도달하였다면 교차청약에 해당하므로 계약은 양(兩) 청약이 모두 상대방에게 도달한 2020. 3. 6.에 성립한다.

04 ②

정답해설 승낙의 연착 통지를 하여야 할 청약자가 연착의 통지를 하지 아니하면 승낙은 연착하지 않은 것이 되어 계약이 성립한다. 연착의 통지를 하면 계약은 성립하지 않는다.

3 계약의 효력

05 ④

정답해설 채권자 乙의 수령지체 중에 X주택이 甲과 乙에게 책임 없는 사유로 소실된 경우, 甲은 乙에게 대금지급을 청구할 수 있다. 다만, 甲은 자신의 채무를 면함에 따라 얻은 이익을 乙에게 반환하여야 한다.

06 ⑤

정답해설 계약의 해제는 손해배상청구에 영향을 미치지 아니한다. 채권자가 이행불능을 이유로 계약을 해제한 경우(제546조), 그는 이행불능으로 인한 손해의 배상을 청구할 수 있다(제551조). 그 손해배상의 범위는 원시적 불능의 경우 신뢰이익을 배상범위로 하고, 후발적 불능의 경우 이행이익을 배상범위로 한다.

07 ①

정답해설 ㉠ 가압류등기가 있는 부동산매매에서 매도인의 소유권이전등기의무 및 가압류등기의 말소의무와 매수인의 대금지급의무(2000다8533)는 동시이행관계에 있다.

오답해설 ㉡ 주택임대인과 임차인 사이의 임대차보증금반환의무와 임차권등기명령에 의해 마쳐진 임차권등기의 말소의무(2005다4529)는 동시이행관계가 아니다.

㉢ 채권담보의 목적으로 마쳐진 가등기의 말소의무와 피담보채무의 변제의무(84다카781)는 동시이행관계가 아니다.

4 계약의 해제 · 해지(계약의 소멸)

08 ①

오답해설 ② 채무이행의 확정한 기한이 있는 경우에는 채무자는 기한이 도래한 때로부터 지체책임이 있다(제387조).

③ 채권자는 채무자에게 도달한 계약해제의 의사표시를 철회하지 못한다(제543조 제2항 참조).

④ 계약해제로 채권자가 받은 금전을 반환해야 할 경우, 반환할 금전에는 그 받은 날로부터 이자를 가하여야 한다(제548조 제2항 참조).

⑤ 채권자가 매매계약을 해제하면 그 계약은 소급하여 효력을 잃는다.

09 ①

정답해설 이행불능을 이유로 계약을 해제하기 위해서는 그 이행불능이 채무자의 귀책사유에 의한 경우여야만 한다 할 것이므로(민법 제546조), 매도인의 매매목적물에 관한 소유권이전의무가 이행불능이 되었다고 할지라도, 그 이행불능이 매수인의 귀책사유에 의한 경우에는 매수인은 그 이행불능을 이유로 계약을 해제할 수 없다(2000다50497).

오답해설 ⑤ 계약의 해제권은 일종의 형성권으로서 당사자의 일방에 의한 계약해제의 의사표시가 있으면 그 효과로서 새로운 법률관계가 발생하고 각 당사자는 그에 구속되는 것이므로, 일방 당사자의 계약위반을 이유로 한 상대방의 계약해제 의사표시에 의하여 계약이 해제되었음에도 상대방이 계약이 존속함을 전제로 계약상 의무의 이행을 구하는 경우 계약을 위반한 당사자도 당해 계약이 상대방의 해제로 소멸되었음을 들어 그 이행을 거절할 수 있다(2001다21441).

10 ④

정답해설 합의해지는 계약을 해제하고자 하는 당사자 사이의 해제 계약이므로 그 해제에 따른 효과는 합의해제시 합의의 내용에 따라 결정이 되는 것이고, 당사자 사이에 별도의 약정이 없는 한 합의해지로 인하여 반환할 금전에는 그 받은 날로부터의 이자를 더하여 지급할 의무가 없다(95다16011).

오답해설 ① 해제 및 해지의 의사표시가 도달되었다면 그 의사표시는 철회할 수 없다(제543조 제1항 제2항).

② 계약의 해제 또는 해지는 손해배상청구에 영향을 미치지 아니한다(제551조).

③ 당사자의 일방이 2인인 경우, 특별한 사정이 없는 한 그 중 1인의 해제권이 소멸하더라도 다른 당사자의 해제권도 소멸한다(제547조 제2항).

⑤ 매도인의 매매계약상의 소유권이전등기의무가 이행불능이 되어 이를 이유로 매매계약을 해제함에 있어서는 상대방의 잔대금지급의무가 매도인의 소유권이전등기의무와 동시이행관계에 있다고 하더라도 그 이행의 제공을 필요로 하는 것이 아니다(2000다22850).

11 ③

정답해설 계약이 합의에 의하여 해제 또는 해지된 경우에는 상대방에게 손해배상을 하기로 특약하거나 손해배상청구를 유보하는 의사표시를 하는 등 다른 사정이 없는 한 채무불이행으로 인한 손해배상을 청구할 수 없다(86다카1147).

12 ④

정답해설 계약이 합의해제된 경우에는 그 해제 시에 당사자 일방이 상대방에게 손해배상을 하기로 특약하거나 손해배상청구를 유보하는 의사표시를 하는 등 다른 사정이 없는 한 채무불이행으로 인한 손해배상을 청구할 수 없다(86다카1147).

13 ⑤

정답해설 과실상계는 위법행위에 대한 손해배상액을 산정할 때에 적용하는 법리로서 계약의 해제로 인한 원상회복청구권에 대하여 해제자가 해제의 원인이 된 채무불이행에 관하여 '원인'의 일부를 제공하였다는 등의 사유를 내세워 신의칙 또는 공평의 원칙에 기하여 일반적으로 손해배상에 있어서의 과실상계에 준하여 권리의 내용이 제한될 수 있다고 하는 것은 허용되어서는 아니 된다(2013다34143).

14 ②

정답해설 매매계약이 무효인 때의 매도인의 매매대금 반환 의무는 성질상 부당이득 반환 의무로서 그 반환 범위에 관하여는 민법 제748조가 적용된다 할 것이고, 명문의 규정이 없는 이상 그에 관한 특칙인 민법 제548조 제2항이 당연히 유추적용 또는 준용된다고 할 수 없다(96다54997).

CHAPTER 03 계약법 각론(대매)

▶ 연계학습: 기본서 하권 pp. 379~413

01	②	02	②	03	⑤	04	③	05	①
06	①	07	④	08	⑤	09	⑤		

1 매매의 성립

01 ②

정답해설 91다44766 판례참조

오답해설 ① 제564조 제1항

③ 예약완결권은 재판상이든 재판외이든 그 기간 내에 행사하면 되는 것으로서, 예약완결권자가 예약완결권 행사의 의사표시를 담은 소장 부본을 상대방에게 송달함으로써 재판상 행사하는 경우에는 그 소장 부본이 상대방에게 도달한 때에 비로소 예약완결권 행사의 효력이 발생하여 예약완결권자와 상대방 사이에 매매의 효력이 생기므로, 예약완결권 행사의 의사표시가 담긴 소장 부본이 제척기간 내에 상대방에게 송달되어야만 예약완결권자가 제척기간 내에 적법하게 예약완결권을 행사하였다고 볼 수 있다(2008다27301, 27318).

④ 매매예약이 성립한 이후 상대방의 매매예약 완결의 의사표시 전에 목적물이 멸실 기타의 사유로 이전할 수 없게 되어 예약 완결권의 행사가 이행불능이 된 경우에는 예약 완결권을 행사할 수 없고, 이행불능 이후에 상대방이 매매예약 완결의 의사표시를 하여도 매매의 효력이 생기지 아니한다(2013다28247).

⑤ 99다18725

02 ②

정답해설 수급인은 제667조, 제668조의 담보책임이 없음을 약정한 경우에도 알고 고지하지 아니한 사실에 대하여는 그 책임을 면하지 못한다(제672조).

03 ⑤

정답해설 매매 당사자 간에 계약금을 수수하고 계약해제권을 유보한 경우에 매도인이 계약금의 배액을 상환하고 계약을 해제하려면 계약해제 의사표시 이외에 계약금 배액의 이행의 제공이 있으면 족하고, 상대방이 이를 수령하지 아니한다 하여 이를 공탁하여야 유효한 것은 아니다(91다2151).

04 ③

정답해설 당사자가 계약금의 일부만을 먼저 지급하고 잔액은 나중에 지급하기로 약정하거나 계약금 전부를 나중에 지급하기로 약정한 경우, 교부자가 계약금의 잔금이나 전부를 약정대로 지급하지 않으면 상대방은 계약금 지급의무의 이행을 청구하거나 채무불이행을 이유로 계약금약정을 해제할 수 있고, 나아가 위 약정이 없었더라면 주계약을 체결하지 않았을 것이라는 사정이 인정된다면 주계약도 해제할 수도 있을 것이나, 교부자가 계약금의 잔금 또는 전부를 지급하지 아니하는 한 계약금계약은 성립하지 아니하므로 당사자가 임의로 주계약을 해제할 수는 없다(2007다73611).

오답해설 ① 계약금계약은 하나의 독립한 요물계약이지만, 주계약에 종된 계약이므로 주계약이 취소되면 그 효력이 소멸한다.

② 위약벌의 약정은 채무이행을 확보하기 위하여 정하는 것으로서 손해배상의 예정과 다르므로 손해배상예정에 관한 민법 제398조 제2항을 유추적용하여 그 액을 감액할 수 없다(2015다239324).

④ 토지거래허가를 받지 않아 유동적 무효 상태인 매매계약은 특별한 사정이 없는 한 해약금에 관한 규정에 의해 해제할 수 있다.

⑤ 해약금에 관한 규정에 의해 계약을 해제한 경우, 당사자 그 누구라도 이행에 착수한 바가 없으므로 상호간에는 그 해제에 따른 손해배상의무나 원상회복의 의무를 부담하지 않는다.

2 매매의 효력

05 ①

정답해설 매매의 목적물에 하자가 있는 때에는 제575조 제1항의 규정을 준용한다. 그러나 매수인이 하자 있는 것을 알았거나 과실로 인하여 이를 알지 못한 때에는 그러하지 아니하다.
제575조 제1항: 매매의 목적물이 지상권, 지역권, 전세권, 질권 또는 유치권의 목적이 된 경우에 매수인이 이를 알지 못한 때에는 이로 인하여 계약의 목적을 달성할 수 없는 경우에 한하여 매수인은 계약을 해제할 수 있다. 기타의 경우에는 손해배상만을 청구할 수 있다.

고난도

06 ①

정답해설 ㉠ 제579조 제2항

오답해설 ㉡ 매매의 목적 부동산에 설정된 저당권 행사로 매수인이 그 소유권을 취득할 수 없는 경우, 저당권 설정 사실에 관하여 악의의 매수인은 그 입은 손해의 배상을 청구할 수 있다.
㉢ 매매의 목적이 된 권리가 타인에게 속하여 매도인이 그 권리를 취득한 후 매수인에게 이전할 수 없는 때에는 매수인이 계약 당시 그 권리가 매도인에게 속하지 아니함을 알았다면 손해배상을 청구할 수 없다.

고난도 TIP 매도인의 담보책임과 관련된 전체의 내용을 숙지해야 해결이 가능한 문제. 수업 내용을 참조하여 요약 정리된 자료를 참조하여 많은 숙달 연습이 필요하다.

고난도

07 ④

오답해설 ㉣ '안 날로부터 1년'의 '안 날'이란 권리의 일부가 매도인에게 속하지 아니함을 안 날이 아니라, '타인의 권리에 해당하는 부분을 매도인이 취득하여 이전하지 못한다는 사실이 확실히 되었음을 안 날'을 의미한다.

고난도 TIP 매도인의 담보책임은 판례 내용보다는 법 조문을 사례화한 문제들이 주로 출제된다.

고난도

08 ⑤

정답해설 종류매매의 경우 인도된 목적물에 하자가 있는 때에는 선의의 매수인은 하자 없는 물건의 청구 또는 손해배상청구를 선택적으로 행사할 수 있다.

고난도 TIP 매매에서 매도인의 담보책임을 전체적·포괄적으로 정리해야 한다.

09 ⑤

정답해설 타인의 권리매매에서 매도인이 그 권리를 취득하여 매수인에게 이전할 수 없는 때에는 매수인은 (선악을 불문하고) 계약을 해제할 수 있다(제570조).

01	③	02	③	03	②	04	④	05	②

1 임대차의 효력

01 ③

정답해설 부속물매수청구권은 건물의 임차인이 청구할 수 있는 것이다.

02 ③

정답해설 임대차 존속 중 임대인이 임대물의 보존에 필요한 행위를 하는 때에는 임차인은 이를 거절하지 못하므로(제624조), 甲이 X임야에 산사태 예방을 위해 필요한 옹벽설치공사를 하려는 경우, 乙은 과수원 운영을 이유로 이를 거부할 수 없다.

오답해설 ① 차임은 동산, 건물이나 대지에 대하여는 매월 말에, 기타 토지에 대하여는 매년 말에 지급하여야 한다(제633조).

② 천재지변 기타 불가항력의 사유로 임대차 목적물이 파손된 경우에도 임대인의 수선의무는 면제되지 않는 것이 원칙이므로, 산사태로 X임야가 일부 유실되어 복구가 필요한 경우, 乙은 甲에게 그 복구를 청구할 수 있다.

④ 유익비는 임대차 종료 시 가액의 증가가 현존한 경우에 그 지출액이나 증가액 중 소유자(임대인)의 선택에 따라 청구할 수 있으므로, 乙이 X임야에 대하여 유익비를 지출하여 그 가액이 증가된 경우라면 甲에게 임대차 종료 전에는 그 상환을 청구할 수 없고 임대차 종료 후 청구할 수 있다.

⑤ 지상물 소유를 목적으로 하는 토지의 임대차가 기간만료로 종료되고 지상물이 현존하는 경우 임차인은 임대인에게 계약의 갱신을 청구할 수 있으므로, 본 임대차 종료 시 乙이 식재한 사과나무들이 존재하는 때에는 乙은 甲에게 갱신을 청구할 수 있다.

함정 CHECK 문제의 '사과나무', '과수원' 등의 단어는 정답을 고르는 데 필요한 중요한 단어가 아니므로 현혹되어서는 안 된다.

03 ②

정답해설 임차인이 유익비를 지출한 경우에는 임대인은 임대차 종료 시에 그 가액의 증가가 현존한 때에 한하여 임차인이 지출한 금액이나 그 증가액을 상환하여야 한다(제626조 제2항 단서).

2 임차권의 양도와 임차물의 전대

고난도

04 ④

정답해설 제644조(전차인의 임대청구권, 매수청구권) ① 건물 기타 공작물의 소유 또는 식목, 채염, 목축을 목적으로 한 토지임차인이 적법하게 그 토지를 전대한 경우에 임대차 및 전대차의 기간이 동시에 만료되고 건물, 수목 기타 지상시설이 현존한 때에는 전차인은 임대인에 대하여 전전대차와 동일한 조건으로 임대할 것을 청구할 수 있다. ➪ 건물의 임차인이 아닌 토지의 임차인에게 인정하는 내용이다.

오답해설 ① 전대차는 임대차의 효력범위 내에서만 가능하므로 임차인이 임대인의 동의를 얻어 임차물을 전대한 경우, 임대인과 임차인 사이의 종전 임대차계약은 계속 유지되고(민법 제630조 제2항), 임차인과 전차인 사이에는 별개의 새로운 전대차계약이 성립한다. 한편 임대인과 전차인 사이에는 직접적인 법률관계가 형성되지 않지만, 임대인의 보호를 위하여 전차인이 임대인에 대하여 직접 의무를 부담한다(민법 제630조 제1항). 이 경우 전차인은 전대차계약으로 전대인에 대하여 부담하는 의무 이상으로 임대인에게 의무를 지지 않고 동시에 임대차계약으로 임차인이 임대인에 대하여 부담하는 의무 이상으로 임대인에게 의무를 지지 않는다(2018다200518).

② 2006다 45459

③ 전차인은 전대차계약상의 차임지급시기 전에 전대인에게 차임을 지급한 사정을 들어 임대인에게 대항하지 못하지만, 차임지급시기 이후에 지급한 차임으로는 임대인에게 대항할 수 있고, 전대차계약상의 차임지급시기 전에 전대인에게 지급한 차임이라도, 임대인의 차임청구 전에 차임지급시기가 도래한 경우에는 그 지급으로 임대인에게 대항할 수 있다(2018다200518).

3 임대차의 종료

05 ②

정답해설 임차인 乙이 임차토지에 대한 임차권등기를 하지 않은 경우일지라도, 임차지상에 지상건물을 건축하고 그 임차인 명의로 보존등기를 하였다면, 그 등기의 효력에 의하여 임차권의 대항력이 생긴다(제622조 제1항 참조).

01	⑤	02	④	03	③	04	⑤	05	②
06	⑤	07	⑤						

1 도급

01 ⑤

정답해설 도급인이 수급인에 대하여 하자보수와 함께 청구할 수 있는 손해배상채권과 수급인의 공사대금채권은 서로 동시이행관계에 있는 점 등에 비추어 보면, 하자확대손해로 인한 수급인의 손해배상채무와 도급인의 공사대금채무도 동시이행관계에 있는 것으로 보아야 한다(2004다37676).

02 ④

정답해설 제작물공급계약에서 보수의 지급시기에 관하여 당사자 사이의 특약이나 관습이 없으면 도급인은 완성된 목적물을 인도받음과 동시에 수급인에게 보수를 지급하는 것이 원칙이고, 이때 목적물의 인도는 완성된 목적물에 대한 단순한 점유의 이전만을 의미하는 것이아니라 도급인이 목적물을 검사한 후 그 목적물이 계약 내용대로 완성되었음을 명시적 또는 묵시적으로 시인하는 것까지 포함하는 의미이다(2004다21862).

오답해설 ① 부대체물을 제작하여 공급하기로 하는 계약은 도급의 성질을 갖는다(2010다56685).

③ 도급계약의 보수 일부를 선급하기로 하는 특약이 있는 경우, 수급인은 그 제공이 있을 때까지 일의 착수를 거절할 수 있고 이로 말미암아 일의 완성이 지연되더라도 채무불이행책임을 지지 않는다고 할 것이므로, 도급인이 수급인에 대하여 약정한 선급금의 지급을 지체하였다는 사정은 일의 완성이 지연된 데 대하여 수급인이 책임질 수 없는 사유에 해당한다. 따라서 도급인이 선급금 지급을 지체한 기간만큼은 수급인이 지급하여야 하는 지체상금의 발생 기간에서 공제되어야 한다(2014다14429·14436).

03 ③

정답해설 도급인이나 수급인의 파산선고로 도급계약이 해제된 경우, 파산관재인과 도급인 또는 수급인은 상대방에 대하여 계약해제로 인한 손해의 배상을 청구하지 못한다(제674조 제2항).

04 ⑤

정답해설 도급인이 하자의 보수에 갈음하여 손해배상을 청구한 경우 도급인은 그 손해배상의 제공을 받을 때까지 손해배상액에 상당하는 보수액의 지급만을 거절할 수 있는 것이고 그 나머지 보수액의 지급은 거절할 수 없는 것이라고 보아야 할 것이므로, 도급인의 손해배상채권과 동시이행관계에 있는 수급인의 공사대금채권은 공사잔대금채권 중 위 손해배상채권액과 동액의 금원뿐이고 그 나머지 공사잔대금채권은 그 손해배상채권과 동시이행의 관계에 있다고 할 수 없다(90다카230).

함정 CHECK 완성된 건물의 하자로 계약의 목적을 달성할 수 없는 경우에도 계약해제가 불가능하다는 ②의 내용이 매우 중요하다.

2 위임

05 ②

오답해설 ① 위임은 무상이 원칙이다.

③ 수임인은 위임의 본지에 따라 선량한 관리자의 주의로써 위임사무를 처리하여야 한다(제681조).

④ 수임인은 위임인의 승낙이나 부득이한 사유없이 제삼자로 하여금 자기에 갈음하여 위임사무를 처리하게 하지 못한다(제682조).

⑤ 위임계약은 각 당사자가 언제든지 해지할 수 있다(제689조 제1항). 당사자 일방이 부득이한 사유없이 상대방의 불리한 시기에 계약을 해지한 때에는 그 손해를 배상하여야 한다(제689조 제2항).

06 ⑤

정답해설 수임인이 위임인의 승낙을 얻어서 제3자에게 위임사무를 처리하게 한 경우, 위임인에 대하여 그 선임감독에 관한 책임이 있다. 즉, 임의대리인의 복대리인 선임과 그 책임의 내용과 동일한 책임이 있다.

07 ⑤

정답해설 당사자 일방이 부득이한 사유 없이 상대방의 불리한 시기에 계약을 해지한 때에는 그 손해를 배상하여야 한다(제689조 제2항).

CHAPTER 06 부당이득과 불법행위

▶ 연계학습: 기본서 하권 pp. 463~487

01	⑤	02	⑤	03	④	04	①	05	③
06	③	07	④	08	③	09	③	10	③
11	③	12	⑤						

1 부당이득

고난도

01 ⑤

정답해설 ㉠ 丁은 乙과 丙에 대하여 부당이득반환을 청구할 수 없다. 비록 공사업자 丁의 행위에 의하여 그 이익이 乙과 丙에게 귀속되기는 하였지만, 乙과 丙은 계약의 당사자가 아니므로 부당이득반환청구의 상대방이 될 수 없다. ➪ 계약상 급부가 계약 상대방뿐만 아니라 제3자의 이익으로 된 경우에 급부를 한 계약당사자가 계약 상대방에게 계약상 반대급부를 청구할 수 있는 이외에 이익의 귀속 주체인 제3자에게 직접 부당이득반환을 청구할 수는 없다고 보아야 한다(2011다48568 참조).

㉡ 丁은 乙과 丙에 대하여 점유자와 회복자의 관계에 기한 유익비상환을 청구할 수 없다. 공사업자인 丁은 비용지출자가 아니고, 도급인인 甲이 비용지출자에 해당하기 때문이다. ➪ 유효한 도급계약에 기하여 수급인이 도급인으로부터 제3자 소유 물건의 점유를 이전받아 이를 수리한 결과 그 물건의 가치가 증가한 경우, 도급인이 그 물건을 간접점유하면서 궁극적으로 자신의 계산으로 비용지출과정을 관리한 것이므로, 도급인만이 소유자에 대한 관계에 있어서 민법 제203조에 의한 비용상환청구권을 행사할 수 있는 비용지출자라고 할 것이고, 수급인은 그러한 비용지출자에 해당하지 않는다고 보아야 한다(99다66564).

㉢ 공사대금청구는 공사대금을 청구할 수 있는 근거인 약정을 전제로 할 수 있는 것이므로 丁은 도급계약의 당사자인 甲에게는 공사대금을 청구하는 것은 별론으로 하고 비록 공유자 일지라도 乙과 丙은 계약의 당사자가 아니므로 乙과 丙에게는 공사대금을 청구할 수 없다. 그러므로, 비록 공사업자 丁의 행위에 의하여 乙과 丙이 재산상의 이득을 얻었을지라도 각자의 지분에 상응하여 도급계약에 따른 공사대금을 丁에게 지급할 의무는 없다(2011다48568 참조).

고난도 TIP 본 문제는 최고의 난이도라고 평가할 수 있는 것으로서 법무사나 변호사 시험에서나 출제될 정도의 문제로 판단된다. 도급과 공동소유, 부당이득 및 유치권의 문제가 결합된 내용으로 직접적으로 해당 지문에 적용된 판례는 없고, 관련 판례를 모두 파악하고 판례가 없는 경우, 법 해석의 일반원칙을 동원하여 풀어야 하는 내용의 문제이다. 1~2년 정도의 공부를 하고 시험에 응하는 수험생이 도저히 해결할 수는 없는 문제라고 생각된다. 이런 정도의 판례까지 모두 공부한다는 것은 불가능하다. 선택과 집중을 수험전략으로 하여 과감하게 포기하는 것도 좋은 방법이다.

02 ⑤

정답해설 불법의 원인으로 재산을 급여한 사람은 상대방 수령자가 그 '불법의 원인'에 가공하였다고 하더라도 상대방에게만 불법의 원인이 있거나 그의 불법성이 급여자의 불법성보다 현저히 크다고 평가되는 등으로 제반 사정에 비추어 급여자의 손해배상청구를 인정하지 아니하는 것이 오히려 사회상규에 명백히 반한다고 평가될 수 있는 특별한 사정이 없는 한 상대방의 불법행위를 이유로 그 재산의 급여로 말미암아 발생한 자신의 손해를 배상할 것을 주장할 수 없다고 할 것이다. 그와 같은 경우에 급여자의 위와 같은 손해배상청구를 인용한다면, 이는 급여자는 결국 자신이 행한 급부 자체 또는 그 경제적 동일물을 환수하는 것과 다름없는 결과가 되어, 민법 제746조에서 실정법적으로 구체화된 법이념에 반하게 되는 것이다(2013다35412).

오답해설 ① 원고가 도박채무가 불법무효로 존재하지 아니한다는 주장으로 양도담보의 의미로 이전하여준 소유권이전등기의 말소를 청구하는 것은 민법 제746조의 적용에 의하여 허용되지 아니한다고 할 것이다(89다카5994).

② 부당이득반환의무는 이행기한의 정함이 없는 채무이므로 그 채무자는 이행청구를 받은 때에 비로소 지체책임을 진다(2009다24187).

③ 일반적으로 수익자가 법률상 원인 없이 이득한 재산을 처분함으로 인하여 원물반환이 불가능한 경우에 있어서 반환하여야 할 가액은 특별한 사정이 없는 한 그 처분 당시의 대가이나, 이 경우에 수익자가 그 법률상 원인 없는 이득을 얻기 위하여 지출한 비용은 수익자가 반환하여야 할 이득의 범위에서 공제되어야 하고, 수익자가 자신의 노력 등으로 부당이득한 재산을 이용하여 남긴 이른바 운용이익도 그것이 사회통념상 수익자의 행위가 개입되지 아니하였더라도 부당이득된 재산으로부터 손실자가 당연히 취득하였으리라고 생각되는 범위 내의 것이 아닌 한 수익자가 반환하여야 할 이득의 범위에서 공제되어야 한다(94다25551).

④ 채무없음을 알고 이를 변제한 때에는 그 반환을 청구하지 못한다(제742조 비채변제). 채무없는 자가 착오로 인하여 변제한 경우에 그 변제가 도의관념에 적합한 때에는 그 반환을 청구하지 못한다(제744조 도의관념에 적합한 비채변제).

03 ④

정답해설 수익자가 이익을 받은 후 법률상 원인 없음을 안 때에는 그때부터 악의의 수익자로서 이익반환의 책임이 있다(제749조 제1항).

고난도

04 ①

정답해설 채무자가 횡령한 금전으로 자신의 채권자에 대한 채무를 변제하는 경우 채권자가 그 변제를 수령함에 있어 악의 또는 중대한 과실이 있는 경우에는 채권자의 금전 취득은 피해자에 대한 관계에 있어서 법률상 원인을 결여한 것으로 봄이 상당하나, 채권자가 그 변제를 수령함에 있어 단순히 과실이 있는 경우에는 그 변제는 유효하고 채권자의 금전 취득이 피해자에 대한 관계에 있어서 법률상 원인을 결여한 것이라고 할 수 없다(2003다8862).

오답해설 ② 96다22655
③ 98다8554
④ 2002다9738
⑤ 87다432

고난도 TIP 부당이득과 관련하여 가장 어렵게 출제된 문제이다. 민법 전 분야에서 발생할 수 있는 부당이득 관련 판례를 출제한 것으로, 이 정도까지 공부하기는 무리가 있다. 과감하게 버리는 용기도 필요한 문제이다.

05 ③

정답해설 계약상의 급부가 계약의 상대방뿐만 아니라 제3자의 이익으로 된 경우에 급부를 한 계약당사자가 계약상대방에 대하여 계약상의 반대급부를 청구할 수 있는 이외에 그 제3자에 대하여 직접 부당이득반환을 청구할 수는 없다(99다66564).

오답해설 ⑤ 타인의 토지를 점유함으로 인한 부당이득반환채무는 이행의 기한이 없는 채무로서 이행청구를 받은 때로부터 지체책임이 있다(2007다8914).

2 불법행위

고난도

06 ③

정답해설 타인을 사용하여 어느 사무에 종사하게 한 자는 피용자가 그 사무집행에 관하여 제3자에게 가한 손해를 배상할 책임이 있다. 그러나 사용자가 피용자의 선임 및 그 사무 감독에 상당한 주의를 한 때 또는 상당한 주의를 하여도 손해가 있을 경우에는 그러하지 아니하다(제756조 제1항). 이와 같이 사용자책임은 사무집행에 관하여 피용자가 제3자에게 가한 손해에 대한 배상책임을 논하는 것으로 미성년자 甲이 사고를 낸 시점은 퇴근 이후이고 甲이 사고를 낸 오토바이도 A가 업무용으로 제공한 것이 아니므로 A회사가 甲의 불법행위에 사용자 책임을 지는 것은 아니다.

오답해설 ② 미성년자 甲이 사고를 낸 오토바이는 친권자인 아버지 乙의 소유물이고, 乙은 자신의 오토바이에 대한 안전관리 의무가 있는 자이므로, 오토바이의 소유자 乙은 미성년자의 감독의무자로서 미성년자에 대한 감독의무 위반과 상당인과관계에 있는 자라고 보아야 한다. ➪ 책임능력 있는 미성년자의 불법행위로 인하여 손해가 발생한 경우 그 손해가 미성년자의 감독의무자의 의무위반과 상당인과관계가 있는 경우 감독의무자는 일반불법행위자로서 손해배상의무가 있다(93다22357).

④ 타인의 생명을 해한 자는 피해자의 직계존속, 직계비속 및 배우자에 대하여는 재산상의 손해없는 경우에도 손해배상의 책임이 있다(제752조).

고난도 TIP 공동 불법행위와 부진정연대채무자와 채권자와의 법률관계는 자주 출제되므로 면밀히 학습해야 한다.

고난도

07 ④

정답해설 미성년자가 책임능력이 있어 스스로 불법행위책임을 지는 경우에도 그 손해가 미성년자의 감독의무자의 의무 위반과 상당인과관계가 있으면 감독의무자는 민법 제750조에 따라 일반 불법행위자로서 손해배상책임이 있다. 이 경우 그러한 감독의무 위반사실과 손해 발생과의 상당인과관계는 이를 주장하는 자가 증명하여야 한다(2020다240021 참조).

오답해설 ① 불법행위로 인한 재산상의 손해는 위법한 가해행위로 인하여 발생한 재산상의 불이익, 즉 불법행위가 없었더라면 존재하였을 재산 상태와 불법행위가 가해진 이후의 재산상태의 차이를 말하는 것이고, 이러한 손해의 액수에 대한 증명책임은 손해배상을 청구하는 피해자인 원고에게 있으므로, 원고는 불법행위가 없었더라면 존재하였을 재산 상태와 불법행위가 가해진 이후의 재산상태가 무엇인지에 관하여 이를 증명할 책임을 진다(2011다25695).

② 과실비율이 50%인 乙이 甲에게 300만원을 배상한 경우, 乙은 丙과 丁에게 그 책임의 비율에 따라 구상권을 행사할 수 있다(99다48254 참조).

③ 乙, 丙, 丁의 과실비율이 동일한 경우, 乙, 丙, 丁 누구라도 甲의 청구에 좇아 甲의 손해 전부에 대하여 손해배상의무가 있다(99다48254 참조).

⑤ 피해자의 부주의를 이용하여 고의로 불법행위를 저지른 자가 바로 그 피해자의 부주의를 이유로 자신의 책임을 감하여 달라고 주장하는 것은 허용될 수 없다(2003다66066).

고난도

08 ③

정답해설 ㉠ 피해자의 부주의를 이용하여 고의로 불법행위를 저지른 자가 바로 그 피해자의 부주의를 이유로 자신의 책임을 감하여 달라고 주장하는 것은 허용될 수 없다(2003다66066).

㉣ 금액이 다른 채무가 서로 부진정연대 관계에 있을 때 다액채무자가 일부 변제를 하는 경우 변제로 인하여 먼저 소멸하는 부분은 당사자의 의사와 채무 전액의 지급을 확실히 확보하려는 부진정연대채무 제도의 취지에 비추어 볼 때 다액채무자가 단독으로 채무를 부담하는 부분으로 보아야 한다. 그러므로 甲과 乙의 불법행위에 가담한 정도에 따른 책임의 비율이 1 : 1인 경우를 전제로 한다면 丙의 과실을 참작한 과실상계를 적용하면, 甲과 乙의 손해배상의 분담 비율은 10대 5이므로, 甲이 3,000만원을 변제하였다면 乙의 丙에 대한 잔존 손해배상채무는 5,000만원이다.

참고판례

금액이 다른 채무가 서로 부진정연대 관계에 있을 때 다액채무자가 일부 변제를 하는 경우 변제로 인하여 먼저 소멸하는 부분은 당사자의 의사와 채무 전액의 지급을 확실히 확보하려는 부진정연대채무 제도의 취지에 비추어 볼 때 다액채무자가 단독으로 채무를 부담하는 부분으로 보아야 한다. 이러한 법리는 사용자의 손해배상액이 피해자의 과실을 참작하여 과실상계를 한 결과 타인에게 직접 손해를 가한 피용자 자신의 손해배상액과 달라졌는데 다액채무자인 피용자가 손해배상액의 일부를 변제한 경우에 적용되고, 공동불법행위자들의 피해자에 대한 과실비율이 달라 손해배상액이 달라졌는데 다액채무자인 공동불법행위자가 손해배상액의 일부를 변제한 경우에도 적용된다(2012다74236 참조).

고난도 TIP 이 문제는 최고 난이도의 문제이다. 불법행위와 부진정연대채무 및 불법행위와 과실상계 등의 복합적인 내용이다. 최근의 판례를 사례화하는 연습을 통한 학습이 요구된다.

09 ③

오답해설 ㉢ 제3자의 행위와 공작물의 설치 또는 보존상의 하자가 공동원인이 되어 발생한 손해는 공작물의 설치 드는 보존상의 하자에 의하여 발생한 것이라고 볼 수 있다(2007다10139).

10 ③

오답해설 ㉢ 공작물의 소유자는 공작물의 설치·보존의 하자에 대하여 무과실책임을 지는 자로서 그 공작물 보존의 하자로 인하여 점유자의 책임이 면책되는 경우 소유자가 그 책임을 진다.

11 ③

정답해설 공작물의 설치 또는 보존의 하자로 인하여 타인이 손해를 입은 경우, 1차적으로 공작물의 점유자가 배상책임을 진다. 그러나 점유자가 손해의 방지에 필요한 주의를 해태하지 아니한 때에는 그 소유자가 손해를 배상할 책임이 있다.

고난도

12 ⑤

정답해설 부진정연대채무자 중 1인에 대한 채무 면제는 다른 채무자에 대하여 효력이 미치지 않는다(2005다19378). 그러므로 丁이 丙에게 손해배상채무 중 5천만원을 면제해 준 경우에도 丁은 1억원 전부의 손해배상을 乙에게 청구할 수 있다.

오답해설 ④ 2002다15917

memo

고객의 꿈, 직원의 꿈, 지역사회의 꿈을 실현한다

펴낸곳 (주)에듀윌 **펴낸이** 양형남 **출판총괄** 김기철 **에듀윌 대표번호** 1600-6700
주소 서울시 구로구 디지털로 34길 55 코오롱싸이언스밸리 2차 3층

에듀윌 도서몰
book.eduwill.net

- 부가학습자료 및 정오표: 에듀윌 도서몰 > 도서자료실
- 교재 문의: 에듀윌 도서몰 > 문의하기 > 교재(내용, 출간) / 주문 및 배송